Raoul Martinez

DIE FALSCHE UND DIE WAHRE FREIHEIT

Wofür es sich jetzt
zu kämpfen lohnt

Aus dem Englischen
von Enrico Heinemann

Hoffmann und Campe

Die Originalausgabe erschien 2016 unter dem Titel
Creating Freedom. Power, Control and the Fight for Our Future
bei Canongate Books, Edinburgh.

1. Auflage 2017
Copyright © 2016 by Raoul Martinez
Für die deutschsprachige Ausgabe
Copyright © 2017 by
Hoffmann und Campe Verlag, Hamburg
www.hoca.de
Satz: Dörlemann Satz, Lemförde
Gesetzt aus der Bembo
Druck und Bindung: CPI books GmbH, Leck
Printed in Germany
ISBN 978-3-455-50307-4

Ein Unternehmen der
GANSKE VERLAGSGRUPPE

Für Mum, Dad, Chess und Kev

INHALT

Vorwort 9

Teil 1 DAS GLÜCKSSPIEL DER GEBURT

1 Glück 15
2 Strafe 49
3 Belohnung 84

Teil 2 DIE KONSENSILLUSION

4 Herrschaft 121
5 Wahlen 154
6 Märkte 197
7 Medien 234

Teil 3 DER KAMPF UM UNSERE FREIHEIT

8 Kreativität 279
9 Wissen 313
10 Macht 354
11 Überleben 403
12 Empathie 449

Dank 493
Anmerkungen 495
Register 579

VORWORT

Freie Märkte, freier Handel, freie Wahlen, freie Medien, freie Gedanken, freie Rede, freier Wille. Die Sprache der Freiheit zieht sich durch unser Leben und formuliert dabei die drängendsten Probleme unserer Zeit und die Grundfragen darüber, wer wir sind und wer wir sein wollen. Freiheit ist ein mitreißendes Ideal, das im Mittelpunkt unserer Vorstellung von menschlicher Würde und der Visionen von einem erfüllenden und sinnvollen Leben steht. Ihre universelle Anziehungskraft, die Fähigkeit, zu vereinen und Anstoß zu geben, machten sie lange Zeit zu einer politischen Waffe. Manchen ist sie Weckruf zur Revolution, anderen Rechtfertigung des Status quo. Universitäten, Denkfabriken, Religionen, politische Parteien und Aktivisten gaben dem Begriff eine jeweils eigene Prägung. Im Kampf um seine Festlegung wurde das Ideal der Freiheit begrifflich gedehnt, eingeengt, entstellt oder verzerrt, kurz: professionell zurechtgestutzt, um es den Interessen derer anzupassen, die die Macht zu seiner Ausgestaltung besitzen.

Obwohl die heute vorherrschenden Konzepte der Freiheit unsere Wirtschaftssysteme, Demokratien und Rechtsprechungen lenken, sind sie den meisten Bürgern unbekannt. Sie sind Teil des begrifflichen Fundaments, auf dem die Gesellschaft errichtet wurde und das unsere Meinungen zu allem – von Belohnung und Strafe bis zu Kapitalismus und Demokratie – bestimmt. Dieses Fundament, dem Mythen und Illusionen beigemischt sind, hat allerdings tiefe Risse bekommen. Erschüttert von wirtschaftlichen, politischen und ökologischen Krisen, ist das hoch aufragende Gebäude, das es trägt, nicht nur instabil und unhaltbar geworden, es hat von jeher auch die Ungerechtigkeit beherbergt. Allzu lange musste die Sprache der Freiheit als Herrschaftsinstrument dafür herhalten, Armut zu rechtfertigen, Demokratie auszuhöhlen und barbarische Strafen zu legitimieren. In einer Zeit, in der Ungleichheit rasant zunimmt, Wirtschaftskrisen ausbrechen, Menschen für weniger Geld immer mehr arbeiten müssen, Flüchtlinge über Grenzen strömen, Konzerne zusehends an Macht gewinnen, Wälder verschwinden und Meeresspiegel steigen, ist es an der Zeit, über dieses geheiligte Ideal grundlegend neu nachzudenken. Wenn eine Gesellschaft an zahlreichen Fronten versagt, müssen ihre Gründungsideen hinterfragt werden.

Diesem Buch liegt ein einfaches Prinzip zugrunde: Je klarer wir die Grenzen unserer Freiheit erkennen, desto eher sind wir in der Lage, sie zu überwinden. Es ist gut möglich, dass wir weniger frei sind, als wir es uns gern vorstellen, und nur indem wir erkennen, inwiefern es uns an Freiheit mangelt, können wir die Freiheit stärken, die wir besitzen. Wenn wir unsere Grenzen nicht kennen, bleiben wir gegenüber denjenigen wehrlos, die sie ausnutzen können. Wenn wir uns den Einschränkungen unserer Freiheit stellen, verpuffen einige zählebige Mythen – Mythen, die sich um individuelle Verantwortung, Gerechtigkeit, politische Demokratie und den Markt drehen. Manche dieser Legenden halten sich deshalb, weil sie den Interessen der Mächtigen dienen, andere, weil sie uns schmeicheln und trügerischen Trost bieten. Alles hat seinen Preis. Unsere Einstellung zur Freiheit bestimmt unsere Sicht auf die Gegenwart und unsere Vision von der Zukunft. Sie ist die Linse, durch die wir die Welt deuten und beurteilen, der Kompass, der uns den Kurs vorgibt. Doch die Konzepte von Freiheit im globalen Angebot sind verschieden gestrickt. Alle beruhen auf Annahmen über die Welt, von denen jedoch manche jeglicher Evidenz und Logik widersprechen.

Oft wird zwischen Fragen des freien Willens und denen der politischen und wirtschaftlichen Freiheit eine scharfe Trennlinie gezogen. Die Praxis, diese Konzepte verschiedenen Kategorien zuzuordnen, hat eine lange Tradition, doch verschleiert sie mehr, als sie aufdeckt. Um wissenschaftliche Untersuchungen durchführen zu können, zerlegen wir Wirklichkeit in handhabbare Stücke, doch wenn wir diese anschließend nicht wieder zusammensetzen, um das gesamte Bild zu erkennen, kann es passieren, dass uns das große Ganze aus dem Blick gerät. Wir riskieren, den Kontakt zur Wirklichkeit zu verlieren. Angelegt ist diese Gefahr im modernen Bildungswesen, das ein Weiterkommen innerhalb des Systems nur um den Preis der Spezialisierung gewährt. Allzu oft wird uns beigebracht, zwischen Fachgebieten unüberwindliche Grenzen zu sehen, obwohl wir ihre Verbindungslinien erkennen müssen. Denn die Grenzen, die unserer Freiheit in verschiedenen Bereichen auferlegt werden, sind miteinander verbunden. Ein gründliches Verständnis des einen Gebiets verändert und schärft unsere Wahrnehmung des anderen. Um zum tieferen Sinn der Freiheit vorzustoßen, müssen wir Breschen in die Mauern schlagen, welche die Disziplinen gegeneinander abschotten. So spielen die Einsichten und Erkenntnisse von Philosophen, Psychologen, Wirtschaftswissenschaftlern, Historikern, Naturwissenschaftlern, Kriminologen und Umweltschützern in der nachfolgenden Erörterung allesamt eine wichtige Rolle. Wenn wir Verbindungslinien erkennen und deren weitreichenden Auswirkungen auf den Grund gehen, ergibt sich ein zusammenhängendes Grundmuster, das uns den dringend benötigten Überblick darüber verschafft, wo wir stehen und wo wir stehen könnten.

Auf der einen Seite verharren Teile der Gesellschaft noch immer in Apathie und begegnen möglichen Veränderungen mit tiefster Skepsis. Auf der anderen Seite wachsen als Reaktion auf die miteinander verzahnten Krisen, denen wir gegenüberstehen, rund um die Welt rasant Bewegungen heran. Immer mehr Menschen fordern das System heraus, das ihr Leben beherrscht und ihre Freiheit einzwängt. Vor diesem Hintergrund ist es an der Zeit, das Ideal der Freiheit für die vorrangige Aufgabe zurückzuerobern, Mensch und Planet über Profit und Macht zu stellen.

Wir brauchen eine Bewegung, die einem Bewusstseinswandel entspringt und die Annahmen infrage stellt, auf die sich unsere Gesellschaft gründet. Der Wahrheit, diesem schwer zu erreichenden, aber höchst bedeutenden Ideal, die Ehre zu geben, heißt versuchen, unter die Schale zu blicken, die unser gegenwärtiges Verständnis umhüllt: hinter die Etiketten zu schauen, mit denen unsere angestammte Identität uns versieht, die disziplinierenden Grenzen zu überwinden, die unsere Erziehung prägen, und die Schranken zu durchbrechen, mit denen die Gesellschaft unsere Vorstellungskraft umstellt hat. Dieses Buch wendet sich gegen tiefverwurzelte Vorstellungen von uns selbst und der Welt und fordert einen dringend notwendigen Wandel im Denken und Tun. Es ist ein Manifest für substanzielle, radikale Veränderungen. Durch das Prisma der Freiheit blickend, untersucht es die Beschränktheit unserer vorherrschenden Ideen und die Mängel des gegenwärtigen Systems, erkundet aber auch das bestehende große Potenzial, die Verhältnisse zum Besseren zu wenden. Ideen und Mittel sind vorhanden. Wir müssen sie uns nur zu eigen machen, sie miteinander verbinden und entsprechend handeln. Wir brauchen einen geistigen Aufbruch, der zum Zündfunken für eine revolutionäre Neuorientierung in der Art und Weise wird, wie wir unser Leben organisieren und unsere Gesellschaft strukturieren. Eine bessere Welt ist möglich. Aber wenn wir unsere Freiheit als gegeben annehmen, berauben wir uns selbst der Möglichkeit, wahrhaft frei zu werden.

Teil 1
———

DAS GLÜCKSSPIEL DER GEBURT

1
GLÜCK

Unsere Existenz ist nicht das Ergebnis einer freien Wahl. Wir suchen uns nicht aus, wo wir aufwachsen. Wir entscheiden uns nicht dafür, als Kinder von Hindus, Christen oder Muslimen zur Welt zu kommen, in ein Kriegsgebiet oder eine friedliche, wohlhabende Vorstadt hineingeboren zu werden, und wählen nicht zwischen Hunger oder Luxus. Wir suchen uns unsere Eltern nicht aus, entscheiden nicht, ob sie glücklich oder unglücklich, gebildet oder ungebildet, gesund oder kränklich, fürsorglich oder nachlässig sind. Unser Wissen, unsere Überzeugungen, unser Geschmack, unsere Traditionen, unsere Chancen, unsere Arbeit – unser ganzes Leben hängt vollständig von den Erbanlagen und der Umgebung ab, die auf uns einwirkt: vom Glücksspiel der Geburt.

Wir treffen auf die Welt, dafür gerüstet, die Lebensart zu übernehmen, die wir vorfinden. Die Gesellschaft, die uns begrüßt, nimmt unser Potenzial entgegen und gibt ihm Gestalt. Das antike Griechenland, das konfuzianische China, das Italien der Renaissance, das viktorianische England, das kommunistische Russland – Jahrtausende der Menschheitsgeschichte brachten eine spektakuläre Vielfalt an Kulturen hervor, jede mit der Kraft, Menschen auf radikal unterschiedliche Weise zu formen. Frühkindliche Interaktionen, der Umgang, den wir erfahren, und das Verhalten, das wir beobachten, leiten die Entwicklung ein, durch die wir eine Identität gewinnen. Schrittweise werden wir in eine Gemeinschaft hineingeführt.

Die Prägung durch eine Kultur ist ein gewaltiger Prozess, der schöne wie hässliche Ergebnisse zeitigt. Wie schon ein kurzer Blick in die Geschichte zeigt, scheint keine Überzeugung zu bizarr und keine Verhaltensweise zu erschreckend zu sein, als dass Menschen –

die dazu notwendigen kulturellen Einflüsse vorausgesetzt – nicht bereit wären, sie zu übernehmen. So entschieden wir uns auch vom Unrecht und Irrglauben früherer Gesellschaften distanzieren, es spricht doch alles dafür, dass wir unter gleichen Umständen die gleichen Werte verinnerlicht und die gleichen Traditionen verfochten hätten. Wir hätten wahrscheinlich gegenüber jeder Gruppe, Nation, Ideologie oder Religion Loyalität entwickelt, jede Sprache erlernt, jedes gesellschaftliche Brauchtum praktiziert und uns an jedem Akt der Barbarei oder der Selbstaufopferung beteiligt.

Das Nachdenken über das Glücksspiel der Geburt lenkt die Aufmerksamkeit auf eine schlichte Tatsache: Wir erschaffen uns nicht selbst. Schon die Vorstellung an sich ist widersprüchlich. Wenn Sie etwas erschaffen, muss es Sie geben, also müssten Sie, um sich selbst zu erschaffen, schon vor der Selbstschöpfung existieren. Ob wir über Menschen aus Fleisch und Blut oder über immaterielle Seelen reden, diese schlichte Tatsache bleibt ein Fakt.[1] Und sie hat weitreichende Bedeutung: Wenn wir uns selbst nicht erschaffen, wie können wir dann für das, was wir tun, die letzte Verantwortung tragen? Die Antwort lautet: Wir können es nicht.

Die Art Freiheit, die uns für unser Tun wirklich verantwortlich – lobens- oder tadelnswert – machen würde, ist eine gefährliche Illusion, die von den drängendsten wirtschaftlichen, politischen und moralischen Fragen unserer Zeit ablenkt. Und doch beherrscht sie maßgeblich unser Leben. Bei näherer Betrachtung dieses Trugbilds stoßen wir, wie wir sehen werden, auf eine Reihe von Annahmen im Herzen unserer Kultur – Vorstellungen von Strafe, Belohnung, Schuld und Ansprüchen –, die falsch sind und eine von Grund auf neue Art erforderlich machen, wie wir unsere Gesellschaft organisieren und uns selbst und andere sehen.

Es mag schwierig erscheinen, die Tatsache, dass wir für unsere Lebensführung nicht die letzte Verantwortung tragen, mit den zahllosen Entscheidungen in Einklang zu bringen, die wir täglich treffen: was wir essen, wie wir uns kleiden, ob wir lügen oder die Wahrheit sagen, uns durchsetzen oder in Stille leiden. Wie auch immer – ich beschließe jedenfalls, diese Zeilen zu schreiben, und Sie beschließen, sie zu lesen. Gleichwohl trägt der Akt der Entscheidung wenig zur Verantwortung bei. Der Grund ist einfach: *Wir wählen mit einem Gehirn, das wir nicht gewählt haben.*

Niemand erschafft sein eigenes Gehirn. Keiner durchschaut, was sich in seinem Kopf, geschweige denn in dem eines anderen abspielt. So wie sich Computer nicht selbst programmieren, »verdrahten« auch wir nicht die grauen Zellen in unseren Schädeln. Diese Meisterleistung vollbringen endlose Wechselwirkungen zwischen unseren Genen und unserer Umwelt, zwei Faktoren, über die wir keine Kontrolle haben. In letzter Konsequenz bedeutet das: Ich habe nicht die Wahl getroffen, ich zu sein, und Sie haben nicht die Wahl getroffen, Sie zu sein, und doch bestimmt, wer wir sind, in jeder Lebenslage unsere Entscheidungen.

Dies leuchtet uns unmittelbar ein. Wir können das Verhalten derer, die wir gut kennen, ziemlich zuverlässig vorhersagen. Wenn ein Kind, ein Partner oder ein Geschwister drastische Veränderungen im Verhalten zeigt, suchen wir nach äußeren Ursachen: Drogen, Mobbing, Arbeitsüberlastung? So auch im realen Fall eines Ehemanns mittleren Alters – nennen wir ihn John –, der eine unbändige Sucht nach Kinderpornographie entwickelte.[2] Nach mehreren sexuellen Entgleisungen und einiger Zeit in einem Rehabilitationsprogramm drohte John ein Gefängnisaufenthalt. Wegen heftiger werdender Kopfschmerzen musste er sich in der Nacht vor seinem Urteilsspruch ins Krankenhaus begeben. Ein Gehirnscan brachte einen massiven Tumor in seinem Orbitallappen zum Vorschein. Nach einem chirurgischen Eingriff, bei dem die Geschwulst entfernt wurde, normalisierte sich Johns sexuelles Verlangen und Verhalten. Aber sechs Monate später kehrten die pädophilen Neigungen zurück. Auf Drängen seiner Frau ging er wieder ins Krankenhaus, wo der Chirurg feststellte, dass ein Teil des Tumors nachgewachsen war. Nach einer zweiten Operation normalisierte sich Johns Verhalten erneut.

Angesichts der Entdeckung seines Gehirntumors erscheint John eher als Opfer denn als moralisch verkommen, als einer, der eher Mitleid als Strafe verdient. Wir sagen uns, dass für sein problematisches Verhalten ein Tumor verantwortlich sei, und den sucht sich ja schließlich keiner aus. Was aber, wenn John keinen Tumor gehabt hätte? Hätte er dann mehr Verantwortung getragen? Würde man sich eher im Recht fühlen, ihm Schuldvorwürfe zu machen, wenn sich sein abnormes Verhalten darauf zurückführen ließe, dass er als Kind selbst missbraucht wurde? Wenn ja, warum? Wir haben auf unsere Kindheitserfahrungen nicht mehr Einfluss als auf das Wachstum von Zellen in unserem Gehirn, und prägende Ereignisse wirken stark auf den Verlauf unseres Lebens ein.

In den fünfziger Jahren zeigte der britische Psychologe John Bowlby, dass die Beziehung eines Kindes zu seiner wichtigsten Bezugsperson entscheidenden Einfluss auf seine seelische und geistige Entwicklung ausübt. Heute sind sich Kinderpsychologen weitgehend einig: Bei Kindern, die keine sichere Bindung zu einer Bezugsperson eingehen, wächst das Risiko, dass sie Verhaltensstörungen entwickeln, die mit einem Mangel an Selbstwertgefühl, an Vertrauen in andere und an Empathie verknüpft sind.

Die sogenannte Adverse-Childhood-Experiences-(ACE)-Studie, eine der größten zu Kindheitstraumata, befasste sich mit den Langzeitauswirkungen traumatischer Erlebnisse in der Kindheit auf die Gesundheit und das Verhalten.[3] Die Ergebnisse bestätigen, was wohl viele erwartet hatten:

> Stressbehaftete oder traumatische Kindheitserlebnisse wie Missbrauch, Vernachlässigung, Erlebnisse häuslicher Gewalt oder das Heranwachsen in Haushalten, in denen Missbrauch von Alkohol oder ähnlichen Substanzen, psychische Krankheiten, elterliche Konflikte oder Kriminalität herrschen [...], sind ein gängiger Weg zu sozialen, psychischen und kognitiven Beeinträchtigungen, die zu einem erhöhten Risiko [...] hinsichtlich Gewalterfahrungen, einer Reviktimisierung, Erkrankungen, Behinderungen oder eines vorzeitigen Todes führen.[4]

Je mehr Missbrauch ein Kind erfahren hat, desto größer sind die entsprechenden Risiken. So erhöht jedes traumatische Erlebnis eines Kindes die Wahrscheinlichkeit um das Doppelte bis Dreifache, dass es später eine Sucht entwickelt.

Der größte Teil der Hirnentwicklung findet beim Menschen erst nach der Geburt statt. Der auf Suchtbehandlung spezialisierte Mediziner Gabor Maté resümiert, dass körperliche und seelische Interaktionen in höchstem Maße unsere neuronale Entwicklung prägen und dass Suchterkrankungen weitgehend ein Ergebnis von Lebenserfahrungen, insbesondere solcher in der frühen Kindheit, sind:

> Im kindlichen Gehirn werden Endorphine freigesetzt, wenn es herzliche, entspannte und ruhige Interaktionen mit den Elternfiguren erlebt. Endorphine wiederum fördern das Wachstum von Rezeptoren und Nervenzellen und die Ausschüttung weiterer wichtiger Hirnsubstanzen. Je weniger endorphinfördernde Erfahrungen im Säuglings- und Kleinkindalter gemacht werden, desto größer ist der Bedarf an externen Quellen. Daher eine erhöhte Anfälligkeit für Suchterkrankungen.[5]

In jedem Moment spiegelt der Zustand unseres Gehirns das Wirken zahlloser – erblicher wie umweltbedingter – Kräfte wider, deren wir uns kaum oder gar nicht bewusst sind. Fortschritte in Wissenschaft und Technik erhöhen Schritt um Schritt unser Verständnis des Gehirns. Während wir heute Gehirntumoren erkennen und identifizieren können, war dies vor 200 Jahren unmöglich. Damals hätte man den erwähnten John für seine Taten vollständig verantwortlich gemacht. Die physischen Folgen der abnormen Gewebswucherung in seinem Gehirn wären unbemerkt und damit unberücksichtigt geblieben. Die Standardauffassung lautete: Jeder Erwachsene trägt die Verantwortung für seine Taten.

Seither sind uns dank moderner wissenschaftlicher Technik sehr viel tiefere und genauere Einblicke möglich, und unser Wissen über das Gehirn hat sich erheblich erweitert. Beobachtungen und Erfahrungen haben uns gelehrt, dass ein Tumor das Verhalten eines Einzelnen auf dramatische Weise beeinflussen und seine Persönlichkeit radikal verändern kann. Heute machen wir für ein abnormes Verhalten den Tumor verantwortlich, der es verursacht, und nicht mehr die Person, die gerade unter ihm leidet. Das Problem dieser Logik liegt freilich darin, dass unser Urteil über die Schuldhaftigkeit eines Verhaltens vom jeweiligen wissenschaftlichen Erkenntnisstand abhängt. Womöglich werden wir in hundert Jahren dank verfeinerter Messtechnik und genauerer Kenntnis des Gehirns in der Lage sein, alle möglichen Verhaltensweisen, die wir heute dem »freien Willen« des Einzelnen zuschreiben, auf geringfügige Veränderungen in dessen Neurochemie zurückzuführen.

Der Neurowissenschaftler David Eagleman schreibt:

> Es könnte sich [bei der Ursache] um eine Genmutation, eine geringfügige Schädigung des Gehirns durch einen winzigen, nicht nachweisbaren Schlaganfall, ein Ungleichgewicht der Neurotransmitter oder der Hormone oder eine Kombination aus diesen Ursachen handeln. Keines dieser Probleme lässt sich mit den heutigen technischen Mitteln nachweisen. Aber alle können eine Veränderung der Gehirnfunktionen bewirken und diese wiederum das abnormale Verhalten. [...] Das heißt, wenn wir eine Schädigung des Gehirns erkennen, betrachten wir das als mildernden Umstand für den Angeklagten [...]. Aber wir geben ihm sehr wohl die Schuld, wenn unsere technischen Mittel nicht ausreichen, um ein biologisches Problem zu erkennen.[6]

Je mehr wir vom Gehirn verstehen, desto mehr werden wir unsere Verhaltensweisen anhand seiner besonderen Merkmale erklären und diese wiederum auf Erbanlagen und Lebenserfahrungen zurückführen können. Vielleicht werden wir imstande sein, nachzuweisen, dass die Gewalt eines Vaters gegen seine Kinder in einem gestörten Hormonhaushalt wurzelt, der seinerseits von einem Kindheitstrauma herrührt. Wissenschaftliche Fortschritte werden uns helfen, die Entscheidungen eines Einzelnen in einem erheblich erweiterten Zusammenhang zu sehen, auch im Hinblick auf die Kräfte, die sein zur jeweiligen Entscheidung gelangendes Gehirn geprägt haben. Der Begriff der »individuellen Schuld« ist nur ein Feigenblatt, das unsere gegenwärtigen Wissenslücken verdeckt.

Unser Wissen über das Gehirn ist noch immer extrem begrenzt. Ein Kubikmillimeter Hirnsubstanz enthält 100 Millionen synaptische Verbindungen zwischen Neuronen. Die gegenwärtigen bildgebenden Verfahren zeigen Signale von Blutströmen aus Dutzenden Kubikmillimetern unseres Hirngewebes.[7] »Von einer derart primitiven Gehirnaufnahme auf die tatsächlichen Vorgänge im Gehirn schließen zu wollen«, so fasst es Eagleman anschaulich zusammen, »ist ungefähr so, als würde man einen Astronauten auffordern, nach einem Blick aus dem Fenster des Spaceshuttles zu beurteilen, wie es der Europäischen Union geht.«[8] Aber wir müssen nicht erst auf wissenschaftliche Fortschritte warten, um zu erkennen, dass Menschen, die sich in einer beliebigen Situation anders verhalten als wir, dies deshalb tun, weil sie anders *sind* als wir. Auch wenn uns die Technologie fehlt, um zu ermitteln, auf welche spezifische Weise ihre Nervenschaltungen von unseren abweichen, ist schon ihr Verhalten der Beweis für ihre Andersartigkeit. Wenn wir mit ihrem Gehirnzustand in ihre Situation gerieten, würden wir uns – unter insgesamt gleichen Bedingungen – auf genau die gleiche Weise verhalten. Dieses Prinzip gilt unabhängig davon, ob wir das Genie Einsteins (der den Verantwortungsmythos übrigens zurückwies) oder die Verbrechen Stalins erklären.[9]

Simon Baron-Cohen, Professor für psychische Entwicklungsstörungen, bekannt für seine wegweisenden Forschungen zur Empathie, weist darauf hin, dass wir, wenn es um verschiedene Grade von Einfühlungsvermögen geht, »das jeweilige Verhalten wohl nicht als Produkt der Entscheidungen oder der Verantwortung des Einzelnen, sondern als Produkt seiner neurologischen Funktionen sehen sollten«.[10]

Wir machen einen Schizophrenen nicht für seine Halluzinationen und einen Diabetiker nicht für seinen unstillbaren Durst verantwortlich. Im Fall des Diabetikers geben wir die »Schuld« seinem verringerten Insulinspiegel oder seinen Zellen, die auf Insulin nicht normal ansprechen. Wir erkennen also die biomedizinischen Ursachen des Verhaltens an. Wenn in gleicher Weise jemandes Verhalten das Ergebnis einer verringerten empathischen Fähigkeit ist, die ihrerseits von einer Unteraktivität der Empathieschaltungen im Gehirn herrührt, die letztlich aus der individuellen genetischen Disposition und/oder frühkindlichen Erfahrung resultiert, in welchem Sinne ist die »Person« dann verantwortlich?[11]

Als das wohl größte Hindernis steht dieser Sicht die landläufige Vorstellung entgegen, dass wir zwar als Kinder für unsere Identität und Handlungen nicht verantwortlich seien, uns aber mit zunehmender Reife bewusst veränderten und so echte Verantwortung übernehmen könnten: Schlechte Gewohnheiten könnten abgelegt und Muster aus der Kindheit durchbrochen werden. Oberflächlich betrachtet, erscheint diese Auffassung vernünftig. Aber auch wenn sich Menschen ganz bewusst verändern können – das steht außer Frage –, macht uns dies noch nicht zu wahrhaft verantwortlichen Wesen: Man denke an ein Neugeborenes, das mit Erbanlagen, um die es nicht gebeten hat, auf eine Welt trifft, an deren Gestaltung es nicht beteiligt war. Ab welchem Punkt wird es zum vollverantwortlichen Wesen, das Lob oder Tadel verdient?

Das Problem ist: Zu dem Zeitpunkt, da wir die notwendige Intelligenz entwickelt haben, um die eigene Identität zu reflektieren, hat sich diese bereits weitgehend ausgebildet. Was wir von uns selbst und unserer Umwelt halten, wird bereits durch die Konditionierung bestimmt, die wir bis dahin erhalten haben. Diese Prägung beeinflusst jede Wahl, die wir treffen, sogar die Entscheidung, sich gegen Aspekte der eigenen Prägung aufzulehnen. Natürlich können weiterhin neue Einflüsse, denen wir zufällig ausgesetzt sind, tiefe Wirkungen auf unser Denken und Handeln ausüben, aber für Dinge, die uns zufällig begegnen, sind wir nicht verantwortlich, und zu den Einflüssen, nach denen wir bewusst suchen, zieht es uns aufgrund dessen hin, was wir bereits sind. In den Worten des Philosophen Galen Strawson: »Sowohl der Weg, auf dem man zu dem Vorsatz gelangt, sich selbst zu verändern, als auch der Grad des Erfolgs eines solchen Versuchs hängen von der Wesensart ab, die der- oder diejenige aufgrund von Erbanlagen und Erfahrungen bereits entwickelt hat.«[12]

Der Großteil der Abläufe im Gehirn ist dem Bewusstsein vollständig unzugänglich. Statt von Hirnfunktionen als Produkt des Bewusstseins sollte man eher vom Bewusstsein als Produkt der Hirnfunktionen sprechen. Eagleman schreibt:

Aus diesem ersten Blick auf die Schaltkreise unseres Gehirns können wir eine einfache Lektion ziehen: Über die meisten unserer Handlungen, Gedanken und Empfindungen haben wir keinerlei bewusste Kontrolle. Im undurchdringlichen Dickicht unserer Neuronen laufen eigenständige Programme ab. Unser Bewusstsein – das »Ich«, das den Motor anwirft, wenn wir morgens aufwachen – macht nur den kleinsten Teil dessen aus, was in unserem Gehirn abläuft. [...] Ihr Bewusstsein ist wie ein blinder Passagier auf einem Ozeandampfer, der behauptet, das Schiff zu steuern, ohne auch nur von der Existenz des gewaltigen Maschinenraums im Inneren zu wissen.[13]

Berücksichtigt man – neben vielen weiteren wichtigen Faktoren – den Einfluss des Erbguts, die Wirkung von Umweltgiften, Erfahrungen, die wir mit Eltern, Lehrern, Freunden und Feinden gemacht haben, die uns zugänglichen Rollenvorbilder, die uns offenstehenden Lebenswege, so wird deutlich, dass der Apparat, mit dem wir unsere Entscheidungen treffen, aus einem Prozess hervorgegangen ist, der sich weit jenseits unserer Kontrolle vollzieht. All diese Einflüsse bestimmen gemeinsam die chemische Zusammensetzung unseres Gehirns: den Hormonhaushalt, die Aktivität der Neurotransmitter oder die Architektur unseres neuronalen Schaltplans, die allesamt wesentlich an den in uns stattfindenden Entscheidungsprozessen mitwirken. Die irreführende Vorstellung von der Verantwortung rührt daher, dass uns der Entscheidungsakt blind macht für die ursächliche Beziehung zwischen Entscheidung und Hirnaktivität sowie zwischen jedem einzelnen Gehirn und der Vielzahl von Einflüssen, die es geprägt haben.

Der Philosoph Ludwig Wittgenstein sagte einmal: »Die Philosophie ist ein Kampf gegen die Verhexung unseres Verstandes durch die Mittel unserer Sprache.«[14] Was verstehen wir in diesem Licht unter »Verantwortung«? Es muss nicht betont werden, dass Erwachsene mit wenigen Ausnahmen verantwortlicher handeln als Kinder. Hier ist das Wort »verantwortlich« ein Synonym für »verlässlich«, »umsichtig« oder »vertrauenswürdig«.[15] Diese Bedeutung ist zu unterscheiden von der Art Verantwortung, die uns Vorwürfe, Strafe, Lob oder Belohnung eintragen kann: Sie könnten wir als »wahre« oder »letzte« Verantwortung bezeichnen.

Um über Verantwortung Klarheit zu gewinnen, muss diese Unterscheidung unbedingt im Blick bleiben. Erwachsene sind im Großen und Ganzen zuverlässiger, vernünftiger und kompetenter als Kinder, aber deshalb tragen sie noch lange nicht mehr Verantwortung für ihr Wesen oder das Verhalten, das ihm entspringt. Wachsende Kompetenzen versetzen uns in die Lage, unsere Ziele immer effizienter zu verfolgen, aber deswegen sind wir für die Ziele, die wir verfolgen, nicht in höherem Maße verantwortlich. Bildung, kognitive Entwicklung und politische Freiheit stärken alle unsere Macht, die Umwelt um uns herum zu beeinflussen, aber damit wächst nicht unsere Verantwortung dafür, wozu wir diese Macht nutzen. Was wir in einer gegebenen Situation tun, bestimmt unsere Wesensart, für die wir letztlich nicht verantwortlich sind.

Verwirrung herrscht auch hinsichtlich des Unterschieds zwischen sogenannten »willentlichen« und »nicht willentlichen« Handlungen, zwischen Handlungen also, die Absichten umsetzen, und solchen, die dies nicht tun. Wenn Sie erführen, dass ich jemanden vorsätzlich vergiftet hätte, würden Sie daraus ganz andere Schlüsse über mich ziehen, als wenn man Ihnen sagte, ich hätte jemanden versehentlich vergiftet. Im ersten Fall kämen Sie wahrscheinlich zu dem Schluss, dass ich ein heimtückischer Zeitgenosse sei, dem man nicht über den Weg trauen dürfe, während Sie mir im zweiten Fall wohl lediglich größere Sorgfalt anraten würden. Absichten offenbaren Charakter, Unfälle Inkompetenz. Da wir aber uns selbst nicht erschaffen, sind wir weder für unseren Charakter noch für unser Unvermögen verantwortlich. Die Unterscheidung zwischen willentlichen und unwillentlichen Taten ist für die Frage der letzten Verantwortung bedeutungslos (auch wenn sie aus anderen Gründen extrem wichtig ist, etwa bei der Einschätzung der Gefahr, die von einer Person ausgeht). Um jemanden moralisch zur Rechenschaft zu ziehen, genügt es nicht, ihm einen Vorsatz nachzuweisen, weil dann noch nachgewiesen werden müsste, dass er für diesen die letzte Verantwortung trägt, was, wie wir gesehen haben, unmöglich ist. Ein Psychopath trifft viele moralisch verabscheuungswürdige Entscheidungen, doch gehört zu diesen nicht die Wahl eines Psychopathengehirns. Eine niederträchtige Entscheidung zu treffen, mag ein willentlicher Akt sein; das Gehirn zu besitzen, das sie trifft, ist es nicht.

Auch die Nature-Nurture-Debatte – wie viel ist angeboren, wie viel Erziehung? – ist für die Frage um die letzte Verantwortung bedeutungslos. Was zählt, ist die Tatsache, dass wir von Kräften geschaffen und gestaltet worden sind, für die wir keinerlei Verantwortung tragen, ebenso wenig wie für ihr Zusammenwirken oder ihren Ursprung. Wir wissen: Die Spezies Mensch wurde so geprägt, geformt und abgewandelt, und unsere Gene wurden so verteilt, kombiniert und rekombiniert, dass unsere Vorfahren im Überlebenskampf bestehen konnten. Dieser Evolutionsprozess hat vorgegeben, was aus uns noch werden kann. Was tatsächlich aus uns wird, bestimmt die Auseinandersetzung mit der Umwelt, mit der wir im Weiteren konfrontiert sind.

Aufgrund unseres Erbguts, das unser körperliches wie seelisches Potenzial begrenzt, sind wir statt mit Flügeln mit Armen und statt mit Schnäbeln mit Nasen ausgestattet. Ihm haben wir es auch zu verdanken, dass wir nur wenige Dinge im Kurzzeitgedächtnis behalten können, während wir das Gesicht eines alten Freundes auch nach Jahren mühelos wiedererkennen. Der Grundfahrplan für die Etappen der menschlichen Entwicklung ist in unserer DNA kodiert. Da die natürliche Selektion dazu neigt, den Bauplan einer Art zu standardisieren, weist die genetische Ausstattung des Menschen rund um den Globus weitaus mehr Ähnlichkeiten auf als Unterschiede. Deswegen kann jedes Kind jede Sprache erlernen und in jede Kultur hineinwachsen.

Das zeigte sich deutlich im Jahr 1938, als in den Dschungeln Neuguineas eine steinzeitliche Stammesgesellschaft entdeckt wurde. Die aus rund 1 Million Menschen bestehende Population hatte seit etwa 40 000 Jahren zur übrigen Menschheit keinerlei Kontakt mehr gehabt. Trotzdem wiesen die Säuglinge aus Neuguinea so gut wie keine genetischen Unterschiede zu anderen Menschenbabys auf: Ein Kleinkind von dort, das in einer beliebigen fremden Kultur großgezogen wird, erlernt so mühelos wie jedes andere deren Sprache, passt sich ihrer Ernährungsweise an und übernimmt ihre Traditionen.

So interessant diese Erkenntnisse sind, die Frage nach der letzten Verantwortung bleibt vom Umfang und von den Grenzen unseres biologischen Potenzials unberührt. Ob wir glauben, dass Menschen als »unbeschriebenes Blatt« zur Welt kommen und fast vollständig von der Umgebung geprägt werden oder dass in ihnen ein genetischer Determinismus wirkt, nach dem das Erbgut das meiste bestimmt, oder dass eine Kombination von beidem den Ausschlag gibt (die einzig plausible Position) – das Ergebnis bleibt stets dasselbe: Wir sind das Produkt von Kräften, über die wir keine Kontrolle haben. Wir erschaffen uns nicht selbst.

Ein weiteres Thema, das für die Frage der letzten Verantwortung bedeutungslos ist, auch wenn es häufig im Zentrum der Debatte um den freien Willen steht, ist der Determinismus, also die Überzeugung, dass es nur eine mögliche Zukunft gebe. Unabhängig davon, ob sich das Geschehen in unserem Universum nach einem feststehenden Plan vollzieht oder nicht, die Konzepte der Selbstschöpfung und der letzten Verantwortung sind und bleiben unstimmig.[16] Eine Entscheidung steht entweder am Ende einer ununterbrochenen Kette aus Ursache und Wirkung, oder sie ist ein Zufallsergebnis. Keine von beiden Optionen lässt Raum für eine letzte Verantwortung. Wenn jede Wirkung eine Ursache hat, führt uns eine vollständige Erklärung jeder Handlung bis zur Entstehung des Universums zurück. Selbst wenn der Determinismus durchbrochen wird – selbst wenn manche Ereignisse nicht aus vorangegangenen Ursachen folgen –, macht uns dies nicht verantwortlich. Ein nicht ursächliches, willkürliches Ereignis ist zufällig, und ein Zufallsereignis in unserem Entscheidungsprozess verträgt sich nicht mit einem sinnvollen Begriff von letzter Verantwortung. Wenn ein Zufallsereignis im Gehirn dafür sorgt, dass jemand seinen Arm hochstreckt, steckt hinter seiner Bewegung offenkundig keine Absicht.

Wir sind von den prägenden Kräften um uns herum nicht frei und werden es auch niemals sein. Die Art Verantwortung, wegen der wir Strafe oder Belohnung, Lob oder Tadel verdienen würden, ist eine

Illusion, ein heiliger Mythos, der ohne jede rationale Basis von einer Generation zur nächsten weitergereicht wird. Bei anderen Geschöpfen in der Natur – ob Haie, Bäume, Affen oder Amöben – kämen wir niemals auf die Idee, eine letzte Verantwortung sehen zu wollen, nur uns selbst sprechen wir sie aus irgendeinem Grund zu. Aspekte unserer Kultur stellen dem Wissen um die Grenzen unserer Freiheit Hindernisse in den Weg. Denken Sie an das Bibelwort: »Doch durch Gottes Gnade bin ich, was ich bin« (1 Kor, 10). Und doch gehen wir insgesamt durchs Leben, bilden uns Meinungen, erziehen Kinder und organisieren die Gesellschaft gemäß dem Mythos der Verantwortlichkeit.

Keine wissenschaftliche Erkenntnis bietet diesem Mythos irgendeine Grundlage. Auch ist kaum vorstellbar, wie ein Forschungsergebnis dies bewerkstelligen sollte. Dagegen widerspricht dem unmittelbar alles, was wir über das menschliche Verhalten und Gehirn wissen. Und immer mehr bedeutende Psychologen, Neurowissenschaftler und Physiker weisen uns darauf hin.[17] Doch ob wissenschaftlich fundiert oder nicht, allein schon mit elementarer Logik lässt sich der Mythos von der letzten Verantwortung leicht entlarven, weil die Idee in sich inkohärent, konfus und widersprüchlich ist. Im 19. Jahrhundert nannte sie Friedrich Nietzsche eine »Art logischer Notzucht«. Die Überzeugung, dass der Mensch »die ganze und letzte Verantwortlichkeit für seine Handlungen selbst« trage, schrieb er, »und Gott, Welt, Vorfahren, Zufall, Gesellschaft davon« entlastet würden, sei »nichts Geringeres, als […] sich selbst aus dem Sumpf des Nichts an den Haaren in's Dasein zu ziehn«.[18]

Schuldzuweisungen

Die Vorstellung von einer letzten Verantwortung wurzelt tief in unseren religiösen Traditionen, politischen Ideologien und Rechtssystemen, in denen sie stillschweigend vorausgesetzt, aber selten formuliert wird. Sie ist in Grundkonzepten der abrahamitischen Religionen wie Himmel, Hölle, Sünde und ewiger Verdammnis enthalten. Ein kosmisches System aus Verdammung und Erlösung ergibt nur dann einen Sinn, wenn die Menschen das ihnen auferlegte Schicksal verdienen. Eine ähnliche Ausrichtung hat auch die – im Hinduismus, Buddhismus und Jainismus zentrale – Vorstellung des Karma. Über Jahrtausende trugen die offiziellen Religionen entscheidend dazu bei, den Verantwortungsmythos zu verbreiten, und haben damit alle möglichen grausamen und brutalen Strafen im Diesseits und Jenseits gerechtfertigt, häufig im drastischen Konflikt mit anderen Grundwerten ihrer jeweiligen Glaubenslehre.

Grobe Ausformungen dieses Mythos nehmen auch einen herausragenden Platz in der Alltagskultur ein. Gewaltigen Auftrieb erhielt er in jüngerer Zeit in der wachsenden »Selbsthilfe«-Bewegung, die mit einer Mischung aus materialistischen Werten und Pseudospiritualität eine Industrie mit Milliardenumsätzen hervorgebracht hat. Als einer ihrer Exponenten verkörpert Deepak Chopra vollendet diese Synthese. Mit einer Vorzeigeklientel, die von Madonna bis zu Hillary Clinton reicht, verkündet er den Wohlhabenden und Aufstiegswilligen eine eingängige Botschaft: »Menschen, die gewaltige Erfolge erzielt haben, sind im Innersten höchst spirituell [...]. Wohlstand ist schlicht unser natürlicher Zustand.«[19]

Das wohl erfolgreichste Branding dieser Idee gelang mit Rhonda Byrnes verfilmtem Bestseller *The Secret* von 2006, der uns in ein sogenanntes universelles Gesetz – das »Gesetz der Anziehung« – einführt, wonach »Gleiches Gleiches anzieht« und wir unsere persönliche Situation verändern können, indem wir unser Denken verändern. Erstrebenswerte Güter wie Gesundheit, Wohlstand und Glück würden denjenigen zufliegen, die »positive« Gedanken und Empfindungen pflegten, was beinhaltet, dass Menschen mit »negativen« Gedanken und Gefühlen Negatives blühen würde. Sogar Naturkatastrophen mit Tausenden von Toten, behauptet die Autorin, ließen sich auf negative Gedankenmuster der betroffenen Gemeinschaften zurückführen. Dazu zitiert Byrne einen Dr. Joe Vitale: »Wenn Menschen glauben, sie könnten zur falschen Zeit am falschen Ort sein, [...] können diese Gedanken der Angst, Abgeschiedenheit und Ohnmacht, sofern sie sich verfestigen, sie dazu hinziehen, tatsächlich zur falschen Zeit am falschen Ort zu sein.«[20]

Auch wenn diese Sicht auf die menschliche Freiheit am äußersten Ende des ideologischen Spektrums liegt, sind derlei Haltungen einflussreich und in unserer Kultur auf dem Vormarsch. Das zeigt sich etwa am wachsenden Problem des Übergewichts: In einer Studie von 2005 werteten Abigail Saguy und Rene Almeling 221 Zeitungsartikel, medizinische Untersuchungen und Bücher zum Thema aus und stellten dabei fest, dass zwei Drittel der Quellen auf individuelle Ursachen von Übergewicht verwiesen, während nur knapp ein Drittel strukturelle Faktoren wie geographische Bedingungen, Arbeitsbelastung, die Fast-Food-Industrie oder geringe Einkommen erwähnten. Bezeichnenderweise verstärkte sich die Tendenz, die persönliche Verantwortung hervorzuheben, wenn es explizit um bestimmte soziale Gruppen ging: 73 Prozent der analysierten Dokumente, die erwähnten, dass sie sich auf Arme oder Menschen mit dunkler Hautfarbe bezogen, machten für die Fettleibigkeit falsche Entscheidungen bei der Ernährung verantwortlich, während dieser Wert in den Artikeln, in denen diese Gruppen ungenannt blieben, auf 29 Prozent absank.[21]

In seinem 2007 erschienenen Buch *Stuffed and Starved* (»Vollgestopft und ausgehungert«) über die Ernährungsindustrie zeigte Raj Patel, dass diese Herangehensweise wichtige Aspekte der Lebensumstände unterschlägt. In armen amerikanischen Stadtbezirken herrscht eine deutlich höhere Dichte an Schnellrestaurants als in wohlhabenden Wohngegenden, und gleichzeitig gibt es dort durchschnittlich nur ein Viertel so viele Supermärkte. Mit anderen Worten: In den USA leben Farbige und Arme in Umgebungen, die ein höheres Risiko für Fettleibigkeit bergen. Dagegen bieten wohlhabendere Viertel, in denen eher Weiße leben, gewöhnlich besseren Zugang zu gesünderer, frischerer und nährstoffreicherer Kost mit weniger Salz und Fett. Patel schreibt:

> Viele Entscheidungen sind für uns bereits durch unsere Umgebung, unsere Gewohnheiten, unsere tägliche Routine getroffen worden. »Freie Auswahl« ist der Begriff, mit dem wir unsere Option bezeichnen sollen, diese eine Packung statt einer anderen aus dem Regal zu ziehen. So

bringt man es uns bei. Auf die Frage, warum wir das mit dem Wort »Auswahl« bezeichnen, könnten wir antworten: »Niemand hat uns die Pistole auf die Brust gesetzt, niemand hat uns dazu gezwungen« – als sei dies das Gegenteil der Möglichkeit, eine Auswahl zu treffen. Aber das Gegenteil von Wahl ist nicht Zwang, sondern Instinkt. Und unsere Instinkte sind so stark durch Kräfte vereinnahmt, die wir nicht beherrschen, dass sie durch und durch verdächtig sind.[22]

Noch bevor wir über unsere Entscheidungen, wie wir uns ernähren, ernsthaft nachzudenken beginnen, sind sie schon eingeengt und in bestimmte Richtungen gelenkt worden. Wie alle Gewohnheiten werden auch die des Konsums von früher Kindheit an fürs Leben geprägt: Die 10 Milliarden Dollar, die die Lebensmittelindustrie allein in den USA jährlich ausgibt, um ihre Produkte unter Kindern zu vermarkten, sind als Investition klar langfristig angelegt.[23] Die Ideen, Werte und Bilder, auf die wir in unserer Umwelt treffen, prägen unsere Ernährungsgewohnheiten. Ein schlagendes Beispiel sind die Fidschi-Inseln, auf denen Essstörungen noch im Jahr 1990 völlig unbekannt waren. 1995 wurde das Fernsehen eingeführt, hauptsächlich aus den USA und vollgepackt mit Werbung. Binnen drei Jahren entwickelten zwölf Prozent der minderjährigen Mädchen auf den Inseln eine Bulimie.[24]

Heute wird denen, die ihr Gewicht kontrollieren wollen, in Rhonda Byrnes *The Secret* eine andere Strategie angeboten:

> Wenn Sie übergewichtige Menschen sehen, beachten Sie sie nicht, sondern stellen Sie sich sofort das Bild von sich selbst in Ihrem perfekten Körper vor und spüren Sie es. […] Das perfekte Gewicht anzuziehen, ist dasselbe, wie eine Bestellung im Katalog des Universums aufgeben. Sie blättern den Katalog durch, wählen Ihr Idealgewicht und bestellen, dann wird es Ihnen geliefert.[25]

Auch wenn Byrnes Ratschläge der unfreiwilligen Komik nicht entbehren, ist ihre Botschaft symptomatisch für einen mächtigen Trend. *The Secret* besetzte 190 Wochen lang den Spitzenplatz auf der Bestsellerliste der *New York Times*, wurde in rund 50 Sprachen übersetzt und 20 Millionen Mal gedruckt.[26]

Eine moderne, säkulare Version des Verantwortungsmythos stellt die Verheißung des »amerikanischen Traums« dar: Jeder kann reich werden. Wer reich ist, hat sich den Reichtum verdient, und wer nicht reich ist, gebe sich selbst die Schuld. Die Wurzeln dieses Mythos liegen im klassischen Liberalismus, dem geistigen Vorläufer des Neoliberalismus, der heute vorherrschenden Ideologie. Gefördert wurde die Tendenz, dem Einzelnen die letzte Verantwortung für sein Los zuzuschreiben, gegen Ende des 19. Jahrhunderts durch den aufkommenden Sozialdarwinismus, der aus Darwins Evolutionslehre seine Inspiration zog.

Nach dieser Doktrin (die Darwin nicht teilte) sind Einzelne, Gruppen und Rassen dem Gesetz der natürlichen Auslese unterworfen, sodass sich Ungleichheiten hinsichtlich Wohlstand und Macht zwischen Populationen mit biologischen Unterschieden erklären lassen, eine Auffassung, die es ermöglicht, Imperialismus und Kolonialismus als Form des evolutionären Fortschritts zu betrachten. Mit anderen Worten: Es ist natürlich, dass Schwache zugrunde gerichtet werden, während Starke an Macht gewinnen. Der wortreichste amerikanische Verfechter dieser Ideologie, William Sumner, versicherte, dass »der Trunkenbold in der Gosse dort liegt, wo er hingehört«, und dass »die Millionäre Produkt der natürlichen Auslese sind […]. Auch wenn sie ein hohes Einkommen haben und im Luxus leben, ist dies für die Gesellschaft ein gutes Geschäft.«[27] In Zeiten, da Regierungen den Reichen Steuern erlassen und den Armen die Unterstützung kürzen, ist klar, dass die Gedanken des Sozialdarwinismus immer noch quicklebendig sind, auch wenn sich die Sprache geändert haben mag.

Der Politologe Charles Murray schreibt: »Ich möchte den Begriff der Schuld wiedereinführen und die Bereitschaft, Menschen ›Opfer‹ zu nennen, drastisch reduzieren.«[28] Ihm liegt mehr an dem »Jungen, der eifrig studiert, sich an das Recht hält, hart arbeitet und darauf achtet, eine ungewollte Schwangerschaft zu vermeiden«, als an dem anderen, »der in der Schule versagt, mit dem Gesetz in Konflikt gerät, keinen Job, aber ein Kind hat, für das er nicht zu sorgen vermag«.[29] Und weiter schreibt er: »Der Standard, an den ich mich selbst halte und den ich anderen Kommentatoren sozialpolitischer Verhältnisse empfehle, lautet: Man beurteile Leute, die man nicht kennt – auch arme Unbekannte –, nicht nach anderen moralischen Maßstäben als denen, die für die Menschen gelten, die man kennt und liebt.«[30]

Dies ist eine auf gefährliche Weise vereinfachende Sicht der Dinge. Wo sie ein Verhalten moralisch bewertet, legt sie großen Wert auf Parität der Kriterien – »Wir müssen alle nach den gleichen moralischen Maßstäben beurteilen« –, verschließt aber die Augen vor der Ungleichheit, aus der das beurteilte Verhalten hervorgeht: ein klassischer Fall von Doppelmoral. Als kleines Zugeständnis behauptet Murray, selbst »wenn es stimmte, dass ein armer junger Mensch für die Verhältnisse, in denen er sich befindet, nicht verantwortlich ist, wäre es das Schlimmste, ihn davon zu überzeugen, dass dem so ist«.[31] Die Äußerung verdient Beachtung. Nur Wissen, nicht Unwissen kann uns stärken. Welche Freiheiten wären erobert worden, wenn Sklaven, Leibeigene und ausgebeutete Lohnarbeiter sich die Schuld für ihre erbärmlichen Lebensverhältnisse selbst zugeschoben hätten? Welche Rechte, Löhne oder staatliche Unterstützungen hätten sich die Mittellosen gesichert, wenn sie ihre Benachteiligung allein auf persönliches Versagen zurückgeführt hätten? Die Ursachen unserer – kollektiven und individuellen – Probleme zu verstehen, ist ein entscheidender Schritt zu ihrer Lösung.

Theologen und Philosophen haben gewaltigen geistigen Aufwand betrieben, um »die Welt schuldfähig zu machen«.[32] Viele Denker widmeten sich dieser Aufgabe, aber keiner war erfolgreich. All das ausufernde Räsonieren über die verschiedenen Formen von Schuld, ihren gesellschaftlichen Nutzen und unseren instinktiven Antrieb, Menschen Verantwortlichkeit zuzuschreiben, hat kein stichhaltiges Argument und keinen Beweis dafür erbracht, dass Menschen für ihre Handlungen tatsächlich letztlich verantwortlich sind. Mit Fehlverhalten konfrontiert, haben wir jedes Recht, jemandem unser Vertrauen zu entziehen, ihm Missbilligung zu bekunden, empört zu reagieren, den Kontakt abzubrechen und – wenn es dem Schutz von Gemeinwohl und Gesellschaft dient – für Maßnahmen wie Geldbußen und Gefängnisstrafen einzutreten, aber Schuldzuweisungen brauchen wir dafür nicht. Der Glaube, dass Menschen Schuld zugewiesen werden muss, ist weder wissenschaftlich noch logisch begründet und ignoriert die fundamentalsten Wahrheiten über den Menschen. Der Schuldgedanke ist ein Anachronismus, den Instinkte, Traditionen und Ängste am Leben erhalten.

Auch wird der Verantwortungsmythos als bedeutende politische Waffe eingesetzt. Die Rechtswissenschaftlerin Barbara H. Fried schreibt:

> Die Begeisterung für Schuldzuweisungen rührt nicht nur von der Lust her, andere zu bestrafen. Umfassender wurde der ganze Umbau unserer öffentlichen Politik – die schrittweise Zerschlagung des sozialen Sicherungsnetzes, die Tendenz, soziale Absicherung zu privatisieren, die Deregulierung des Bankwesens, die Kämpfe um das Gesundheitswesen, die Weigerung, Eigenheimbesitzer nach dem Zusammenbruch des Immobilienmarktes vor der Insolvenz zu retten – von unserem kollektiven Gefühl befeuert, dass selbst schuld ist, wer in Not gerät.[33]

Je mehr Verantwortung dem Einzelnen aufgebürdet wird, desto leichter sind die zahllosen Ungleichheiten in unserer Welt zu rechtfertigen. Wenn Süchtige, Sünder, Flüchtlinge, Gefängnisinsassen, Obdachlose, Dickleibige, Arbeitslose und Arme für ihre Verhältnisse selbst verantwortlich sind, gibt es kaum eine Verpflichtung, sie zu unterstützen.

Mit der Überzeugung, jeder sei für sein Schicksal letztlich selbst verantwortlich, lassen sich Diskrepanzen hinsichtlich Macht, Wohlstand und Chancen leichter legitimieren. Wenn die Reichen ihre Privilegien und die Armen ihr Elend verdienen, sind die Dinge offenbar so, wie sie sein müssen. Wie der ehemalige republikanische Präsidentschaftskandidat Herman Cain verkündete: »Gebt nicht der Wall Street, nicht den Großbanken die Schuld. Wenn ihr keinen Job habt und nicht wohlhabend seid, gebt euch selbst die Schuld.«[34] Aber kein Verhalten entsteht aus sich heraus. Jede Entscheidung ist das Ergebnis von Erbanlage, Erfahrung und Gelegenheit. Klarer als die meisten hat der Milliardär Warren Buffett die ausschlaggebende Rolle des Faktors Glück erkannt:

> Die meisten der sieben Milliarden Erdenbürger sind mit einem Schicksal konfrontiert, das zum Zeitpunkt ihrer Geburt im Großen und Ganzen vorgeprägt ist. [… F]ür buchstäblich Milliarden Menschen bestimmt, wo sie zur Welt kommen und wer sie zur Welt bringt, im Zusammenwirken mit ihrem Geschlecht und ihren angeborenen geistigen Fähigkeiten weitgehend, wie ihr Leben verlaufen wird.[35]

Sobald wir menschliches Verhalten in den umfassenderen Kontext von Ursache und Wirkung stellen, in einen Rahmen, der die steuernde Kraft der Gene und der Umwelt berücksichtigt, tritt klar die entscheidende Rolle des Glücks hervor. Allein schon, dass wir existieren, ist ein besonderer Glücksfall; die Chancen, geboren zu werden, sind verschwindend gering. Über 90 Prozent aller Organismen, die auf diesem Planeten lebten, starben ohne Nachkommen,[36] ein Schicksal, dem somit, da Sie dies lesen, alle Ihre Vorfahren seit Anbeginn des Lebens auf der Erde entgangen sind. Und nach der Geburt regiert weiterhin der Faktor Glück. Ein in Japan zur Welt gekommener Säugling hat gegenüber einem in Angola geborenen Baby eine 50-mal so hohe Aussicht, seinen ersten Geburtstag zu erleben.[37] In den USA hat ein afroamerikanisches Kleinkind gegenüber einem weißen ein doppelt so hohes Risiko, im ersten Lebensjahr zu sterben.[38] Im Zeitraum von 1990 bis 2015 starben – zumeist an vermeidbaren Erkrankungen – weltweit rund 236 Millionen Kinder vor dem fünften Lebensjahr.[39] Und wenn wir es bis ins Erwachsenenalter schaffen, ohne dass wir Missbrauch, Gewalt, Vernachlässigung, Krieg, Hunger, Mangelernährung, körperliche oder seelische Erkrankungen, extreme Armut, Behinderungen oder den Verlust eines Elternteils oder Geschwisters erfahren haben, können wir uns glücklicher schätzen als die Allermeisten.

Dem Glück verdanken wir auch unsere Anlagen und Fähigkeiten. Ob wir das Gehirn eines Isaac Newton oder das Lauftalent eines

Usain Bolt besitzen, ist reine Glückssache, und das gilt auch für das psychologische Rüstzeug, das uns hilft, das Beste aus unseren Chancen und Talenten zu machen: Selbstvertrauen ist von zentraler Bedeutung, um eine ehrgeizige Aufgabe in Angriff zu nehmen oder Rückschläge und Misserfolge gut zu verkraften, und das Maß unseres Selbstvertrauens hängt wiederum stark davon ab, wie wir als Kinder behandelt wurden, und dafür sind wir nicht verantwortlich. Ob Geduld, Einfallsreichtum, Konzentration, Kreativität, Ausdauer oder Selbstkontrolle – all diese Fähigkeiten sind ungleichmäßig über die Gesellschaft verteilt. In jedem Klassenzimmer gibt es Kinder, die sich stundenlang glücklich dem Lernen widmen, andere, die es nicht aushalten, stillzusitzen, einige, die vor Selbstbewusstsein strotzen, und manche, die von Selbstzweifeln gelähmt werden. Verschiedene Gehirne bilden unterschiedliche Fähigkeiten aus, und sein Gehirn sucht sich bekanntlich keiner aus. Ob wir Musterschüler oder Schulabbrecher, diszipliniert oder unkonzentriert, motiviert oder faul sind, ist letztlich eine Frage des Glücks.

Jahrzehntelange Forschungen haben den Einfluss früher Erfahrungen auf die Entwicklung angeborener Fähigkeiten zutage gefördert. So liegen Kinder aus einkommens- und bildungsschwachen Familien bei ihrer Einschulung im Schnitt weit hinter ihren Kameraden aus wohlhabenderen Familien zurück. Wie oft und wie lange unsere Bezugspersonen mit uns sprechen, lesen oder spielen – und die Qualität solcher Interaktionen –, dies alles führt zu ganz unterschiedlichen Werdegängen. Psychologen der Stanford University zeigten, dass schon zweijährige Kinder aus ärmeren Familien in der Sprachentwicklung bis zu sechs Monate im Rückstand sind.[40] Bis zum vierten Lebensjahr hören Kinder aus der Mittel- und der Oberschicht rund 30 Millionen mehr Wörter als Kinder aus Familien, die auf staatliche Hilfe angewiesen sind.[41] Bei einer vom Scottish Centre for Social Research (SCSR) durchgeführten Studie, in der die Fähigkeiten von 14 000 Kindern erfasst wurden, stellte sich heraus, dass Fünfjährige aus Akademikerfamilien ihren weniger privilegierten Altersgenossen im Wortschatz durchschnittlich um eineinhalb Jahre und bei den Fähigkeiten zur Problemlösung um rund 13 Monate voraus sind.[42]

Der Verlauf eines Lebens hängt von einem breiten Spektrum an unvorhersehbaren Faktoren ab. Schon kleine Unterschiede in den Genen und Erfahrungen reichen aus, um unseren Lebensweg nachhaltig zu beeinflussen. Sie können Entwicklungen anstoßen, die in völlig verschiedene Richtungen führen, ein Phänomen, das in der Chaostheorie als »Schmetterlingseffekt« bekannt ist. Leicht veränderte Ausgangsbedingungen hätten einen Mann, der mit 25 Jahren an einer Überdosis Drogen stirbt, vielleicht bis ins Großelternalter weiterleben lassen. Eine Nobelpreisträgerin für Literatur hätte ihr Leben unter geringfügig anderen Umständen womöglich als Hausfrau verbracht, ohne je ihr Talent zu entdecken. Wenn wir an einem Scheideweg stehen – etwa vor der Frage, ob wir einen Diebstahl begehen sollen oder nicht, ob wir betrügen, uns rächen, ein Risiko eingehen, eine Stelle kündigen, eine Prüfung wiederholen, an einer missbräuchlichen Beziehung festhalten sollen oder uns besser für die Alternative entscheiden –, können scheinbar banale Unterschiede gewaltige Folgen haben, indem sie uns einen Schubs hin zu dem einen oder zu dem anderen Weg geben. In entscheidenden Augenblicken genügt vielleicht ein aufmerksamer Freund, ein anregendes Buch, ein fürsorglicher Lehrer, ein starkes Vorbild, ein lächelnder Fremder, selbst schönes Wetter oder nur eine gut durchschlafene Nacht, um uns vor einem schwerwiegenden Fehler zu bewahren.

Manche Menschen übertreffen jede Erwartung und vollbringen trotz Widrigkeiten bemerkenswerte Dinge. Es ist verlockend, solche Lebensleistungen als einen Beweis dafür zu sehen, dass wir trotz allem Herren über unsere Geschicke sind, doch das wäre ein Fehler. Kräfte, die wir nicht beherrschen, bestimmen die – mentalen, körperlichen und materiellen – Ressourcen, die uns zur Verfügung stehen, um uns einen neuen Weg zu bahnen, und diese legen im Zusammenspiel mit zahllosen weiteren Schicksalswendungen letztlich fest, wie erfolgreich unsere Versuche sind. Auf jede unwahrscheinliche Erfolgsgeschichte kommen zahllose Viten von Menschen mit gleichem Potenzial, die infolge niederschmetternder Umstände arm und vergessen starben. Wenn ein Sonderling das große Los zieht, lässt dies nicht den Schluss zu, das Spiel sei nicht darauf ausgerichtet, dass alle anderen verlieren.

Wenn wir die überholte Ideologie von Verdienst und Schuld überwinden, können wir daran zu arbeiten beginnen, die tieferen Ursachen unseres Verhaltens zu verstehen: die Ursachen familiärer, genetischer, wirtschaftlicher und politischer Natur. Dieses notwendige Gegenmittel wirkt gegen die bequeme Überzeugung, wonach der angebliche »freie Wille« dem Einzelnen letzte und volle Verantwortung auferlegt. Solche Vorstellungen erinnern an die ersten Versuche, Theorien zur natürlichen Welt aufzustellen. So wollte Aristoteles die Tatsache, dass manche Dinge aufsteigen und andere fallen, damit erklären, dass »Körper« ihrem »natürlichen Ort« zustrebten: Äpfel fielen herab, weil das Fallen in ihrer Natur liege; Dampf steige auf, weil das Aufsteigen seiner Natur eigen sei. Gedankenspiele wie dieses dienen allenfalls dazu, unsere Unwissenheit zu kaschieren. So wie das Herabfallen von Äpfeln und das Aufsteigen des Dampfes hat auch das Verhalten von Menschen Gründe, die den Willen des Einzelnen bei weitem überschreiten.

Unsere Begabungen, Haltungen, Neigungen und Chancen sind das Ergebnis von Kräften, die sich unserer Kontrolle entziehen. Auch wenn noch umstritten ist, welchen Anteil die biologischen und die umweltbedingten Faktoren jeweils haben, wurde die These von der Verantwortlichkeit als Mythos entlarvt – und damit die Grundlage für die Zuweisung von Verdienst und Schuld.[43] Sie mag instinktiv verlockend wirken, dem Glücklichen schmeicheln und dem Mächtigen zweckdienlich sein, aber sie ist ein Mythos, ein irrationales Dogma, das vielen Menschen großen Schaden zufügt.

Glück war die entscheidende Kraft im Leben eines jeden, der jemals gelebt hat. Unabhängig von unseren guten oder schlechten Taten haben wir ein Glück, das uns zuteilwird, niemals mehr oder weniger als andere verdient. Erweist sich letzte Verantwortung als ein in sich unstimmiges Konzept, verliert auch der Begriff des Verdienstes – dass wir Belohnung oder Strafe wirklich verdient hätten – seine Bedeutung. Wenn wir für das, was wir tun, nicht wirklich verantwortlich sind, haben wir für unser Tun auch keinen Schmerz und keinen Genuss, kein Leiden und keine Freude verdient. Strafe und Belohnung mögen wichtige praktische Aufgaben erfüllen, Anreize für Verhaltensweisen schaffen, die wir in der Gesellschaft fördern wollen, aber das ist eine andere Frage, um die es in den beiden nachfolgenden Kapiteln gehen wird.[44]

Ich muss hinzufügen, dass es einen anderen Gebrauch des Wortes »verdienen« gibt, die von dieser Sicht auf das Thema Verantwortung unberührt bleibt. Im Bus hat eine gebrechliche alte Dame eher als eine junge Frau einen Platz verdient. Eine alleinerziehende Mutter von drei Kindern verdient mehr Unterstützung als ein Konzern mit vielen Millionen Dollar Umsatz. Warum? In beiden Fällen ist klar, wer bedürftiger ist. Das Wort »verdienen« bedeutet in diesen Beispielen nur »es nötiger haben«. Wenn Sie erschöpft sind und ich ausgeruht bin, haben eher Sie als ich Urlaub verdient, nicht weil Sie härter gearbeitet haben – auch wenn das ein Grund für Ihre Erschöpfung sein kann –, sondern einfach deshalb, weil Sie ihn dringender benötigen. Wie wir sehen werden, ist ein am Grad der Bedürftigkeit orientiertes System von Belohnungen das einzige, das den Gerechtigkeitstest besteht.

Eine gefährliche Idee?

Ist es gefährlich, den Verantwortungsmythos zu entlarven? Dem Philosophen Daniel Dennett zufolge ist »die Einschätzung, dass keiner je für etwas, das er tut, voll verantwortlich sei, der erste Schritt auf dem Weg in einen Polizeistaat, der alles ›asoziale‹ Verhalten in medizinische Kategorien einordnet, und dieser Weg führt in den Gulag«.[45] Auch warnt er, dies könne uns »unserer Würde berauben« und unsere Neigung verringern, uns moralisch einwandfrei zu verhalten. Sind diese Befürchtungen berechtigt?

Dass ein Gedanke zu destruktiven oder repressiven Zwecken genutzt werden kann, sagt wenig über dessen Wahrheitsgehalt oder Wert aus. Große Ideen führen immer zu einem Kampf darum, wer die Deutungshoheit über sie erhält, um sie in den Dienst seiner Interessen stellen zu können. Dabei werden im Eifer des Gefechts Begriffe umso stärker gedehnt, verbogen und verzerrt, je mehr auf dem Spiel steht. Ein typischer Fall ist die Evolutionstheorie, die das Denken über unsere eigene Art und die Natur revolutioniert hat. Bei einer Erkundung dieser Revolution schreibt Dennett in seinem Buch *Darwins gefährliches Erbe*:

> Seit 1859, als *Die Entstehung der Arten* erschien, hat Darwins Grundidee immer wieder heftige Reaktionen ausgelöst, von wütender Verdammung bis zu begeisterter Gefolgschaft, die manchmal fast an religiösen Fanatismus grenzte. Darwins Theorie wurde von Freunden und Feinden gleichermaßen missbraucht und falsch dargestellt. Man wandte sie falsch an, um entsetzlichen politischen und gesellschaftlichen Lehren einen wissenschaftlichen Anstrich zu geben.[46]

Wenn Darwins Idee zur Rechtfertigung von »entsetzlichen politischen und gesellschaftlichen Lehren« missbraucht werden kann, heißt das dann, man sollte sie ignorieren, unterdrücken, verschleiern, öffentlich diskreditieren? Dennett spricht sich dagegen aus: »Ein geheiligter Mythos hat keine Zukunft. Warum? Wegen unserer Neugier.« Die einzige Art, das Wertvolle zu bewahren, bestehe darin, »den Vorhang des Nebels zu durchstoßen und die Idee so entschlossen und leidenschaftslos wie möglich zu betrachten«. Wenn man sich Darwins gefährlichem Gedanken stellt, zeige sich, dass »das, was uns wirklich wichtig ist und wichtig sein sollte, hindurchschimmert – verwandelt, aber auch gekräftigt durch das Durchleben der darwinistischen Revolution«.[47] Dennetts Überlegung lässt sich auf den »geheiligten Mythos« der individuellen Verantwortung übertragen. Müsste der umfassend zurückgewiesen werden, bräuchte die Gesellschaft eine gedankliche Revolution, um sich an die dadurch ausgelösten Entwicklungen anzupassen. Wie wir sehen werden, hat ein Verständnis, wo die Grenzen unserer Freiheit liegen, wie im Falle der Evolutionstheorie das Potenzial, eine »verwandelte, aber auch gekräftigte« Auffassung davon zu schaffen, was in unserem Leben das Wichtigste ist. Darwin selbst wies den Verantwortungsmythos zurück. Sein Credo: »Diese Sicht sollte einen tiefe Demut lehren, man verdient weder Lob noch Tadel für irgendetwas«, und »auch sollte man andere nicht an den Pranger stellen«.[48]

Ehe wir erkunden, wie diese »Verwandlung« aussehen könnte, ist es wichtig, festzuhalten, dass der – stillschweigende oder explizite – Glaube an die Verantwortung selbst mit ganz eigenen Gefahren behaftet ist. Er diente zur Rechtfertigung grausamster Taten, indem er den Begriffen von Sünde, Schuld und »verdienter« Vergeltung trügerische Glaubwürdigkeit verschaffte. Er rechtfertigt ein Anspruchsdenken und stärkt den Impuls, Schuld zuzuweisen und Strafen zu verhängen. Neuere Forschungen haben die hässlichen Auswüchse, die mit diesem Denken einhergehen, empirisch nachgewiesen.

Um zu messen, wie stark sich Menschen mit der Vorstellung identifizieren, dass die Welt gerecht sei – dass den Guten Gutes und den Schlechten Schlechtes widerfahre –, nutzen Psychologen die Skala des »Gerechte-Welt-Glaubens«. Eine Person, die auf dieser Skala mit einem hohen Wert abschneidet, zeigt eine signifikante Zustimmung zu Sätzen wie »Im Großen und Ganzen bekommen Menschen das, was sie verdienen« oder »Menschen, denen Unglück widerfährt, haben es sich selbst zuzuschreiben«. Als weiterer Maßstab dient die Skala des »rechten Autoritarismus«, die den Grad des Einverständnisses mit Äußerungen wie den folgenden erfasst: »Was die staatlichen Institutionen machen, erweist sich im Allgemeinen als durchdacht und richtig, während die Radikalen und Demonstranten gewöhnlich ›Schreihälse‹ sind, die keine Ahnung haben, wovon sie reden«, oder »Unser Land braucht dringend einen starken Führer, der tut, was getan werden muss, um den immer schlimmer werdenden Sittenverfall zu stoppen, der uns zugrunde richtet.« Wer auf dieser Skala mit einem hohen Wert abschneidet, ist eher bereit, sich einer Obrigkeit zu unterwerfen, und begegnet kritischen Geistern eher feindselig.

Die Psychologen Jasmine Carey und Del Paulhus ermittelten, dass ein starker Glaube an den Verantwortungsmythos mit hohen Werten auf beiden Skalen korreliert. Ihre Arbeit ist Teil eines wachsenden Korpus empirischer Forschungen, die deutlich zeigen, dass sich mit dem Glauben an diesen Mythos zugleich auch die Tendenz verstärkt, Opfern die Schuld für ihre Lage zuzuschieben, härtere Strafen zu fordern, sich Mächtigen zu unterwerfen und extreme wirtschaftliche Ungleichheiten als fair und gerecht wahrzunehmen.[49] Das Bestreben, diesen Mythos zu fördern, birgt wohl eher als der Versuch, ihn zurückzuweisen, die von Dennett beschworene Gefahr, »den Gulag« erneut entstehen zu lassen.[50]

Eine Reihe von Studien, die in der Fachzeitschrift *Psychological Science* erschienen, zeigte, dass Menschen weniger stark dazu neigen, andere zu verurteilen, wenn ihr Glaube an die letzte Verantwortung durch Argumente gegen den freien Willen oder Ergebnisse der Gehirnforschung erschüttert wird.[51] Solche Ergebnisse deuten darauf hin, dass der Abschied vom Verantwortungsmythos ethisches Verhalten eher fördert als behindert und dass er einen wichtigen Schritt zu mehr Mitgefühl darstellt. Wenn wir für unsere Leistungen und unsere Unzulänglichkeiten nicht verantwortlich sind, befinden wir uns jedenfalls alle auf Augenhöhe: Letztlich steht niemandem mehr Freude, Glück oder Freiheit zu als jedem anderen. Das zwingt uns nicht, jeden gleich zu behandeln, macht aber deutlich, dass sich die Benachteiligungen mancher und die Privilegien anderer nicht mit der Behauptung rechtfertigen lassen, die jeweilige Gruppe hätte sie verdient. Aus dieser Perspektive entdecken wir ein solides Fundament für Gleichheit, Empathie und Mitgefühl.

Es wäre unethisch, auszublenden, wie viel Glück an ethischen Verhaltensweisen beteiligt ist.[52] Handlungen, die wir als unmoralisch ansehen, sind – wie jedes Verhalten – letztlich ein Produkt prägender Verhältnisse. Deshalb sind diejenigen, die keinerlei Mitgefühl für andere haben, eines Mitgefühls keineswegs weniger würdig. Es aufzubringen fällt natürlich zuweilen nicht leicht. Wenn wir unter jemandem leiden, gilt es zunächst einmal, heftige und komplexe Emotionen zu bewältigen, bevor Anteilnahme zu einem gangbaren Weg werden kann, damit umzugehen – und in bestimmten Situationen ist dieser Punkt für manche vielleicht auch unerreichbar. Um dies anzuerkennen, bedarf es selbst eines Mitgefühls.

Mitunter tun wir uns schwer, uns selbst Leid zu verzeihen, das wir anderen zugefügt haben. Aber einiges deutet darauf hin, dass dieses Verzeihen für unsere körperliche und insbesondere seelische Gesundheit wichtig ist.[53] Anscheinend verstärken Gefühle des Selbsthasses destruktive Neigungen. Wie ein englisches Sprichwort sagt:

»Verletzte Menschen verletzen Menschen.« Wir dürfen nie vergessen, dass die Welt uns prägt, ehe wir eine Chance bekommen, die Welt zu prägen. Diese Sicht bietet uns die Option, jenseits unserer eigenen Schuld und unserer individuellen Schwächen die systembedingte und kulturelle Basis unserer Identität in den Blick zu nehmen. Eine erweiterte Perspektive kann uns darin unterstützen, Zyklen selbstzerstörerischen Verhaltens zu durchbrechen. Geschehenes kann nicht ungeschehen gemacht werden; immer lautet die wichtige Frage: »Was steht als Nächstes an?«[54]

Wir sind in unserem Umfeld verwurzelt und von dessen Angeboten ebenso stark abhängig wie ein Baum, dessen Gesundheit unauflöslich von den Licht-, Luft- und Bodenverhältnissen abhängt, die er vorfindet. Auch wir starten als ein Same ins Leben, dessen Wachstum und Entwicklung von der Umwelt abhängt. Unsere Fähigkeit zu Glück, Vertrauen, Ekstase, Empathie, Liebe und Hass haben wir nicht selbst geschaffen. Das heißt aber nicht, dass wir nicht in der Lage wären, uns zu verändern, zu lernen und uns weiterzuentwickeln oder dass solche Bemühungen unwichtig sind – im Gegenteil, sie sind entscheidend –, aber es bedeutet, dass wir es uns nicht als Verdienst anrechnen können, wie weit wir verglichen mit anderen in diesen Bemühungen vorangekommen sind. So wenig, wie der mächtige Mammutbaum, der aus einem kleinen Schössling herangewachsen ist, auf seine Höhe stolz sein kann, können wir es uns zugutehalten, was aus uns geworden ist. In einem entscheidenden Sinne sind unsere Leistungen eigentlich nicht *unsere* Leistungen. Wir sind Töne in der Melodie des Lebens, nicht der Komponist.

Zu bestreiten, dass wir im eigentlichen Sinne verantwortlich sind, heißt nicht, zu leugnen, dass es von Prinzipien geleitetes und ethisches Verhalten gibt. Um jemanden wegen eines staunenswerten Wesenszugs schätzen zu können, brauchen wir nicht zu glauben, dass er für ihn verantwortlich ist. Wir erfreuen uns an der leuchtenden Farbe, der eleganten Form und vollendeten Schönheit der Rose, ohne ihr für diese Eigenschaften irgendeine Verantwortung zuzuschreiben. Das Gleiche gilt für die gesamte Natur in ihrer Vielfalt und Pracht – einschließlich des Menschen. Warum sollten wir eine Künstlerin wie

Nina Simone für ihre Genialität verantwortlich machen, um sie dafür bewundern zu können, was sie geschaffen hat? Warum sollten wir Martin Luther King als verantwortlich für seinen Mut ansehen, um zu ehren, was er erreicht hat? Den Verantwortungsmythos entlarven heißt nicht, inspirierende und vorbildhafte menschliche Eigenschaften zu leugnen. Es bedeutet nur, sie wie den Glanz eines Sonnenuntergangs als Gaben der Natur zu betrachten. Solche Schönheit ist aus sich selbst heraus bedeutsam und erhebend.

Was Dennett und andere wohl tatsächlich befürchten, ist eine durch Verzicht auf den Verantwortungsmythos ausgelöste Entwicklung, die »verantwortungsloses« – gedanken- oder sogar rücksichtsloses – Verhalten fördert: dass wir dann weniger Grund zu Fürsorge, Gewissenhaftigkeit, Respekt und Zuverlässigkeit hätten. Diese Sorge ist fehl am Platz. Werte, nicht der Glaube an eine letzte Verantwortung, an Verdienst oder Schuld, motivieren unser Verhalten. Und Werte sind das Ergebnis eines breiten Spektrums an Kräften, die auf komplexe Weise auf uns einwirken. Einstein hätte den Verantwortungsmythos sicher zurückgewiesen, doch dies hinderte ihn keineswegs daran, sein Leben voller Energie und Begeisterung der Entschlüsselung der Rätsel des Universums zu widmen, gegen die Verbreitung von Atomwaffen zu kämpfen und sich für eine gerechtere Gesellschaft einzusetzen. Es gibt keinen Grund anzunehmen, dass unsere Entschlossenheit, unseren Bedürfnissen nachzugehen oder unsere Ziele zu erreichen, geschwächt wird, wenn wir Verantwortung als Illusion entlarven. Unsere Fürsorglichkeit gegenüber Angehörigen, unser Wissensdurst, unsere Empörung über empfundenes Unrecht werden sich dadurch nicht verringern. Wie ich im Schlussteil des Buches ausführen werde, entdecken wir unsere grundlegendsten Freiheiten, indem wir anstreben, erschaffen und erleben, was uns wirklich wichtig ist.

Verantwortung als Mythos zu entlarven, hat einen weiteren Nutzen: Es hebt die fundamentale Bedeutung jeglichen Unterfangens hervor, Dinge zu hinterfragen. Wenn wir für die Art unseres Seins nicht verantwortlich und auch nicht die Urheber unserer Identität sind, wer oder was ist es dann? Das Wissen darum, wie empfänglich wir für Kräfte sind, die wir nicht beherrschen, zwingt uns dazu, uns mit diesen auseinanderzusetzen und ihren Einfluss gegebenenfalls zu überwinden. Dieser Punkt ist wichtig. Eine entscheidende Voraussetzung, um Demokratie mit Leben zu erfüllen und die Gefahr zu bannen, die von zentralisierter Macht ausgeht, sind Bürger, die willens und in der Lage sind, Dinge infrage zu stellen.

Nicht zufällig sind Sudanesen in der Mehrheit Muslime, Thais mehrheitlich Buddhisten und Italiener mehrheitlich Katholiken. (In allen Fällen zu fast 90 Prozent.) Wo wir zur Welt kommen, ist zufällig, nicht aber die Prägung durch die Welt, in die wir hineingeboren werden. Zahlreiche Kräfte konkurrieren um unsere Aufmerksamkeit und Loyalität. Unser Geist ist ein Kampfplatz rivalisierender Anschauungen. Der Ausgang des Kampfes bestimmt, was aus uns wird und welcherart Gesellschaft wir erschaffen. Aber die siegreichen Kräfte sind nicht notwendigerweise diejenigen, die uns selbst am meisten nützen. Im Verlauf der Geschichte sind zahllose Menschen dazu abgerichtet worden, Ideologien der Knechtschaft zu verfechten, mörderische Regime zu unterstützen und dreiste Lügen zu glauben. Einst diente es den Interessen der Monarchen, den Untertanen die Idee vom Gottesgnadentum einzuimpfen, so wie der Gedanke einer rassischen Überlegenheit den Interessen von Kolonialherren diente. Heute sind andere Interessen im Spiel, wenn alljährlich Milliarden ausgegeben werden, damit Kinder Fastfood konsumieren, und das in einer Zeit, in der übergewichtige Heranwachsende bereits zu einem bedeutenden Problem der öffentlichen Gesundheit geworden sind.

Auch wenn die ideologischen, kulturellen und religiösen Etiketten, die uns trennen, nicht Teil unserer Natur sind, zeigt der Verlauf der Geschichte, dass die Fähigkeit, sich beliebig mit ihnen zu identifizieren, durchaus angeboren ist. Erst diese Fähigkeit ermöglicht es, voreingenommene Haltungen, Vorurteile und ignorante Einstellungen mühelos von einer Generation an die nächste weiterzureichen. Wenn wir unsere Freiheit erweitern wollen, müssen wir unsere Einstellungen, unsere Werte und die Einflüsse hinterfragen, die zu ihrer Entstehung geführt haben. Warum vertreten wir bestimmte Überzeugungen? Warum haben wir bestimmte Gewohnheiten entwickelt? Und, entscheidend, wessen Interessen dienen sie? Die religiösen, wirtschaftlichen, sozialen und politischen Paradigmen unserer Zeit infrage zu stellen, ist in heutiger Zeit so wichtig wie eh und je. Identitäten prägen heißt Zukunft gestalten, aber welche Zukunft? Heute fürchtet sich die Welt vor Krieg, ausufernder Ungleichheit und Umweltzerstörung. Wenn wir eine alternative Zukunft gestalten wollen, können wir das prägende Denken der Vergangenheit nicht einfach reproduzieren.

Man schaue sich die nachfolgenden beiden Linien an.

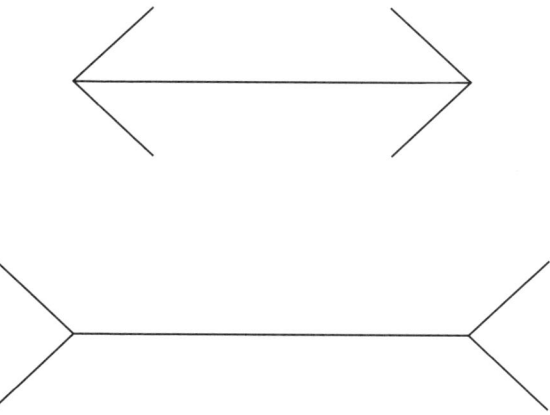

Wer die Müller-Lyer-Illusion, eine optische Täuschung, kennt, der weiß, dass die beiden abgebildeten Linien gleich lang sind, obwohl die untere länger erscheint. Der Psychologe Daniel Kahneman schreibt:

> Um nicht der Illusion zu erliegen, können Sie nur eines tun: Sie müssen lernen, Ihren Wahrnehmungen der Länge von Linien zu misstrauen, wenn sie mit »Pfeilspitzen« oder »Schwanzflossen« versehen sind. Um diese Regeln zu befolgen, müssen Sie das illusorische Muster erkennen und sich an das erinnern, was Sie darüber wissen. Wenn Sie dies tun können, werden Sie sich nie mehr von der Müller-Lyer-Illusion hinters Licht führen lassen. Aber die eine Linie wird Ihnen nach wie vor länger erscheinen als die andere.[55]

Viele empfinden die psychologische Erfahrung, Entscheidungen zu treffen, als unvereinbar mit der Vorstellung, dass wir für sie nicht wirklich verantwortlich sind, und so eingehend wir auch die philosophischen Argumente und wissenschaftlichen Erkenntnisse abwägen, es mag uns nicht gelingen, dieses Gefühl zu überwinden. Die Illusion der Verantwortlichkeit bleibt wie eine optische Täuschung selbst dann noch bestehen, wenn sie ihre rationale Glaubwürdigkeit verloren hat. Aber das ist vielleicht gar kein Problem. Wir sind, wer wir sind, und müssen mit dem zurechtkommen, was wir haben.

Die Erfahrung einer Illusion mag bestehen bleiben, aber wir können unsere Einstellung zu ihr verändern und unsere Reaktion auf sie entsprechend anpassen. Dazu Bertrand Russell: »Eine Halluzination ist ein Fakt, kein Irrtum, irrig ist nur ein auf ihr beruhendes Urteil.«[56] Dies gilt auch für die kognitive Illusion der letzten Verantwortung. Die endlose Debatte darüber, ob ein »freier Wille« existiere oder nicht, wird von der kognitiven Illusion genährt, wir seien in der Lage, freie Entscheidungen zu treffen. Der Umstand, dass das Konzept einer wirklich freien Wahl niemals kohärent formuliert wurde, hat an der Heftigkeit dieses Disputs kaum etwas geändert. Auch wenn es uns nie gelingen wird, die Illusion vollständig zu überwinden, können wir uns doch für eine andere Reaktion auf sie wappnen, indem wir unser Verständnis von Freiheit und Verantwortung weiterentwickeln. In Fragen von wesentlicher Bedeutung können wir unser Urteil auf eine geistig besser fundierte und moralisch vertretbarere Perspektive gründen, die berücksichtigt, dass unser Wille konditioniert und eben nicht frei ist. Die Antriebe des Verhaltens reichen weit über den Willen des Einzelnen hinaus, weil sie in wirtschaftlichen, politischen, familiären und kulturellen Verhältnissen wurzeln.

Der Philosoph Thomas Nagel schrieb, um »ein objektiveres Verständnis von einem Aspekt des Lebens oder der Welt zu gewinnen, rücken wir von unserer ursprünglichen Sicht auf ihn ab und bilden eine neue Konzeption, die sich eben diese Sicht und ihre Beziehung zur Welt zum Gegenstand nimmt. Mit anderen Worten: Wir positionieren uns selbst in der Welt, die wir verstehen wollen.«[57] Wenn wir betrachten, wer wir sind und welche Kräfte uns geprägt haben, tun wir genau dies: Wir betrachten unsere Überzeugungen und Werte, Loyalitäten und Vorurteile, Annahmen und Zugehörigkeiten nicht als freie Entscheidungen, sondern als Ergebnisse eines komplexen Prozesses, dessen Ursprünge weiter zurückliegen als der Beginn unserer Existenz. Aus dieser Perspektive, dieser »objektiven Haltung« – die tatsächlich nur eine Übung des Vorstellungsvermögens ist, wie wenn man sich in einen anderen hineinversetzt –, kommt die wesensmäßige Beliebigkeit zahlreicher Aspekte unserer Identität zum Vorschein. Diese Sicht liefert eine logische Basis, auf der sich die zwangsläufig fehlerhaften Landkarten der Realität, die wir im Kopf haben, hinterfragen lassen, und lockert unsere Verbundenheit mit den Etiketten, Traditionen, Gewohnheiten und Überzeugungen, die gewöhnlich unser Selbstbild bestimmen.

Der Versuch, unsere Identität und unsere Welt aus einer neuen, kritischen Perspektive zu betrachten, ist Teil eines Prozesses, von dem die Kraft ausgeht, das beobachtete Selbst mit der Zeit gründlich zu verändern. Er liefert ein starkes Mittel gegen die schlimmsten Auswüchse der beliebigen Identifikation, gegen engstirnige, tiefverwurzelte und dogmatische Anschauungen, die uns dazu treiben, für Flaggen, Symbole, Götter und Regierungen, die nur eine rein zufällige Verbindung zu uns haben, zu töten oder zu sterben.

―

Der Fatalismus ist eine Sicht, der zufolge unsere Geschicke durch Götter, Sterne oder andere äußere Kräfte vorherbestimmt seien. Er äußert sich in der Überzeugung, dass das Schicksal unausweichlich und dass es weitgehend sinnlos sei, selbständig zu denken, eigene Entscheidungen zu treffen und unabhängig zu handeln. Um es in aller Deutlichkeit klarzustellen: Diese Position wird hier nicht vertreten. Ja, das Glück spielt unser ganzes Leben lang eine entscheidende Rolle, aber weder diese Tatsache noch irgendein anderer in diesem Kapitel entwickelter Gedanke impliziert, dass wir machtlos sind. Dieses Buch ist keine Übung in ergebener Resignation. Der Zweck, unsere Grenzen aufzuzeigen, besteht vielmehr darin, uns selbst die besten Chancen zu geben, diese zu überwinden. Wenn wir erkennen, wie wir beschaffen sind, verbessern wir unsere Möglichkeiten, so zu sein, wie wir sein wollen.

Auf dieses Thema komme ich unter verschiedenen Aspekten in den hinteren Kapiteln zurück, wo es um die Erkundung des langen Schattens geht, den der Verantwortungsmythos über die Politik, die Wirtschaft und die breitere Kultur legt – und der Frage, wie die Gesellschaft aussehen könnte, wenn sie aus diesem Schatten heraustreten würde. Wie wir sehen werden, hängt vieles von unserer Fähigkeit ab, ein eingehenderes Verständnis von uns selbst und voneinander zu gewinnen. Die Vorstellung, dass für unser Sein und Tun letztlich wir selbst verantwortlich seien, führte zu absurden Überzeugungen und grausamen politischen Praktiken. Sie legitimiert die Behauptung, Menschen verdienten ihre Privilegien und ihre Strafen. Sie fördert die Ansicht, dass die Wohlhabenden wie die Armen, die Gefeierten wie die Verachteten ihre Geschicke selbst zu verantworten hätten, und bietet eine solide Basis für die stillschweigende und doch mächtige Befürwortung von sozialer Ungerechtigkeit und Unterdrückung. Den Verantwortungsmythos zu entlarven, heißt, diese gefährlichen Denkweisen aufzudecken und all denen ein effizientes Werkzeug an die Hand zu geben, die für eine gerechtere Verteilung von Wohlstand, Macht und Chancen eintreten. Dies bedeutet auch einen Schritt hin zum Aufbau einer Welt mit mehr Mitgefühl, in der der Impuls, andere schuldig zu sprechen, von einem Bedürfnis nach Verstehen überwunden wird und Bescheidenheit an die Stelle von Anspruchsdenken tritt. Wenn wir den Verantwortungsmythos zerschlagen, verschaffen wir uns die beste Position, um die Freiheit zu erweitern, über die wir persönlich und politisch verfügen. Je mehr wir über die Einflüsse der Welt auf uns erfahren, desto besser beherrschen wir den Einfluss, den wir auf die Welt ausüben.

2
―
STRAFE

Die Vorstellung, dass Übeltäter Leiden verdienten, ist in unserer Kultur tief verankert. Über Jahrhunderte drückte sie sich in der Lehre vom »Auge um Auge« aus. In der Praxis verlangten die religiösen Traditionen weitaus mehr als die fadenscheinige Gleichbehandlung, die sich aus diesem Prinzip zu ergeben schien. Oft wurde die Bibel so gedeutet, als schreibe sie für Sünden wie Ehebruch, Sodomie, Gotteslästerung, Bruch des Sabbatgebots, Verehrung anderer Götter oder ein Verfluchen der eigenen Eltern die Todesstrafe vor. Der Koran befürwortet die Hinrichtung unter anderem für das »Verderbenstiften auf Erden«, wozu je nach Auslegung Verrat, Abfall vom Glauben, Ehebruch und homosexuelle Handlungen zählen. Der Glaube an ein göttliches System der Vergeltung und Strafe, dem zufolge Sünder, die keine Reue zeigen, ewige Qualen in der Hölle verdienten, ist für weite Teile der Menschheit nach wie vor ein zentrales Dogma.

In Anlehnung an die Glaubenslehre behaupteten Philosophen, Richter und politische Führer über Jahrtausende hinweg, dass der wichtigste Sinn von Strafe Vergeltung sei, die im Leiden des Täters Erfüllung finde.[1] Diese Anschauung ist noch weit verbreitet. Meinungsumfragen zur Todesstrafe sprechen eine deutliche Sprache. Eine Erhebung von YouGov im Jahr 2014 ergab, dass eine Mehrheit der Bürger Großbritanniens die Wiedereinführung der Todesstrafe befürwortet. Schon eine Umfrage 2010 hatte gezeigt, dass 74 Prozent die Todesstrafe »unter bestimmten Umständen« unterstützen würden, wenn auch nicht für alle Morde.[2] In den USA liegt die Zustimmung zur Todesstrafe bei rund 61 Prozent.[3]

Die kulturelle Hinwendung zum Vergeltungsprinzip mag in der menschlichen Natur wurzeln. Hirnscans von Probanden, die man in einem Experiment aufforderte, einen vermeintlichen Betrüger oder Ausbeuter zu bestrafen, wiesen eine gesteigerte Aktivität in den »Lustzentren« auf.[4] Es gibt sogar Hinweise darauf, dass schon acht Monate alte Säuglinge ein Bedürfnis haben, Fehlverhalten zu vergelten.[5] Evolutionspsychologen vertreten den Standpunkt, dass sich Bestrafung als ein Mittel herausgebildet hat, um in der Gruppe wechselseitig vorteilhafte Formen von Kooperation aufrechtzuerhalten. Unter Berufung auf die Theorie des reziproken Altruismus behaupten sie, die Bestrafung von »Schummlern«, die Vorteile einheimsen, ohne sich an Kosten zu beteiligen, wirke als starker Anreiz für kooperatives Sozialverhalten.

Unabhängig von den Gründen, aus denen sich im Verlauf der Evolution ein Trieb zur Bestrafung herausgebildet hat, sei daran erinnert, dass die natürliche Selektion ein Prozess ohne Moral ist. Die Natur ist, wie Tennyson es einmal formulierte, »rot an Zähnen und Klauen«. Insofern sie eine evolutionäre Grundlage haben, sind aufrichtige Empörung und Rachegelüste Teil unseres menschlichen Wesens, weil sie die Überlebenschancen unserer Vorfahren lange genug erhöhten, um den sie steuernden Genen den Weg in die nachfolgenden Generationen zu ermöglichen. Robert Wright, Autor von *Diesseits von Gut und Böse*, einem Buch über die entwicklungsgeschichtlichen Ursprünge unserer moralischen Instinkte, bemerkt dazu, vielleicht sei »der unmittelbar einleuchtende Gedanke, dass Dinge verdientermaßen geschähen, der Kern des menschlichen Gerechtigkeitssinns, […] die Heftigkeit unserer moralischen Empörung, die innigste Gewissheit, dass […] der Schuldige *Strafe* verdiene, [nichts anderes als] ein Nebenprodukt der Evolution, eine einfache genetische Kriegslist«.[6]

Unseren Instinkten mit einem gewissen Maß an Skepsis zu begegnen, sie im Licht anderer Anschauungen, Überzeugungen und Werte zu hinterfragen, zu analysieren und zu bewerten, ist für den gesellschaftlichen Fortschritt und die Selbsterkenntnis von wesentlicher Bedeutung. Moralische Entrüstung kann zu einer gefährlichen Regung werden. Das Gefühl, dass wir das *Recht* hätten, einen vermeintlichen Übeltäter leiden zu lassen, hat in der Menschheitsgeschichte besonders unmenschliche Praktiken hervorgebracht, von Steinigung und Pfählung über Verbrennen auf dem Scheiterhaufen bis zu Ausweiden oder Enthaupten. Auch prägte es unser Strafrechtssystem so, dass es mit den stumpfsinnigen Eingebungen von verdienter Strafe, Vergeltung, Schuld und Verantwortung in Einklang steht.

Die am höchsten entwickelten Rechtssysteme der Welt basieren auf dem Gedanken, dass die meisten Menschen die meiste Zeit eine Freiheit besitzen, dank derer sie für ihre Handlungen letztlich verantwortlich seien. Laut dem Obersten Gerichtshof der USA ist der »Glaube an die Freiheit des menschlichen Willens« ein »universeller und dauerhafter« Grundbestandteil des Rechts. »Eine deterministische Sicht des menschlichen Verhaltens« sei »mit den grundlegenden Prinzipien unseres Strafrechtssystems unvereinbar«.[7] Ein ausdrückliches Bekenntnis zur »Willensfreiheit« findet sich in etlichen Urteilsbegründungen dieses Gerichtshofes und in den Arbeiten zahlreicher Rechtswissenschaftler.[8] Es gehört zu den Fundamenten eines Strafrechtssystems, die inzwischen unter der Last wissenschaftlicher Erkenntnisse zerbröckeln.

Unter diesem Druck haben einige Rechtstheoretiker eine Rückzugsposition abgesteckt. In den Augen des Gesetzes sind wir praktisch denkende Menschen: In bewusster Überlegung wählen wir unser Tun, um unsere Ziele zu erreichen. Laut dem Rechtswissenschaftler Stephen J. Morse und vielen anderen, die seinen Standpunkt teilen, müssen wir gar nicht ergründen, ob Menschen eine ausreichende »Willensfreiheit« besitzen, um sie für ihre Handlungen verantwortlich zu machen. Die Feststellung ausreichender Rationalität genüge. »Rationalität«, schreibt er, »ist der Prüfstein für Verantwortlichkeit.«[9] Entscheidend sei, ob ein Verbrechen klare bewusste Absichten widerspiegle (deren tiefere Ursachen er anscheinend als irrelevant betrachtet). Morse erkennt an, dass der freie Wille eine Illusion und dass menschliches Verhalten determiniert sein könnte, weist aber den Gedanken zurück, dass sich dies irgendwie auf die Verantwortlichkeit auswirke: Solange die rationalen Fähigkeiten einer Person »unbeeinträchtigt erscheinen«, könne sie »verantwortlich gemacht werden, was auch immer die Neurowissenschaft aufzeigt«. In der Praxis müssten Gerichte nur voraussetzen, dass mit wenigen Ausnahmen »Erwachsene zu einer minimalen Rationalität und Verantwortung fähig sind und dass für alle dieselben Regeln gelten können«.[10]

Diese Sicht zur Frage der Verantwortung wirft ein Licht auf viele in heutigen Gerichtssälen eingesetzte Verfahrensweisen, ist aber von Grund auf konfus. Sie räumt ein, dass unser Verhalten letztlich ein Ergebnis von Einflüssen jenseits unserer Kontrollmöglichkeiten ist, beharrt aber darauf, dass wir für sie dennoch verantwortlich gemacht werden können.[11] Ihre Verfechter wollen offenbar auf zwei Hochzeiten tanzen. Wie wir gesehen haben, sorgen rationales Denken und andere Fähigkeiten zwar dafür, dass wir Ziele leichter erreichen und die Konsequenzen unserer Handlungen besser verstehen, doch sie machen uns nicht für unsere Ziele verantwortlich. Ich führe nochmals den Psychopathen ins Feld, der zahlreiche aus moralischer Sicht entsetzliche Entscheidungen treffen mag, aber gewiss nicht die, das Gehirn eines Psychopathen zu besitzen. Die Konsequenzen der neurowissenschaftlichen Erkenntnisse liegen auf der Hand: Das Verhalten ist untrennbar mit biologischen Abläufen verknüpft, die wir uns nicht aussuchen können. In manchen Fällen wird diese Einsicht von Gerichten bereits akzeptiert, wie die länger werdende Liste der »Syndrome« und »Störungen« zeigt, die zur Verteidigung von Straftätern vorgebracht werden. Allerdings bleibt dies die Ausnahme. Angesichts der in der Welt herrschenden gewaltigen Variationsvielfalt des genetischen Potenzials, der Lebenserfahrungen und der sozialen Chancen ist die Vorstellung, dass mit wenigen Ausnahmen »dieselben Regeln für alle gelten sollen«, schlicht ein Rezept für Ungerechtigkeit und kein Ansatz, sie zu überwinden.

Als Gesellschaft können wir uns auf jede von uns gewünschte Definition von Verantwortung einigen, in Begriffen von Rationalität, Jahreseinkommen, Bildungsstand oder auch Körpergröße, wenn wir es so wollen. Aber Definitionen verändern nichts an den zugrundeliegenden Fakten. Die Kriterien für Verantwortung zu lockern, kann dazu beitragen, die Risse zu übertünchen, die sich im Fundament dieses Konzepts auftun, aber die Probleme für die Strafjustiz treten mit der Zeit nur umso deutlicher zutage. Obwohl nach bester Wissenschaft und Logik die Sinnlosigkeit der Frage erwiesen ist, ergründen die Gerichte weiterhin, ob Gesetzesbrecher Schuld auf sich geladen haben und welche Strafe sie verdienen. Solange diese Frage im Zentrum steht, operiert die Strafjustiz mit irrationalen Methoden, die zu ungerechten Urteilen führen.

So muss es nicht sein. Anstatt irreführenden Eingebungen zu folgen, könnte sich unser Strafrecht den Ergebnissen der Wissenschaft und den Erfordernissen der Vernunft anschließen. Dies würde die Erkenntnis beinhalten, dass niemand wirklich Schuld trägt, dass es keine gerechte Vergeltung gibt, die Strafen rechtfertigt, und dass man sich darauf konzentrieren muss, eine bessere Zukunft zu schaffen, anstatt Rache für Vergangenes zu fordern.

Auf Schuld und Verantwortung verzichten heißt nicht notwendigerweise, sämtliche Strafen abzuschaffen. Ergebnisse psychologischer Studien deuten darauf hin, dass »die Motivation zu strafen, um der Gesellschaft zu nützen«, selbst dann erhalten bleibt, »wenn die Notwendigkeit von Schuldzuweisung und das Bedürfnis nach Vergeltung verschwinden«. Die Gesellschaft kann also den »sozialen Nutzen von Strafe unberührt lassen, wenn sie überflüssiges menschliches Leiden und die finanziellen Kosten von Strafmaßnahmen vermeidet, die mit dem retributivistischen Schuld-und-Sühne-Denken oft assoziiert sind«.[12] Sobald wir wissen, dass jemand eines Verbrechens schuldig ist, stellt sich die wichtige Frage, welche *Auswirkung* Strafe auf den Gesetzesbrecher und auf die übrige Gesellschaft hat. In einem rational funktionierenden Justizsystem ließen sich Ahndungen ausschließlich mit den positiven Auswirkungen auf die Gesellschaft, nicht mit dem Begriff verdienter Strafe rechtfertigen.

Der Nutzen von Strafe

Sobald die Vergeltung als Legitimation wegfällt, muss die Logik der Abschreckung als einflussreichste Rechtfertigung für Strafe herhalten. Der zugrunde liegende Gedanke ist, dass Strafmaßnahmen nicht nur die Gesetzesbrecher von Wiederholungstaten abhalten, sondern zudem allgemein zu einer Reduzierung des Verbrechens in der Bevölkerung führen. Dabei gilt gewöhnlich die Annahme, dass Strafen umso wirkungsvoller abschrecken, je härter sie ausfallen. Obwohl diese Logik in manchen Zusammenhängen einleuchtend erscheint, hat sie ebenfalls Mängel und versagt als Rechtfertigung für zahlreiche Strafmaßnahmen, die gegenwärtig von der Staatsgewalt – in demokratischen genauso wie in anderen Systemen – rund um den Globus praktiziert werden.

Strategien der Abschreckung erzielen selten die erwarteten Ergebnisse. Es ist schwierig, Vergleiche anzustellen, aber vieles deutet darauf hin, dass sich in Ländern mit geringeren Strafmaßen ein Trend zu niedrigeren Rückfallquoten abzeichnet. In den USA und Großbritannien liegen sie zwischen 60 und 65 Prozent – und damit um rund 50 Prozent höher als in milder strafenden Ländern wie Schweden, Norwegen oder Japan.[13] Bei einer Auswertung von 50 verschiedenen Studien zu über 300 000 Straftätern fand der kanadische Kriminologe Paul Gendreau keinen einzigen Beleg dafür, dass Gefängnishaft die Rückfälligkeit verringert. Tatsächlich gingen längere Haftstrafen mit einer um 3 Prozent erhöhten Rückfallquote einher – Wasser auf die Mühle der Theorie, Gefängnisse seien »Schulen des Verbrechens«.[14]

In den USA landen fast sieben von zehn männlichen Häftlingen innerhalb von drei Jahren nach ihrer Entlassung erneut im Gefängnis.[15] Eine staatliche britische Erhebung von 2010 zeigte, dass 68 Prozent der Erwachsenen, die in den ersten Monaten des Jahres 2000 aus dem Gefängnis entlassen worden waren oder eine andere Strafe angetreten hatten, binnen fünf Jahren erneut straffällig wurden.[16] Nach Jahrzehnten der Forschung gelangte der amerikanische Gefängnispsychiater James Gilligan zu dem Schluss, dass »die effizienteste Art, eine nicht gewalttätig gewordene Person zum Gewalttäter zu machen, in einer Verurteilung zu Gefängnishaft besteht« und dass »das Strafjustiz- und das Vollzugssystem unter einem gewaltigen Irrtum operierten, nämlich im Glauben, Strafe schrecke von Gewalt ab, beuge ihr vor oder verhindere sie. Dagegen ist sie tatsächlich der stärkste Ansporn zur Gewalt, den wir bislang entdeckt haben.«[17]

Objekte, Naturkatastrophen, Tiere, Kleinkinder und (manchmal) Menschen mit psychischen Erkrankungen kommen eben deshalb ohne Strafe davon, weil ihnen das kognitive Vermögen – die »minimale Rationalität« – fehlt, das nötig ist, um sich von Strafandrohung abschrecken zu lassen.[18] Auch wenn dies einigermaßen vernünftig erscheint – das Problem besteht darin, dass jeder Straftäter per definitionem unter die Kategorie von Menschen fällt, die sich eben nicht abschrecken ließen. Zumindest während seiner Straftat besitzt jeder Gesetzesbrecher ein Gehirn, das sich durch drohende Verhaftung, Verurteilung oder sogar Hinrichtung nicht davon abhalten lässt, seine Ziele zu verfolgen. Die hohen Rückfallquoten ehemaliger Strafgefangener zeigen, dass Abschreckung bei ihnen kaum eine Wirkung entfaltet.

Wenn Strafen häufig darin versagen, Straf- und Wiederholungstaten durch Abschreckung zu verhüten, wozu dienen sie dann? Die Standardantwort lautet: Würden Verbrecher nicht zur Rechenschaft gezogen, sänke die Hemmschwelle bei denjenigen, die sich bislang gesetzeskonform verhalten hätten, und die Kriminalitätsrate stiege weiter an. Die möglichen Auswirkungen auf Leute der Kategorie zwei (die vor Rechtsbrüchen zurückschreckenden Staatsbürger) dienen also als Legitimation für die Bestrafung von Leuten der Kategorie eins (der Gesetzesbrecher). Kriminelle werden bestraft, um die übrige Bevölkerung von kriminellen Handlungen abzuhalten. Wenn aber Menschen nicht wirklich verantwortlich sind, gerät Abschreckung als Rechtfertigung für schwere Strafen, wie Daniel Dennett hervorhebt, »zur Heuchelei«:

> Diejenigen, die wir am Ende bestrafen, zahlen faktisch einen doppelten Preis, denn sie halten zum einen als Sündenböcke her, denen die Gesellschaft Schaden zufügt, um ihren mit mehr Selbstbeherrschung ausgestatteten Mitgliedern als eindrückliches Beispiel zu dienen, sind aber zum anderen nicht wirklich verantwortlich für die Taten, von denen wir scheinheilig behaupten, sie hätten sie aus freiem Willen begangen.[19]

So verwirrend diese Überlegung sein mag, sie berührt den Kern des Abschreckungsarguments. Der einflussreiche amerikanische Jurist Oliver Wendell Holmes jr. räumte freimütig ein: »Wenn ich mit einem Mann, den ich aufhängen (oder auf dem elektrischen Stuhl hinrichten) lassen werde, ein philosophisches Gespräch zu führen hätte, müsste ich sagen: ›Ich habe keine Zweifel, dass Ihre Tat für Sie unvermeidlich war, aber damit andere sich möglichst scheuen, sie zu begehen, schlagen wir vor, Sie dem Gemeinwohl zu opfern. Wenn Sie wollen, können Sie sich als einen Soldaten betrachten, der für sein Land stirbt.‹«[20] So ausgedrückt, kommt die Ungerechtigkeit hinter dem Abschreckungsargument zum Vorschein. Es verfügt Strafe, sogar den Tod, über Menschen, die für ihr Tun nicht letztlich verantwortlich sind, sich vielfach sogar in äußersten Notlagen befanden und Entbehrungen erlitten, damit diejenigen, die sich besser unter Kontrolle haben – und häufig privilegierter sind –, vor Gesetzesbrüchen bewahrt bleiben.

Abgesehen davon, dass sie moralisch fragwürdig ist, kann sich die Strategie, manchen Schaden zuzufügen, um andere abzuschrecken, leicht ins Gegenteil verkehren. Nicht selten wirken schwere Strafen auch enthemmend und befördern die Gewaltkriminalität, anstatt ihr entgegenzuwirken. So verzeichneten beispielsweise die USA und Nigeria nach Einführung der Todesstrafe erhöhte Mordraten, während Kanada nach deren Abschaffung bei den Tötungsdelikten einen Rückgang erlebte.[21] Und unter den Staaten mit den höchsten Mordraten kommen in den fünf führenden Ländern, in denen die Todesstrafe praktiziert wird, auf 100 000 Einwohner 41,6 Fälle, während diese Rate in den fünf führenden Ländern ohne Todesstrafe mit 21,6 um rund die Hälfte niedriger liegt.[22] Eine Erklärung lautet, schwere institutionelle Strafen führten zu einer Verrohung der allgemeinen Sitten. Anstatt Gewalt zu verhindern, stachle das staatliche Vorbild eher zu ihr an. Angesichts der Beziehung zwischen Todesstrafe und der Rate von Tötungsdelikten schlossen die Vereinten Nationen: »Die Faktenlage insgesamt liefert weiterhin keinen positiven Befund, der die Abschreckungshypothese stützt.«[23] Laut Meinungsumfragen glaubt die große Mehrheit der Kriminologen und Polizeichefs nicht, dass die Todesstrafe von Gewaltverbrechen stärker abschreckt als eine Haftstrafe.[24]

Die Ungerechtigkeit, dass Gefangene den »doppelten Preis« zahlen, wird durch die Härte der auferlegten Strafen verschärft. Solange

Abschreckung als effizientester Beeinflussungshebel gilt und brutalere Strafen als wirkungsvoller angesehen werden, besteht der Druck, Gefangenen immer größere Leiden aufzubürden. Auf ethisch fragwürdigen und sachlich haltlosen Annahmen beruhend, wird dieser Druck weltweit immer wieder ausgenutzt, um Strafen zu rechtfertigen, die als Form von Folter gelten müssen. Den Vereinten Nationen zufolge bezeichnet der Begriff Folter

> jede Handlung, durch die einer Person vorsätzlich große körperliche oder seelische Schmerzen oder Leiden zugefügt werden, zum Beispiel um von ihr oder einem Dritten eine Aussage oder ein Geständnis zu erlangen, um sie für eine tatsächlich oder mutmaßlich von ihr oder einem Dritten begangene Tat zu bestrafen oder um sie oder einen Dritten einzuschüchtern oder zu nötigen [...].[25]

Man braucht sich nur einmal vorzustellen, man würde selbst aus seinem vertrauten Umfeld herausgerissen und jahrelang in eine überfüllte Einrichtung gesperrt werden, in der man Drohungen und Gewalt ausgesetzt wäre – in der häufig Menschen verprügelt, verletzt, vergewaltigt oder sogar getötet werden, dauerhaft getrennt von Angehörigen und Freunden, während jeder Aspekt des Alltagslebens von bezahlten Fremden überwacht wird. Die Unterscheidung zwischen Folter und der vorherrschenden Form des Strafvollzugs hält kaum einer kritischen Überprüfung stand.

Das gilt etwa für die sogenannten Supermax-Gefängnisse in den USA, in denen die Gefangenen in Hochsicherheitsverwahrung 23 Stunden am Tag in Einzelhaft gehalten werden. Solchen Verhältnissen ausgeliefert, entwickeln Menschen häufig psychische Erkrankungen. Sie sind jeder sinnvollen Arbeit, Ausbildung, körperlichen Bewegung oder Bildung beraubt und von fast jedem menschlichen Kontakt abgeschnitten. Der Zugang zu Telefon, Büchern, Zeitschriften, Radio und Fernsehen – ja sogar zu Sonnenlicht und frischer Luft – wird streng reguliert oder sogar komplett verweigert. In den Zellen brennt rund um die Uhr Licht.[26] Laut dem Menschenrechtsausschuss der New York City Bar Association, einer Vereinigung von

Anwälten und Jurastudenten, verletzt diese Form der Gefängnishaft »grundlegende Menschenrechte« und stellt in vielen Fällen »nach internationalem Recht Folter und gemäß der US-Verfassung eine grausame und ungewöhnliche Bestrafung« dar.[27] Schätzungen zufolge leben derzeit allein in den USA bis zu 80 000 Häftlinge unter solchen Bedingungen.

Kriminologen warnen vor »gravierenden psychischen Schäden, die Gefangene davontragen, und wie dies ihnen das Leben nach ihrer Entlassung erschwert«.[28] Amnesty International, Human Rights Watch und der UN-Ausschuss gegen Folter haben das US-Gefängnissystem wegen seiner inhumanen Praktiken verurteilt. Dazu gehören die Inhaftierung von Kindern in Erwachsenengefängnissen, die Misshandlung psychisch Kranker und Behinderter, eine fest etablierte Vergewaltigungsroutine, das Festschnallen weiblicher Gefangener bei Geburten sowie der Einsatz von Elektroschocks als Mittel zur Disziplinierung.[29] Wie Gendreau schreibt: »Wenn das Gefängnis die Insassen psychisch zerstört, kann die Wiedereingliederung in die Gesellschaft nach der Entlassung nur fehlschlagen, mit Rückfall als wahrscheinlicher Konsequenz.«[30]

Der Abschreckungseffekt des »doppelten Preises«, den die Häftlinge zu zahlen haben, wird nicht nur überschätzt, sondern ist auch ein bedeutender Teil des Problems. Die für ihn ins Feld geführten Argumente sind löchrig, kaschieren sie doch zahlreiche inhumane, ungerechte und nicht zu rechtfertigende Praktiken. Verstärkt wird diese Verschleierung durch unser instinktives Festhalten an der Vorstellung, dass es eine individuelle Verantwortung gebe und Unrecht vergolten werden müsse. Diese Denkweise zieht sich durch die gesamte Bestrafungspraxis, prägt die Haltungen in der Bevölkerung und erleichtert es so erheblich, über gravierende Missstände in überholten Vollzugssystemen hinwegzusehen.

Die meisten von uns antizipieren die wahrscheinlichen Konsequenzen ihrer Handlungen, sodass uns eine Strafandrohung mitunter von einem Kurs abbringen kann, den wir sonst vielleicht einschlagen würden. Neueren Forschungen zufolge schreckt uns eher die Aussicht, ertappt zu werden, als die Härte der zu erwartenden Strafe von

Handlungen ab, auf die wir uns andernfalls einlassen würden.[31] Sobald Menschen, die für die Gesellschaft eine ernstzunehmende Gefahr darstellen, in Gewahrsam genommen sind, dienen ihre Leiden (neben dem Freiheitsentzug) kaum der Sache der Gerechtigkeit und erhöhen selten die öffentliche Sicherheit. Tatsächlich erhöhen sie das Gefahrenpotenzial in der Gesellschaft.

In einem rational ausgelegten Rechtssystem gälte es keineswegs als ausgemacht, dass es der Gesellschaft nützt, Rechtsbrechern Schaden zuzufügen. Wie die Wirksamkeit eines neuen Medikaments, müsste der positive Effekt zunächst empirisch nachgewiesen werden, wobei die Beweislast bei den Verfechtern schwerer Strafen läge. Aber selbst wenn dieser Nachweis gelänge, müsste immer noch der soziale Nutzen gegen die Grundrechte des Einzelnen auf Unversehrtheit abgewogen werden. Angesichts der humanen und wirksamen Alternativen lässt sich die Logik der Abschreckung, die Gesetzesbrechern absichtlich Leiden auferlegt, vielfach schwer rechtfertigen.

Jenseits der Strafe

Eine der weltweit humansten Haftanstalten liegt auf der Insel Bastøy in Norwegen.[32] In diesem offenen Gefängnis erhält jeder Häftling Angebote für eine qualifizierte Ausbildung und Schulungsprogramme, um sich auf vielfältige Weise weiterzuentwickeln. Die Gefangenen leben in Sechsergemeinschaften in gut ausgestatteten Wohnungen, wo jeder ein eigenes Schlafzimmer hat, während sie sich die Küche und die übrigen Räumlichkeiten teilen. Sie erhalten täglich eine Mahlzeit, die übrigen Lebensmittel müssen sie sich im örtlichen Supermarkt kaufen. Dafür bekommen sie – jeder von ihnen – einmal im Monat einen Gutschein über 500 Kronen. Zusätzlich verdienen sie rund 50 Kronen pro Tag mit diversen Tätigkeiten, darunter Landwirtschaft, Pferdezucht, Fahrradreparatur, Schnitzarbeiten und verschiedene Instandhaltungen auf der Insel.

Auf Bastøy gibt es eine Kirche, eine Schule und eine Bibliothek. Das Freizeitangebot für die Gefangenen umfasst Reiten, Angeln und Tennis. Das Wachpersonal ist dank eines dreijährigen Trainings hervorragend ausgebildet und erfüllt eher die Aufgaben von Sozialarbeitern als die von Schließern. Arne Kvernvik Nilsen, der die Anstalt fünf Jahre lang bis 2013 leitete, beschreibt seine Philosophie: »Ich respektiere die Gefangenen, die hierherkommen, und im Gegenzug respektieren sie sich selbst, alle anderen und die Gemeinschaft.« Nilsen glaubt, dass »wir das Rachebedürfnis der Menschen respektieren müssen, es aber nicht als Grundlage dafür nutzen dürfen, wie wir Gefängnisse betreiben. [...] Soll ich im Namen des Staates dafür sorgen, den Gefangenen zu einem noch größeren Problem zu machen, [...] zu einer noch größeren Gefahr für die Gesellschaft, weil ich ihn in meiner Obhut schlecht behandelt habe?«[33] Die Insel beherbergt Straftäter verschiedener Art, darunter Mörder und Vergewaltiger, hat aber bemerkenswerterweise die niedrigsten Rückfallquoten in Europa: 16 Prozent gegenüber einem europäischen Durchschnitt von ungefähr 70 Prozent. Und Bastøy ist eines der billigsten Gefängnisse in Norwegen.

Nicht alle Haftanstalten des Landes sind so offen und komfortabel, aber alle funktionieren nach der gleichen Philosophie, basierend auf der Überzeugung, dass die vom Staat verhängte Strafe einzig im Freiheitsentzug bestehen sollte. Das Leiden der Gefangenen wird absichtlich minimiert. Es gibt weder Todesstrafe noch lebenslange Haft. Das Ziel heißt heilen, nicht schaden. Und trotz aller Einwände der Kritiker hat diese Philosophie Erfolge vorzuweisen. In der Landesstatistik Norwegens liegt die Rückfallquote zwar höher als in Bastøy, doch gehört sie mit durchschnittlich 30 Prozent immer noch zu den niedrigsten in Europa. Überall in Skandinavien werden Strafmaßnahmen weitgehend Experten anvertraut. Kriminologen entwerfen anhand der Faktenlage eine Politik, mit der die Öffentlichkeit bislang ausgezeichnet gefahren ist. Neben Holland und Japan gilt Norwegen im Justizvollzug als Vorbild, aber es laufen auch in anderen Ländern Kampagnen, um die Gefängnisse zu humanisieren.

Als eine der effizientesten Strategien, um Straftäter vor Rückfällen zu bewahren, hat sich die Fortbildung erwiesen, die Häftlingen angeboten wird und es ihnen ermöglicht, anerkannte Abschlüsse zu erwerben. Wo Strafen scheitern, führt Bildung zum Erfolg. Eine

Metastudie der RAND Corporation (finanziert vom US Bureau of Justice Assistance, einer Dienststelle zur Verbrechensvorbeugung des US-Justizministeriums) stellte fest, dass Häftlinge, die im Vollzug an einem Weiterbildungsprogramm teilgenommen hatten, zu 43 Prozent seltener erneut straffällig wurden.[34] Der ehemalige Direktor der größten Haftanstalt Louisianas legte Zahlen vor, die zeigen, dass Fortbildung »eine der wenigen tauglichen Maßnahmen« ist, um Gefangene vor erneuter Straffälligkeit zu bewahren. Im berüchtigten Folsom State Prison in Kalifornien lagen die Rückfallquoten bei allen Insassen bei 55 Prozent, aber bei null unter denjenigen, die sich auf einen Studienabschluss vorbereitet hatten.[35] Und wie eine Studie der University of California in Los Angeles von 2004 zeigte, ist bei der Senkung von Kriminalität »Weiterbildung im Strafvollzug fast doppelt so kosteneffizient wie reine Verwahrung«.[36]

Ein weiterer vorausschauender Ansatz zur Rehabilitation ist die Restorative Justice, wie sie auch außerhalb des angelsächsischen Sprachraums heißt. Sie geht auf verschiedene Weise vor, aber der Idealfall ist, Opfer und Täter auf freiwilliger Basis zu einem direkten, durch Mediation gestützten Dialog über die begangene Tat zusammenzubringen. Auch wenn das ein heikler Prozess sein kann, so geben am Ende doch viele der beteiligten Geschädigten an, sie hätten das Gefühl, gestärkt aus ihm hervorgegangen zu sein. Die Opfer erhalten Gelegenheit, zu erzählen, wie sich das Verbrechen auf ihr Leben ausgewirkt hat, die Fragen zu stellen, die sie umtreiben, und ihre Gefühle auszudrücken. Die Täter können die Umstände der Tat und deren Auswirkungen auf sie selbst erläutern. Sie bekommen Gelegenheit, sich zu entschuldigen und dem Opfer gegenüber in irgendeiner Weise Wiedergutmachung zu leisten, von gemeinnütziger Arbeit bis zu finanzieller Entschädigung. Die Restorative Justice erzielt erstaunliche Erfolge. Zahlreiche Untersuchungen belegen ihren finanziellen, psychologischen und präventiven Nutzen. Wie eine über sieben Jahre laufende, staatlich finanzierte Studie in Großbritannien zeigte, senkte sie bei schweren Straftaten die Rückfallquoten um 27 Prozent, was »zu neun Pfund Einsparung auf jedes ausgegebene Pfund führte«.[37] Außerdem ergab die Untersuchung, dass sich die meisten der angefragten Opfer zu einer persönlichen Begegnung mit dem Täter bereiterklärten, wenn ihnen ein geschulter Mediator zur Seite stand, und dass sich 85 Prozent von ihnen zufrieden über das Ergebnis des Prozesses äußerten. 2007 erschien, kompiliert von den Kriminologen Lawrence W. Sherman und Heather Strang, eine Metastudie über Forschungsprojekte zur Restorative Justice, die über einen Zeitraum von 19 Jahren sämtliche in Englisch verfassten Untersuchungen abdeckte. Die Ergebnisse fielen eindeutig positiv aus.[38] Dazu zählen gesenkte Rückfallquoten, auf der Opferseite reduzierte Symptome von posttraumatischem Stress, auf beiden Seiten eine deutlich bessere Bewertung im Vergleich zur rein richterlichen Justiz, ein geringeres Bedürfnis der Opfer, sich an den Tätern gewaltsam zu rächen, und erheblich gesenkte Kosten.

Eines der erfolgreichsten Gefängnisprojekte in den USA ist das 1997 von der Polizeibehörde des Bezirks San Francisco eingeführte Resolve to Stop the Violence Project (RSVP). Das Programm startete in einer Gefängnisabteilung mit 62 Betten und bezog sämtliche Insassen ein. Innerhalb der Abteilung blieben alle Türen unverschlossen. Inmitten kleinerer Räumlichkeiten für Schulungen, Gespräche und Gruppenarbeit lag ein großer Bereich für Aktivitäten. Dort wurde den Häftlingen an sechs Tagen in der Woche zwölf Stunden täglich ein breites Spektrum an Beschäftigungen angeboten, darunter Kunst, kreatives Schreiben, Gruppendiskussion, Seminare, Theater, Rollenspiele, Beratung sowie Begegnungen und Gespräche mit Gewaltopfern. Die Gefangenen nahmen an dem Programm für die Dauer ihrer Haft teil, von einigen Tagen bis über ein Jahr. Die Ergebnisse des Experiments waren verblüffend.[39] Die gewalttätigen Übergriffe im Haus sanken von 24 gefährlichen Vorfällen pro Jahr einen Monat nach Programmstart für denselben Zeitraum auf null. Die Rückfallquote ging bei Häftlingen, die mindestens 16 Wochen teilgenommen hatten, gegenüber einer Vergleichsgruppe, die außen vor geblieben war, um 83 Prozent zurück. Auf jeden Dollar, der in das Programm investiert wurde, entfielen vier eingesparte Dollar.

Die erste Art der institutionellen Bestrafung, mit der wir Bekanntschaft machen, findet in der Schule statt. Schüler werden angebrüllt, eingesperrt, vom Unterricht ausgeschlossen oder fliegen von der Schule.[40] Das traditionelle pädagogische Paradigma besagt, dass Kinder, die in der Unterrichtszeit störendes, aufsässiges oder gewalttätiges Verhalten zeigen, durch Belohnung und Strafe unter Kontrolle gebracht werden müssen. Die aktuelle Forschungslage sagt uns etwas ganz anderes: Herkömmliche Methoden zur Bekämpfung störenden Verhaltens verschärfen Auffälligkeiten oft nur. Allzu häufig eskalieren die Maßregelungen von verbalen Verwarnungen bis zum Schulverweis, ohne dass sich irgendeine Besserung des Verhaltens einstellt. Die Logik der Abschreckung scheitert, und am Ende steht ein Kind vor verschlossenen Schultoren, dessen Risiko, in einer Jugendstrafanstalt zu landen, deutlich erhöht ist.

Der amerikanische klinische Kinderpsychologe Ross Greene hat einen bahnbrechenden Ansatz zur Lösung schulischer Probleme entwickelt, die sogenannten Collaborative & Proactive Solutions (CPS). Er geht von der Annahme aus, dass Kinder in der Schule gute Leistungen erbringen wollen. Gelingt ihnen das nicht, liegt es daran, dass ihnen notwendige Fähigkeiten fehlen. Kinder, die den Unterricht oder Schulalltag stören, tun dies nicht einfach deshalb, weil sie Aufmerksamkeit auf sich ziehen oder ihre Umgebung manipulieren wollen oder weil sie »null Bock« auf Schule haben, sondern sie tun es vor allem, weil es ihnen Mühe bereitet, die an sie gestellten Anforderungen zu erfüllen. CPS rückt die Tatsache in den Fokus, dass Kinder mit den Regeln und Erwartungen im Klassenzimmer und auf dem Pausenhof unterschiedlich gut zurechtkommen. So haben Schüler, bei denen Lernschwächen und Verhaltensauffälligkeiten festgestellt werden, im Vergleich zu den Kameraden ihrer Altersgruppe, bei denen dies nicht der Fall ist, ein doppelt so hohes Risiko, vom Unterricht ausgeschlossen zu werden, und sie landen später mit dreimal höherer Wahrscheinlichkeit im Gefängnis.[41]

Anstatt Heranwachsende wegen ihrer Störmanöver zu rügen, sollten die Lehrer, so Greene, besser die Ursachen zu ergründen versuchen und daran arbeiten, diese zu überwinden. Wenn ein Schüler stört oder sich destruktiv verhält, rät er zu folgenden Schritten: sich Zeit nehmen, um von dem Kind Auskünfte zu erhalten, die seine

Perspektive möglichst deutlich machen, ihm die eigenen Besorgnisse erläutern und mit ihm im Brainstorming nach praktikablen Lösungen suchen, um ähnliches Verhalten in Zukunft zu vermeiden. Die Strategie zielt darauf ab, Schüler mit Werkzeugen auszustatten, die es ihnen ermöglichen, eigene Wege zur Lösung ihrer Probleme zu finden. Der Schlüssel zum Erfolg ist die Bereitschaft des Lehrpersonals, selbst neue Fähigkeiten zu entwickeln und enge Beziehungen zu den Schülern zu pflegen, insbesondere zu denen, die sich aufsässig verhalten.

Die Central School in Maine hat mehrere von Greenes Vorschlägen umgesetzt. Vor Einführung des CPS-Konzepts, sagt die Direktorin Nina D'Aran, »brachten wir viel Zeit damit zu, Kinder zu diagnostizieren, indem wir über sie redeten [...]. Jetzt reden wir mit dem Kind und nehmen es ernst, wenn es uns anvertraut, wo seine Probleme liegen.«[42] So unrealistisch dies manchem Pädagogen angesichts der Anforderungen des modernen Schulsystems auch erscheinen mag – an der Central School jedenfalls hat Nina D'Aran einen dramatischen Wandel beobachtet. Die Zahl der Empfehlungen für Disziplinarmaßnahmen an ihr Büro sank um über zwei Drittel und die der Schulverweise von zwei pro Jahr auf null. Sie führt dies darauf zurück, dass »die Bedürfnisse des Kindes berücksichtigt und Probleme gelöst werden, anstatt Verhalten zu kontrollieren«.[43] Dies bedeutet anstrengende Arbeit, die Kindern wie Erwachsenen einiges abverlangt, aber die bisherigen Ergebnisse deuten darauf hin, dass sie die Mühe lohnt. In einer Reihe weiterer Schulen, in denen das CPS-Konzept eingeführt wurde, gingen seither die Empfehlungen für Disziplinarmaßnahmen um bis zu 80 Prozent zurück.

Greenes Philosophie wurde in psychiatrischen Kliniken und staatlichen Jugendeinrichtungen weiterentwickelt und getestet. Im Long Creek Youth Development Center, einer ebenfalls in Maine gelegenen Erziehungsanstalt für jugendliche Straftäter, stieß CPS bei den Wachleuten zunächst auf Widerstand. »Unser Personal dachte anfangs, CPS sei eine Art Kuschelkurs im Umgang mit Jugendlichen. Und viele außerhalb des Jugendstrafsystems meinen doch, gerade bei Kids sollte man hart durchgreifen«, sagt Rod Bouffard, ehemaliger

Leiter der Anstalt. Aber nach der Einführung zeigte sich klar der Nutzen: Die gewalttätigen Übergriffe verringerten sich mit der Zeit, es gab weniger Verletzungen beim Personal und bei den Insassen, und nach der Entlassung blieben die Jugendlichen auch deutlich häufiger straffrei. Die Rückfallquote ging von 75 Prozent 1999 auf 33 Prozent im Jahr 2012 zurück.[44] Über mehrere Jahre war das eine der niedrigsten in den USA.

Strafanstalten wie Bastøy, Projekte wie Resolve to Stop the Violence und Ansätze wie die Restorative Justice und Collaborative & Proactive Solutions haben die simplen Paradigmen von Vergeltung und Abschreckung zugunsten von Rehabilitierung – der Täter wie der Opfer – überwunden. Natürlich ist keine dieser Initiativen vollkommen: Alle sind Teil einer Experimentierphase, aus der weitere Verbesserungen hervorgehen werden. Aber sie haben schon jetzt gezeigt, dass solche Alternativen nicht nur humaner, sondern zugleich auch deutlich wirksamer sind als die vorherrschenden Strategien.

Grundursachen

Winzige Umstände können große Auswirkungen auf unser Sozialverhalten haben. Ein Duft, den wir unbewusst wahrnehmen, ein leichter Anstieg des Geräuschpegels im Hintergrund, Eile, um zu einer Verabredung zu gelangen – all das kann etwa unsere Hilfsbereitschaft beeinflussen.[45] Wie ein Experiment zeigte, waren Menschen, die gerade eine Münze im Geldrückgabeschlitz einer Telefonzelle gefunden hatten, eher geneigt, einem Unbekannten in der Nähe zur Seite zu springen, dem Papiere aus der Hand gefallen waren.[46] Der Geldfund erhöhte den Anteil derer, die halfen, die Blätter aufzuheben, von 4 auf 86 Prozent, doch auf die Frage nach dem Grund ihres Verhaltens kamen nur wenige von ihnen auf die Idee, es könnte mit der kurz zuvor in ihren Besitz gelangten Münze zusammenhängen.

Eine andere – für das Thema Bestrafung erheblich aussagekräftigere – Studie untersuchte das Verhalten von Richtern.[47] Ohne ihr Wissen wurden acht Richter dabei beobachtet, wie sie Anträge auf bedingte Haftentlassung bearbeiteten. Sie befassten sich mit den einzelnen Anträgen durchschnittlich sechs Minuten und brachten mit dieser Arbeit mitunter ganze Tage zu. Nur 35 Prozent der Anträge wurde stattgegeben. Die Beobachter protokollierten die exakten Zeiten jeder Entscheidung sowie der drei Essenspausen, die die Richter täglich einlegten. Dabei stießen sie auf eine auffällige Korrelation: Unmittelbar nach jeder Pause schnellte die Quote der bewilligten Anträge bis zu 65 Prozent in die Höhe und sackte dann in den zwei Stunden danach, in denen die Richter müde und hungrig wurden, stetig bis zur nächsten Mahlzeit auf nahezu null ab.

Mit ein bisschen Naturwissenschaft lassen sich diese Ergebnisse nachvollziehen. Das Nervensystem verbraucht mehr Glukose als die meisten anderen Teile des Körpers. Bei anspruchsvollen geistigen Tätigkeiten sinkt der Blutzuckerspiegel nach einer Weile rasch ab, was zu einer deutlichen Verringerung der Leistungsfähigkeit unseres Gehirns und einer wachsenden Neigung zu automatischem Verhalten führt. Wenn sich eine harmlose Münze oder ein leichtes Absinken des Zuckergehalts im Blut unbewusst so stark auf unser Verhalten auswirken kann, welchen Einfluss hat dann wohl unsere Umwelt insgesamt auf den Verlauf eines ganzen Lebens?

Der am besten nachgewiesene gewaltfördernde Umweltfaktor in einer Gesellschaft ist die Ungleichheit in den Einkommensverhältnissen.[48] In Gesellschaften mit geringerer Gleichheit herrscht mehr Gewalt.[49] Die Beziehung zwischen Ungleichheit und Tötungsraten, erhoben innerhalb einzelner Länder und im Ländervergleich, wurde in Dutzenden unabhängigen Studien nachgewiesen – wobei erhebliche Unterschiede zutage getreten sind. Im Vergleich der Nationen weichen der britischen nichtstaatlichen Organisation The Equality Trust zufolge die Mordraten, die sich auf unterschiedliche Gleichheitsniveaus zurückführen lassen, bis um das Fünffache voneinander ab. Tatsächlich geht ein höheres Maß an Ungleichverteilung mit zahlreichen sozialen Problemen einher: psychischen Erkrankungen, Mobbing unter Kindern, Drogenmissbrauch, Schwangerschaften bei Minderjährigen, Scheidungen, Misstrauen und Analphabetentum.

Der renommierte amerikanische Forensiker James Gilligan hat in einer Reihe von Büchern beleuchtet, wie im Zusammenwirken solcher Faktoren besonders gewalttätige Formen der Kriminalität entstehen können. Nach Jahren der Arbeit mit aggressiven Häftlingen, schreibt er, halte er »noch immer Ausschau nach einer schweren Gewalttat, die nicht durch ein Gefühl der Scham oder Demütigung ausgelöst wurde«.[50] Aus ersichtlichen Gründen herrschen Scham und Demütigung eher in Gesellschaften mit größeren Ungleichheiten vor, wo mit besonders harten Bandagen um den sozialen Rang gekämpft wird. In solchen Umfeldern, so Gilligan, konkurrierten die Untersten in der Hierarchie um Mittel, sich Statusmerkmale zu sichern. Da sie weder über die Bildung noch über den Wohlstand, die Fürsorge und die Chancen der Bessergestellten verfügten, sei die Verteidigung jedes noch so geringen Ansehens für sie von immenser Bedeutung. Und dabei sähen sie oftmals Gewalt als einziges Mittel an. Kleinste Anzeichen mangelnden Respekts könnten zu schlimmsten Gewaltausbrüchen führen. (Dies erklärt, warum Weiterbildung im Gefängnis so effizient dabei hilft, Rückfallquoten zu verringern: Ein Abschluss ist ein Statusmerkmal, das als Mittel gegen Gefühle von Scham und Demütigung wirkt.)

Die schrecklichsten Gewaltakte von Einzeltätern sind fast immer Symptome extremer Formen erlittener Misshandlungen und Vernachlässigungen. In den USA sitzen zehnmal mehr Personen mit psychischen Erkrankungen – etwa einer bipolaren Störung oder einer Schizophrenie – im Gefängnis als in einer staatlichen Psychiatrie.[51] Faktisch wurde Krankheit zum Verbrechen gestempelt. Die britische Juristin und Sozialpolitikerin Baroness Helena Kennedy, die über dreißig Jahre an Strafgerichten und »ziemlich viel Zeit in Gefängnissen« zugebracht hat, resümiert ihre Erfahrung aus zahllosen Gesprächen, wenn sie schreibt:

> Für die meisten ist das Gefängnis das Ende einer Straße, die mit Entbehrungen, Benachteiligungen, Diskriminierungen und vielfältigen sozialen Problemen gepflastert war. Ein inhaltsleeres Leben bringt Verbrechen hervor [...]. Immer wieder tauchen die gleichen Probleme auf: erschreckende Familienverhältnisse, Geschichten von Vernachlässigung, Misshandlung und sexueller Ausbeutung, schlechte Gesundheit, psychi-

sche Störungen, mangelnde Unterstützung, unzulängliche Unterbringung oder Obdachlosigkeit, Armut und Schulden, kaum Aussicht auf Veränderung [...]. So stelle ich mir die Hölle vor.[52]

In unserer Gesellschaft werden Kinder, die den lebensfeindlichsten und ärmsten Umgebungen ausgesetzt sind, zunehmend kriminalisiert. Helena Kennedy: »Neunzig Prozent der jungen Menschen im Gefängnis haben psychische oder Drogenprobleme. Bei fast einem Viertel liegen die Schreib- und Rechenfähigkeiten unter denen eines durchschnittlichen Siebenjährigen. Und eine erhebliche Anzahl hat körperliche Misshandlungen oder sexuellen Missbrauch erfahren.«[53]

Wirtschaftliche, politische und kulturelle Verhältnisse prägen Identitäten, Chancen und letztlich das Verhalten. Diejenigen hart zu bestrafen, die durch solche Verhältnisse bereits verroht und angegriffen sind, häuft nur weiteres Unrecht auf Unrecht. Wenn die Gesellschaft nicht auf allen Ebenen des Systems ihre Möglichkeiten ausschöpft, die Ursachen von Kriminalität zu bekämpfen, verliert die Rechtfertigung strenger Strafen aus angeblich pragmatischen Gründen jede Glaubwürdigkeit. Mit welchem Recht verurteilen wir das Verbrechen, ohne die Verhältnisse anzuprangern, die es ausbrüten?

Letztlich trennt den Verbrecher vom Nichtverbrecher lediglich Glück. Dabei ist besonders verstörend, wie dieses Glück unter ethnischen Gesichtspunkten verteilt ist, zum Beispiel in den USA. Obwohl dort Schwarze nur 12 Prozent der Bevölkerung ausmachen, stellen sie 40 Prozent der Gefängnisinsassen. Im Verhältnis zu Weißen werden sie sechsmal häufiger in Haft genommen, um 31 Prozent häufiger einer Fahrzeugkontrolle unterzogen und doppelt so oft (und öfter unbewaffnet als Weiße) von einem Polizisten erschossen.[54] Rassistische Vorurteile durchdringen fast jeden Bereich der US-amerikanischen Gesellschaft und verringern in großem Umfang die Chancen Schwarzer und anderer ethnischer Minderheiten. Fünfzig Jahre nach Martin Luther Kings Rede »I have a dream« bestehen nach wie vor zahlreiche »rassische« Trennlinien in der amerikanischen Gesellschaft fort. Ein Weißer mit Vorstrafen wird noch immer eher für eine Anstellung in Betracht gezogen als ein Schwarzer ohne Eintrag im Strafregister.⁵⁵ Eine Auswertung von Daten der US-Regierung durch das Pew Research Center zeigte 2013:

> Im Hinblick auf Einkommen und Wohlstand der Haushalte hat sich die Kluft zwischen Schwarz und Weiß ausgeweitet. An Kriterien wie dem Highschool-Abschluss oder der Lebenserwartung gemessen, hat sie sich verringert. Bezüglich anderer Maßstäbe, darunter Armut und Wohneigentum, sind die Unterschiede ungefähr dieselben wie vor vierzig Jahren.⁵⁶

Ein ähnliches Muster findet sich unter ethnischen Minderheiten in Großbritannien, wo Schwarze fünfmal häufiger im Gefängnis landen als Weiße.⁵⁷ Die britische Equality and Human Rights Commission stellte fest, dass bei Fahrzeugkontrollen, die Polizeibeamte ohne konkreten Verdacht (Abschnitt 60 des Criminal Justice and Public Order Act 1994) durchführen können, Schwarze 37-mal häufiger ins Visier geraten. Junge Schwarze haben in diesem Land eine bessere Aussicht, ins Gefängnis zu kommen als an eine Eliteuniversität.⁵⁸ Und Inquest, eine britische Organisation, die Todesfälle unter Eingesperrten recherchiert und publik macht, stellte fest, dass in England seit 1990 über 400 Menschen aus schwarzen Communitys oder ethnischen Minderheiten im Gefängnis oder in Polizeigewahrsam ums Leben gekommen sind.⁵⁹

Die Inhaftierung von Gesetzesbrechern, einst eine rein hoheitliche Aufgabe, gerät zunehmend zum kommerziellen Privatgeschäft – ein Trend, der sich in den USA fest etabliert hat und in Großbritannien immer mehr Unterstützung findet. In den Vereinigten Staaten sind ungefähr 10 Prozent der Strafgefangenen in privat betriebenen Haftanstalten untergebracht. Eine 2015 veröffentlichte Studie der University of Wisconsin kam zu dem Ergebnis, dass Bundesstaaten mit Privatgefängnissen höhere Rückfallquoten haben und die Häftlinge dort länger inhaftiert bleiben.⁶⁰ Da mehr Gefangene mit längeren Haftstrafen größere Gewinne abwerfen, war das Ergebnis absehbar. Heute tut diese Industrie mit einem Umsatz von 5 Milliarden Dollar, was für alle Großindustrien gang und gäbe ist: Sie investiert einen

Teil ihrer Profite in Lobbyarbeit bei den Regierungen, um Regulierungen auszuhebeln und Gesetze auf den Weg zu bringen, die ihnen noch größere Gewinne bescheren. Die Gefängnisindustrie bemüht sich um eine Einflussnahme auf den Staat, damit er noch mehr Menschen hinter Gitter schickt. Wie ein Bericht des US National Institute on Money in State Politics verrät, spendeten Gefängniskonzerne den politischen Parteien für die Wahlzyklen 2002 und 2004 3,3 Millionen Dollar. Von 2006 bis 2008 investierte das landesgrößte Gefängnisunternehmen 2,7 Millionen in Lobbyarbeit, die auf eine Verschärfung der Gesetze hinwirkte.[61] Dabei erschöpft sich die Rentabilität von Gefangenen nicht in deren Verwahrung. Privatgefängnisse vergeben Häftlingsarbeit zunehmend an größere Konzerne, die abgründig niedrige Löhne zahlen. Während sich die Entgelte in öffentlichen Gefängnissen auf der Höhe des Mindestlohns bewegen, liegen sie in privaten Vollzugsanstalten mitunter bei 17 oder, in großzügigeren Einrichtungen, bei 50 Cent pro Stunde. Arbeitsverweigerer landen in Isolierzellen.[62] Die Praktiken nähern sich Formen von Sklavenarbeit an.

Obwohl die Sachlage nahelegt, dass man nicht »rigoros gegen das Verbrechen« vorgehen kann, ohne »rigoros gegen Ungleichheit« vorzugehen, hat im letzten halben Jahrhundert ein Wandel vom Sozialstaat zum Sicherheitsstaat stattgefunden. In Großbritannien und den USA haben sich die großen Parteien längst auf die Rhetorik »rigoros gegen das Verbrechen und rigoros für den Sozialabbau« verständigt, eine Politik, die rasch zu stetig steigenden Häftlingszahlen und immer krasserer Ungleichheit geführt hat. In Großbritannien kostet es 75 000 Pfund, einen Ort zur Unterbringung eines Häftlings zu errichten, und weitere 37 000 Pfund jährlich, um ihn zu unterhalten (das sind höhere Ausgaben als für einen Platz am britischen Eliteinternat Eton).[63] In den USA verursachen die Vollzugsanstalten jährliche Kosten von rund 63 Milliarden Dollar.[64] Manche US-Bundesstaaten geben mehr Geld für ihre Strafjustiz als für ihr öffentliches Schulwesen aus. In den letzten paar Jahrzehnten hat Kalifornien ungefähr jedes Jahr ein neues Gefängnis gebaut, jedes zu rund 100 Millionen Dollar.[65] Im selben Zeitraum entstand dort nur ein neues öffentliches College. Landesweit wuchsen die Ausgaben für Gefängnisse sechsmal schneller als die für weiterführende Bildung.[66] Angesichts der gewaltigen Kosten des ausufernden Strafjustizsystems fragt der Philosoph Douglas Husak:

> Gibt es keine bessere Nutzung für die gewaltigen Mittel, die wir für Strafrechtsprechung und Strafvollzug ausgeben? Geld und Personal werden aus Bereichen mit dringenderem Bedarf abgezogen, [um] Gesetze zu vollziehen, die selbst unsere eloquenteste Kriminalisierungstheorie nicht rechtfertigen würde.[67]

Die gewaltigen Ressourcen, die wir verbrauchen, um Menschen wegzusperren, könnten dazu dienen, Ungleichheiten zu vermindern und dadurch das Leben von Menschen zu verbessern und viele der Bedingungen aus dem Weg zu räumen, die den Nährboden des Verbrechens bilden. Dennoch weigern sich führende Politiker seit Jahrzehnten, das Problem aus diesem Blickwinkel zu betrachten. US-Präsident Ronald Reagan betonte: »Man sagt uns, die Antwort [… auf Kriminalität] liege darin, Armut zu bekämpfen. Das ist nicht die Antwort. […] Die Aufgabe des Staates besteht darin, die Gesellschaft vor Verbrechern zu schützen, nicht umgekehrt.«[68] Der ehemalige britische Premierminister John Major mahnte 1993, dass »die Gesellschaft etwas mehr verurteilen und etwas weniger Verständnis aufbringen« müsse.[69]

Die Daten zeigen, dass ein höheres Maß materieller Ungleichheit innerhalb eines Landes oder im Ländervergleich stark mit größerem Strafgefangenenaufkommen korreliert.[70] Und die Menschen auf den unteren Stufen der sozialen Hierarchie mit geringeren Einkommen und weniger Bildung landen deutlich häufiger im Gefängnis.[71] Die Gesellschaften mit den krassesten Ungleichheiten – angeführt von den USA und Singapur, dicht gefolgt von Großbritannien und Israel – haben mit Abstand die höchsten Strafgefangenenanteile. Die Staaten, in denen am meisten Gleichheit herrscht – Japan, Norwegen, Finnland, Schweden und Dänemark –, sperren einen weitaus geringeren Anteil ihrer Bevölkerung weg. Die Unterschiede sind erheblich. In den USA sitzen 576 Personen pro 100 000 Einwohner in Haft, 14-mal mehr als in Japan, wo auf dieselbe Zahl von Einwohnern nur 40 Gefangene kommen.[72] Ein Vergleich innerhalb der USA bestätigt das Muster: Bundesstaaten mit mehr Ungleichheit haben einen höheren Häftlingsanteil.

Die Unterschiede in den Verbrechensraten erklären nur einen kleinen Teil der unterschiedlich hohen Häftlingszahlen in den verschiedenen Ländern. Tendenziell entscheiden ideologische Gründe darüber, wie häufig Gefängnishaft statt anderer Strafen verhängt wird und wie streng die jeweiligen Urteile ausfallen. Bei den Inhaftierungsraten steht Großbritannien regelmäßig an der Spitze Westeuropas. Seit 1990 hat sich die Anzahl Strafgefangener im Vereinigten Königreich verdoppelt. Im Vergleich mit einem Staat wie den Niederlanden, in denen weitaus weniger Menschen Haftstrafen absitzen, gehen rund zwei Drittel des Unterschieds darauf zurück, dass die niederländische Justiz sowohl Urteile ohne Freiheitsentzug als auch kürzere Haftzeiten bevorzugt.[73] So kündigte die dortige Regierung denn auch 2015 an, sie werde mangels Strafgefangener acht Vollzugsanstalten schließen.[74]

Der dramatische Zuwachs an Häftlingen in Großbritannien lässt sich bis in die frühen neunziger Jahre zurückverfolgen, als der konservative Innenminister Michael Howard versicherte: »Gefängnis funktioniert«. Damals landeten 45 Prozent der von britischen Gerichten Verurteilten hinter Gittern. Diese Zahl stieg bis 2001 auf 64 Prozent an.[75] 2003 verkündete Premierminister Tony Blair in einer Sondersendung des einflussreichen BBC-Nachrichtenmagazins *Newsnight* voller Stolz, seine Regierung habe eine Legislaturperiode absolviert, in der mehr Menschen ins Gefängnis gesteckt worden seien als jemals zuvor.[76] Dies hing wohl teilweise damit zusammen, dass zwischen 1997 und 2005 4289 neue Straftatbestände geschaffen wurden, fast einer an jedem Tag, an dem New Labour die Macht innehatte.[77]

Noch extremer ist die Lage in den USA. 1978 saßen dort rund 450 000 Menschen im Gefängnis. Bis 2005 stieg diese Zahl auf über 2 Millionen an.[78] Wie in Großbritannien war diese Entwicklung weitgehend darauf zurückzuführen, dass Freiheitsentzug gegenüber anderen Strafen bevorzugt wurde. Heute lebt ein Viertel aller weltweit Verurteilten in Amerika. 360 von ihnen saßen 2004 in Kalifornien lebenslange Haftstrafen für das abscheuliche Verbrechen des Ladendiebstahls ab.[79] Was wie ein Hohn klingt, fasste die Schriftstellerin und Aktivistin Arundhati Roy in der denkwürdigen Bemerkung zusammen, dass »das ›freieste‹ Land der Welt die höchste Anzahl« Gefangener habe.[80]

Eine Fokussierung auf Ursachen und Rehabilitation wird erst von dem Moment an sinnvoll, da wir dazu übergehen, Kriminalität nicht mehr dem freien Willensakt des Einzelnen zuzuschreiben, sondern sie so zu betrachten wie ein Arzt die Symptome einer Krankheit. Obwohl potenziell gefährlich, tragen gewalttätige Strafgefangene für die Gefahr, die von ihnen ausgeht, nicht die eigentliche Verantwortung: Alle Menschen, die gewalterzeugenden Verhältnissen ausgesetzt waren, *könnten* ähnliche »Symptome« entwickeln. Sie als »Infizierte« aus der Gesellschaft zu entfernen, wie es mit Personen geschieht, die sich mit einem tödlichen Virus angesteckt haben, mag – zumindest vorübergehend – notwendig sein, aber Bestrafungen tragen nichts dazu bei, künftige »Ausbrüche« zu verhüten. Sie binden vielmehr die Mittel und Aufmerksamkeit, die notwendig wären, um den tieferen Ursachen des »Ausbruchs« auf die Spur zu kommen. Eine humanere und rationalere Art, mit Kriminalität umzugehen, muss sich darauf konzentrieren, Verhältnisse aus dem Weg zu räumen, die Verbrechen begünstigen, und die Empathie, die Selbstbeherrschung und das Selbstwertgefühl zu stärken, die eng mit einem ethischen Sozialverhalten verknüpft sind. Die in Rechtssystemen nur allzugern vorgebrachte Behauptung wiederzukäuen, dass Verantwortung beim Einzelnen anfange, hindert daran, die kulturellen, wirtschaftlichen und politischen Ursachen von Gewalt und Kriminalität zu bekämpfen.

Doppelmoral

Als Richard Nixon 1968 in den Präsidentschaftswahlkampf zog, stilisierte er sich zum Kämpfer gegen »den Niedergang der Achtung vor dem Rechtsstaat« und warnte vor der Gefahr »zersetzender Lehren, wonach jeder Bürger ein natürliches Recht habe, selbst zu entscheiden, welchen Gesetzen er gehorcht und wann er sie übertritt« – ein Prinzip, das er führenden Bürgerrechtsaktivisten wie Martin Luther King und Malcolm X vorwarf.[81] Wenige Jahre später trat Nixon wegen des Watergate-Skandals schmachvoll zurück, um einem Amtsenthebungsverfahren zuvorzukommen. Als er diese Ereignisse 1977 in dem berühmten Interview mit dem britischen Journalisten und Moderator David Frost diskutierte, rechtfertigte er sein damaliges Handeln mit den Worten: »Wenn es der Präsident tut, ist es nicht illegal.«

Kurz nach seinem Rücktritt hatte ihn sein Nachfolger Gerald Ford begnadigt. »Ich glaube zutiefst an das gleiche Recht für alle Amerikaner, unabhängig von ihrem Stand oder ehemaligen Stand«, betonte Ford und fügte hinzu: »Einem ehemaligen Präsidenten der Vereinigten Staaten würde nicht die gleiche Behandlung widerfahren wie jedem anderen Bürger, der gegen das Gesetz verstoßen hat, sondern er würde grausam und über die Maßen bestraft werden. [...] Und die Glaubwürdigkeit unserer freiheitlichen staatlichen Institutionen wäre [...] im In- und Ausland infrage gestellt.«[82] Dick Cheney, George W. Bushs Vizepräsident, rechtfertigte Fords Schritt bei dessen Beisetzung mit den Worten, er habe »fast als Einziger verstanden, dass es ohne Verzeihung keine Heilung geben« könne[83] – ein Grundsatz, dessen Anwendung allerdings 7,3 Millionen Amerikanern auf Bewährung, hinter Gittern und im Freigang vorenthalten bleibt.

Das Muster ist vertraut. So liegen beispielsweise für die Verbrechen, die unter der Bush-junior-Regierung begangen wurden, erdrückende Beweise vor. Sie sind gut dokumentiert und werden weithin eingeräumt. Nur wenige leugnen heute noch, dass fortlaufend Rechtsbrüche stattfanden, so die Billigung von Folter, die Inhaftierung ohne Prozess, Entführungen und Verschleppungen Gefangener an geheime Orte, Ausspähungen der Privatsphäre ohne richterliche Genehmigung, die Vernichtung von Belastungsmaterial und ein völkerrechtswidriger Angriffskrieg. Richard A. Clarke, langjähriger Leiter der US-Terrorismusabwehr, der in dieser Funktion zuletzt in der Bush-Administration gedient hatte und 2003 nach der Irak-Invasion zurückgetreten war, sagte 2014, Bush und seine Regierung hätten sich mit ihrem Feldzug gegen Bagdad eklatanter Kriegsverbrechen schuldig gemacht.[84] Weder George W. Bush noch sein Kriegsverbündeter Tony Blair sind jemals mit einem Strafantrag konfrontiert worden.

Als Präsidentschaftskandidat versprach Barack Obama leidenschaftliches Engagement für den Rechtsstaat und behauptete, er sei offen dafür, die Verbrechen der Ära Bush untersuchen und verfolgen zu lassen, doch nachdem er gewählt worden war, wandelte sich seine Rhetorik rasch zugunsten der Auffassung: »Anstatt zurückzuschauen, müssen wir den Blick nach vorn richten.« Dieses Prinzip ließ er allerdings nicht für die 2 Millionen Häftlinge gelten, die die Gefängnisse seines Landes bevölkern oder illegal in Guantanamo Bay einsitzen. Und auch nicht für Whistleblower wie Chelsea Manning und Edward Snowden.[85] Obama blockierte jeden Versuch, Ermittlungen zu den Vorgehensweisen seines Vorgängers durchführen zu lassen.

Der Zusammenbruch der Finanzmärkte 2008 hatte betrügerische Aktivitäten in einer unvorstellbaren Größenordnung zur Ursache. Dies wird inzwischen weithin anerkannt, sogar von dem langjährigen Wall-Street-Fürsprecher Alan Greenspan, dem ehemaligen Vorsitzenden der US-Notenbank Federal Reserve, für den das Gebaren des Finanzsektors »schlicht glatter Betrug« war.[86] Obwohl sich dessen Machenschaften verheerend auf das Leben von Millionen Menschen ausgewirkt haben, sitzt bis heute kein einziger höherer amerikanischer oder britischer Bankmanager hinter Gittern. Stattdessen bekamen diejenigen, die den Crash in den USA zu verantworten hatten, bedingungslos über 700 Milliarden öffentliche Gelder zur Verfügung gestellt, und für ihre Kollegen in den Führungsetagen der britischen Finanzimperien wurden Rettungspakete im Umfang von 1,3 Billionen Pfund geschnürt. Als einige US-Bundesstaaten gegen die Banken juristisch vorgehen wollten, stießen sie auf den erbitterten Widerstand der Obama-Administration.[87] Einige Finanzinstitute wurden überführt, vor Gericht nicht etwa nur ein- oder zweimal, sondern Dutzende Male gelogen zu haben, doch nicht ein einziger ihrer Repräsentanten wanderte ins Gefängnis.[88]

Ein Paradebeispiel ist der multinationale Versicherungskonzern AIG. Dieselben Manager, unter deren Vorsitz die betrügerischen Transaktionen abgelaufen waren, die zum Niedergang des Konzerns geführt hatten – einem Verlust von gigantischen Ausmaßen, der nur durch eine staatliche Rettungsaktion mittels ungeheurer Mengen an Steuergeldern aufgefangen werden konnte –, sackten wenig später Millionen Dollar in Form von Boni ein. Als Obama daraufhin unter öffentlichen Druck geriet, versicherte er, ihm seien die Hände gebunden. Zu seiner Verteidigung brachte sein Wirtschaftsberater Larry Summers ohne einen Anflug von Ironie vor: »Wir sind ein Rechtsstaat. Es gibt Verträge. Die Regierung kann nicht einfach Verträge aufheben.«[89] Angesprochen auf die 17 Millionen Dollar Bonuszahlungen für Jamie Dimon von JP Morgan Chase und die 9 Millionen für Lloyd Blankfein von Goldman Sachs – beides Banken, die mit Milliarden Dollar vor dem Kollaps bewahrt worden waren –, verkündete Obama später, im Jahr 2010: »Ich kenne die beiden ganz gut. Sie sind sehr clevere Geschäftsleute.« Und: »Wie den meisten Amerikanern liegt es mir fern, Menschen Erfolg oder Reichtum zu missgönnen. Das ist Teil der freien Marktwirtschaft.«[90] Mit »freiem Markt« hatte das freilich wenig zu tun. Die betreffenden Banken hatten nur dank staatlicher Unterstützung überlebt. Wie viele bemerkt haben, ist es dem Finanzsektor gelungen, Profite zu privatisieren und Risiken zu sozialisieren: Die Reichen streichen die Gewinne ein, während die Armen für die Verluste geradestehen.

In Großbritannien kamen 2014 zwei Banker von RBS, die des Betrugs mit einer Schadensumme von 3 Millionen Pfund schuldig gesprochen worden waren, auf freien Fuß, nachdem Richterin (und Kronanwältin) Rebecca Poulet geurteilt hatte, dass sie bereits genug »gelitten« und »ihre Scham und Betroffenheit ausgedrückt« hätten.[91] Der US-Journalist Matt Taibbi, der jahrelang die Straftatbestände der Wall Street ans Licht brachte, schreibt, dass »selbst in den abscheulichsten und schrecklichsten Fällen – so wie im Skandal um die HSBC, die zugab, über 800 Millionen Dollar für mittel- und südamerikanische Drogenkartelle gewaschen zu haben – bislang niemand auch nur einen Tag im Gefängnis gesessen oder einen Cent Strafe gezahlt hat«. Oft fragte Taibbi offizielle staatliche Vertreter, warum keine Verfahren eingeleitet würden. »Nun, das sind eben keine Kapitalverbrechen«, antwortete ihm ein Staatsanwalt. Taibbi weiter: »Als ich einen anderen fragte, warum im Fall der HSBC-Drogengeldwäsche niemand hinter Gitter komme, während unsere Gefängnisse doch voller Leute seien, die wegen des Verkaufs kleiner Mengen an Drogen einsäßen, antwortete er: ›Waren Sie schon mal in einem Gefängnis? Diese Orte sind gefährlich!‹«[92]

Die Wahrheit ist, dass die Ungleichheit vor den Toren der Gerichte die Gleichheit im Gerichtssaal zunichtemacht. Wer einen Wagen stiehlt, landet im Gefängnis. Wer die Weltwirtschaft ruiniert, wird mit Milliarden Dollar belohnt. »Too big to fail« heißt auch »too big to jail«. Der Grund ist klar: Banken geben wie die meisten Großindustrien Millionen Dollar für Lobbyarbeit aus und finanzieren politische Parteien. In Washington arbeiten rund 3000 Lobbyisten für den Finanzsektor, und die Banken investieren Milliarden, um Einfluss auf staatliche Institutionen zu nehmen. Eine vielleicht noch wichtigere Rolle spielt der Drehtüreffekt zwischen Finanzwelt und Politik. Bankmanager erhalten regelmäßig Posten als Spitzenberater von Regierung, Regulatoren und politischen Entscheidungsträgern, während Politikern nach dem Ausscheiden aus Regierungsämtern lukrative Positionen im Bankensektor offenstehen.

Welchen Einfluss wir auf Gesetzgebungsverfahren nehmen können, was uns das geltende Recht auferlegt und welche Möglichkeiten wir haben, es zu umgehen, hängt von unserer gegenwärtigen Macht und Finanzkraft ab. Großkonzerne investieren regelmäßig Millionen, um ihre Interessen durchzusetzen. Und auch vor Gericht bringt Wohlstand Vorteile. Sich juristisch vertreten zu lassen, kostet Geld. Und bessere Vertretung hat einen höheren Preis. Wer über große Summen verfügt, kann sich langwierige und kostspielige Prozesse leisten und in manchen Fällen einen Strafantrag durch eine außergerichtliche Einigung abwenden. Eine Standardstrategie von Konzernen im Umgang mit weniger begüterten Gegnern besteht darin, ihnen eine geringe Entschädigungssumme anzubieten und zu drohen, sie in eine teure und in die Länge gezogene juristische Schlacht mit ungewissem Ausgang zu verwickeln, falls sie das Angebot ablehnen.[93] Und wer genug Geld hat, kann sich auch Experten kaufen, die ihm helfen, sich erfolgreich durch das Dickicht der Gesetze zu lavieren, deren Lücken zu erkennen und sie, wann immer sich Gelegenheit dazu bietet, zum eigenen Vorteil zu nutzen. Ein allseits bekanntes Beispiel: Nicht jeder muss sich an die Pflicht halten, seine Steuern zu zahlen.

Obwohl theoretisch Gleichheit vor dem Gesetz herrscht, sucht man sie in der Praxis mit der Lupe. Das Verbot, unter öffentlichen Brücken zu schlafen, ist für den Millionär bedeutungslos, während es für den Obdachlosen darüber entscheiden kann, ob er eine Unterkühlung erleidet oder sich den Tod holt. Ein Gesetz, das den Diebstahl von Brot ahndet, belastet keinen Reichen, wohl aber besonders diejenigen, die Mühe haben, ihre Kinder sattzubekommen. Einige Gesetze richten sich ausdrücklich gegen die Schwächsten. In Florida und einigen anderen Bundesstaaten der USA wurde den Bürgern verboten, Obdachlose mit Nahrungsmitteln zu versorgen. Arnold S. Abbott, ein neunzigjähriger Aktivist aus Fort Lauderdale, der sich um Obdachlose kümmert, verstieß mehrfach gegen das Gesetz, wurde verhaftet und zu einer Geldstrafe von 500 Dollar und 60 Tagen Gefängnis verurteilt.[94]

Das Rechtssystem treibt auf einem Meer aus Ungerechtigkeiten, die dem Prinzip der Gleichheit vor dem Gesetz Hohn sprechen. Die Vorstellung, das Recht behandle alle Menschen gleich, unabhängig von Ethnie, Geschlecht, Status oder Religion, ist ein gefeiertes Ideal, doch in einer Gesellschaft, in der Wohlstand, Macht und Chancen von Grund auf ungleich verteilt sind, ist Gleichheit vor dem Gesetz an sich schon ungerecht. Die Annahme vieler Rechtstheoretiker, dass, abgesehen von wenigen Ausnahmen, »die gleichen Regeln für alle gelten müssen«, ist eine Phantasie, die sich umso weniger rechtfertigen lässt, je mehr Ungleichheit in der Gesellschaft herrscht. Thomas Jefferson, dem dritten Präsidenten der USA, war dies durchaus bewusst, als er sagte: »Es ist nichts weniger gleich als die gleiche Behandlung ungleicher Leute.«[95]

Privatgesetz

Wer entscheidet, was als Straftat zählt? Wer legt fest, welche Straftäter zur Rechenschaft gezogen werden? Im Jahr 2002 wurden drei britische Zwölfjährige, die auf der Straße mit Plastikpistolen spielten, in einer Blitzaktion von Patrouillenwagen der Polizei umstellt, verhaftet und aufs Revier verbracht, wo man sie mitsamt Fingerabdrücken und DNA-Proben registrierte und streng verwarnte, weil sie im Besitz derart echt aussehender Spielzeugwaffen angetroffen worden waren. 2015 billigte die britische Regierung den Export echter Waffen in einem Volumen von 5,2 Milliarden Pfund an Regime, die wegen Menschenrechtsverstößen auf ihrer schwarzen Liste standen.[96]

Ein Rechtsrahmen hat hauptsächlich die Aufgabe, die Interessen derjenigen zu befördern, die ihn festlegen. Er bestimmt die Spielregeln, an die sich alle halten müssen. Verschiedene Regeln bedienen unterschiedliche Interessen. Die Gesetze, welche die Sklaverei regeln, werden nicht von Sklaven geschrieben. Die Bevölkerungen von Kolonien bestimmen nicht die Regeln, nach denen sie ausgebeutet werden. Gesetze, die Gewerkschaften kriminalisieren, stammen nicht von deren Funktionären. Und Frauen haben sich nicht die Gesetze ausgedacht, die sie den Großteil der abendländischen Geschichte hindurch in der Ehe praktisch zum Eigentum des Mannes machten. Die dafür kämpften, die Sklaverei abzuschaffen, Arbeitsbedingungen zu verbessern, den Kolonialismus zu überwinden, das Wahlrecht auszuweiten, Gleichberechtigung herzustellen, Kriege zu stoppen und die Umwelt zu schützen, gerieten zwangsläufig immer wieder in Konflikt mit geltendem Recht, litten unter Polizeigewalt und saßen im Gefängnis. In allen Fällen verteidigte das Gesetz die Privilegien und Vorurteile der Mächtigen gegen die Rechte und Interessen der Schwachen.

Adam Smith, Vater der modernen Wirtschaftswissenschaften, konstatierte 1776: »Wird also eine Regierungsgewalt zu dem Zwecke eingerichtet, das Eigentum zu sichern, so heißt das in Wirklichkeit nichts anderes, als die Besitzenden gegen Übergriffe der Besitzlosen zu schützen.«[97] In dem Maße, in dem das Recht von engumgrenzten Eliteinteressen gestaltet und ausgelegt wird, verkommt es zu einem Mittel, um Privilegien zu verteidigen. Tatsächlich bedeutete das Wort »Privileg« ursprünglich ein Gesetz *(lex)*, das sich nur auf einen Einzelnen *(privus)* bezieht – »Privatgesetz«. Je weniger ein Gesetzgebungsprozess der Rechenschaftspflicht unterworfen ist, desto mehr ähnelt der Status der Gesetzeshüter dem einer Privatarmee, deren wichtigste Aufgabe es ist, die über die Privilegierung von Reichtum und Macht verfügenden Teile der Gesellschaft zu bedienen und zu beschützen. Tatsächlich gingen viele Polizeibehörden aus Patrouillentrupps hervor, die reichen Grundbesitzern halfen, entflohene Sklaven aufzugreifen und zu bestrafen.

Die Rechte, die wir heute genießen, wurden von Menschen errungen, die bereit waren, die »Privatgesetze« ihrer Zeit anzufechten und sich, wenn die Umstände es erforderten, über sie hinwegzusetzen. Ihnen verdanken wir die Freiheiten, die wir heute besitzen, und eben nicht jenen gesetzestreuen Bürgern, die Sklaverei, Patriarchat, Rassismus, Apartheid, Ausbeutung von Kindern, Folter, Imperialismus, erbärmliche Armut und die Entrechtung bereitwillig hinnahmen, weil sie geltendem Recht entsprachen. Und auch nicht der Polizei und der Justiz, die diese legale Unterdrückung aufrechterhielten.

Strafe dreht sich letztlich um Macht. Wenn das Recht so formuliert ist, dass es eine ungleich verteilte Macht zementiert, ist seine Umsetzung kein neutraler, sondern ein höchst parteiischer Akt, der bestimmte Interessen anderen gegenüber begünstigt. Martin Luther King erkannte den Kern des Problems, als er in seinem »Brief aus dem Gefängnis von Birmingham« mahnte, nie »zu vergessen, dass alles, was Hitler in Deutschland tat, legal war«. Wie Gandhi und Nelson Mandela wurde King eingesperrt, weil er gegen das Gesetz verstoßen hatte. Mandela wurde nicht nur von der südafrikanischen Regierung, sondern auch von den herrschenden politischen Kräften der USA und Großbritanniens als Terrorist gebrandmarkt. Und obwohl er in der Volkskultur nach seiner Entlassung aus dem Gefängnis 1990 zu einer Art Heiligem unserer Zeit avancierte, führten ihn amerikanische Geheimdienste noch bis 2008 auf ihrer Beobachtungsliste für Terroristen.

Die Abstempelung zum »Terroristen« ist bis heute eine weit verbreitete Praxis, um politische Gegner mundtot zu machen. Kanada zum Beispiel kategorisiert ökologischen Aktivismus als eine Form des Terrorismus und sieht in ihm eine »Bedrohung der nationalen Sicherheit«. Diejenigen, die von der Umweltzerstörung profitieren, lässt das Gesetz unbehelligt. In Großbritannien wurden Gesetze, die angeblich Terrorismus und asoziales Verhalten bekämpfen sollen, immer wieder gegen Menschen eingesetzt, die sich in rechtmäßigen Protesten engagierten. Die Demonstrationsfreiheit an bestimmten Orten, insbesondere um das Parlament, wurde drastisch eingeschränkt; Befugnisse, Personenkontrollen durchzuführen, erteilt im Vollzug erweiterter Antiterrorgesetze, dienten als Vorwand für Schikanen gegen friedliche Demonstranten; Interessensvertretungen, darunter Umweltaktivisten und Kriegsgegner, wurden als »interne Extremisten« klassifiziert und von verdeckten Ermittlern unterwandert, die ihre Tarnung bis zum Äußersten schützten (sogar durch Heiraten und Familiengründungen mit ahnungslosen Aktivistinnen).

In Toronto gingen 2010 Tausende im Zuge einer weitgehend friedlichen Protestaktion gegen den G20-Gipfel auf die Straße. Nach Ausschreitungen einiger militanter Demonstranten gab ein hochrangiger Polizeikommandeur in der Mitte des Gipfelwochenendes den Befehl, »die Straßen zurückzuerobern«. Während der nächsten 36 Stunden kam es zu der größten Massenverhaftung der kanadischen Geschichte. Über tausend zum größten Teil friedliche Demonstranten, Journalisten, Menschenrechtsbeobachter und einfache Bürger der Stadt wurden in Gewahrsam genommen, eine anschauliche Vorführung der Prioritäten, von denen sich die Beamten leiten ließen.[98] Zwei Jahre später lieferten Kanadas Ordnungshüter ein weiteres Lehrbeispiel für ihre Vorgehensweise, diesmal in Quebec. Tausende Studenten demonstrierten gegen eine drastische Erhöhung der Studiengebühren. Der »Ahorn-Frühling«, wie der Protest genannt wurde, stieß auf ein konzertiertes rigoroses Vorgehen von Legislative, Justiz und Polizei, die unter anderem Pfefferspray, Blendgranaten und Gummigeschosse einsetzte. Auf die drakonischen Maßnahmen folgten eine Verschärfung des Demonstrationsrechts und über 3000 Verhaftungen in einem Zeitraum von sieben Monaten. Der Studentenführer Gabriel Nadeau-Dubois wurde vor Gericht des schweren Vergehens für schuldig befunden, in einem Interview erklärt zu haben, dass er Streikpostenketten für eine legitime Form des Protestes halte.[99]

Obwohl ein friedlicher Ausdruck weltweiter Besorgnisse, löste die Occupy-Bewegung in den USA zahlreiche Vorfälle brutaler Polizeigewalt, Menschenrechtsverstöße und Massenverhaftungen aus. Und in Puerto Rico gingen die Behörden in den letzten Jahren gegen friedliche Proteste unter anderen mit giftigen Chemikalien, Tränengas, Pfefferspray, Knüppeln, Gummigeschossen, Schockgranaten und Elektroimpulswaffen vor.[100] Solche Beispiele sind nur die Spitze des Eisbergs. Zusammen mit der Aushöhlung der Privatsphäre, der Kriminalisierung von Whistleblowern und den Angriffen auf die Freiheit im Internet auf breiter Front erscheinen sie als Teil eines umfassenderen Trends, der unsere wertvollsten demokratischen Institutionen bedroht.

Das System der Strafjustiz zwängt den Einzelnen in ein enges Korsett der persönlichen Haftung – eine perfide Methode, um politische und wirtschaftliche Systeme aus der Verantwortung zu entlassen und zu leugnen, dass außerhalb der Gerichtssäle reale Gleichheit benötigt wird. Wenn wir eine Person oder eine Gruppe direkt für eine verabscheuungswürdige Tat verantwortlich machen, lassen wir keinen Raum, um nach Erklärungen für die tieferen Ursachen der Verfehlung zu suchen, und erhöhen mit diesem kurzsichtigen Vorgehen die Wahrscheinlichkeit, dass das Zusammenspiel von wirtschaftlichen, politischen und kulturellen Kräften, das ihr den Nährboden bereitet hat, fortwirkt. (Umgekehrt gilt: Wenn wir ein bewundernswertes Geschehen allein einer Person zuschreiben, kann uns diese vermeintliche Erklärung für dessen wahre Hintergründe blind machen und es dadurch erschweren, Verhaltensweisen zu fördern, von denen wir uns *wünschen*, dass sie zum Tragen kommen.)

Der Verantwortungsmythos übt gewaltigen Einfluss aus: Selbst wenn wir ihn auf bewusster Ebene ablehnen, kann er sich in der Praxis, in unserem Alltagsleben, unausweichlich aufdrängen. Und wie wir gesehen haben, vermittelt er ein verzerrtes Bild von der Realität. Wenn wir akzeptieren, dass Menschen am Ende für ihr Tun eben nicht die letzte Verantwortung tragen, hat ein Angeklagter seine Verurteilung zu einer Haftstrafe nicht mehr verdient als der Richter, der über ihn den Stab gebrochen hat. Die hässliche Wahrheit, wie sie schon Oliver Wendell Holmes formulierte, ist, dass der Arm des Gesetzes »am härtesten diejenigen trifft, die am wenigsten auf ihn vorbereitet sind«.[101]

Das heutige System der Strafjustiz ist keine Lösung für Probleme, sondern ein Symptom sozialer Ungerechtigkeit. Seine irrationalen Grundlagen lenken von den tieferliegenden Ungerechtigkeiten und Mängeln der Gesellschaft ab, von denen wir einige in den nachfolgenden Kapiteln untersuchen werden. Wollte die Gesellschaft Kriminalität ernsthaft bekämpfen, müsste sie diejenigen zur Verantwortung ziehen und abzuschrecken versuchen, die mit ihren Handlungen und Ideologien die das Verbrechen erzeugenden Verhältnisse aufrechterhalten: alle jene, die daran mitwirken, die gewaltigen Unterschiede bei der Verteilung von Wohlstand, Macht und Chancen zu bewahren und auszuweiten. Ein Politiker im Anzug kann weitaus mehr Schaden anrichten als jede Straßengang, jeder Drogendealer oder Kleinkriminelle.

Verbrechen sind eine politisch definierte Kategorie, die es stets zu hinterfragen gilt. Nur allzu lange diente unser Strafrechtssystem als Mittel, allgemeine soziale Ungerechtigkeit zu verstärken anstatt sie zu verhindern. Das Gegenmittel ist auf allen Ebenen der Gesellschaft eine umfassendere politische Rechenschaftspflicht und mehr Gleichheit. Erst im Rahmen einer faireren, humaneren Gesellschaft, die allen würdige Chancen bietet, kann ein Strafrechtssystem wirklich gerecht sein.

3

BELOHNUNG

Jeden Morgen erwachen rund um den Globus Menschen, um einen neuen Arbeitstag zu beginnen. Überall werden Mineralien geschürft, Maschinen bedient, Güter transportiert, Saaten ausgebracht, Texte getippt, Häuser gebaut, Ernten eingebracht, Kleider genäht, Patienten versorgt und Kinder unterrichtet. Während die Stunden verstreichen, wird viel Energie aufgewendet. Bemerkenswert ist, wie ungleich die Menschen am Ende des Tages für ihre Leistung entlohnt werden. Während Milliarden weniger als zwei Dollar pro Tag verdienen, streicht am anderen Ende des Spektrums ein amerikanischer Hedgefonds-Manager wie David Tepper mehr als 1 Million Dollar pro Stunde ein.[1] Das Ergebnis ist, dass die 85 reichsten Erdenbürger ebenso viel besitzen wie die ärmere Hälfte der Weltbevölkerung – das sind 3,5 Milliarden Menschen – und dass das reichste 1 Prozent inzwischen über fast die Hälfte des gesamten Besitzes auf der Erde verfügt.[2]

Die ungleiche Verteilung des Wohlstands ist so überwältigend, dass es dem Vorstellungsvermögen Mühe bereitet, aus einer unvoreingenommenen Sicht zu urteilen, zu begreifen, dass Armut und die gewaltige Ungleichverteilung in der modernen Welt keineswegs unvermeidlich sind. Kein ehernes Naturgesetz hindert uns daran, Dinge gerechter zu verteilen, damit jeder auf der Welt gesättigt, gekleidet, ernährt, untergebracht und ausgebildet wird. So wie menschliche Entscheidungen die gegenwärtige Wohlstandsverteilung aufrechterhalten, kann diese durch menschliche Entscheidungen auch verändert werden.

In vorkapitalistischen Gesellschaften dienten zur Rechtfertigung offensichtlicher Unterschiede in der Verteilung von Wohlstand und

Macht häufig religiöse Lehren, die besagten, dass die gesellschaftliche und wirtschaftliche Hierarchie gottgegeben sei und das der Anspruch der Reichen auf ihren Wohlstand in Einklang mit Gottes Plan stehe. Die heute vorherrschende Rechtfertigung für die Ungleichheit stammt nicht aus der Religion, sondern aus der Ökonomie. Ethische Erwägungen spielen in der Praxis und im Studium der modernen Wirtschaftswissenschaften eine geringe oder gar keine Rolle: Man wird kein Standardlehrbuch finden, in dem ernsthaft das Thema Gerechtigkeit erörtert wird – eine krasse Ironie der Geistesgeschichte, wenn man bedenkt, dass sich dieser Wissenszweig ursprünglich als Ableger der Ethik entwickelt hat.[3] Adam Smith, Vater der klassischen Nationalökonomie, war letztlich ein Moralphilosoph.

Die landläufige Rechtfertigung für Ungleichheit beruht auf dem Grundsatz, dass Menschen leistungsgerecht entlohnt werden sollten. Der Gedanke leuchtet unmittelbar ein: Man bekommt, was man verdient. Die etablierten (neoklassischen) Ökonomen erzählen uns, dass in einer wettbewerbsfähigen, freien Marktwirtschaft genau dies geschehe. Das unparteiische Gesetz des Marktes bestimme den Wert Ihrer Leistung und entlohne Sie entsprechend. Wenn der freie Markt manche hundertmal besser entlohnt als andere, so kann das nur bedeuten, dass Erstere im Verhältnis zu diesen den hundertfachen Wert schöpfen. Ein Beschäftigter, der den Wert eines Unternehmens um 50 000 Euro erhöht, erhält dafür eine Vergütung von 50 000 Euro, so die Theorie. Wie wir noch sehen werden, wird bei der Entlohnung tatsächlich so gerade nicht verfahren, aber selbst wenn, wäre es dann gerecht?

Es gibt verschiedene Arten, zu einer Produktion oder Dienstleistung beizutragen. Angenommen, wir wollen einen Kuchen backen: Ich komme für die Zutaten auf und stelle meine Küche zur Verfügung, während Sie alle Arbeiten erledigen. Das Ergebnis ist ein köstlicher Kuchen, zu dem jeder von uns etwas ganz anderes beigetragen hat. Sie haben Zeit und Ihr Können als Bäcker eingebracht, während ich mein Geld und Eigentum beigesteuert habe. In der Marktwirtschaft können beide Beiträge Einkommen erzeugen. Manche verdienen Geld mit ihrem Tun, andere mit ihrem Besitz.

Wenn ein Besitz am Markt gehandelt werden und Ertrag erbringen kann, nennen ihn Wirtschaftswissenschaftler »Kapital«.[4] Zum Kapital zählen Grund und Boden und andere Immobilien, Industrieausrüstungen und Geld. Der mit ihnen erwirtschaftete Ertrag kann vielfältige Formen annehmen wie Gewinne, Renditen, Dividenden, Zinsen oder Tantiemen. Freilich birgt das Prinzip, Menschen entsprechend ihrem eingebrachten Kapital zu entlohnen, eklatante Probleme. Das offensichtlichste ist, dass es manche Menschen in die Lage versetzt, ohne jegliche Leistung steinreich zu werden. Am Ende gebiert Wohlstand Wohlstand. So konnte zwischen 1990 und 2010 Liliane Bettencourt, die Erbin des weltweit größten Kosmetikkonzerns L'Oréal, ihr Vermögen von 2 auf 25 Milliarden Dollar vergrößern, ohne dafür einen Finger zu rühren (mehr als jemals zuvor werden Investitionsentscheidungen an bezahlte Experten delegiert).[5]

Unser Wirtschaftssystem belohnt Reiche in einem gewaltigen Ausmaß nicht für ihre Arbeit, sondern für ihren Besitz. Und mehr noch: Je größer ihr Vermögen, desto schneller wächst es weiter. Die bedeutendsten Vermögen erzielen mitunter doppelt bis dreimal so hohe Renditen wie die kleineren (6 bis 7 Prozent gegenüber 2 bis 3 Prozent).[6]

Die etablierten Wirtschaftswissenschaftler nahmen lange Zeit an, der normale Mechanismus des Marktes laufe darauf hinaus, dass sich die Ungleichverteilung des Wohlstands allmählich verringere und am Ende auf einem akzeptablen Niveau einpendle. Tatsächlich aber hängt diese Entwicklung von den Institutionen und der Politik vor Ort ab. Die historischen Fakten ergeben ein klares Bild: Sich selbst überlassen, sorgen die auf Wettbewerb beruhenden freien Märkte dafür, dass sich der Wohlstand im Verlauf der Zeit in immer weniger Händen konzentriert. In seinem Buch *Das Kapital im 21. Jahrhundert* von 2013 legte der französische Ökonom Thomas Piketty dafür eindrucksvolle Belege vor. Als ein weltweit führender Forscher auf dem Gebiet der Einkommens- und Vermögensverteilung vertritt er die Auffassung, dass ein nicht regulierter Kapitalismus Reiche tendenziell reicher macht und damit extrem hohe Niveaus an Ungleichheit schafft.[7] Auch wenn diese These manchen altbekannt erscheinen mag, so stellt sie doch das Denken der etablierten Wirtschaftswissenschaften auf den Kopf – mit dem umfangreichsten je zu diesem Thema zusammengetragenen Datenmaterial, das drei Jahrhunderte und über 20 Länder abdeckt. Die Lehre aus der Geschichte ist klar: Wir können uns auf die »unsichtbare Hand« des Marktmechanismus nicht verlassen, sondern müssen die Reichweite des Einflusses, den Demokratien durch Regulierungen und Besteuerungen ausüben können, vergrößern.

Angehäufte Vermögen mögen ein Eigenleben entwickeln, aber wie sind ihre Besitzer an sie gelangt? Einer der gängigsten Wege besteht darin, Vermögen zu erben. Erbschaften sind in der Wirtschaft keine Randerscheinung. In den USA machten vererbte Vermögenswerte zwischen 1970 und 1980 50 bis 60 Prozent – nach manchen Schätzungen sogar 80 Prozent – des gesamten Wohlstands aus.[8] Weltweit gesehen, bestehen 60 bis 70 Prozent der größten Vermögen aus ererbtem Reichtum. Einige dieser Erbschaften stellen eine gewaltige Übertragung von Wirtschaftskraft dar. So verfügt beispielsweise die amerikanische Unternehmerfamilie Walton, die Erben des Walmart-Gründers Sam Walton, gemeinsam über rund 150 Milliarden Dollar.[9]

Durch die Akkumulation von Kapital entstehen Dynastien und machen ererbte Vermögen einen wachsenden Anteil am Gesamtwohlstand aus, sodass die reichsten Erben über größere Vermögen verfügen als die gesamte Bevölkerung in einigen Ländern. Dies ist der Hauptgrund dafür, warum sich Kapitaleigentum so extrem konzentriert. Historisch gesehen, besaßen die reichsten 10 Prozent schon immer mehr als die Hälfte (und zuweilen bis zu 90 Prozent) des gesamten Kapitals einer Gesellschaft, während die ärmere Hälfte fast mittellos dastand.[10] Dieses Muster gilt noch heute. In den meisten europäischen Nationen verfügen die oberen 10 Prozent über rund 60 Prozent, in den USA sogar über gut 70 Prozent des Reichtums. In beiden Fällen besitzt die ärmere Hälfte der Bevölkerung weniger als 5 Prozent.[11]

Die Auswirkungen von Erbschaften zeigen sich über Jahrhunderte. Bei der Rückverfolgung seltener Familiennamen entdeckten Forscher in Großbritannien, dass Erbschaften über die letzten 150 Jahre beständig alle politischen Bemühungen zunichtegemacht haben, die soziale Mobilität zu verbessern. Die Wirtschaftswissenschaftler Gregory Clark und Neil Cummins, die diese im Januar 2015 veröffentlichte Studie durchgeführt hatten, fassten ihre Ergebnisse in schlichten Worten zusammen: »Denjenigen, die haben, wird mehr gegeben.« Es ergab sich eine »signifikante Korrelation zwischen bis zu fünf Generationen auseinanderliegenden Vermögensverhältnissen von Familien«. Mit anderen Worten: »Selbst was Ihr Ururgroßvater getan hat, ist noch ein Vorhersagefaktor im Hinblick darauf, was Sie heute tun.«[12] Heute sind Nachfahren aus der britischen Oberschicht des 19. Jahrhunderts nicht nur reicher, sondern sie haben auch die besseren Aussichten, länger zu leben, in Oxford oder Cambridge zu studieren und Arzt oder Anwalt zu werden. Und nichts deutet darauf hin, dass sich die Macht der Erbschaft, die Welt zu gestalten, irgendwie vermindern wird. Der Reichtum, der mittels Erbschaften von einer auf die nächste Generation übertragen wird, bricht voraussichtlich bald alle Rekorde. Ein Bericht des Boston College Center on Wealth and Philanthropy sagt voraus, dass gerade jetzt der größte generationsübergreifende Transfer in der Geschichte der USA stattfindet: Es geht um eine Größenordnung von 59 Billionen Dollar, die seit 2007 und bis 2061 weitergereicht werden.[13]

Warum muss sich das Glücksspiel der Geburt so immens auf den Besitz und die Chancen der Menschen auswirken? Als Kind wohlhabender Eltern zur Welt zu kommen, ist schlicht blindem Zufall zu verdanken. Als Argument für Vermögenserbschaft wird üblicherweise vorgebracht, dass Menschen das Recht haben, über ihren Besitz frei zu verfügen, ihn also auch an ihre Kinder weiterzugeben. Selbst wenn wir dieses Recht als legitim akzeptieren, ist es sicher nicht das *einzige* legitime Recht. Es muss gegen andere Rechte abgewogen werden, und zwar am vordringlichsten gegen das Recht aller Kinder, in eine Welt einzutreten, die jedem die gleichen ökonomischen Chancen bietet oder doch zumindest Zugang zu sauberem Wasser, zu Nahrung, Obdach, medizinischer Versorgung, Bildung und später auch zu einer Beschäftigung in Würde. Wenn beide Rechte in Konflikt stehen, warum haben die Ansprüche der wenigen dann größeres Gewicht als die Bedürfnisse der vielen? Für die jüngere Generation können gleiche wirtschaftliche Chancen den Unterschied zwischen Krankheit und Gesundheit, Bildung und Analphabetismus, Lebensglück und Depression und sogar zwischen Leben und Tod ausmachen. Dagegen bedroht eine Einschränkung der großen Konzentrationen wirtschaftlicher Macht dadurch, dass Erbschaften reguliert werden, niemandes Gesundheit, Alphabetisierung, Glück oder Existenz.[14]

Erben ist nicht der einzige Weg zu gewaltigem Reichtum: Der Großteil des weltweiten Privateigentums wurde ursprünglich durch Gewalttaten und Ausbeutung angehäuft. So beschleunigte zum Beispiel im 18. Jahrhundert die Sklaverei die Akkumulation von Kapital in Großbritannien. Der Historiker Robin Blackburn schreibt: »Die Tausende von Millionen Stunden Schufterei, zu denen Sklaven gezwungen wurden, trugen dazu bei, dass das viktorianische Britannien zur Weltmacht aufstieg.«[15] Die Ausbeutung dieser Arbeitskräfte wirkte daran mit, zahlreiche Banken (darunter Barclays) aufzubauen, die ersten Industriezweige mit lebenswichtigen Krediten zu versorgen, die britische Landwirtschaft zu modernisieren, die Experimente von James Watt zu finanzieren und das Wirtschaftswachstum anzukurbeln. Als ein Expertengremium versuchte, die Leistung der unbezahlten Arbeit der Sklaven zu beziffern, die Großbritannien reich gemacht hatten, gelangte es zu einer Größenordnung von vier Billionen Pfund.[16] Nick Draper vom University College London schätzt, dass nicht weniger als »ein Fünftel der wohlhabenden viktorianischen Briten ihr Vermögen insgesamt oder teilweise aus der Sklavenwirtschaft zog«.[17] Und, noch schlimmer, nach Abschaffung der Sklaverei in Großbritannien erhielten 46 000 Sklavenbesitzer für den Verlust ihres »Eigentums« Entschädigungen, die einen heutigen Gegenwert von 17 Milliarden Pfund darstellen. Die befreiten Sklaven erhielten keinen Cent.[18]

Wie steht es um das Kapital, das durch Begabung und harte Arbeit erworben wurde? Hat jemand, der ein solcherart gewonnenes Vermögen besitzt, Anspruch darauf, aus ihm unbegrenztes Einkommen zu ziehen? Von einem bestimmten Wert an übersteigen die aus Kapital generierten Erträge bei weitem das, was notwendig ist, um den jeweiligen Eigner für jede bislang aufgewendete Mühe zu entschädigen. Wie Piketty hervorhebt: »Unabhängig davon, wie berechtigt die Ungleichverteilung von Reichtum ursprünglich sein mag, Vermögen können sich über alle vernünftigen Grenzen hinaus und abseits jeder rationalen Rechtfertigung mit dem gesellschaftlichen Nutzen bilden und weiter fortbestehen. Unternehmer verwandeln sich tendenziell in Rentiers, nicht nur im Verlauf von Generationen, sondern sogar innerhalb einer einzelnen Lebensspanne.«[19]

Und die Probleme reichen tiefer. Viele, die sich gegen die Möglichkeit wenden, allein aus Kapitalbesitz Erträge zu erzielen, halten dabei an der Überzeugung fest, dass wir entsprechend dem Wert unserer persönlichen Leistung entlohnt werden sollten. Aber wie bemessen wir den Wert dieser Leistung? 2010 nahm der höchstbezahlte Fußballstar über 500 000 Pfund pro Woche ein[20], während zur gleichen Zeit in Großbritannien eine Krankenschwester oder ein Pfleger im ersten Berufsjahr rund 400 Pfund wöchentlich verdiente.[21] Wie legt der Markt fest, dass die Leistung eines Fußballers über tausendmal mehr wert ist als die von Menschen in Pflegeberufen?

Die etablierten Lohntheorien definieren »Leistung« als den durch Angebot und Nachfrage festgelegten Marktwert dessen, was Beschäftigte produzieren. Aber dieser Wert verändert sich mit den Bedingungen des Marktes. Wenn morgen 90 Prozent der Ingenieure tot umfielen, würde der Marktwert des Könnens, das die verbliebenen 10 Prozent einbringen, schlagartig in die Höhe schnellen – ohne dass sich ihr Arbeitsaufwand oder ihre Leistung irgendwie veränderte. Zahlreiche Faktoren, auf die wir keinen Einfluss haben, bestimmen den Marktwert dessen, was wir leisten können. Letztlich ist dieser wie Erbschaften reine Glückssache.

Selbst die Reichen »aus eigener Kraft« sind all denen, die die Voraussetzungen für ihre Bereicherung schufen – die Technologien und Infrastrukturen entwickelten, die Institutionen aufbauten und die sie begünstigenden Gesetze erließen –, mehr schuldig, als ihr Vermögen hergäbe. Der Milliardär Warren Buffett räumt ein, dass er einen großen Teil dessen, was er verdient hat, »der Gesellschaft zu verdanken habe. Wenn Sie mich mitten in Bangladesch oder Peru oder anderswo aussetzen würden, wären Sie überrascht, wie wenig ich mit meinem Talent auf dem falschen Terrain bewirken könnte. Ich würde 30 Jahre später darum kämpfen, auf die Füße zu kommen. Ich bin in einem Marktsystem tätig, das zufällig das, was ich tue, sehr gut belohnt – unverhältnismäßig gut.«[22]

Noch dazu ist das, *was* wir leisten können, ebenfalls reine Glückssache. Die Chance, unser angeborenes Potenzial zu entfalten, hängt von Verhältnissen ab, an deren Zustandekommen wir keinerlei Anteil haben. So stammen in den USA zum Beispiel nur 9 Prozent der Studierenden an Eliteuniversitäten aus der ärmeren Hälfte der Gesellschaft.[23] Eine andere, 2015 veröffentlichte Studie der britischen Social Mobility and Child Poverty Commission strafte den Mythos von der Gesellschaft des Verdienstadels Lügen.[24] Den Ergebnissen dieser Untersuchung zufolge stiegen Kinder aus wohlhabenderen Familien mit geringerer akademischer Intelligenz 35-mal häufiger als die aus ärmeren Familien stammenden Kinder der Vergleichsgruppe zu Großverdienern auf. Wohlhabende Eltern sorgen mit einer ganzen Reihe von Strategien dafür, dass ihre Kinder in »Spitzenpositionen« gelangen. Ob sie einflussreiche Beziehungen spielen lassen oder auf unbezahlte Hospitanzen setzen – das Ergebnis ist stets dasselbe. Ein Netz schützt ihre Sprösslinge vor dem Abstieg. Und da hochbezahlte Positionen nur begrenzt verfügbar sind, müssen sich begabte Studenten aus benachteiligten Verhältnissen in einem Aufstiegskampf bewähren, um ihr Potenzial in eine marktgerechte Bezahlung zu überführen.

Wo es um persönliche Prosperität geht, bedeuten Begabung und harte Arbeit wenig, wenn die richtigen Voraussetzungen fehlen, unter denen sie Früchte tragen können. Weil die Chancen in der Welt extrem ungleich verteilt sind, wird menschliches Potenzial in gigantischem Ausmaß verschwendet. Zahllose Menschen sind an vermeidbaren Krankheiten gestorben, in sinnlosen Kriegen umgekommen oder verhungert, obwohl die Ressourcen zu ihrer Ernährung vorhanden gewesen wären. Milliarden wurden um die Freiheiten geprellt, die notwendig sind, um nur einen Bruchteil ihres vielversprechenden Potenzials zu entfalten. Wie viele potenzielle Shakespeares und Einsteins, Maya Angelous und Emmy Noethers mögen wohl gelebt haben, ohne jemals zu ahnen, welche Wunder sie hätten vollbringen können.

So, wie wir den Gedanken zurückweisen sollten, dass jemand wegen seiner Erbschaft ein hohes Einkommen verdient habe, sollten wir auch niemandem wegen seiner Erbanlagen oder der sozialen Unterstützung, die ihm zuteil wird, per se bessere Verdienstmöglichkeiten zubilligen. Der einflussreiche neoliberale Wirtschaftswissenschaftler Milton Friedman entlarvte die Heuchelei, die darin liegt, die eine, aber nicht die andere Art Erbschaft abzulehnen, schlicht mit der Frage: »Sind die hohen Einkünfte einer Person, die von ihren Eltern eine bestimmte Stimme geerbt hat, die sehr erfolgreich ist, ethisch gerechtfertigter als die hohen Einkünfte eines Menschen, der Eigentum geerbt hat?«[25]

Gleichwohl muss unterschieden werden zwischen ererbtem Reichtum und ererbten Begabungen sowie den Chancen, diese zu entfalten. Es bedarf keinerlei Anstrengung, durch Erbschaft reich zu werden, wohl aber, wenn man es mittels einer Begabung zu Wohlstand bringen will. Ein Talent so zu entwickeln oder zu nutzen, dass es eine finanziell einträgliche Leistung hervorbringt, ist nicht einfach. Ärzte, Anwälte und Wissenschaftler müssen jahrelang studieren, um ihren Beruf erfolgreich auszuüben. Spitzensportler, Künstler und Musiker müssen ihr ganzes Leben der Aufgabe widmen, ihre Fähigkeiten auszubauen. Und Unternehmer leisten oft Schwerstarbeit, um ein erfolgreiches Geschäft ins Leben zu rufen. Doch sobald wir derlei Mühen in die Gleichung einbeziehen, entfernen wir uns vom Prinzip der marktgerechten Entlohnung. Auch wenn ich im Leben nur noch Tennis übe, kann jeder Zuschauer sofort erkennen, dass mir diese Anstrengung niemals einen ihr angemessenen Verdienst einbringen wird. Spitzenkräfte in ihrem Beruf werden letztlich für ihre Leistung bezahlt, nicht für die Mühe, die sie aufwenden mussten, um sie zu erbringen.[26]

Aber wäre es gerechter, Menschen entsprechend ihren Bemühungen zu entlohnen? Wir wählen unsere Begabungen nicht und auch nicht die Freiheit, die uns eingeräumt wird, sie zu entfalten. Und wenn wir sie entwickelt haben, bestimmen nicht wir ihren Marktwert. Alles läuft auf Glück hinaus. Wie also sind die Anstrengungen, die wir unternehmen, zu bewerten? Zunächst ist harte Arbeit an sich noch keine Tugend. Finanzspekulanten, Waffenhändler, Konzernlobbyisten und Manager von Öl- und Gasunternehmen mögen härteste Arbeit leisten und tragen doch dazu bei, dass sich die Lebensbedingungen vieler auf der Welt verschlechtern.

Manche fortschrittlich gesinnte Wirtschaftswissenschaftler schlagen vor, Menschen entsprechend ihrer *gesellschaftlich nützlichen* Anstrengungen zu entlohnen. Doch gesellschaftlich nützliche Anstrengungen zu unternehmen, ist ebenfalls eine Fähigkeit. Sie mag unter der Bevölkerung gleichmäßiger verteilt sein als andere Fähigkeiten, doch das ändert nichts daran, dass sehr alte und sehr junge Menschen, Schwerbehinderte oder Kranke oft, so sehr sie sich auch bemühen, nicht in der Lage sind, Leistungen zu erbringen, die der Markt anerkennt oder vergütet.[27] Unsere Fähigkeit zu Selbstdisziplin, Beharrlichkeit und Konzentration hängt wie jede andere Befähigung von Erbanlagen und der Sozialisation ab. Wie wir als Kinder behandelt werden – und ob wir zur Hyperaktivität neigen, uns schwer auf eine Sache konzentrieren können, zu wenig Selbstvertrauen oder Selbstachtung haben, unter Kopfschmerzen oder Depressionen leiden und so weiter –, kann sich auf unser Vermögen auswirken, unsere Energien in produktive Bahnen zu lenken. Sowohl die Neigung als auch die Fähigkeit, hart zu arbeiten, spiegelt einen Teil unseres Wesens wider, für das wir letztlich nicht verantwortlich sind. Folglich fällt selbst die Idee der auf gesellschaftlich nützlichen Bemühungen beruhenden Entlohnung beim Gerechtigkeitstest durch.[28]

Das Problem steckt schon im Begriff der Belohnung. Eine Belohnung erhalten wir als Gegenleistung *für* etwas. Aber kein Konzept der Belohnung will so recht dazu passen, dass uns eine letzte Verantwortlichkeit fehlt.[29] Da wir für unser Tun nicht wirklich verantwortlich sind, ergibt es keinen Sinn, »Belohnungen« aufgrund von Verhaltensweisen zu verteilen. Überhaupt ist die Vergabe von Belohnungen sinnlos. Die intuitiv einleuchtende Vorstellung, »zu bekommen, was man gibt«, blendet die Tatsache aus, dass das, was wir leisten, davon abhängt, was wir unseren Erbanlagen und unserer Sozialisation verdanken. Wie wir es auch betrachten, alle Wege zu Wohlstand, Ansehen und Erfolg sind mit Glück gepflastert. Diese Tatsache befeuert Rufe nach mehr Gleichheit in der Gesellschaft.[30]

Die Anhäufung großer Vermögen – von Ressourcen, die zahllose Menschenleben retten oder bereichern könnten – ist in unserer Gesellschaft zu einem gefeierten Normalzustand geworden, obwohl sie keinerlei moralische Rechtfertigung besitzt. Kein Weg zu überbordendem Wohlstand gibt uns das Recht, an diesem festzuhalten – nicht in einer Welt, in der so viele Grundbedürfnisse unbefriedigt bleiben. Der Gedanke, dass wir überhaupt Anspruch auf ein Leben im Überfluss hätten, dass ein unverhältnismäßig großer Anteil an den Schätzen der Erde wirklich uns *gehört*, ist eine gefährliche Fiktion, die gepflegt wurde, um nackte Gier zu maskieren. Gewaltiger Reichtum entsteht niemals verdientermaßen. Dass ihn manche erlangen, ist das Ergebnis seltsamer Verhältnisse, hervorgebracht von einer sonderbaren Kultur, die eine Spezies mit signifikanter Neigung zu Fehlern entwickelt hat.

Um den Gerechtigkeitstest zu bestehen, muss ein Verteilungsprinzip auf Bedürftigkeit beruhen. In einer Welt, die mit dem Prinzip der Verteilungsgerechtigkeit ernst macht, wäre Krankheit ein hinreichender Grund, sie zu behandeln, Hunger ein hinreichender Grund, ihn zu stillen, und Obdachlosigkeit ein hinreichender Grund, eine Unterkunft bereitzustellen. Ressourcen wären nicht länger nach dem Glücksspiel von Geburt und Chancen verteilt. Vielmehr würden materielle Ungleichheiten als Mittel genutzt, um Ungleichheiten in fundamentaleren Bereichen auszugleichen.[31] So benötigen beispielsweise Menschen mit Behinderungen oder gesundheitlichen Problemen zusätzliche Mittel, um ein ähnliches Maß an Freiheit wie Nichtbehinderte und Gesunde zu genießen. Oder stellen Sie sich eine Gesellschaft vor, in der alle den gleichen Stundenlohn erhalten. Wenn sich manche für mehr Arbeitsstunden entscheiden, erhalten sie entsprechend mehr Geld. Dabei sind diejenigen, die weniger arbeiten, nicht unbedingt benachteiligt. Mehr Freizeit kann wichtiger sein als der Nutzen eines höheren Einkommens. In solchen Fällen stellt die entstehende finanzielle Ungleichheit kein Problem dar, solange die Gesamtbilanz aus Wohlbefinden, Genuss und Freiheit ungefähr ausgeglichen bleibt.

Gerechtigkeit ist nicht der einzige wichtige Wert. Kompromisse müssen eingegangen und andere Faktoren berücksichtigt werden. Wie Strafen können Belohnungen als Anreize in Aussicht gestellt werden, um Menschen für ein Engagement zum Nutzen der Gemeinschaft zu gewinnen (dazu später mehr). Die richtige Balance zwischen Gerechtigkeit und anderen sozialen Zielen zu finden, ist ein fortlaufendes Experiment, das demokratisch gelenkt werden muss. Aber um qualifizierte Urteile über diese Kompromisse zu fällen, ist es notwendig, sich von fadenscheinigen Argumenten und eigennützigen Fiktionen zu verabschieden. Armen vorzuwerfen, sie seien an ihrem Elend selbst schuld, und die Behauptung zu lancieren, Reiche schafften allgemeinen Wohlstand, sind haltlose Versuche, die Ungerechtigkeit im Kern des Wirtschaftssystems zu bemänteln. Argumente, die Ungleichheit als verdient rechtfertigen, waren schon immer und bleiben auf ewig im Innersten faul.

Ein gerechter Lohn

Menschen nach dem Marktwert ihrer Leistung zu entlohnen, ist ungerecht, weil der Wert dieser Leistung von Kräften abhängt, für die sie nicht verantwortlich sind. Ob wir ein großes Bar- oder Immobilienvermögen erben, frei von Unterdrückung und Benachteiligungen leben, gut ausgebildet, intelligent, stark, gesund, einfallsreich oder schön sind, ist reine Glückssache.

Und bei allem ist die Vorstellung, dass wir nach dem Marktwert unserer Leistung entlohnt würden, nicht nur ungerecht, sondern auch ein Mythos.

Als Schlüssel zur Erklärung, welches Entgelt Menschen für ihre Arbeit (und ihr Kapital) erhalten, wird in wirtschaftswissenschaftlichen Lehrbüchern ihr Beitrag zum Zuwachs des Outputs eines Produktionsprozesses präsentiert. Die Theorie der Grenzproduktivität trat im 19. Jahrhundert mit dem Gedanken hervor, dass unter vollkommenen frei konkurrierenden Marktkräften der Lohn für einen bestimmten Arbeiter zu dessen Grenzproduktivität hin tendiert, also zu dem Wert, den er dem Betrieb hinzufügt, oder, anders ausgedrückt, zu dem Ertrag, der verloren ginge, wenn er ihn verließe. Laut Theorie müsste dann gelten: Wenn man einen Beschäftigten aus einer beim Maximum des Grenzprodukts der Arbeit besetzten Belegschaft entfernte und der tägliche Ertrag daraufhin von 1000 auf 900 Euro sänke, dann ist der Beschäftigte 100 Euro pro Tag wert.[32]

Würden Arbeiter nach ihrem Beitrag zur Outputsteigerung bezahlt, müssten zwei Beschäftigte, die die gleiche Arbeit verrichten und die gleichen Werkzeuge benutzen, auch gleich viel verdienen. Die Einstiegsjobs in McDonald's-Restaurants ähneln einander rund um den Globus so sehr, dass sie als guter Testfall für diese Vorhersage dienen können, und tatsächlich haben die Wirtschaftswissenschaftler Orley Ashenfelter und Stepan Jurajda genau eine solche Studie durchgeführt.[33] Um Schwierigkeiten mit Wechselkursschwankungen zu umgehen, verglichen sie in ihrer Erhebung, wie viele Big Macs man in verschiedenen Ländern mit dem Lohn für eine Arbeitsstunde kaufen könnte. Obwohl die Theorie vorhersagte, dass die Löhne aller Einstiegsbeschäftigten dem gleichen Gegenwert an Burgern entsprechen würden, variierten die tatsächlichen Zahlen erheblich. In Indien war der Stundenlohn 0,23 Big Macs wert, während er bei gleicher Produktivität in Japan 3,04 Big Macs, also dem 13-Fachen, entsprach. Andere Studien stellten ähnliche Ungleichheiten fest. So weist zum Beispiel der Wirtschaftswissenschaftler Ha-Joon Chang darauf hin, dass ein Busfahrer in Schweden rund 50-mal mehr verdient als ein Busfahrer in Indien, und niemand käme auf die Idee zu behaupten, schwedische Busfahrer arbeiteten 50-mal produktiver.[34]

Der Lohn wird also eindeutig nicht von der individuellen Produktivität bestimmt. Vielmehr sind andere Faktoren im Spiel, zum Beispiel staatliche Zuwanderungskontrolle. Bei offenen Grenzen könnten indische Busfahrer massenhaft nach Schweden einwandern und dort für einen Bruchteil des Lohns eines angestammten Busfahrers arbeiten, was im Vergleich zu den Verhältnissen in Indien immer noch auf eine Verbesserung ihres Einkommens hinausliefe.

Denkbar wäre, dass sie dank ihrer Bereitschaft, ein so deutlich geringeres Einkommen zu akzeptieren, sämtliche schwedische Busfahrer ersetzen könnten. Es ist also in diesem hypothetischen Fall nicht auf das unterschiedliche Produktivitätsniveau, sondern auf Schwedens von Grenzschützern durchgesetzte Einwanderungspolitik zurückzuführen, dass schwedische Busfahrer so viel mehr als ihre indischen Kollegen verdienen.

Ein weiterer Faktor ist das Geschlecht. Trotz aller Errungenschaften der Frauenbewegung verdienen Männer in so gut wie jedem Land noch immer mehr als weibliche Beschäftigte. Dieser Diskrepanz liegen etliche schwer zu entwirrende Ursachen zugrunde, doch Diskriminierung spielt dabei nach wie vor eine wichtige Rolle.

Der weit verbreitete Mythos, Entgelte spiegelten den Wert dessen wider, was wir zur Wertschöpfung beitragen, hält sich hartnäckig, obwohl doch schon ein flüchtiger Blick darauf, wer vom weltweiten Wohlstand am meisten profitiert, ausreicht, um ihn als pure Fiktion zu entlarven. Joseph Stiglitz, Nobelpreisträger für Wirtschaftswissenschaften, macht dies deutlich:

> Es gibt nur wenige Erfinder, denen wir eine bahnbrechende technologische Neuerung verdanken, und nur wenige Wissenschaftler, die unser Verständnis der Naturgesetze revolutioniert haben. Denken wir an Alan Turing, der mit seiner genialen Begabung die mathematischen Grundlagen des modernen Computers schuf. Oder an Einstein. Oder an die Erfinder des Lasers […] oder an John Bardeen, Walter Brattain und William Shockley, die Erfinder der Transistoren. Oder an Watson und Crick, die das Rätsel der DNA lösten, wovon die moderne Medizin so ungeheuer profitiert. Keiner von ihnen, die so bedeutende Beiträge zum Gemeinwohl leisten, gehört zu denjenigen, die unser Wirtschaftssystem am reichsten belohnte.[35]

Würde unser System Menschen tatsächlich nach Leistung belohnen, hätten diese Personen mit ihren raren Beiträgen von historischer Bedeutung zu den reichsten der Welt gehört. Und wie erklären wir, dass van Gogh, William Blake und Schubert allesamt in Armut starben?

Eine Untersuchung konzentrierte sich auf jene Spezies von Experten, deren Analysen und Prognosen zu wirtschaftlichen und politischen Ereignissen immer wieder stark nachgefragt werden.[36] Solche »Weisen« aus der Wissenschaft verdienen gutes Geld damit, dass sie Einblicke in ihr Fachgebiet geben. Der Psychologe Philip Tetlock wollte wissen, wie präzise ihre Vorhersagen waren, und bat die Teilnehmer seiner Studie, einzuschätzen, mit welcher Wahrscheinlichkeit ein gegebener, in ihre Fachkompetenz fallender Sachverhalt einen von drei möglichen Entwicklungsverläufen nehmen werde: Status-quo-Erhalt, Zunahme (zum Beispiel Wirtschaftswachstum) oder Rückgang. Tetlock sammelte die Daten zu 80 000 Vorhersagen. Die Ergebnisse waren ernüchternd. Hätten die Experten den drei möglichen Werdegängen schlicht jeweils eine Wahrscheinlichkeit von einem Drittel zugeordnet, wären ihre Vorhersagen zutreffender gewesen. Mehr noch: Je größer (und wahrscheinlich höher dotiert) die Nachfrage nach ihren Einschätzungen war, desto schwächer fiel die Trefferquote ihrer Prognosen aus.

Eine andere Studie, durchgeführt von einem Team der Duke University, befasste sich mit den höchstbezahlten Finanzvorständen (CFOs) von Großkonzernen.[37] Aus der Auswertung von über 11 000 Wirtschaftsprognosen von CFOs ergab sich, dass die Korrelation zwischen ihren Vorhersagen und dem, was tatsächlich eintrat, unter null lag. Mit anderen Worten: Wenn sie eine Marktbelebung vorhersagten, war es etwas wahrscheinlicher, dass die Geschäftstätigkeit zurückging. Damit soll nicht gesagt werden, dass diese Auguren dumm seien (manche Verhältnisse sind zu komplex für zuverlässige Vorhersagen), wohl aber, dass der Markt gern auch Menschen besonders splendide für Beiträge belohnt, die keinerlei Wert besitzen.

Manche, die über eine starke Verhandlungsposition verfügen, beziehen selbst in Zeiten kollabierender Produktivität noch unglaublich hohe Einkünfte, ein Vorgang, von dem die im Trockenen weidenden Schäfchen vieler CEOs der modernen Wirtschaft beredtes Zeugnis ablegen. Nach gängiger Theorie müsste das Einkommen/Leistung von Spitzenmanagern dem Wert entsprechen, den sie ihrem Unternehmen zusätzlich bringen. Nehmen wir Henry (Hank) McKinnell, den ehemaligen Vorstandsvorsitzenden der Pfizer Inc., die bis 2012 weltgrößter Pharmakonzern mit einer der international führenden Abteilungen für Forschung und Entwicklung war.[38] Obwohl der Aktienkurs des Unternehmens von 2001 bis 2006 um 46 Prozent absackte, strich McKinnell 65 Millionen Dollar ein. Niemand kann beweisen, dass er dem Unternehmen keine 65 Millionen Dollar an Wertsteigerung einbrachte, doch weder der gesunde Menschenverstand noch der Berufsstand der Ökonomen liefert auch nur einen einzigen Grund, anzunehmen, er habe das tatsächlich geschafft. Wohl aber spricht eine erdrückende Fülle von Gründen dafür, dass Wirtschaftsbosse wie McKinnell ihre Machtposition dazu ausnutzen, aus den von ihnen geführten Unternehmen auch dann noch mehr und mehr Geld herauszuschlagen, wenn deren Geschäfte schlecht laufen.

Gewinneinbrüche, die mit Erhöhungen von Vorstandsgehältern einhergehen, sind an der Tagesordnung. 2014 machte die Meldung die Runde, dass der Verwaltungsrat der Barclays Bank mit einer Steigerung der Boni um 10 Prozent belohnt wurde, obwohl die Gewinne um 32 Prozent geschrumpft waren.[39] Da die Manager in den obersten Etagen ihre Vergütungen imgrunde selbst festlegen können, wird es niemanden überraschen, dass diese wenig Bezug zur erbrachten Leistung haben. 1965 erhielten die Top-CEOs in den USA das 24-Fache des durchschnittlichen Einkommens ihrer Beschäftigten. Bis 2000 stieg diese Zahl auf das 376-Fache an.[40] (In ungefähr demselben Zeitraum profitierte der durchschnittliche amerikanische Beschäftigte von keinerlei Lohnerhöhung.) Diese Firmenchefs sind nicht um ein entsprechendes Vielfaches produktiver geworden. Dazu schreibt der Politikwissenschaftler und ehemalige US-Arbeitsminister Robert Reich: »Jeder, der glaubt, dass CEOs diese astronomische Bezahlung verdient haben, hat nicht aufgepasst. Der Aktienmarkt insgesamt ist auf Rekordhöhe gestiegen. Die meisten CEOs haben kaum mehr geleistet, als auf dieser Welle zu reiten.«[41]

Dass die landläufigen Theorien der Entlohnung nicht zu erklären vermögen, was wir in der Welt beobachten, ist aber nicht das einzige Problem, mit dem sie uns konfrontieren.[42] Schon eine ihrer Grundannahmen, die besagt, dass sich der Beitrag des Einzelnen stets messen und klar abgrenzen lasse, enthält einen gravierenden Fehler. Wie schon ausgeführt, ist der Wert, der unserer Leistung beigemessen wird, letztlich Glückssache. Zudem können wir unsere Leistung nicht von der all jener – Lebender und Verstorbener – trennen, von deren Wissen, Bemühungen, Zeit und Können wir in hohem Maße profitiert haben. Aber selbst wenn dies möglich wäre, bliebe es immer noch äußerst schwierig – und vielfach unmöglich –, den Beitrag des Einzelnen zu definieren und zu bemessen. Der Großteil der Arbeit geschieht im Team, wobei die Leistung des Beschäftigten häufig unentwirrbar mit den dazu benötigten Werkzeugen und Ressourcen wie auch den Beiträgen anderer Menschen zusammenhängt. Wie Piketty anmerkt, »erweist sich der Begriff der ›individuellen Grenzproduktivität‹ selber als unscharf und nicht weit davon entfernt, bloße ideologische Konstruktion zur Rechtfertigung von Ausnahmestellungen zu sein«.[43]

Wodurch wird die Verteilung der Erträge unter jenen, die an ihrer Erzeugung mitgewirkt haben, wirklich bestimmt? Die klassischen Nationalökonomen von Adam Smith bis zu David Ricardo hatten eine schlichte Antwort parat: durch Macht. Auch wenn viele Faktoren – so etwa Begabung, Ausbildung oder Technologie – zur Verteilung der Einkünfte beitragen, so spielte doch Macht von jeher eine entscheidende Rolle. Smith äußerte sich ausdrücklich zur Bedeutung von Verhandlungsmacht bei der Festlegung von Vergütungen:

> Der Arbeiter möchte so viel wie möglich bekommen, der Unternehmer so wenig wie möglich geben. […] Es lässt sich indes leicht vorhersehen, welche der beiden Parteien unter normalen Umständen einen Vorteil in dem Konflikt haben muss und die anderen zur Einwilligung in ihre Bedingungen zwingen wird. […] In allen Lohnkonflikten können zudem die Unternehmer [dank ihres Reichtums] länger durchhalten.[44]

Da die Arbeitgeber, wie Smith erkannte, in der stärkeren Position sind, weil sie im Konfliktfall »länger durchhalten« können, versuchten die Arbeiter, durch Gründung von Gewerkschaften und gemeinschaftliches Handeln gleiche Voraussetzungen herzustellen. Auf die

Art konnten sie sich im Verlauf zahlreicher Arbeitskämpfe wesentliche Errungenschaften sichern: eine kürzere Tages- und Wochenarbeitszeit, sicherere Arbeitsbedingungen, eine Altersvorsorge sowie Gesetze gegen Kinderarbeit, willkürliche Entlassungen und Körperstrafen am Arbeitsplatz.

Im Verlauf der Geschichte löste die Aufteilung des Einkommens zwischen denen, die Kapital, und den anderen, die ihre Arbeitskraft einbrachten, immer wieder große Konflikte aus. Während der gesamten industriellen Revolution leisteten Lohnarbeiter täglich eine gewaltige Anzahl von Arbeitsstunden unter gefährlichen und erbärmlichen Bedingungen zu Löhnen ab, von denen sie kaum ihren Lebensunterhalt bestreiten konnten. In Großbritannien wurden im 19. Jahrhundert einfache Arbeiter von einem System zerrieben, das ganz auf Profitmaximierung ausgerichtet war. In Teilen von Manchester – einem Motor der industriellen Revolution – herrschten so erbärmliche Bedingungen, dass die Lebenserwartung in einigen Bezirken bei gerade mal 17 Jahren lag.[45]

Der Anteil des Ertrags, der an Kapitalgeber fließt, hat sich mit der Zeit verändert. Er lag häufig bei 25 und mitunter sogar bei 50 Prozent.[46] Natürlich bleibt für die Arbeiter desto weniger übrig, je mehr die Kapitaleigner einstreichen. Würde sich das Kapital gleichmäßig über die Bevölkerung verteilen, wäre die Kluft zwischen Arbeit und Kapital bedeutungslos, doch herrschen, wie wir gesehen haben, beim Kapitalbesitz von jeher extreme Unterschiede: Heute besitzen die reichsten 10 Prozent zwischen 80 und 90 Prozent des weltweiten Privatkapitals.[47]

Jahrhundertelang sind Arbeiter in konzertierten Aktionen daran gehindert worden, sich gewerkschaftlich zusammenzuschließen. Arbeitgeber, die dabei selbst häufig kollektiv vorgingen, wussten ihren Reichtum und Einfluss zu nutzen, um die Staatsmacht für ihre Zwecke einzuspannen, damit sie Gesetze schuf, die die Gewerkschaften schwächten, und Streiks mit Polizeigewalt niederknüppeln ließ. Schon 1776 erkannte Adam Smith, dass sich die »Kaufleute und Manufakturbesitzer« seiner Zeit »ganz besonders dabei hervorgetan haben«, die nationale Politik so zu beeinflussen, dass ihren Interessen die anderer »geopfert worden« sind.[48] Schon im Sommer vor der Wende zum 19. Jahrhundert hatte das britische Parlament den Combination Act verabschiedet, der es Arbeitern untersagte, gemeinschaftlich für höhere Löhne oder bessere Arbeitsbedingungen einzutreten. Seither sind die gesetzlichen Bestimmungen zur Regelung kollektiver Interessenvertretung immer wieder unter Beschuss geraten – eine Schlacht um Profite und Löhne, die bis heute anhält. Bisweilen werden Arbeiter mit Gewalt zur Räson gebracht. So starben 2012 in Südafrika 34 Minenarbeiter, die für höhere Löhne streikten, in der Platinmine von Marikana bei Johannesburg im Kugelhagel der Polizei.[49] Manche Arbeitgeber prellen Arbeiter um ihre Rechte. So kam 2014 ans Tageslicht, dass einige der weltweit größten Hightechfirmen, von Apple bis Google, eine illegale Abmachung getroffen hatten, um die Einkommen von mehreren hunderttausend Beschäftigten zu drücken.[50] Der Öffentlichkeit zugespielte vertrauliche Papiere belegten, dass sich diese Giganten der IT-Branche darauf verständigt hatten, auf ein gegenseitiges Abwerben von Mitarbeitern zu verzichten, um sich einen Überbietungswettbewerb um deren Vergütungen zu ersparen.

Das Maß an Ungleichheit, das wir in der Welt erleben, ist das Ergebnis politischer Entscheidungen. Daran ändern auch all die Versuche nichts, die Märkte so darzustellen, dass sie den unter neoklassischen Wirtschaftswissenschaftlern so beliebten hochabstrakten Modellen mehr ähneln. Die wachsende Konzentration unverdienten Reichtums ist kein Zeichen des Marktversagens, sondern ein natürliches Ergebnis der Machtdynamiken innerhalb des Marktsystems. In der realen Welt begünstigen deregulierte Märkte die Kapitaleigner. Der Staat hat die Macht, diese Bevorzugung zu verstärken oder ihr entgegenzuwirken. Es gibt keinen wertneutralen Weg, um den Einfluss der Beschäftigten gegenüber dem der Konzerne auszubalancieren: Jeder Versuch startet bei Werturteilen, die zumeist nur die Machtbalance der rivalisierenden Kräfte innerhalb der Gesellschaft widerspiegeln.

Jahrzehntelang verfolgten zahlreiche Zentralbanken der Welt politische Linien, die auf Kosten derer, die ihre Einkünfte durch Arbeit verdienen, objektiv diejenigen begünstigen, die ihre Einkünfte durch Kapital erzielen. So untergruben sie beispielsweise mit der von ihnen propagierten Form der Globalisierung die Verhandlungsmacht zahlloser Arbeiter, indem sie einen freien, grenzüberschreitenden Kapitalverkehr ermöglichten, während die Möglichkeit, seine Arbeitskraft auch jenseits der eigenen Landesgrenzen zu verkaufen, beschränkt blieb. Dies wiederum spielt den Unternehmen bei anstehenden Arbeitskämpfen den Trumpf in die Hand, dass sie mit Abwanderung drohen können, wenn sich Beschäftigte ihren Angeboten nicht beugen wollen. Letztlich werden Länder dazu gedrängt, in Konkurrenz miteinander Kapital anzulocken, indem sie Lohnkosten drücken, Steuern senken und Regulierungen lockern. Würden die freien Kapitalflüsse eingedämmt und der Mobilität der Arbeitskräfte keine Grenzen gesetzt werden, würde sich die Dynamik umkehren: Länder müssten darum konkurrieren, Arbeitskräfte anzuziehen – durch das Angebot günstigerer Steuertarife, besserer Schulen und attraktiverer Arbeitsbedingungen.[51]

Klassische Wirtschaftswissenschaftler wissen sehr gut, dass Politik untrennbar mit der Wirtschaft verflochten ist. Sie wird stets maßgeblich daran beteiligt sein, Einkommen festzusetzen, Gewinnmargen zu bestimmen und Wohlstand zu verteilen oder zu konzentrieren. Die Stärke der Gewerkschaften, das Maß der Zuwanderungskontrolle, die Höhe der Mindestlöhne, der Grad der Unternehmensregulierung und die Struktur des Steuersystems spielen bei jeder Erklärung von Ungleichheit und Löhnen eine entscheidende Rolle. Und diese Faktoren sind grundsätzlich politisch. Macht muss in jeder Lohntheorie ebenso zentral ins Kalkül gezogen werden wie die physikalische Kraft in der klassischen Mechanik. In den USA hat die ungleichgewichtige Verteilung wirtschaftlicher Macht im Hinblick auf die Erträge aus Arbeit zu einem Maß an Ungleichheit geführt, das laut Piketty »wahrscheinlich höher ist als in jeder anderen Gesellschaft, zu jedem Zeitpunkt in der Vergangenheit überall auf der Welt«.[52]

Wenn Lehrer, Krankenschwestern, Ärzte, Bauern, Künstler, Straßenreiniger, Beschäftigte der Müllabfuhr und Bauarbeiter gute Arbeit leisten, profitiert die ganze Gesellschaft davon. Doch ein Großteil der heutigen Arbeit besteht darin, Geld von den einen zu nehmen und es in die Hände anderer zu geben, ohne dadurch irgendeinen zusätzlichen Wert für die Gesellschaft zu generieren. Dazu Robert Reich: »Hochfrequenzhändler, die in einer Tausendstelsekunde Geld verdienen, können ein Vermögen zusammenraffen, ohne der Gesellschaft als Ganzem in irgendeiner Weise zu nützen.«[53] Auch wenn diese Art der Arbeit die Gewinne einiger Unternehmen erhöhen kann, ist sie aus gesellschaftlicher Sicht eine Verschwendung von Talent, Mühen und Ausbildung, für die es weitaus wertvollere Einsatzmöglichkeiten gibt.

Der Einsatz von Ressourcen mit dem Ziel, sich einen größeren Anteil am schon vorhandenen Wohlstand zu sichern, anstatt neuen Wohlstand zu schaffen, heißt Rent-Seeking: eine Übung der Macht. So verdankte es der Finanzsektor bis zur Bankenrettung 2008 eben gerade nicht seinem stetig wachsenden Beitrag zum Gemeinwohl, sondern vielmehr seiner Macht, die Gesetzgebung zu beeinflussen und Regulierungen zu vermeiden, dass er sich Praktiken zunutze machen konnte, die ihm Milliarden auf Kosten des gewöhnlichen Steuerzahlers und Sparers einbrachten. Eine ganze Palette von Rent-Seeking-Strategien ermöglichte es den Banken, aus der Produktivwirtschaft immer größere Mengen an Finanzkraft abzuziehen. Sie schwatzten ahnungslosen Anlegern faule Wertpapiere auf, gingen rücksichtslos Risiken ein im Wissen, dass der Staat schon einspringen werde, wenn das Spiel verloren ginge, verkauften Verzweifelten und Ahnungslosen Kredite zu Wucherzinsen, während sie selbst sich bei den Zentralbanken zu extrem niedrigen Zinsen rekapitalisieren konnten. Mittels seiner Rent-Seeking-Praktiken verschaffte sich der Finanzsektor traumhafte Gewinne und verdient dank seines politischen Einflusses *trotz des Crashs* weiterhin prächtig. Wie es der Gewerkschaftspionier Eugene V. Debs einst formulierte, haben »diejenigen mit der Macht, im großen Maßstab zu rauben, [... auch] die Macht, die Regierung zu kontrollieren und ihren Raub zu legalisieren«.[54]

Wie konnte sich unser Denken so weit fort von Smiths Einsicht, dass Macht bei der Festsetzung von Löhnen eine zentrale Rolle spielt, hin zu der Behauptung entwickeln, die Höhe des Lohns richte sich nach der erbrachten Leistung? Der Ökonom John Bates Clark hat der heutigen Lohntheorie im 19. Jahrhundert den Weg bereitet. Dabei ignorierte er schlicht, was Volkswirtschaftler schon vor ihm formuliert hatten: dass es häufig unmöglich ist, die Leistung eines Einzelnen aus der Arbeit eines Teams herauszulösen.[55] Clark erkannte, dass Smiths Lohntheorie politischen Sprengstoff enthielt, weil sie offenbar den Arbeitermassen Schützenhilfe leistete, die bessere Bezahlung verlangten. Seiner Überzeugung nach war eine neue Theorie, die Hungerlöhne rechtfertigte, von entscheidender Bedeutung, um eine Revolution zu verhüten. Über das verarmte Proletariat im 19. Jahrhundert schrieb er:

> Ihre Haltung gegenüber anderen Klassen – und damit gegenüber der Stabilität des Sozialstaats – hängt hauptsächlich an der Frage, ob der Anteil, den sie erhalten, sei er klein oder groß, dem entspricht, was sie produzieren. […] Die Anklage, die über der Gesellschaft schwebt, lautet auf »ausbeuterische Arbeit«. »Arbeiter«, so heißt es, »werden regelmäßig dessen beraubt, was sie hervorbringen. Dies geschieht innerhalb der Formen des Rechts und durch das natürliche Wirken von Konkurrenz.« Würde dieser Vorwurf bewiesen, müsste jeder vernünftig denkende Mensch Sozialist werden; und sein Eifer, das Industriesystem zu verändern, würde zum Maß und Ausdruck seines Gerechtigkeitssinns.[56]

Clarks Lohntheorie gab der Debatte insofern einen neuen Rahmen, als sie statt Macht nunmehr Leistung, den Beitrag zum Output des Produktionsprozesses, zum ausschlaggebenden Kriterium erhob, und demnach erhielten die Arbeiter durchaus, was sie wert waren, und hatten keinerlei Anspruch auf höhere Löhne. Dass Clarks Theorie an den Tatsachen vorbeigeht, haben wir gesehen. Sie fußt auf fadenscheinigen Annahmen und hat wenig mit der realen Welt zu tun. Macht – politische wie ökonomische – spielt bei der Festlegung von Löhnen und der generellen Verteilung von Wohlstand eine entscheidende Rolle. Kein ökonomisches Gesetz zwingt eine Ladenkette, Beschäftigte mit Hungerlöhnen abzuspeisen, oder erfordert, dass Unternehmenschefs mehrere hundert Mal mehr verdienen als ihre Angestellten. Solche Verhältnisse sind Resultate politischer Entscheidungen. In einem Punkt hatte Clark allerdings recht: Macht ist angreifbarer, wenn sie als illegitim wahrgenommen wird. Dagegen können moralische Rechtfertigungen, sofern sie weithin akzeptiert werden, extremer Armut und gewaltigen Unterschieden einen rationalen Anstrich geben.

Zuckerbrot und Peitsche

Jedes politische und wirtschaftliche System birgt in seinem Kern eine Vorstellung von der menschlichen Natur. Dem Menschenbild zufolge, das den heute vorherrschenden ökonomischen Modellen zugrunde liegt, sind wir rational denkende und eigennützig handelnde Wesen, die unbegrenzte Wünsche hegen und Vorlieben haben, die sich nicht verändern. Wie der Harvard-Professor Amartya Sen bemerkt, liegt »etwas ganz Ungewöhnliches in der Tatsache, dass sich die Wirtschaft [...] darauf hin entwickelt hat, menschliche Motivation so spektakulär eng auszulegen«.[57] So ungewöhnlich das auch nicht nur aus Sens Sicht erscheinen mag, die extremen und weiter wachsenden Ungleichheiten auf der Welt werden oft unter Berufung auf eben diese »spektakulär enge« Konzeption der menschlichen Natur gerechtfertigt. Die Argumentation läuft darauf hinaus, dass Ungleichheit insofern notwendig sei, als sie die richtigen Anreize setze, um die Gesamtproduktivität der Wirtschaft zu erhöhen. Vorherrschende Annahmen über die menschliche Natur führten oft zu dem Schluss, die Produktivität ließe sich dadurch steigern, dass wir belohnen, was wir mögen, und bestrafen, was uns missfällt. Allerdings wurden diese intuitiven Vorstellungen durch jahrzehntelange Forschungsarbeit auf den Kopf gestellt. Anreize nach dem Prinzip von Zuckerbrot und Peitsche bewirkten oft das Gegenteil dessen, was ihre Befürworter erwarteten.

Verhaltenswissenschaftler unterscheiden zwischen algorithmischen oder heuristischen Aufgaben. Algorithmische Aufgaben sind ihrer Art nach formelhaft und lassen sich durch die Befolgung einer Reihe von Anweisungen erledigen, während heuristische Aufgaben Kreativität, Flexibilität und Phantasie erfordern. Post zuzustellen ist eine algorithmische Aufgabe. Sie besteht aus einer Reihe einfacher Schritte, die in einer täglichen Routine wiederholt werden. Eine Rede zu schreiben ist eine heuristische Aufgabe. Kein Handbuch verrät, wie man sie richtig verfasst; jede Rede erfordert neuartige Lösungen. Testreihen mit Kindern wie Erwachsenen zeigten, dass Strafen und Belohnungen bei einfachen algorithmischen Aufgaben durchaus effizient motivieren, bei kreativen heuristischen aber zu schwächeren Leistungen führen können. Äußere Anreize (»extrinsische Motivation«) verdrängen innere Antriebe (»intrinsische Motivation«). Sie verwandeln Spiel in Arbeit und verringern die Befriedigung, die aus Arbeit erwächst.

Die kontraproduktive Wirkung von Belohnungen konnte schon bei Anderthalbjährigen beobachtet werden. Bei einer Reihe von Experimenten am Leipziger Max-Planck-Institut für evolutionäre Anthropologie wurden einige 20 Monate alte Kleinkinder in einen Raum gesetzt, in dem ein Erwachsener dann so tat, als benötige er ihre Hilfe.[58] In der ersten Phase des Experiments erhielten manche aus der (größeren) Gruppe der Kinder, die versucht hatten, zu helfen, eine Belohnung, während die übrigen leer ausgingen. In der zweiten Phase erhielten die hilfsbereiten Kinder erneut Gelegenheit, den hilfsbedürftigen Erwachsenen zu unterstützen. Die Ergebnisse zeigten, dass die große Mehrheit (rund 80 Prozent) der Unbelohnten dem Erwachsenen weiterhin Beistand leistete, während dazu unter den Belohnten ein signifikant geringerer Anteil (nur noch rund 50 Prozent) bereit war. Mit anderen Worten: Materielle Belohnungen senkten die Motivation der Kleinkinder, ihre unterstützende Haltung gegenüber Erwachsenen beizubehalten.

Im Verlauf zahlreicher Experimente stellte der Psychologieprofessor Edward L. Deci fest: »Wenn Geld als externe Belohnung für eine Aktivität eingesetzt wird, verliert das Subjekt das intrinsische Interesse an ihr.«[59] Das Versprechen »Wenn du dies tust, gebe ich dir das« untergräbt unsere aus uns selbst heraus entstehenden Antriebe und verringert den Reiz dessen, was wir vormals als eine intrinsisch lohnenswerte Aktivität wahrgenommen haben. Auch wenn Belohnungen kurzzeitige Anreize schaffen können, nutzt sich dieser Effekt bald ab und mindert die langfristige Motivation. Laut Deci haben wir alle »eine inhärente Neigung, nach Neuem und nach Herausforderungen zu suchen, [… unsere] Fähigkeiten auszuweiten und zu trainieren, zu erkunden, zu lernen«.[60] Eine dem Wachsen und Gedeihen dieser Fähigkeiten förderliche Umgebung »darf sich nicht auf Systeme der äußeren Kontrolle wie monetäre Anreize konzentrieren«. Decis Ergebnissen zufolge motiviert man Menschen am besten dadurch, dass man den Gedanken an finanzielle Belohnungen ganz aus ihren Köpfen verbannt. Dies macht sie frei dafür, sich kreativ auf eine anstehende Aufgabe einzulassen. Daran zu denken, was wir bekommen oder bekommen sollten (zum Beispiel weil wir Geldsorgen haben), hemmt unsere Kreativität.

Allgemein galt die Annahme, Menschen würden vornehmlich von biologischen Grundbedürfnissen – Hunger, Durst, Libido – und äußeren Belohnungen und Bestrafungen angetrieben. Die Motivationsforschung rückt allerdings einen dritten entscheidenden Antrieb in den Blick: »das angeborene Bedürfnis, unser Leben zu lenken, zu lernen und Neues zu erschaffen, bessere Bedingungen für uns selbst und unsere Welt herzustellen«.[61] Wie zahlreiche Experimente zeigten, wirken Belohnungen nicht nur als Motivationsbremse, sondern sie hemmen sogar unsere Leistungsbereitschaft. In einem vielzitierten Experiment wurden Probanden aufgefordert, ein Problem zu lösen, das ein kreatives Vorgehen erforderte. Die Teilnehmer, denen dafür eine finanzielle Belohnung in Aussicht gestellt wurde, brauchten für die Lösung »fast dreieinhalb Minuten *länger* als diejenigen, die keinen solchen Anreiz erhielten«.[62] In einer Studie für die US-Notenbank wurde die Wirkung relativ großer Belohnungen auf die Ausführung einer Reihe anspruchsvoller Aufgaben getestet. Wie sich herausstellte, »erbrachten bei acht der neun Aufgaben, die wir in den drei Experimenten untersuchten, höhere Anreize *schlechtere* Leistungen«.[63] Andere Studien zeigen, dass dies auch für Systeme leistungsbezogener Vergütung gilt.[64] Im Rückblick auf die eigene berufliche Leistung erklärte Jeroen van der Veer, der ehemalige Vorstandsvorsitzende von

Shell: »Hätte ich 50 Prozent mehr verdient, hätte ich es nicht besser gemacht. Und ich hätte es nicht schlechter gemacht, wenn ich 50 Prozent weniger verdient hätte.«[65]

Angesichts solcher Forschungsergebnisse müssen wir unsere Annahmen zur menschlichen Natur, Arbeit und Motivation überdenken. So hat sich zum Beispiel erwiesen, dass Gerechtigkeit ein wichtiger motivierender Faktor ist. Beschäftigte, die der Überzeugung sind, angemessen bezahlt zu werden, arbeiten produktiver. Wie ein Experiment zeigte, steigerte eine höhere Bezahlung von Beschäftigten, die das Gefühl gehabt hatten, ungerecht behandelt zu werden, deren Produktivität, während sich bei Beschäftigten, die vorher schon der Meinung gewesen waren, sie würden gerecht behandelt, eine Gehaltserhöhung nicht auswirkte.[66] Daraus ergibt sich der Schluss, dass eine gerechtere Gesellschaft die Produktivität insgesamt steigern würde. Und dies könnte auch für ihre Innovationskraft gelten. Vieles deutet darauf hin, dass die US-Wirtschaft von 1950 bis 1970 (als sich die Ungleichheit auf einem historischen Tiefstand befand) weitaus innovativer war als in der Zeit zwischen 1990 und 2010 (als die Ungleichheit rapide zunahm).[67]

Arbeitsbedingungen verändern heißt die Erfahrung von Arbeit verändern. Unter Bedingungen, die die menschliche Würde wahren und Freiheit gewähren, sich von der eigenen Begeisterung und Neugierde leiten zu lassen, ist Arbeit eher Privileg als Belastung. Selbst wenn sie uns vieles abverlangt, kann sie unser Wohlbefinden steigern. Wenn uns Arbeit mit Sinn erfüllt, können uns selbst schwierigste Aufgaben Freude machen. Das ist allerdings in der heutigen Wirtschaft häufig nicht der Fall. Nach einer 2015 durchgeführten Umfrage von YouGov verneinen 37 Prozent der britischen Beschäftigten die Frage, ob ihre Arbeit einen »sinnvollen Beitrag zur Welt« darstelle. (Weitere 13 Prozent gaben an, sie wüssten es nicht.)[68] Die meisten Stellen werden geschaffen, um Unternehmensgewinne zu steigern – oft auf ethisch fragwürdige Weise. Hohe Entgelte können als eine Form der Entschädigung für das Fehlen echten Sinns in diesen Jobs betrachtet werden. Viele Hochschulabsolventen sehen sich vor die Wahl gestellt, unbezahlt als Praktikanten Aufgaben zu erfüllen, die sie als sinnvoll empfinden, oder für Geld auf eine Karriereleiter zu steigen, die sie gar nicht erklimmen wollen. Viele andere werden in eine dumpfe, zermürbende Arbeit gegen eine Bezahlung gezwungen, die gerade zum Leben reicht.

Wir sind alle motiviert, wirtschaftlich zu überleben und für unsere Angehörigen zu sorgen, doch es gibt weitere fundamentale Antriebe, die unser Verhalten bestimmen. Positive Beiträge zum Leben anderer zu leisten, kann eine sehr bereichernde Erfahrung sein, eine schwierige Aufgabe zu bewältigen, verschafft oft ein Gefühl der Befriedigung, und manche finden Erfüllung darin, Bedürftigen zu helfen. Menschen spenden Fremden Geld und sogar das eigene Blut. Lehrer, Krankenschwestern, Künstler, Wissenschaftler, Erfinder, Freiwillige und Aktivisten leisten anstrengende, wertvolle Arbeit, für die sie keine oder nur eine bescheidene Entschädigung erhalten. Jeden Tag kehren Menschen hochdotierten, aber hohlen Posten den Rücken, um sich einer Tätigkeit zu widmen, die sie mit Stolz und Freude erfüllt. Für mehr Freiheit verzichten wir auf eine höhere Vergütung. Uns geistig und körperlich zu entwickeln und das Gefühl zu haben, dass wir für unsere Umgebung Sinnvolles leisten, ist entscheidend für unser Selbstwertgefühl und Wohlbefinden.

Eine rasch wachsende Zahl von Forschungsergebnissen deutet darauf hin, dass wir uns im Prozess der Evolution zu Wesen entwickelt haben, die einen Lustgewinn daraus ziehen, andere zu unterstützen, ein Wohlbefinden, das ganze Gemeinschaften in wechselseitig vorteilhaften kooperativen Beziehungen zusammenhält. Bei einer Studie stellte sich heraus, dass es uns glücklicher macht, Geld für andere als für uns selbst auszugeben.[69] Eine andere Untersuchung, durchgeführt von Psychologen der University of British Columbia, zeigte, dass Kleinkinder unter zwei Jahren »größere Freude ausdrücken, wenn sie anderen Süßigkeiten schenken, als wenn sie selbst welche erhalten«.[70] Mehr noch: »Kinder sind glücklicher, wenn sie *das Geben etwas kostet* – wenn sie etwas von ihrem Vorrat opfern –, als wenn sie dieselben Süßigkeiten ohne eigene Kosten verschenken«. Natürlich formt und kanalisiert jede Kultur diese Instinkte auf unterschiedliche Weise, aber die Fakten lassen keinen Zweifel daran, dass das Bedürfnis, zu kooperieren und sich gegenseitig zu unterstützen, Teil dessen ist, was uns zu Menschen macht.

Auch wenn ein gewisses Maß an Ungleichheit als Motivation, sich auf bestimmte Art sozial zu verhalten, notwendig sein mag, so ist doch die Vorstellung, Menschen wollten nicht arbeiten und müssten durch Drohungen und Versprechen zu Leistungen angetrieben werden, ein Trugbild.[71] Wenn uns Arbeit größere Unabhängigkeit sichert, wenn wir sie unter würdigen Umständen verrichten können und wenn sie uns wertvoll erscheint, bewerten sie die meisten von uns positiv. Der russische Wissenschaftler und politische Philosoph Pjotr Kropotkin vertrat die Auffassung, dass »Arbeitsüberlastung – nicht Arbeit – der menschlichen Natur zuwider ist. […] Arbeit ist eine physiologische Notwendigkeit, eine Notwendigkeit zur Verausgabung angesammelter körperlicher Energie, eine Notwendigkeit, die Gesundheit und Leben an sich bedeutet.«[72]

Natürlich ist nicht jede Art von Arbeit gleichermaßen erfüllend. Manche Aufgaben bergen kaum oder keine innere Befriedigung und sind zudem gefährlich und lästig. Heute werden die meisten unangenehmen – wenngleich unverzichtbaren – Arbeiten vorwiegend von Menschen erledigt, die besonders niedrige Löhne erhalten, einer subalternen Klasse, die gezwungen ist, sie zu übernehmen, um nicht Hunger zu leiden. Ihre Zwangsmotivation beruht auf Angst und Verzweiflung. Kropotkin schreibt: »Wenn es Arbeit gibt […], die aus sich heraus unangenehm ist, so nur deshalb, weil unsere Wissenschaftler sich nie darum gekümmert haben, Methoden zu ersinnen, sie angenehmer zu gestalten. Sie konnten sich immer darauf verlassen, dass es zahlreiche hungernde Männer gibt, die sie für einen kleinen Tageslohn erledigen würden.«[73] Angesichts unseres heutigen technischen Know-hows (und erweitert auf Frauen) gilt dies mehr denn je. Bertrand Russell argumentiert: »Wenn Menschen, statt gezwungen zu sein zu arbeiten, dazu verführt werden müssten, hätte dies das offenbare Interesse der Gesellschaft zur Folge, dass die Arbeit angenehm gestaltet wird.«[74]

Was ist mit der verbleibenden unerquicklichen Arbeit? Sie müsste entweder gerecht aufgeteilt oder mit finanziellen Anreizen verknüpft werden, um für das mit ihrer Ausführung verbundene Opfer angemessen zu entschädigen. Unsere Strategien beruhen auf Zwang und sind mit einer freien Gesellschaft unvereinbar. Der amerikanische Historiker Howard Zinn schreibt: »Ich habe als College-Professor hart gearbeitet, aber diese Arbeit war angenehm verglichen mit der des Mannes, der mein Büro geputzt hat. Nach welchem Kriterium (außer dem künstlich von unserer Kultur geschaffenen) brauche ich mehr Anreiz als er?«[75]

Argumente, die auf Anreizen beruhen, sind häufig kaum mehr als eilfertige Legitimationen für Ungerechtigkeiten. Bei näherer Betrachtung offenbaren sie eine Doppelmoral. Kürzungen staatlicher Sozialleistungen werden gern mit der Begründung gerechtfertigt, sie würden Anreize schaffen, Menschen aus der »Armutsfalle« zu holen – als sei die Überwindung von Armut nicht Anreiz genug. Nach dieser Logik sollen Einschnitte ins soziale Sicherungsnetz Arme noch ärmer machen und sie dadurch zwingen, eine Arbeit aufzunehmen oder sich – im Falle der Sozialhilfeempfänger, die bereits einer nachgehen – einen Zweitjob zu beschaffen. Bei den Anreizen für Reiche gilt hingegen die umgekehrte Logik. Spitzeneinkommen für Konzernmanager werden damit begründet, dass sie Anreiz für bessere Leistungen seien, was ja dann am Ende der ganzen Gesellschaft zugutekomme. Die Doppelmoral ist eklatant und hässlich. Ha-Joon Chang, Wirtschaftswissenschaftler an der Universität Cambridge, hat sie in eine Frage gefasst: »Warum müssen wir die Reichen immer reicher machen, um sie zu höherer Arbeitsleistung zu motivieren, die Armen dagegen zu dem gleichen Zweck immer ärmer?«[76]

Platon glaubte, Mythen, welche die ungleiche Verteilung von Wohlstand und Macht rechtfertigten, seien ein besonders wichtiges Mittel, um die Ordnung in der Gesellschaft aufrechtzuerhalten. Im Dialog *Politeia* (415 a–d) bietet er dazu eine alte Legende an: Der »bildende Gott« habe der Seele eines jeden Bürgers bei der Geburt ein bestimmtes Metall beigemischt: Gold »denen von euch [Einwohnern Athens], welche geschickt sind zu herrschen [...], den Gehilfen aber Silber, Eisen hingegen und Erz den Ackerbauern und übrigen Arbeitern«. So habe ein jeder »die seiner Natur gebührende Stelle« einzunehmen, denn es sei »ein Götterspruch vorhanden [...], dass die Stadt [der Staat] dann untergehen werde, wenn Eisen oder Erz die Aufsicht über sie führe«. Zu den später entstandenen, zum gleichen Zweck ersonnenen Mythen zählen das Gottesgnadentum von Königen und Erbfürsten ebenso wie die einst die US-Wirtschaftspolitik bestimmende, mittlerweile aber in Verruf geratene »Trickle-down-Theorie« (auch Pferdeäpfel-Hypothese genannt), der zufolge der wachsende Wohlstand der Reichen in die unteren Schichten der Gesellschaft »durchsickern« werde.[77] Über Jahrtausende setzten die Mächtigen und Privilegierten auf zweckdienliche Mythen, um ihren Status zu rechtfertigen. Und solche Konstrukte dienen nicht nur zur Beschwichtigung der Armen, sondern wohl auch dazu, den Reichen ein sanftes Ruhekissen zu verschaffen – es fällt schwerer, seinen Reichtum zu genießen, wenn man selbst nicht daran glaubt, dass man ihn verdient hat. Das Gefühl, auf den eigenen Wohlstand Anspruch zu haben, ist fast so kostbar wie dieser selbst.

In seiner Wirtschaftsgeschichte schreibt John Kenneth Galbraith: »Die Erklärungen und Rationalisierungen der [...] Ungleichheit riefen über Jahrhunderte die größten Talente des Berufsstandes der Ökonomen auf den Plan. In fast der gesamten Wirtschaftsgeschichte waren die meisten Menschen arm, während eine vergleichsweise kleine Gruppe steinreich war. Entsprechend gab es einen dringenden Bedarf, zu erklären, warum das so ist – und leider auch bei zahlreichen Gelegenheiten zu verkünden, warum das so sein *sollte*.«[78] Wie ihre elitären, rassistischen und sexistischen Vorläufer sind auch die heute gängigen Rechtfertigungen für Ungleichheit haltlos, liefern aber dennoch einen Anschein von Legitimität für die uns umgebende Armut und Unterdrückung. Sie sind tief in der Gesellschaft verwurzelt, schlicht abseits des Blickfelds, außerhalb des Lichts kritischer Überprüfung.

Der englische Philosoph Jeremy Bentham, Vater des Utilitarismus, gründete seine Moralphilosophie auf den Gedanken, das Maß für richtig und falsch sei »das größte Glück der größten Zahl«, womit er die Allgemeinheit meinte. Bentham zufolge erweist sich die beste Verteilung von Ressourcen darin, dass sie das menschliche Wohlergehen maximiere. Dabei nimmt, so lautet eine seiner Grundannahmen, das Wohlbefinden, das ein zusätzlicher Dollar in einer Person auslöst, umso mehr ab, je reicher sie wird. Das bedeutet: Zehn zusätzliche Dollar steigern das Wohlbefinden eines Bettelarmen deutlich mehr als das eines Steinreichen. Daraus ergibt sich der radikale Schluss, dass sich die Gesellschaft im Ganzen bei zunehmender materieller Ausgeglichenheit zum Besseren hin entwickelt. Wir müssen keine Utilitaristen sein, um den Wert dieser Einsicht des gesunden Menschenverstands zu erkennen.

Subjektive Zustände wie »Wohlergehen« und »Glück« mögen schwer zu definieren und zu messen sein, aber solange große Ungleichheiten bestehen, spricht alles für die Überzeugung, dass die Umverteilung von Reich nach Arm das generelle Wohl der Gesellschaft erhöht. Eine Fülle wissenschaftlicher Untersuchungen belegt diesen Zusammenhang. Viele Forscher glauben heute, dass es möglich ist, aussagekräftige Daten aus subjektiven Empfindungen zu gewinnen. Selbsteinschätzungen zum individuellen Wohlbefinden gelten inzwischen insofern als wichtige Ergänzung zu offiziellen Statistiken, als sie signifikante Korrelationen mit objektiven Indikatoren wie Raten von depressiven Erkrankungen und Suiziden aufweisen. Und die Daten legen nahe, dass Kapitalzuwachs von einem bestimmten Wohlstandsniveau an ohne Wirkung auf das persönliche Glücksgefühl bleibt. Eine Auswertung von über 450 000 Antworten auf eine im Tagesabstand durchgeführte Befragung von Amerikanern im Jahr 2010 offenbarte:

> Das Sättigungsniveau, ab dem das erlebte Wohlbefinden nicht weiter ansteigt, liegt bei einem Haushaltseinkommen von etwa 75 000 Dollar [damals rund 58 000 Euro] in Gebieten mit hohen Lebenshaltungskosten (in Gebieten, in denen die Lebenshaltungskosten niedriger sind, könnte es darunterliegen). Die durchschnittliche Zunahme des erlebten

Wohlbefindens, die mit Einkommen jenseits dieses Niveaus verbunden ist, betrug genau null.[79]

Für die Skeptiker, die an der Zuverlässigkeit solcher »Glücksdaten« zweifeln, gibt es objektivere Faktoren. Aufgrund ihrer Auswertung eines umfangreichen Datenmaterials, das zahlreiche Länder und mehrere Jahrzehnte abdeckt, bestätigen die Epidemiologen Kate Pickett und Richard Wilkinson, dass die Verringerung von Ungleichheit der Gesamtgesellschaft auf fundamental nachhaltige und zuweilen auch überraschende Weise nützt:

> Für Gesellschaften mit geringeren Einkommensunterschieden zwischen Armen und Reichen zeigen die Statistiken, dass das Gemeinschaftsleben stärker ausgeprägt und das Vertrauensniveau höher ist. Ebenso ist die Gewaltbereitschaft geringer, was sich unter anderem in niedrigeren Raten bei den Tötungsdelikten niederschlägt. Die Werte zur körperlichen und seelischen Gesundheit bessern sich, und die Lebenserwartung steigt an. Tatsächlich treten die meisten Probleme, die mit Benachteiligungen einhergehen, in verringertem Maße auf: Die Gefängnispopulationen sind kleiner, die Geburtenraten unter Minderjährigen geringer, die Bildungsgrade tendenziell höher. Extremes Übergewicht ist seltener, und die soziale Mobilität nimmt zu. Überraschend ist das bedeutende Ausmaß dieser Unterschiede. In Gesellschaften mit größeren Unterschieden kommt es dreimal so häufig zu psychischen Erkrankungen wie in den Ländern, die den höchsten Gleichheitsstandard aufweisen. Beim extremen Übergewicht liegen die Raten doppelt, bei den Inhaftierungen achtmal und bei den Geburten im Jugendalter zehnmal so hoch.[80]

Die Menschheit verfügt über die Ressourcen, um Hunger, Analphabetismus, extreme Armut und einige der tödlichsten Krankheiten auf der Welt zu beseitigen. Sie hat die Mittel, die Freiheit für jeden Erdenbürger quantitativ und qualitativ auszuweiten. Warum also bleiben Benachteiligungen und Ungleichheiten bestehen? Warum dienen der Ressourcenüberfluss der Erde und die unerschöpfliche menschliche Kreativität nur so wenigen auf Kosten so vieler? Nicht etwa deshalb, weil unsere Gesellschaft diejenigen belohnt, die es verdienen, oder weil Menschen Anreize zu höherer Leistung geboten werden müssen oder weil es der Gesamtgesellschaft nützt. Das große Ungleichgewicht des Wohlstands spiegelt schlicht ein anderes großes Ungleichgewicht wider: das der Macht.

———

Wenn wir uns vom Verantwortungsmythos verabschieden, entfällt auch der Orientierungsrahmen des Verdienstes, der uns zur Dichotomie von Bestrafen und Belohnen führt. Wir haben gesehen, dass sich die Verteilung von Strafe und Belohnung in der Gesellschaft nicht damit erklären lässt, was Menschen zusteht oder was sie verdienen. Ebenso sind wir zu der Erkenntnis gelangt, dass auch andere Rechtfertigungen für Zustände, mit denen wir in der Welt konfrontiert sind – etwa das Abschreckungsargument zur Legitimierung von Strafen oder das Leistungs- und das Anreizargument zur Legitimierung extremer Ungleichheit –, einer kritischen Überprüfung nicht standhalten.

Die Verteilung von Sanktionen und Privilegien ist letztlich ein Ergebnis von Machtverhältnissen. Macht bestimmt, was als Verbrechen zählt und wer wie streng zu bestrafen ist. Macht formt den rechtlichen Rahmen für die Gesetze des Marktes, die manchen bei ihren Geschäften Vorteile verschaffen und andere benachteiligen. Die hochgradig ungleiche Verteilung von Macht in der Welt muss ein zentrales Element jedes Versuchs sein, die herrschenden Verhältnisse um uns herum zu erklären. Aber wie wird sie aufrechterhalten? Wie kommt es, dass sich ausgerechnet im Zeitalter der Demokratie eine derart eklatante Ungleichverteilung von Wohlstand und Macht nicht nur behaupten, sondern sogar noch weiter ausbreiten und steigern konnte? Warum haben die Bürger die Gleichheit, die ihnen der Stimmzettel verschafft, nicht dazu genutzt, die krassen Ungleichheiten zu beseitigen, die ihnen entgegenschlagen, wenn sie das Wahllokal verlassen?

In Teil 1 haben wir die Grenzen unserer angeborenen Freiheit erkundet. In Teil 2 betrachten wir die Grenzen unserer politischen Freiheit. Zahlreiche soziale Kräfte konkurrieren darum, unsere Identität zu gestalten und uns in unserem Verhalten zu beeinflussen. Wer sich den Methoden widersetzen will, mit denen Herrschaft über uns ausgeübt wird, muss zunächst einmal lernen, sie zu durchschauen. Dieser Herausforderung stellt sich Teil 2.

Teil 2

DIE KONSENSILLUSION

4
HERRSCHAFT

In einem Feld kann man bisweilen eine Ameise beobachten, die mühselig einen langen Grashalm erklimmt. Sie stürzt ab, klettert erneut hinauf und legt emsig den Weg weiter bis ganz nach oben zurück. Warum verhält sich die Ameise so? Was erreicht sie damit? Tatsächlich nichts. Ihr Gehirn ist durch einen winzigen Organismus, den sogenannten Kleinen Leberegel, verändert worden, der auf irgendeinem Weg in den Magen eines Schafs oder einer Kuh gelangen muss, um seinen Fortpflanzungszyklus zu vollenden. Der Egel steuert die Ameise dorthin, wo sie am wahrscheinlichsten gefressen wird.[1] Er ist sich seines Tuns nicht bewusst (er hat kein eigenes Gehirn), sondern ist schlicht mit Wirkstoffen ausgestattet, die das Ameisengehirn in dieser Weise beeinflussen. Ähnliche Parasiten befallen unter anderem Fische und Mäuse.

Organismen wie der Egel üben eine direkte Kontrolle über die Gehirne anderer Lebewesen aus. Die meisten Arten steuern das Verhalten anderer indirekt, indem sie die Nervensignale, die in deren Gehirne gelangen, manipulieren. So ahmt der Spiegel-Ragwurz, eine Orchideenart, das Aussehen weiblicher Dolchwespen nach, um männliche Dolchwespen anzulocken, die dann für die Verbreitung seiner Pollen sorgen. Die Mimikry der Pflanze, die sogar den Duft einschließt, nutzt den Fortpflanzungstrieb der Wespenmännchen zur eigenen Reproduktion. Tatsächlich ist der imitierte Duft sogar noch betörender als der des Originals, sodass die männlichen Wespen den Lockungen der Orchidee unmöglich widerstehen können. Andere Geschöpfe wie Falter, Echsen und Oktopoden haben bemerkenswerte Tarnungen entwickelt, mit denen sie Feinde wie Beute gleichermaßen hinters Licht führen.

In der Natur halten der Überlebenskampf und der Fortpflanzungstrieb ein rastloses Ringen um Herrschaft am Laufen. Manche Arten üben diese durch rohe Gewalt, andere durch subtilere Strategien aus, die sie im Verlauf der Evolution entwickelt haben. Organismen kämpfen bis in den Tod darum, an die zahllosen Energiequellen in ihrer Umwelt zu gelangen: Sonnenlicht, Pflanzen, Fleisch und Knochen. Das Ergebnis dieses endlosen Kampfes bestimmt, welche Lebewesen die Verfügungsgewalt über vorhandene Ressourcen gewinnen, darunter auch über die wertvollste: andere Organismen.

Letztlich rühren alle Konflikte von dem Bedürfnis her, die Zukunft zu steuern. Heutige Auseinandersetzungen bestimmen, wie das Morgen beschaffen sein wird. Wenn zwei Bestrebungen unvereinbar sind, muss die eine weichen, bevor die andere sich durchsetzt. Konflikte kennt auch die Menschheit: die Herrschaft von Grundbesitzern über Sklaven, die Verfolgung der einen Ethnie durch die andere, die Unterwerfung der Frau durch den Mann, die Manipulation von Analphabeten durch Gebildete, die Ausbeutung von Arbeitern durch Firmenbosse, die Unterdrückung ärmerer Nationen durch reichere. Wie Kämpfe unter anderen Spezies sind die unter Menschen ein Ringen darum, wer vorhandene Ressourcen in welcher Weise für sich nutzen kann, darunter auch die wertvollste: andere Menschen.

Wir alle haben – im Kleinen wie im Großen – Zukunftsvisionen, die wir verwirklichen wollen, doch die Gestaltung von Zukunft ist kein Kinderspiel. Direkte und unmittelbare Kontrolle haben wir über unsere Bewegungen und unsere Sprache, doch selbst diesen grundlegenden physischen und kognitiven Fähigkeiten sind enge Grenzen gesetzt. Wir können nur so schlau und so stark sein, wie sie es erlauben, und damit hält sich auch unser Einfluss auf die Welt in einem überschaubaren, festen Rahmen. Zwei Wege stehen uns offen, unsere individuellen Grenzen zu überschreiten: Kooperation und Herrschaft (die Trennlinie zwischen beiden ist fließend). Wenn wir nicht nur über den eigenen Körper und die eigene Sprache verfügen, sondern auch über die Körper und die Sprache anderer, steigern wir unsere Macht, eigene Pläne durchzusetzen. Der Wille eines Einzelnen kann sich durch Körper und Geist vieler verwirklichen. Ein Präsident allein kann in kein anderes Land einmarschieren, aber an der Spitze einer Hierarchie, die ihm Befehlsgewalt über eine starke Armee gibt, ist er dazu durchaus in der Lage. Ohne Hilfe kann ein Medienmogul keine Wahl beeinflussen, aber als Konzernchef, der die Aktivitäten Hunderter von Journalisten dirigiert, deren Worte Millionen erreichen, hat diese Option Aussicht auf Erfolg.

In pyramidenförmigen Strukturen ist Macht in den Händen derer konzentriert, die ganz oben sitzen. Diese Macht läuft stets Gefahr, missbraucht zu werden. Sie ermöglicht es, die Anschauungen und Prioritäten einer kleinen Gruppe dem Leben von Millionen aufzuerlegen, Anschauungen und Prioritäten, die dazu tendieren, denjenigen, die diese Vereinnahmung vollziehen, weitreichende Privilegien zu bescheren. Aber der Versuch, Menschen zu beherrschen, geht mit dem Risiko einher, dass ihm Widerstand entgegengesetzt wird, Ungehorsam, erwachsend aus einer Macht, die jeder von uns besitzt: die der Entscheidung. Auch wenn die letzte Verantwortung nicht bei uns selbst liegt, weil wir mit einem Gehirn entscheiden, das wir uns nicht ausgesucht haben, ist eine Wahl, die wir treffen, nichtsdestoweniger eine Wahl. Und diese Macht, uns für oder gegen wen oder was auch immer zu entscheiden, ist von höchstem Wert: Sie ist der Ausgangspunkt jeder Freiheit, die sich uns bietet.

Wahlmöglichkeiten stellen für alle, die Einfluss auf sie nehmen können, eine Chance, und für die anderen, die keine Kontrolle über sie haben, eine potenzielle Bedrohung dar. Sie bestimmen zwangsläufig die Machtbalance in einer Gesellschaft, und dabei geht es um Macht, die Zukunft bestimmt. So wie die Macht des Stroms der Landschaft ein Gesicht gibt, prägt die Macht der Entscheidung unsere gesellschaftliche Realität. Die Arbeit, die wir verrichten, die Politiker, die wir wählen, die Produkte, die wir kaufen, die Gruppen, die wir unterstützen, die Worte, die wir sprechen – alles hat Wellen von Auswirkungen zur Folge, die bestehende Verhältnisse entweder verfestigen oder verändern. Jede Entscheidung wird Teil einer Kausalkette, welche die kollektive Realität umgestaltet und den Lauf der Geschichte in eine neue Bahn lenkt. Deutlicher wird dies, wenn wir uns vor Augen halten, dass jede Entscheidung, etwas Bestimmtes zu tun, zugleich eine Entscheidung ist, etwas anderes *nicht* zu tun. Wer beschließt, zur Arbeit zu gehen, entscheidet sich gegen Streik. Wer beschließt, seine Ersparnisse in einen Sportwagen zu investieren, entscheidet sich dagegen, das Geld für wohltätige Zwecke zu spenden. Wer beschließt, Milliarden an Steuergeldern in Kriegsvorbereitungen zu investieren, entscheidet sich dagegen, mit diesen Mitteln hungernde Kinder zu versorgen. Wir sind zu Entscheidungen verdammt. In den allgegenwärtigen Machtkämpfen, die unsere Welt prägen, ergreifen wir, bewusst oder unbewusst, zwangsläufig irgendeine Partei.

Jede getroffene Entscheidung hat zwei Aspekte: die ins Visier genommene Lage (die Art dieses Moments im Weltgeschehen) und die Identität des Entscheiders (die persönliche Art dieses Individuums). Mit anderen Worten: Wer wir sind und welchen Verhältnissen wir gegenüberstehen, determiniert, wie wir zu einem bestimmten Zeitpunkt handeln. Die Entscheidungen, die wir treffen, entspringen der Wechselwirkung von individueller Identität und sozialem Kontext. Herrschaft über jemandes Handlungsweisen lässt sich gewinnen, indem man eines dieser Elemente (oder beide) formt. Zu erkennen, *wie* dies geschieht, ist für ein Verständnis von Freiheit entscheidend.

Den Kontext formen

Dem gemäß, wer wir sind, treffen wir unsere Entscheidungen aufgrund der Verhältnisse, mit denen wir uns konfrontiert sehen. Entscheidungen fallen nicht im Abstrakten, sondern in konkreten Situationen zu einer bestimmten Zeit an einem bestimmten Ort. Auf diese »Bestimmtheiten« kommt es an. Je enger die Grenzen unserer Handlungsmöglichkeiten, desto schmaler ist das Spektrum unseres potenziellen Verhaltens. Einige Beschränkungen erlegen uns die Gesetze der Physik, andere die der Gesellschaft auf.

Die drastischste Art, jemandes Optionen zu beschneiden, besteht darin, ihm das Leben zu rauben. Einen Menschen töten heißt seine Fähigkeit auslöschen, auf die Welt Einfluss zu nehmen. Daneben können direkte Zwangsmaßnahmen wie Gefängnishaft oder physische Gewalt seinen Handlungsspielraum dramatisch verringern. Schon die Androhung körperlicher oder seelischer Strafmaßnahmen ist ein Akt der Herrschaft, denn sie stellt in Aussicht, dass bestimmte Entscheidungen einen höheren Preis fordern. Kulturelle Werte können den Zugang zu vielem versperren, was man sich wünscht: Eltern entziehen Liebe, Kollegen versagen ihren Respekt, die Gesellschaft insgesamt verwehrt Anerkennung und Status. Wer die Kontrolle über den Kontext einer Entscheidung hat, kann das Spektrum und die Attraktivität der Wahlmöglichkeiten derer reduzieren, die die Entscheidung treffen: Verhalten wird dann in eine gewünschte Richtung gelenkt, indem Optionen entzogen werden. Auch wenn positive wie negative kulturelle Sanktionen sehr effizient sein können, bedarf es doch auch organisierter Zwangsmittel, um Hauptverkehrswege des Handelns in großem Maßstab zu blockieren.

Moderne Staaten verwenden große Ressourcen darauf, die Entfaltungsmöglichkeiten und Anreize für ihre Bevölkerungen zu gestalten. Geheimdienste, Polizeibeamte und Soldaten sorgen mittels Überwachungskameras, Schusswaffen und Stacheldraht dafür, dass die Grenzen des »akzeptablen« Verhaltens Beachtung finden, indem sie die Risiken erhöhen, die mit abweichenden Handlungsweisen verbunden sind. Das Gesetz bestimmt, was zulässig ist, und droht denjenigen, die vom rechten Weg abkommen, Strafmaßnahmen an. Wir treffen alle unsere Entscheidungen im Rahmen weitreichender Gesetze, denen die Staatsmacht Geltung verschafft.

Ohne die Androhung von Zwang wäre die massive Ungleichverteilung von Wohlstand unmöglich aufrechtzuerhalten. Wenn sie nichts und niemand daran hindert, verschaffen sich Hungernde Essen, ziehen Obdachlose in leerstehende Gebäude ein und nehmen Kranke Behandlung in Anspruch. Je stärker sich in einer Gesellschaft Wohlstand konzentriert, desto mehr Ressourcen müssen für dessen Schutz aufgewendet werden. Messbar ist dies unter anderem daran, welchen Anteil seiner Erwerbsbevölkerung ein Staat dazu einsetzt, für »Sicherheit« zu sorgen. Dazu zählen Polizei- und Militärkräfte genauso wie Strafvollzugsbeamte und Gerichtspersonal, aber auch private Security-Firmen und Waffenhersteller. Über alle Nationen hinweg zeichnet sich ein klares Muster ab: Staaten mit größerer Ungleichverteilung setzen einen höheren Prozentsatz ihrer Erwerbsbevölkerung für »Sicherheitsbelange« ein.² Da in den USA die Ungleichverteilung explosionsartig zunahm, wuchs der Bedarf an »guard labour« exponentiell an: 2011 war das Land mit stolzen 5,2 Millionen Beschäftigten Weltmarktführer in diesem Sektor.³ Damit lag der Anteil an der Erwerbsbevölkerung viermal so hoch wie in Schweden, dessen Lebensstandard etwa auf gleichem Niveau liegt. Und dieses Muster zeigt sich nicht nur im Ländervergleich, sondern auch innerhalb einzelner Nationen. Die amerikanischen Bundesstaaten mit der größten Ungleichverteilung haben in der Sicherheitsbranche (gemessen in Prozent der nationalen Erwerbsbevölkerung) doppelt so viele Beschäftigte wie die egalitärsten.⁴

Der Überwachungssektor hat die Funktion, den Zugang zu wertvollen, oft lebenswichtigen Ressourcen zu begrenzen, Ressourcen, die jemand als sein rechtmäßiges Eigentum reklamiert. Es gehört zum Wesen von Eigentum, dass es die Optionen anderer Menschen einschränkt. Der Eigentümer hat die Verfügungsgewalt über seine Ressource. Mit anderen Worten: Eine Ressource zu besitzen, bedeutet, allen anderen das Recht zu verweigern, sie ohne Genehmigung zu nutzen. Es handelt sich um eine Beziehung zwischen einer Person (einem Unternehmen, einem Staat) und der übrigen Menschheit – eine Beziehung, die letztlich auf Gewalt beruht.

In Jahrhunderten der Gewalt sind nationale Grenzen immer wieder, mal in die eine, mal in die andere Richtung, verschoben worden. Dabei fielen Eigentumsrechte stets denen in die Hände, die über die schlagkräftigste Streitmacht verfügten. Tatsächlich brachte der Krieg den modernen Staat hervor. Von einem weiten begrifflichen Rahmen ausgehend, ergab eine Schätzung, dass zwischen 1400 und 1984 über tausend Kriege stattgefunden haben.⁵ Die europäischen Monarchien gaben im 15. Jahrhundert durchschnittlich über 40 Prozent ihrer Gesamtetats für Kriegführung aus; im 16. Jahrhundert waren es 27, im 17. Jahrhundert 46 und im 18. Jahrhundert 53 Prozent.⁶ In Kriegszeiten steigen die Militärausgaben mitunter auf über 90 Prozent des Gesamthaushalts – und es ist in den vergangenen zwei Jahrhunderten kein einziges Jahr verstrichen, in dem die Welt ohne einen Militärkonflikt auskam.

Von 1500 bis zum 20. Jahrhundert geriet fast jedes Land der Erde direkt oder indirekt unter die Herrschaft der europäischen Kolonialmächte. Urbevölkerungen wurden ausgelöscht oder ihres Bodens beraubt. Natürliche Ressourcen wurden geplündert und dienten der Bereicherung der Kolonialstaaten. In den letzten beiden Dekaden des 19. Jahrhunderts eroberte eine Handvoll europäischer Nationen ganz Afrika und teilte es unter sich auf. Im Handumdrehen unterwarfen sie 110 Millionen Afrikaner.[7] Aus dem Nichts heraus schufen sie neue Nationen, indem sie Territorien mit Grenzen absteckten, die sich schnurgerade durch den Kontinent zogen. Joseph Conrad nannte es »das widerlichste Gerangel um Beute, das die Geschichte des menschlichen Gewissens je verunstaltet hat«.[8] Leopold II., König der Belgier, trat in diesem »Gerangel um Beute« als wichtiger Spieler hervor: Jahrzehntelang trieb ihn der obsessive Gedanke um, seinem jungen Land eine Kolonie zu verschaffen. Belgien ziehe »keinen Nutzen aus der Welt«, klagte er gegenüber einem Berater. »Das ist ein Geschmack, auf den wir das Land bringen müssen.«[9] Obwohl Leopold nie einen Fuß auf kongolesischen Boden setzte, brachte er ein Territorium, das 76-mal größer als Belgien war, unter seine Kontrolle, um sich am systematischen Raub von Kautschuk und Elfenbein zu bereichern. Die brutale Ausbeutung unter seiner Herrschaft kostete mindestens die Hälfte der Angehörigen seiner neugeschaffenen Nation das Leben – nach zuverlässigen Schätzungen rund 10 Millionen Menschen: ein Völkermord.[10]

Vor dem Ersten Weltkrieg besaßen die europäischen Mächte über drei Viertel des Industriekapitals in Afrika und Asien.[11] »Der Rest der Welt«, schreibt Thomas Piketty, »arbeitet [in dieser Zeit], um den Konsum der Kolonialmächte zu steigern, und dabei verschuldet sich dieser Rest der Welt auch noch immer mehr gegenüber den Kolonialmächten. […] Das Interesse des Eigentümers besteht genau darin, konsumieren und akkumulieren zu können, ohne arbeiten zu müssen […]. Gleiches gilt auf internationaler Ebene in der Zeit des Kolonialismus.«

Eigentum war von jeher ein konstitutives Konzept von Rechtsordnungen. Gesetze legen fest, wer über was verfügt, welche Grenzen diese Verfügungsgewalt hat und wie Rechte übertragen werden. Eigentum lässt sich zu einem großen Teil auf Akte von Gewalt und Unterwerfung zurückführen. Leopold begann sich den Kongo dadurch anzueignen, dass er afrikanische Stammeshäuptlinge, die nicht die leiseste Ahnung hatten, was ihnen da gerade geraubt wurde, Verträge in einer Sprache unterzeichnen ließ, die sie nicht verstanden. Im Laufe der Geschichte wurden Eigentumsansprüche auf alles Erdenkliche erhoben, von Land über Bauwerke und Maschinen bis hin zu Wasser, Ideen und sogar die DNA. Und natürlich wurden auch Menschen zu Eigentum erklärt. Die Vorstellung, Frauen seien eine Ressource, die der Mann rechtmäßig in Besitz nehmen und seiner Herrschaft unterwerfen könne, ist seit Jahrtausenden in den Gesetzen und Praktiken zivilisierter Gesellschaften tief verankert. Das Gleiche gilt für Sklaverei. Viele Millionen fristeten ihr Leben als Eigentum anderer in einem durch Staatsgewalt legalisierten und erzwungenen Zustand der Rechtlosigkeit.

In fast jeder großen Zivilisation standen Sklaven auf der untersten Stufe der gesellschaftlichen Hierarchie. Ihre Intelligenz, ihre Begabungen, ihre Energie wurden dazu benutzt, den Zielen ihrer Besitzer zu dienen. Noch vor zwei Jahrhunderten war über ein Viertel der Menschheit von systematischer Sklaverei und Leibeigenschaft betroffen.[12] Kaufleute aus Großbritannien verschifften fast 1,5 Millionen Sklaven über den Atlantik in einem Handel, der ihnen, auf heutige Verhältnisse umgerechnet, rund 10 Milliarden Euro bescherte. Der Historiker Adam Hochschild beschreibt die erbärmlichen Lebensbedingungen der Opfer: »Sie säen, pflegen und ernten den größten Teil der wichtigsten Feldfrüchte der Erde. Für ihre Leistungen erhalten sie kein Geld. Oft sind sie zwölf oder vierzehn Stunden am Tag an der Arbeit. Viele werden grausam ausgepeitscht oder auf andere Art bestraft, wenn sie nicht schwer genug arbeiten. Sie sterben jung.«[13]

Eigentumsansprüche auf das Können, die Arbeitskraft und die Zeit von Menschen bestehen noch heute, wenn auch in ganz anderer Form. Übten in der Vergangenheit »Masters« über ihre Sklaven eine fast unumschränkte lebenslange Herrschaftsgewalt aus, so manifestiert sich heute die Verfügung über menschliche Arbeitskraft in stark beschränkten und zeitlich begrenzten Formen eines einvernehmlichen Besitzverhältnisses: »Beschäftigung«. Anstatt gegen unseren Willen in die absolute Knechtschaft verkauft zu werden, verleihen wir uns zweckgebunden selbst zeitweilig gegen Gebühr (wobei natürlich auch weiterhin Menschen versklavt werden).

Warum verkaufen wir unsere Arbeitskraft? Im gegenwärtigen System gibt es Zugang zu grundlegenden Gütern und Dienstleistungen – Nahrung, Obdach, Energie, Bildung und Gesundheit – in zunehmendem Umfang nur gegen Geld. Und der Zugang zu Geld unterliegt einer strengen Kontrolle (eine Hauptfunktion der Sicherheitsbranche). Denjenigen, die keine Reichtümer erben, stehen nur ganz wenige Wege zu dieser Währung offen. Der häufigste führt durch den engen Flaschenhals der Erwerbsarbeit. Dass sie mit Geld vergütet wird, ändert nichts daran, dass es sich bei diesem Arrangement im Kern um eine Herrschaftsbeziehung handelt. Der Arbeitgeber bezahlt seine Beschäftigten dafür, dass sie daran mitwirken, seine Vision von Zukunft Wirklichkeit werden zu lassen. Viele sind zu einer entsprechenden Übereinkunft gezwungen, weil andere Wege, ihre Grundbedürfnisse zu decken, versperrt oder zu riskant sind. Tatsächlich sind die Wahlmöglichkeiten für viele so begrenzt, dass diejenigen, denen es gelingt, eine Anstellung zu ergattern – und sei die Arbeit auch gefährlich, unbefriedigend und schlecht bezahlt –, als Glückspilze gelten.

Den meisten Menschen bietet sich als alternative Geldquelle nur das Darlehen an. Die Aufnahme eines Kredits mag wie eine freiwillige Handlung aussehen, doch da sich immer mehr Wege, die Mittel zur Deckung der Grundbedürfnisse aufzubringen, als Sackgassen erweisen, wird sie für viele unvermeidlich. Die Notwendigkeit, sich Geld zu leihen, um den Lebensunterhalt bestreiten zu können, zwingt Menschen in eine Beziehung des Wohlverhaltens und der Herrschaft. Durch die vertragliche Verpflichtung, ihren Kredit (mitsamt satten Zinsen) abzutragen, geraten sie in die Schuldenfalle, die sie faktisch zu Zwangsarbeitern macht. Die strikte staatliche Rechtsordnung sorgt dafür, dass Zahlungsausfälle mit harten Strafen geahndet werden, von der Zwangsversteigerung einer Immobilie bis zu Gefängnishaft.

Auf immer mehr jungen Menschen lasten erdrückende Schulden. In den USA sind College-Abgänger inzwischen im Durchschnitt mit fast 30 000 Dollar verschuldet.[14] Immer häufiger bürgen Eltern für ihre Kinder und haften bei Zahlungsausfällen.[15] Amerikaner sind heute mit Studentenkrediten in Höhe von insgesamt 1,2 Billionen Dollar verschuldet. In Großbritannien sind Universitätsgebühren so hoch, dass sie nach Schätzungen von Finanzexperten von fast zwei Dritteln der Studenten niemals vollständig zurückgezahlt werden können.[16]

Je schwieriger es für viele wird, ihren Grundbedarf zu decken, desto größer ist ihre Willfährigkeit gegenüber den Forderungen eines potenziellen Arbeitgebers, Auftraggebers oder Gläubigers. Mit ausreichenden Mitteln auf dem Bankkonto stehen einem Geist und Körper anderer Menschen – von Bauarbeitern, Künstlern, Prostituierten oder Anwälten – zur Verfügung. Arbeitskraft ist käuflich. Man mag einwenden, Arme träfen nichtsdestoweniger »freie Entscheidungen«, schließlich setze ihnen ja niemand die Pistole auf die Brust. Seine Rechnungen, seine Miete oder sogar seine Mahlzeiten nicht bezahlen zu können, tut aber bei vielen die gleiche Wirkung: Es zwingt sie zum Einwilligen in Übereinkünfte, die von Herrschaft und Gehorsam geprägt sind. Sie müssen es tun, um die Zukunft ihrer Kinder, die Gesundheit ihrer Eltern oder ihr Dach über dem Kopf zu sichern.

Dass fast jede Ressource mit einem Preisschild versehen ist, vergrößert oder verkleinert je nach Kontostand unsere Optionen. Armut schränkt Freiheit ein, indem sie die Anzahl und die Attraktivität unserer Wahlmöglichkeiten verringert. Sie bestimmt den Kontext unserer Entscheidungen und fungiert als ein überaus effizienter Mechanismus der Herrschaft.

Identitäten formen

Den Verhältnissen gemäß, mit denen wir uns konfrontiert sehen, treffen wir unsere Entscheidungen aufgrund dessen, wer wir sind. Aber wer wir sind, haben schon diese Verhältnisse geprägt. Von Kindheit an setzen uns die Umstände unserer natürlichen, künstlichen und sozialen Umwelt auf ein bestimmtes Entwicklungsgleis, auf eines von vielen möglichen, die durch unsere Erbanlagen vorgezeichnet sind. Im Sozialisationsprozess eignen wir uns eine spezifische Lebensart an. Diese Prägung unserer Identität ist unvermeidlich – jede Gemeinschaft sozialisiert ihren Nachwuchs nach den dominanten Ansichten darüber, was von Wert oder was notwendig ist. Sozialisation kann jedoch viele Formen annehmen. Sie kann aufklären oder unterdrücken, aufbauen oder knebeln, beherrschen oder befreien.[17]

Die Prägung einer Identität – der Überzeugungen, Werte, Ängste und Wünsche eines Menschen – kann eine hocheffiziente Form der Bemächtigung sein. Zwang, der allein auf Gewalt beruht, erfordert einen gewaltigen Aufwand. Es ist fast unmöglich, ihn in großem Maßstab und über längere Zeit aufrechtzuerhalten. Er ruft beständig Unmut hervor und birgt die Gefahr von Auflehnung. Dagegen lassen sich Menschen mittels der Gestaltung von Identitäten auf Wege lotsen, auf denen sie erst gar nicht mit den Kräften in Berührung kommen, die ihre Grenzen bewachen. Dabei kann es geschehen, dass sie aufhören, diese Grenzen wahrzunehmen, und die raue Wirklichkeit der Knüppel und Gewehre, der Maßregelung und Gewalt vergessen, die den Abweichlern blüht, all jenen, die sich zu nahe an die Einfriedungsränder heranwagen. Rosa Luxemburg wird der Satz nachgesagt: »Wer sich nicht bewegt, spürt seine Fesseln nicht.«

Im Gegensatz zum Kleinen Leberegel können Menschen nicht ins Gehirn anderer eindringen, um sie zu beherrschen. Aber sie können Ideen und Wünsche säen, Gewohnheiten und Werte vermitteln, Ängste schüren, Unsicherheit verbreiten, Loyalitäten schaffen und Überzeugungen einimpfen. Von der hohen Warte religiöser, kultureller oder familiärer Autorität ausgegeben, setzen sich Einstellungen schon in jungen Jahren fest. Bis wir die notwendigen begrifflichen

Werkzeuge haben, um alles zu hinterfragen, sehen, kategorisieren und interpretieren wir die Welt bereits so, wie unsere jeweilige Identität es vorgibt.[18] Die Geschichte kennt viele Beispiele von Menschen, die unter dem Diktat solcher Konditionierung gegen ihre eigenen Interessen gehandelt haben. Immer und immer wieder haben Männer wie Frauen Ideologien verfochten, Systeme gestützt und Lügen akzeptiert, die sie selbst zu fremdbestimmten Lakaien degradierten, und immer wieder haben sich unterjochte Gruppen die Sicht ihrer Bezwinger zu eigen gemacht und ihre Unterdrückung für recht und billig erklärt. Die Ameise opfert sich auf der Wiese, weil der Kleine Leberegel ihr Gehirn verändert hat. Der Soldat opfert sich »im Feld«, weil sein Gehirn durch einen Glauben verändert wurde. Beide kommen am Ende um.

Soziale Prägung stattet uns mit einem Satz gebräuchlicher Anschauungen aus, die mitbestimmen, wie wir neue Information interpretieren. Aus der einen Perspektive kann Krieg als gerechter Akt der Befreiung, aus einer anderen als mörderischer Raubzug erscheinen. Die einen sehen in einer Naturkatastrophe ein Zeichen des Zorns Gottes, die anderen ein Symptom der Erderwärmung. In manchen Ideologien ist Armut Ausdruck von Minderwertigkeit, in anderen das Ergebnis von Ausbeutung. Vorherrschende Narrative geben uns vor, was erstrebenswert ist und was geopfert werden darf. Sie erzählen eine Geschichte, die davon handelt, warum die Dinge so sind, wie sie sind, wer dafür zur Rechenschaft zu ziehen ist, welche Probleme auf der Agenda stehen und wie sie sich am besten aus der Welt schaffen lassen.

Um eine hochgradig ungerechte Gesellschaftsordnung aufrechtzuerhalten, ist es notwendig, Ansichten zu verbreiten, die sie rechtfertigen, und Aufbegehren zu eliminieren. Unter der Vorherrschaft der katholischen Kirche wurden im christlichen Abendland neben Büchern auch Ketzer verbrannt. Viele Historiker stimmen darin überein, dass die Erfindung der Druckerpresse im 15. Jahrhundert eine Schlüsselrolle dabei spielte, die Macht der Römischen Kurie aufzubrechen und der Reformation den Weg zu ebnen.[19] Zu verdanken war diese Entwicklung unter anderem der Verbreitung von

Deutungen der Bibel, die von der herrschenden Orthodoxie abwichen und Zweifel an der Vorstellung weckten, dass es eine einzige unfehlbare Glaubenslehre gebe. Seit den ersten Publikationen sind als häretisch gebrandmarkte Narrative in den Werken von Schriftgelehrten, Künstlern und Naturforschern regelmäßig unterdrückt worden. Bücherverbrennungen und Verfolgung von Gebildeten reichen mindestens zweitausend Jahre bis zur Qing-Dynastie in China zurück, als sich das Augenmerk besonders auf das gefährliche Gedankengut eigensinniger Dichter, Philosophen und Geschichtsschreiber richtete.

Der Kampf um die Herrschaft über die Narrative geht weiter. 2011 formierte sich die Occupy-Wall-Street-Bewegung, um die Öffentlichkeit mit Massenprotesten und Aktionen auf »die Macht des 1 Prozent«, die Korruption der Finanzindustrie und die extreme Ungleichheit im gegenwärtigen Wirtschaftssystem aufmerksam zu machen. Frank Luntz, führender Stratege der Republikanischen Partei in den USA, räumte ein, ihn habe die Wirkung der Occupy-Bewegung auf das Denken der einfachen Amerikaner »zu Tode erschreckt«.[20] In einem Versuch, die Bedrohung abzuwenden und die Hoheit über das Narrativ zurückzugewinnen, gab er seiner Partei Empfehlungen für den »Sprachgebrauch beim Thema Occupy«. Er warnte vor der Verwendung des Wortes »Kapitalismus« und riet dazu, stattdessen Formulierungen wie »wirtschaftliche Freiheit« oder »freier Markt« zu bevorzugen. Anstatt von »Steuererhöhungen für Reiche« zu sprechen, sei es besser zu betonen, dass »hart arbeitende Amerikaner zur Kasse gebeten werden« sollen, und an die Stelle des unliebsamen Wortes »Boni« müsse der Ausdruck »Leistungsvergütungen« treten. Auch vom Gebrauch des Begriffs »Staatsausgaben« riet Luntz ab und empfahl als Alternative »staatliche Verschwendung«. Besonders deutlich aber offenbarte er, worauf es ihm ankam, indem er den Republikanern nahelegte, die Schuld für die Krise von den Banken auf den Staat umzulenken. Die Stoßrichtung müsse lauten: »Ihr solltet nicht die Wall Street besetzen, ihr solltet Washington besetzen. Das Weiße Haus solltet ihr besetzen, denn einzig und allein die Politik der letzten Jahre hat das Problem geschaffen.«

Die Formung von Überzeugungen mit dem Ziel, die Erfordernisse eines politischen Systems zu erfüllen, ist allgegenwärtig, doch am deutlichsten zeigt sie sich immer dann, wenn neue Kräfte die Zügel der Macht übernehmen und die Gesellschaft in eine radikal neue Richtung lenken. Revolutionszeiten gehen stets mit Bestrebungen einher, den Sozialisierungsprozess zu modifizieren, um einen Menschenschlag heranzuziehen, der sich gut in das neue System fügen lässt. Dies entspricht nur der Logik: Tiefgreifender gesellschaftlicher Wandel erfordert tiefgreifende Veränderungen in den Überzeugungen und Werten. Eine von Unterdrückung und Gewalt geprägte Vergangenheit kann auf einem ganzen Kontinent Narben hinterlassen, freies Denken nachhaltig behindern und sich in versteckten Formen von Repression fortsetzen. Der Entscheidung, den Sozialisationsprozess zu revidieren, kann ein echter emanzipatorischer Impetus zugrunde liegen, aber ebenso kann sie auch eine zynische Taktik zur Machtsicherung sein. Das 20. Jahrhundert bietet dafür eine Vielfalt von Beispielen.[21]

Als Adolf Hitler 1933 an die Macht kam, mobilisierte er bedeutende Ressourcen, um der deutschen Bevölkerung seine Überzeugungen und Werte einzuimpfen. Der Parteiapparat führte strengste Zensur ein, die Medien wurden gleichgeschaltet, um akribisch überwachte Botschaften zu verbreiten. Hitler, der drei Kapitel seiner Hetzschrift *Mein Kampf* dem Thema Propaganda widmete, war sich der Bedeutung der Hoheit über die Überzeugungen und Meinungen als Herrschaftsinstrument sehr bewusst. Nach der Machtübernahme gestalteten die Nationalsozialisten das deutsche Bildungssystem durchschlagend so um, dass sämtliche Lehrstoffe im Sinne der Staatsideologie behandelt wurden. Der Geschichtsunterricht konzentrierte sich auf die militärischen Triumphe des Deutschen Reiches, der Biologieunterricht auf die Überlegenheit der »arischen Rasse«. Juden wurden flächendeckend dämonisiert und mussten als Sündenböcke für die gewaltigen wirtschaftlichen Probleme herhalten, die die Weimarer Republik erschüttert hatten. Die Indoktrination blieb nicht auf die Schule beschränkt. Millionenfach meldeten Eltern ihre Kinder bei der Hitlerjugend an und bekundeten so ihr Einverständnis mit dem neuen System. 1939 zählte die Organisation acht Millionen Mitglieder.

Trotz der ideologischen Unterschiede weisen die Paradebeispiele für den rasanten politischen und gesellschaftlichen Wandel im 20. Jahrhundert einige gemeinsame Züge auf. Ob im Russland der Bolschewiki, im faschistischen Italien, im Dritten Reich oder im kommunistischen China – stets folgte auf den Machtwechsel ein Umbau des Bildungssystems, um die Vermittlung der Lehrstoffe mit der Sicht der neu übernommenen Ideologie in Einklang zu bringen: Lehrkräften, die vom vorgeschriebenen Lehrplan abwichen, drohten strenge Strafen. Abweichende Meinungen wurden rigoros unterdrückt. Jugendorganisationen arbeiteten mit Schulen zusammen, um die Jungen und Mädchen auf die rechte Bahn zu bringen, und Gesangsrituale, Aufmärsche und Treueeide waren an der Tagesordnung.

In Zeiten politischer Umbrüche treten die Methoden, Sozialisation gemäß den Erfordernissen des neuen Gesellschaftssystems zu gestalten, in ein besonders grelles Licht, doch das sollte nicht darüber hinwegtäuschen, dass jedes System die ihm angehörenden Menschen nach seinen Bedürfnissen formt, wobei es die Zügel der zentralisierten Herrschaft oftmals anzieht. Etablierte Institutionen wie Schule, Kirchen, Medien und Arbeitsplatz verstärken die kollektive Akzeptanz gegenüber bestehenden Gesellschaftsstrukturen. Menschen, die glauben, die Queen sei von Gott eingesetzt, sind eher bereit, sich ihrem Willen zu unterwerfen. Die Überzeugung, in einer Demokratie zu leben, stärkt den Willen, sich einer politischen Führung zu fügen. Und wer meint, die Reichen verdienten ihren Wohlstand, wird sich weniger arg von der Frage bedrängt sehen, warum er eigentlich so arm ist. Den Anschein von Legitimität zu wahren, verringert das Risiko von Protest, Aufruhr und Revolution. Und bei der Etablierung von Legitimität sind historische Narrative entscheidend. Ursprungsmythen, die Götter oder Gründerväter beschwören, wirken sinnstiftend im Leben. Sie erfüllen verschiedene Funktionen, darunter die, unbehagliche Realitäten und unbequeme Wahrheiten zu verschleiern: imperialistische Kriege, kolonialistische Verbrechen,

Massenversklavungen und Völkermord. George Orwell hat den Grundgedanken in seinem Roman *1984* auf den Punkt gebracht: »Wer die Vergangenheit kontrolliert, kontrolliert die Zukunft; wer die Gegenwart kontrolliert, kontrolliert die Vergangenheit.« Was wir sind und was wir werden können, verändert sich mit unserem Verständnis davon, wie wir wurden, was wir sind.

Erfolg, Verantwortung, Eigentum, Arbeit, Normalität, Gleichheit, Freiheit – wie wir über diese grundlegenden Konzepte denken, strukturiert unsere Realität und prägt unsere Entscheidungen. Moralvorstellungen üben eine besonders starke Kraft aus. Sind sie tief genug verinnerlicht, bedarf es keiner bewaffneten Wächter, um die Grenzen der Wege zu sichern, die uns unser Sittenkodex zu betreten erlaubt. Wir schränken selbst unsere Optionen ein, überwachen selbst unsere Handlungen und bestrafen uns selbst für unsere Schwächen und Verfehlungen: Eltern rücken von ihren Kinder ab, Patienten verzichten auf Behandlung, Paare versagen sich vorehelichen Sex, und Jugendliche melden sich freiwillig zum Töten.

Menschen reagieren empört, wenn sie sich betrogen, hintergangen oder manipuliert fühlen. Kommen wirtschaftliche Übereinkünfte in den Ruch, unrechtmäßig, ineffizient oder ausbeuterisch zu sein, geraten sie unter Beschuss. Ein Trick, solch unliebsamen Reaktionen vorzubeugen, besteht darin, die Realität eines Abhängigkeitsverhältnisses in eine undurchsichtige Wolke zu hüllen oder unter einem Schleier der Komplexität zu verbergen. Die Abhängigen lassen sich dann leichter dazu verführen, für ihre Zwangslage sich selbst verantwortlich zu machen oder nach einem passenden Sündenbock Ausschau zu halten. Hier ist der Sprachgebrauch wichtig. Nehmen wir wieder den Begriff des Eigentums. Er bezeichnet die Beziehung einer hungrigen Familie zu dem Essen auf ihrem Tisch, des wohlhabenden Geschäftsmannes zu seiner Fabrik, des Grundbesitzers zu den Tausenden von Hektar ererbten Landes oder des Pharmaunternehmens zu lebensrettenden Medikamenten. Dass zwischen diesen Beziehungen aus ethischer Sicht signifikante Unterschiede bestehen, verschwindet unter der gemeinschaftlich auf sie angewandten Bezeichnung »Eigentum«. Wenn wir den Geltungsbereich von Definitionen erweitern, löschen wir wesentliche ethische Unterscheidungsmerkmale aus unserer Wahrnehmung, und das hat weitreichende soziale Folgen.

Ein weiteres Beispiel sind Schulden. Ihre Rückzahlung galt lange als moralische und gesellschaftliche Pflicht. Der Anthropologe David Graeber hebt hervor, dass »im Sanskrit, Hebräischen und Aramäischen ›Schulden‹, ›Schuld‹ und ›Sünde‹ faktisch dasselbe Wort sind«.[22] Aber wenn sich Staaten oder Einzelne verschulden, geschieht dies häufig aus Verzweiflung. Obwohl wirtschaftlicher Austausch den Anschein der Ebenbürtigkeit erweckt, maskiert er ungerechte Verhältnisse, wenn die stärkere Partei, sei es ein Arbeitgeber oder Gläubiger, die Bedingungen dieses Austausches diktiert. Dass vielfach Kredite aufgenommen werden müssen, um die Wucherpreise zu bezahlen, die Ärzte für ihre Behandlung verlangen (der Hauptgrund für Privatinsolvenzen in den USA), ist dabei nur eine Fußnote. Ist die Beziehung erst mit den Etiketten »Schuldner« und »Gläubiger« versehen, zählt nur noch eines: die moralische Pflicht des Schuldners, zurückzuzahlen, was er sich geliehen hat. Eine Beziehung auf ihre finanzielle Transaktion zu reduzieren, beraubt sie ihrer Geschichte und ihres Kontextes. Andere Verpflichtungen – die der Gesellschaft gegenüber ihren Mitgliedern, eines Menschen gegenüber einem anderen, der Wohlhabenderen gegenüber den Ärmeren – werden beiseitegedrängt. David Graeber schreibt:

> Wenn die Geschichte etwas zeigt, dann dies, dass es keine bessere Methode gibt, auf Gewalt gegründete Beziehungen zu verteidigen und moralisch zu rechtfertigen, als sie in den begrifflichen Rahmen von Schuld zu kleiden – vor allem, weil es dann sofort den Anschein hat, als sei das Opfer im Unrecht. Mafiosi wissen das. Auch die Kommandeure von Invasionsarmeen. Seit vielen tausend Jahren reden gewalttätige Männer ihren Opfern ein, sie würden ihnen etwas schulden.[23]

In den vergangenen Jahrhunderten nutzten die europäischen Kolonialherren Verschuldung als Herrschaftsmechanismus mit verheerenden Folgen.[24] Heute dient sie als Waffe in einem globalen Geschehen, das man mit Fug und Recht als Wirtschaftsimperialismus bezeichnen kann. Als Banken in den siebziger Jahren nach Möglichkeiten suchten, für die gewaltigen Einnahmen der wichtigsten Erdölförderländer Anlagemöglichkeiten zu schaffen, überzeugten sie Staatslenker in der Dritten Welt, Großkredite zu Zinssätzen aufzunehmen, die rasch in den zweistelligen Bereich kletterten. Diese Politik stürzte die Dritte Welt in eine Schuldenkrise und gab dem westlich dominierten Internationalen Währungsfonds (IWF) den notwendigen Hebel, um die Wirtschaft angeblich souveräner Staaten unter seine Kontrolle zu bringen: Wichtige Sozialprogramme und Etats für öffentliche Dienstleistungen wurden gekürzt. Und das waren nicht die schlimmsten Auswirkungen. Nach der Zinseszinslogik wuchsen die Schuldenberge exponentiell, was dazu führte, dass die betroffenen Bevölkerungen ein Vielfaches der ursprünglichen Kreditsummen zurückzahlen mussten, obwohl sie, oft unter der Regentschaft korrupter Diktatoren stehend, bei der Kreditaufnahme nicht nach ihrer Meinung gefragt worden waren und auch so gut wie nie von den Geldern profitiert hatten. So haben die Philippinen beispielsweise seit 1970 110 Milliarden Dollar an Krediten aufgenommen und 125 Milliarden zurückbezahlt, sind aber immer noch mit 45 Milliarden verschuldet.[25]

Nach der Welle der Zwangsvollstreckungen, die in den USA auf den Finanzcrash von 2008 folgte, machten sich zahlreiche ehemalige Eigenheimbesitzer selbst heftige Vorwürfe.[26] Der Kollaps wurde in ein undurchschaubares Gewebe aus komplizierten Zusammenhängen gehüllt. In diesem Verständnisvakuum hatten Mythen von den tüchtigen Reichen und den faulen Armen Hochkonjunktur. Sie führten die katastrophale ökonomische Entwicklung auf das schändliche Versagen Einzelner zurück, während sie doch in Wirklichkeit das Ergebnis eines korrupten, deregulierten Finanzsektors und eines manipulierten Wirtschaftssystems war, das die soziale Ungleichheit rasant in die Höhe trieb. Zahlreiche Opfer des Zusammenbruchs richteten ihre Wut eher gegen sich selbst oder ihresgleichen, anstatt gegen diejenigen vorzugehen, die die Krise mit ihren Machenschaften ausgelöst hatten. Das Gefühl, in der Pflicht zu stehen, das sich als natürliche Reaktion einstellt, wenn uns jemand einen Gefallen getan hat, wurde vom Bankensystem dazu ausgenutzt, ein reines Zwangs- und Abhängigkeitsverhältnis mit dem Firnis der Legitimität zu übertünchen.

Die angebliche moralische Verpflichtung, Schulden – ohne Rücksicht auf deren Hintergrund – zu begleichen, gewann die Oberhand über weitaus wichtigere Verpflichtungen. Mit der Rhetorik des Sparprimats und des »entschlossenen Handelns« kürzten Städte und Staaten Sozialleistungen, strichen Renten zusammen, bauten öffentliche Dienste ab und trieben damit zahllose Menschen in den Ruin: Kinder, Behinderte, arbeitende Arme, psychisch Kranke und Alte. Die Ansicht, die Gesellschaft müsse zunächst ihren Verpflichtungen gegenüber Milliardären und Banken nachkommen, bevor sie ihre Verpflichtungen gegenüber den Schwächsten in ihren Niederungen wahrnimmt, ist ein dürftig bemäntelter Versuch, zügelloser Habgier moralische Legitimität zu verleihen.

In allen modernen Staaten sorgt eine gewaltige Infrastruktur dafür, dass die Identität der Menschen geformt wird. Von der Schul- bis zur Werbetafel, vom Einkauf im Supermarkt bis zu den Abendnachrichten – wir werden von Signalen und Reizen überflutet, die unsere Gefühle und Vorlieben beeinflussen sollen. Je stärker diese Infrastruktur unser Denken prägt, die Inhalte von Debatten bestimmt und sich auf unsere Anschauungen auswirkt, desto fester hat sie unsere Gedanken und Handlungen im Griff. Man kann mit Sicherheit davon ausgehen, dass manche unserer Überzeugungen, Loyalitäten, Vorurteile, Gewohnheiten und Werte nur deshalb existieren, weil sie den Interessen derer dienen, die sie mitgestalten können. So hat sich Macht von jeher zu schützen gewusst. Aber es gibt entgegengesetzte Kräfte: Angeborene Instinkte und die vorangegangene Prägung setzen dem Grad, bis zu dem wir uns formen lassen, bestimmte Grenzen. Deshalb ist es nicht immer möglich, sich die Zustimmung der Allgemeinheit zu sichern. Doch wenn es an Zustimmung mangelt, genügt auch Aussitzen, und das führt oft sogar zu demselben Ergebnis. Die Menschen können das System, in dem sie leben, verabscheuen, sie können ihre Arbeit mitsamt den Bedingungen, unter denen sie sie leisten müssen, hassen, ja, sie können sogar eine Revolution herbeisehnen – solange sie ihren Frust für sich behalten und nicht danach handeln, sind sie harmlos. Die Macht der wenigen beruht auf dem durch Angst, Unwissenheit, Zynismus, Loyalität oder was auch immer erzeugten Gehorsam der vielen.

―

Auch wenn die Unterscheidung zwischen Umwelt und Identität nützlich ist, so sind doch beide unentwirrbar miteinander verflochten. Die Situationen, die wir erleben, prägen unsere Identität, und diese prägt wiederum in jeder Situation, die uns widerfährt, unsere Entscheidungen.[27] Selbst der durch direkte Gewalt ausgeübte Zwang beruht auf der Formung von Identität. Gesetzeswächter und Soldaten unter jeder Herrschaftsform werden im Zuge der Vorbereitung auf ihre Arbeit psychologisch konditioniert, und die breitere Kultur in jedem System legitimiert – und verherrlicht oft sogar – die Zwangsfunktion, die sie ausüben.

Inwieweit beeinträchtigen diese Herrschaftsstrategien unsere Entscheidungsfähigkeit? Die Antwort lautet: so gut wie gar nicht. Solange wir uns so verhalten, wie wir es nach Maßgabe unseres Charakters, unserer Werte, unserer Überzeugungen und der Umstände beschließen, sind wir noch immer Herr unserer Entscheidungen. Selbst wenn die Umstände unsere Optionen aufs Äußerste beschränken oder unsere Identität reines Indoktrinationsprodukt ist, bieten sich uns doch nach wie vor Möglichkeiten, zwischen denen wir wählen können. Dies gilt selbst dann noch, wenn wir körperlich bedroht oder in unserer Bewegungsfreiheit eingeengt werden. Unter physischem Zwang haben wir beispielsweise die Wahl, Widerstand zu leisten oder uns zu fügen. Wenn wir an körperlicher Bewegung gehindert werden, bleibt uns immer noch die Wahl, die Aufmerksamkeit auf unsere Gedanken zu richten. Zumindest in diesem Sinne sind wir »zur Freiheit verdammt«: Wir können der Möglichkeit, zu wählen, nicht entkommen.

Die Fähigkeit, zu wählen, ist ein grundlegender Aspekt jeder Vorstellung von Freiheit, und doch bildet sie nur einen zwar notwendigen, aber nicht hinreichenden Ausgangspunkt. Eben weil jeder sie besitzt, der eine Wahl zu treffen hat, ist »Wahlfreiheit« ein extrem eng gefasster Begriff. Da sowohl Sklaven als auch Sklavenhalter sie für sich reklamieren können, lässt sie sich mit den hinterhältigsten Formen der Herrschaft vereinbaren. Es bedarf eines umfassenderen Konzepts von Freiheit, um die tiefergreifende Frage zu beantworten, was das Wesen von Herrschaft ausmacht und was nicht. Damit werden wir uns im dritten Teil des Buches befassen.

Zweieinhalb Revolutionen: eine kurze Geschichte

Die Menschheitsgeschichte wurde von zwei Revolutionen von gewaltiger Bedeutung – der landwirtschaftlichen und der industriellen – sowie von den Anfängen einer dritten – der demokratischen – geprägt. Die beiden zuerst genannten Umwälzungen veränderten die Art, wie Wohlstand erzeugt, verteilt und beherrscht wurde. Die demokratische Revolution drohte, die alten Verhältnisse noch einmal zu verändern. Ein Verständnis dieser historischen Umbrüche hilft uns, nachzuvollziehen, wie Herrschaft in unserer heutigen Welt aufrechterhalten wird.

Ob in Form von Armeen, Staatsbürokratien oder multinationalen Konzernen – die moderne Welt ist von umfangreichen hierarchischen Strukturen geprägt, denen es obliegt, den Weisungen derer Geltung zu verschaffen, die über sie herrschen. Auch wenn Gesellschaften schon seit langem hierarchisch aufgebaut sind, deuten Forschungen auf zahlreichen Gebieten darauf hin, dass der Mensch die längste Zeit seiner Geschichte in überschaubaren Gruppen nomadischer Jäger und Sammler lebte, in denen zwischen den Mitgliedern und den Geschlechtern ein hohes Maß an Gleichheit herrschte und die ohne Kriege auskamen.[28] Dann ließen spezifische historische Bedingungen Hierarchien entstehen.[29] Vor rund 10 000 Jahren gingen Gemeinschaften in bestimmten Regionen, teils wegen klimatischer Veränderungen, vom Jagen und Sammeln zur Landwirtschaft über. Ausgehend von den gewaltigen Nutzflächen des »Fruchtbaren Halbmonds« im Nahen Osten, breitete sich diese Neuerung über Asien und Europa aus. Obwohl arbeitsintensiv, eröffnete die Domestizierung von Pflanzen und Tieren die Möglichkeit, größere Mengen von Nahrungsmitteln zu erzeugen, als die Gemeinschaft für ihr Überleben benötigte. Die Einführung einer Agrikultur, die Überschüsse erzeugte, erwies sich in der Menschheitsgeschichte als ein revolutionärer Schritt, der die Voraussetzung für nachfolgende Entwicklungen schuf: für Schrift, gesellschaftliche Schichtung, Bürokratie, Städte, Staaten und Armeen, kurz: die »Zivilisation«.

Der Vormarsch der Landwirtschaft hatte über Jahrtausende weitreichende Folgen, die das Zusammenleben der Menschen von Grund auf veränderten. Der Anbau von Getreide gestattete es den Gemeinschaften, dauerhafte Behausungen zu errichten und Dörfer zu gründen. Die Bevölkerungen wuchsen. Dank des erzeugten Überschusses konnten manche Mitglieder der Gemeinschaft Beschäftigungen nachgehen, die nichts mehr mit Landwirtschaft zu tun hatten. Formen der Arbeitsteilung entwickelten sich, und die Gesellschaft bildete hierarchische Strukturen aus. Vor 6000 Jahren führten die Erfindung des Pflugs und weitere technische Neuerungen zur Erzeugung eines immer größeren Überschusses, nicht nur an Nahrung, sondern auch an Kleidung und Rohstoffen.

Langsam, aber sicher verfestigte sich die soziale Schichtung zu starren Hierarchien. Die Gleichheit zwischen den Geschlechtern erodierte. Der Kampf um Territorien und Schutz sowie das Bedürfnis der Gesellschaft nach innerem Zusammenhalt ließen Kriegsfürsten und Hohepriester aufsteigen, mächtige Figuren innerhalb der Gemeinschaft, die sich eine weitreichende Verfügungsgewalt über die Überschüsse aneigneten. Die Ungleichheit wuchs mit dem Wechsel der Generationen, bei dem Wohlstand von Eltern auf deren Kinder überging. Eliten monopolisierten neue Formen des Wissens und übernahmen die Kontrolle über Entscheidungsprozesse. Vor rund 5000 Jahren wuchsen Städte zu den ersten Metropolen der Welt heran, und schon bald darauf entstanden tiefe soziale Gräben und abgekapselte Regierungszentren. Zur Absicherung und Kontrolle des höchst ungleich verteilten Wohlstands wurden bewaffnete Kräfte eingesetzt. Die Macht konzentrierte sich in den Händen von Königen, Priestern, Militärführern und einer neu geschaffenen Schicht von Fachleuten, die solch esoterischer Künste wie der des Schreibens und der Buchführung kundig waren und sich damit einen großen Vorteil verschafften, da diese Fertigkeiten dringend benötigt wurden, um in dem rasch wachsenden Warenverkehr den Überblick zu behalten. Die Erfordernisse der Kriegführung und die Suche der Eliten nach effizienteren Methoden, den Überschuss zu verwalten, bahnten vielen Neuerungen in Technik, Bürokratie und Finanzen den Weg. Über die nächsten paar tausend Jahre, so formulierte es John Maynard Keynes, »gab es im Lebensstandard des durchschnittlichen Menschen, der in den zivilisierten Zentren auf der Erde lebte, keine nennenswerten Veränderungen. Höhen und Tiefen sicherlich. Heimsuchungen von Pest, Hunger und Krieg. Goldene Zwischenzeiten. Aber keinen fortschreitenden, heftigen Wandel.«[30] Vor einigen Jahrhunderten läuteten dann technische Fortschritte und die rasante Akkumulation von Kapital die zweite große Revolution der Menschheit ein.

Im 15. Jahrhundert entstand dank Weiterentwicklungen im Schiffbau und in der Navigation das erste weltweite Handelsnetz, das Spanien, die Niederlande, Portugal, England, Japan, China und Indien miteinander verband. Begehrte Güter wie Gewürze, Seide und Wolle avancierten zu einer Art Weltwährung. Kaufleute, die mit günstig eingekauften Waren über Kontinente hinweg lukrative Geschäfte machten, häuften gewaltige Vermögen an. Sklavenhandel wurde zum integralen Bestandteil dieses Prozesses, in dessen Verlauf mittels unbezahlter Arbeitskräfte massenweise hochwertige Güter in die Märkte gepumpt wurden. Zunächst in England, dann quer durch Europa begann das Feudalsystem nach Jahrhunderten der Stabilität zusammenzubrechen. An seine Stelle trat die Welt des Kommerzes, der Umschlagplätze und Warenspeicher, der Lohnarbeiter und Kapitalisten.

Im Feudalismus waren Art, Umfang und Verteilung des Überschusses für alle Beteiligten relativ klar zu erkennen gewesen. Bauern konnten sehen, welche Mengen sie erzeugt hatten und welchen Anteil davon der Grundherr abschöpfte, der zur Ernte keine Arbeit beigetragen hatte. Mit der Entwicklung eines internationalen Handels, offener Märkte und komplexer Finanzwerkzeuge wurde es erheblich schwieriger, die Größenordnung, Vielfalt und Verteilung des überschüssigen gesellschaftlichen Wohlstands nachzuvollziehen.[31] Die zunehmende Aufgliederung der Produktionsprozesse, immer kompliziertere Maschinen, die unter Aufsicht einer Klasse von Verwaltern mit menschlicher Arbeitskraft kombiniert wurden, und die wachsende Bedeutung des Finanzkapitals ließen die Abläufe der Wertschöpfung, der Schaffung von Wohlstand immer mysteriöser erscheinen. Noch intransparenter wurden sie dadurch, dass die Arbeiter ihren Anteil im Voraus in Form von Abschlägen erhielten, noch bevor der Produktionsprozess abgeschlossen war.[32] Errichtet auf Sklavenhandel und einem Heer von Arbeitern, die unter erbärmlichen Bedingungen lebten und schufteten, häufte dieses System gigantische Reichtümer und gigantisches Elend an. Das war der Beginn der industriellen Revolution, des zweiten grundlegenden Wandels in der Art, wie Menschen Überschuss erzeugten.

Kaufleute, deren Reichtum wuchs, suchten nach profitablen Geldanlagen. Gleichzeitig bildeten entwurzelte Bauern und Landarbeiter, die es in die Städte verschlagen hatte, ein zusätzliches Reservoir an Arbeitskräften, Menschen, die auf Löhne angewiesen waren, um sich über Wasser zu halten. Technische Fortschritte brachten beide sozialen Gruppen an einem neuartigen Arbeitsplatz zusammen: der Fabrik. Dieses System der Massenproduktion veränderte die Gesellschaft in einem atemberaubenden Tempo. Doch die komplexe Welt des Fernhandels und der volatilen Märkte verschleierte auch weiterhin die Mittel, mit denen Wohlstand generiert und verteilt wurde. Scheinbar funktionierte der Markt nach eigenen ökonomischen Gesetzen, unabhängig von Politik und Staat, doch in Wirklichkeit kam den Regierungen eine zentrale Rolle zu. Ihre streng hierarchisch strukturierten Behördenapparate bestimmten die Regeln des Handels und standen hinter den Kulissen bereit, um die wachsende Ungleichverteilung des Wohlstands im In- und Ausland zu verteidigen (und oft auszuweiten). Die Herausbildung des modernen Staates ist eng mit der Erfüllung dieser Funktion verknüpft. So trug zum Beispiel die Notwendigkeit, die astronomischen Kosten von Kriegen zu begleichen, entscheidend dazu bei, dass Kerninstitutionen wie die Bürokratien zur effizienten Eintreibung von Steuern, Anleihemärkte, Aktienbörsen und Zentralbanken eingerichtet wurden.

Politische Kämpfe bestimmen, wessen Interessen die regierende Staatsmacht vertritt und wessen Interessen sie ignoriert – was erlaubt und was verboten ist. Verlagerungen in den Machtverhältnissen sind komplexe Prozesse, die von technischen Innovationen, kulturellem Wandel, Widerständen in der Bevölkerung und Kriegen beeinflusst werden. Gruppen, die von solchen Verlagerungen profitieren, können den Staatsapparat dazu nutzen, die »Spielregeln« zu modifizieren, eigene Vorteile abzusichern und größeren Einfluss auf den Überschuss zu gewinnen. Gesellschaftlicher Wandel kann widersprüchlich verlaufen und zieht sich gewöhnlich über längere Zeiträume hin, doch hat er in der Vergangenheit schrittweise zu tiefgreifenden Veränderungen im Hinblick darauf geführt, wie und in wessen Interesse die Gesellschaft organisiert wird.

Über Jahrtausende wurden Staaten von Eliten regiert, die der übrigen Bevölkerung keinerlei Rechenschaft schuldeten. Das Zeitalter der Aufklärung entfesselte revolutionäre Energien und veränderte die Gesellschaft. Der Aufstieg der Wahldemokratie eröffnete radikale Möglichkeiten: Sie bildet eine Chance für die benachteiligte Mehrheit, die Kontrolle über den Staat zurückzugewinnen. Die gewaltigen Produktivkräfte der Menschheit und der erzeugte Wohlstand konnten dem Zugriff der Monarchen, Kaiser, Kaufleute und Industriellen entzogen und wieder in die Hände »des Volkes« gelegt werden. Mit anderen Worten: Der Aufstieg der Demokratie drohte – eher durch gesellschaftlichen als durch technischen Wandel – die Art, wie Wohlstand erzeugt, verteilt und kontrolliert wurde, zu revolutionieren. Zumindest hofften dies viele, während es natürlich andere befürchteten.

Die Wurzeln des Wortes »Demokratie« – *demos* heißt »Volk« (genauer: die Gruppe der Vollbürger einer antiken griechischen Polis), *kratos* »Macht« und »Herrschaft (des Staates)« – geben die Bedeutung dieses einfach erscheinenden Begriffs wieder: Herrschaft des Volkes. Aber wofür er tatsächlich steht oder stehen sollte, war lange umstritten. Wer ist »das Volk« und was heißt »herrschen«? Obwohl das antike Athen vielfach als erster demokratischer Staat gilt, hatte an seiner »Volksherrschaft« selbst in seiner Blütezeit nur ein kleiner Kreis von Männern Anteil, und das blieb die nächsten zwei Jahrtausende lang eher die Regel als die Ausnahme. Bis zum 20. Jahrhundert war in fast allen staatlich institutionalisierten wahldemokratischen Prozessen die Mehrheit »des Volkes« von der Teilhabe ausgeschlossen.

In den letzten 500 Jahren sind bedeutende Freiheitsrechte erkämpft worden, die den Weg zur Entstehung der heutigen Demokratien geebnet haben. Um 1500 konzentrierten sich Macht und Privilegien in den Händen einer kleinen Minderheit Adliger und höherer Geistlicher, die ein Monopol auf den Zugang zu Bildung, Politik und Wohlstand hatten. Vorstellungen wie die von der Freiheit des Einzelnen, von Privatheit, Freiheit des Denkens und der Rede, von universeller Bildung, Rechten für die arbeitende Bevölkerung, Gleichheit vor dem Gesetz, repräsentativer Staatsführung und einem allgemeinen Wahlrecht waren kaum mehr als Träume für eine ferne Zukunft. Um sie zu verwirklichen, mussten gewaltige Hindernisse aus dem Weg geräumt werden: die Autorität der Kirche, die Diktatur mächtiger Monarchen und eine politische Kultur, die Sklaverei und Patriarchat als Institutionen aufrechterhielt.

Seit den ersten neuzeitlichen Feldzügen für demokratische Reformen im 17. Jahrhundert stieß der Wandel von der Aristokratie zur Demokratie auf den geschlossenen Widerstand jener, die um Macht und Privilegien fürchten mussten. Als die Kräfte zugunsten demokratischer Reformen während des 17., 18. und 19. Jahrhunderts wuchsen, suchten die Vertreter der alten Machtstrukturen nach neuen Wegen, um ihre Herrschaft abzusichern. Eine frühe Strategie bestand schlicht darin, Arme und Besitzlose von Wahlen auszuschließen. Der British Reform Act von 1832 sprach nur 18 Prozent der Männer (Frauen waren ohnehin ausgeschlossen) ein Wahlrecht zu, und noch bis ins späte 19. Jahrhundert hinein blieb dieses Recht auf Grundbesitzer, Pächter und Eigentümer von Häusern mit einem bestimmten Mindestwert beschränkt. 1866 brachte der Parlamentarier Lord Salisbury, auf Pläne reagierend, das Wahlrecht auszuweiten, eine verbreitete

Sorge zum Ausdruck, als er davor warnte, arbeitende Arme wählen zu lassen, da dies aller Wahrscheinlichkeit nach zu Besteuerungs- und Eigentumsgesetzen führen würde, »die sie besonders begünstigen und deswegen für alle anderen Schichten gefährlich« seien.[33]

James Madison, einer der Urheber der US-amerikanischen Verfassung, sah die Rolle des Staates darin, »die Minderheit der Wohlhabenden vor der Mehrheit« zu schützen: Von denen »ohne Eigentum oder die Hoffnung, welches zu erwerben, [sei] nicht zu erwarten, dass sie mit seinen [das Eigentum betreffenden] Rechten in hinreichendem Maße sympathisieren, um ihnen Macht über diese sicher zu überantworten«.[34] Als Lösung müsse die Regierungsgewalt in den Händen jener verbleiben, die den Wohlstand der Nation repräsentierten. Und John Adams, ein weiterer Gründervater, äußerte die Befürchtung: »Wenn alles durch das Votum der Mehrheit entschieden werden müsste, würden die acht oder neun Millionen, die kein Eigentum besitzen, nicht daran denken, sich die Rechte der einen oder zwei Millionen anzumaßen, die über solches verfügen. [...] Vielmehr würden als erstes die Schulden abgeschafft, den Reichen hohe Steuern auferlegt [...], und am Ende würde unverblümt die Gleichverteilung von allem gefordert.«[35]

Nicht von ungefähr bezeichnet weder die US-Verfassung noch die Unabhängigkeitserklärung die Vereinigten Staaten als Demokratie. Tatsächlich galten die Ausdrücke »Demokratie« und »demokratisch« in der amerikanischen Geschichte überwiegend als Schimpfwörter. Der kanadische Politikwissenschaftler Francis Dupuis-Déri hat dokumentiert, dass sich politische Führungsfiguren erst Jahrzehnte nach der Amerikanischen und der Französischen Revolution als »Demokraten« bezeichneten.[36] Wegen solcher Widerstände der Eliten gegen demokratische Reformen gab es um 1900 noch keinen einzigen Staat auf der Erde, in dem sämtliche Erwachsenen wählen durften.

Als gegen Ende des 19. Jahrhunderts der Druck stieg, das Wahlrecht auszuweiten, wuchsen die Ängste der Eliten vor einer Teilhabe der breiten Bevölkerung am politischen Prozess. Explizit formulierte der einflussreiche Soziologe Gustave Le Bon diese Befürchtungen in seinem Buch *Psychologie der Massen* von 1895, in dem er hervorhob, dass die Massen zu vernünftigem Denken unfähig seien und keine Spur von kritischem Geist zeigten: »So muss die Masse, die stets an den Grenzen des Unbewussten umherirrt, allen Einflüssen unterworfen ist, von der Heftigkeit ihrer Gefühle erregt wird, welche allen Wesen eigen ist, die sich nicht auf die Vernunft berufen können, allen kritischen Geistes bar, von einer übermäßigen Leichtgläubigkeit sein.« Aus diesem Blickwinkel betrachtet er die sozialen Entwicklungen seiner Epoche: »Der Eintritt der Volksklassen in das politische Leben [...] ist eines der hervorstechendsten Kennzeichen unsrer Übergangszeit. [...] Heute werden die Forderungen der Masse nach und nach immer deutlicher und laufen auf nichts Geringeres hinaus als auf den gänzlichen Umsturz der gegenwärtigen Gesellschaft. [...] Das göttliche Recht der Massen wird das göttliche Recht der Könige ersetzen.«[37]

Die meisten Eminenzen unter den politischen Denkern in der Geschichte standen der Demokratie in theoretischer wie in praktischer Hinsicht skeptisch gegenüber. Beeinflusst von den Schriften Le Bons, schrieb Joseph Schumpeter, einer der führenden Theoretiker der Demokratie im 20. Jahrhundert, aus seiner Sicht »bedeutet Demokratie [...] nicht – und kann es auch nicht bedeuten –, dass das Volk tatsächlich herrscht, jedenfalls nicht im üblichen Sinn der Begriffe ›Volk‹ und ›herrschen‹. Demokratie bedeutet nur, dass das Volk die Möglichkeit hat, die Männer, die es beherrschen sollen, zu akzeptieren oder abzulehnen.«[38] Eine landläufige Haltung reflektierend, sah er die Menge als schwach, übermäßig emotional, impulsiv und geistig unfähig an, eigenständig über komplexe Sachverhalte nachzudenken. Helfen könne nicht einmal Bildung: Die »Menschen können nicht die Leiter emporgetragen werden«, weil sie komplexe Themen nur »auf kindliche Weise« zu diskutieren vermögen und »zu anderen Handlungen als Massenpanik außerstande« seien.

Die Macht, so glaubte er, müsse in den Händen von »Expertenregierungen« liegen, und er lieferte dafür eine interessante Rechtfertigung. In einer Zeit der wachsenden Bedeutung von Reklame beobachtete er die zunehmende Macht der Werbeleute, Bedürfnisse zu wecken, Wünsche zu modellieren und Verhaltensweisen zu steuern. Für ihn diskreditierte diese Einflussnahme die Vorstellung von einem authentischen »Volkswillen«. Wenn die öffentliche Meinung von äußeren Kräften gestaltet werden könne, fehle ihr zwangsläufig eine unabhängige rationale Basis.

Wenn sämtliche Leute Schritt um Schritt zu etwas »verleitet« werden können, das sie nicht wirklich wollen, und dies nicht ein Ausnahmefall ist, den wir getrost vernachlässigen könnten, wird keine noch so große Menge an rückblickendem gesundem Menschenverstand etwas an der Tatsache ändern, dass sie weder Fragen aufwerfen noch entscheiden, sondern dass die Fragen, die ihre Geschicke bestimmen, gewöhnlich für sie aufgeworfen und entschieden werden.[39]

Bis weit ins 20. Jahrhundert konnten Leute, die solche Töne von sich gaben, mit breiter Zustimmung rechnen. 1934 verkündete Walter J. Shepard, Leiter des führenden US-Berufs- und Fachverbands der Politologen, der American Political Science Association, dass die Regierung in den Händen »einer Aristokratie der Intelligenz« liegen müsse, anstatt von »den Ignoranten« oder »den Uninformierten« geleitet zu werden.[40] Dieses Bild vom unmündigen Bürger, das Schumpeter, Le Bon, Weber, Madison und zahllose Brüder und Schwestern im Geiste teilten, reicht bis in die Antike zu Platon und Aristoteles zurück, die beide der Vorstellung von Demokratie entschieden misstrauten.

Der große schottische Philosoph David Hume, der im 18. Jahrhundert der Aufklärung in Europa den Weg bereitete, zeigte sich fasziniert von der »Leichtigkeit, mit der die Vielen von den Wenigen regiert werden«. Ihn überraschte dieses »Wunder«, weil »die Stärke allemal auf der Seite der Regierten ist«, und er schloss daraus, dass sich die Regierung auf eine Herrschaft über die öffentliche Meinung gründe, eine Maxime, die für die »im höchsten Grade despotischen und militärischen Regierungen« ebenso gelte wie für die »freisten und populärsten«.[41] Auch wenn Humes Behauptung, die Stärke liege stets aufseiten der Regierten, fragwürdig ist – und das heute mehr denn je –, hatte er doch in einem Punkt ganz entschieden recht:

Die Kontrolle über die öffentliche Meinung ist für die Ausübung von Herrschaft von zentraler Bedeutung. Seit Menschengedenken hat die Aufrechterhaltung von Ungleichheiten innerhalb einer Gesellschaft stets eine Reihe gewaltloser Strategien erfordert. Mit ihrer Hilfe, schreibt der Wirtschaftswissenschaftler und ehemalige Finanzminister Griechenlands Yanis Varoufakis, hätten Machthaber, von den altägyptischen Pharaonen bis zur industriellen Revolution, ihre Herrschaft gefestigt:

> In all dem, was heute als »Zivilisation« bezeichnet wird, gründete die Verfügungsgewalt der Herrscher über den Überschuss und seine Verwendung darauf, dass es ihnen gelang, Gefolgschaft als individuell unvermeidlich (ja, geradezu als wünschenswert) darzustellen, dass sie über ausgeklügelte Taktiken des Teilens und Herrschens verfügten und Begeisterung für die Erhaltung des Status quo weckten (besonders bei den Unterprivilegierten), sowie auf dem Versprechen einer besonderen Rolle in einem wie auch immer gearteten Leben. Nur sehr selten stützte sie sich auf brutalen Zwang.[42]

Wo ungezügelte Gewalt zum Einsatz kommt, wird es weniger dringlich, die Überzeugungen und Wünsche des Volkes zu kontrollieren: Wenn man jemandem eine Waffe an den Kopf halten kann, spielt es keine besondere Rolle, was in diesem Kopf vor sich geht. Dagegen sind in Gesellschaften, die große Unterschiede in der Wohlstandsverteilung mit formeller Freiheit kombinieren, besonders ausgefeilte Herrschaftsmethoden zu erwarten.

Wie wir sehen werden, brachte die Bedrohung, der sich die Eliten zu Beginn des 20. Jahrhunderts ausgesetzt sahen, eine subversive Lösung in Form von Bestrebungen hervor, den Begriff der Demokratie umzudeuten. Moderne Demokratien gründen sich auf die Idee, dass die Regierung durch ein Mandat – den Konsens der Regierten – legitimiert wird. Aber aus diesem Prinzip leiten sich zwei Konzeptionen von Demokratie ab, weil es zwei Möglichkeiten gibt, den Konsens der Öffentlichkeit herzustellen: Entweder man verändert die Regierung, oder man verändert die Öffentlichkeit.

Die Macht zu wählen

Dank ihrer Kreativität hat die Menschheit mehr Formen von Energie in ihren Dienst gestellt als jedes andere Lebewesen auf Erden. Von der Tierhaltung und der Einführung der Landwirtschaft bis zur Erfindung der Dampfmaschine und des Kernreaktors haben wir raffinierte Verfahren entwickelt, um die Kraft der Natur für uns zu nutzen. Methoden der Technik erweiterten die Macht unserer Spezies, aber Methoden der Herrschaft über die Gesellschaft bestimmten, zu welchen Zwecken diese Macht eingesetzt wird. Seit Anbeginn der Zivilisation sind mittels Formung von Identitäten und Kontext extrem verzerrte Muster der Verteilung von Last und Luxus auf Dauer festgeschrieben worden. Während sich Herrschaftssysteme veränderten und Produktionsmethoden weiterentwickelten, blieben Zwang ausübende Hierarchien und grundlegende Ungleichheiten bestehen.

Von jeher war zentralisierte Herrschaft von feindlicher Übernahme bedroht. Bis in jüngste Zeit fehlten den meisten Herrschern die Mittel, um die großen Gebiete, die sie ihrer Hoheit zurechneten, engmaschig zu kontrollieren. Die Herrschaftsgewalt verteilte sich auf rivalisierende Eliten, und immer wieder kam es zur Bildung regionaler Gemeinschaften mit beachtlicher politischer Autonomie. Es gibt viele Beispiele solcher Bewegungen, die sich dem Zugriff der Zentralmacht entzogen und neuartige Formen der Selbstverwaltung erprobten. Einige wurden in relativ kurzer Zeit zerschlagen, andere überdauerten Jahrtausende. Noch in heutiger Zeit werden freie, von der Zentralmacht unabhängige Zonen geschaffen, von Mexikos Zapatisten über Volksaufstände in abgelegenen Gebieten und Besetzungen öffentlicher und privater Räume in Städten bis hin zu virtuellen Online Communities.

Die zahlreichen Errungenschaften demokratischer Experimente rund um den Globus belegen, dass Herrschaft nicht der einzige Weg ist, Handeln in großem Maßstab zu koordinieren. Die Alternative ist Kooperation in gegenseitigem Interesse – Zusammenarbeit zugunsten eines für jeden, der an ihr mitwirkt, nützlichen Ziels. In ihr ziehen im gemeinsamen Interesse alle an einem Strang, werden

Entscheidungen im Dialog anstatt durch Manipulation oder Einschüchterung gefällt und wird sozialer Zusammenhalt nicht durch Zuckerbrot und Peitsche, sondern durch die Pflege sozialer Werte erreicht – darunter die Achtung vor Vernunft, Fakten, Fairness, Gleichheit und Demokratie. Dieses Ideal ist durchaus von praktischem Nutzen. Ideale geben uns Orientierung und versetzen uns in die Lage, das laufende Experiment, das die menschliche Gesellschaft darstellt, wertzuschätzen: das Experiment, einen Planeten miteinander zu teilen – als Familien, Gemeinschaften und Nationen.

In jeder Generation obliegt es den Menschen, für die Freiheit ein hohes Gut ist, auszuloten, wo deren Grenzmauern verlaufen, und – unter den gegebenen Voraussetzungen, unseren Möglichkeiten und Stärken – darauf hinzuwirken, dass diese überwunden werden. Entscheidend für den Erfolg dieses Bestrebens ist es, zu wissen, wo die Macht liegt. Dazu müssen wir hinter die Rhetorik und Ideologie, hinter die Worte, die in Verfassungen und Gesetzen niedergelegt sind, und ebenso hinter die Mythen des Marktes und die offiziellen politischen Prozesse blicken. Dazu müssen wir die Schale der Propaganda beseitigen und die Mechanismen der Herrschaft bloßlegen, die sich hinter den Riten verbergen. Um ein Verständnis von Freiheit zu erlangen, müssen wir verstehen, wie Herrschaft funktioniert.

Marktdemokratien gründen sich auf die sogenannte Wahlfreiheit: die Möglichkeit, zwischen konkurrierenden politischen Parteien, Produkten, Arbeitgebern oder Nachrichtenquellen zu wählen. Aber ohne einen gründlichen Blick auf das Wesen der Entscheidungen, vor denen wir stehen, und die Art, wie wir zu ihnen gelangen, erzeugt die Erfahrung des Wählens möglicherweise die Illusion, dass wir über mehr Freiheit verfügen, als es tatsächlich der Fall ist. Wer die angebotenen Optionen an der Urne oder am Markt hervorhebt, aber dabei unter den Teppich kehrt, wie die Wahlmöglichkeiten und Identitäten der Menschen vorgefertigt werden, verschleiert die tief verankerten Ungleichgewichte im Kern des Systems. Er geht darüber hinweg, dass ganze Berufszweige, Milliarden Euro und immer komplexere Technologien dazu dienen, Verhalten vorherzusagen und zu kontrollieren, dass sich der Großteil des Wohlstands auf dem Planeten in den Händen eines winzigen Segments der Menschheit konzentriert. Ausgeblendet wird auch der erbitterte Kampf zwischen zwei konkurrierenden Prinzipien der Macht: »ein Dollar, eine Stimme« gegen »ein Mensch, eine Stimme« – ein Kampf, der unsere Welt noch immer bestimmt.

Die folgenden drei Kapitel sind einer Untersuchung dieser umfassenderen Zusammenhänge gewidmet. Sie erkunden, wie unsere politische und wirtschaftliche Freiheit ausgehöhlt wurde, während die hohle Schale der »Wahlfreiheit« aufrechterhalten blieb. Wie wir sehen werden, ist die demokratische Revolution bei weitem nicht vollendet. Vieles an der Freiheit, die den institutionellen Tragsäulen der modernen Demokratien zugeschrieben wird – freie Wahlen, freie Märkte, freie Medien –, ist in dem Maße illusorisch, wie es mit den Grundmechanismen von Herrschaft vereinbar ist.

5

WAHLEN

In vielen Ländern betreten alle paar Jahre Millionen von Menschen in öffentlichen Gebäuden wie Schulen oder Rathäusern eine Kabine, ziehen den Vorhang hinter sich zu, greifen nach einem Stift und kreuzen ein Quadrat auf einem Zettel an. Dann falten sie das Papier und stecken es in den schmalen Schlitz einer Box. Vier bis fünf Jahre später dürfen sie den Vorgang wiederholen.

Die Markierung eines Kästchens im Zuge freier Wahlen ist eines der wichtigsten Unterscheidungsmerkmale zwischen modernen Demokratien und anderen politischen Systemen. Die Wähler können einer Partei ihre Stimme in Form eines Kreuzes geben – ein Akt, der weithin als Quelle politischer Freiheit gepriesen wird. Betrachten wir ihn aber in einem größeren Zusammenhang, drängen sich einige Fragen auf: Wie wurden die Wahlmöglichkeiten auf dem Zettel festgelegt? Wie wurden die Identitäten – die Ansichten, Loyalitäten und Überzeugungen – der Wähler geformt? Und wenn diese Freiheit so große Bedeutung hat, warum geht dann die Wahlbeteiligung in den meisten Demokratien seit Jahren stetig zurück?

Die Fabrikation von Konsens

Die Aristokratien und Imperien früherer Zeiten hielten nichts von demokratischen Reformen. Als Demokratien entstanden, kam das Streben der Mächtigen, die eigenen Interessen zu befördern, keineswegs zum Erliegen. Zunächst bekämpften die Eliten die Ausweitung der Wahlrechte, sahen sich aber dann angesichts des wachsenden Reformdrucks zu anderen Strategien gezwungen. Während sie sich notgedrungen auf Konzessionen einließen, entwickelten sie parallel neue Herrschaftsmethoden, um sich gegen die vom demokratischen Wandel ausgehende Bedrohung ihrer traditionellen Machtstrukturen zu wappnen: Statt auf Zwang setzten sie auf Manipulation.

Die moderne Massenkommunikation macht es möglich, im Handumdrehen, ob mit einer Fernsehsendung oder einem Tweet, Millionen Menschen zu erreichen. »In dem Maße, in dem sich die Massenmedien zum Bindegewebe des modernen Lebens entwickelten«, schreibt der amerikanische Historiker Stuart Ewen, habe die Technik »die Art und Weise verändert, wie Menschen die materielle Welt und ihren Platz in ihr wahrnahmen, erlebten und begriffen«.[1] Technologischer Fortschritt bahnte, so Ewen, den Weg zu einem revolutionären Umbruch in der Kommunikation und der Entfaltung von Kreativität, der ein gewaltiges Potenzial zur Befreiung und Bildung in sich barg. Aber die Neuerungen eröffneten zugleich auch die Möglichkeit, die Kontrolle über die Ideen, Meinungen und Werte, die nun zum Allgemeingut wurden, zu verschärfen.

An die Stelle von Gustave Le Bons irrationaler Masse trat eine Kategorie, die Gabriel Tarde, ein führender Sozialwissenschaftler seiner Zeit und enger Freund Le Bons, vorschlug: die »Öffentlichkeit«. Sie galt im Gegensatz zur angeblich ungezügelten und unkontrollierbaren »Masse« als beherrschbar und einer Bildung zugänglich. »Die Masse kann von jedwedem Rädelsführer zu Torheiten oder Verbrechen aufgestachelt werden«, schrieb der Soziologe Edward A. Ross 1908. Dagegen empfange die Öffentlichkeit »ihre Anregungen allein aus den Spalten ihrer Zeitung, deren Herausgeber so etwas wie der Veranstalter einer Volksversammlung ist, weil sich ohne sein Einvernehmen keiner Gehör verschaffen kann«.[2]

Als ein geistiger Wegbereiter eines »risikofreien« Ansatzes zur Demokratisierung tat sich Walter Lippmann hervor, der in den USA als einer der einflussreichsten Journalisten und Sozialkritiker seiner Zeit galt. Mit nur 25 Jahren ein Vertrauter von Präsident Woodrow Wilson, wurde Lippmann schon bald von Roosevelt als »brillantester Kopf unter den Denkern seines Alters«[3] gepriesen. Die Praxis, Demokratie zu managen, bezeichnete Lippmann als »Fabrikation von Konsens«.[4] Was Lippmann theoretisch formulierte, überführte

Edward Bernays, ein Neffe Sigmund Freuds, tatkräftig in die Praxis. Er gilt heute weithin als Vater der modernen Public Relations (ein Begriff, den er selbst prägte) und wird von nicht wenigen als einer der einflussreichsten Männer des 20. Jahrhunderts betrachtet.

Die Ideen und Strategien, die Lippmann und Bernays entwickelten, waren zu weiten Teilen ein Produkt ihrer Zeit. Gegen Ende des Ersten Weltkriegs wirkten sie daran mit, die bis dato größte Propagandamaschinerie der Welt einzurichten. Woodrow Wilson wurde zwar 1916 mit einer kriegskritischen Plattform, die in den Wahlkampfslogan »Frieden ohne Sieg« gipfelte, zum Präsidenten gewählt, hatte aber dennoch durchaus die Absicht, Amerika in den Krieg zu führen. Sein Problem war, wie er mit der breiten Strömung in seinem Land umgehen sollte, die sich gegen ein militärisches Eingreifen der USA wandte, weil sie den Konflikt schlicht als einen »Krieg der Reichen« betrachtete, dazu angezettelt, die Rückzahlung von Krediten der Wall Street abzusichern. »Unter dem Eindruck, dass die Mittelschicht schwanke und es zu einem Aufstand der Massen kommen könne, sprachen mehrere beachtenswerte Sozialanalytiker [...] bei Präsident Wilson vor und legten ihm nahe, einen ideologischen Apparat aufzubauen, der systematisch für den Kriegseintritt Stimmung machen sollte.«[5]

Einer dieser Analytiker war Walter Lippmann. Knapp einen Monat, bevor sich die USA in den Krieg einmischte, empfahl er Wilson die Einrichtung eines staatlichen Nachrichtenbüros, das die Auffassung verbreiten sollte, dass dieser Krieg »eine Welt schafft, die der Demokratie eine sichere Basis bietet«. Eine Woche nach Amerikas Kriegserklärung gründete Wilson das Committee of Public Information (CPI), das sogenannte Creel Committee, dessen Aufgabe es war, die wichtigsten Journalisten, Künstler, Werbefachleute, Redner und Intellektuelle der Vereinigten Staaten zu einer einzigen Mission zusammenzuführen: die gesamte öffentliche Wahrnehmungssphäre mit der Botschaft zu durchtränken, dass die USA moralisch verpflichtet seien, sich am Krieg zu beteiligen.

Die Ergebnisse waren beeindruckend. Der Vorsitzende des CPI, George Creel, verkündete: »Das gedruckte wie gesprochene Wort,

Film, Telegraphie, Rundfunk, Plakate, Werbetafeln, alle verfügbaren Medien müssen zum Einsatz kommen, um den Menschen das gerechte amerikanische Anliegen nahezubringen.«[6] Das Komitee hatte in Gemeinden quer durch das Land nach Ansehen und rhetorischen Fähigkeiten 75 000 sogenannte Four Minute Men ausgewählt, die in den Kinos während der vierminütigen Pausen, in denen die Filmrollen gewechselt wurden, aufstanden und scheinbar spontan in mitreißenden Ansprachen die Kernbotschaft des Krieges verbreiteten. Slogans und Anzeigen jeder Art, ersonnen von Leuten, die vormals für Haushaltsprodukte geworben hatten, überschwemmten die ganze Nation. Bis in ihre hintersten Winkel drangen die Gräuelgeschichten von deutschen Kriegsverbrechen und Warnungen vor deutschen Spionen, die Zweifel in die Köpfe der Amerikaner pflanzen wollten. Die Bevölkerung wurde aufgefordert, ihre patriotische Pflicht zu erfüllen und den Behörden jeden zu melden, der gegen die Kriegsanstrengungen aufbegehrte. Andersdenkende landeten im Gefängnis.

Tausendfach wurden per Post Pressemeldungen mit »offiziellen Kriegsnachrichten« verschickt. Um die Aufmerksamkeit von Lesern zu gewinnen, die den Nachrichtenteil ihrer Zeitung überblätterten, wurden Artikel über menschliche Schicksale eingestreut. Kontakte zu über 600 fremdsprachigen Zeitungen zielten auf die zugewanderte Bevölkerung. Außerdem gab das CPI ein eigenes Informationsblatt, das *Official Bulletin*, mit einer Auflage von 115 000 Exemplaren heraus; es wandte sich vornehmlich an Multiplikatoren, also Behörden, Zeitungen und andere Organisationen, die sich eigneten, die erwünschten Botschaften bis in die feinsten Verästelungen zu streuen. Bald ließen in Hollywood routinierte Produzenten Filme nach Vorlagen drehen, die ihnen das Komitee lieferte.[7]

Binnen weniger Monate war eine rasch um sich greifende Kriegshysterie entstanden und ein erbitterter Hass gegen die Deutschen geschürt worden. Durch die bewusste Beeinflussung des Wahrnehmungsumfelds hatte eine winzige Minderheit die Geisteshaltung einer ganzen Nation umgekrempelt – eine Gedankenkontrolle der massivsten Art war gelungen. Das CPI hatte ein neues Zeitalter der Propaganda (die später unter dem Namen »Public Relations«

firmierte) eingeläutet, und Walter Lippmann und Edward Bernays konnten sich rühmen, dieser Entwicklung in vorderster Reihe vorangeschritten zu sein.

Quer durch die Werke der beiden Männer zieht sich die Überzeugung, dass sich öffentlicher Konsens nicht durch vernünftige, der Wahrheit verpflichtete Diskussionen, sondern allein durch Täuschung und Manipulation herstellen lasse. Es lohnt sich, ausführlich aus ihren Schriften zu zitieren, weil sie belegen, wie bewusst sie demokratische Prozesse zu inszenieren versuchten. In ihnen kommt ein ganz anderes Demokratieverständnis zum Ausdruck, das den meisten Menschen fremd ist. Dennoch sind Lippmanns und Bernays' Strategien und Ideen, wie wir sehen werden, längst in den Alltag eingezogen. Von den modernen Denkfabriken bis zu den Spindoktoren durchwirkt ihr Erbe unser wirtschaftliches und politisches Leben. In seinem Handbuch *Propaganda* von 1928 legt Bernays eingangs seine Vision einer gut funktionierenden Demokratie dar:

> Die bewusste und zielgerichtete Manipulation der Verhaltensweisen und Einstellungen der Massen ist ein wesentlicher Bestandteil demokratischer Gesellschaften. Organisationen, die im Verborgenen arbeiten, lenken die gesellschaftlichen Abläufe. Sie sind die eigentlichen Regierungen in unserem Land. Wir werden von Personen regiert, deren Namen wir noch nie gehört haben. Sie beeinflussen unsere Meinungen, unseren Geschmack, unsere Gedanken.[8]

Ganz ähnlich verkündete Lippmann: »Zustimmung zu gewinnen, ist keine neue Kunst. Sie ist im Gegenteil sehr alt, doch hielt man sie mit dem Erscheinen der Demokratie für tot. Sie ist jedoch keineswegs tot, sondern hat im Gegenteil ihre Technik ungemein verbessert.«[9] Kurz darauf schrieb Harold Lasswell, ein amerikanischer Politikwissenschaftler und der wohl erste Analytiker moderner Propaganda: »In der modernen Welt ist man eifrig bemüht, ein Korps von Männern heranzuziehen, die ausschließlich die Mittel und Wege erkunden, wie man Gemüter verändern oder sie an […] Überzeugungen binden kann […]. Illusion verspricht dabei mehr Erfolg als Zwang.«[10]

Lippmanns Ziel war es, sicherzustellen, dass die herrschenden Eliten »frei von dem Getrampel und dem Brüllen der verschreckten Herde« leben könnten. Das Volk müsse »auf seinen Platz verwiesen«, dürfe keinesfalls als regulärer Teilnehmer, sondern lediglich als »Zuschauer« behandelt werden. Um es in seinen Schranken zu halten, sei es notwendig, die Wahrheit zu zensieren, die Wirklichkeit zurechtzustutzen. »Ohne eine gewisse Form der Zensur ist Propaganda im strengen Sinne nicht möglich [...]. Der Zugang zu der wirklichen Umwelt muss begrenzt werden, ehe jemand eine Pseudoumwelt errichten kann, die er für klug oder wünschenswert hält.«[11]

Dafür grundlegend, so betonte Bernays, sei eine »möglichst genaue wissenschaftliche« Untersuchung der Wahlbevölkerung, ein »Überblick über die Wünsche und Nöte der Öffentlichkeit«.[12] Mit ausreichenden Fakten ausgestattet, könne ein Publizist die Propaganda an die »Mentalität der Massen« anpassen.[13] Was die Leute wollen oder nicht wollen, bevorzugen oder verabscheuen, erhoffen oder fürchten, lässt sich mittels Fokusgruppen, Interviews, Umfragen und Marktforschungen eruieren. Gewappnet mit diesen Informationen, so glaubte Bernays, sei es möglich, in der Öffentlichkeit je nach Belieben Ängste zu schüren oder Hoffnungen zu wecken, um ein gewünschtes Resultat zu erzielen. Symbole – seien es Nationalflaggen, Reizworte oder religiöse Bilder – spielen in diesem Prozess eine zentrale Rolle. »Das Symbol«, schreibt Lippmann, »stellt an und für sich nichts Besonderes dar, aber es kann sich mit beinahe allem verbinden. Und deshalb kann es das gemeinsame Band gemeinsamer Gefühle werden, selbst wenn diese ursprünglich an auseinanderstrebende Ideen geknüpft waren.«[14] Richtig eingesetzt, sei ein Symbol »auch ein Werkzeug, mit dessen Hilfe einige sich an vielen mästen, die Kritik ablenken und die Menschen dazu verführen können, sich für Dinge aufzuopfern, die sie nicht verstehen«.[15] Der »Herr über die Symbole« müsse nicht nur die »Pseudoumwelt« dazu einsetzen, zerstreute Gruppen zu einen, er müsse auch, so Bernays, öffentliche Ereignisse fabrizieren, um öffentliche Aufmerksamkeit zu gewinnen. Solche »inszenierten« Momente könnten etwa ein sorgfältig geplantes »spontanes« Fotoshooting oder eine durchdachte, aber wie aus dem Stegreif vorgetragen klingende

Spitze sein, sie könnten aus einem orchestrierten »öffentlichen« Protest oder zum Beispiel aus einem scheinbar objektiven wissenschaftlichen Report bestehen.

Wiederholt hebt Lippmann die Möglichkeiten hervor, die in der Ausnutzung der Begrenztheit unserer geistigen Mittel liegen, die unendliche Komplexität der Welt zu durchschauen. »Die Art und Weise, wie der Mensch sich die Welt vorstellt, wird in jedem einzelnen Augenblick darüber bestimmen, was er tut«, schreibt er, aber die »reale Umgebung ist insgesamt zu groß, zu komplex und auch zu fließend, um direkt erfasst zu werden«. Ehe wir in dieser Umgebung handelten, müssten »wir diese erst in einem einfacheren Modell rekonstruieren«, und zwar in symbolischer Form.[16] Wie aber schlägt ein bestimmtes Symbol im Geist eines Individuums Wurzeln? Laut Lippmann wird es »dort hineingepflanzt von einem anderen Menschen, den wir als maßgebend anerkennen. Wenn es tief genug verankert ist, nennen wir die Person, die uns dieses Symbol nahegebracht hat, später vielleicht maßgebend.«

Der Aufstieg der Konzerne

Der australische Sozialpsychologe Alex Carey konstatierte in seiner Geschichte der Public Relations: »Das 20. Jahrhundert ist durch drei Wachstumsprozesse von größter politischer Bedeutung gekennzeichnet: den der Demokratie, den der Macht der Konzerne und den der Konzernpropaganda als Instrument, die Macht der Konzerne vor der Demokratie zu schützen.«[17] Und eine überwältigende Fülle von Fakten stützt seine These. Die gigantische Größenordnung der Konzernpropaganda im 20. Jahrhundert und die bewusst von ihr verfolgten Intentionen stechen ins Auge. Jede Auseinandersetzung mit moderner Demokratie, die diesen Aspekt unberücksichtigt lässt, ist irreführend und unvollständig.

Gegen Ende des 19. Jahrhunderts entfielen bei Fusionen und Übernahmen von Unternehmen zahlreiche Beschränkungen mit dem Ergebnis, dass sich das Kapital rasch in einem kleinen Kreis von »Superunternehmen« konzentrierte. Allein in den sechs Jahren von 1898 bis 1904 schmolz die Zahl der in den USA registrierten Kapitalgesellschaften von knapp 2000 auf 157 zusammen.[18] In dieser Zeit hatten Gerichte den Konzernen den Status der juristischen Person zugebilligt und ihnen damit Rechte und Freiheiten zugesprochen, die zuvor nur Menschen aus Fleisch und Blut genossen hatten. Bald darauf wurden sie von der Rechtsprechung sogar als Persönlichkeit behandelt. Dem Beispiel des britischen Unternehmensrechts folgend, zwang 1916 ein US-Gericht die Kapitalgesellschaften, sich ausschließlich vom Gewinnstreben leiten zu lassen.[19] Ein Konzern, der dieses Ziel zugunsten anderer Erwägungen – Umwelt, Arbeitsbedingungen oder öffentliches Interesse – hintanstellte, handelte damit gesetzeswidrig. 1933 verglich Louis Brandeis, Richter am Obersten Gerichtshof der USA, moderne Kapitalgesellschaften mit »Frankenstein-Monstern«.[20] Hatte der Staat ihnen Leben eingehaucht, so drohten sie sich nun über ihre Schöpfer zu erheben.

Milton Friedman, einer der einflussreichsten Ökonomen des 20. Jahrhunderts, verfocht die Ansicht, die einzige moralische Pflicht von Kapitalgesellschaften bestehe darin, Gewinne für ihre Anteilseigner zu steigern. Konzernlenker, die ökologische oder soziale Anliegen über dieses Ziel stellten, verhielten sich aus seiner Sicht unmoralisch. Derlei Handlungen, so Friedman, könnten nur als zulässig gelten, wenn sie vorgeschoben seien, wenn also die scheinbare Favorisierung des übergeordneten gesellschaftlichen Wohls in Wirklichkeit ein Mittel zur Profitmaximierung sei. Diese Auffassung von der Rolle der Kapitalgesellschaften wird in den meisten Industrieländern von der Gesetzgebung nach wie vor gestützt. Das Recht, so erklärt der Rechtswissenschaftler Joel Bakan, »nötigt Führungskräfte, Prioritäten hinsichtlich ihrer Unternehmen und Aktionäre zu setzen, und verbietet ihnen, soziale Verantwortung zu übernehmen, die über ein Lippenbekenntnis hinausgeht«.[21] Eine »soziale Verantwortung« von Unternehmen wird somit nur geduldet, wenn sie im finanziellen Interesse der Aktionäre liegt. Solche Rechtsauslegungen verstärken die tiefere Logik des Wettbewerbs am Markt, der konkurrierende Unternehmen zwingt, auf jede erdenkliche Weise Gewinne zu erzielen oder unterzugehen.

Mögen Konzernmitarbeiter im Privatleben auch anständige Menschen sein, so verpflichtet sie doch ihre jeweilige Position, den Zielen und Prioritäten ihrer Arbeitgeber zu folgen, um den Profit um jeden Preis auf ein Höchstmaß zu steigern. Dies entspricht auch dem allgemeinen Verständnis. Jan Kees Vis, Direktor für nachhaltige Landwirtschaft beim multinationalen Konzern Unilever, räumte ein, dass er sofort seinen Job verlöre, wenn er »nur eine einzige Maßnahme ergreifen würde, die gut für die Umwelt, aber schlecht für die Firma ist«.[22]

Ein Unternehmen kann Gewinn auf verschiedene Arten steigern, von denen manche – etwa technische Innovationen – uns allen nützen können. Aber viele simplere Methoden richten auch schwere Schäden an: Ressourcen ausbeuten, ohne dafür zu zahlen, durch Werbung Bedürfnisse wecken, die der Gesundheit schaden, dem Staat Subventionen, Steuervergünstigungen und Rettungspakete abluchsen oder die Anforderungen an Arbeitnehmer hochschrauben und drastisch Löhne drücken.

Die beiden größten Faktoren, die Unternehmensgewinne bedrohen, sind marktwirtschaftlicher Wettbewerb und politische Demokratie. Kein Unternehmen, das auf Profitmaximierung aus ist, setzt sich aufrichtig für den freien Markt ein, weil Wettbewerb schlicht den Gewinn beeinträchtigt. Konzerne unterstützen die freie Marktwirtschaft nicht aus Prinzip, sondern aus Opportunismus. Im Idealfall möchte jedes Unternehmen den Markt, auf dem es agiert, monopolisieren und die Kosten für den Eintritt in ihn in unüberwindliche Höhen treiben, um Konkurrenten fernzuhalten. Und dies geschieht häufig. Wettbewerb bringt Sieger und Verlierer hervor, von denen die zuerst genannten ihre Gewinne nutzen, um Vorteile abzusichern und auszuweiten. Wirtschaftlichkeit durch Massenproduktion, Synergien und größere Budgets für Werbung, Forschung und politische Einflussnahme sind dabei nützlich. Ein kleiner Vorsprung weitet sich mit der Zeit aus und senkt so den Druck des Wettbewerbs. Tatsächlich lehren wirtschaftswissenschaftliche Fakultäten, wie sich Wettbewerbsbarrieren errichten lassen, um eine marktbeherrschende Stellung zu erreichen.

Zum Schutz ihrer Bürger und der Umwelt können Staaten die Wege beschränken, auf denen Unternehmen Gewinne erwirtschaften. Aus deren Sicht stellt Regierungsmacht damit eine ständige Bedrohung dar. Ihre besondere Sorge gilt der Befugnis des Staates, ihnen Regularien und Steuern aufzuerlegen, die an ihren Gewinnmargen nagen.

Die eigentliche Gefahr für Gewinne rührt freilich nicht vom Staat (der sich ja auch als ein enorm starker Verbündeter erweisen kann), sondern von der Demokratie her, die der Herrschaft der Konzerne über den Staat den Kampf ansagen kann. Demokratie befähigt die Menschen, Einfluss auf die Industrie zu nehmen, sie können ihre Wahlstimme nutzen, um sich zu verschaffen, was am Markt für sie nicht erschwinglich ist – Gesundheitsversorgung, Wohnraum, Bildung, Energie, Nahrung –, und auf diese Weise Bereiche der Wirtschaft gegen das Gewinnstreben abschirmen. Folglich gibt es starke Anreize sowie reichlich Mittel und Wege für Konzerne, Demokratie zu begrenzen und Kontrolle über sie auszuüben. Ihr Ziel besteht darin, Staatsmacht für ihre Zwecke zu vereinnahmen und ein ökonomisches Umfeld zu schaffen, das ihre kurzfristigen finanziellen Interessen voranbringt: eine Wirtschaft, frei von demokratischer Einmischung mit möglichst geringen Regularien und Steuern, ohne gesetzlichen Schutz für Arbeitnehmer, Gewerkschaften oder die Umwelt, mit einer sie unterstützenden Staatsgewalt und einer Menge wertvoller Subventionen.

Während des 19. Jahrhunderts waren die Konzerne faktisch vor jeder demokratischen Einflussnahme geschützt. Ein Wandel setzte allerdings zwischen 1880 und 1920 ein, als in Großbritannien und den Vereinigten Staaten das Wahlrecht von rund 10 auf fast 50 Prozent der Bevölkerung ausgeweitet wurde.[23] Männer und Frauen aus allen Lebensbereichen erhielten formell das Recht, über die eigenen Geschicke zu bestimmen. Derweil zwangen wachsende Ungleichheit und Armut die Angehörigen der Mittelschicht, ideologische Grundpositionen zu überdenken, die bis dahin weitgehend akzeptiert worden waren. Verschärft wurde die soziale Lage durch verantwortungslose Unternehmenschefs, die das wirtschaftliche Leben beherrschten und sich, so der Historiker Stuart Ewen, »wie jene Despoten aufführten, für deren Sturz die Demokraten des 18. Jahrhunderts erbittert gekämpft hatten«.[24]

Solange das Wahlrecht auf Vermögende und Besitzende beschränkt geblieben war, hatten die großen Unternehmen über die Nöte und Forderungen der entrechteten Massen hinweggehen können. Um die Jahrhundertwende wurden sie nun durch zwei Entwicklungen gezwungen, ihre Haltung zu verändern: die Ausweitung des Wahlrechts und der zunehmende Einfluss der »Sensationspresse«. Investigative Journalisten begannen, Korruption, Ausbeutung und Betrug in Wirtschaft und Politik aufzudecken. Ihre Enthüllungen nährten das in Mittelschicht und Arbeiterklasse wachsende Misstrauen gegenüber der Großindustrie. Immer mehr Beschäftigte sahen in staatlicher Regulierung ein Mittel zur Wahrung ihrer Interessen und zur Kontrolle über Unternehmenswillkür. Die traditionellen wirtschaftlichen und staatlichen Machtzentren fühlten sich durch die Ausweitung demokratischer Rechte und, damit einhergehend, das gar nicht so abwegige Schreckensszenario einer Revolte der arbeitenden Bevölkerung ernsthaft bedroht.[25]

In den »Roaring Twenties« setzten die US-Konzerne ihre Interessen mit beachtlichem Erfolg um, wobei sie sich auf die neuesten sozialpsychologischen Theorien und die Beispiele der Propaganda aus dem Ersten Weltkrieg stützten. Eine Fusion nach der anderen ließ immer gewaltigere und einflussreichere Kapitalgesellschaften entstehen. Ende 1929 kontrollierten die Industriegiganten rund die Hälfte des Konzernvermögens in den USA, wurden aber dank »Propaganda im weitesten Sinn«, so Bernays, nicht mehr als »als Ungeheuer«, sondern als »freundliche Riesen« wahrgenommen.[26]

Nicht zufällig mündete ihr propagandistischer Rummel in die schwerste Wirtschaftskrise der Geschichte. Die trügerische Seifenblase von grenzenlosem Wachstum und immerwährender Prosperität platzte im Oktober 1929: An der Wall Street lösten sich 40 Milliarden US-Dollar Aktienvermögen in Luft auf. Die amerikanischen Banken mussten zu Tausenden schließen[27] – mit traumatischen Folgen für die amerikanische Gesellschaft: 90 000 Unternehmen gingen bankrott, jeder vierte Beschäftigte verlor seinen Arbeitsplatz. 60 Prozent der Bevölkerung stürzten in Armut.[28] Suppenküchen und Menschenschlangen vor Ämtern und Geschäften prägten das Straßenbild jener Zeit. Während der ersten Krisenjahre herrschte in Washington Ratlosigkeit. Der Logik der wirtschaftswissenschaftlichen Orthodoxie zufolge hätten die selbstregulierenden Mechanismen des Marktes anspringen müssen, aber je länger die Politiker abwarteten, desto mehr verschärfte sich die Lage. Als ein weiteres Hindernis neben der Wirtschaftsideologie stand dem Aufschwung der Goldstandard entgegen. Er begrenzte die Höhe des Geldumlaufs auf eine bestimmte Goldmenge und hinderte so die Regierung daran, dringend benötigtes frisches Geld in die Wirtschaft zu pumpen. Präsident Hoovers Entscheidung, die Staatsausgaben zu kürzen, verschärfte die Krise zusätzlich.

1933 kam die amerikanische Industrie praktisch zum Erliegen. Die Massen litten. Die Suizidraten schossen in die Höhe. Derweil kassierten die Industriekapitäne weiterhin exorbitante Gehälter und Boni, während sie gleichzeitig Kürzungen der Sozialausgaben für Arme forderten.[29] John Edgerton, Vorsitzender des mächtigen Industrieverbands National Association of Manufacturers (NAM), verkündete, die amerikanischen Arbeitslosen seien an ihrem Los selbst schuld, weil sie es versäumt hätten, die »Gewohnheiten von Sparsamkeit und Vorsorge« zu pflegen[30] – eine Rhetorik, die den gegen die Macht der Konzerne gerichteten öffentlichen Zorn erneut aufflammen ließ.

Die traditionellen Gewerkschaften wurden, wie es in Rezessionen häufig der Fall ist, durch die Wirtschaftskrise erheblich geschwächt. Dennoch organisierte sich das Heer der Arbeitslosen und bereitete so den Boden für eines der erfolgreichsten Jahrzehnte in der Geschichte der amerikanischen Arbeiterbewegung. Als Franklin D. Roosevelt 1933 sein Amt antrat, war die Lage so instabil geworden, dass die Regierungsmitglieder »am 4. März vor der Wahl standen, eine geordnete Revolution – ein friedliches und rasches Ende der alten Konzepte – einzuleiten oder einen gewaltsamen, ins Chaos führenden Umsturz der gesamten kapitalistischen Struktur« zu riskieren.[31] Roosevelt, der eine »geordnete Revolution« vorzog, entschied sich für die Einführung eines sozialstaatlichen Kapitalismus, in dem der Regierung die Aufgabe zufiel, die Wirtschaft zu regulieren und Arbeitsplätze zu schaffen. Als eine erste Maßnahme rückten die Vereinigten Staaten vom Goldstandard ab, und dann folgte eine Reihe von Reformen, die als »New Deal« in die Geschichte eingehen sollten. Roosevelt sorgte für eine Erhöhung des Durchschnittseinkommens um 9 Prozent, rief Programme zur Schaffung neuer Arbeitsplätze und Ankurbelung der Investitionen ins Leben und stärkte mit Gesetzen die Macht der Arbeiter und Gewerkschaften. Die Konzerne fassten diese Maßnahmen als Kriegserklärung auf und holten zum Gegenangriff aus – mit der NAM an vorderster Front.

Im Jahr 1895 gegründet, avancierte die NAM rasch zur führenden Lobbyorganisation der amerikanischen Wirtschaft. 1913 war sie Gegenstand eines Untersuchungsausschusses des Kongresses, dem ihre Pläne, durch Beeinflussung der öffentlichen Meinung Druck auf die Legislative auszuüben, große Sorgen bereiteten. Die ehrgeizigen Ziele der NAM, so der Schluss des Ausschusses, seien »so umfassend und weitreichend, dass sie gleichzeitig Bewunderung und Sorge auslösen – Bewunderung für das Genie, das sie erdacht hat, und Sorge wegen der Auswirkungen, welche die Verwirklichung all dieser Ambitionen [...] in einer Regierung wie der unseren nach sich ziehen könnte«.[32]

»Die Maßnahmen öffentlicher Politik in unserer Demokratie«, warnte die NAM, aufgescheucht durch Roosevelts New-Deal-Reformen, ihre Mitglieder, sei »letztlich ein Ausdruck der öffentlichen Meinungen«, und die müssten dringend umgestaltet werden, »wenn wir eine Katastrophe verhüten wollen«.[33] Den Kern des NAM-Programms zur »Umerziehung« bildete die Notwendigkeit, die Bedrohung durch die Gewerkschaften abzuwenden, die Roosevelt unterstützt hatten, denn sie stellten die einzige gesellschaftliche Kraft dar, die über das Potenzial verfügte, die Großindustrie herauszufordern.

Durch Tarifverhandlungen und Streiks war es den Arbeitern gelungen, höhere Löhne und bessere Arbeitsbedingungen durchzusetzen. Jahrzehntelang hatten die Unternehmen auf Arbeitsniederlegungen mit Gewalt und Unterdrückung reagiert. Jetzt entwickelten sie einen subtileren Plan – die sogenannte Mohawk-Valley-Formel, auf die die NAM 1936 sämtliche Mitglieder einschwor. Die Strategie bestand darin, die öffentliche Meinung gegen die Streikenden aufzubringen, und dazu wurden Presse, Rundfunk und die Gemeinden vor Ort mit Propaganda überschwemmt. »Bürgerkomitees« verurteilten die Arbeitskämpfe in der Industrie und demoralisierten so zusätzlich die Streikenden. Dabei wurde heftig an patriotische und religiöse Gefühle appelliert und ein Bild aufgebaut, das die gütigen, Frieden stiftenden Fabrikbesitzer den aufbegehrenden, Unruhe stiftenden Arbeitern gegenüberstellte.[34]

Der Unternehmer James Rand, ein Vordenker der »Formel«, verabreichte dem angeblichen Bürgerkomitee, das zur Verteidigung seines Konzerns eingerichtet worden war, folgende Botschaft: »Zwei Millionen Geschäftsleute haben nach einer solchen Formel gesucht. Und die Wirtschaft hat gehofft, sich erträumt und gebetet, dass so ein Beispiel wahr werde, wie Sie es jetzt gegeben haben.«[35] Diese »wissenschaftlichen Methoden« der Streikbekämpfung sollten fortan gegen alle Arbeitsniederlegungen in den Vereinigten Staaten ins Feld geführt werden. Wie 1939 ein zur Untersuchung von Verstößen gegen Arbeiterrechte eingesetzter Senatsausschuss feststellte, hatte die NAM »das Land mit einer Propaganda überzogen, die technisch auf die Verkehrung von Bedeutungen ins Gegenteil und in der Präsentation auf Geheimhaltung und Täuschung setzte. Die Rundfunkansprachen, öffentlichen Versammlungen, Karikaturen, Nachrichten, Meinungsbeiträge, Anzeigen, Kinofilme und zahlreiche weitere Propagandamittel informierten die Öffentlichkeit in den meisten Fällen nicht darüber, dass ihre Urheberschaft bei der Association lag.«[36]

Während des Zweiten Weltkriegs ebbte die Flutwelle der Unternehmenspropaganda ab, weil sich das Land im Zuge der Kriegsanstrengungen geschlossen hinter Roosevelt stellte. Aber schon Anfang 1945 knüpfte die US-Wirtschaft wieder dort an, wo sie beim Kriegseintritt aufgehört hatte. Der Psychologe Henry C. Link, Chef der Organisation The Psychological Corporation, kündigte eine Reihe großangelegter Experimente zu »Methoden der Ideenverbreitung« an, die von den zehn führenden Wirtschaftsunternehmen finanziert wurden. Wie diese zeigten, ließ sich die Öffentlichkeit für den Gedanken des freien Unternehmertums am effizientesten dadurch gewinnen, dass unternehmerische Freiheit mit »amerikanischem Patriotismus« und die Politik des New Deal mit einer »unamerikanischen Haltung« in Verbindung gebracht wurden.[37]

Die Größenordnung, in der die NAM ihre Propaganda betrieb, stellte alles Dagewesene in den Schatten. Zwei Ziele standen im Vordergrund: Einem Dokument zufolge, das sie selbst veröffentlicht hatte, wollte sie zum einen »neben der Rede-, Presse- und Religionsfreiheit auch die unternehmerische Freiheit als Grundbestandteil der Demokratie im öffentlichen Bewusstsein verankern«.[38] Zweitens sollte in der öffentlichen Wahrnehmung ein Zusammenhang zwischen Regulierungen von Unternehmen und Kommunismus hergestellt werden. Diese ambitionierten Ziele erwiesen sich denn auch als enorm wirksam.

Im Januar 1945, kurz vor dem Ende des Krieges, erreichte eine Gesetzesvorlage den Kongress, mit der die Grundsätze des New Deal festgeschrieben werden sollten. Sie verpflichtete die Regierung unter anderem darauf, mit Hilfe strategischer Investitionen für Vollbeschäftigung zu sorgen.[39] Führend im Kampf gegen das Gesetz, warnte die NAM, es werde »das freie Unternehmertum zerstören« und »in Sozialismus münden«. Ihre Mitglieder, Mitarbeiter und Ausschüsse redeten allein im Jahr 1945 durchschnittlich 3,7 Stunden pro Tag direkt per Rundfunk auf die amerikanische Öffentlichkeit ein. Im ganzen Land erschienen Artikel über die NAM, die zudem in 400 Tageszeitungen und 2000 Wochenzeitschriften eine Serie von vier ganzseitigen Anzeigen schaltete. Bis das Gesetz schließlich verabschiedet wurde, war es der NAM gelungen, seinen Inhalt erheblich zu entschärfen. Dabei war sie von zahlreichen anderen Interessenverbänden der Wirtschaft finanziell unterstützt worden, insbesondere von der US-Handelskammer Chamber of Commerce, die 1946 über eine Million Exemplare einer Hetzschrift mit dem Titel »Communist infiltration in the United States« hatte verteilen lassen. Im selben Jahr kündigte der American Advertising Council ein 100-Millionen-Dollar-Programm an, um den Amerikanern das amerikanische Wirtschaftssystem

»nahezubringen«.[40] Die NAM verteilte zwischen 1946 und 1950 über 18 Millionen Pamphlete.[41]

Daniel Bell, der für Arbeitsweltthemen zuständige Redakteur beim Magazin *Fortune*, kommentierte den atemberaubenden Einfluss dieses gigantischen großindustriellen Meinungsgenerators mit den Worten: »Der Advertising Council stand allein 1950 hinter über sieben Millionen Zeilen Zeitungswerbung für freies Unternehmertum, 400 000 Werbeplakaten« und »zweieinhalb Milliarden Kontakten über Rundfunk«.[42] Der Erfolg dieser Kampagnen gipfelte in dem – weitgehend von der NAM verfassten – Labor Management Relations Act von 1947, dem sogenannten Taft-Hartley-Gesetz, das Arbeitern, die sich gewerkschaftlich organisieren wollten, gewaltige Hindernisse in den Weg legte.[43]

1950 berichtete *Fortune*: »Viele der größten Firmen des Landes haben umfängliche Programme gestartet, um ihre Mitarbeiter zu indoktrinieren.« Diese als »Kurse zur wirtschaftlichen Bildung« angebotenen Schulungen zielten darauf ab, die Zustimmung zum System des freien Unternehmertums zu stärken. So investierte Sears sechs Millionen US-Dollar in die »Weiterbildung« von 200 000 Mitarbeitern. Schulen und Universitäten gerieten ebenfalls ins Visier. Die gesamten fünfziger Jahre hindurch steckten amerikanische Unternehmen große Summen ins Bildungssystem. Im Gegenzug propagierten Schulen pflichtbewusst die Botschaft des freien Unternehmertums.[44] Das von der Wirtschaft erbrachte Spendenaufkommen an Schulen schwoll zwischen 1948 und 1965 von 24 Millionen auf 280 Millionen US-Dollar an. Laut General Electric bestand der Nutzen dieser »Spenden« darin, das »ökonomische, soziale und politische Klima zu verbessern, das für den Fortbestand und die Weiterentwicklung des freien Wettbewerbs notwendig ist«.[45] Alljährlich luden führende US-Konzerne Tausende Lehrer, zuweilen für mehrere Wochen, zu Konferenzen, Austauschprogrammen und Seminaren ein. Auf den Veranstaltungen wandten sich Spitzenmanager entschieden gegen staatliche Eingriffe in die Wirtschaft und klagten über Sozialleistungen, die den »Unternehmensgeist und das Verantwortungsgefühl« zerstörten.[46]

Angeführt von Senator Joseph McCarthy, erreichte die Propaganda, mit der Konzerne das öffentliche Bewusstsein bearbeiteten, in den fünfziger Jahren einen neuen Höhepunkt. McCarthy, bis 1949 kaum bekannt, verfolgte eine ebenso einfache wie wirksame politische Linie, indem er jedem, der gegen ihn opponierte, eine kommunistische Gesinnung unterstellte. Vor dem Hintergrund der stark angespannten Beziehungen zwischen den USA und der UdSSR schufen seine skrupellosen Anschuldigungen eine Kultur aus Angst und Paranoia, die zahlreiche Leben und Karrieren zerstörte. Sein fulminanter Aufstieg, die Macht, die er erlangte, und die Auswirkungen seiner Kampagnen waren ebenso bemerkenswert wie schockierend. Der antikommunistische Verfolgungseifer, den seine Angriffe entfesselten, sollte im politischen Klima der Vereinigten Staaten lange nachwirken. Die Historikerin Elizabeth Fones-Wolf schreibt, dass die US-amerikanische Wirtschaftswelt Ende der fünfziger Jahre

> positive Ergebnisse vorweisen konnte. Die liberalen Hoffnungen auf einen voll ausgeprägten Sozialstaat hatten sich zerschlagen, während sich die gewerkschaftliche Vertretung der Arbeiterinteressen auf ihren langen Abstieg begeben hatte. Derweil schrumpfte in der Öffentlichkeit das Image des organisierten Proletariats als heroischem Verteidiger des New Deal zu dem einer Interessengruppe unter vielen.[47]

Die späten sechziger Jahre mündeten beiderseits des Atlantiks in eine Periode des radikalen gesellschaftlichen Wandels. Neu aufgekommene kraftvolle Bewegungen kämpften um Bürger- und Frauenrechte und den Schutz von Umwelt, Verbrauchern und Arbeitern. Unter ihrem Druck entstanden bald Gesetze, die der Wirtschaft erhebliche Beschränkungen auferlegten. Großbritannien hatte in den Nachkriegsjahren einen Linksruck erlebt, der in Richtung Sozialismus deutete. Die Labour-Regierung unter Clement Attlee baute 1948 das staatliche Gesundheitssystem National Health Service auf. Eine neue Sozialversicherung sollte allen Bürgern »von der Wiege bis zum Grab« Vorsorge bieten. Ein Fünftel der britischen Wirtschaft wurde verstaatlicht. Als starke Kraft beteiligten sich die Gewerkschaften an der Gestaltung der staatlichen Politik und boten Millionen von Arbeitern Rückhalt. Der Spitzensteuersatz lag Ende der sechziger Jahre bei 75 Prozent.

Roosevelts New Deal hatte vielen auf die Beine geholfen, aber nicht ausgereicht, um der Great Depression, der schweren Wirtschaftskrise, Herr zu werden. Kriegsinvestitionen in einem noch nie zuvor erreichten Ausmaß waren notwendig gewesen, um das Vertrauen der Anleger zu stärken und die Wirtschaft wieder flottzumachen. Obwohl die USA gegen Ende des Zweiten Weltkriegs zur mächtigsten Nation der Welt aufgestiegen war, grassierten in Washington Befürchtungen, dass mit dem Ende des Krieges die Wirtschaftskrise zurückkehren könnte. Angesichts dieser Möglichkeit machten sich die politischen Entscheidungsträger des Landes daran, das globale kapitalistische System umzubauen. Die Lehre aus der Vergangenheit war klar: Der Kapitalismus lässt sich auf nationalstaatlicher Ebene nicht beherrschen. 1944 entstand auf der Konferenz von Bretton Woods ein Plan für die Nachkriegsordnung, der den Aufbau des Internationalen Währungsfonds (IWF) und der Weltbank vorsah. Ein neues System fester Wechselkurse sicherte dem US-Dollar eine herausragende Position. Mit der Einführung des Marshallplans im Jahr 1947 flossen Milliarden Dollar in den Wiederaufbau der europäischen Industrie und schufen so auf nachhaltige Weise eine Nachfrage für US-Produkte.

Eine Zeitlang erwies sich das neue globale System (zumindest für einige) als funktionstüchtig. Die fünfziger und sechziger Jahre sollten als das »Goldene Zeitalter des Kapitalismus« in die Geschichte eingehen. Westeuropa und die USA profitierten von einer fast hundertprozentigen Vollbeschäftigung, einem stabilen Wirtschaftswachstum und einer Steigerung der Lebensstandards, wie es sie noch nie zuvor gegeben hatte. Dieser Konsens der Nachkriegszeit erschien vielen als unumkehrbar. Quer durch das politische Spektrum sahen die Parteien einhellig die Notwendigkeit, die Probleme des Marktes mit Hilfe staatlicher und internationaler Finanzinstitutionen zu bewältigen.

Neoliberalismus

Die Kräfte, denen der Markt die größte Macht zuspielt, haben stets rastlos daran gearbeitet, ihn von der Kontrolle durch demokratische Instanzen zu befreien. Das ideologische Vehikel für diese Aufgabe firmiert seit den sechziger Jahren unter dem Namen »Neoliberalismus«. Diese Bezeichnung wählten Teilnehmer eines französischen Colloquiums im Jahr 1938 als Oberbegriff für ihre Diskussion der Thesen und Konsequenzen des Buches *Die Gesellschaft freier Menschen* (Originaltitel: *The Good Society*) von Walter Lippmann. Zu den auf diese Tagung entsandten Fachleuten gehörten auch die Ökonomen Friedrich August von Hayek und Ludwig von Mises, die später zu einflussreichen Verfechtern der neoliberalen Ideologie werden sollten.

Den Kern des neoliberalen Denkens bildet der Glaube, dass die Freiheit des Einzelnen nur durch den Schutz der »Freiheit des Marktes« zu gewährleisten sei. In den sechziger und siebziger Jahren stieß der Begriff der individuellen Freiheit auf ein gewaltiges Echo, weil er an die mit dem Anspruch der Fortschrittlichkeit auftretenden sozialen Bewegungen und die Popkultur der damaligen Zeit appellierte – und sie gewissermaßen vor seinen Karren spannte. Indem die Verfechter des Neoliberalismus die Freiheit des Einzelnen betonten, verschafften sie sich eine gute Position, um die in jener Zeit mit Händen zu greifende Unzufriedenheit auf ihren Lieblingssündenbock zu projizieren: den Staat.

Es gibt zwei Wege, sich dem Neoliberalismus gedanklich zu nähern. In seiner theoretischen Form kann man ihn als utopisches Projekt betrachten, in dem die Überzeugung gilt, dass das Zusammenspiel von fest verankerten, gut geschützten privaten Eigentumsrechten, gesicherter Rechtsstaatlichkeit und freien Märkten die Freiheit des Einzelnen am effizientesten aufrechtzuerhalten und zu schützen vermag. Unter dem Eindruck des Totalitarismus, den Hitler und Stalin über Europa gebracht hatten, sahen es frühe neoliberale Denker als dringend notwendig an, staatliche Macht zu beschneiden, um individuelle Freiheit zu schützen. In seiner politischen Form ist der gegenwärtig praktizierte Neoliberalismus ein bequemes Mittel, den Vorrang und das Vordringen von Konzerninteressen zu rationalisieren und zu legitimieren, ohne Rücksicht darauf, wie sich diese auf die individuelle Freiheit auswirken. Obwohl die beiden Konzeptionen – die theoretische und die praktisch-politische – einander fundamental widersprechen, ergänzen sie sich doch auch in gewisser Weise. Dank ihres moralischen und utopischen Charakters ist die neoliberale Theorie eine wirkungsvolle Tarnung für ein Programm zur Durchsetzung von Geschäftsinteressen.

Mit ihrem Werben für die neoliberale Ideologie machten sich Denkfabriken zu einflussreichen Vermittlern einer Propaganda, die nicht auf die breite Öffentlichkeit, sondern auf die geistigen und politischen Eliten zielte. Eine der ersten und einflussreichsten dieser Gruppen war die Mont Pèlerin Society, die 1947 unter anderem von Friedrich August von Hayek und Milton Friedman ins Leben gerufen wurde. Zur Gründungstagung reisten über vierzig Akademiker, Wirtschaftsvertreter und Journalisten zum abgelegenen Mont Pèlerin in der Schweiz, um dort eine Woche lang intensiv über die Krise der Zivilisation und wirtschaftspolitische Lösungswege zu diskutieren. Die Society vertrat die Auffassung, dass viele soziale und ökonomische Probleme von »einem Niedergang des Glaubens an das Privateigentum und einen wettbewerbsfähigen Markt« herrührten und dass die »unsichtbare Hand« des Marktes die besten Voraussetzungen biete, die Urinstinkte der Menschheit für den Dienst am übergeordneten Wohl zu mobilisieren. Persönliche und politische Freiheit, verkündete der Initiator Friedrich August von Hayek, sei nur in einer Gesellschaft möglich, die die wirtschaftliche Sphäre vor staatlicher Einmischung schütze.

Zu ihrer Zeit galten die Ideen der Mont Pèlerin Society als ideologischer Extremismus. Hayek schrieb damals: »Die meisten stellen es als unzweifelhaft hin, dass wir auf dem Weg zum Sozialismus nicht umkehren können.«[48] Der Mehrheit der Fachleute galten die Kerndogmen des Neoliberalismus als überholt und diskreditiert, weil sie in ihren Augen den Börsencrash von 1929 und die nachfolgende Große Depression verschuldet hatten. Als Ideologie stand er in direkter Opposition zum Aufbau des Sozialstaats, den eine erstarkende Arbeiterbewegung unterstützte. In ganz Westeuropa waren sozialdemokratische Parteien auf dem Vormarsch, und jede Politik, die mehr staatliche Kontrolle über wirtschaftliche Prozesse befürwortete, konnte mit breiter Zustimmung quer durch das politische Spektrum rechnen. Wenn die Neoliberalen ihre Ziele erreichen wollten, mussten sie diese Verhältnisse umkehren.

Ihre Strategie gründete auf der Annahme, dass »der Prozess des Übergangs einer Reihe von Überzeugungen zur allgemeinen Akzeptanz automatisch und unaufhaltsam abläuft, sobald sich ihnen der aktivere Teil der Intellektuellen angeschlossen hat«.[49] Friedrich August von Hayek glaubte, dies sei vor allem darauf zurückzuführen, dass »die Menschen meist nicht fähig sind, selbstständig zu denken […, und] in der Regel vorgekaute Meinungen schlucken«.[50] In der Überzeugung, der Kampf der Ideen sei von entscheidender Bedeutung, sagte er voraus, es bedürfe mindestens der Arbeit einer Generation, um den Nachkriegskonsens aus den Angeln zu heben. Damit lag er nicht falsch.

Zwar gab es in allen westlichen Zivilisationen viele Gruppierungen, die auf einen sozialen und politischen Wandel hinarbeiteten, doch kam den Vorkämpfern des Neoliberalismus von Anfang an ein Vorteil zugute: Ihre Vision einer zukünftigen Gesellschaft war attraktiv für Vermögende – Einzelpersonen, Wirtschaftsunternehmen und Stiftungen –, die bereit waren, deren Verbreitung durch einen stetigen Strom großzügiger finanzieller Zuwendungen zu fördern.[51] Die Folge war, dass sich dieser kleine Kreis gewaltigen Einfluss verschaffte, indem er ein Netzwerk aus über 100 Denkfabriken des freien Marktes rund um den Globus einrichtete. Er unterstützte 1955 die Gründung des britischen Institute of Economic Affairs (IEA). Als dessen treibende Kraft machte sich Anthony Fisher daran, die Atlas Economic Research Foundation aufzubauen, die sich zu dem Ziel bekannte, »die Welt mit Thinktanks des freien Marktes zu übersäen«.[52] In ihrer Bilanz weist die Atlas Foundation heute über 500 solcher Denkfabriken aus. Als Margaret Thatcher 1979 an die Macht kam, hievte sie den Leiter des IEA ins britische Oberhaus und pries ihn in einem Dankesschreiben mit den Worten: »Hauptsächlich Ihre Stiftungsarbeit hat es uns ermöglicht, die Weltsicht neu zu begründen, die unserer Partei in der Vergangenheit zum Erfolg verholfen hat.«[53]

In den USA setzten sich einflussreiche Protagonisten des Establishments dafür ein, der neoliberalen Position Geltung zu verschaffen. Zu ihnen gehörte auch der renommierte Rechtsanwalt und Richter Lewis F. Powell. Erschüttert über die Bewegungen der sechziger Jahre, verfasste er 1971 ein vertrauliches Memo mit dem Titel »Attack on American Free Enterprise System« (»Angriff auf das amerikanische System des freien Unternehmertums«), in dem er Wirtschaftskapitäne mahnend darauf hinwies, dass es nicht genüge, in »Public Relations« zu investieren: »Politische Macht ist notwendig [...], solche Macht muss beharrlich kultiviert [...] und, falls notwendig, aggressiv und mit Entschlossenheit eingesetzt werden.« Und wie sollte diese Macht »kultiviert« werden? »Kraft liegt in der Organisation, in sorgfältiger, weitblickender Planung und Umsetzung, in konsequentem Handeln über einen unbestimmten Zeitraum von Jahren hinweg, in einem Finanzierungsrahmen, der nur durch gebündelte Anstrengungen zu erreichen ist, sowie in der politischen Macht, die durch gemeinsames Handeln und nationale Organisationen verfügbar wird.«[54] Diese gemeinsame Finanzierung ermöglichte es Neoliberalen wie Ludwig von Mises, auch er Gründungsmitglied der Mont Pèlerin Society, in einem akademischen Umfeld zu überleben, in dem seine Überzeugungen als überholt und gefährlich galten. Sein Gehalt bekam er nicht von der New York University, an der er lehrte, sondern von wohlhabenden Geschäftsleuten.[55]

Kaum hatte Powell seine Denkschrift verfasst, berief ihn US-Präsident Nixon zum Richter am Obersten Gerichtshof. Auf einer Linie mit den Prinzipien des Memos gründeten amerikanische Konzerne 1972 den Business Roundtable. Bestehend aus den geschäftsführenden Vorständen der 200 größten US-Unternehmen, wurde dieser »Runde Tisch« zur einflussreichsten wirtschaftlichen Lobbygruppe in Washington. Die Konzerne der Mitglieder machen zusammengenommen einen Jahresumsatz von mehr als 6 Billionen US-Dollar und stellen fast ein Viertel des Gesamtkapitals am US-Aktienmarkt.[56]

Der Universitätscampus galt weithin als entscheidendes ideologisches Schlachtfeld. Dass das Bildungssystem auf »richtige« Weise ausgenutzt werden müsse, steht klar in einem ungewöhnlich offenherzigen Dokument aus den siebziger Jahren, das die Trilateral Commission veröffentlicht hat. Diese politikberatende Denkfabrik war 1973 auf Betreiben des Milliardärs David Rockefeller gegründet worden, um die globale Zusammenarbeit zwischen den mächtigsten kapitalistischen Demokratien der Welt zu erleichtern. Die ersten Mitglieder stammten aus den Vereinigten Staaten, Westeuropa und Japan – Chefs von Großkonzernen und -banken, Teilhaber an Großkanzleien sowie Senatoren. Eine ihrer ersten bedeutenden Publikationen erschien 1975 unter dem Titel »Die Krise der Demokratie. Bericht zur Regierbarkeit von Demokratien«. Aus diesem unter der Federführung des Politikwissenschaftlers Samuel P. Huntington entstandenen Text spricht eine unterschwellige Alarmstimmung angesichts des wachsenden politischen Engagements in den sechziger Jahren, das zu einem rapiden gesellschaftlichen Wandel und einer Verschiebung der politischen Gewichte im Land geführt hatte. »Vormals passive oder unorganisierte Gruppen in der Bevölkerung«, darunter »Schwarze, Indianer, Chicanos, weiße ethnische Gruppen, Studenten und Frauen, [...] setzen inzwischen auf konzertierte Aktionen, um ihre Ansprüche auf Chancen, Positionen, Vorteile und Privilegien geltend zu machen, auf die sie früher kein Anrecht zu haben glaubten«.[57] Der Bericht stellt Demokratie explizit als Bedrohung dar, indem er behauptet, dass »die Probleme der Staatsführung in den Vereinigten Staaten von einem Demokratie-Exzess herrühren« und dass »stattdessen ein höherer Grad an Mäßigung in Demokratie vonnöten ist«.[58] Die Bildungsinstitutionen erachtete der Bericht als »das wichtigste werteschaffende System in der Gesellschaft«. Wenn höhere Bildung darauf abziele, das kulturelle Niveau der Bevölkerung anzuheben, sei »ein Programm notwendig, um die Joberwartungen derer zu dämpfen, die eine Collegeausbildung erhalten«.[59] Dazu gebe es nur eine Alternative: das kulturelle Niveau der Bevölkerung zu begrenzen. Eine andere Option zieht der Bericht nicht in Betracht. Auch wenn man versucht ist, dies als randständige Sicht abzutun, als nicht repräsentativ für die Prioritäten von Wirtschaft und Staat, so gibt es einem doch zu denken, dass innerhalb von zwei Jahren nach Veröffentlichung des Berichts sämtliche Spitzenposten der US-Regierung – Präsident und Vizepräsident sowie Außen-, Verteidigungs- und Finanzminister –, mit Mitgliedern der Trilateral Commission besetzt waren. Und deren Leiter war jetzt Nationaler Sicherheitsberater.

In den siebziger Jahren schnellte die Anzahl der Konzerne, die Lobbybüros in Washington unterhielten, von rund 100 auf über 500 in die Höhe. Nach dem Business Roundtable wurde eine Reihe weiterer Gruppen mit dem Ziel gegründet, die Dogmen des Neoliberalismus weiterzuverbreiten, so das American Enterprise Institute (AEI) und die Heritage Foundation. Alle wurden von Amerikas bedeutendsten Konzernen alljährlich mit satten Millionenbudgets ausgepolstert. US-Präsident Ronald Reagan beglich seine Schuld gegenüber diesen Gruppen, indem er mehr als 30 Spitzenposten in seiner Administration mit akademischen Fachleuten und Vertretern des AEI besetzte. Im Bewusstsein, was er Hayek und den Neoliberalen verdankte, pries er deren »absolut wesentliche Rolle in dem Unterfangen [...], der wiederaufstrebenden konservativen Bewegung in Amerika den Boden zu bereiten«.[60]

Das Blatt wendet sich

Nach dem Börsensturz an der Wall Street 1929 vertrat der britische Ökonom John Maynard Keynes die Auffassung, Märkte seien aus sich heraus instabil, neigten zu konjunkturellen Achterbahnfahrten und müssten zwecks Eindämmung ihrer schädlichen Auswirkungen durchdachter staatlicher Kontrolle unterworfen werden. Nach dem Zweiten Weltkrieg kristallisierte sich als Konsens heraus, dass der Staat für Vollbeschäftigung, Wirtschaftswachstum und das Wohl seiner Bürger zu sorgen habe. Staatliche Macht müsse dazu dienen, Vorgänge am Markt auszugleichen, zu korrigieren und gegebenenfalls auch zu ersetzen. Dieser keynesianische Politikstil herrschte bis Anfang der siebziger Jahre vor. Dann setzte die schwächelnde Konjunktur die Regierungen unter Druck, nach politischen Alternativen zu suchen.

Die Weltwirtschaftsordnung hatte sich zu einer Zeit etabliert, in der die USA gegenüber der übrigen Welt einen gigantischen Handelsüberschuss auswiesen. Die gewaltigen Kosten des Vietnamkriegs und höhere Staatsausgaben im Inneren trugen dazu bei, dass sich die bisherigen Verhältnisse umkehrten. Die Defizite im Haushalt und in der Handelsbilanz stiegen. Der Zustrom von US-Dollar in die Weltwirtschaft drohte die festen Wechselkurse des Bretton-Woods-Systems zu destabilisieren. 1971 setzte Präsident Nixon es außer Kraft und sorgte damit für einen rapiden Anstieg der Ölpreise, der die Produktionskosten rund um den Globus erhöhte. Mit steigender Inflation verlangsamte sich das Wirtschaftswachstum, ein Muster, das als »Stagflation« bekannt wurde. Als die Konjunktur in den siebziger Jahren kurzzeitig einbrach, sanken die Gewinne. Der keynesianische Kompromiss geriet ins Wanken.[61] Im Zusammenspiel bereiteten die genannten Faktoren einer dramatischen ideologischen Wende den Boden.

Es fällt leicht, die Probleme überzubewerten, die in dieser Periode auftraten. All die Jahre hindurch verzeichneten die führenden kapitalistischen Länder anhaltend Wachstumsraten, die um 2 Prozent pro Kopf lagen, also ein höheres Niveau erreichten, als dies in den nächsten drei Jahrzehnten unter dem Neoliberalismus der Fall sein sollte.[62] Der Hinweis, dass sich die Zahl der Arbeitslosen erhöhte, trifft zu, aber sie stieg nur von 3 auf etwas über 4 Prozent an, eine nicht gerade katastrophale Entwicklung, verglichen mit der Großen Depression oder dem Kapitalmarktkollaps von 2008. Und doch reichte der Unmut aus, um neuen Ideen Raum zu geben, und diesen Raum besetzte Milton Friedman. Er behauptete, er habe für das Problem der galoppierenden Inflation die Lösung parat: die Steuerung der Geldmenge. Da neoliberale Gedanken im Aufwind waren, stieß Friedman im gesamten politischen Spektrum auf ein empfängliches Publikum.

Restriktive Geldpolitik zielt darauf ab, Inflation durch eine Erhöhung der Zinssätze zu senken. (Höhere Zinsen vermindern die Kreditaufnahme. Weil Verbraucher dann weniger Geld ausgeben können, sinkt die Inflation.) Aber hohe Zinssätze sind mit einem weiteren Effekt verbunden. Sie nützen den Reichen, indem sie den Wert ihrer Geldanlagen erhalten. Weitere neoliberale Rezepte bringen ähnlich praktische Vorteile: Größere Mobilität des Kapitals, ein entscheidendes Element der Freihandelspolitik, begünstigt, wie Ha-Joon Chang ausführt, insofern die Reichen, als »dank einer größeren Kapitalmobilität die Finanzanleger […] höhere Renditen einfahren als Inhaber anderer (physischer und menschlicher) Vermögenswerte, weil sie ihre Anlagen schneller zu verlagern imstande sind«.[63] In krassem Gegensatz dazu steht der Druck zur »Flexibilisierung« des Arbeitsmarktes, ein Euphemismus für schwindende Arbeitsplatzsicherheit, der dazu dient, die Verhandlungsposition von Gewerkschaften zu schwächen. Und mit der Behauptung, die Unversehrtheit des freien Marktes zu verteidigen, zogen die Neoliberalen gegen die Gewerkschaften zu Felde, während sie die Bildung von Konzernmonopolen mit auffallendem Schweigen hinnahmen.

Indem die neoliberale Ökonomie die Inflation zur Widersacherin der Wirtschaft und eine restriktive Geldpolitik zu deren Retterin stilisierte, zog sie die Aufmerksamkeit der Politik von dem Ziel der Vollbeschäftigung ab. Reagan fasste die neue Stimmungslage mit den Worten zusammen: »Inflation ist gewalttätig wie ein Straßenräuber, furchterregend wie ein bewaffneter Bandit und tödlich wie ein Auftragskiller.«[64] Friedman trat dafür ein, die Inflation unter allen Umständen weiterhin zu bekämpfen, weil sie Investition und Wachstum untergrabe. Es ist eine unbestrittene historische Tatsache, dass eine Hyperinflation für manche Länder verheerende Folgen hatte – so etwa für Deutschland und Ungarn –, doch liegen Welten zwischen einer Hyperinflation und einer Inflation. Selbst Untersuchungen von Verfechtern des freien Marktes legen nahe, dass Inflationsraten unterhalb von 8 bis 10 Prozent keinerlei Auswirkung auf die Wachstumsraten eines Landes haben. Andere Studien haben die Schwelle sogar bedeutend höher angesetzt.[65] Trotzdem wurde die Ansicht, das vorrangige Ziel der Wirtschaftspolitik müsse die Inflationsbekämpfung sein, zu einem Mantra der amerikanischen Ökonomie.

Die Verlagerung des Fokus von der Arbeitslosigkeit hin zur Inflation spiegelte eine umfassendere Verlagerung der Machtverhältnisse wider. Die Begrenzung des Geldmengenwachstums zur Eindämmung der Inflation drosselte die Nachfrage in der Gesamtwirtschaft, was die Arbeitslosigkeit rapide ansteigen ließ und die Verhandlungsposition der Gewerkschaften empfindlich schwächte. Unter Margaret Thatcher schnellte die Anzahl der Erwerbslosen in England von rund 1 Million auf 3,3 Millionen empor. Der britische Ökonom Alan Budd, einst leitender Wirtschaftsberater der Premierministerin, erklärt die Motivation, die hinter der damaligen Politik stand: »Die Politik der 1980er-Jahre, die Inflation durch Druck auf die Wirtschaft und Kürzungen der öffentlichen Ausgaben zu bekämpfen, war ein Vorwand, um die Arbeiter abzustrafen. Das Ansteigen der Arbeitslosigkeit war sehr erwünscht, um die Arbeiterklasse zu schwächen.«[66]

Zusammen führten diese politischen Maßnahmen – insbesondere die Auswirkungen der hohen Zinssätze auf die Gesamtwirtschaft – in die schlimmste Wirtschaftskrise seit der Großen Depression. Bis Mitte der achtziger Jahre, konstatiert John Kenneth Galbraith, sei es den Neoliberalen gelungen, die Inflation dadurch zu bändigen, dass sie »einen schweren Konjunktureinbruch auslösten, eine Kur, die nicht minder schmerzhaft war als die behandelte Erkrankung«.[67] Und doch stieg der Neoliberalismus zur neuen orthodoxen Glaubenslehre auf. Milton Friedman hatte schon früh erkannt, dass

> nur eine – tatsächliche oder eingebildete – Krise echten Wandel hervorbringt. Wenn eine Krise ausbricht, hängen die Maßnahmen, die ergriffen werden, davon ab, welche Ideen sich im Umfeld anbieten. Dies, so glaube ich, ist unsere grundlegende Aufgabe: Alternativen zur existierenden Politik zu entwickeln, sie lebendig und verfügbar zu halten, bis das politisch Unmögliche politisch unvermeidlich wird.[68]

Die Ideen, die »sich im Umfeld anboten«, als der Keynesianismus zu bröckeln begann, waren eben jene, die einige der weltweit größten Konzerne und vermögendsten Einzelpersonen mit ihrer großzügigen Finanzierung herangezogen und verbreitet hatten.

Friedman erreichte ein Massenpublikum, als er 1980 in einer nach seinem Buch *Free to Choose* gestalteten Fernsehshow auftrat, die aus der Stiftung des Milliardärs Richard Mellon Scaife finanziert worden war. Schon zuvor hatte die Verleihung des Alfred-Nobel-Gedächtnispreises für Wirtschaftswissenschaften 1974 an Friedrich August von Hayek und zwei Jahre später an ihn selbst seinen Ideen große Popularität verschafft. (Es handelt sich, nebenbei bemerkt, um einen unabhängig von der Nobelstiftung geschaffenen Preis der schwedischen Finanzelite.) In dieser Zeit finanzierten Stiftungen US-Richtern mit ihren Familien komplette Urlaubsaufenthalte in Miami, um sie in Spezialkurse zu locken, in denen ihnen Friedmans Lehren vom freien Markt nahegebracht wurden. Dabei lag ein Schwerpunkt in der Vermittlung von Argumenten für die Befreiung der Konzerne von Regulierungen. »Bis 1980«, schreibt der Journalist Ben Bagdikian, »hatte an den Kursen ein Fünftel der gesamten Bundesrichterschaft teilgenommen.«[69] Nach den Amtsantritten von Reagan und Thatcher verfügten die angloamerikanischen Konzerne schließlich über Regierungen, die bereit waren, für ihre Interessen zu kämpfen. Sie machten sich daran, Ressourcen und Industrien in private Hände zu überführen, Gewerkschaften zu entmachten, Spitzensteuersätze zu senken und eine Kultur von Konsumismus und Individualismus zu verbreiten.

Eine neue Weltwirtschaftsordnung war entstanden. Die US-Wirtschaft, die inzwischen ein gewaltiges Handelsbilanzdefizit auswies, hing in hohem Maße von den Kapitalströmen ab, die sich aus der übrigen Welt in die Banken der Wall Street ergossen. Von den hohen Zinssätzen und anderen Vorteilen angezogen, flossen Gewinne aus führenden Exportnationen in diese Geldhäuser, in denen sie angelegt und weiterverliehen wurden. 1987 ersetzte Präsident Reagan Paul Volcker als Chef der US-Notenbank Federal Reserve durch Alan Greenspan, einen entschiedenen Verfechter von Deregulierung.

Unter Greenspans Ägide wurde die Finanzindustrie von »staatlichen Eingriffen« befreit. Statt Krisen vorzubeugen, sollte die Regierung ihre Rolle fortan darauf beschränken, die Scherben erlittener Krisen, die sich angeblich nicht vermeiden ließen, zusammenzukehren. Der weltweite Finanzmarktkapitalismus hielt Einzug – mit den US-Banken als dem schlagenden Herzen des Weltwirtschaftssystems.

Nach dem Zweiten Weltkrieg hatten demokratische Kräfte für die britische Bevölkerung einen Sozialstaat erkämpft, dessen Kern der Nationale Gesundheitsdienst bildete, und schon zuvor hatte der New Deal den Bürgern der Vereinigten Staaten bedeutende Errungenschaften gesichert. In den achtziger Jahren jedoch trat die Wirtschaft aus ihrer Defensive heraus. Jetzt war sie in der Lage, hinderliche Kräfte zum Rückzug zu drängen. »Es brauchte 1983 knapp sechs Monate«, schreibt der politische Theoretiker David Harvey, »um fast 40 Prozent der Entscheidungen aus den siebziger Jahren zu revidieren, die aus Sicht der Wirtschaft zu arbeiterfreundlich waren.«[70] Atemberaubend war der alle bekannten Maßstäbe sprengende Anstieg der Staatsverschuldung in den USA. War zuvor fast ein ganzes Jahrhundert verstrichen, bevor sie die Marke von 1 Billion Dollar erreichte, so kletterte sie unter der Reagan-Administration innerhalb eines einzigen Jahrzehnts ohne Krieg oder schwere Wirtschaftskrise auf den dreifachen Wert. Und am meisten profitierten von Reagans Politik die Konzerne und Vermögenden. Der Spitzensteuersatz sank von 78 auf 28 Prozent.[71]

Gleichzeitig versetzte die Politik beiderseits des Atlantiks dem Einfluss der Gewerkschaften vernichtende Schläge. 1981 ging Präsident Reagan gegen Tausende von Fluglotsen vor, die für höhere Löhne und kürzere Arbeitszeiten in den Streik getreten waren. Mitten im Sommer, bei hoher Nachfrage nach Flügen, setzte er über 11 000 Fluglotsen an die Luft, die sich seiner Anordnung widersetzt hatten die Arbeit wiederaufzunehmen. Einen ähnlichen Wendepunkt stellte in Großbritannien der Bergarbeiterstreik 1984/85 dar. Der einjährige Kampf zwischen der Regierung Thatcher und den Bergleuten endete mit einer erheblichen Reduzierung der Arbeitnehmerrechte.[72] Dabei wurde die gesamte Palette der streikbrechenden Strategien aufgeboten, die schon in den dreißiger Jahren angewandt worden waren: Propagandakampagnen, verzerrte Darstellung von Fakten, brutale Polizeieinsätze und das Schüren von Zwietracht unter den Ausständlern. Thatcher wollte aber mehr, als nur die Steuern der Reichen zu senken und die Gewerkschaften zu schwächen. Wie sie es formulierte: »Ökonomie ist die Methode; das Ziel ist, Herz und Seele zu verändern.«[73] Um welche Veränderung es ihr dabei ging, lag auf der Hand: das Ende der sozialen Verantwortung, die Demontage der Idee, dass wir verpflichtet sind, kollektiv füreinander einzustehen. Thatcher drückte sich deutlich aus: »So etwas wie die Gesellschaft gibt es nicht.«[74] Es sei nicht Aufgabe des Staates, Arme, Bedürftige oder Obdachlose zu unterstützen. Meinungsumfragen aus der Zeit nach der neoliberalen Revolution deuten darauf hin, dass sich die Menschen im Vereinigten Königreich tatsächlich in »Herz und Seele« verändert hatten. Laut dem British Social Attitudes Survey, einer Erhebung zum Sozialverhalten der Bürger, sprachen sich Ende der achtziger Jahre fast 60 Prozent der Befragten zugunsten einer Erhöhung der Sozialausgaben aus, selbst wenn sie dafür mehr Steuern zu zahlen hätten. Knapp 30 Jahre später hatte sich diese Zahl auf 30 Prozent halbiert.[75] Begleitet wurde dieser Trend von einer weiteren vielsagenden Wende: einer deutlichen Zunahme meritokratischer Vorstellungen. Ein erheblich größerer Prozentsatz der britischen Bevölkerung neigte zu der Ansicht, dass Wohlstand und Erfolg verdient und eher harter Arbeit als Glück zu verdanken seien.[76]

War die Labour Party traditionell ein Vehikel zur Beförderung von Arbeiterinteressen gewesen, so schwenkte sie in den neunziger Jahren – umbenannt in »New Labour« – auf einen entschieden neoliberalen Kurs ein. Angeführt wurde diese Neuorientierung von Tony Blair, den Margaret Thatcher später als ihre »größte Errungenschaft« bezeichnen sollte. Nachdem er das historische Bekenntnis seiner Partei zur Verstaatlichung der Schlüsselindustrien aufgekündigt hatte, weigerte er sich, die Steuern für Reiche zu erhöhen, Thatchers gewerkschaftsfeindliche Gesetze abzuschaffen und Privatisierungen von Einrichtungen und öffentlichen Diensten rückgängig zu machen. Großen Wert legte er dagegen auf die Absenkung von Unternehmenssteuern. Tatsächlich waren nie zuvor so viele Minister einer Labour-Regierung aus der Geschäftswelt rekrutiert worden wie nach der Übernahme der Macht durch seine Partei im Jahr 1997.[77] Die Wahlkabine hatte damals keine echte Alternative zum Thatcherismus zu bieten. Das Gleiche hatte lange Zeit für die USA gegolten. Unter Präsident Clinton errang und behielt die Demokratische Partei dadurch die Macht, dass sie sich dem neoliberalen Konsens beugte. Darin war Clinton für Blair zum Vorbild geworden.

Gegen Ende des 20. Jahrhunderts agierte die Wirtschaft in einem günstigen Umfeld: Regulierungen waren auf ein Mindestmaß zurückgeschraubt worden, der Wohlstand durfte sich ungehindert konzentrieren, und die Gewichte im verengten politischen Spektrum hatten sich auf angenehme Weise nach rechts verlagert. Ein Chor aus Regierung, Medien und Wirtschaft sang das Loblied auf die Wohltaten des deregulierten Marktes, und viele übernahmen Thatchers triumphierende Verkündigung, es gebe »keine Alternative« zum neoliberalen Kapitalismus, als ihr eigenes Credo. So dominant wurde dieses Paradigma, dass Kommentatoren, an führender Stelle Francis Fukuyama, bald das »Ende der Geschichte« ausrufen sollten.

Ein Dollar, eine Stimme

Wenn demokratische Macht darin versagt, den Markt zu regulieren, um öffentliche Interessen zu schützen, reguliert Marktmacht die Demokratie, um die Interessen der Konzerne durchzusetzen. Zu einem Wendepunkt in dieser Schlacht kam es 1978 in den Vereinigten Staaten, als ein Gericht entschied, dass Konzerne das gleiche Recht wie Einzelpersonen hätten, Wahlen zu finanzieren. Dieses Urteil führte rasch zu einer fast vollständigen Übernahme des US-amerikanischen Wahlkampfprozesses durch Großindustrien der Nation.[78] 2010 wurde es noch durch einen Beschluss des Obersten Gerichtshofes ausgeweitet, dem zufolge auch das Recht auf freie Meinungsäußerung für Konzerne wie für Individuen gleichermaßen gelte. Die Zahlen zeichnen ein klares Bild. 1952 beliefen sich in den USA die Ausgaben sämtlicher Kandidaten und Parteien für den Bundeswahlkampf auf 140 Millionen Dollar. Bis zum Jahr 2000 waren sie auf über 5 Milliarden Dollar angestiegen.[79] In den Präsidentschaftswahlkämpfen investierten amerikanische Unternehmen Hunderte Millionen Dollar in ihre Kandidaten.[80] Zwischen 2000 und 2006 erhöhte sich der durchschnittliche Preis für ein erreichtes Mandat im Senat um 81 Prozent von 5,3 auf über 9,6 Millionen Dollar. Von 1974 bis 1990 »stiegen die Kosten für einen Sitz im Repräsentantenhaus – die durchschnittlichen Ausgaben eines Wahlsiegers – von 56 000 auf 410 000 US-Dollar und verdreifachten sich von 1990 bis 2006 auf 1,25 Millionen Dollar, wohlgemerkt inflationsbereinigt«.[81] Schon in den Jahren vor Trumps Präsidentschaft waren mehr als die Hälfte der US-Senatoren Millionäre.[82]

Die Prioritäten dieser Politiker liegen auf der Hand. 2013 zeigte eine in der Fachzeitschrift *Political Research Quarterly* veröffentlichte Studie, dass Senatsmitglieder vor allem die Anschauungen ihrer reichsten Wählerschaft repräsentieren.[83] 2014 gelangte eine Untersuchung der Princeton University zu ähnlichen Schlüssen. Einem ihrer Autoren, Martin Gilens, zufolge zeigen die Daten, dass »Normalbürger praktisch keinerlei Einfluss darauf haben, was ihre Regierung in den Vereinigten Staaten tut. Wirtschaftliche Eliten und Interessensgruppen, insbesondere aus der Wirtschaft, genießen dagegen ein erhebliches Maß an Einfluss.«[84] Die Auswertung des Materials ergab, dass

> eine Mehrheit von Bürgern gewöhnlich unterliegt, wenn sie mit den wirtschaftlichen Eliten und/oder den organisierten Interessen nicht übereinstimmt. Und weil dem politischen System in den USA zudem eine starke Tendenz innewohnt, den Status quo aufrechtzuerhalten, erreichen Amerikaner einen favorisierten politischen Wandel nicht einmal dann, wenn sie über eine satte Mehrheit verfügen.[85]

Ein gutes Beispiel ist die Ölindustrie. Große Ölunternehmen hatten von jeher politischen Einfluss, aber nach dem Amtsantritt von George W. Bush 2001 beschränkten sie sich nicht mehr nur darauf, die Regierung zu beeinflussen, sondern wählten zudem noch den direkteren Weg, indem sie die Regierungsgeschäfte gleich selbst übernahmen. In *The Tyranny of Oil* schreibt Antonia Juhasz, dass »die Bush-Administration der Siegespreis war, auf den die großen Ölkonzerne seit einhundert Jahren hingearbeitet hatten«.[86] Bush besetzte die Spitzenpositionen seiner Administration mit über 30 ehemaligen Vorständen, Lobbyisten und Anwälten aus dem Energiesektor.[87] Dass dieser Klüngel aus mächtigen Insidern in der Regierung vertreten war, hinderte die Ölgiganten nicht daran, gewaltig zu investieren, um ihren Einfluss noch auszubauen. Von 1998 bis 2006 gaben ExxonMobil, BP und Chevron über 12 Millionen US-Dollar für Präsidentschafts- und Kongresswahlkämpfe aus. Die eigentlichen Summen fließen allerdings erst, wenn nach Ende der Wahlen die politischen Entscheidungsprozesse anlaufen. So wendete ExxonMobil von 1998 bis 2006 über 80 Millionen US-Dollar für Lobbyarbeit bei der US-Regierung auf.

Was wird mit diesem Geld erkauft? Eine Studie untersuchte die Ergebnisse von sieben verschiedenen wichtigen Abstimmungen zu Gesetzesvorlagen, an deren Ablehnung die Ölindustrie ein klares Interesse hatte. Juhasz' Resümee:

> Die Mitglieder von Abgeordnetenhaus und Senat, die gegen die Vorschläge stimmten, erhielten mehr als viermal so viel Ölgelder wie diejenigen, die zugunsten des öffentlichen Interesses stimmten. Insgesamt votierten die 25 Kongressmitglieder, die zwischen 2000 und 2007 am meisten Ölgelder erhalten hatten, im Durchschnitt zu 86 Prozent für Gesetzesvorlagen zugunsten von Big Oil.[88]

Banken sind ein weiterer Sektor mit bemerkenswertem politischem Einfluss. Von 1998 bis 2008 gab die Finanzbranche über 1,7 Milliarden US-Dollar für Wahlkampfhilfe und 3,4 Milliarden Dollar für Lobbyarbeit bei der Regierung aus.[89] Dabei zeigten sich die Geldhäuser am großzügigsten, die bei Deregulierungen und Konsolidierungen am meisten zu gewinnen hatten. Nachdem der Staat ein Hunderte Milliarden Dollar schweres Rettungspaket geschnürt hatte, polterte Senator Richard Durbin im April 2009, dass »die Banken – kaum zu glauben in einer Zeit, in der wir mit einer Bankenkrise konfrontiert sind, die viele von ihnen verursacht haben – noch immer die einflussreichste Lobby auf dem Capitol Hill stellen. Und sie nehmen ihn ganz offen in Beschlag.«[90] Im Oktober 2009 waren 1537 Lobbyisten registriert, die gegen Vorschläge des Kongresses für eine Finanzmarktregulierung arbeiteten. Damit übertrafen sie die Lobbyisten, die für eine stärkere Regulierung eintraten, zahlenmäßig in einem Verhältnis von 25 zu 1.[91]

Ihren Einfluss sicherte sich die Wall Street dank ihrer Fähigkeit, Schlüsselpositionen der Regierung mit eigenen Leuten zu besetzen. Goldman Sachs weist in dieser Hinsicht eine besonders eindrucksvolle Bilanz auf. Robert Rubin, Bill Clintons erster Leiter des Nationalen Wirtschaftsrats (NEC) und sein zweiter Finanzminister, verbrachte 26 Jahre bei dieser Investmentbank. Bushs letzter Finanzminister Henry Paulson war von 1999 bis 2006 ihr CEO gewesen. Gary Gensler und Robert Steel, beide Staatssekretäre im Finanzministerium Clintons bzw. Bushs, kamen ebenfalls von Goldman Sachs. Diese Karrieren könnten bei der Klärung der Frage helfen, warum Manager von Goldman Sachs nach dem Finanzcrash von 2008 eine der größten Bonusauszahlungen in der Konzerngeschichte einsackten.[92]

Der neoliberale Konsens ist auch im britischen Establishment tief verankert. Was einst als Extremposition angesehen wurde, gilt inzwischen weitgehend als selbstverständliche »Denke« unter Politikern, Journalisten und Wirtschaftsführern und wird auf vielfältige Weise reproduziert und verstärkt: durch Thinktanks, eine von Milliardären betriebene Medienmaschinerie, Lobbyarbeit und Parteispenden von Konzernen wie auch durch eine Drehtürpolitik, die dafür sorgt, dass Mitglieder dieser Elite glatt und leicht zwischen Regierungsposten, Medieninstitutionen, Unternehmensvorständen und Denkfabriken hin und her wechseln können. Der Personalfluss zwischen Positionen in den einflussreichen Kreisen dient dazu, Perspektiven zu festigen und Netzwerke zu stärken. Er schafft finanzielle und karrierefördernde Anreize für diejenigen, die bereit sind, die neoliberale Weltsicht zu verbreiten. In politischer Hinsicht läuft dies auf Privatisierungen, Auslagerungen staatlicher Leistungen, Demontage des Sozialstaats, Abbau von Regulierungen und Steuersenkungen für Unternehmen und Reiche hinaus.[93]

Eine der einflussreichsten Interessengruppen in Großbritannien ist die Tax Payers' Alliance. Offiziell gibt sie vor, sie wolle »Politiker dazu zwingen, den einfachen Steuerzahlern zuzuhören«, in Wirklichkeit aber ist sie eine von reichen Geschäftsleuten finanzierte Organisation, die eine kompromisslose Politik des »freien Marktes« verficht. Einflussreiche neoliberale Gruppen stehen besonders den Konservativen nahe. Ein stetiger Personalaustausch zwischen beiden verdeutlicht ihre gemeinsamen Interessen.

Besonders klar tritt die Rolle des Geldes in der Politik in der Finanzierung politischer Parteien hervor. Eine Partei kommt mit einer kleinen Anzahl von Spendern aus, solange sich diese nur ausreichend großzügig zeigen. So stellten in Großbritannien zwischen 2001 und Mitte 2010 ganze 224 Geber 40 Prozent der Spendenaufkommen der drei wichtigsten Parteien. In diesem Zeitraum bekamen die Konservativen von nur 15 Gruppen in Handel, Industrie und Finanzbusiness über 45 Millionen britische Pfund gespendet.[94] Besonders freigebig zeigte sich der Hedgefonds-Manager Michael Farmer, der der Partei laut Informationen der Electoral Reform Society über 6,5 Millionen Pfund zuschusterte.[95]

Nachdem Schatzkanzler Alistair Darling von der Labour Party eine Steuer auf Boni für Manager von Finanzinstituten eingeführt hatte, erhielt er, wie er berichtete, »eine Menge Anrufe von einer Menge Bankern [...], die sagten, dies würde sie dazu veranlassen, sehr lange und sehr gründlich über London nachzudenken«.[96] Vor den darauffolgenden allgemeinen Wahlen stieg der Anteil der Spenden aus dem Bankensektor an den gesamten Zuwendungen, die die Konservative Partei erhielt, von einem Viertel auf die Hälfte an. Die Investition war klug gewählt. Nach ihrem Machtantritt machten die Konservativen entschieden Stimmung gegen die Finanztransaktionssteuer, welche die Europäische Kommission auf die Agenda gesetzt hatte. Und als die EU 2011 vorschlug, Boni für Bankvorstände zu begrenzen, verwendete die konservativ geführte britische Regierung über 100 000 Pfund Steuergelder dazu, um vor dem Europäischen Gerichtshof dagegen zu klagen. Im Jahr 2008 konstatierte ein Bericht über Lobbyismus, den das Public Administration Select Committee des Unterhauses erstellt hatte, »eine von vielen geteilte, sich im Ausmaß öffentlichen Vertrauens widerspiegelnde Besorgnis, dass es einen vorwiegend von der Geschäftswelt gestellten inneren Kreis gibt, dem ein privilegierter Zugang und übermäßiger Einfluss gewährt ist, [... und dass] kommerzielle Unternehmen und Organisationen gegenüber gemeinnützigen Körperschaften einen Vorteil genießen, der mit der Höhe der finanziellen Mittel zusammenhängt, mit denen sie auf den politischen Prozess einzuwirken vermögen«. Dieser privilegierte Zugang hat den Staat in eine Quelle splendider Unternehmensfürsorge verwandelt. In einem Haushaltsjahr, in dem einigen der Schwächsten in der Gesellschaft große Opfer zugemutet wurden, erwies die britische Regierung den Unternehmen Wohltaten – direkte Beihilfen, Subventionen und Steuersenkungen – im Wert von 93 Milliarden Pfund, eine Summe, mit der sich das gesamte Haushaltsdefizit hätte decken lassen. Der renommierte Wirtschaftskommentator Aditya Chakrabortty erklärte im Juli 2015 im *Guardian*:

> Als Richard Bransons [Fluggesellschaft] Virgin Atlantic 2011 von der walisischen Regierung 28 000 Pfund kassierte, um in Swansea ein Callcenter zu gründen, war dies eine Form sozialer Unterstützung. Die deutschen, französischen und holländischen Unternehmen, die inzwischen unsere Eisenbahnen betreiben, werden von der britischen Bevölkerung mit Hunderten von Millionen subventioniert. Die 45 Milliarden Pfund an Steuervergünstigungen, die Firmen zugutekommen, sind eine Form sozialer Unterstützung. Und dies gilt auch für die ultragünstige Ausfallversicherungsgarantie, die der Staat für Exporteure wie BAE Systems übernimmt. Keine dieser Maßnahmen wird als Sozialprogramm für Unternehmen etikettiert, obwohl es sich genau darum handelt: um direkte öffentliche Ausgaben mit dem Ziel, Firmen zu schützen und zu unterstützen.[97]

Dieser staatliche Großmut erstreckt sich auch auf die Steuerlast oder, besser gesagt, deren Fehlen. Der führende Steuerexperte und Berater des Finanzministeriums Philip Baker macht deutlich: »Ich glaube nicht, dass man im Rückblick auf die letzten zwanzig Jahre oder so behaupten kann, Regierungen hätten eine Politik der Unternehmensbesteuerung betrieben. Vielmehr haben die Großunternehmen eine Politik betrieben, die den Regierungen die Richtlinie für die Unternehmensbesteuerung vorgab.«[98]

Am unmittelbarsten und schädlichsten wirkt wohl der Einfluss der Eliten durch die Drehtür zwischen Wirtschaft und Regierung: Vertreter von Regierungen wechseln auf Posten in der Privatwirtschaft, und Unternehmensvertreter werden in Ämter in Regierung und Staat berufen. Ein Bericht von 2011, erstellt von David Beetham, der Politikwissenschaften an der Leeds University lehrt, kam zu dem Ergebnis, dass zwischen 2006 und 2008 »nicht weniger als 28 ehemalige Minister Stellen im Privatsektor übernommen haben. Von ihnen waren 13 noch Parlamentsabgeordnete.« Unter anderem hatten sieben ehemalige Gesundheitsminister auf Posten oder in Beratertätigkeiten im privatwirtschaftlichen Gesundheitssektor gewechselt; sechs ehemalige Verteidigungsminister arbeiteten nach ihrem Ausscheiden bei Vertragspartnern des Ministeriums, dem sie angehört hatten; und sieben Exminister waren in die Finanzindustrie »rotiert«.[99]

Natürlich ermöglicht die Drehtür Wechsel in beide Richtungen. Eine Studie stellte fest, dass allein die Barclays Bank 14 »Drehtürverbindungen« zur Regierung hatte, während zehn weitere Banken mehr als fünf besaßen.[100] So überrascht es denn auch nicht, dass die Barclays Bank 2009 nur rund 1 Prozent Unternehmenssteuer zu entrichten hatte oder dass es den vier größten britischen Banken erlaubt bleibt, zusammen 1649 Unternehmen in Steueroasen zu betreiben.[101]

Nach dem Crash 2008 wurden die drei offiziellen Überprüfungen zur »britischen Bankenführung, [zu] britischen Offshore-Finanzzentren und den internationalen Finanzdienstleistungen des Vereinigten Königreichs« von Vertretern der Banken geleitet.[102] Um das wachsende Problem des Übergewichts anzupacken, holte sich der damalige britische Gesundheitsminister Andrew Lansley Rat bei Vertretern von McDonald's, KFC, Mars und PepsiCo, während eine Gruppe, die sich auf Alkoholmissbrauch konzentrierte, vom Chef des Verbands der Wein- und Spirituosenhändler geleitet wurde. Die Liste der Beispiele ließe sich erheblich verlängern.[103]

Der neoliberale Konsens ist inzwischen so fest verwurzelt, dass sogar Minister britischer Regierungen die Wirtschaft anfeuern, für den freien Markt zu kämpfen. 2014 drängte der konservative Schatzkanzler George Osborne eine Zuhörerschaft aus hochkarätigen Unternehmensmanagern, »hinauszugehen und das Argument der Wirtschaft zu vertreten, weil es eine Fülle von Interessensgruppen, Gewerkschaften, gemeinnützigen Organisationen und Ähnlichem gibt, die die Gegenposition beziehen werden«. Und er fuhr fort: »Ich weiß, dass es zuweilen schwerfällt, sich aus dem Fenster zu lehnen, aber dies ist der einzige Weg, wie wir diese Debatte zugunsten einer unternehmerischen, geschäftsorientierten, ohne hohe Steuerlast agierenden Wirtschaft gewinnen können, die […] ein für Unternehmertum, für Geschäftssinn, für den freien Markt offenes Land erschafft.«[104]

David Beetham beschließt seinen Bericht mit der Einschätzung: »Anstelle öffentlicher Kontrollprozeduren haben wir die Unterwerfung unter eine Oligarchie der Wohlhabenden und wirtschaftlich Einflussreichen. Anstatt des Einzelkämpfertums haben wir die bequeme Aneignung politischen Einflusses und die gut geölte Drehtür zwischen Regierung und Unternehmenssektor.«[105]

Frei von Demokratie

Der Ablauf von Wahlen wurde oft mit einem Marktplatz verglichen, auf dem Parteien ihre Ideen anpreisen, und die Wähler entscheiden an der Urne, was sie in den Einkaufskorb packen wollen. In *Golden Rule* (1995), einer schlüssigen Studie zum Zustand der Demokratie in den USA, vertritt der amerikanische Politologe Thomas Ferguson die Ansicht, dass »wir eine andere Vorstellung vom politischen System brauchen, in der nicht Wähler, sondern Wirtschaftseliten die Hauptrolle spielen«. Nach Ferguson verfügen die meisten Wähler nur über äußerst begrenzte Mittel und sind auch nur unzureichend und häufig falsch informiert. Der »Markt« für politische Parteien »wird von Großinvestoren bestimmt, die gewöhnlich gute Gründe haben, in die Herrschaft über den Staat zu investieren. [...] Blöcke von Großinvestoren bestimmen den Kern der politischen Parteien und zeichnen für das Gros der Signale verantwortlich, die diese Parteien an die Wähler aussenden«.[106]

Reiche »Investoren« zu gewinnen, ist zu einer Frage des politischen Überlebens geworden. 1999 bat Jim Nicholson, Vorsitzender des für Spendeneinwerbung und Wahlkampfkoordination zuständigen Republican National Committee, den Vorstandschef des Pharmaunternehmens Bristol-Myers Squibb in einem Schreiben um eine Spende von 250 000 Dollar. »Wir [müssen] die Kommunikationskanäle offenhalten«, so erklärte er, »um Gesetze durchzubringen, die Ihrer Branche nützen.«[107] An den Motiven und Erwartungen von Konzernen, die politischen Parteien Spenden zukommen lassen, kann es keinen Zweifel geben. Rechtlich verpflichtet, größtmögliche Gewinne zu erzielen, können sie Parteispenden vor Aktionären nur als Investitionen rechtfertigen, die Erträge erwarten lassen. Wie der Rechtswissenschaftler Joel Bakan erklärt: »Das Geld, das sie in den politischen Prozess stecken, ist eine Betriebsausgabe, eine Investition, um ein politisches Klima zu schaffen, das ihre Rentabilität fördert und somit ihr Überleben erleichtert.«[108]

Im August 2015 offenbarte *The New York Times*, dass »knapp 400 der vermögendsten Familien der USA fast die Hälfte der eingeworbenen Spenden [...] für Präsidentschaftskandidaten beider Parteien bereitgestellt« hätten.[109] Wo unter Großinvestoren Konsens herrscht, gibt es zwischen großen Parteien, wenn überhaupt, kaum noch Debatten. Dazu merkt Thomas Ferguson an: »Wenn alle wichtigen Investoren ein Interesse daran haben, dass für das Wahlvolk entscheidende Themen wie soziale Sicherung, Arbeitszeiten oder Tarifverhandlungen ausgeblendet werden, dann ist das für das Wahlvolk umso schlimmer.«[110]

Nach einer Umfrage von YouGov unterstützt eine Mehrheit der Wähler in Großbritannien – darunter vier von zehn Wählern der Konservativen – einen Spitzensteuersatz von 75 Prozent, ohne dass eine wichtige politische Partei sich einer entsprechenden Politik verschrieben hätte. Eine weitere Umfrage zeigte, dass sich die Briten zu 60 Prozent eine Erhöhung des Mindestlohns wünschen. 70 Prozent sind für die Renationalisierung der Energieunternehmen. Und zwei Drittel unterstützen die Rücküberführung von Post und Eisenbahnen in öffentliches Eigentum. Vor der überraschenden Wahl Jeremy Corbyns zum Labour-Chef im Jahr 2015 – eine Anomalie im System – waren diese Optionen in der breiten Diskussion fast völlig unbeachtet geblieben, weil sie außerhalb des Konsenses der Großinvestoren in der Politik gelegen hatten.[111] Diese und zahlreiche weitere Beispiele sind Belege für ein System, in dem nicht die Anzahl von Stimmen, sondern Reichtum Einfluss schafft. Große wirtschaftliche Ungleichgewichte erzeugen große politische Ungleichheit.

Wo der Begriff »frei« gebraucht wird, stellt sich die Frage »Frei von was?« Der »freie« Markt ist frei von demokratischer Kontrolle. Die logische Konsequenz einer »Befreiung« der Märkte ist die Unterwerfung der nationalen Souveränität unter die Interessen multinationaler Konzerne. In den Entwicklungsländern ist dies seit langem der Fall, doch in letzter Zeit vollzieht sich dieser Prozess im Zeichen internationaler Handelsabkommen auch in den wohlhabenden Nationen. Im Vorfeld dieser Entwicklungen stehen Verträge wie das Transatlantische Freihandelsabkommen TTIP zwischen der Europäischen Union und den USA, das darauf hinausläuft, die Souveränität der Unternehmensgewinne über Nationen und Menschen gesetzlich zu verankern – mit der Einrichtung internationaler Schiedsgerichte, vor denen Großkonzerne Staaten verklagen können, wenn deren Regierungen im Interesse ihrer Bevölkerungen Gesetze erlassen, die die Gewinnerwartungen der Investoren schmälern. Demokratisch gewählte Vertreter hätten sich so den Entscheidungen von Juristen zu beugen, die Wirtschaftsinteressen vertreten, aber in geheimen Anhörungen wie Richter agieren und Urteile fällen dürfen, gegen die Betroffene keine Berufung einlegen können.[112] Beispiele solcher Geheimgerichte, die Staaten dazu verurteilt haben, gewaltige Entschädigungssummen zu zahlen, gibt es schon jetzt.[113] Je mehr solcher Handelsabkommen in Kraft treten, desto eher werden sie die Macht von Regierungen, die Interessen ihrer Bürger zu schützen, und die der Bürger, sich gegen Zugriffe von Konzernen zu wehren, zunichtemachen.

―

Eine Bleistiftspitze hält über einem Stimmzettel inne. Der Wähler, der den Stift in der Hand hält, kann sein Kreuz an beliebiger Stelle setzen – in einer »freien Wahl«, die einen Moment demokratischer Teilhabe darstellt. Dieses heilige Ritual verstellt allerdings den Blick für die Tatsache, dass der Sinn unserer scheinbar demokratischen Entscheidungen weitgehend ausgehöhlt worden ist. Mittels enger Zusammenarbeit, langfristiger Planung und gigantischer Finanzkraft schufen kleine Eliten ein Umfeld, in dem der demokratische Prozess darauf zugeschnitten wurde, Ergebnisse sicherzustellen, die kurzfristigen Konzerninteressen und privater Bereicherung dienen. Auch wenn sich dieses Kapitel auf die USA und Großbritannien als den Vorreitern der Wahldemokratie im 20. Jahrhundert konzentriert hat, gelten die angeführten Befunde für die Entwicklung und Funktionsweisen sämtlicher moderner Demokratien.

Während Propaganda die öffentliche Meinung formt, stehen die Regierungen unmittelbar unter dem Druck, die Optionen zu begrenzen, die dem Wähler offenstehen. Diese Doppelstrategie bildet einen mächtigen Herrschaftsmechanismus. Wie Zauberkünstler, die eine Karte ziehen lassen, aber schon wissen, welche gezogen wird, entwickelten Konzerne ein Geschick darin, politische Ergebnisse zu fabrizieren. Die Illusion der Freiheit bleibt gewahrt, während die Realität der Herrschaftsverhältnisse verschleiert wird. Auch wenn man vielleicht besser damit leben kann, hintergangen als zu etwas gezwungen zu werden, so ist es doch hinterlistige Täuschung, von »Wahlfreiheit« zu sprechen, und das Ganze als Demokratie zu bezeichnen, entwertet den Begriff.

Politische Macht residiert nicht in der Wahlkabine. Hat ein Konsens in den Köpfen von Politikern und Beamten erst richtig Wurzeln geschlagen, ist echte Auswahl auf dem Stimmzettel nicht mehr zu haben. Angesichts der Regelmäßigkeit, mit der Politiker Wahlversprechen brechen, ist selbst das präsentierte enge Alternativenspektrum illusorisch. Wie Politiker aller Couleur gern hervorheben, hängen Regierungen von den Konzernen ab, die sich jederzeit aus dem Land zurückziehen und Wohlstand und Arbeitsplätze verlagern können, wenn sie das Gefühl überkommt, dass sich Bedingungen zu ihrem Nachteil entwickeln.

Während die demokratische Teilhabe des Durchschnittswählers in der Sekunde, in der er sein Kreuz gesetzt hat, bis zum nächsten Wahltermin endet, währt die der Konzerne beständig und im industriellen Maßstab fort. Die Arbeit von Unternehmenslobbyisten, Denkfabriken und Anwälten hört niemals auf. Die Drehtür zwischen Industrie und Regierung rotiert stetig weiter. Was den Großspendern im Wahlkampf geschuldet ist, löst sich nicht in Wohlgefallen auf – so wenig wie der Einfluss der Finanzquellen auf Bildung und Medien. Über zahlreiche Kanäle erkauft immenser Reichtum immense politische Vorteile für die Vermögenden, insbesondere, wenn sie kooperieren, um gemeinsame Interessen zu bedienen. Nicht die besten, sondern die bestfinanzierten Ideen setzen sich durch. Schmiergelder treten an die Stelle einer Politik der Teilhabe. Gleichwohl erscheint die Ausübung von Macht dank der Mechanismen des Marktes so unpersönlich, dass sie nicht Einzelnen oder Institutionen, sondern heiligen, vermeintlich objektiven ökonomischen Gesetzen zugeschrieben wird, zu denen es, wie man uns erzählt, keine Alternative gebe. Die hartnäckige Vorherrschaft dieser Doktrin ist vielleicht die größte Errungenschaft unternehmerischer Öffentlichkeitsarbeit. Als die mit Abstand mächtigsten Akteure am Markt haben die Konzerne jedes Interesse an der Wahrung des Mythos, dass staatliche Regulierung Zwang darstelle, während die – angeblich von Voluntarismus und Kooperation bestimmten – Märkte frei seien.

Denker wie Friedrich August von Hayek haben aus den verheerenden Machtmissbräuchen, die in ganz Europa unter kommunistischen und faschistischen Diktaturen stattfanden, eine klare Lehre gezogen:

Staatliche Macht muss begrenzt werden. Aber auch wenn der Staat – mit seinem Gewaltmonopol – sicherlich eine Quelle konzentrierter Macht darstellt, so ist er doch nicht die einzige. Die weltweit größten Konzerne verfügen inzwischen über mehr Reichtum als zahlreiche Nationen. 2010 lagen nur 23 Nationen – darunter Dänemark, Österreich, Griechenland, Portugal, Israel und Malaysia – mit ihrem Bruttoinlandsprodukt über dem Umsatz des Walmart-Konzerns, während dieser das Bruttoinlandsprodukt aller übrigen Staaten überstieg. Der Jahresumsatz von ExxonMobil übertraf das BIP Finnlands. Fast die Hälfte der auf einer Liste für das Jahr 2010 aufgeführten 100 finanzstärksten Wirtschaftseinheiten des Planeten waren Konzerne.[114] Angesichts dieser Fakten ist es nicht sinnvoll, im Namen der individuellen Freiheit nach einer strikten Begrenzung staatlicher Macht zu rufen, wenn dabei ganz oder weitgehend aus dem Blick gerät, dass Konzerne über genauso viel Macht verfügen, gerade auch hinsichtlich ihrer Erfolge bei der Vereinnahmung staatlicher und einflussreicher internationaler Institutionen. Immerhin ist ein demokratischer Staat, zumindest in der Theorie, den Menschen verpflichtet, ein Konzern hingegen nicht.

Mit ihrem einseitigen Bemühen, Konzentration staatlicher Macht zu verhüten, verschaffte die neoliberale Ideologie den Wirtschaftsgiganten eine nützliche Tarnung. Die Ideale der Freiheit, des Voluntarismus, der Wahlmöglichkeiten und der Leistungsbereitschaft beschwörend, gelang es ihr, den systematischen Kampf der Konzerne um Ausweitung und Konsolidierung ihrer Herrschaft zu maskieren. Natürlich ist und bleibt Skepsis gegenüber jeglicher Staatsmacht berechtigt, doch das ist eben nur die halbe Geschichte. Jede Konzentration von Macht, ob in einem Staat oder einem Konzern, ist stets für Missbrauch anfällig.

6
—
MÄRKTE

Im Jahr 1819 verbot das britische Parlament unter dem wachsenden Druck der Arbeiterbewegung, Kinder unter neun Jahren in Baumwollfabriken zu beschäftigen, wo besonders gefährliche Arbeitsbedingungen herrschten.[1] Auch den älteren Kindern kamen die neuen Bestimmungen zugute, denn sie beschränkten ihre Arbeitszeit auf Zwölf-Stunden-Schichten. Das Gesetz, der sogenannte Cotton Mills and Factories Act, war hochumstritten. Ein häufig geäußerter Einwand lautete, es beschneide die Freiheit der Arbeiter, Verträge zu schließen, die beiden Parteien nützten. Wo lag das Problem, wenn Kinder arbeiten und Fabrikbesitzer sie beschäftigen wollten? Selbst manchen Eltern war das Gesetz ein Dorn im Auge. Sie befürchteten, ihre Familie könnte ohne das Extraeinkommen der Kinder nicht überleben.

Heute sind Vorschriften, die Kinder vor Ausbeutung schützen, zumindest in reicheren Ländern selbstverständlich und sogar schon aus der Wahrnehmung verschwunden, weil die ihnen zugrunde liegenden ethischen Normen weithin akzeptiert werden.[2] Die Kritiker, die sich im frühen 19. Jahrhundert gegen solche Regelung aussprachen, hatten in einer Hinsicht recht: Das Verbot, Kindern zwölfstündige Arbeitsschichten unter gefährlichen Bedingungen zuzumuten, stellt einen Eingriff in den freien Markt dar – allerdings einen gerechtfertigten, weil nicht darauf vertraut werden kann, dass der Markt das Wohl von Kindern schützt, und das ist ein Gut, das den meisten von uns heute extrem wichtig ist.

Den heutigen Märkten sind zahlreiche weitere Beschränkungen auferlegt worden, die Standards gewährleisten und das öffentliche Interesse schützen sollen. Lebensmittel müssen nach vorgegebenen

Richtlinien gekennzeichnet werden. Werbung ist Regeln unterworfen. Zahlreiche Berufe dürfen nur mit staatlicher Zulassung ausgeübt werden. Wir können nicht Handel treiben, wo und wie es uns passt. In Wohngebieten sind störende Gewerbe untersagt. Bars, Restaurants und Clubs müssen gesetzliche Ruhezeiten einhalten. Drogen-, Waffen- und Menschenhandel sind verboten. Und über Gesetze, Wahlergebnisse, staatliche Anordnungen und Standorte von Universitäten entscheiden – zumindest offiziell – nicht die Meistbietenden. »Damit Waren erworben und verkauft werden können«, schreibt der Wirtschaftswissenschaftler Raj Patel, »müssen sie zu Objekten werden, von denen die Leute *denken*, dass sie erworben und verkauft werden können.«[3] Inwieweit mit der Gesundheitsvorsorge, dem Bildungswesen und, in jüngerer Zeit, dem Recht, die Umwelt zu verschmutzen, Handel getrieben werden darf, wird diskutiert. »Handelsware« ist keine feststehende Kategorie. Was dazugehört und was nicht, hängt von sozialen Normen ab, die ihrem Wesen nach im Fluss sind.

Ein völlig freier Markt existiert nicht. Darauf weist der Ökonom Ha-Joon Chang hin: »Jeder Markt hat Regeln und Grenzen, die die Wahlfreiheit einschränken. Ein Markt scheint nur deshalb frei zu sein, weil wir die Beschränkungen so vorbehaltlos akzeptieren, dass sie uns gar nicht mehr auffallen.«[4] Es gibt keine objektive Methode, seine Grenzen zu bestimmen. Sie sind Gegenstand eines permanenten Wettstreits, wobei sich die jeweiligen Konfliktparteien gern darauf berufen, dass sie auf der Seite der Freiheit seien. Entscheidungen, die diese Grenzen und die Rolle des Staates im Marktgeschehen festlegen, sind politischer und letztlich ethischer Natur: Sie befördern manche Interessen auf Kosten anderer. Der Ruf nach einem freieren Markt ist eine politische Position wie jede andere, eine, die scheinbar ganz nebenbei darauf hinwirkt, dass Macht sich von einer Frage der Stimmen zu einer Frage des Geldes entwickelt. Wenn einige Ökonomen, so Chang, »die Einführung einer Regulierung ablehnen, weil sie die ›Freiheit‹ eines Marktes beschränke, dann bringen sie damit lediglich ihre politische Meinung zum Ausdruck«, nämlich darüber, wessen Freiheit Vorrang haben soll.[5]

Wie viele neoliberale Denker war Milton Friedman davon überzeugt, dass »hinter den meisten Argumenten gegen den freien Markt […] der mangelnde Glaube an die Freiheit selbst« stecke.[6] Er bekannte sich dazu, dass er den Kapitalismus wegen der einzigartigen »Wahlfreiheit«, die er biete, selbst dann vertreten würde, wenn er sich als weniger erfolgreich als ein anderes System erweisen sollte. Dabei hat Friedman, wenn er von wirtschaftlicher Freiheit redet, etwas ganz Spezielles im Sinn. Im Einklang mit den meisten Wirtschaftswissenschaftlern meint er damit keineswegs, dass Menschen über ihre ökonomische Existenz mitbestimmen, einen passablen Lebensstandard haben oder auch nur über die Mittel verfügen sollten, um ihren Grundbedarf zu decken. Vielmehr ist wirtschaftliche Freiheit für ihn nicht mehr und nicht weniger als die Freiheit jedes Einzelnen, mit sich selbst und seinem Eigentum zu machen, was er will.

Diese Denkweise geht auf den klassischen Liberalismus zurück, der sich auf das Ideal der individuellen Freiheit als seinem Kernbestandteil beruft. Viele ihrer Vertreter waren der Meinung, solche Freiheit sei nicht mit politischer Demokratie zu vereinbaren. Die Mehrheit der Besitzlosen, so glaubten sie, würde ihre Stimme dazu nutzen, die Errungenschaften des Marktes zu zerrütten und Wohlstand umzuverteilen, und damit gegen die von Neoliberalen als »menschliches Urrecht« angesehene Freiheit verstoßen, »mit seinem Eigentum zu machen, was man will«.[7] Nach neoliberaler Lehre muss wirtschaftliche Freiheit dem »freien Markt« anvertraut werden, so wie politische Freiheit in die Obhut »freier Wahlen« gelegt wird.

Ein Markt ist eine gesellschaftliche Institution, deren Teilnehmer Güter und Dienstleistungen zu Bedingungen austauschen, die von den jeweiligen Partnern als vorteilhaft empfunden werden. Kapitalismus ist ein System, in dem auf privater Basis Güter erzeugt werden, um sie gewinnbringend zu verkaufen. Adam Smith wird allgemein das Verdienst angerechnet, dass er die Welt auf einen bemerkenswerten Mechanismus aufmerksam gemacht habe, der dem Markt offenbar innewohnt: Eine »unsichtbaren Hand«, schreibt Smith, scheine den privaten Austausch so zu lenken, dass er Entwicklungen fördere, die im öffentlichen Interesse lägen.[8] Der Markt mache zügellosen Eigennutz anscheinend in einer Weise nutzbar, in der er dem Gemeinwohl diene. Das – einst mit Sünde assoziierte – Streben nach Gewinn und Reichtum wurde so zu einer positiven und mächtigen Kraft umdefiniert. Bis heute herrscht weltweit die Ideologie vor, Markprozesse würden, sobald sie sich frei von staatlicher Bevormundung entfalten könnten, nicht nur effizient Güter und Dienstleistungen erzeugen, verbreiten und verteilen, sondern auch die Freiheit des Einzelnen schützen und fördern. Wie wir sehen werden, ist dies eine gefährliche Fiktion.[9]

Milton Friedman räumte ein, dass die »Existenz eines freien Marktes […] natürlich nicht die Notwendigkeit einer Regierung [ersetzt]. Im Gegenteil: Die Regierung ist einmal wichtig als das Forum, das die ›Spielregeln‹ bestimmt, und zum anderen als der Schiedsrichter, der über die Regeln wacht und sagt, ob sie auch richtig ausgelegt wurden.«[10] Folglich führen Debatten um den »freien Markt« rein im Sinne eines »Dafür« oder »Dagegen« ins Leere. Was angesichts der Notwendigkeit von Regeln zählt, ist die Frage, wie diese aussehen und welche Ergebnisse wir uns von ihnen erhoffen. Dennoch wird die Diskussion regelmäßig so dargestellt, als gehe es um einen Kampf zwischen dem wundertätigen freien Markt und den gefährlichen Eingriffen eines schlecht funktionierenden und Zwang ausübenden Staates.

Ein Beispiel für diese Darstellung lieferte einer der weltweit einflussreichsten Verfechter des freien Marktes. Von 1987 bis 2006 war Alan Greenspan Vorsitzender der US-Notenbank, ein führender Regulator der Weltwirtschaft.[11] »Ich habe durchaus eine Ideologie«, bekannte er einst. »Nach meinem Dafürhalten sind freie, wettbewerbstaugliche Märkte der weit und breit konkurrenzlose, unübertroffene Weg, um Ökonomien zu organisieren. Wir haben es mit Regulierungen versucht: Keine hat sinnvoll funktioniert.«[12] Erst 2008, als nicht mehr zu übersehen war, dass die Weltwirtschaft in direkter Folge der Deregulierung der Finanzmärkte implodierte, räumte Greenspan ein, dass diese Art, die Dinge zu betrachten, womöglich schlicht falsch ist:

INTERVIEWER: Mit anderen Worten, Sie haben festgestellt, dass Ihre Weltsicht, Ihre Ideologie nicht richtig war, dass sie nicht funktionierte.
GREENSPAN: Genau. Deswegen war ich ja auch so schockiert, weil ich 40 Jahre oder sogar länger ganz beachtliche Belege dafür hatte, dass sie außerordentlich gut funktionierte.[13]

Jahrzehnte, in denen die Ungleichverteilung immer größer wurde, die Wachstumsraten niedrig blieben, Privatinteressen den demokratischen Prozess immer stärker vereinnahmten und die Umwelt zerstört wurde – all das klingt nicht gerade nach einem System, das »außerordentlich gut funktionierte«. Greenspans Eingeständnis ist bedeutungsvoll und sollte all jenen zu denken geben, die sich noch immer der irreführenden Rhetorik der »freien Märkte« verschreiben. Es fiel in eine Zeit, in der der Staat auf historisch beispiellose Weise in die Märkte eingriff – und das nicht etwa unter dem Protest, sondern auf Verlangen der Kapitalgeber.

Als die Wirtschaft zusammenbrach, rettete der Staat zahlreiche Spekulanten, die gewaltige Verluste angehäuft hatten. Während die Banken in der gesamten Blüte der Wirtschaft Privatisierung um jeden Preis gefordert und alles, was was sich irgendwie vermarkten ließ, in Handelsware verwandelt hatten, legten sie jetzt offenbar größten Wert darauf, doch bitte eines mit der Gesellschaft zu teilen: die Risiken, genauer gesagt, die gewaltigen Kosten der Risiken, die sie auf der Jagd nach immer höheren Gewinnen eingegangen waren. 2008 billigte die US-Regierung den Hypothekenbanken Fannie Mae und Freddie Mac 200 Milliarden schwere »Rettungsschirme« zu. Im selben Jahr wurden allein in den USA rund 700 Milliarden Dollar an Steuergeldern dazu eingesetzt, »toxische Papiere« zu geringen oder gleich ganz ohne Konditionen aufzukaufen.

Dieser extreme Verstoß gegen die Regeln des freien Unternehmertums und das neoliberale Wettbewerbspathos, das einst lauthals verkündete »commitment for competition«, wurde mit der Systemrelevanz der führenden Finanzinstitute gerechtfertigt: »too big to fail«, zu groß, um sie pleitegehen zu lassen, weil sie sonst das gesamte Finanzsystem mit sich in den Abgrund reißen würden. Ungeachtet der Tatsache, dass diese Maßnahmen als Kapitalismus für Arme und Sozialismus für Reiche erscheinen mussten, erklärte Präsident Bush junior, sie stünden im Einklang mit der US-Politik, der zufolge »die Bundesregierung nur dann in den Markt eingreifen darf, wenn es notwendig ist«.[14] Aber wer entscheidet, wann es notwendig ist? Das ist keine sachliche, sondern eine ethische Frage. Unsere Antwort spiegelt unsere Werte, Ziele und Prioritäten wider. Bush selbst räumte unausgesprochen ein, dass die Frage, ob der Markt »frei« sein solle oder nicht, falsch gestellt sei: Worauf es wirklich eine Antwort zu finden gilt, ist nicht, ob, sondern wie, in welchem Umfang und in wessen Interesse Märkte reguliert werden müssen.

Wer hat, dem wird gegeben

Wenn Freiheiten in Konflikt geraten, kommen Prioritäten zum Zuge. In der Wirtschaft regelt das Eigentumsrecht, welche Freiheiten Vorrang haben. Eigentumsrechte verleihen die Freiheit, über Eigentum zu bestimmen und von ihm zu profitieren. Sie legen fest, wer die Verfügungsgewalt über ein Gut besitzt. Eigentum ist zwangsläufig exklusiv: Was jemand besitzt, gehört nur ihm und nicht der übrigen Welt. Als die Pioniere des »Wilden Westens« Besitzansprüche auf »neu entdecktes« Land erhoben und sich darauf ansiedelten, eigneten sie sich Ressourcen an, die seit Jahrtausenden amerikanischen Ureinwohnern gehört hatten.

Die neoliberale Doktrin gibt vor, gegen staatliche Eingriffe zu sein, und verficht den schlanken Staat. Aber um Eigentumsrechte aufrechtzuerhalten, muss staatliche Macht die Freiheit einiger zugunsten anderer beschränken. Um geistiges Eigentum geltend zu machen, wird das Recht aller anderen auf dessen Nutzung begrenzt. Wenn natürliche Ressourcen zugunsten privater Gewinne veräußert werden, verlieren alle anderen das Recht, von ihnen als öffentliches Gut Gebrauch zu machen. In allen Fällen steht der Staat mit Schlagstöcken und Schusswaffen bereit, um zur Verteidigung des Privateigentums einzugreifen. Kein kapitalistischer Staat kommt mit »wenig« oder ganz ohne Interventionismus aus.

Verfechter freier Märkte haben wenig dazu zu sagen, wie Eigentumsrechte richtig zu verteilen seien. Friedman argumentiert, dass es schwierig sei, bestimmte Eigentumsrechte unter ethischen Gesichtspunkten gegenüber anderen Eigentumsrechten zu favorisieren. Aber um Unklarheiten zu vermeiden, müssten sie präzise definiert sein. Genaueres erfährt man nicht.[15] Mangels Kriterien, die helfen, verschiedene Eigentumsverteilungen zu beurteilen, akzeptieren Friedman und die meisten seines Berufsstandes gern die Verteilung, die sich im Laufe der Geschichte etabliert hat – und die fraglos ganz im Sinne der Eigentümer gewaltiger Vermögen ist, zum Beispiel der 0,06 Prozent der Bevölkerung im Vereinigten Königreich, die 50 Prozent der britischen Ländereien besitzen.[16]

Verfolgt man die Geschichte eines beliebigen Wirtschaftsgutes zurück, gelangt man irgendwann an einen Punkt, an dem Gemeineigentum in Privatbesitz überging. Solche ersten Aneignungen waren keine Markttransaktionen, bildeten aber die notwendige Voraussetzung dafür, dass ein Markt entstehen konnte: Man kann nichts verkaufen, das man nicht besitzt. Aber was bedeutet es, wenn seit Urzeiten existierende Naturressourcen plötzlich zu Eigentum erklärt werden? Interessante Argumente sind vorgetragen worden, die zeigen sollen, dass dieser Prozess unter bestimmten Umständen (die aber alle zu Erklärungsnöten führen) rechtens gewesen sein *könnte*. Sie tragen freilich mitnichten dazu bei, die *tatsächlichen* Ursprünge des Privateigentums zu rechtfertigen, die, historisch gesehen, in systematischer Ausplünderung und Gewalt liegen.

Die Privatisierung von Land spielte eine wichtige Rolle in dem Prozess, in dessen Verlauf die für die moderne Wirtschaft notwendigen Bedingungen geschaffen wurden. Der Übergang zum Kapitalismus erforderte, dass zum Beispiel britische Bauern, die in weitgehender Unabhängigkeit auf dem Land gelebt hatten, im Zuge der sogenannten Einhegung (»Enclosure Movement«), also der Aufhebung des gemeinschaftlichen Nutzungsrechts von Land, in Lohnarbeiter verwandelt wurden. Vor allem im 16. Jahrhundert wurde örtlichen Gemeinden Land entzogen, sodass den Bauern in England zum Überleben vielfach nur die Abwanderung in die Städte blieb.

Hatte sie der Boden bis dahin mit dem Notwendigen – Baumaterial, Brennstoff und Nahrung – versorgt, so wurden sie jetzt ihres Rechts auf Selbstversorgung beraubt, als per Dekret private Eigentumsverhältnisse geschaffen wurden. Um ihren Reichtum zu mehren, zäunten wohlhabende Kaufleute und Feudalherren Felder ab, die bis dahin gemeinschaftlich genutzt worden waren.

Die Einhegungen stießen auf den erbitterten Widerstand von Bauern, deren Leben vom gemeinsamen Zugang zu den natürlichen Ressourcen abhing. Immer wieder kam es in den folgenden Jahrhunderten zu heftigen Auseinandersetzungen und Aufständen, die oft mit der Hinrichtung von Rebellen endeten. In blutigen Kämpfen fanden Tausende den Tod. Per Gesetz gelangten »6 Millionen Morgen gemeinschaftlichen Landbesitzes [...] in private Hände und wurden zur privaten Bereicherung mit Hecken umgeben, eingezäunt, bebaut, beweidet und bejagt«.[17] Den landlosen Bauern wurde die Lebensgrundlage entzogen. Auf der verzweifelten Suche nach Arbeit strömten sie in Massen in die Städte. Und je mehr Menschen vom Land vertrieben wurden, desto tiefer sanken die Löhne.

Ein Großteil des heutigen Privateigentums ist das Ergebnis gewaltsamer Eingriffe des Staates zugunsten einer wohlhabenden Minderheit. Nach dem 16. Jahrhundert gingen die Angriffe auf das Gemeineigentum in Großbritannien in rascher Folge weiter. Und im Globalen Süden wurden in den letzten 40 Jahren 2 Milliarden Menschen durch solche Enteignungen des Bodens ihrer Vorfahren beraubt.[18] Gewaltige Massen mussten ihre Arbeitskraft für Hungerlöhne verkaufen und landeten in den Slums wuchernder Städte. Dieser Prozess hatte rein gar nichts Freiwilliges. Tatsächlich fällt es schwer, die Aneignung und Privatisierung von einst gemeinschaftlich genutzten Ressourcen als etwas anderes anzusehen denn als Diebstahl. Der Wirtschaftshistoriker Karl Polanyi betrachtet das »Enclosure Movement« als »eine Revolution der Reichen gegen die Armen«, in deren Verlauf die Reichen »buchstäblich die Armen ihres Anteils am Gemeindeland« beraubten, eine Sicht, die sich schon in der zeitgenössischen Volksmeinung widerspiegelte.[19]

Zusätzlich wird die Legitimität heutiger Eigentumsansprüche

durch die Geschichte von Kolonialismus und Imperialismus in Frage gestellt. Vom 15. Jahrhundert an errichteten die europäischen Nationen ihre Herrschaft über einen Großteil von Nord-, Mittel- und Südamerika, weite Teile Asiens und im 20. Jahrhundert über fast ganz Afrika. Für abendländischen Profit wurden Urbevölkerungen ausgelöscht oder vom eigenen Land vertrieben, wurden Gemeinschaften zerstört und Ressourcen geraubt. Wälder, Wassersysteme und Agrarland fielen Privatisierungen anheim, die den Ureinwohnern meistens keine andere Überlebensperspektive ließen, als ihre Arbeitskraft zu verkaufen.

Im 19. Jahrhundert zwang das britische Kolonialreich schwächere Nationen dazu, ihre Grenzen für britische Waren zu öffnen und Handelsabkommen zu schließen, die seinen Wirtschaftsinteressen dienten. 1842 zerschlugen die Briten im sogenannten Opiumkrieg gegen China mit militärischer Gewalt Handelsbarrieren, die ihrem Profitstreben im Wege standen. 1907, sechs Jahre vor seiner Vereidigung zum US-Präsidenten, redete Woodrow Wilson öffentlich von der Notwendigkeit, die Öffnung ausländischer Märkte zu erzwingen:

> Da der Handel keine nationalen Grenzen kennt und der Fabrikant darauf besteht, aus der Welt einen Markt zu machen, hat ihm die Flagge seiner Nation zu folgen. Die Tore von Nationen, die ihm verschlossen sind, müssen eingerammt werden. Von Kapitalgebern erreichte Zugeständnisse müssen von Staatsministern abgesichert werden, selbst wenn dabei die Souveränität unwilliger Nationen verletzt wird. Kolonien müssen gewonnen oder bebaut werden, damit kein einträglicher Winkel der Welt übersehen wird oder ungenutzt bleibt.[20]

An dieser Entwicklung war rein gar nichts »frei«. Immer wieder wurde das Recht von Völkern, über die eigene Politik zu bestimmen, von mächtigen Staaten verletzt, denen es allein um ihre Wirtschaftsinteressen ging. Zu Beginn des 20. Jahrhunderts nutzten die Kolonialmächte einen Teil des Reichtums, den sie aus ihren Kolonien zogen, um im Inland den Lebensstandard zu erhöhen, was wiederum dazu beitrug, ihr politisches System zu stabilisieren und die Revolutionsgefahr zu bannen.

Die Methoden, mit denen die reicheren Nationen die Wirtschaftspolitik der ärmeren Länder beeinflussen, haben sich im Lauf der Zeit verändert, nicht aber die Ziele, die sie verfolgen. Anstatt auf militärische Gewalt setzen sie inzwischen auf Wirtschaftsmacht. In der Praxis bedeutete und bedeutet dies, dass sie Auslandshilfen und Kredite, die sie über internationale Finanzinstitutionen vergeben, an strenge Auflagen knüpften und knüpfen. Joseph Stiglitz, ehemaliger Chefökonom der Weltbank, hat das Vorgehen, mittels dessen reiche Staaten wirtschaftliche Abläufe in den ärmeren Staaten kontrollieren, vielfach miterlebt. Er schreibt:»Heute werden die Schwellenländer nicht durch Drohung mit militärischer Gewalt, sondern durch Androhung von Sanktionen oder der Zurückhaltung dringend benötigter Hilfsgelder in Krisenzeiten zur Öffnung ihrer Märkte gezwungen.«[21] Auf der Suche nach finanzieller Unterstützung und Auslandsmärkten, die ihnen Waren anbieten, bleibt ärmeren Nationen kaum eine andere Wahl, als weitreichende Bedingungen zu akzeptieren, die häufig zur Folge haben, dass die Etats für Gesundheit und Bildung gekürzt und Subventionen für Lebensmittel und Treibstoff gestrichen werden müssen.

Jahrzehntelang haben IWF und Weltbank Regierungen des Globalen Südens strenge Vorgaben auf der Linie des orthodoxen Neoliberalismus auferlegt. Privatisierungen wurden durchgesetzt, Maßnahmen zugunsten des Freihandels erzwungen, ausgeglichene Haushalte priorisiert und demokratisch rechenschaftspflichtige staatliche Institutionen – Zentralbanken, Regulierungsbehörden oder sogar ein Finanzamt – in »unabhängige« Agenturen verwandelt, die keiner öffentlichen Kontrolle unterstehen. Die Selbstbestimmung ärmerer Nationen auszuhebeln, um ihnen eine neoliberale Politik aufzuzwingen, ist nicht nur antidemokratisch, es ist auch ein heuchlerisches Vorgehen. Entgegen den vorherrschenden Mythen, die neoliberale Ökonomen gern in die Welt setzen, sind reiche Länder nicht durch Freihandel reich geworden. Fast alle finanzstarken Nationen heutiger Zeit haben es dadurch zu Wohlstand gebracht, dass sie die neuerdings geheiligten Glaubenssätze des Freihandels missachteten. Insbesondere die USA und das Vereinigte Königreich pflegten zu der Zeit, als ihre Wirtschaft noch im Aufbau begriffen war, den stärksten Protektionismus auf Erden. Erst seitdem klar wurde, dass sich ihre Industrien im internationalen Wettbewerb gut behaupten konnten, verfochten sie den Freihandel.[22] Ulysses S. Grant, US-Präsident von 1869 bis 1877, erkannte den Gang der Entwicklung:

> Jahrhundertelang hat sich England auf die Schutzzollpolitik verlassen, sie in extremer Weise ausgebaut und damit zufriedenstellende Ergebnisse erzielt. Es besteht kein Zweifel, dass es dank diesem System über seine gegenwärtige Stärke verfügt. Nach zwei Jahrhunderten fand es England zweckdienlich, den Freihandel zu beanspruchen, weil es meinte, dass die Schutzzollpolitik ihm nicht länger dienlich sein könne. Deshalb, Gentlemen, führt mich die Kenntnis meines Landes zu der Annahme, dass innerhalb von zwei Jahrhunderten, wenn es alles aus der Schutzpolitik herausgeholt haben wird, Amerika dann ebenfalls den Freihandel akzeptieren wird.[23]

Fast ein Jahrhundert lang, bis zum Ersten Weltkrieg, erhielten die USA die weltweit höchsten Importzölle – 40 bis 50 Prozent – aufrecht.[24] Erst als sie zum reichsten Land der Erde aufstiegen, das sich im globalen Wettbewerb behaupten konnte, fielen ihre Handelsschranken. Und selbst dann griffen sie ihren Schlüsselindustrien noch durch öffentliche Finanzierung von Forschung und Entwicklung kräftig unter die Arme.[25]

Die Logik dieser wettbewerbsverzerrenden Politik ist klar: Neue Industrien können gegen stärkere, besser aufgestellte ausländische Konkurrenten nur schwer bestehen. Eine im Aufbau begriffene Industrie braucht Zeit, bevor sie sich dem globalen Wettbewerb stellen kann.[26] Wirtschaftliche Entwicklung hängt davon ab, dass neue Industrien subventioniert und vom Staat geschützt werden, zuweilen über Jahrzehnte. Dieser Gedanke, der sogenannte Erziehungszoll, wurde von Alexander Hamilton, einem der Gründerväter der USA, entwickelt und später von dem deutschen Wirtschaftstheoretiker Friedrich List wie auch von John Stuart Mill weiter ausgearbeitet. Viele der reichen Länder haben ihren Wohlstand ganz wesentlich dem Erziehungszoll zu verdanken, dem staatlichen Schutz für Industriezweige, die noch in den Kinderschuhen stecken. In den sechziger und siebziger Jahren des 20. Jahrhunderts, der Zeit, bevor der neoliberale Konsens hergestellt wurde, konnten Entwicklungsländer verschiedene Formen des Protektionismus praktizieren, ohne schwerwiegende Sanktionen befürchten zu müssen. Damals wies ihre Wirtschaft doppelt so hohe Wachstumsraten auf wie im Neoliberalismus ab den achtziger Jahren. Und während die westlichen Staaten die ärmeren Länder dazu drängen, Handelsschranken abzubauen, erhalten sie selbst manche bis in die heutige Zeit aufrecht. Ganz Europa und die USA wenden alljährlich Milliarden für landwirtschaftliche Subventionen auf. Die Sprache der freien Märkte ist häufig nur hohle Rhetorik. Wenn es zum Schwur kommt, sind Konzernen und Regierungen die Profite allemal wichtiger als eine konsistente Politik.

Heute gibt es kaum noch einen Quadratzentimeter Boden oder einen Ast im Wald, der nicht irgendeinen Besitzer hat. Die Einhegung hat die Grenzen von Kontinenten und Territorien übersprungen und den Einfluss der Märkte bis in jeden Winkel unseres Lebens ausgeweitet. Eine Erscheinungsform der sich überall einschleichenden Logik des Marktes ist das geistige Eigentum. Es betrifft Facetten des Lebens, die einstmals als nicht kommerzialisierbar galten. So wurden etwa Eigentumsrechte auf Algorithmen, Symbole, Worte, Ideen, Samen und sogar menschliche Gene eingeführt. Was besessen, erworben und verkauft werden kann, verändert sich ständig und spiegelt die gesellschaftliche Machtbalance wider. Je weiter sich die Grenzen des Marktes in einstmals geschützte Bereiche ausdehnen, desto stärker werden die Armen durch ihre Mittellosigkeit benachteiligt. Aspekte des Lebens, die früher weithin den Menschenrechten zugerechnet wurden – Unterkunft, Wasser, Gesundheitsvorsorge und Bildung –, haben sich Zug um Zug in Waren für diejenigen verwandelt, die sie sich leisten können.

Obwohl an der heutigen Eigentumsverteilung der Schmutz einer

Herkunft aus Diebstahl, Kolonialismus, wirtschaftlicher Einschüchterung und Sklaverei haftet, wird uns nach wie vor eingeredet, sie zu verteidigen sei ein Gebot im Namen der »Freiheit«. Selbst wenn wir über ihre schäbigen Ursprünge hinwegsehen und uns ganz darauf konzentrieren, wie Wohlstand heute angehäuft wird (was Gegenstand von Kapitel 3 war), erkennen wir, dass er mit Fairness oder Gerechtigkeit nichts zu tun hat – und auch nur wenig mit gesellschaftlich nützlichen Beiträgen, besonderer Arbeitsleistung oder Aufopferung. Friedman ignoriert, ganz im Einklang mit der etablierten Politik, die zahlreichen ausbeuterischen und unmoralischen Wege, die zur heutigen Verteilung von »Eigentumsrechten« geführt haben, und legt uns nahe, schlicht zu akzeptieren, dass manche superreich und andere bitterarm sind. Die selbstgewählte Blindheit für die gewaltige Ungleichverteilung von Wohlstand steht im scharfen Kontrast zu dem Gewicht, das Neoliberale der Gleichheit vor dem Gesetz beimessen. So ein selektives Eintreten für Gleichheit begünstigt diejenigen, die Privilegien und Macht besitzen, wenn sie in den Markt eintreten.

Freiwillige Entscheidungen

Angenommen, wir wischen alles beiseite und vergessen für einen Augenblick die Jahrhunderte der Unterdrückung, Enteignung und Gewalt, die zur heutigen Wohlstandsverteilung geführt haben. Könnte das die neoliberale Einstellung zur Freiheit in ein günstigeres Licht rücken? Wenn der Austausch von Arbeit, Gütern und Geld »freiwillig« vollzogen werde, argumentiert Friedman, müsse er für alle Beteiligten von Nutzen sein, weil sie sich sonst nicht auf den Deal einlassen würden. Diese Annahme enthält zwei Fehler.

Diejenigen, die in eine wechselseitig nützliche Transaktion eintreten, sind nicht als Einzige von ihr betroffen. Das ist ein altes - und weitgehend anerkanntes – Grundproblem der vorherrschenden Wirtschaftstheorie. Allerdings gehen die meisten Ökonomen davon aus, dass die Auswirkungen von Transaktionen auf unbeteiligte Dritte minimal und deshalb zu vernachlässigen seien. Sollten sie sich darin irren, wäre die Vorstellung von Markttransaktionen als rein freiwillige Akte nicht mehr haltbar.[27]

In den zwanziger Jahren wies der englische Ökonom Arthur Pigou darauf hin, dass Autofahren mit Kosten verbunden ist, die nicht vom Fahrer getragen werden, sondern als »externe« Kosten zu Lasten der übrigen Gesellschaft gehen. Dazu zählen die Abnutzung der Straßen, Lärmbelästigung, Staus und (wie wir heute wissen) Emissionen von Feinstaub und Treibhausgasen. Allerdings hielt Pigou diese Kosten für unbedeutend, eine Sicht, gegen die seine Kollegin Joan Robinson, eine in Cambridge forschende Ökonomin und scharfe Kritikerin der gängigen orthodoxen Lehren, heftig opponierte:

> Die Unterscheidung, die Pigou zwischen den privaten und den gesellschaftlichen Kosten getroffen hat, wurde von ihm als eine Ausnahme von der wohltätigen Regel des *Laissez-faire* dargestellt. Man braucht nicht lange nachzudenken, um zu erkennen, dass tatsächlich die Ausnahme die Regel und die Regel die Ausnahme ist.[28]

Mit ihrer Einschätzung steht Robinson keineswegs allein da. »In Wirklichkeit«, schreiben die Ökonomen Rod Hill und Tony Myatt, »sind externe Effekte allgegenwärtig und von großer praktischer Bedeutung. Sie kosten jedes Jahr Millionen von Menschen das Leben.«[29] Und auch der Wirtschaftswissenschaftler Emery K. Hunt kommt zu dem Ergebnis, dass »Externalitäten durchgängig vorhanden« seien.[30]

Raj Patel verdeutlicht dies in seinem Buch *The Value of Nothing* am Beispiel von McDonald's.[31] Wie alle Konzerne ist McDonald's auf Profitmaximierung ausgerichtet. Seine internen Entscheidungen werden von der Notwendigkeit bestimmt, Personal- und Betriebskosten so niedrig wie möglich zu halten und Konkurrenten zu überflügeln. Der Konzern vermeidet Ausgaben, wo immer es geht. Wenn man Schadstoffe wie Kohlendioxid freiweg in die Luft pusten kann, ohne dafür zu zahlen, fehlt einem jeder Anreiz, den Ausstoß zu reduzieren. Alle Kosten, die ein Unternehmen umschifft, werden letztlich externalisiert und der Gesamtgesellschaft aufgebürdet. Unterm Strich spiegelt somit der Preis eines Burgers von McDonald's nicht die wahren sozialen Kosten wider, und es gilt die Regel: Je größer der Abstand zwischen dem Verkaufspreis und den sozialen Kosten, desto profitabler das Unternehmen. Wie groß ist dieser Abstand bei einem gewöhnlichen Burger? Die Autoren einer Anfang der neunziger Jahre durchgeführten Studie des indischen Centre for Science and the Environment schätzten, dass ein Burger eigentlich rund 200 Dollar kosten müsste.[32]

Eine häufig übersehene, aber weit verbreitete Externalität ist der negative psychologische Effekt, den der Privatkonsum auf die Gesellschaft ausübt. Insofern materieller Konsum mit Status gleichgesetzt wird, zwingt er diejenigen, die ihre Position in der sozialen Hierarchie aufrechterhalten oder verbessern wollen, in einen Konkurrenzkampf. Wie Karl Marx es formulierte: »Ein Haus mag groß oder klein sein, solange die es umgebenden Häuser ebenfalls klein sind, befriedigt es alle gesellschaftlichen Ansprüche an eine Wohnung. Erhebt sich aber neben dem kleinen Haus ein Palast, und das kleine Haus schrumpft zur Hütte zusammen.«[33] Die vielfach unternommenen Versuche, sich mittels materieller Güter einen höheren Status zu verschaffen, gehen nach hinten los und sind reine Verschwendung. Sie erreichen vor allem eines: Wenn sich manche immer größere Häuser, modischere Designerklamotten und protzigere Autos zulegen, lösen sie bei anderen das Gefühl aus, mitziehen zu müssen, um ihren Platz in der gesellschaftlichen Hierarchie zu behaupten.

Fast jedes Wirtschaftsprodukt wird unter Einsatz fossiler Brennstoffe hergestellt, und dabei werden Treibhausgase freigesetzt, die die Erderwärmung ansteigen lassen. Nicholas Stern, Autor des von der britischen Regierung in Auftrag gegebenen Berichts *The Stern Review: The Economics of Climate Change*, schreibt, dass »diese Emissionen Externalitäten sind und das größte Marktversagen darstellen, das die Welt jemals erlebt hat«.[34] 2015 machte ein bahnbrechendes Dokument des IWF weltweit Schlagzeilen mit einer Berechnung, der zufolge die Fossilbrennstoffindustrie von den Regierungen rund um den Globus in einer Größenordnung von 10 Millionen Dollar pro Minute subventioniert wird.[35] Oder, wenn man so will, mit 167 000 Dollar pro Sekunde bzw. 5,2 Billionen Dollar pro Jahr. Diese Summe übersteigt die Gesamtausgaben sämtlicher Regierungen der Welt für Gesundheit. Sie errechnet sich weitgehend aus den Kosten von Umweltschäden wie Überschwemmungen, Hurrikans, Luftverschmutzung oder Dürren, die regelmäßig auf die Staaten abgewälzt werden. Wie ein Bericht der Umweltberatungsfirma Trucost, finanziert von der Finance Initiative des UN-Umweltprogramms (UNEP FI), feststellte, könnten die Industrien mit den höchsten Umweltbelastungen nicht mehr profitabel arbeiten und müssten stillgelegt werden, wenn sie ihre Umweltkosten nicht nach außen verlagern würden.[36]

Diese externalisierten Lasten haben dem Globalen Süden schwere Schäden zugefügt, deren Kosten in einer Studie auf 5 Billionen US-Dollar geschätzt wurden. Die meisten gehen auf das Konto der Konsum- und Produktionsentscheidungen reicher Nationen. »Die ökologischen Schulden, die reiche Länder bei armen Ländern angehäuft haben«, schreibt Patel, »übersteigen die Gesamtverschuldung der Dritten Welt [...] in gewaltigem Maße: Diese beträgt nur 1,8 Billionen Dollar.«[37] In ähnlicher Größenordnung bewegen sich die Externalitäten des Finanzsektors. Dessen Deregulierung löste eine globale Finanzkrise aus, die die Welt Billionen Dollar gekostet hat.[38]

Kosten auf die Allgemeinheit abzuwälzen, ist eine Form des Diebstahls. Einzelne nehmen sich etwas, für das andere die Zeche zahlen müssen. Das Vorgehen ist allgegenwärtig und durchwirkt fast jede Markttransaktion. In Zeiten, da die Meeresspiegel steigen, Ozeane versauern, Wälder verschwinden und Arbeiter rund um den Globus kaum an den von ihnen erwirtschafteten Gewinnen beteiligt werden wird es immer schwieriger, diesen Diebstahl in seinem ganzen Ausmaß zu ignorieren. Er ist gigantisch.

Neben den externen Effekten untergraben noch weitere Faktoren die »Freiheit des Marktes«. Friedman ist sehr darauf bedacht, sein Publikum davon zu überzeugen, dass Transaktionen – vorausgesetzt beide Seiten seien gut informiert – deswegen einvernehmlich zu stande kämen, weil sie zum gegenseitigen Nutzen seien.[39] Mag sein aber was bedeutet das schon? Stellen Sie sich vor, jemand bedroht Sie mit einer Schusswaffe und bietet Ihnen an, Sie am Leben zu lassen wenn Sie ihm Ihre gesamten Ersparnisse aushändigen. Sie werden darauf eingehen, weil dies in Ihrem eigenen Interesse ist: Sie bleiben am Leben, und der Angreifer kommt an Geld – eine klassische Transaktion zum gegenseitigen Nutzen. War sie freiwillig? Ganz bestimmt nicht. Die Umstände haben Sie dazu gezwungen, das Angebot anzunehmen. Nach dem gleichen Prinzip willigt eine Arbeiterin ein, zwölf Stunden am Tag unter gefährlichen Bedingungen für einen Lohn zu schuften, der sie gerade so am Leben hält. Sie stimmt nur deshalb zu, weil sie keine andere Wahl hat. Es gibt jede Menge subtilere und effizientere Zwangsmittel, als jemandem eine Pistole auf die Brust zu setzen.

Wenn einer mit nichts als der eigenen Arbeitskraft in den Markt eintritt und dort auf einen Vermögenden trifft, der ihn einstellen will, um seine Interessen zu befördern, ist ein Vertrag, den beide miteinander schließen, von Zwang keineswegs frei. Armut übt Zwang aus. Obdachlosigkeit und Hunger stellen eine ebenso reale Bedrohung dar wie die Gefahr, durch eine Kugel zu sterben. Armut reduziert Wahlmöglichkeiten und zwingt Menschen, Dinge gegen ihren Willen zu tun. Mit den Worten des Journalisten Simon Linguet aus dem 18. Jahrhundert: Die ohnmächtigen Massen haben einen Herrn, »und es ist der furchtbarste, despotischste von allen Herren: die *Not*«.[40]

Die Geschäftswelt hat ein finanzielles Interesse daran, weite Bereiche der Gesellschaft in Armut und Ohnmacht zu halten. Gewinne steigen, wenn Arbeiter durch die Verhältnisse gezwungen sind, Armutslöhne zu akzeptieren, um zu überleben. Je verzweifelter die Menschen, desto größer ihre Bereitschaft, sich ausbeuten zu lassen. Mit anderen Worten, ihr Arbeitgeber kann sich einen größeren Anteil an dem Wert aneignen, den ihre Arbeit hervorbringt. Während die Produktionsstätten in alle Welt verlagert wurden, besteht das Muster, nach dem verzweifelte Menschen ausbeuterische Arbeitsbedingungen akzeptieren, weiterhin fort. Gewinne gedeihen auf dem Boden der Verzweiflung.

China wurde eine beliebte Anlaufstelle für Konzerne – ein Eldorado mit laxen Regulierungen, minimalen Arbeitnehmerrechten, geknebelten Gewerkschaften und Massen von jungen Wanderarbeitern, die frisch vom Land in die Städte strömen. Zum Beispiel die 15-jährige Tian Yu.[41] 2010 zog sie aus ihrem Dorf in die Stadt Shenzhen, um Geld für ihre Familie zu verdienen. Eine Anstellung fand sie in einer Foxconn-Fabrik, die Teile für iPhones und iPads fertigt. Klaglos arbeitete sie sechs Tage in der Woche zwölf Stunden täglich am Fließband und schlief in einem überfüllten Schlafsaal der Fabrik. Die Arbeitsbedingungen waren so unerträglich, dass Tian Yu nach einem Monat aus dem Fenster des Schlafsaals im vierten Stock sprang, um sich das Leben zu nehmen. Im selben Jahr ereigneten sich in den Foxconn-Fabriken 18 weitere Suizidversuche. Tian Yu überlebte, ist aber von der Taille abwärts gelähmt. Inzwischen haben die Fabrikbesitzer Netze aufgespannt, um weiteren Vorfällen dieser Art vorzubeugen.

Verhandlungsmacht spielt eine entscheidende Rolle dabei, wie die Erträge eines Unternehmens unter denjenigen aufgeteilt werden, die zu ihrer Erwirtschaftung beitragen. Dass sich an einem Markt keiner dem anderen unterwerfen muss (wie man sich auch der Waffengewalt widersetzen kann), ändert nichts an der Tatsache, dass Vermögende ganz gut überleben können, ohne sich unterzuordnen, während Arme dazu nicht in der Lage sind. Wenn die Unterschiede hinsichtlich der Verhandlungsmacht von Arbeitgebern und Arbeitnehmern groß genug sind, lassen sich leicht prima Gewinne erzielen, indem man Arbeitskraft unter ihrem Wert einkauft, und ohne Unterstützung durch starke Gewerkschaften haben die Armen keinerlei Mittel sich dagegen zu wehren. Diese Fakten passen schlecht zu neoliberalen Theorien von der »wirtschaftlichen Freiheit«.

Dass Armut wirtschaftliche Freiheit einengt, hat die politische Rechte lange Zeit ausgeblendet oder geleugnet. Letztlich dreht sich der Streit um Definitionen. Im Prinzip, so die Neoliberalen, hätten ja auch die Ärmsten wie alle anderen die Freiheit, sich eine Jacht zu kaufen. Ihnen mangele es halt nur an der *Befähigung* dazu. Mit anderen Worten: Was ihnen fehlt, ist nicht Freiheit, sondern das Vermögen, von ihrer Freiheit Gebrauch zu machen. Für Hayek bedeutete Freiheit »Befreiung von Despotie […], von der Willkür anderer, Befreiung von den Bindungen, die dem Individuum keine andere Wahl ließen als Gehorsam gegenüber den Befehlen eines Vorgesetzten«. Diese Form von Freiheit mit »Freiheit von Not [...], eine[r] Befreiung aus dem Zwang der Umstände«[42] zu verwechseln sei ein grundlegender Fehler. Ist der verelendete Arbeiter denn nicht dazu verdammt, »den Befehlen eines Vorgesetzten« zu gehorchen? Liefert sich die Frau, die der Hunger ihres Kindes dazu treibt, den eigenen Körper zu verkaufen, nicht »der Willkür anderer« aus?

Wie kann es jemandem freistehen, etwas zu tun, das er eben nicht tun kann? Angenommen, Häftlinge könnten sich gegen eine hohe Gebühr aus dem Gefängnis freikaufen. Würde sich irgendein Sinn daraus ergeben, zu behaupten, die ärmeren Häftlinge, die bei einem Fluchtversuch die Erschießung riskieren, besäßen die gleiche Freiheit wie die reicheren, die es sich zu Hause bequem machen können? (Schließlich handelt es sich ja nur um einen Fall mangelnder Befähigung, eine Gebühr zu bezahlen.) Dies Freiheit zu nennen, entwertet den Begriff. Eine Einschränkung von Freiheit bleibt eine Einschränkung, unabhängig davon, ob sie durch einen Mangel an Geld, an Rechten, an Stärke oder an Intelligenz zustande kommt. Wirtschaftswissenschaftler und Philosophen können Freiheit beliebig definieren, aber die Einschränkungen, Benachteiligungen und Belastungen, denen die Schwachen in der Gesellschaft ausgesetzt sind, bleiben auch mit neuen Begriffsdefinitionen bestehen.[43]

Die von Hayek getroffene Unterscheidung wurde von Denkern quer durch das politische Spektrum anerkannt. So schrieb der politische Philosoph John Rawls, dessen Abhandlung *Eine Theorie der Gerechtigkeit* zu einer Art moralischem Manifest des Liberalismus wurde:

Als Beschränkung der Freiheit selbst zählt man manchmal die Unfähigkeit, von Rechten und Möglichkeiten Gebrauch zu machen, etwa wegen Armut, Unwissenheit oder sonstigen Mängeln. Ich möchte mich stattdessen auf den Standpunkt stellen, dass diese Umstände den Wert der Freiheit beeinflussen, den Wert der vom ersten Grundsatz festgelegten Rechte für den Einzelnen.[44]

Laut Rawls ist eine eingeschränkte Befähigung ebenso restriktiv und bedeutsam wie eine eingeschränkte Freiheit. Diese Position mag human klingen, tritt aber den Marktfundamentalisten wertvolles ideologisches Terrain ab, können sie doch auf dieser Grundlage behaupten, dass es ihnen vor allem um den Schutz der individuellen Freiheit gehe.

Freiheit am Markt vergrößert oder verkleinert sich in Abhängigkeit von vorhandener Kaufkraft.[45] Wenn ich etwas zu unternehmen versuche, das ich mir nicht leisten kann, zum Beispiel nach Brasilien zu reisen, stoße ich auf physische Hindernisse. Armut beschränkt Optionen, und der Staat setzt diese Beschränkungen mittels Zwangsmaßnahmen durch. Je weniger Geld ich habe, desto stärker bin ich staatlichen Eingriffen ausgeliefert. Der libertäre Philosoph Robert Nozick, Autor des einflussreichen Werks *Anarchie, Staat, Utopia*, wandte sich entschieden gegen staatliche Einmischungen ins Marktgeschehen, und trug in den siebziger Jahren maßgeblich dazu bei, die philosophischen Grundlagen des Neoliberalismus zu schaffen. Seine Gedanken werden nach wie vor dazu benutzt, private Eigentumsrechte zu verteidigen und einer Politik Auftrieb zu verschaffen, die mit zunehmender Radikalität auf freie Märkte setzt.[46] Im Zentrum von Nozicks Analyse steht der Gedanke, dass individuelle Freiheit am Markt gewahrt bleibe, solange keiner zu einer Transaktion gezwungen werde. Zur Rechtfertigung setzt er eine gekünstelte Definition für Freiheit an: »Auch die Handlungen anderer Menschen schränken meine Möglichkeiten ein. Ob deshalb meine Handlungen nicht mehr freiwillig sind, hängt davon ab, ob die anderen zu ihren Handlungen berechtigt waren.«[47] Das ist eine erstaunliche Behauptung. Wenn jemand lebenslänglich hinter Gittern landet, verliert er seine Freiheit unabhängig davon, ob wir überzeugt sind, dass er rechtmäßig verurteilt wurde, oder nicht. Rechtmäßiger Zwang bleibt Zwang.

Wenn jemand, der in entwürdigender Armut lebt, die Wahl hat eine verhasste Arbeit aufzunehmen oder zu verhungern, dann trifft er diese Wahl laut Nozick willentlich und damit freiwillig, solange das Tun der anderen in der Wirtschaft nur »berechtigt« gewesen ist (wo mit sich natürlich die Frage stellt, wer entscheidet, welche Handlungen rechtens sind). Die Rechtmäßigkeit des Tuns der anderen ändert freilich nichts an entwürdigender Armut. Der Philosoph Gerald Cohen argumentiert: Wenn eine hohe Mauer eine Frau zwingt, einen langen Umweg um ein Feld herum zu nehmen, wird ihr der Umweg aufgezwungen, egal, ob die Mauer legal errichtet wurde oder nicht. Die Rechtmäßigkeit der Mauer zum Kriterium eines Urteils darüber zu machen, ob die Frau einem Zwang unterworfen wurde oder nicht, ist absurd. Ob eine wirtschaftliche Entscheidung freiwillig oder erzwungenermaßen erfolgt, bestimmen die verfügbaren Möglichkeiten, nicht die Verhaltensweisen anderer Marktteilnehmer.[48]

Marktenthusiasten wie Nozick und Friedman vertraten und rechtfertigten einen institutionellen Rahmen, der auf einer eng gefassten, in privaten Eigentumsrechten wurzelnden Konzeption von Freiheit beruht. Einmal etabliert, wird dieser Rahmen unabhängig von den möglichen Folgen als mehr oder minder unantastbar dargestellt. In ihm hat das Recht der Wohlhabenden auf ihre Gewinne Vorrang vor dem Recht der Armen aufs Überleben. Der Ökonom Amartya Sen weist darauf hin, dass gewaltige humanitäre Katastrophen geschehen können und geschehen, ohne dass Eigentumsrechte verletzt oder Markttransaktionen beeinträchtigt werden, ein Phänomen, das sich historisch ausgiebig belegen lässt. Hungersnöte sind dafür ein Paradebeispiel. Aber nach Nozick haben diejenigen, die an Hunger, Durst oder Krankheiten sterben, »frei« gelebt und sind in »Freiheit« gestorben, solange die anderen rechtmäßig gehandelt haben.

Aus Nozicks Sicht kann man dem menschlichen Leiden leicht aus dem Weg gehen: Ob libertäre Rechte, schreibt er, »absolut sind oder zur Vermeidung schauerlicher moralischer Katastrophen verletzt werden dürfen, und, wenn ja, wie die entsprechende Struktur aussehen könnte, um diese Frage hoffe ich weitgehend herumzukommen«.[49] Dabei ist die Frage, um die er »herumzukommen« hofft, gerade die zentrale. Wenn seine libertären Rechte absolut sind, ist dann sein System mit den übelsten Arten von menschlichem Leid und Unterdrückung vereinbar, und falls nicht, was bleibt dann von seiner

Theorie? Wo ziehen wir die Grenzlinie? Wie viel Leiden braucht es, um seine libertären Prinzipien zu zertrümmern?

Marktfundamentalisten erheben gern den Anspruch, dass die Freiheit des Einzelnen im Zentrum ihres Denkens stehe. Aber tatsächlich bildet dessen Kern gar nicht die Sorge um individuelle Freiheit, sondern vielmehr ein Regelsystem – und die Erfahrungen und das Leiden realer Menschen werden routinemäßig ausgeblendet. Im Namen individueller Rechte werden die Rechte unzähliger Individuen missachtet. Die Geschichte zeugt von den Gefahren, die darin liegen, Menschen den Geboten eines abstrakten idealisierten Systems unterzuordnen. Sich nur auf formale Abläufe zu konzentrieren und die Verhältnisse realer Personen zu ignorieren, wozu uns Nozick und Friedman auffordern, heißt die Formen von Freiheit zu entwerten, die für Menschen tatsächlich zählen. Solange dieses enge Konzept von Freiheit die globale politische Szene beherrschte, zementierte es Verhältnisse, in denen Milliarden Menschen mit düsteren Perspektiven, dürftigen Wahlmöglichkeiten, spärlichen Ressourcen und unzulänglicher Selbstbestimmung auskommen mussten.

Eigentumsrechte sind weder absolut noch unantastbar. Eigentum ist ein gesellschaftliches Konstrukt, eine von rechtlichen und kulturellen Institutionen aufrechterhaltene Fiktion, die unseren kollektiven Konsens benötigt, um sich behaupten zu können. Eigentumsrechte können nützen, werden aber zu einer Gefahr, wenn sie in eine Sphäre enthoben sind, die es nicht zulässt, sie zu kritisieren und in Frage zu stellen. Wenn sie dazu dienen, Massen zu unterdrücken und zur Armut zu verdammen, müssen die Menschen, nicht die Fiktionen verteidigt werden.

Angesichts der extremen Ungleichheit auf der Welt sind wir gut beraten, uns daran zu erinnern, dass der Zugang zu Ressourcen selbst in den Fällen, in denen er nicht durch Unterdrückung und Ausbeutung zustande kam, letztlich Glückssache ist: ein Ergebnis des Glücksspiels der Geburt, der Begabungen und der Chancen, die uns zuteilwurden. Nichts von dem, was wir tun, verschafft uns Anspruch auf einen übermäßig großen Anteil am irdischen Reichtum.

Der maßgeschneiderte Konsument

»Sie wären verblüfft, wenn Sie wüssten, wie viele Male am Tag Menschen auf Ihre Fingernägel schauen. Ein Blick – und schon weiß man, wer Sie sind [...]. Manche haben es sich sogar zur Gewohnheit gemacht, eine neue Bekanntschaft anhand dieses einen Details zu beurteilen.« Dieser Werbetext erschien 1920 in der amerikanischen Zeitschrift *Ladies' Home Journal*.[50] Zwei Jahre später verhieß eine Anzeige für Woodbury-Seife Frauen »eine wunderbare Haut«, mit der sie der Welt »stolz – selbstbewusst – unbesorgt« entgegentreten könnten. Und sie mahnte: »Ein Mann möchte Anmut, Charme und Raffinement bei den Frauen um ihn herum entdecken [...]. Und wenn auch nur eine winzige Kleinigkeit sein Bild davon, wie eine Frau sein sollte, stört, kann nichts auf der Welt diesen Eindruck vollständig löschen.«[51] Aus derselben Zeit stammt eine Broschüre, die Schönheitsprodukte für die weibliche Kundschaft anpreist. Auf der Titelseite, so beschreibt es der Historiker Stuart Ewen, prangt das »Bild einer weichgeschrubbten, gepuderten und geschmückten Nackten« mit der Schlagzeile: »Ihr Meisterwerk: Sie selbst«.[52] Diese Idee, das Individuum in eine Ware zu verwandeln, steht im Zentrum der Konsumkultur.

Neoliberale verteidigen mit Begeisterung unser Recht darauf, mit unserer Person und unserem Eigentum zu machen, was wir wollen, schenken aber den Ursprüngen solcher Wünsche kaum Beachtung. »Der Ökonom«, schreibt Milton Friedman, »kann über die Entstehung von Bedürfnissen nur sehr wenig aussagen; dies ist eher die Domäne der Psychologen.«[53] Wie aber Wünsche geformt werden, ist für das Thema Freiheit höchst bedeutsam. Vor dem Hintergrund allgegenwärtiger und zudringlicher Versuche, unsere Vorlieben zu prägen, ist die Vorstellung, dass Entscheidungen dem freien Willen entsprängen, nur schwer aufrechtzuerhalten. Wirtschaftswissenschaftliche Lehrbücher schneiden das Thema selten an, ausgehend von der stillschweigenden Annahme, die Vorlieben des Verbrauchers seien authentisch und kämen »von innen«. Weil nichts von den tatsächlichen Verhältnissen weiter entfernt sein könnte, werden in jedem

Bereich unseres Lebens Wünsche fabriziert. 2008 wurden in den USA fast 1000 Dollar pro Einwohner in Werbung investiert.[54]

Anders als heute war Werbung nicht immer allgegenwärtig. »Vor einem Jahrhundert oder mehr«, schreibt der US-Ökonom und Historiker Douglas Dowd, »waren die meisten Menschen keine ›Verbraucher‹ im modernen Wortsinn. Sie waren Lohnempfänger. Und ihre Löhne waren so niedrig, dass keine [Konsum-]Entscheidungen anstanden.«[55] Zu Beginn des 20. Jahrhunderts änderte die Industrialisierung in den reichen Nationen alles. Der technologische Sprung revolutionierte die Produktion, die erstmals in der Geschichte eine massenhafte Größenordnung erreichte. Für das System des freien Unternehmertums wurde dies anfangs zum Problem: Das Angebot überstieg die Nachfrage. Um von den wachsenden Produktionskapazitäten zu profitieren, mussten die Konzerne nicht nur Güter, sondern auch Verbraucher erzeugen, die in einem nie dagewesenen Maßstab kauften. Um sicherzustellen, dass die Nachfrage die potenzielle Produktion deckte, entwarfen Werbefachleute Lebensstile und ermunterten die Konsumenten, diese zu übernehmen. Der Traum, seine Grundbedürfnisse zu befriedigen, genügte nicht mehr. Die Werbeindustrie schuf eine grandiosere Vision von Wohlstand, an der sich die Öffentlichkeit messen sollte. Die zwanziger Jahre erlebten eine Explosion und Neudefinition des privaten Verbrauchs. Ob Identität, Lebensart oder Träume – alles wurde käuflich.

Das Bestreben, Bürger in Konsumenten zu verwandeln, diente aber nicht nur einem finanziellen, sondern auch einem politischen Zweck. 1919 waren in den USA vier Millionen Arbeiter in Arbeitskämpfe verwickelt, eine Vervierfachung gegenüber dem Vorjahr.[56] Besorgt über das Beispiel des Bolschewismus in Russland, die drohenden Revolutionen in Europa und den gewaltigen Zulauf, den sozialistische und anarchistische Bewegungen unter amerikanischen Arbeitern hatten, erkannten die Industriekapitäne, dass der Status quo besser zu stabilisieren sei, wenn man die neuerlich wahlberechtigten Massen stärker am kapitalistischen System teilhaben ließe. Strategien, den Arbeiter zum Konsumenten zu machen – also Löhne zu erhöhen, Bankkredite zu vergeben und mehr Freizeit für Konsum zu schaffen –, sollten der antikapitalistischen Stoßrichtung der Proteste in der Industrie entgegenwirken. Diese »Konsumerisierung« des Arbeiters sollte zur Mission der Public-Relations-Industrie werden, die rasch an Größe gewann und mit immer raffinierteren Mitteln operierte. Ihre Erträge schossen von 58 Millionen Dollar im Jahr 1928 auf fast 200 Millionen Dollar im Jahr 1929 in die Höhe. Werbung, hieß es in einem Artikel einer führenden US-Fachzeitschrift der Werbewirtschaft, sorge dafür, dass »die Massen mit ihrem Lebensstil, mit den hässlichen Dingen um sie herum unzufrieden« blieben. »Zufriedene Verbraucher geben weniger aus als unzufriedene.«[57]

Zufriedenheit mindert den Gewinn. Die Schönheitschirurgie rechnet mit zweistelligen, die Schlankheitsindustrie global mit dreistelligen Milliardenumsätzen.[58] Die »Bedürfnisse«, die diese explosionsartig expandierenden Industrien bedienen, wurden durch systematische Kampagnen fabriziert, um die Selbstwahrnehmung von Frauen (und zunehmend auch von Männern) zu verzerren. Die Angriffe der Werbeindustrie auf die Selbstachtung, die Anfang des 20. Jahrhunderts starteten, intensivierten sich mit der Zeit. 1966 bezeichnete sich jedes zweite Schulmädchen als zu dick. Drei Jahre später war der Anteil auf 80 Prozent gestiegen. 1985 klassifizierten sich laut einer Umfrage 90 Prozent der Frauen als übergewichtig.[59]

Die American Psychological Association wies 2007 in einem Bericht darauf hin, dass die Sexualisierung von Frauen und Mädchen in den Medien eine Welle von negativen Auswirkungen ausgelöst hatte, zu denen mangelndes Körperbewusstsein, Essstörungen, Depressionen, Schamgefühle, Ängste und sexuelle Probleme im Erwachsenenalter zählten.[60] Forscher, die 50 000 britische Kinder befragt hatten, stellten in einer 2014 veröffentlichten Studie fest, dass sich Jungen und Mädchen schon sehr früh Sorgen wegen ihres Äußeren machten. Am schlimmsten traf es Mädchen in der Pubertät. Eine Zwölfjährige teilte den Wissenschaftlern mit: »Manchmal hat man das Gefühl, dass man nur Spaß haben kann, wenn man schön ist.«[61] In Großbritannien leidet jede fünfte Schülerin an Essstörungen.[62]

In anderen Ländern avancierten hautaufhellende Cremes zur Großindustrie, weil sich Millionen Frauen täglich die Haut bleichen, um »weißer« auszusehen. Die Prozedur birgt ernsthafte Gesundheitsrisiken, darunter Blut- und Leberkrebs. Dennoch nutzen laut Weltgesundheitsorganisation WHO in Nigeria 77 Prozent der Frauen diese Cremes. In Indien wurde der Umsatz, der allein mit solchen Produkten erzielt wurde, 2010 auf 432 Millionen US-Dollar geschätzt, und er hat seither rasante Wachstumskurven zu verzeichnen.[63]

Die Vorstellung im Herzen der Konsumgesellschaft – dass menschliches Glück und Selbstwertgefühl mit materiellem Besitz wüchsen – ist eine Lüge. Seit Jahrzehnten kommen Studien verschiedenster Art immer wieder zu dem einen Ergebnis: Werbung und der von ihr hervorgebrachte Materialismus haben für die Psyche schädliche Folgen. Forschungen zeigen, dass »starke materialistische Werte mit einer tiefgreifenden Aushöhlung des menschlichen Wohlbefindens assoziiert sind, von geringen Niveaus an Lebenszufriedenheit und Glück bis zu Depressionen und Ängsten, zu körperlichen Beschwerden wie Kopfschmerzen und zu Persönlichkeitsstörungen, Narzissmus und einem beeinträchtigten Sozialverhalten«.[64] Die Psychologen David Myers und Ed Diener schreiben:

> Obwohl Amerikaner heute inflationsbereinigt doppelt so viel verdienen wie 1957, ist der Anteil derer, die den Befragenden des National Opinion Research Center sagten, dass sie ›sehr glücklich‹ seien, von 35 auf 29 Prozent gesunken. […] Nur in den ärmsten Ländern wie Bangladesch und Indien ist Einkommen ein gutes Maß für seelisches Wohlergehen.[65]

Die Politik und die Werte, wie sie US-Präsident Reagan und Premierministerin Thatcher vertraten, korrelierten mit extrem hohen Raten an psychischen Erkrankungen. Eine in Großbritannien durchgeführte Umfrage von 2000 zeigte, dass »23 Prozent der Erwachsenen an Neurosen oder Psychosen litten oder alkohol- bzw. drogenabhängig waren«.[66] Ein Bericht von 2014 stellte fest, dass englische Kinder zu den unglücklichsten in der westlichen Welt gehören. Andere Forschungen deuten darauf hin, dass in Großbritannien eine Million junge Menschen psychisch krank sind.[67] In den USA haben fast 10 Prozent der Kinder mittelschwere bis ernsthafte Schwierigkeiten damit, »ihre Gefühle zu beherrschen, sich zu konzentrieren, sich angemessen zu verhalten oder mit anderen Menschen zurechtzukommen«. Mehr als die Hälfte der Erwachsenen leidet im Verlauf des Lebens an einer psychischen Erkrankung.[68] Die negativen Folgen des Materialismus sind natürlich nicht gleichmäßig über die Gesellschaft verteilt. Frauen leiden fast doppelt so oft wie Männer unter Depressionen und Ängsten. Bei armen Frauen erreicht dieses Verhältnis im Vergleich zu wohlhabenden Männern den neunfachen Wert.[69] Anders sieht es in Ländern auf dem europäischen Kontinent aus, die eine moderatere Form des Kapitalismus praktizieren. Den Daten der Weltgesundheitsorganisation zufolge hatten um die Jahrtausendwende Spanien, Deutschland, Italien, die Niederlande und Frankreich durchschnittlich nur halb so hohe Raten an psychischen Erkrankungen wie das Vereinigte Königreich, die USA, Australien und Neuseeland.[70] Die von der neoliberalen Gesellschaft propagierten Werte gefährden offenbar unsere Gesundheit.

Nicht das, was wir besitzen, sondern was wir im Verhältnis zu den anderen in unserer Umgebung haben, verleiht uns Status, so die Psychologie des Materialismus. Eine der Schlüsselfunktionen der Werbeindustrie besteht darin, Statusängste zu schüren, um uns zum Konsum anzutreiben. Wie eine Studie zeigte, die sich mit dem britischen öffentlichen Dienst befasste, haben männliche Beamte in weniger angesehenen Positionen eine dreimal höhere Sterbeziffer als die in Stellungen mit höherem Status. Dabei war erwartet worden, dass die größere Verantwortung in der sozialen Hierarchie zu mehr gesundheitsschädigendem Stress führen würde. Tatsächlich war das Gegenteil der Fall. Weitere Untersuchungen, die auch Frauen miteinbezogen, bestätigten das Muster. Ein geringer Status in der Beamtenhierarchie erhöht bei Männern wie Frauen die Anfälligkeit »für bestimmte Formen von Krebs-, Lungen- und Magen-Darm-Erkrankungen, für Rückenleiden und Depressionen (bis zum Suizid); hinzu kamen Phänomene wie häufige Krankmeldungen«.[71]

Zwar haben sich die Hinweise auf die gesundheitlichen Risiken des Materialismus erst in den letzten Jahrzehnten verdichtet, doch waren schon lange zuvor Mutmaßungen über diese Beziehung angestellt worden. In den fünfziger Jahren vertrat der Psychoanalytiker Erich Fromm die Ansicht, materialistische Werte würden uns dazu verführen, uns selbst als Waren zu betrachten, und so Ängste um unsere »Verkäuflichkeit« heraufbeschwören. Eine materialistische Person charakterisierte er als »passiv, hohl, ängstlich, isoliert, [... als jemand], für den das Leben keinen Sinn hat und der zutiefst entfremdet und gelangweilt ist«. Langeweile, so seine Diagnose, werde durch »zwanghaften Konsum« kompensiert.[72] Dies würde erklären, warum Werbung sich immer weniger um das Produkt selbst und immer mehr um das Image dreht, das es uns angeblich verleiht: sexy, beschwingt, erfolgreich, angesehen und moralisch gut. Der Materialismus nutzt die »Hohlheit«, die er herbeiführt, als seine eigene Antriebskraft. Die Konsumgesellschaft schafft sich die Unzufriedenheit selbst, durch die sie am Laufen gehalten wird.

Die gängigen Wirtschaftsmodelle gehen von einem idealen Konsumenten aus, der Zugang zu absolut zuverlässigen Informationen über Produkte besitzt. Paradoxerweise setzen Konzerne alles daran, Menschen zu desinformieren, sobald öffentliches Wissen ihre Profite gefährdet. Laut der Neurowissenschaftlerin Kathleen Taylor ist die Umgehung des Verstandes genau »das, worauf gute Werbung abzielt«.[73] Ein Weg, den Intellekt zu umgehen, besteht darin, auf Verbraucher zuzugreifen, solange sie noch Kinder sind. In den achtziger Jahren widmeten Verbraucherschutzgesetze in den USA und in Großbritannien den Bedürfnissen und Verletzlichkeiten der Kleinen besondere Aufmerksamkeit und unterwarfen die an Kinder gerichete Werbung strengen Beschränkungen. Präsident Reagan hob gleich im ersten Amtsjahr diese Regulierungen zugunsten von »Marktlösungen« wieder auf. Susan Linn, Professorin für Psychiatrie am Judge Baker Children's Center der Harvard Medical School, stellte fest, dass in »Handelsblättern von lebenslanger Markentreue die Rede ist – von der Wiege bis zur Bahre. Das Motto ist: Wenn man ein Kind mit zwei oder sechs nicht erreicht, erreicht man es nie mehr. Oder: Wer ein Kind mit sechs erreicht, hat es fürs ganze Leben. Also sind jetzt alle Kleinkinder Freiwild.«[74]

Lucy Hughes, Direktorin der Strategieabteilung von Initiative Media, einem der weltgrößten PR-Unternehmen, ist eine Art Expertin für gezielt an Kinder adressierte Produzentenbotschaften. Auf den Vorwurf, Minderjährige zu manipulieren, antwortet sie: »Tja, ist das ethisch vertretbar? Ich weiß nicht. Aber unsere Rolle bei Initiative besteht darin, Produkte zu bewerben [...], diese Beziehung aufzubauen, solange sie jünger sind, damit man sie als Erwachsene an sich gebunden hat.«[75] Heute werden zwei Milliarden US-Dollar pro Jahr dafür ausgegeben, »Junkfood« an die Kleinsten zu vermarkten. Da überrascht es nicht, dass Fettleibigkeit bei Kindern zu einem Hauptproblem der öffentlichen Gesundheit geworden ist. In den USA ist inzwischen eines von fünf Kindern übergewichtig. Susan Linn zufolge lautet »die Konzernmessage, die Kindern eingeimpft wird, dass Dinge kaufen glücklich macht. [...] Tatsächlich zeigt die Forschung, dass genau diese Behauptung schlicht falsch ist.«[76]

Von 1992 bis 1997 hat sich die Summe, die in Werbung für Kinder investiert wird, verdoppelt. Experten haben sie so zurechtgefeilt, dass sie die psychologischen Schwächen der Jüngsten ausnutzt. Durch das Internet ist der Werbung ein weiterer Weg eröffnet worden, ohne elterliche Vermittlung aufs Kind zugreifen zu können. Minderjährige verbringen inzwischen fast doppelt so viel Zeit mit der Nutzung von Medien wie mit ihrer Schulausbildung. Das Online-»*Kid marketing*« ist zur Großindustrie herangewachsen: Jährlich fließen 15 Milliarden US-Dollar in Werbung für Kinder, um sich einen Anteil sowohl an deren direkter Kaufkraft als auch an der ihrer Eltern zu sichern, die auf über 1 Billion US-Dollar geschätzt wird – das 200-Fache der Kaufkraft von vor 40 Jahren.[77]

Das Gewinnstreben macht nicht einmal vor der Gesundheit von Säuglingen halt. Im Verein mit der UNICEF empfiehlt die Weltgesundheitsorganisation WHO dringend, Babys mindestens in den ersten sechs Lebensmonaten zu stillen. Dies könnte weltweit »jedes Jahr wahrscheinlich über 1 Million Kindern das Leben retten«.[78] Dennoch bewerben Hersteller Säuglingsfertignahrung auf internationaler Ebene als höherwertigen Muttermilchersatz. In Entwicklungsländern gehen von dieser Kunstnahrung besondere Gefahren aus, weil das Trinkwasser häufig verseucht ist. Dass Kinder sterben, geht laut UNICEF zumindest zum Teil auf das Konto eines »aggressiven Marketings« – unter anderem mit der kostenlosen Verteilung von Babynahrung, die praktiziert wird, weil man sehr wohl weiß, dass Mütter, die die Proben nutzen und mit dem Stillen aussetzen, keine Milch mehr produzieren, wodurch eine Abhängigkeit von den Produkten entsteht.

Moral und Markt

Die Ungleichheit hat seit den siebziger Jahren sprunghaft zugenommen. Zahllose Untersuchungen belegen die negativen Folgen dieser Entwicklung für die Menschen. Als Ergebnis sticht besonders hervor, dass sich Ungleichheit zersetzend auf das Gemeinschafts- und Sozialleben auswirkt. Hohe Grade an Ungleichheit korrelieren mit niedrigen Graden an Vertrauen und Kooperation. Auf die Frage, ob sie der Ansicht: »Den meisten Leuten kann man vertrauen« zustimmen, antworteten in Schweden zwei Drittel der Menschen positiv, während es in Portugal nur 10 Prozent waren. Das Muster zeigt sich quer durch das gesamte Spektrum der Ungleichheit. Die höchsten Vertrauensquoten finden sich in Schweden, Norwegen, Dänemark, Finnland und den Niederlanden – Nationen mit relativ gering ausgebildeter Ungleichheit –, während sie am niedrigsten in Portugal, Singapur, den USA, dem Vereinigten Königreich und Israel sind, Nationen, in denen die Ungleichheit besonders groß ist.[79]

Länder, in denen weniger Vertrauen herrscht, bringen eher Bürger hervor, die egoistisch handeln, wenn erwartete Vorteile den Preis übersteigen, den sie für eine Handlung persönlich bezahlen müssen. Habgieriges Verhalten wird zum Normalfall. Materielle Unterschiede unterminieren Solidarität und Gemeinsinn, weshalb in Ländern, in denen gegenseitiges Vertrauen einen hohen Wert erreicht und Ungleichheit auf einem niedrigen Niveau liegt, größere Spendenbereitschaft herrscht. Norwegen, Schweden, Dänemark und die Niederlande erfüllen als einzige Nationen die UN-Ziele für Entwicklungshilfe (und übertreffen sie sogar). Die USA und Portugal geben für diese Unterstützung den geringsten Anteil ihres Bruttoinlandsprodukts aus.[80]

Psychologen haben Spiele ausgeklügelt, um zu messen, wie stark Individuen aus verschiedenen Kulturen rund um die Welt zur Kooperation neigen. Eines der bekanntesten wird von zwei Teilnehmern, die sich nicht kennen – zum Beispiel Emma und Rosa –, um eine Geldsumme, zum Beispiel 100 Euro, gespielt. Emma soll das Geld in zwei Beträge aufteilen, von denen sie einen behalten darf und den anderen Rosa schenken muss. Die Aufteilung kann völlig willkürlich erfolgen, aber Rosa muss ihr zustimmen, sonst bekommt keine von beiden einen Cent. Wenn also der eine Teilnehmer die ganze Summe für sich behält, ist das Risiko sehr groß, dass der andere die Aufteilung ablehnt.

Für welche Aufteilung entscheiden sich die Teilnehmer? Sie variiert erheblich nach der jeweiligen Gesellschaft. Bewohner einer indonesischen Insel, deren Gemeinschaft großen Wert auf Kooperation und rituelles Teilen legt, billigten dem anderen Teilnehmer mehr als sich selbst zu (im Durchschnitt im Verhältnis von 43 zu 57). Dieses Ergebnis strafte die Erwartungen klassischer Mainstream-Ökonomen Lügen, die annahmen, dass wir als rational denkende, eigennützig handelnde Menschen grundsätzlich möglichst viel für uns selbst behalten und nur so viel weggeben würden, wie unbedingt nötig wäre, um Zustimmung zur Aufteilung zu erhalten. Aus dieser rationalen Sicht müsste der andere Spieler ja jedweden Betrag akzeptieren, weil wenig mehr als nichts ist. Die Insulaner waren ganz besonders großzügig, doch zeigte sich in dem Versuch, dass sich die meisten Menschen großzügiger verhalten, als es notwendig wäre. Im Schnitt behielten und verschenkten sie im Verhältnis von 60 zu 40 Prozent. Als ein starker Prädiktor für Großzügigkeit erwies sich die Herkunft aus einer Marktgesellschaft, in der Menschen an Tauschgeschäfte mit Unbekannten gewöhnt waren.[81] Gesellschaften, die Kooperation wertschätzen, bringen – das wird niemanden überraschen – Individuen hervor, die zum Teilen bereit sind.

Ein weiterer vielversprechender Forschungsansatz nahm ins Visier, wie der reine Gedanke an Geld auf das Verhalten einwirkt. Psychologen machten das mächtige Phänomen des »Priming« aus, bei dem ein bahnender oder Prime-Reiz unbewusst die Reaktion einer Person auf einen nachfolgenden Reiz beeinflusst. Kathleen Vohs setzte in einem Experiment Teilnehmer unbewusst einem Prime-Reiz in Form von Bildern mit Geld aus. Der Bildschirmschoner eines Computers in der Ecke eines Raums zeigte im Wasser treibende Dollarnoten: Allein schon die Konfrontation mit diesem Bildmotiv bewog Menschen zu einem egoistischeren Verhalten. Sie zeigten eine geringere Bereitschaft, anderen bei der Ausführung von Aufgaben zu helfen, hoben seltener Bleistifte auf, die andere Teilnehmer fallengelassen hatten, und zeigten eine stärkere Vorliebe für das Alleinsein.[82]

Die Resultate geben Anlass zur Hoffnung. Sie erinnern uns daran, dass habgieriges Verhalten, zu dem uns unsere Marktgesellschaft anspornt, weitgehend erlernt ist und dass wir uns täuschen, wenn wir die Verhaltensweisen, die in kapitalistischen Gesellschaften zu beobachten sind, mit der menschlichen Natur gleichsetzen. Die Forschung weist auf eine einseitige Ausrichtung der Märkte hin: Sie setzen falsche Anreize, die Konkurrenz gegenüber Kooperation, Unzufriedenheit gegenüber Genügsamkeit, Misstrauen gegenüber Gemeinschaft und Egoismus gegenüber Mitgefühl begünstigen. Natürlich gibt es noch weitere Faktoren, die kooperativen Impulsen entgegenwirken, aber der Druck, zu akkumulieren, zu konkurrieren und zu konsumieren, ist Grundelement eines jeden kapitalistischen Systems, verstärkt durch Milliarden von Werbegeldern, die uns tiefgreifend beeinflussen. Der Wirtschaftswissenschaftler Samuel Bowles schreibt:

> Die Schönheit des Marktes [besteht darin], dass er selbst dann gut funktioniert, wenn sich Menschen gleichgültig sind. […] Aber das ist auch das Problem. Die Wirtschaft – ihre Märkte, Arbeitsplätze und andere Wirkungsstätten – ist eine riesige Schule. […] Wir lernen, in diesen Umfeldern zu funktionieren, und entwickeln uns dabei zu Personen, zu denen wir uns in anderer Umgebung vielleicht nicht entwickelt hätten. […] Indem Märkte mit wertvollen [menschlichen] Zügen sparsam umgehen – mit Solidaritätsgefühlen gegenüber anderen, Einfühlungs-

vermögen, der Fähigkeit zu komplexer Kommunikation und kollektiven Entscheidungen zum Beispiel –, sollen sie es angeblich schaffen, mit deren Knappheit zurechtzukommen. Auf lange Sicht tragen sie allerdings dazu bei, dass diese Züge erodieren und sogar ganz verschwinden. Was als nüchterne Anpassung an die Schwäche der menschlichen Natur erscheint, ist in Wirklichkeit Teil des Problems.[83]

Marktfundamentalisten legten sich heftig ins Zeug, um ihre Politik zum Synonym für individuelle Freiheit zu erheben. Wenn sie erfolgreich sind, verkommt der Kampf um die Freiheit zu einer Schlacht um den Schutz der Rechte von Eigentümern. Darauf wies der Wirtschaftshistoriker Karl Polanyi schon zur Zeit des Zweiten Weltkriegs hin: »Freies Unternehmertum und Privateigentum werden als Wesensmerkmale der Freiheit deklariert […] Die durch [… Regulation] geschaffene Freiheit wird als Unfreiheit denunziert; die Gerechtigkeit, Freiheit und Wohlfahrt, die sie bietet, werden als Tarnung der Versklavung verspottet.«[84]

Heute sehen es manche als einen Glaubensartikel an, dass freie Märkte sich selbst korrigierende, leistungsfähige Mechanismen seien, die, von einer wohlwollenden »unsichtbaren Hand« geleitet, die richtigen Güter in richtiger Verteilung an die richtigen Menschen brächten. Dazu, so heißt es, sei weit und breit keine Alternative in Sicht. Aber dem muss dann doch entgegengehalten werden, dass es sehr wohl eine Fülle von Gesellschaften gegeben hat, die ganz ohne Geld auskamen, die Tauschhandel (entgegen dem in zahlreichen wirtschaftswissenschaftlichen Lehrbüchern verbreiteten Mythos) nicht brauchten und die sich nicht um das Gewinnstreben drehten. Stattdessen zählten sie zu den Schenkökonomien, wie sie heute genannt werden, in denen Güter und Dienstleistungen ohne irgendeine Verabredung künftiger Rückzahlungsmodalitäten frei zirkulierten. Den Großteil der Geschichte hindurch gab es keine Märkte.

In den letzten 30 Jahren hat ein Großversuch mit deregulierten Märkten und der Herrschaft von Konzernen zu den bekannten Ergebnissen geführt: extreme Ungleichheit, wirtschaftliche Instabilität, ausgebeutete Lohnempfänger und Kleinsparer, unglückliche Konsumenten, Massenarbeitslosigkeit, Aushöhlung von Demokratie und Umweltkatastrophen. Zwingend ergibt sich daraus der Schluss, dass die Behauptung, freie Märkte förderten Freiheit, in die Irre geht. Der Markt ist ein gesellschaftlicher Mechanismus, der manches gut hinkriegt und anderes schrecklich versiebt. Er muss gebändigt und demokratisch gelenkt werden, um sicherzustellen, dass er die Gesellschaft in die Richtung führt, die von den *meisten* gewünscht wird. »Die Märkte verfügen über enorme Macht«, schreibt Stiglitz, »aber nicht per se über Moral.«[85] Wie in einem wilden Tier steckt im Markt die Kraft, uns in vielerlei Richtung zu ziehen. Geleitet von kurzfristigen Interessen, kann er uns in einen umwelt- und gesellschaftspolitischen Abgrund reißen. Die neoliberale utopische Phantasie vom freien Markt ist ein gefährliches Manöver, das von der Dynamik der Politik und Herrschaft in der realen Welt ablenkt.

Viele Diktaturen setzten auf freie Märkte, während Demokratien häufig ein anderes Ideal von Freiheit anstrebten – eines mit höheren Steuern, weitreichenden Regulierungen und öffentlichem Eigentum. Aufschlussreich ist der Fall der chilenischen Militärdiktatur. Nachdem sich Augusto Pinochet gewaltsam an die Macht geputscht und den demokratisch gewählten sozialistischen Präsidenten Salvador Allende abgesetzt hatte, spielten Milton Friedman und einige seiner Schüler in Chiles Wirtschaftsangelegenheiten eine wichtige Rolle. Sie empfahlen dem Diktator, das sozialistische Reformprogramm, für das die Menschen gestimmt hatten, über Bord zu werfen, und entwickelten einen Plan zum Aufbau einer neoliberalen Wirtschaft. Wie instruiert, schaffte der General die Rechte der Gewerkschaften ab, öffnete die Kapitalmärkte, privatisierte die Sozialversicherung, beschnitt den Sozialstaat und privatisierte Industriezweige, die unter staatlicher Kontrolle gestanden hatten. Die Löhne fielen, und die wirtschaftliche Ungleichheit schoss in die Höhe.

Während Pinochet die Ratschläge Friedmans und anderer befolgte, führte er ein repressives Regime, unter dem Tausende von Bürgern ermordet und Zigtausende weitere inhaftiert und gefoltert wurden. Schätzungen zufolge flohen über 200 000 Chilenen ins Exil. Dennoch war der von vielen als Held des liberalen Denkens gefeierte

Friedrich August von Hayek davon überzeugt, dass »die persönliche Freiheit unter Pinochet weitaus größer als unter Allende« gewesen sei.[86] Obwohl Tausende von Gewerkschaftern ermordet worden waren, pries er das »chilenische Wunder«, weil »vielerlei Gewerkschaftsprivilegien« abgeschafft worden seien. In einem Schritt, den viele als Widerspruch an sich ansehen würden, wollte er sich lieber zu »einer liberalen Diktatur als [...] zu einer demokratischen Regierung ohne Liberalismus« bekennen.[87] Hayeks Loyalitäten liegen auf der Hand: Wenn politische Freiheit mit Eigentumsrechten in Konflikt gerät, haben Letztere den Vorzug. Nach wie vor stehen hinter dem neoliberalen Projekt die gleichen Werte, auch wenn es sich jetzt in eine neue Sprache kleidet. Moderne Neoliberale treten nicht mehr in einer offenen Gegnerschaft zur Demokratie auf. Stattdessen versuchen sie, staatliche Kompetenz mit dem Argument zu diskreditieren, wahre Freiheit liege nicht in einer sich frei entfaltenden Demokratie, sondern in einem sich frei entfaltenden Markt.

Jahrhundertelange Kämpfe waren nötig, um ein demokratisches System zu errichten, in dem jeder Erwachsene wählen kann, und damit vielen Völkern mehr Rechte, bessere Lebensbedingungen und erweiterte Freiheit zu verschaffen. Dennoch wird das Vehikel, über das Wähler ihre Präferenzen ausdrücken – die Regierung –, regelmäßig als größte Bedrohung für die individuelle Freiheit hingestellt. Der wahre Weg zur Freiheit, so erzählt man uns, bestehe darin, die von der Wahlkabine ausgehende Macht an den Markt zu verlagern: weg vom Prinzip »ein Mensch, eine Stimme« hin zu dem Motto »ein Dollar, eine Stimme«.

Obwohl die Malaria alljährlich eine Million Menschen dahinrafft und vielen weiteren Millionen schwere Gesundheitsschäden zufügt, wird mehr Forschungsgeld darin investiert, Mittel gegen Glatzenbildung zu entwickeln, als diese tödliche Erkrankung zu bekämpfen.[88] Der Markt nimmt Bedarf erst wahr, wenn er Geld mit ihm verdienen kann. Blind für den Hunger der Armen und taub für die Schreie der Kranken, schafft er ganze Industrien, um triviale Bedürfnisse zahlungskräftiger Kunden zu befriedigen. Das Wahlrecht wurde erkämpft, um mittellosen Menschen – Frauen, Arbeitslosen,

Arbeitern – Mittel an die Hand zu geben, sich Rechte und Leistungen zu sichern, die ihre Freiheit erweitern sollten, die ihnen aber am Markt vorenthalten blieben. Doch die Macht des Marktes hat die der Wählerstimme allzu lange neutralisiert.

———

Die Vorstellung von Freiheit, die so gern zur Rechtfertigung des freien Marktes ins Feld geführt wird, läuft auf etwas anderes hinaus als das, was die meisten mit diesem Wort verbinden. Diese Art Freiheit ist mit drückender Armut, Ausbeutung, autoritärer Herrschaft und systematischer Manipulation vereinbar. Sie ist aus Diebstahl hervorgegangen und hat sich durch Kriege verbreitet. Sie wurde geschickt dazu eingesetzt, ein Unternehmertum zu rechtfertigen, das keinerlei demokratischer Kontrolle unterliegt. Von der neoliberalen Theorie entstellt, wurde das hehre Ideal der Freiheit von Konzernen dazu missbraucht, politische Macht zu vereinnahmen und Menschenrechte zu unterhöhlen. Es ist eine vordringliche Aufgabe für all jene, die eine wirklich freie Gesellschaft anstreben, dieses Ideal aus der Umklammerung der freien Märkte zu befreien.

Wo wir dem Markt Grenzen ziehen, ist keine fachliche Frage. Ökonomen sind nicht berechtigter als Sie oder ich, sie zu beantworten. Wenn wir glauben, dass ein Kind aus armen Verhältnissen den gleichen Anspruch auf angemessene medizinische Versorgung, elterliche Liebe und Bildung haben muss wie ein Kind aus reichen Verhältnissen, lehnen wir die Logik des Marktes ab. Und das tun wir auch, wenn wir meinen, dass es einem Strafgefangenen nicht ermöglicht werden darf, sich bessere Haftbedingungen zu erkaufen, dass Menschen ungeachtet ihrer finanziellen Verhältnisse Zugang zu sauberer Luft, sauberem Wasser und gesunder Nahrung zusteht, dass auch arme Familien keine Giftmülldeponien neben ihrem Wohnhaus dulden müssen oder dass Gene, Menschen, akademische Qualifikationen, Wahlen, Richter, Organe, Kinder und Freundschaften kein Besitz sind und nicht zu Waren gemacht werden dürfen. Mit all diesen Überzeugungen lehnen wir die Logik des Marktes ab.

Der *Markt* schert sich nicht um die Hungernden und Kranken. Fairness und Gerechtigkeit sind ihm egal. Wie hart Menschen arbeiten oder wie freundlich sie sind, ist ihm gleich. Aber *Menschen* ist dies alles wichtig. Und darauf kommt es letztlich an.

7

MEDIEN

Wir beschäftigen uns einen größeren Teil des Tages damit, fernzusehen, Zeitungen und Zeitschriften zu lesen, Websites, Computerspiele, Radios, Blackberrys, iPods und iPhones zu nutzen, als wir Zeit im Bett verbringen. Briten und Amerikaner starren im Schnitt mindestens achteinhalb Stunden täglich auf Digitalbildschirme.[1] Diese Medien sättigen unsere Alltagserfahrung mit einer Welt aus Worten, Tönen und Bildern, die uns Großkonzerne vermitteln. Auch wenn diese Welt eine alternative Realität darstellt, mit der viele von uns einen großen Teil ihres Lebens zubringen, so ist und bleibt sie doch künstlich.

Was wir sehen, wenn wir in eine Zeitung blicken, Nachrichten einschalten oder ein Magazin durchblättern, ist das Ergebnis eines Selektions- und Filterprozesses. Tagtäglich entscheiden Medienfachleute, welche Fakten und Perspektiven die Öffentlichkeit erreichen und welche unter den Tisch fallen. Was sie auswählen, hängt von Agenden ab, die Herausgeber, Geschäftsführer und Eigentümer festlegen. Die Inhalte der Lehrpläne in Hitlers Drittem Reich unterschieden sich radikal von denen in Churchills Großbritannien oder Maos China. Ebenso wichen die Informationen, die die *Prawda* verbreitete, drastisch von denen in *The New York Times* oder im Hetzblatt *Der Stürmer* ab. Die jeweilige Auswahl spiegelt die Werte, Prioritäten und Ziele der Mächtigen wider, die über sie bestimmen können.

Häufig als selbstverständlich vorausgesetzt, ist Objektivität unerreichbar. Informationen lassen sich unmöglich unvoreingenommen, neutral oder unparteiisch präsentieren. Journalisten, Lehrer oder Sprecher beachten Selektionskriterien, die ihnen jemand vorgibt. In den behandelten Themen, dem Blickwinkel und den sorgsam gewählten Worten kommen jemandes Werte und Prioritäten zum Ausdruck. Zwangsläufig privilegiert jedes Mediensystem bestimmte Anschauungen, Perspektiven und Fakten. Die wichtige Frage lautet: Welche Kräfte steuern diesen Prozess, und in wessen Interesse tun sie das?

Die Macht der Wähler hängt von ihrem Wissen ab. Information ist der Sauerstoff der Demokratie: Deren Gesundheit wird von der Qualität der Ideen und Informationen bestimmt, die in der Gesellschaft im Umlauf sind. Wenn Wähler systematisch getäuscht werden, lassen sie sich entsprechend manipulieren. In einer totalitären Gesellschaft fungieren Medien als eine Erweiterung der Regierungsmacht. Dass die führenden Zeitungen in der Sowjetunion staatlichen Interessen dienten, wurde von jedermann erwartet. Aber in heutigen kapitalistischen Demokratien repräsentieren die Medien immer noch ein gewaltiges Konglomerat politischer Macht, die von jeder Rechenschaftspflicht entbunden ist. Die Interessen, denen sie dienen, werden durch den hartnäckig sich haltenden, mächtigen Mythos geschützt, in der Marktwirtschaft seien Medien frei.

Wenn die Medien »frei« werden

Die Geschichte der Presse in Großbritannien wird traditionell so dargestellt: Im 19. Jahrhundert sei es den Presseorganen nach einem heldenhaften Kampf schließlich gelungen, die drückenden Steuerlasten abzuschütteln. Erst danach habe sich eine wahrhaft autarke, frei von staatlicher Bevormundung agierende Presse entwickelt.[2] Laut dieser Darstellung habe ein Zufluss an neuen Einkünften aus Werbung die Presse aus der finanziellen Abhängigkeit vom Staat befreit. Von da an hätten allein die Kräfte des Marktes die Medien reguliert. Sie seien frei gewesen. Dies ist allerdings nur die halbe Geschichte. Plausibel erscheint sie nur, wenn wir ausblenden, wie die Kräfte des Marktes naturgemäß ausgerichtet sind. Wie der Medienhistoriker James Curran erklärt, zeigt ein genauerer Blick, dass diese Epoche »keine neue Ära der Pressefreiheit eingeleitet hat. [...] Einzug hielt ein neues System der Pressezensur, wirkungsvoller als alles, was vormals stattgefunden hatte.«[3] Den Kräften des Marktes sollte es gelingen, Medieninhalte so zu gestalten, dass sie den Interessen der Eliten an den Stellen dienten, an denen gesetzgeberische Unterdrückung versagt hatte.

In der ersten Hälfte des 19. Jahrhunderts erblühte in Großbritannien eine radikale Presse, die ein breites proletarisches Publikum erreichte. Sie präsentierte ein Weltbild, das mit dem Leben und den Erfahrungen der Lohnarbeiter im Einklang stand und die Überzeugung widerspiegelte und festigte, dass sozialer Wandel nur durch organisiertes Handeln erreichbar sei. Weil die herrschenden Eliten diese Druckwerke als besondere Bedrohung ansahen, versuchten sie immer wieder, gegen sie vorzugehen. Eine verbreitete Auffassung zusammenfassend, warnte der britische Abgeordnete Joseph Phillimore vor dem Unterhaus: »Diese infamen Publikationen [...] entfachen [bei den Arbeitern] Leidenschaften und wecken ihren Egoismus, indem sie ihre gegenwärtige Lage mit der künftigen vergleichen, die sie sich erkämpfen wollen.«[4]

Die anfängliche Strategie, die Veröffentlichungen unter Kontrolle zu bringen, bestand in Gesetzen gegen aufwieglerische und blasphemische Verleumdungen, die dank ihrer hochgradig allgemeinen Ausformulierung als nützliches Werkzeug für Zensur dienen konnten. Als dann juristische Reformen den Geschworenen schrittweise mehr Macht gegenüber den Richtern verschafften, verliefen die Prozesse nicht immer im Sinne der Regierung. Auch sicherte dieses Vorgehen der radikalen Presse ungewollt große Aufmerksamkeit, die sich in höheren Verkaufszahlen niederschlug. Irgendetwas musste noch zusätzlich getan werden.[5]

Die Regierung reagierte auf die »Krise« mit einer neuen Strategie, die darauf gerichtet war, Presseerzeugnisse durch eine Besteuerung zu verteuern. Ärmere sollten sie sich nicht mehr leisten können. So sollte, wie Lord Castlereagh vor dem Unterhaus erklärte, sichergestellt werden, dass »Personen, welche die Macht der Presse ausüben, Männer mit Ansehen und Eigentum sind«.[6] Aber obwohl die betreffenden Steuern zwischen 1789 und 1815 verdoppelt wurden, scheiterte auch diese plumpe Methode. Die Leser aus der Arbeiterschicht passten sich eloquent an die höheren Preise an, indem sie jede Woche Geld zusammenlegten, um sich gemeinsam ein radikales Blatt zu leisten. Gewerkschaften und andere Verbände traten als Käufer auf. Dass Zeitunglesen in den einfachen Schichten zu einer Gemeinschaftsaktivität wurde, führte zu einem überraschenden Ergebnis: Die Auflagen stiegen.

Sicherlich stellten diese Zeitungen für die Interessen der Elite eine reale Bedrohung dar. Sie verbreiteten missliebige Gedanken, Fakten und Ansichten, die in den »seriösen« Blättern vollständig unter den Teppich gekehrt wurden. Sie trugen entscheidend dazu bei, dass Arbeitervereinigungen nachhaltig auf Unterstützung stießen, und verschafften Werktätigen einen sinnstiftenden Rahmen für ihr Leben, indem sie ein stärkendes Selbstbild pflegten, das die Arbeiter zum »alleinig produktiven und nützlichen Segment der Gemeinschaft« erhob, im scharfen Kontrast zu den »parasitären« Eliten, die als Nutznießer von Ausbeutung porträtiert wurden.

Gegen Mitte des 19. Jahrhunderts verbreitete sich notgedrungen die Einsicht, dass weder Gesetze gegen Verleumdung noch Steuern dem Einfluss der radikalen Blätter Einhalt geboten hatten. Während die meisten Traditionalisten strengere Regeln und ein härteres Durchgreifen forderten, favorisierten immer mehr Mitglieder des Establishments einen anderen Weg. Sie wollten die Pressesteuern abschaffen und so Wohlhabende dazu motivieren, billige Zeitungen auf den Markt zu bringen, die den radikalen Blättern das Wasser abgraben und als ideologische Waffe gegen die Gewerkschaften dienen sollten. Der freie Handel und die Abschaffung dieser Steuern, argumentierte der Präsident einer Lobbygruppe, würden »eine billige Presse in Händen von Männern mit gutem sittlichem Charakter, mit Renommee und Kapital« schaffen, die Aussicht hätte, »die Köpfe der Arbeiterklasse« zu erreichen.[7]

Wie die Geschichte belegt, gelang es den Reichen dank ihrer Wirtschaftskraft tatsächlich, die radikale Presse nach Abschaffung der Steuern auf dem freien Markt zu erdrücken. In der zweiten Hälfte des 19. Jahrhunderts tauchte kein einziges neues radikales Blatt mehr auf. Wie von den Reformern erhofft, trat an die Stelle der beliebten

Zeitungen der Arbeiterschicht eine neue Tagespresse, darunter 1896 die *Daily Mail* und 1903 der *Daily Mirror*. Eine neue Ära der britischen Medien hatte begonnen.

Wem gehören die Medien?

Wer verfügt über die Mittel, um eine Zeitung, einen Sender, ein Verlagshaus oder eine Filmgesellschaft zu gründen und zu betreiben? Heute kaum noch jemand. 1837 kostete die Gründung einer britischen Zeitung unter 1000 Pfund. Bis 1918 waren diese Kosten auf über 2 Millionen Pfund angestiegen.[8] Dass die Anlaufkosten explodierten, lag im Wesentlichen an den neu eingeführten Drucktechniken, die sich nur besonders vermögende Gründer leisten konnten. In den achtziger Jahren wurden *Today* und *Sunday Today* in Vorleistung mit über 22,5 Millionen, *The Independent* mit 21 Millionen und die *London Daily News* mit weit über 30 Millionen Pfund gestartet.[9] Wenn sich nur die Vermögendsten den Start von Medien mit großer Zielgruppe leisten können, wird die Festlegung von Medieninhalten unweigerlich zu einer Priorität dieser Gruppe.

Das Recht von Medieninhabern, den politischen Ton verbreiteter Nachrichten vorzugeben, gilt als selbstverständlich in einer Branche, in der viele den Begriff »öffentlich-rechtlich« als altbacken-romantisch abtun.[10] Max Hastings, ehemaliger Herausgeber des *Daily Telegraph*, betonte, er habe »nie wirklich an die Idee einer redaktionellen Unabhängigkeit geglaubt« und sei immer der Meinung gewesen, dass der Zeitungsinhaber Conrad Black »allen Anspruch« habe, »Stellung zu beziehen, wo die Zeitung doch ihm gehört«.[11] Der *Telegraph* ist heute im Besitz der Brüder Barclay. Laut dem stellvertretenden Herausgeber Benedict Brogan ist es »schierer Unsinn [...], sich hinzustellen und dem Besitzer der Eisenbahn zu sagen, dass er in dieser nichts zu melden habe«. Wie er hervorhebt, entspräche dies in keiner Weise der »Wahrheit über Zeitungen durch sämtliche Zeitalter hindurch. Wozu sollte man eine Zeitung besitzen, wenn man keinen Einfluss darauf hat, worum es in ihr geht?«[12] Andrew Neil, ehemaliger Herausgeber der *Sunday Times*, berichtet, Medienmogul

Rupert Murdoch, dem das Blatt gehört, erwarte, »dass seine Zeitungen weitgehend für das stehen, woran er glaubt: eine Kombination aus rechtem Republikanismus aus Amerika, vermischt mit reinstem Thatcherismus aus Großbritannien«.[13] Murdoch bezeichnete er als einen »interventionsfreudigen Inhaber, der erwartet, seinen Willen zu bekommen«.

Für die Besitzer bemisst sich der Wert ihrer Zeitungen nicht nur an Gewinnen. Viele überregionale Blätter fuhren jahrzehntelang große Verluste ein. Weitergeführt werden sie wegen ihrer wertvollen politischen Funktion. Ein Medienpool verschafft den Inhabern und Verbündeten eine enorme politische Macht. Er kann Kultur gestalten, öffentliche Meinung beeinflussen und eigene Werte verbreiten. Er eignet sich, bevorzugte Ansichten ins gewünschte Licht zu rücken und gegensätzliche Perspektiven ins Lächerliche zu ziehen oder totzuschweigen. Zeitungen und Fernsehsender können nationale und internationale Agenden festlegen und womöglich Wahlen beeinflussen. Sie müssen nicht die öffentliche Meinung widerspiegeln. 2010 unterstützten bei den allgemeinen Wahlen in England nur 36 Prozent der Wähler die Konservativen, während sich die Zeitungen (gemessen an der Auflagenhöhe) zu 71 Prozent hinter diese Partei stellten, ein Missverhältnis, das auch schon in den Jahrzehnten davor geherrscht hatte.[14]

Angesichts des gewaltigen Einflusses der Medien buhlen führende Politiker um ihre Unterstützung. Als Alastair Campbell, Tony Blairs Bereichsleiter für Kommunikation und Strategie, auf den historischen Wahlsieg von New Labour 1997 hin befragt wurde, antwortete er: »Ohne Zweifel folgte die entscheidende Wende […], als uns *The Sun* unterstützte.«[15] Blair unterhielt eine so innige Beziehung zu Murdoch, dass er nach Ende seiner Amtszeit die Patenschaft für eines von dessen Kindern übernahm. Murdochs Einfluss ist seither nicht geschwunden.[16]

Und der Besitz von Medien, der sich auf Superreiche beschränkt, ist zudem hochkonzentriert. 1983 besaßen 50 Unternehmen die meisten Medien in den USA. Bis 2012 war diese Anzahl auf sechs geschrumpft. Ganze sechs Konzerne bestimmen die Inhalte fast aller Zeitungen, Zeitschriften, Fernsehsender, Bücher, Musik, Filme, Nachrichten-Websites und Radiosendungen, die in den USA konsumiert werden, und dazu unterliegt noch ein großer Teil der weltweit genutzten Medien ihrer Kontrolle. Kaum besser sieht es in Großbritannien aus, wo 2014 ganze drei Mediengruppen 70 Prozent der britischen Zeitungen beherrschten.[17] Durch zahlreiche Fusionen und Übernahmen haben sich die Eigentümer von Medien zudem großen Einfluss in anderen Branchen wie der Öl-, Transport-, Bergbau-, Bau-, Ingenieurs-, Finanz- und Freizeitindustrie verschafft. Schon 1977 kam Großbritanniens Presserat, die Royal Commission on the Press, zu dem Schluss: »Anstatt davon zu reden, dass die Presse zusätzliche Geschäftsinteressen hat, kann man mit größerer Nähe zur Wahrheit behaupten, dass sie ein Ableger anderer Industrien geworden ist.«[18] Da sind Interessenskonflikte unvermeidlich. Als der amerikanische Fernsehsender NBC 1991 über den Golfkrieg berichtete, war er im Besitz von General Electric, dem Konzern, der fast sämtliche von der U.S. Army eingesetzte Waffensysteme konstruiert, gefertigt oder geliefert hatte.[19] Inzwischen teilen zahlreiche Medienkonzerne Mitglieder ihrer Verwaltungsräte mit anderen Großkonzernen im Bank-, Energie-, Pharma- und Technologiesektor.

Noch wichtiger als diese Konzentration des Eigentums ist, dass die Besitzer, Betreiber und Beschäftigten der Medienkonzerne aus derselben sozialen Schichtung stammen und ähnliche Werdegänge aufweisen – mit gleichen Erfahrungen, Ausbildungen und Interessen. Während Oxford- oder Cambridge-Abgänger weniger als 1 Prozent der britischen Gesamtbevölkerung ausmachen, stellen sie 47 Prozent der Zeitungskolumnisten.[20] Eine 2014 veröffentlichte Studie des Sutton Trust ergab, dass über die Hälfte der britischen Topjournalisten eine Privatschule besucht hatte, während dies bei der Gesamtbevölkerung nur zu 7 Prozent der Fall war.[21] Fast jeder Einsteiger in den Journalismus muss in Großbritannien einen kostspieligen Abschluss vorweisen und im Durchschnitt sieben Wochen als unbezahlter Volontär arbeiten, ehe er Gehalt empfängt. Für Menschen aus einfachen Schichten ist es damit deutlich schwerer, auch nur in den untersten Rängen des Berufsstandes Fuß zu fassen.

Angesichts der gewaltigen Vermögen, die sich in wenigen Händen konzentrieren, sind an den heutigen Märkten Finanziers, die ein großes Medienhaus gründen oder kaufen können, üblicherweise Milliardäre. Dies ist die erste Form einer einseitigen Ausrichtung, die sich aus dem »freien Markt« im Mediensektor ergibt. Wie in allen Wirtschaftsbereichen schanzt die Privatisierung den Vermögenden noch mehr Macht zu. Sie hat Information in eine Ware verwandelt, die erworben, verkauft, entstellt und unter Verschluss gehalten werden kann. Dieses Arrangement – das ist leicht abzusehen – gestaltet Medieninhalte entsprechend den Interessen derer, die bereits über große Macht verfügen. Anstatt als neutrales Werkzeug zu funktionieren, das aufklärt, Fakten offenbart und die Öffentlichkeit informiert, sind Medien zu einer Waffe zur Kontrolle der Gesellschaft geworden.

Wer sitzt am Geldhahn?

Einst finanzierten sich Printmedien hauptsächlich über Verkaufseinnahmen, doch das hat sich längst verändert. Im 19. Jahrhundert verbilligten sich die Werbeanzeigen nach der Abschaffung der Zeitungssteuer in Großbritannien dramatisch, und die Investitionen in Werbung schossen entsprechend in die Höhe. So konnten die Preise für Zeitungen innerhalb von zwei Jahrzehnten um 75 Prozent gesenkt werden.[22] In der zweiten Hälfte des 19. Jahrhunderts stiegen die Werbeausgaben beständig bis auf 20 Millionen Pfund im Jahr 1907 an.[23] Die Zeitungen gerieten zunehmend in Abhängigkeit von Werbetreibenden, die eine Entscheidungsgewalt darüber erhielten, welche Zeitungen den Wettbewerb am Markt überlebten. Die radikale Presse war aus zwei Gründen zum Untergang verurteilt: einem ideologischen und einem kommerziellen.

Werbetreibende Unternehmen schalteten ihre Anzeigen vorzugsweise in ideologisch konformen Blättern, die ihre Interessen beförderten. Noch bedeutsamer war freilich der Einfluss wirtschaftlicher Erwägungen. Weil Leser aus der Arbeiterschaft über eine geringere Kaufkraft verfügten, wurden ihre Blätter von den Inserenten eher gemieden.[24] »Einige der auflagenstärksten Zeitungen im Empire«, schrieb der Chef einer führenden Werbeagentur 1856, »gehören zu den schlechtesten Werbeträgern. Ihre Leser sind keine Käufer. Jedes Geld, das in sie fließt, ist weggeworfenes Geld.«[25] Zahlreiche Zeitungen, die sich an die Arbeiterschicht wandten, brachen mangels Werbeeinnahmen zusammen: so der *Daily Herald*, der in einer Auflage von 4,7 Millionen Exemplaren erschienen war, was der doppelten Auflage der *Times*, der *Financial Times* und des *Guardian* zusammengenommen entsprach.[26] Die Massenblätter mussten entweder schließen oder ihre Inhalte so anpassen, dass sie für wohlhabendere Leser attraktiv wurden und mehr Werbekunden anlockten. Eine Reihe fortschrittlich ausgerichteter Zeitungen schlug diesen Weg ein, mäßigte ihre politische Ausrichtung und spiegelte verstärkt die Anliegen und Ansichten eines besser situierten Publikums wider.

Einen interessanten Testfall für den Einfluss von Werbung bildeten in Großbritannien die Verhältnisse im Zweiten Weltkrieg. 1940 rationierten die Behörden das knapp gewordene Zeitungspapier. Zwei Jahre später beschränkten sie mit neuen Auflagen den Platz für Werbung mit dem Ergebnis, dass die Zeitungen wieder mehr am Verkauf als mit Anzeigen verdienten – eine bedeutende Wende. Die Unternehmen mussten ihre Werbung da schalten, wo noch Platz verfügbar war. Zeitungen mit fortschrittlich eingestellten Redaktionen stellten fest, dass sie sich wieder an Leser mit geringer Kaufkraft wenden konnten. Der sich daraufhin einstellende Linksruck bereitete den Boden dafür, dass in Großbritannien gleich nach dem Krieg eine soziale Demokratie entstehen konnte – nach dem im Juli 1945 errungenen Erdrutschsieg der Labour Party, die anschließend unter Premierminister Clement Attlee sozialstaatliche Reformen durchführte Drei Jahre zuvor, mitten im Krieg, hatte der sogenannte Beveridge Report Schlagzeilen gemacht, ein recht verschwommenes offizielles Dokument, das der Informationsminister eigentlich nur für eine diskrete Veröffentlichung vorgesehen hatte. Es umriss zahlreiche Reformen, die dann später von der Regierung Attlee tatsächlich umgesetzt wurden. Von der verjüngten Boulevardpresse als die »Magna Charta der schuftenden Massen in Großbritannien« gefeiert, stellte es ein ehrgeiziges Reformprogramm dar, das unter anderem einen nationalen Gesundheitsdienst und eine Politik der Vollbeschäftigung und sozialen Sicherheit vorsah. Über die Popularität, die diesem Manifest gegen den Willen seiner Urheber zuteil wurde, bemerkte Cecil King, Inhaber der Mirror Group Newspapers: »Das Ausmaß an Unterstützung durch die Presse ist so groß, dass man es im Parlament offenbar als politisch unmöglich erachtet, über den Report hinwegzugehen.«[27] Die nachfolgenden wegweisenden Reformen waren zu einem Großteil der Renaissance der radikalen Presse zu verdanken.

Als die Papierrationierung aufgehoben wurde, fiel das wirtschaftliche Umfeld der britischen Printmedien wieder in den Zustand der Vorkriegszeit zurück. Werbetreibende avancierten de facto zu einer Genehmigungsbehörde. Wieder übten wirtschaftliche Erwägungen gewaltigen Einfluss auf die Inhalte aus. Um einen Auftraggeber zu zitieren: »Ich gehe doch nicht zu einer Zeitung, die sich, sobald bei mir der erste Streik ausbricht, auf die Seite der Streikenden schlägt.«[28]

Ein weiteres nützliches Fallbeispiel ist die Erfahrung des einflussreichen Magazins *The New Yorker*. Mehrere Jahre lang verkaufte es mehr Anzeigenseiten als jede andere Zeitschrift. Dies änderte sich am 15. Juli 1967 mit dem Erscheinen eines ausführlichen Artikels über das Dorf Ben Suc in Vietnam, das von US-Soldaten niedergebrannt worden war. Der Bericht brach mit dem vorherrschenden Narrativ von den Wohltaten, mit denen die Amerikaner Vietnam erfolgreich beglückten. Ab dieser Wende in der Redaktion schrieb *The New Yorker* gegen die Invasion an. Die Veröffentlichung kriegskritischer Artikel tat dem Verkauf keinen Abbruch, veränderte aber die Zusammensetzung der Zielgruppe: Die Zeitschrift zog fortan jüngere, weniger kaufkräftige Leser an. Die Unternehmer und Agenturen reagierten prompt. Die Werbeeinnahmen brachen um 40 Prozent ein. Bei konstantem Absatz stürzte der Nettogewinn des Magazins um zwei Drittel ab.[29]

Seit über einem Jahrhundert zählt für eine Zeitung die Höhe der Werbeeinnahmen deutlich mehr als ihre Auflage. Ihr Markt wird nicht von den Vorlieben der Leser, sondern von den Entscheidungen derjenigen geprägt, die Anzeigen schalten. Anstatt Nachrichten erzeugt er in der Hauptsache eine erreichbare Öffentlichkeit, und die verkaufen die Zeitungsverlage an Werbekunden, die für Aufmerksamkeit viel Geld lockermachen. Dasselbe gilt natürlich für kommerzielle Fernseh- und Radiosender, Websites und Magazine.

Der Preis, den ein Auftraggeber für einen TV-Spot bezahlt, richtet sich nach den Einschaltquoten. Wie die Medienhistorikerin Jean Seaton schreibt, »betrachten Werbekunden Programme rein als Mittel, um sich Publikum liefern zu lassen. Das sind die Realitäten, die es zu berücksichtigen gilt, wenn festgelegt wird, welche Art Programme entstehen, wann sie ausgestrahlt werden und wen sie erreichen.«[30] Es liegt auf der Hand, dass daraus ein Druck entsteht, Sendungen zu produzieren, die Massen oder besonders gefragte Verbrauchergruppen wie Frauen oder junge Leute anziehen. Wie es einst Condé Nast, der Gründer von *Vanity Fair*, *Glamour*, *Vogue*, *Mademoiselle* und *House & Garden*, im Hinblick auf die Printmedien formulierte, geht es darum, »die ersten Seiten so mit Aufmachern zu versehen, dass sich unter Millionen Amerikanern gerade die hunderttausend kultivierten Personen angesprochen fühlen, die sich [die beworbenen] Qualitätsprodukte leisten können«.[31]

Dank ihrer privilegierten Stellung können Werbekunden darauf Einfluss nehmen, welche Inhalte im Umfeld ihrer Werbung erscheinen: vorzüglich solche, die Menschen in Kauflaune versetzen. Unbeschwerte, oberflächliche Themen steigern die Wirksamkeit von Werbung für Schuhe eher als beispielsweise eine Dokumentation über Kinder, die in asiatischen Schuhfabriken ausgebeutet werden. Berichte mit Substanz können Werbung in ihrem Umfeld als trivial, unwichtig, ja sogar anstößig erscheinen lassen – inakzeptabel für diejenigen, die am Geldhahn sitzen, ganz egal, wie bedeutsam der jeweilige Artikel für das öffentliche Interesse sein mag.

In den sechziger Jahren stellte der Konsumgüterkonzern Procter & Gamble folgende Forderungen an die Sender, die seine Werbespots brachten: »Kein Material in irgendeinem Programm, das irgendwie die Vorstellung weckt, die Geschäftswelt sei kaltherzig, rücksichtslos bar aller Gefühle und ohne jede ideelle Motivation. Taucht ein Geschäftsmann in der Rolle des Schurken auf, muss deutlich werden dass er keineswegs typisch ist, sondern bei seinen Kollegen ebenso tie in Misskredit steht wie bei jedem anderen Mitglied der Gesellschaft.« Später mussten alle Angriffe auf den »amerikanischen Lebensstil« in denselben Sendungen »umfassend und überzeugend« zurückgewiesen werden.[32] Bevor Zigarettenwerbung in den siebziger Jahren verboten wurde, forderte der amerikanische Tabakkonzern Brown & Williamson, dass in Sendungen, in denen seine Spots platziert waren, »Tabakprodukte nicht abwertend oder imageschädigend vorgeführt werden sollen. Und es soll [...] keine Beziehung zu Ekel, Unzufriedenheit oder Abneigung [...] oder eine entsprechende Geste erscheinen. [...] Keine Zigarette darf als Requisit dienen, um einen unsympathischen Charakter zu zeichnen.«[33] Wie die Sittenwächter der US-Pressevereinigung Fairness and Accuracy in Reporting (FAIR) berichteten, gaben die Werbegroßkunden BP und Morgan Stanley Direktiven mit der Forderung aus, ihre Anzeigen aus sämtlichen Ausgaben eines Presseerzeugnisses mit »kritikwürdigen« Inhalten zu entfernen.[34] Beispiele gibt es zuhauf.

Der Einfluss von Werbetreibenden auf die Medien am »freien Markt« wird leicht unterschätzt, weil er sich hinter den Kulissen entfaltet. Wie weit sie tatsächlich in unsere Welt hineinwirken, erkennt man erst aus der historischen Perspektive. Die heute existierenden Zeitungen sind entweder Neugründungen, oder sie haben die Selektion durch den Markt und den Prozess überlebt, in dessen Verlauf Werbekunden im 19. und zu Anfang des 20. Jahrhunderts die progressive Presse finanziell ausgetrocknet haben. Auch wenn es nicht möglich ist, deren Einfluss präzise zu bemessen, so lässt sich doch mit einiger Sicherheit vermuten, dass die ideologische Landschaft heute ganz anders aussähe, wenn sie nicht die Regie übernommen hätten.[35]

Werbung erzeugt eine tendenziöse Wahrnehmung, die den Interessen von Konzernen dient, und geht auf natürliche Weise aus einem Marktsystem hervor, das von Profit angetrieben wird. Weltweit wurden 2015 fast 570 Milliarden US-Dollar für Werbung ausgegeben.[36] Davon stammten rund 195 Millionen Dollar aus den USA. In Großbritannien haben die Zeitungen, die als fortschrittlichste seriöse Blätter gelten – *The Guardian*, *The Observer* und *The Independent* –, ihre Einnahmen lange Zeit zu 75 Prozent aus Werbung bezogen.[37] Einbußen bei Werbeeinnahmen bleiben eine ständige Bedrohung, auf die auch Andrew Marr von der BBC hingewiesen hat: »Die größte Frage lautet, ob Werbung die neue Agenda einengt und umgestaltet. Selbstverständlich tut sie dies. Es ist schwierig, auf sein Geld zu kommen, wenn man den Leuten, die die Schecks ausstellen, ans Schienbein tritt.«[38]

Woher kommen die Nachrichten?

Um am Markt zu überleben, müssen kommerzielle Unternehmen ihre Produkte zu einem konkurrenzfähigen Preis verkaufen. Medienkonzerne stehen unter Druck, möglichst billig zu produzieren – mit Folgen für die Vorgehensweisen, mit denen sie die Nachrichten »sammeln«, die täglich ihre Zeitungen und Sendeplätze füllen. Der Wettbewerb zwingt die Journalisten, sich an etablierten und leicht zugänglichen Nachrichtenquellen zu bedienen. Deutlichste Beispiele sind Ministerien und Großkonzerne, die jeweils über die notwendigen Millionenbudgets verfügen, um die Nachrichtenverkäufer mit einem stetigen Strom von Reden, Berichten, Pressemitteilungen, Fototerminen und Pressekonferenzen zu versorgen. Sie geben sich alle Mühe, um ihnen die Arbeit zu erleichtern. »Letztlich«, so fassen es Edward S. Herman und Noam Chomsky in ihrem Buch *Manufacturing Consent* zusammen, »subventionieren die großen Bürokratien der Mächtigen die Massenmedien und verschaffen sich einen privilegierten Zugang zu ihnen, indem sie ihnen helfen, die Kosten zu reduzieren, die durch die Beschaffung von Rohmaterial für die Berichterstattung und deren Produktion anfallen.«[39]

Zusammengestrichene Budgets und verschärfter Wettbewerb haben die Abhängigkeit von einem beschränkten Nachrichtenquellenangebot ständig vergrößert. Die meisten Nachrichten stammen aus zwei Quellen: zum einen aus Pressemitteilungen von Regierungen und Konzernen, zum anderen von Presseagenturen. Eine Analyse von Medienforschern der Cardiff University, die sich mit den angesehensten britischen Zeitungen befasste – *The Times*, *The Guardian*, *The Independent* und *The Daily Telegraph* –, ergab, dass 60 Prozent der gedruckten Artikel »ganz oder hauptsächlich auf Nachrichtenagenturen und/oder auf PR-Material [beruhten]. Und weitere 20 Prozent enthielten klar erkennbare Elemente aus Agenturmeldungen und/oder PR«, denen einiges eigenes Material hinzugefügt worden war.[40] Nur 12 Prozent der Berichte hatten die Journalisten selbst recherchiert. Und nur zu einer von hundert Agenturmeldungen, die in den Zeitungen auftauchten, wurde die Quelle genannt.

Wegen rückläufiger Werbeeinnahmen und der allgemeinen Reduzierung von Budgets war die Zeit, die für Recherchen, Faktenchecks und das Abfassen der Artikel durchschnittlich zur Verfügung stand, in den Redaktionen der renommiertesten Blätter Großbritanniens bis 2005 auf ein Drittel des Niveaus von 1985 zusammengeschrumpft. Derselbe Trend zeichnete sich in zahlreichen weiteren Ländern ab. Wie die Journalistenzeitschrift *Columbia Journalism Review* feststellte, beruhte in einer Ausgabe des *Wall Street Journal* über die Hälfte der Beiträge »allein auf Pressemitteilungen«, die »fast wörtlich oder paraphrasiert« abgedruckt wurden.[41]

Zwei Agenturen, Reuters und Associated Press (AP), beliefern die Medien mit den meisten internationalen Meldungen, Bildern und Videos. Mit ihrer Auswahl an Berichten, Statements, Zitaten und Aufnahmen erreichen sie über 1 Milliarde Menschen. Sie legen fest, was für einen großen Teil der Menschheit Nachrichtenwert hat.[42] Press Association (PA) versorgt den Großteil der britischen Medien mit täglichen Fakten, Zitaten und Berichten. Jonathan Grun, ehemaliger Chefredakteur der Agentur, charakterisierte ihre Aufgabe so: »wiedergeben, was Leute sagen, und das sorgfältig. […] Unsere Rolle ist präzise Quellenrecherche. […] Es kommt auf das an, was in Anführungszeichen steht.«[43] Die Frage, ob die Aussage, die zwischen den Anführungszeichen steht, auch nur ein Körnchen Wahrheit enthält, gehört nicht zum Geschäft. Wenn ein Staatschef verkündet, er beginne einen Krieg, um »Demokratie zu verbreiten«, wird diese Äußerung millionenfach rund um den Globus als »Nachricht« wiederholt, und diejenigen, die sie wiederholen, werden Journalisten genannt, obwohl sich ihre Tätigkeit doch faktisch darauf beschränkt, mächtigen Stimmen als Megaphone zu dienen.

Nick Robinson, ehemaliger politischer Redakteur von ITV / News, schrieb über die Vorbereitungen zum Irakkrieg: »Ich und zahlreiche Kollegen wurden mit Beschwerden bombardiert, dass wir als Sprachrohr für Mr. Blair agierten [...]. Ich antwortete immer gleich: Meine Aufgabe war, darüber zu berichten, was die Leute tun und denken, die am Drücker sitzen. [...] Mehr kann einer in meiner Art Position nicht leisten.«[44] Diese Auffassung von journalistischer Verantwortung entspricht ziemlich der Norm. Am 22. Dezember 2005 berichtete BBC-Korrespondent Paul Wood, zuständig für Verteidigungsfragen: »Die Koalition ist hauptsächlich deshalb in den Irak einmarschiert, um dem Land Demokratie und Menschenrechte nahezubringen.« Von der allgemeinen Kritik an diesem Statement zu einer Rechtfertigung herausgefordert, gab Helen Boaden, Geschäftsführerin von BBC News, zu Protokoll: »Paul Woods Analyse der Motivation, die der Koalition zugrunde lag, hat sich aus zahlreichen Reden und Verlautbarungen von Mr. Bush und Mr. Blair ergeben.«[45] Das stimmte natürlich, aber Boadens Satz war mitsamt der dahinter stehenden allgemeinen Haltung insofern problematisch, als Medien ja die Aufgabe haben, ihre Quellen – und insbesondere gerade solcherart Quellen wie die genannten – kritisch zu hinterfragen. Wenn einer der Machthaber dieser Welt behauptet, er führe sein Land in einen Krieg für Freiheit und Demokratie, lassen sich allein daraus noch keine handfesten Schlüsse ziehen. Jeder Aufbruch in einen militärischen Konflikt wird von großspuriger Rhetorik begleitet. Politiker lügen zuweilen. Unbelegte Äußerungen von Mächtigen als Fakten zu präsentieren, ist nicht Journalismus, sondern Propaganda.

Als Informationen am dringendsten gebraucht wurden – im Vorfeld des Einmarschs in den Irak 2003, als das Leben von Millionen Menschen auf dem Spiel stand –, wurde vieles nur am Rande erwähnt oder schlicht unter den Teppich gekehrt: dass der Westen Saddam Hussein in den achtziger Jahren hochgerüstet hatte, dass die Geheimdienstinformationen über seine angeblichen Massenvernichtungswaffen falsch waren oder verzerrt dargestellt wurden, ganz zu schweigen davon, dass es über ein Jahrhundert das erklärte Ziel amerikanischer Außenpolitik gewesen war, die irakischen Ölfelder unter Kontrolle zu bekommen.

Ein seriöser investigativer Bericht erfordert mitunter monatelange Recherche, die an knappen Ressourcen zehrt. Warum nicht einfach »Nachrichten« wiederkäuen, die von anderen kommen? Wie der investigative Journalist Nick Davies hervorhebt, leiden die Medien rund um die Welt unter »Personalabbau, verbunden mit erhöhtem Ausstoß, weniger Zeit, um Storys aufzuspüren und zu überprüfen, unter dem Zusammenbruch alter Versorgungskanäle, dem Aufstieg von PR und Nachrichtenagenturen als einem in sich selbst unzulänglichen Ersatz sowie darunter, dass ein immer geringerer Input an Informationen für einen immer größeren Output neuverpackt wird«.[46] Diese Entwicklung begünstigt die Kreise, die wie das Pentagon mit seinem 4,7 Milliarden schweren PR-Budget oder die Großkonzerne mit ihren Milliarden-Werbeetats über die Mittel verfügen, »Nachrichten« zur »freien« Verfügung zu stellen. Ihre privilegierte Position als Lieferanten von Inhalten ermöglicht es Staat und Wirtschaft, die Medien zu lenken, indem sie ihnen Agenden vorgeben, die den eigenen Interessen dienen. Das ist keine gute Nachricht für die Demokratie.

Wer schüchtert die Medien ein?

Medien erhalten auf ihre Berichterstattung nicht selten negative Rückmeldungen in Form von Briefen, Anrufen, Petitionen, Unterlassungs- oder Schadenersatzklagen, Reden oder anderen Beschwerden und Sanktionen.[47] Die Medien scheuen davor zurück, sich mit Kräften anzulegen, die Ärger bereiten können. Wer aber hat dazu die Mittel? Wer bewirkt mit seinen Reaktionen am meisten? Nur wenige Kräfte haben mehr Macht, sich Gehör zu verschaffen, als Regierungen und Großkonzerne.

Diese größere Bedeutung einflussreicher Quellen ist sogar ins Gesetz gegossen: So schützte der britische Defamation Act von 1952 Journalisten lange Zeit vor Verleumdungsklagen, wenn sie nachweisen konnten, dass ihre Berichterstattung auf einer offiziellen Verlautbarung »der Regierung oder in deren Namen, eines staatlichen Vertreters, einer örtlichen Behörde oder eines Polizeichefs« beruhte. Auch wenn Novellierungen des Gesetzes die Liste erweiterten, blieb es bei dieser Schieflage. Das Persönlichkeitsrecht, das auf breiter Basis vor Verleumdung schützt, tangiert jede Berichterstattung, die einen Ruf schwer beschädigen kann. In der Praxis bietet es allerdings nur den Vermögenden Schutz, weil seine Durchsetzung besonders kostspielig ist. Verleumdungsklagen sind durch keine Prozesskostenhilfe gedeckt. Nach Davies »ist es gängige Praxis für den Anwalt einer Zeitung, der mit einem potenziell rufschädigenden Bericht konfrontiert ist, den Reporter zu fragen: ›Hat dieser Typ Geld?‹«[48]

Jede ernsthafte Kritik an den Mächtigen ist eine riskante Sache, die Mut, Zeit und finanziellen Rückhalt erfordert.[49] Um sich gegen Angriffe abzusichern, haben Sender die Möglichkeit, Gegendarstellungen im gleichen zeitlichen Umfang auszustrahlen, damit sich die Zuschauer ein eigenes Urteil bilden können. Dies mag vernünftig klingen, ist aber ein gefährlicher Ansatz. Seit Jahrzehnten liegt eine Überfülle von wissenschaftlichen Belegen dafür vor, dass Kohlendioxidemissionen die Erdatmosphäre mit gefährlichen Folgen aufheizen. Dennoch stellten Journalisten den Leugnern des Klimawandels im Namen der »Ausgewogenheit« kostbare Sendezeit und viel Spaltenraum zur Verfügung. Eine von Max und Jules Boykoff durchgeführte Studie ergab, dass zwischen 1988 und 2002 über 50 Prozent der medialen Berichterstattung zum Thema Klimawandel in den USA Darstellungen, die die Erderwärmung leugneten, ebenso viel Platz gewährten wie den kritischen Beiträgen, obwohl die Faktenlage eindeutig war.[50] Wie eine Untersuchung der US-amerikanischen Union of Concerned Scientists feststellte, waren die Berichte in Fox News zum Klimawandel in 93 Prozent der Fälle wissenschaftlich fehlerhaft Und auch die Meinungsseiten des *Wall Street Journal* enthielten in 81 Prozent der Fälle falsche Darstellungen.[51]

Die gleiche Art irreführende Neutralität hatte geherrscht, als Wissenschaftler darauf aufmerksam zu machen versuchten, dass zwischen Rauchen und Lungenkrebs ein Zusammenhang besteht. Journalis ten stellten diesem wissenschaftlichen Konsens die gegenläufigen Behauptungen der Tabakkonzerne gegenüber. Die Unternehmen waren über viele Jahre die wichtigsten Werbekunden in den USA gewesen und konnten ihren Einfluss rücksichtslos dazu ausnutzen, gegen Veröffentlichungen vorzugehen, die ihre Produkte – wahrheitsgemäß – in ein schlechtes Licht rückten.

Besonders besorgniserregend ist die Inkonsequenz, mit der das Prinzip der Ausgewogenheit angewandt wird. Kritische Äußerungen gegenüber der Macht werden mit entgegengesetzten Ansichten »ausbalanciert«, während die Meinungen einflussreicher Stellen oft widerspruchslos als Tatsachen stehenbleiben. So fehlte in der britischen Berichterstattung beispielsweise jede Gegendarstellung, wenn Politiker behaupteten, der Einmarsch in den Irak habe vor allem der Etablierung von Demokratie und Menschenrechten gegolten. Wurde dagegen, was selten genug geschah, der Vorwurf erhoben, Großbritannien habe sich an der Irakinvasion beteiligt, um die USA zu beschwichtigen, den Einfluss der NATO im Mittleren Osten zu festigen und den Zugang zum Öl in der Region aufrechtzuerhalten, war stets die ausgleichende Stimme einer offiziellen Quelle zu vernehmen. Die Richtlinien der BBC sehen eine »Verpflichtung zur Unparteilichkeit« vor. Journalisten müssen »sich bemühen, ein breites Meinungsspektrum widerzuspiegeln und eine Reihe und einen Widerstreit von Ansichten so zu beleuchten, dass keine wichtige Richtung des Denkens absichtlich unreflektiert oder unterrepräsentiert bleibt«. – »Bei meinem Eintritt in die BBC«, hatte Andrew Marr einst verkündet, »wurden mir in aller Form die Meinungsorgane entfernt.« Aber als nach der Invasion, die viele Experten als völkerrechtswidrig verurteilten, Bagdad von den Koalitionstruppen eingenommen wurde, gab er live auf BBC folgende Analyse zum Besten:

> [Blair] sagte, dass sie in der Lage seien, Bagdad ohne Blutbad zu erobern, und dass die Iraker am Ende feiern würden. In beiden Punkten hat er am Ende Recht behalten. Es wäre, selbst für seine Kritiker, ganz und gar unhöflich, nicht anzuerkennen, dass er deshalb heute Abend verdientermaßen als ein größerer und gestärkter Premierminister dasteht.[52]

Ein Bericht der Cardiff University von 2003 hielt fest, dass die BBC während der Irakinvasion »die am deutlichsten ›kriegsfreundliche‹ Agenda sämtlicher Sender« in Großbritannien zeigte. Während der ersten drei Wochen des Konflikts verarbeitete sie den höchsten Anteil an Material von Quellen aus der Militärkoalition und der Regierung, nutzte weniger als Sky, ITV oder Channel 4 News unabhängige Quellen, maß Verlusten unter Irakern geringeres Gewicht bei und berichtete tendenziell seltener über den irakischen Widerstand gegen die Invasion.[53] Im Vorfeld des Einmarsches organisierte die Stop the War Coalition an führender Stelle Versammlungen von Kriegsgegnern und Protestmärsche, darunter den größten, der im Königreich jemals stattgefunden hatte. Ihr Pressesprecher wurde »zu Auftritten in allen TV-Sendern eingeladen, außer in der BBC«.[54]

Phil Donahue moderierte von 2002 bis 2003 auf MSNBC eine Talkshow, die seinen Namen trug. Obwohl mit den höchsten Einschaltquoten dieses US-Senders gesegnet, wurde sie im Vorfeld des Irakkriegs am 25. Februar 2003 abgesetzt. In einem der Öffentlichkeit zugespielten Memorandum hieß es, dass sie »in Kriegszeiten für NBC ein schwieriges öffentliches Gesicht« zeige. Donahue scheine »sich darin zu gefallen, Gäste zu präsentieren, die gegen den Krieg, gegen Bush und skeptisch im Hinblick auf die Motive der Regierung sind«.[55] Im Gespräch mit Bill Moyers teilte Donahue mit, er »habe die Unterstützer des Präsidenten [in der Sendung] allein auftreten lassen können. Und sie haben gesagt, warum dieser Krieg wichtig sei. Einen Abweichler konnte man nicht allein einladen. [...] Unsere Produzenten hatten Anweisung, auf jeden Liberalen zwei Konservative auftreten zu lassen.«[56]

Angst vor Vergeltung schafft eine Kultur der Anpassung. Wenn einzelne Journalisten hinter den Erwartungen der Konformität zurückbleiben, kann das bedeutende Folgen haben. Im Mai 2003 wandte sich der Journalist und Pulitzer-Preisträger Chris Hedges Kriegskorrespondent bei *The New York Times*, in einer Antrittsrede am Rockford College gegen den Einmarsch: »Wir brechen zu einer Okkupation auf, die, wenn Geschichte überhaupt irgendeine Orientierung bietet, unseren Seelen ebenso schaden wird wie unserem

Ansehen, unserer Macht und unserer Sicherheit.«[57] Seine Zeitung reagierte mit einem schriftlichen Verweis wegen »öffentlicher Äußerungen, die das allgemeine Vertrauen in die Unparteilichkeit der Zeitung untergraben könnten«.[58] Hedges hatte den sicheren Standpunkt verlassen und war deswegen als nicht »objektiv« abgestraft worden. Um einer möglichen Entlassung zuvorzukommen und um sich nicht der Zensur unterwerfen zu müssen, kündigte er kurz darauf.

Jeder Journalist weiß, wie wichtig der Zugang zu einflussreichen Quellen für die Karriere sein kann. Die amerikanische Journalistin Amy Goodman nennt ihn den »Eintritt zum Bösen«. Die erfolgreichsten Reporter brächten es deshalb so weit, »weil sie Wahrheit gegen Zugang eintauschen. Sie verzichten auf bohrende Fragen, und deshalb werden sie zu den einflussreichsten Leuten vorgelassen, wo sie sich den Spruch abholen, den sie exklusiv zitieren können, und den kriegen sie, weil sie ihnen flauschige Fragebällchen zuwerfen.«[59] Journalisten, die sich diesem Trend widersetzen, riskieren, von einflussreichen Quellen abgeschnitten zu werden. Goodman berichtet von eigenen Erfahrungen, als Präsident Clinton am Wahltag 2000 in ihrer Radio-Talkshow in der Hoffnung auftrat, Unterstützung für den demokratischen Kandidaten Al Gore zu gewinnen. Sie fragte ihn unter anderem: »Was sagen Sie Leuten, die das Gefühl haben, dass beide Parteien von Konzernen gekauft sind und [...] dass ihre Stimme nichts bewirkt?« – »Die beiden letzten UN-Chefs der Irakmission haben aufgegeben und die US / UN-Politik als Völkermord bezeichnet. Was antworten Sie darauf?«[60] Gegen Ende des Interviews warf Clinton Goodman erbost einen »feindseligen, streitsüchtigen und sogar respektlosen Ton« vor. Nach der Ausstrahlung erhielt sie einen wütenden Anruf aus dem Pressebüro des Weißen Hauses. Man beschuldigte sie, »die Grundregeln für das Interview« gebrochen zu haben.[61]

Dan Rather, führender US-Journalist, teilte 2003 dem Talkshow-Moderator Larry King mit: »Schauen Sie, ich bin Amerikaner. Ich habe nie jemandem vorzumachen versucht, dass ich Internationalist oder so etwas sei. Und wenn mein Land im Krieg ist, dann soll es auch siegen, wie auch immer dieser Sieg definiert ist. Ich kann und werde jetzt auch nicht behaupten, dass das ganz unvoreingenommene Berichterstattung ist. Darin bin ich voreingenommen.«[62] Diese Art Voreingenommenheit ist freilich nicht von beruflichem Nachteil. Sie ist ungefährlich, weil sie denen nützt, die am Hebel sitzen.

In den seltenen Fällen, in denen die Presse den Schaltstellen der Macht ernsthaft gefährlich wird, kommt es zu offenen Versuchen der Zensur – und nicht nur von Regierungsseite. Im Zuge der Kriegsvorbereitungen 2003 schlossen die Medien beiderseits des Atlantiks weitgehend die Reihen. Im Mai 2008 berichtete CBS-Nachrichtensprecherin Katie Couric, dass auf sie als Moderatorin der NBC-Sendung *Today* »von den Konzernen, denen unsere Arbeitsplätze gehören, und direkt von der Regierung« Druck ausgeübt worden sei, »um jede Art Dissens oder kritische Fragen zum [Irakkrieg] regelrecht zu zerquetschen«.[63] 2003 sagte Jessica Yellin, damals Reporterin für MSNBC, dass Journalisten »unter enormem Druck von Konzernvorständen standen – ganz offen –, dafür zu sorgen, dass dieser Krieg so dargestellt werde, dass er in Einklang mit der patriotischen Begeisterung in der Nation stehe«.[64]

Die wirksamste Rechtfertigung für den Einmarsch in den Irak lautete, Saddam Hussein verfüge über Massenvernichtungswaffen. *The Observer* veröffentlichte klare Gegenbeweise, die diese Behauptung widerlegten. Im Herbst 2002, rund sechs Monate vor Kriegsbeginn führte Ed Vulliamy, ein Korrespondent der britischen Zeitung, ein Gespräch mit Mel Goodman, einem ehemaligen CIA-Analysten, der noch als streng sicherheitsüberprüft galt und regelmäßigen Kontakt zu seinen früheren Kollegen hatte. Goodman teilte ihm mit, dass der Irak laut CIA-Bericht entgegen sämtlichen Behauptungen der britischen und amerikanischen Regierungsstellen keine Massenvernichtungswaffen besitze.[65] Er war sogar bereit, sich dazu öffentlich unter seinem Namen zu äußern. Das war ein echter Knüller von internationaler Bedeutung in einer Zeit, da Briten und US-Amerikaner alles in ihrer Macht Stehende unternahmen, um die Öffentlichkeit genau auf dieser Basis von der Notwendigkeit des Krieges zu überzeugen. Trotzdem lehnte die Redaktion des *Observer* alle sieben Fassungen ab, die Vulliamy von seinem Artikel vorlegte. Herausgeber

Roger Alton stellte die Position des Blattes klar: »Wir müssen mit den Amerikanern Schulterschluss üben.«[66]

Wo Medien bei der Selbstzensur versagen, springt bereitwillig der Staat in die Bresche. Zu den jüngeren Beispielen zählt der Umgang mit den Whistleblowern Edward Snowden und Chelsea (ehemals Bradley) Manning. Über Glenn Greenwald und den *Guardian* veröffentlichte Snowden einen Satz klassifizierter Unterlagen, die den gewaltigen Umfang und die Reichweite des weltweiten Überwachungsprogramms der NSA belegen. Kurz darauf nahmen hochrangige Beamte der britischen Regierung Kontakt mit *Guardian*-Herausgeber Alan Rusbridger auf, die »behaupteten, sie verträten die Auffassung des Premierministers«. Sie verlangten die Vernichtung sämtlicher Dateien, die der Redaktion zur Auswertung vorlagen. Rusbridger ließ sich nicht beirren. Der *Guardian* betrieb die Veröffentlichung der Dokumente weiter. Sie wurden so aufbereitet, dass sowohl die Identität der NSA-Mitarbeiter als auch Staatsgeheimnisse geschützt blieben. Einen Monat später, so Rusbridger, »bekam ich einen Anruf aus der Regierungszentrale. ›Sie haben Ihren Spaß gehabt‹, hieß es. ›Wir wollen das Material jetzt wiederhaben.‹ Weitere Begegnungen mit ominösen Gestalten aus Regierungskreisen folgten. Die Forderung war stets dieselbe: Snowdens Material zurückgeben oder es vernichten«.[67]

Die unbeugsame Haltung des *Guardian* gipfelte am 20. Juli 2013 in einer bizarren Szene, die sich im Keller unter den Londoner Büros der Zeitung abspielte. Techniker der Regierungskommunikationszentrale GCHQ zwangen einen Redakteur und einen Computerexperten des Blattes, die Festplatten zu zerstören, auf der die chiffrierten NSA-Dateien abgespeichert waren. (Das war allerdings kaum mehr als ein Einschüchterungsversuch: Natürlich hatten die Redakteure die Dateien noch auf weitere Speichermedien kopiert.) Der Druck, die Story zu begraben, wurde danach aufrechterhalten. Im Oktober 2013 drohte David Cameron, die Veröffentlichung von Snowdens Enthüllungen durch die Zeitung zu unterbinden: »Wenn sie kein bisschen gesellschaftliche Verantwortung demonstrieren«, so verkündete er, »wird es für die Regierung sehr schwierig, weiter tatenlos zuzusehen.«[68] Rusbridger wurde später vor den Innenausschuss zitiert und von dessen Vorsitzenden, dem Abgeordneten Keith Vaz, gefragt: »Lieben Sie dieses Land?«[69]

Eine Fallstudie: Kürzungen

Am 17. Oktober 2010 verkündete der britische Schatzkanzler George Osborne der Nation, sie habe »am Rand des Bankrotts gestanden«. Vier Tage später offenbarte er seinen Rettungsplan: 80 Milliarden britische Pfund an Einsparungen. Einer so extremen Sparpolitik hatte sich bislang noch kein Land unterworfen. Die Behauptung, dass tiefe Einschnitte dringend notwendig seien, war Teil eines wachsenden politischen Konsenses, den eine simple Erklärung zusammenhielt: Wegen der verschwenderischen Ausgabenpolitik der Vorgänger von der Labour Party stecke Großbritannien in einem »wirtschaftlichen Chaos«. Vorrangig sei es jetzt, das Haushaltsdefizit zu beseitigen und Schulden abzubauen. Sämtliche Staatsausgaben, von der Arbeitslosenunterstützung bis zu Unterhaltsbeihilfen für Behinderte, kämen auf den Prüfstand. Auch wenn die Einschnitte schmerzhaft würden, brauche es diese kollektiven Opfer.

So schön schlicht sich die Geschichte auch anhörte, so war sie doch in jeder Hinsicht falsch. Laut Cameron und Osborne hatte die Koalition die »vordringliche Aufgabe«, die ausufernde Staatsverschuldung, also das Gesamtvolumen der aufgenommenen öffentlichen Kredite, unter Kontrolle zu bringen. Die meisten Ökonomen sahen es anders. Im *Guardian* versuchten Wirtschaftshistoriker, dem Publikum ihren Standpunkt in einem offenen Brief nahezubringen:

> Wie zunächst einmal die Geschichte zeigt, ist die britische öffentliche Verschuldung, gemessen an den Maßstäben der letzten 200 Jahre, keineswegs hoch. Sie liegt eher niedrig, verglichen mit denen in der zweiten Hälfte des 18. Jahrhunderts, den ersten drei Vierteln des 19. Jahrhunderts und des größten Teils der Ära zwischen den Weltkriegen und nach dem Zweiten Weltkrieg im 20. Jahrhundert. Und auch innerhalb der entwickelten Welt ist sie gering.[70]

2010 betrug die nationale Verschuldung in Großbritannien 57 Prozent des Bruttoinlandsprodukts, weniger als in Italien, Frankreich, Deutschland, Japan und den USA. Als die britische Regierung nach dem Zweiten Weltkrieg den staatlichen Gesundheitsdienst, den Sozialstaat und das staatliche Rentensystem aufgebaut, das Autobahnnetz angelegt und Sozialwohnungen bereitgestellt hatte, lag die Staatsverschuldung bei 238 Prozent des BIP.[71] Mit anderen Worten: Als Osborne Schatzkanzler wurde, war die Staatsverschuldung kein dringendes Problem.

Und dann das Defizit, der Fehlbetrag zwischen den staatlichen Ausgaben und den Steuereinnahmen: Das Narrativ der Sparpolitik, das die Koalition verbreitete, machte die Ausgabenpolitik der abgewählten Labour-Regierung für die wachsende Haushaltslücke verantwortlich. Tatsächlich war aber ein Großteil dieses Anstiegs auf die weltweite Rezession zurückzuführen. Die Vorgängerregierung hatte sich mit Ausgaben eher zurückgehalten. Eine wirtschaftliche Talfahrt erhöht die Sozialausgaben und vermindert die Steuereinnahmen, weil Arbeitsplätze verschwinden, die Löhne sinken und Steuereinnahmen schrumpfen, womit sich ein Haushaltsdefizit automatisch erhöht. Die Rezession war ein globales Phänomen, auf das die Labour-Regierung keinerlei Einfluss hatte. Entgegen dieser Faktenlage wurde die Bankenkrise, als eigentliche Ursache heraufbeschworen von verantwortungslosen und rechtswidrigen Machenschaften im Privatsektor, zu einer Krise der Staatsfinanzen umdeklariert.

Als die Koalition an die Macht kam, stützten weder die Geschichte noch die gängige Wirtschaftstheorie die Behauptung, Einsparungen seien der einzige Weg, das Defizit zu verringern. In einer Rezession Ausgaben zu kürzen, ist ein vielfach erprobter politischer Ansatz, der – ohne Ausnahme – jedes Mal gescheitert ist.[72] So schwenkten beispielsweise nach dem Ersten Weltkrieg die USA, Großbritannien, Schweden, Deutschland, Japan und Frankreich alle auf einen Sparkurs ein, der sich verheerend auf ihre Wirtschaft auswirkte. Als US-Präsident Herbert Hoover auf den wirtschaftlichen Zusammenbruch von 1929 mit Ausgabenkürzungen reagierte, schloss sich die Große Depression an.

Die historischen Beispiele führten unter Wirtschaftswissenschaftlern zu einem breiten Konsens darüber, dass Ausgabenkürzungen in Zeiten der Krise die Lage nur verschärfen, weil Rezessionen durch eine zurückgehende Nachfrage (und durch fehlende Spielräume, um sinkende Kaufkraft mittels Zinssenkungen auszugleichen) ausgelöst werden. Jeder Student des Fachs kennt die Antwort aus dem Lehrbuch, dass bei Konjunktureinbrüchen die Ausgaben erhöht werden müssen. Wenn eine Regierung kurzfristig mehr ausgibt, lässt sich die öffentliche Verschuldung schneller abbauen, weil durch kluge Investitionen neue Arbeitsplätze entstehen, die Steuereinnahmen steigen und mehr Menschen schneller von staatlichen Leistungen unabhängig werden.

Als Regierungen auf strenge Haushaltsdisziplin setzten, lieferte ihnen allerdings eine Handvoll Ökonomen Forschungsergebnisse, die genau das besagten, was sie hören wollten,[73] und so wurden sie rasch von Politikern wie Journalisten aufgegriffen, um das unorthodoxe Heilmittel zu rechtfertigen. Am Ende gerieten diese Ergebnisse in Misskredit, weil offengelegt wurde, dass sie auf fragwürdigen Annahmen, zweifelhaften Vorgehensweisen und offenkundigen Fehlern beruhten.[74] Die geringe Unterstützung, die der Austeritätspolitik an den Hochschulen zuteilgeworden war, begann mit der Zeit zu bröckeln. Zu Beginn der britischen Koalitionsregierung forderten 20 prominente Ökonomen Osborne in einem offenen Brief in der *Sunday Times* auf, das Haushaltsdefizit im Verlauf der nächsten fünf Jahre zurückzufahren. Der Schatzkanzler nahm den Appell dankbar auf. Als die britische Konjunktur zwei Jahre später erneut einen Rückschlag erlebte, der Osborne zwang, außerplanmäßig zusätzliche Milliarden britische Pfund an Schulden aufzunehmen, wurde dieser Kreis gefragt, ob er zu seiner ursprünglichen Empfehlung stehe. Nur einer der 20 blieb dabei. Auf einmal waren viele für ein Ende der Sparpolitik und eine Erhöhung der öffentlichen Ausgaben.[75]

Im Jahr 2013 verzeichneten die Länder, die sich drastische Einschnitte bei Ausgaben verordnet hatten, ein schwächeres Wachstum als diejenigen, die ihre Ausgaben erhöht hatten.[76] So musste der IWF der 2010 zu strenger Haushaltsdisziplin geraten hatte, einräumen dass er die negativen Folgen von Kürzungen auf eine schwächelnde Wirtschaft unterschätzt hatte. Wie seine Zahlen zeigten, unterminierten rigide Kürzungen das Wachstum. Der Ökonom Paul Krugman stellte fest:»Seit der weltweiten Wende hin zur Sparpolitik 2010 erlebte jedes Land, das bedeutende Sparmaßnahmen einführte, negative Auswirkungen auf die Konjunktur. Diese fielen umso stärker aus, je härter die Sparmaßnahmen gewesen waren.«[77] Nach Simon Wren-Lewis, Professor für Wirtschaftspolitik an der Oxford University, lassen sich die durch verzögerte wirtschaftliche Erholung entstandenen Kosten der Sparpolitik auf rund 100 Milliarden Pfund beziffern. Er hebt hervor:»Hätte irgendein anderes Ministerium diese Summe vergeudet, wäre ein riesiger Aufschrei durch die Medien gegangen, [… die] weiterhin wirtschaftswissenschaftliche Erkenntnisse falsch darstellen, obwohl sie Zugang zu akademischem Fachwissen haben.« Eine Regierung, die mit diesem Ergebnis zur Wiederwahl antrete,»müsste um jeden Preis zu vermeiden versuchen, dass über ihre wirtschaftliche Bilanz geredet wird«. Tatsächlich war das Gegenteil der Fall.[78] Im Vorfeld der Wahlen von 2015 prahlte David Cameron, die Sparpolitik habe die Wirtschaft gerettet und Arbeitsplätze geschaffen. Dieser irreführenden Darstellung konnten sich nur 15 Prozent der Ökonomen anschließen.[79] Simon Wren-Lewis erklärt, warum:

> Um zu erkennen, wie absurd diese Behauptung ist, stelle man sich vor, dass eine Regierung beschließen würde, die Wirtschaft auf einen Schlag für ein Jahr um die Hälfte herunterzufahren. Dies wäre Irrsinn. Bei nur der Hälfte der Produktion wäre jeder ärmer. Wenn aber ein Jahr später die andere Hälfte der Wirtschaft wieder anliefe, betrüge das Wirtschaftswachstum 100 Prozent. Die Regierung könnte behaupten, diese wundersame Erholung rechtfertige ihre Entscheidung vom Vorjahr, die Hälfte der Wirtschaft stillzulegen. Das wäre absurd, ist aber eine ziemlich gute Analogie zu der Behauptung, dass die Erholung von 2013 die Sparpolitik von 2010 rechtfertige.[80]

Tatsächlich stellte sich die Erholung erst ein, nachdem die Koalition ihre Sparpolitik nach zwei Jahren im Amt gelockert hatte. Laut ursprünglichem Plan hätte das Defizit in den ersten fünf Jahren beseitigt werden sollen, aber als jeder Hinweis auf eine Erholung fehlte, die Steuereinnahmen hinter den Erwartungen zurückblieben und die Unterstützung der Wirtschaftsexperten schwand, machte Osborne 2012 einen Rückzieher. Als absehbares Ergebnis stellte sich 2013, drei Jahre später als erwartet, der Aufschwung ein. Natürlich nutzte er nicht allen in gleicher Weise: Die Reallöhne waren um 10 Prozent gesunken, während Spitzenverdiener ihren Anteil am Wohlstand ausgebaut hatten.[81] Die meisten neuen Arbeitsplätze waren schlecht bezahlt und unsicher. 2015 war das BIP inflationsbereinigt immer noch niedriger als vor der Krise.[82] Obendrein hatte die Staatsverschuldung drastisch zugenommen. In seinem ersten Finanzplan hatte Osborne behauptet, er nehme »Kurs auf einen ausgeglichenen Haushalt und eine sinkende Staatsverschuldung bis zum Ende dieser Legislaturperiode«.[83] In Wahrheit vergrößerte er die Staatsverschuldung mit seinem Wirtschaftsplan in nur fünf Jahren um 80 Prozent. Tatsächlich hatte er in diesem Zeitraum mehr Schulden aufgenommen als sein Vorgänger in einem ganzen Jahrzehnt.[84]

Selbst wenn wir akzeptieren, dass es unmittelbare Priorität hatte, das Haushaltsdefizit zurückzufahren, so gilt doch, dass dies nicht nur auf einem Weg möglich gewesen wäre. Osborne setzte auf eine Strategie, die den Schwächsten schadete und im siebtreichsten Land der Welt eine Krise der Lebenshaltungskosten heraufbeschwor. Er zwang eine Million Briten in die Abhängigkeit von öffentlichen Tafeln, nahm Menschen die entscheidende finanzielle Unterstützung und kürzte die Zuwendungen für Schwachverdiener und Arbeitslose. Viele kostete diese Politik sogar das Leben.[85] 2011 fasste Mervyn King, damaliger Präsident der Bank of England, die Lage mit dem Worten zusammen: »Den Preis für diese Finanzkrise haben Menschen zu tragen, die sie absolut nicht verursacht haben.« Er sei »überrascht, dass der Grad an öffentlicher Empörung nicht noch größer ist«.[86]

Bei der Verringerung des Defizits hätten die Lasten anstatt den Ärmsten auch den Großverdienern aufgepackt werden können.

Anstatt öffentliche Leistungen zu kürzen, hätte die Regierung die Steuern für die Reichsten und für Unternehmen erhöhen, eine Finanztransaktionssteuer einführen, Steuerschlupflöcher für Spitzenverdiener schließen und sicherstellen können, dass die Konzerne in vollem Umfang für die Nutzung nationaler Ressourcen bezahlen. »Diese Einnahmequellen würden unsere Wirtschaft nicht nur effizienter machen und das Defizit erheblich reduzieren«, schreibt Joseph Stiglitz, »sondern auch der Ungleichheit entgegenwirken.«[87] Aber die Reichen blieben verschont. Stattdessen senkten die Konservativen sogar noch den Spitzensteuersatz – eine Politik, so unpopulär, dass sogar die Mehrheit ihrer eigenen Wähler gegen sie war.[88]

Wenn Sparpolitik die Konjunktur beeinträchtigt, warum wurde sie dann von Wirtschaftslenkern und Politikern unterstützt? Die schlichte Antwort lautet: aus ideologischen Gründen. Für Neoliberale ist es ein Glaubensartikel, dass der Staat verschlankt, Wohlfahrt und soziale Sicherheit beschnitten und alles, von der Gesundheitsvorsorge bis zu Gefängnissen, privatisiert werden müsse. In einer Rede auf dem traditionellen Bankett des Londoner Bürgermeisters 2013 verkündete David Cameron, dass es bei den Ausgabenkürzungen letztlich darum gehe, »einen schlankeren, effizienteren Staat aufzubauen. […] Nicht nur jetzt, sondern dauerhaft«.[89] Das Sparnarrativ lässt aber auch die Verhandlungsmacht der Wirtschaft in der Politik deutlich werden. In den Worten Krugmans: »Wirtschaftskapitäne lieben den Gedanken, dass die Gesundheit der Wirtschaft von Vertrauen abhänge, was wiederum – so jedenfalls denken sie – erfordert, dass man sie zufriedenstellt.«[90]

Als die Finanzkrise ausgebrochen war, sprach eine überwältigende Masse an Fakten dagegen, sie mit Ausgabenkürzungen bewältigen zu wollen. Der Versuch, die schwächsten Glieder in der Gesellschaft dafür in Haft zu nehmen, dass der Finanzsektor versagt hatte, hätte in einer funktionierenden Demokratie die freien Medien auf den Plan rufen müssen, die das Märchen der Regierung von den Segnungen des Sparens gern entlarvt hätten. Aber so kam es nicht. Als Reaktion auf den Plan der Koalitionsregierung verkündete die *Financial Times*: »Es gibt zur britischen Sparpolitik Alternativen, aber keine guten.«[91]

Anstatt im Vorfeld der umfassenden Ausgabenüberprüfungen im Oktober 2010 in Zweifel zu ziehen, ob Kürzungen wirklich notwendig seien, stellten BBC, Sky und ITV ihrem Publikum die Frage, wo der Rotstift angesetzt werden müsse. Der *Daily Telegraph* feierte George Osbornes Haushalt als einen »gerechten und zukunftsweisenden«, der »fachmännisch und mit Intelligenz« erstellt worden sei.[92]

In Interviews mit Ministern wurde die Annahme, dass Einschnitte notwendig seien, erst gar nicht hinterfragt. John Humphrys von der BBC leitete eine Frage an Nick Clegg, den Führer der Liberaldemokraten, mit den Worten ein: »Wir wissen, dass Sie Kürzungen vornehmen müssen, aber ...«[93] Auf BBC TV räumte Andrew Marr George Osborne gegenüber ein: »Sie müssen die Einsparungen, die Schnitte durchführen ...«[94] In der Nachrichtensendung *Channel 4 News* fühlte Jon Snow Labour-Führer Ed Miliband auf den Zahn, der in einer Rede das Thema Defizit ausgespart hatte: »Wieso gehen Sie nicht darauf ein, wie dieses erschreckende Defizit abgebaut werden soll? [...] Das ist doch mit Sicherheit das allerwichtigste Problem. Es bildet das Kernstück unserer Wirtschaftskrise.«[95]

Am 1. April 2015 veröffentlichte das Centre for Macroecomics des University College London eine Umfrage, der zufolge die allermeisten Ökonomen nicht daran glaubten, dass die Austeritätspolitik Wachstum oder Beschäftigung geschaffen habe. Am selben Tag schmückte der *Daily Telegraph* seine Titelseite mit einem Brief von mehreren hundert Geschäftsleuten, die sich begeistert für diese Politik aussprachen. Und obwohl die *Financial Times* in einer Umfrage festgestellt hatte, dass weniger als 20 Prozent der Ökonomen von der Ansicht überzeugt waren, die einsetzende Erholung 2013 sei den Sparmaßnahmen zu verdanken, verkündete sie im September des Jahres: »Osborne siegt in der Schlacht um die Sparpolitik.«[96] Die Behauptung wurde quer durch die Medienlandschaft wiederholt.

Julien Mercille erforschte am University College Dublin die Berichterstattung über die Sparpolitik nach den Wahlen von 2010 und wertete dazu vier führende nationale Zeitungen aus: *The Daily Telegraph*, *The Times*, die *Financial Times* und *The Guardian*. Dabei stieß er auf eine klar einseitige Darstellung zugunsten der Ausgabenkürzungen (mit Ausnahme des *Guardian*).[97] Von 347 Artikeln zeigten sich ganze 21 kritisch. Wie einseitig die Medien berichten, belegt auch eine Untersuchung dazu, welche »Experten« aufgefordert wurden, die Einsparungen zu kommentieren. Es waren fast durchgängig Banker, Ökonomen oder Politiker. Nur 1 Prozent stammte aus dem Gewerkschaftsbereich.

Die Bevorzugung von Quellen aus dem Establishment ist die Norm. Mike Berry, Dozent an der Cardiff University, stellte in einer Studie zur Neutralität der BBC fest, dass »in BBC-Nachrichten quer durch die Programme Wirtschaftsvertreter deutlich mehr Sendezeit erhielten [...] als bei ITV [...] oder *Channel 4 News*«.[98] Im Jahr des Ausbruchs der Krise traten in der BBC-Sendung *News at Six* mehr als fünfmal so viele Sprecher aus der Wirtschaft wie Gewerkschaftsvertreter auf. Bis 2012 erhöhte sich dieses Verhältnis auf 19 zu 1. Eine weitere Studie nahm sich die Sendung *Today* von BBC Radio 4 in den sechs Wochen nach dem Zusammenbruch von Lehman Brothers 2008 vor. Wie sich herausstellte, bestanden die zum Thema befragten Fachleute »fast vollständig aus Aktienhändlern, Investmentbankern, Hedgefonds-Managern und weiteren Repräsentanten des Londoner Bankensektors«. Dem Bereich, der die Krise ausgelöst hatte, wurde so »bei der Gestaltung der Debatte fast ein Monopolstatus« zugebilligt, während Stimmen, die nach der Legitimität, der Bedeutung und der Nützlichkeit des Finanzsektors fragten, nahezu vollständig ausgeblendet wurden.[99]

Natürlich meldeten sich – die rühmliche Ausnahme – in den Medien auch andere zu Wort. Mehrere besonders profilierte Journalisten und Wirtschaftswissenschaftler machten in aller Eloquenz deutlich, dass sie Osbornes Kürzungen ablehnten. Trotzdem verrät ein Blick auf die öffentliche Meinung in diesem Zeitraum, welchen Einfluss das Sparnarrativ gewonnen hatte. Im Juni 2009 zeigte eine Umfrage des *Daily Telegraph*, dass die Wähler zu drei Vierteln glaubten, die Kürzungen seien notwendig.[100] Auch wenn die Art der Einschnitte anfangs noch Widerstände hervorrief, nahmen diese laut Umfragen von YouGov über die nächsten Jahre stetig ab. Derweil verdoppelte sich der Anteil derer, die glaubten, dass die Kürzungen »zu langsam«

erfolgten.[101] Den größten Zuspruch bekamen häufig Einschnitte, die gegen die Schwächsten zielten: Behinderte, Arbeitslose und Empfänger von Wohnbeihilfen. 2014 zeigte eine Umfrage des Meinungsforschungsinstituts ICM, dass die Öffentlichkeit es überwiegend am ehesten den Konservativen – der Partei der Sparpolitik – zutraute, die Wirtschaft angemessen zu führen.[102]

In dieser Zeit boten weite Teile der Presse Zuwanderer, Kriminelle und Sozialhilfeempfänger als Sündenböcke feil, die sich für die Wirtschaftskrise verantwortlich machen ließen. Eine Erhebung von Ipsos MORI 2013 für die Royal Statistical Society und das King's College London stellte Vergleiche in der öffentlichen Meinung zu Themen wie Sozialhilfebetrug, Verbrechen und Zuwanderung an.[103] Es herrschte der Glaube, dass Sozialhilfen zu 24 Prozent erschlichen seien – der tatsächliche Anteil liegt laut Statistiken bei 0,7 Prozent. Fast ein Drittel der Befragten war der Meinung, dass für Arbeitslose höhere Leistungen aufgewendet würden als für Rentner, während in Wahrheit die Ausgaben für Renten 15-mal so hoch waren. Eine Mehrheit war überzeugt, dass die Kriminalitätsraten stiegen, obwohl die Zahlen einen deutlichen Rückgang auswiesen. Und eine Mehrheit meinte, im Schnitt bestünden 31 Prozent der Bevölkerung aus neu Zugewanderten, während der damalige reale Anteil bei 13 Prozent lag. In allen Fällen spiegelte die öffentliche Wahrnehmung das von den Medien konstruierte Narrativ wider, das davon ablenkte, dass das sparpolitische Experiment der Koalition gescheitert war.

In der ganzen Zeit, in der die Koalition an der Macht war, nahm die Labour Party die Sparpolitik weitgehend hin und verschrieb sich unter Ed Milibands Führung einem Programm der »austerity light«: Einschnitte seien notwendig, so das Motto, aber eben nicht so viele und nicht so schnell, wie die Konservativen sie planten. Nach der Niederlage der Partei bei der Unterhauswahl im Mai 2015 trat Miliband zurück. Bei der Neuwahl des Labour-Vorsitzenden errang der Außenseiter Jeremy Corbyn – der einzige der vier Kandidaten, der sich gegen die Austeritätspolitik gestemmt hatte – einen von breiter Unterstützung getragenen triumphalen Sieg und zog, ausgestattet mit dem stärksten Mandat, das je ein britischer Parteiführer erhalten hatte, als Oppositionsführer ins Parlament. Wie nachfolgende Forschungen zeigten, »untergrub« die britische Presse Corbyns Position »systematisch mit einem Sperrfeuer aus erdrückend negativer Berichterstattung«. Bei einer Auswertung von 500 Artikeln aus acht nationalen Zeitungen stellte das Bündnis Media Reform Coalition fest, dass in der ersten Woche von Corbyn als Labour-Führer auf jeden positiven Artikel fünf andere kamen, die ihn offen angriffen oder Animosität oder Spott ausdrückten.[104] Die »unparteiische« BBC folgte dem Muster. Auf die Frage, ob er über die Art, wie Corbyn von der BBC »heruntergeputzt« werde, »schockiert« sei, antwortete der ehemalige politische BBC-Redakteur Nick Robinson – einstmals Präsident des Verbands der Konservativen an der Oxford University – mit einem Ja. Er habe seinen Unmut in einem Schreiben an Kollegen ausgedrückt.[105]

Großbritannien kam mit der Austeritätspolitik relativ glimpflich davon, verglichen mit Nationen wie Portugal, Spanien oder, am allerschlimmsten, Griechenland. Sie hatten unter dem Spareifer, der nach dem Zusammenbruch der Finanzmärkte in der Eurozone wütete, ganz besonders zu leiden. Aber nicht jedes Land schlug den Weg der drastischen Ausgabenkürzungen ein. Während sich in Europa das Sparnarrativ verbreitete, zeigte Island, dass ein anderer Weg möglich war – eine interessante Geschichte, die von der britischen Presse weitgehend verschwiegen wurde.

Dem renommierten Wirtschaftsblatt *The Economist* zufolge war »Islands Bankenkollaps, bezogen auf die Größe der Wirtschaft, der gewaltigste, der je ein Land getroffen hatte«.[106] Seine Finanzindustrie implodierte, der Aktienmarkt brach um 90 Prozent ein, und Geldanlagen im Wert eines Vielfachen der Wirtschaftsjahresleistung lösten sich innerhalb einer einzigen Woche in Luft auf. Auf der verzweifelten Suche nach Finanzhilfen ersuchte Reykjavík den IWF um einen Kredit über 2,1 Milliarden US-Dollar. Die Finanzspritze wurde gewährt, war aber an Bedingungen geknüpft: Die Regierung sollte die öffentlichen Ausgaben drastisch kürzen und die Hälfe ihrer Einnahmen dazu verwenden, Privatanleger zu entschädigen, die Geld verloren hatten. Faktisch sahen sich Islands Steuerzahler dazu aufgefordert, für die verheerenden Anlageentscheidungen ihrer Finanzelite die Zeche zu bezahlen.

Nach Unruhen und Protesten sagte Islands Präsident dem Volk ein Referendum zu. Neun von zehn Wählern lehnten die Rückzahlung der Schulden der Banker ab und verlangten stattdessen höhere Investitionen in ihre schwächelnde Wirtschaft. Sich dies zu Herzen nehmend, wies die Regierung die IWF-Bedingungen zurück, ließ ihre Banken pleitegehen, führte strenge Kapitalkontrollen ein und weitete die Sozialausgaben aus. Allgemeine Bildung und Gesundheitsvorsorge blieben verschont, die soziale Sicherheit für die Bedürftigsten wurden gestärkt und die Hypothekenschulden vieler Einwohner abgeschrieben. Die schlimmsten Übeltäter unter den Finanzjongleuren wurden strafrechtlich belangt und landeten im Gefängnis. Mit anderen Worten: Island ignorierte alle Prinzipien, die das Drehbuch der Finanzindustrie vorsah.

Die Aktienmärkte reagierten negativ auf das isländische Votum. Allenthalben sah sich das kleine Land Verurteilungen ausgesetzt. Und doch überflügelte es bis 2012 die USA und zahlreiche europäische Länder mit Wachstumsraten um 3 Prozent pro Jahr und einer Arbeitslosenquote, die unter 5 Prozent sank. In einem weiteren Schritt verabschiedeten die Isländer eine neue, von einem gewählten konstitutionellen Rat ausgearbeitete Verfassung, um ihre Zukunft zu sichern. 2015 musste sogar der IWF zugeben, dass Island eine wirtschaftliche Erholung geschafft hatte, »ohne das Sozialstaatsmodell zu gefährden«.[107] Tatsächlich übertraf es als erstes der krisengeschüttelten europäischen Länder den Spitzenwert der Wirtschaftsleistung, die es vor der Krise erbracht hatte, und ist inzwischen nahe daran, einen Großteil seiner Auslandsschulden zu begleichen. Auf die Frage, was der Grund für Islands Erholung sei, antwortete Präsident Ólafur Ragnar Grímsson bekanntermaßen: »Wir waren klug genug, nicht den traditionellen orthodoxen Lehren zu folgen, die in der westlichen Finanzwelt in den letzten 30 Jahren vorherrschten. Wir haben Währungskontrollen eingeführt, Banken bankrottgehen lassen, Armen Unterstützung geleistet und keine Sparmaßnahmen eingeführt, wie man sie in Europa antrifft.«[108]

Die Fabrikation von Konformität

Die Kräfte, die den Medien-Output prägen, schaffen im Verbund eine strukturelle Wahrnehmungsverzerrung zugunsten einer Auswahl von Informationen und Perspektiven, die den Interessen der Eliten aus Staat und Konzernen dienen. Dahinter steckt nicht irgendeine Art interner Verschwörung. Die Kräfte, die Einfluss auf mediale Inhalte nehmen, entstehen organisch als ein Ergebnis des deregulierten Marktwettbewerbs.

Edward S. Herman und Noam Chomsky vertraten diese Sicht in den achtziger Jahren in ihrem Buch *Wege zur intellektuellen Selbstverteidigung. Medien, Demokratie und die Fabrikation von Konsens*. Sie machten eine Reihe von Filtern aus, welche die »Realität« an den Märkten durchlaufen muss, ehe sie die Öffentlichkeit erreicht. Dazu zählen Besitzverhältnisse, Werbung, Nachrichtenquellen aus Elitekreisen und heftiger Beschuss. Die Autoren räumen ein, dass diese Filter nicht perfekt funktionieren, weshalb gelegentlich abweichende Meinungen ins vorherrschende Bild einfließen. Am Markt arbeiten auch viele gute Journalisten. Und keineswegs alle Nachrichtenmedien vertreten dieselben Ansichten oder sind der Macht gleichermaßen dienstbar. Entscheidend ist vielmehr, dass umfassendere Kräfte im System eine Schieflage zugunsten von Eliteinteressen herbeiführen.

Herman und Chomsky weisen darauf hin, dass Toleranz gegenüber dem Abweichlertum im vorherrschenden Meinungsbild eine wichtige propagandistische Rolle erfülle: Sie helfe, die Illusion einer freien Medienlandschaft aufrechtzuerhalten, indem sie die von ihr erzeugte Pseudoumgebung glaubhafter mache. Anstelle totaler Gleichschaltung, so ihre Prognose, tobe innerhalb der Mehrheitsmeinung eine heftige Debatte, eingeengt allerdings durch Parameter, die von der Elitemeinung festgelegt würden. So entstehe der Eindruck unbeugsamer und kritischer Medien, die abweichende Meinungen und wichtige Themen in Wahrheit aber bequem an den Rand drängten. Statt hitzige Debatten um etliche Fragen zu führen, die dringend diskutiert werden müssten, agiere die Presse innerhalb eines gemeinsamen Rahmens aus Annahmen und äußerem Druck. Dieser setze ihr ideologische Grenzen, die bestimmte Quellen, Ideen und Perspektiven ausschlössen.

Diese Analyse gilt sowohl für die systematische Wahrnehmungsverzerrung in den Medien als auch für die Tatsache, dass viele Journalisten glauben, sie könnten ihre Aufgaben in völliger Freiheit integer und aufrichtig erfüllen. Wie in jedem Geschäft gibt auch die hierarchische Struktur in den Medienunternehmen den Inhabern die Macht, ihre Beschäftigten beliebig auszuwählen und zu befördern. Wenn sie sich für Herausgeber und Redakteure entscheiden, die einem ähnlichen Milieu wie dem eigenen entstammen und von denen sie erwarten, dass sie ihre politischen Anschauungen widerspiegeln, spüren Journalisten kaum etwas davon, dass der Einfluss von Eigentümern ihrer Unabhängigkeit Grenzen setzt. Diesen Punkt illustrierte kurz und bündig ein beispielhafter Meinungsaustausch zwischen Chomsky und Andrew Marr in einer aufschlussreichen BBC-Sendung, die sich mit den Funktionsweisen der Medien auseinandersetzte:

> MARR: Was ich nicht verstehe, ist: Das alles läuft ja darauf hinaus … dass Leute wie ich Selbstzensur üben.
> CHOMSKY: Ich sage nicht, dass Sie Selbstzensur üben. Ich bin sicher, dass Sie alles glauben, was Sie sagen. Aber ich sage, dass Sie jetzt nicht da säßen, wo Sie sitzen, wenn Sie etwas anderes glauben würden.[109]

Kommerzielle Kriterien bei Entscheidungen sind politisch nicht neutral. Was gelegentlich als kommerzieller Einfluss heruntergespielt wird, ist tatsächlich ein politischer Einfluss. Der Markt ist ein politisches Konstrukt, das den Wünschen der Vermögenderen größeres Gewicht gibt – und nirgendwo mehr als in den Medien. Und diese Schieflage wirkt sich substanziell auf die Gesellschaft aus.

Wie der Psychologe Daniel Kahneman berichtet, zeigen zahlreiche Experimente, dass eine »zuverlässige Methode, Menschen dazu zu bringen, falsche Aussagen zu glauben, […] häufiges Wiederholen [ist], weil Vertrautheit sich nicht leicht von Wahrheit unterscheiden lässt. Auch autoritäre Institutionen und Marketing-Spezialisten wissen das.«[110]

Ein verblüffendes Experiment, das der Psychologe Robert Zajonc durchführte, weist diesen Punkt nach.[111] Über einen Zeitraum von Wochen erschien ein »Kästchen, ähnlich wie in einer Werbeanzeige«, auf der Titelseite von Studentenzeitschriften zweier verschiedener Universitäten: der University of Michigan und der Michigan State University. Der Kasten enthielt »die folgenden türkischen (oder zumindest so klingenden) Wörter: *kadirga, saricik, biwonjni, nansoma* und *iktitaf*«. Einige tauchten nur einmal auf, während andere bis zu 25 einzelne Male erschienen. Die Wörter, die in der einen Studentenzeitschrift am häufigsten platziert wurden, erschienen in der anderen am seltensten. Nach Absetzung der Anzeige wurden an Studenten Fragebögen mit der Bitte um Auskunft verschickt, ob sie glaubten, dass die einzelnen Wörter »etwas Gutes oder etwas Schlechtes« bedeuten. Die Resultate waren deutlich: Die Studenten beurteilten Wörter, die häufiger erschienen waren, günstiger, obwohl die meisten sie nicht verstanden hatten. »Das Ergebnis«, schreibt Kahneman, »wurde in zahlreichen Experimenten bestätigt, in denen unter anderem chinesische Ideogramme, Gesichter und zufällig geformte Polygone verwendet wurden.«[112] Die Neigung, auf Vertrautes positiv zu reagieren, wird bei der Gestaltung der Botschaften und Symbole, die unser Wahrnehmungsumfeld bevölkern, regelmäßig ausgenutzt. So war es beispielsweise wichtig, dass Donald Trump laut einer Ende 2015 veröffentlichten Studie 23-mal so häufig in den Medien präsent war wie der sich selbst als Sozialist bezeichnende Bernie Sanders. Dabei hatten beide in ihren jeweiligen Wahlkämpfen um die Kandidatur ein ähnlich hohes Maß an Zustimmung errungen.[113]

Um den Einfluss der Medien zu verstehen, ist es wichtig, im Blick zu behalten, dass wir uns über die Welt ständig neue Gedanken machen. Weil sich Situationen und Umstände verändern, sind wir auf die Medien angewiesen, um unsere geistigen Landkarten zu aktualisieren. Besonders Journalisten müssen uns dabei die Arbeit abnehmen, für die uns Zeit, Gelegenheiten und Expertise fehlen: Wahrheit entdecken und Lügen entlarven. In Fragen von Wirtschaft und Politik, Krieg und Wissenschaft hängen wir von der professionellen Arbeit der Fachleute in den Medien ab, die uns erläutern, was vor sich geht. So klang das Narrativ »Gürtel enger schnallen« für die meisten so plausibel, dass sie sich ihm anschlossen, obwohl es gegen die eigenen Interessen verstieß. Und 2003 glaubte fast die Hälfte der Amerikaner, dass Saddam Husseins Regime »an der Planung, Finanzierung und Ausführung der Terrorangriffe vom 11. September 2001 unmittelbar beteiligt gewesen« sei – während Journalisten und Politiker ganz genau wussten, dass er mit diesen Anschlägen nichts zu tun hatte.[114] Unsere Empfänglichkeit für Wiederholungen mag durchaus erklären, warum 48 Prozent der US-Bürger dachten, es gäbe Verbindungen zwischen Al-Qaida und dem Irak, dass 22 Prozent meinten, im Irak wären Massenvernichtungswaffen entdeckt worden, und dass 25 Prozent glaubten, die Weltöffentlichkeit stünde hinter dem Einmarsch in den Irak.[115] 60 Prozent der Befragten saßen mindestens einer dieser Fehlwahrnehmungen auf.

Die Zukunft der Medien knüpft sich an die Entwicklung des Internets. In vielerlei Hinsicht hat das Netz den Marginalisierten bereits eine Stimme gegeben, den Journalismus revolutioniert und die freie Meinungsäußerung vorangebracht. Dabei erwies es sich allerdings als ein zweischneidiges Schwert, weil es zugleich zur mächtigsten Form der Überwachung wurde, die die Welt je erlebt hat: ein Mittel, Verhaltensprofile zu erstellen und die Privatsphäre in einem zuvor unvollstellbaren Maße auszuhöhlen. Zudem versetzt es Menschen in die Lage, an virtuellen Communitys teilzuhaben und auf Informationsquellen zuzugreifen, die ihre wie auch immer gearteten Vorurteile bedienen. Mit anderen Worten: Das World Wide Web eignet sich zur Verfestigung von Ignoranz ebenso wie zur Beförderung von Wissen. Im Krieg der Ideen und im Konflikt zwischen Marktlogik und Demokratie bildet das Internet ein eigenes Schlachtfeld. Es gibt nur wenige Beispiele, die diese Widersprüche so gut veranschaulichen wie die Geschichte von WikiLeaks. Diese nichtkommerzielle Online-Enthüllungsplattform hat Millionen als geheim eingestufte Dokumente aus anonymen Quellen in den öffentlichen Raum überführt. Eine Reihe der brisanten Dokumente schaffte es auf die Titelseiten führender Zeitungen rund um den Globus. Von Zensur und Überwachung über die Enthüllung von Folter oder Todesfällen unter

Zivilisten im Irak und in Afghanistan bis hin zu Einzelheiten aus Geheimverhandlungen über Handelsabkommen – die Informanten von WikiLeaks legten Korruption und illegale Machenschaften von Regierungen, Konzernen und dem Militär offen. Die gewaltigen Gegenreaktionen, die diese Enthüllungen auslösten, offenbaren die strenge Kontrolle, die Staaten und Konzerne im Internet ausüben können.

Nach der Veröffentlichung von Depeschen verschiedener US-Botschaften im Jahr 2010 geriet WikiLeaks an zahlreichen Fronten unter Beschuss. Um die Staatsmacht zu unterstützen, übten sich Online-Giganten rasch im Schulterschluss. Amazon verweigerte der Plattform die Nutzung seiner Server, sodass die WikiLeaks-Website mangels gangbarer Alternativen vorübergehend zusammenbrach. PayPal, MasterCard, Visa und die Bank of America stellten die Geschäftsbeziehungen zu der Organisation ein und blockierten ihre Spendengelder. Apple verbannte eine WikiLeaks-App aus seinen Stores. Und mehrere Regierungen verlangten eine Sperrung der Website – alles, ohne dass gegen WikiLeaks Klage erhoben oder dass irgendjemand in Verbindung mit der Plattform wegen einer Straftat verurteilt worden wäre. Seither wurden Mitarbeiter von Wikileaks in Gewahrsam genommen oder polizeilich gesucht und verhört. Bei Grenzübertritten wurde Rechtsbeistand verwehrt. WikiLeaks wurde als terroristische Organisation bezeichnet. Neben anderen riefen selbst Politiker und Journalisten dazu auf, den Gründer Julian Assange ohne Prozess hinzurichten.[116]

Die unverblümten Zensurmaßnahmen gegen WikiLeaks und die anhaltende Kriminalisierung von Whistleblowern ist symptomatisch für den übergeordneten Kampf um Transparenz, freie Meinungsäußerung und Informationsfreiheit. Die Geschichte von WikiLeaks rückt in ein grelles Licht, wie zaghaft viele etablierte Medien auf den Druck staatlicher Stellen und Konzerne reagieren, zeigt aber auch den dringenden Bedarf an Qualitätsjournalismus. Der Aufstieg des »Bürgerjournalismus« wirkte als demokratisierende Kraft. Jeder, der über ein Smartphone verfügt, kann potenziell als ein Korrespondent vor Ort auftreten, der ein weltweites Publikum erreicht. Diese Art

Journalismus hat bei vielen Bewegungen seit der Jahrtausendwende eine entscheidende Rolle gespielt, von der Occupy-Bewegung über den Arabischen Frühling bis hin zu den Protesten gegen tödliche Polizeischüsse auf Afroamerikaner in den USA. Er zeigt Ereignisse aus dem Blickwinkel von Menschen, deren Meinungen andernfalls unbeachtet blieben. Wenn Macht missbraucht wird und Rechte verletzt werden, kann es passieren, dass »die ganze Welt dabei zuschaut«. Die Kosten für die Produktion, das Recherchieren und die Verbreitung von Meldungen sind drastisch gesunken. Auch können Journalisten rund um die Welt leichter denn je Informationen austauschen. Aber ein Problem bleibt: Wer verfügt über die Mittel, um seriösen investigativen Journalismus zu finanzieren? Bürgerjournalismus ist kein Ersatz. Zeit, Geld und häufig juristischer Beistand sind nötig, um die Art Recherchen voranzutreiben, bei denen Fakten ans Licht kommen, die die Mächtigen mit allen Mitteln unter Verschluss halten wollen. WikiLeaks hat gezeigt, dass es nicht genügt, Informationen an die Öffentlichkeit zu bringen. Es bedurfte der Zusammenarbeit mit einigen der weltweit führenden Medien und ihren professionellen Journalisten, um Millionen zugespielter Dokumente zu durchforsten, auszuwerten und die Inhalte zu Artikeln zu verarbeiten, die eine breite öffentliche Aufmerksamkeit auf sich ziehen.

Dass Online-Medien weitgehend kostenlos und bequem zugänglich sind, ändert nichts daran, dass der Niedergang des Printmedienjournalismus schwerwiegende Folgen hat. Fast die gesamte originale Berichterstattung geht auf Zeitungsjournalismus zurück. Dem Pulitzer-Preisträger und ehemaligen Harvard-Dozenten Alex S. Jones zufolge stammen 85 Prozent (nach anderen Quellen sogar 95 Prozent) aller professionell erstellten Nachrichten aus Tageszeitungen.[117] Chris Peterson von der Leeds University stellte fest, dass 2006 die meisten verbreiteten Online-Nachrichten-Websites – alle unterstehen der Kontrolle führender Presseorganisationen und Sendeanstalten – über 50 Prozent ihrer veröffentlichten Inhalte aus den drei wichtigsten Nachrichtenagenturen bezogen: AP, Reuters und Agence France-Presse.[118] Peterson schließt: »Wenige Originalproduzenten von Inhalten liefern diesen Aggregatoren den Löwenanteil an internationalen Nachrichten, trotz des jeweils erhobenen kühnen Anspruchs auf Quellenvielfalt.«

Die Werbung, von der die traditionellen Medien seit über einem Jahrhundert abhängen, ist ebenfalls längst in die Online-Welt aufgebrochen. In den USA gingen die Werbeeinnahmen der Tagespresse von 20 Milliarden US-Dollar im Jahr 2000 auf 5 Milliarden 2011 zurück. So rasch, wie die Einnahmen der Printmedien zusammenschrumpfen, entsteht im World Wide Web ein glasfasernetzgestütztes Imperium. 2014 spiegelten die weltweit führenden 20 Online-Nachrichtensites die Marken wider, die in der Offline-Welt vorherrschen: Fox News, *The New York Times*, *Daily Mail*, CNN, *The Wall Street Journal*, *The Guardian*, BBC News, *Forbes* und *Time* – neben Giganten wie Yahoo! und Google. Bemerkenswerte Ausnahmen ragen als Leuchttürme in der Online-Welt auf. Inzwischen liefern spendenfinanzierte Nachrichtenorganisationen – so der Online-Videonachrichtensender Real News und das US-Politmagazin Democracy Now! – wertvollen unabhängigen Journalismus. Dennoch kamen Jean Seaton und James Curran in ihrem Buch *Power without Responsibility* über die Entwicklung der Medien zu dem Schluss, dass »das Ungleichgewicht der Macht und der Ressourcen in der Offline-Welt die Online-Welt strukturiert«.[119]

Technologie eröffnet neue Möglichkeiten, aber die Art ihres Einsatzes hängt stets von den gesellschaftlichen Machtverhältnissen ab. Die gleichen Schlachten, die sich die Eliten und die radikale Presse im 19. Jahrhundert lieferten, dauern in Großbritannien bis heute fort. Es sind Kämpfe um die Kontrolle über den Strom von Fakten und Ideen, der sich durch die Gesellschaft zieht, Kämpfe darum, Überzeugungen, Werte und Verhaltensweisen zu formen. Bislang sind alle Gesetzesentwürfe zur Einrichtung einer »Internet-Polizei« und zur Kommerzialisierung von Internet-Inhalten auf hartnäckigen Widerstand gestoßen. Dennoch ist die Absicht von Regierungen, die Freiheit des Internet zu beschränken, klar zu erkennen. Und die Wirtschaft betreibt ihre Versuche, jeden Aspekt dieser Cyber-Realität zu privatisieren, permanent weiter. Wie in der Offline-Welt hängt die Frage, ob das Web zur Information, Manipulation, Kontrolle oder Befreiung genutzt wird, letztlich davon ab, wie entschlossen sich Menschen gegen Übergriffe durch staatliche und wirtschaftliche Macht zur Wehr setzen.

———

Rund um den Globus spielen sich zahllose Ereignisse ab, ohne dass wir von ihnen etwas mitbekommen oder verstehen. Wenn wir diese verborgene Landschaft ins Scheinwerferlicht rücken wollen, sind wir von der Information abhängig, die auf dem Weg über die Medien zu uns gelangt. Sie spielt eine maßgebliche Rolle bei der Entstehung unserer Überzeugungen und Vorurteile, indem sie unsere Wahrnehmungen von Erfolg, Schönheit, Regierung, Krieg, Engagement, Polizei, Freiheit, Demokratie bestimmt. Sie gibt Debatten einen Rahmen, indem sie manche Überzeugungen verstärkt und andere infrage stellt, und sie prägt, vielleicht ihr wichtigster Einfluss, unsere gegenseitige Wahrnehmung voneinander.

Die Presse verfasst erste Entwürfe für die Geschichtsschreibung. Sie bildet für Historiker nicht die einzige, aber eine ihrer wichtigsten Quellen. Das Geschichtsbild, das wir geerbt haben, ist in beachtlichem Maße von den Originaldarstellungen geprägt, die im Laufe der Zeit in den Zeitungen niedergelegt wurden. Dieses Bild schafft unser Generationengedächtnis. Ein Ereignis, über das die Presse nicht berichtet, geht der Nachwelt womöglich für immer verloren.

Im Zeitalter der Telekommunikation steuern die Medien das Denken von Milliarden Menschen. Sie besitzen ein gewaltiges emanzipatorisches Potenzial, sind unter Marktbedingungen aber zu Werkzeugen verkommen, die den Mächtigen zur Unterdrückung und Desinformation dienen. Auch wenn es nicht immer gelingt, Konsens zu fabrizieren, so genügt es häufig schon, den Anschein zu erzeugen dass ein Krieg oder eine Politik große öffentliche Zustimmung genießt, um eine mächtige Institution mit einer Lizenz zum Handeln auszustatten. Der Schein breiter Unterstützung erzeugt auf der Ge-

genseite den Eindruck, es mangle an Alternativen, ein Gefühl, das zu Mutlosigkeit und Apathie führt. Wo Konsens nicht zu haben ist, genügt Konformität.

Wo über Medien diskutiert wird, geht es im Kern um die Frage, wie viel Meinungsfreiheit herrscht. Auch wenn wir alle ein und dasselbe Recht haben, uns frei zu äußern, so ist uns doch nicht allen die gleiche Freiheit gegeben, uns Gehör zu verschaffen. Auf diese Freiheit haben sich die wenigen ein Monopol verschafft, die unsere Medien besitzen, finanzieren und subventionieren.

―――

Mit unseren Entscheidungen gestalten wir die Zukunft. Wie wir uns entscheiden, hängt davon ab, wer wir sind und welche Optionen wir haben. Wer über die Identität oder die Verhältnisse von Menschen Kontrolle ausübt, beeinflusst ihre Entscheidungen. Eine solche Kontrolle beschränkt Freiheit und konzentriert Macht.

Lange Zeit lag die Macht hochkonzentriert in den Händen privilegierter Eliten, die den überschüssigen Reichtum der Gesellschaft in ihre Schatullen lenkten. Dies zu verändern, war ein Ziel des Kampfes um Demokratie. Gleiche Macht an der Wahlurne sollte die ungleiche Machtverteilung an den Märkten überwinden. Auch wenn die Rechnung eine Zeitlang aufzugehen schien, war die Einführung des Wahlrechts nur der Beginn eines langen Ringens zweier Prinzipien: ein Mensch, eine Stimme, oder ein Dollar, eine Stimme.

Als Riesen des Marktes haben die multinationalen Konzerne ihre Kräfte gebündelt, um Denkfabriken, Universitäten, politische Kampagnen, Lobbyisten, Werbung, Gerichtsverfahren, Medien und Journalismus zu finanzieren. Die demokratischen Wahlmöglichkeiten schrumpften zusammen und wurden in Form gebracht. Die Freiheit des Marktes höhlte die der Wahlen und die der Medien aus. Auch wenn Wahlen zahlreiche wertvolle Errungenschaften brachten, schwächten beständige Angriffe die Demokratien. Langsam, aber sicher erweiterten Konzerne ihre Freiheiten und damit die Ungleichheit. Mit dem Aufstieg des Neoliberalismus gewann die Logik des

Marktes über die der Demokratie die Oberhand. Anstatt zur Freiheit zu gelangen, gerieten die Wahlen, Märkte und Medien unter die Kontrolle der Konzerne.

In Teil 1 haben wir uns mit inneren und in Teil 2 mit politischen Grenzen befasst. Im letzten Teil befassen wir uns nicht mehr mit Zwängen, sondern damit, wie wir Freiheit schaffen.

Teil 3

DER KAMPF
UM UNSERE FREIHEIT

8

KREATIVITÄT

Zwei Besucher treffen im Labor einer angesehenen Universität ein. Sie haben sich als Testpersonen für eine psychologische Studie gemeldet, in der die Auswirkungen von Strafe auf das Gedächtnis und das Lernen untersucht werden sollen. Der Versuchsleiter begrüßt die beiden und erklärt die Anordnung und den Ablauf des Experiments. Ein Proband wird zum »Lehrer« und der andere zum »Schüler« bestimmt. Der Lehrer wird an einem Gerät mit einer Reihe von Kippschaltern platziert, mit denen Elektroschocks von 15 bis 450 Volt ausgelöst werden können. Im Nebenraum wird der Schüler auf einem Stuhl festgeschnallt und an den Generator angeschlossen. Er bekommt eine Liste mit Wortpaaren vorgelegt, die er sich merken muss. Der Lehrer erhält Anweisung, dem Lernenden jedes Mal, wenn er ein Wort vergessen hat, einen Stromschlag zu verabreichen und dabei die Stärke kontinuierlich zu steigern.

Das Experiment beginnt. Nach einigen Fragen macht der Schüler einen Fehler und bekommt seinen ersten Stromstoß verpasst, zunächst einen schwachen von 15 Volt. Mit jedem weiteren Fehler werden die Elektroschocks stärker: 30 Volt, 60 Volt, 105 Volt. Der Schüler beklagt sich, aber das Experiment läuft weiter: 120 Volt, 135 Volt, 165 Volt. Der Schüler protestiert heftig, findet aber keine Beachtung. Bei 195 Volt stößt er einen qualvollen Schrei aus und brüllt: »Lassen Sie mich hier raus. Mein Herz macht das nicht mit. Sie haben kein Recht, mich hier festzuhalten.« Der Lehrer ist verunsichert und weiß nicht mehr, was er tun soll. Er zögert und wirft dem Versuchsleiter einen fragenden Blick zu. »Machen Sie bitte weiter«, sagt ihm der Mann im weißen Kittel. »Übernehmen Sie die volle Verantwortung?«, fragt ihn der Lehrer. »Die Verantwortung liegt bei mir«, antwortet der Wissenschaftler. Nervös bedient der Lehrer den nächsten Kippschalter ... So läuft das klassische Gehorsamsexperiment ab, das erstmals von dem Psychologen Stanley Milgram in den sechziger Jahren durchgeführt wurde.[1] Die Merkaufgaben waren nur eine Finte im Rahmen einer Versuchsanordnung, die testen sollte, wie Mitglieder bestimmter Gruppen reagieren würden, wenn eine Autoritätsperson sie aufforderte, einem Unbekannten Elektroschocks zuzufügen. Der freiwillige »Lehrer« wusste nicht, dass der »Schüler« in Wirklichkeit nur so tat, als würde er die Stromstöße spüren. Vor dem Experiment hatten mehrere Psychologen vorhergesagt, dass nur einer von 1000 »Lehrern« bis zum »fatalen« 450-Volt-Stromstoß weitermachen würde.[2] Zwar gerieten die meisten Probanden in einen starken seelischen Konflikt, doch betätigten rund zwei Drittel von ihnen alle 30 Schalter und machten so lange weiter, bis der Versuchsleiter das Experiment abbrach.

Der Versuch wurde zahlreiche Male in verschiedenen Ländern wiederholt. Der durchschnittliche Anteil der Teilnehmer, die bereit sind, Stromstöße zu verabreichen, die tödlich sein können, liegt bei 60 Prozent.[3] Das Erstaunliche an diesem Ergebnis ist, dass es ohne jede Androhung von Sanktionen oder Strafen zustande kam. Die Probanden bekamen vielmehr gesagt, dass sie ihr Honorar für die Teilnahme unabhängig davon erhalten würden, ob sie ihre Aufgabe bis zu Ende erfüllten oder nicht. Sie wurden weder unter Druck gesetzt noch bestochen. Die wesentliche Erkenntnis bestand in der Einsicht, wie leicht wir uns durch eine Autorität und, allgemeiner, durch den Kontext beeinflussen lassen. Wie der Psychologe Thomas Blass es formulierte: »Oft entscheidet über unser Handeln nicht, welche Art Person wir sind, sondern in welcher Art Situation wir stecken.«[4]

Milgrams Studie lag das Motiv zugrunde, herauszubekommen, wie es möglich war, dass sich unter dem NS-Regime so viele Deutsche an den grauenvollen Taten des Holocaust beteiligt hatten, »die nur deshalb in gewaltigem Maßstab hatten begangen werden können, weil eine große Anzahl von Menschen Befehlen gehorchte«. Die Reaktionen von Studenten auf die Studie überall in den USA waren aufschlussreich. Milgram erinnert sich:

Ich wundere mich immer wieder, wenn ich bei Vortragsreisen im ganzen Land auf junge Männer treffe, die über das Verhalten der Versuchspersonen in unseren Experimenten entsetzt waren und behaupteten, sie würden sich niemals so verhalten, und die wenige Monate später zum Militärdienst eingezogen wurden und ohne Gewissensbisse Handlungen begingen, die die Schockverabreichung an unsere Opfer als harmlos erscheinen lassen.[5]

Sind Männer oder Frauen erst in die hierarchische Struktur einer Armee eingegliedert, werden sie zu willenlosen Werkzeugen ihrer Vorgesetzten, ferngesteuert von Menschen, denen sie niemals begegnen werden. In einer solchen Struktur lässt sich ein Einzelner mit einem freundlichen Naturell in eine Tötungsmaschine verwandeln. So ermordeten US-Soldaten 1968 beim Massaker von My Lai zwischen 350 und 500 unbewaffnete vietnamesische Zivilisten. Ein Soldat, der später von CBS News interviewt wurde, schilderte, wie er angewiesen worden war, Männer, Frauen, Kinder und sogar Babys zu töten: »Er befahl mir, zu schießen. Also habe ich geschossen.« Auf die Frage, warum er gehorcht hatte, antwortete er: »Weil ich den Befehl dazu hatte und glaubte, es tun zu müssen. Und zu der Zeit sah es für mich so aus, dass ich das Richtige tue.«[6]

Laut Milgram drückt sich »das Wesen des Gehorsams […] in der Tatsache aus, dass ein Mensch dahin kommt, sich selbst als Werkzeug zu verstehen, das den Willen eines anderen Menschen ausführt«.[7] Gehorsam verlagert Macht von denjenigen, die Anweisungen ausführen, hin zu denen, die diese erteilen. In großem Maßstab vollzogen, sorgt dies für gewaltige Machtkonzentration – in Form von Staaten, Armeen und Konzernen. Totaler Gehorsam reduziert die Selbstbestimmung einer Person auf das Niveau einer Maschine: Ziele werden von außen festgelegt, sodass es keinerlei Überlegung oder Reflexion mehr bedarf. Ist eine Ideologie tief genug verankert oder gilt eine Autorität als ausreichend legitimiert, erscheinen das Befolgen von Befehlen, die Anpassung an die Diktate eines Systems und die Erfüllung der Erwartungen durchweg als neutrale Handlungen. Die Philosophin Hannah Arendt, die als Jüdin dem Naziterror im Dritten

Reich entkommen war, konstatierte: »Die traurige Wahrheit lautet, dass das meiste Böse von Menschen begangen wird, die nie den Entschluss gefasst haben, sich gut oder böse zu verhalten.«[8]

Gehorsam und Anpassung werden oft mit Neutralität verwechselt. Zu dieser Verwechslung kommt es, wenn die weitere Rechtfertigung einer Aufgabe – sei es, die nationale Sicherheit zu gewährleisten, oder auch nur der tägliche Broterwerb – so tief eingebettet oder fest verwurzelt ist, dass sich die Aufmerksamkeit komplett darauf konzentriert, den Job zu erledigen. Milgrams Experiment zeigte, dass sich die meisten Versuchsteilnehmer von dem beeinflussen ließen, was sie als den weiteren Kontext des Experiments wahrnahmen: das Streben nach wissenschaftlichen Erkenntnissen an einer renommierten Universität. Sobald die Probanden die Autorität des Versuchsleiters anerkannt und den Wertekanon verinnerlicht hatten, der den Zweck des Experiments bestimmte, waren sie »frei«, sich ganz ihren eng definierten Aufgaben zu widmen. Sie gingen »in den technischen Aspekten der Aufgabe« so stark auf, dass sie »den Überblick über die umfassenderen Konsequenzen« verloren.[9] Solche Kurzsichtigkeit lässt Aufgaben technisch und damit wertfrei erscheinen, obwohl Technik erst ins Spiel kommt, wenn die Ziele schon feststehen. Diese Ziele und ihren Nutzen können wir nur dann hinterfragen, wenn wir Abstand nehmen und auf das große Ganze blicken. Damit sie neutral erscheinen können, muss der Kontext vergessen werden. Die schlimmsten Verbrechen – Krieg, Völkermord, Sklaverei, die Unterwerfung der Frau oder Naturzerstörung – werden durch Herrschaftsmechanismen ermöglicht, die Massen Gehorsam auferlegen. Wenige Handlungen sind politisch so bedeutsam, wie Befehlen zu gehorchen und Erwartungen zu erfüllen. Politische Neutralität ist unerreichbar. Und doch gilt sie generell als ein Kennzeichen von Fairness das jeder Parteilichkeit vorzuziehen sei. Was aber zählt, ist nicht, ob sondern wofür man Partei ergreift. Wer sich wirklich neutral verhält dem ist es egal, ob Kinder zu essen haben oder verhungern, ob die Umwelt geschützt oder zerstört wird. Einer wahrhaft neutralen Person ist alles gleichgültig.

Den Kern einer auf Gehorsam beruhenden Beziehung bildet ein

Ungleichgewicht in den Machtverhältnissen, das sich in einer Arbeitsteilung ausdrückt: Die einen legen Ziele fest, und die anderen mühen sich ab, sie zu erreichen. Milgram zeigte, dass eine Autoritätsperson Menschen auch ohne jede Androhung von Sanktionen dazu bringen kann, Entscheidungen zu treffen, die ihnen widerstreben. Autorität als Zwang einzusetzen, ist eine der vielen Arten, Herrschaft auszuüben. Ob durch Manipulation von Identitäten oder durch Manipulation von Kontext, alle Herrschaftsformen untergraben die Freiheit, indem sie unsere Fähigkeit einschränken, zu entdecken, was für uns einen Wert darstellt, und uns daran hindern, es anzustreben. Die Vorstellung von Werten ist der Ausgangspunkt von Freiheit. Was uns frei macht, ist nicht die Macht, zu entscheiden, sondern die Macht, unsere Entscheidungen in einen Ausdruck eigener Werte und unser Leben in ein Zeugnis der eigenen Visionen zu verwandeln. Wir erweitern unsere Freiheit, wenn wir die Macht, zu entscheiden, in die Macht, kreativ zu wirken, überführen, wenn wir die Dinge benennen, die uns wichtig sind, und uns für sie einsetzen. Das ist »kreative Freiheit«.

Auch wenn wir dafür, wer wir sind und was wir tun, nicht die letzte Verantwortung tragen, müssen wir dennoch Entscheidungen treffen. Unser Handeln hat Konsequenzen, und da wir keine neutralen Kreaturen sind, sind uns manche Konsequenzen lieber als andere. Die uns vom Schicksal vermachte Identität geht mit Bedürfnissen und Wünschen einher: Wir nehmen bestimmte Leute, Erfahrungen und Ergebnisse als besonders wichtig wahr, finden manches wunderschön und anderes abstoßend, anregend oder deprimierend. Es lässt uns nicht kalt, wie die Welt beschaffen ist. Entscheidend für das, was wir schätzen, sind Prinzipien, auf deren Grundlage wir beurteilen, wofür es sich zu leben und zu kämpfen lohnt. Diese Grundsätze spiegeln Vorstellungen vom Guten, Wahren und Schönen wider. Sie bilden Antworten auf die tiefgründigen Fragen zu Sinn und Zweck des Lebens.

Herauszufinden, was wir wirklich schätzen, ist gar nicht so einfach. Unerfahrenheit, Unwissenheit und falsche Überlegungen hindern uns immer wieder daran, zu ergründen, was für uns letztlich zählt.

Über Jahrtausende haben zahlreiche Kulturen das Blut von Männern, Frauen und Kindern vergossen, um der Phantasie entsprungene Götter zu befrieden. Obwohl der Glaube, der hinter diesen Gewalttaten steckte – dass Götter beschwichtigt werden müssten, um den Dingen des Lebens einen guten Verlauf zu geben –, jeder Grundlage entbehrte, fielen ihm zahllose Unschuldige zum Opfer. Während Glaube unsere Vorstellungen davon widerspiegelt, wie die Welt ist, bestimmen Werte unsere Vorstellungen, wie sie sein sollte. Auf der stürmischen See des Lebens brauchen wir unsere Überzeugungen als einen Kompass für unsere Werte – sie geben uns in jeder Situation die Richtung vor, in die unsere Reise geht. Falsche Überzeugungen leiten uns in die Irre und hindern uns oftmals daran, unsere Ziele zu erreichen. Menschen nehmen die falsche Abzweigung, entscheiden sich gegen die eigenen Interessen, kaufen das falsche Produkt, schlagen die falsche Laufbahn ein oder heiraten den falschen Partner.

Wären wir zu größerer Einsicht fähig, könnten wir bessere Entscheidungen treffen und viele Fehler vermeiden. Auch wenn Sie und ich dasselbe Ziel verfolgen, wählen wir doch vielleicht jeweils ganz andere Mittel, um es zu erreichen. Vielleicht führt für mich der Weg zum Glück über Ruhm, für Sie hingegen über Reichtum. Verschiedene Überzeugungen lenken uns in unterschiedliche Bahnen, aber wenn wir uns erbärmlich und unzufrieden fühlen, können wir unsere Überzeugungen und die Werte, die ihnen zugrunde liegen, neu überdenken. Vielleicht stellen wir uns sogar Fragen zu unserem letzten Ziel: warum wir beispielsweise lieber Glück als Gerechtigkeit, Frieden, Wissen oder Sinn anstreben. Vielleicht fragen wir uns, was diese Begriffe für uns überhaupt bedeuten. Dazu gibt es keine vorgefertigten Antworten, und die sollte es auch nicht geben.

Der Wert, den wir Dingen – Liebe, Arbeit, Natur, Ruhm, Familie und Glück – beimessen, hängt in hohem Maße von unserer Prägung ab. Wenn wir diese hinterfragen, kann sich unser Denken darüber verändern, was lohnenswert und wichtig ist, zuweilen sogar radikal. Es kann die Augen für Dimensionen von Wert öffnen, die bislang unbeachtet blieben. Moralvorstellungen entwickeln sich weiter. Geschmack lässt sich gern auf Neues ein. Politische Ansichten werden differenzierter. Persönliche Ambitionen verlagern sich. Die Herausforderung besteht weitgehend darin, unsere konkurrierenden Werte in ein Gleichgewicht zu bringen, zu beurteilen, welche relative Bedeutung unterschiedlichen Personen, Projekten, Wünschen und Prinzipien zukommt. Dafür gibt es keine Formeln oder endgültigen Antworten. Vielleicht kommt es darauf an, niemals mit dem Fragen aufzuhören, sich Zeit zum Nachdenken darüber zu nehmen, warum wir so leben, wie wir leben, anstatt wie Schlafwandler Wegen zu folgen, die durch Konventionen und Gewohnheiten vorgegeben sind.

Mit unseren Entscheidungen können wir viele erstrebenswerte Ziele verfolgen: eine beglückende Beziehung, persönliche Fitness, beruflichen Erfolg, künstlerische Leistungen, politische Veränderungen. Wir können Objekte, Ideen und Technologien erschaffen, die besonders nützlich oder schön sind. Wir können die Lebensqualität der Menschen um uns herum verbessern, sie in ihren Anstrengungen unterstützen, ihnen zuhören, wenn sie jemanden zum Reden brauchen. Was immer wir tun, das Leben, das wir führen, sendet kleine Wirkungswellen in die Welt aus – manche sind uns bewusst, viele nicht –, die noch lange, nachdem wir gegangen sind, in den Entscheidungen anderer nachklingen.

Wenn wir hervorbringen, was wir schätzen, verändern wir aber nicht nur die äußere Welt, sondern entdecken auch neue Möglichkeiten, die Welt zu erfahren und auf sie zu reagieren. Erfahrung ist an sich schon Schöpfung. Mit uns selbst verändern wir unsere Wahrnehmung. Ein reiches Innenleben, eine starke Vorstellungskraft, viel Sinn für Humor, ein Vorrat an innerem Frieden und Gleichmut sind kraftvolle Werkzeuge der Kreativität. Sie ermöglichen es, im Leiden Sinn, in der Trauer Schönheit und im Chaos Frieden zu entdecken.[10]

Unsere Fähigkeit, zu erkennen und zu erschaffen, was wir schätzen, hängt von den uns verfügbaren Ressourcen ab. Sie bestimmen, was wir in einer bestimmten Situation tun können, und engen unsere kreative Freiheit ein.[11] Wirtschaftliche und politische Verarmung kann uns den Zugang zu äußeren Ressourcen versperren: zu Land, Mineralien, Wäldern, Tieren und Ozeanen, zu den atemberaubenden Erzeugnissen der Zivilisation, ihrer Wissenschaft, Technik und

Kunst. Und zur Intelligenz, zu Talenten und zur Schaffenskraft anderer. Entsprechend kann uns der Entzug von Zuwendung, sozialen Kontakten oder Nahrung den Zugang zu physischen und psychischen Ressourcen versperren: zu Stärke, Ausdauer, Geduld, Beharrlichkeit, Vertrauen und Phantasie. Die Fürsorge, die wir empfangen, die ersten Beziehungen, die wir eingehen, das Leiden, das wir erfahren, und unsere Gene prägen, wer wir sind, und statten uns mit bestimmten Haltungen, Eigenschaften und Fähigkeiten aus – mit Werkzeugen, die uns helfen, unsere Schöpfungen hervorzubringen, oder mit Hindernissen, die wir überwinden müssen.

Eine Künstlerin kann ihr ganzes Leben der Verfeinerung ihres ästhetischen Konzepts und der Ausarbeitung ihrer Technik widmen, es umzusetzen, aber es gibt keine bedeutsamere Leinwand als die Welt, die uns umgibt. Unsere Entscheidungen prägen sie jeden Tag, indem sie uns, der Gesellschaft und den Planeten ihren Stempel aufdrücken. Im Aufflackern unseres Bewusstseins, das eine Ewigkeit des Nichtseins unterbricht, können wir mit unserer Macht, zu entscheiden, Wertvolles bewirken. Je inspirierender unsere Vision ist, desto mehr Sinn ziehen wir daraus, an ihrer Verwirklichung mitzuwirken.

Regeln und Werte

32 Figuren, 64 quadratische Felder, eine Welt, begrenzt von Regeln und Werten: Das Schachspiel beginnt mit einer Ausgangslage vollkommener Gleichheit. Strenge Regeln legen fest, wie sich die einzelnen Figuren bewegen, und ordnen einigen größeren Wert als anderen zu. Die Entscheidungen, welche die Spieler treffen, rühren von ihrem Verständnis der verfügbaren Optionen her. Es gilt zahllose Strategien zu erwägen, aber geleitet wird das Spiel von dem einen übergeordneten Ziel, einem letzten Zweck, der in dieses künstliche Universum eingewoben ist: den gegnerischen König schachmatt zu setzen.

Spiele sind eine nützliche Metapher für viele Bereiche des Lebens und dafür, wie wir in ihm Dinge von Wert finden. Jeder hat seine persönlichen Regeln, die festlegen, welche Züge erlaubt sind, weldie Spieler sind und welche Ziele es gibt. Ob wir an der Universität studieren, uns am Arbeitsplatz abstrampeln, in einem Tempel beten oder auf dem Schlachtfeld kämpfen – stets verfolgen wir feststehende Ziele innerhalb bestehender Regeln und Konventionen. Die Gesellschaft besteht aus vielen sich überlappenden »Spielen«. Unsere Sozialisation weist uns verschiedene Arenen zu, in denen jeweils andere Regeln, Erwartungen und Werte gelten. Das Milgram-Experiment war ein solches Spiel – mit dem angeblichen Ziel, Erkenntnisse über das Gedächtnis und das Lernen zu gewinnen. Der Versuchsleiter bestimmte die Regeln und wies den Teilnehmern Rollen zu.

Es ist wichtig, eine Unterscheidung zu treffen: die zwischen Regeln beachten und Regeln gehorchen. Nach Regeln zu leben, die unseren Werten dienen – oder zumindest nicht mit ihnen kollidieren –, ist noch kein Gehorsam. Abgesehen von außergewöhnlichen Umständen liegt es in jedermanns Interesse, sich beim Autofahren auf einer bestimmten Straßenseite zu halten. Für ein Kollektiv kann die Beachtung von Regeln eine Form von allseits nützlicher Kooperation sein. Andererseits sind wir oft gezwungen, Regeln zu gehorchen, die unseren Werten entgegenstehen, weil eine Zuwiderhandlung für uns einen zu hohen Preis hätte oder weil uns eingeschärft worden ist, dass wir uns Obrigkeiten fügen müssen. Ob das Beachten einer Regel einen Akt des Gehorsams darstellt oder nicht, hängt von unserer Perspektive ab. Sich einem Menschen mit mehr Erfahrung oder größerer Fachkenntnis – einem Elternteil, Arzt oder Lehrer – unterzuordnen, kann uns dabei helfen, unsere Ziele zu erreichen, zumindest auf kurze Sicht. Aber die Entscheidung liegt bei uns. Es mag gute Gründe geben, sich einer Autoritätsperson zu widersetzen. Mit wachsendem Verständnis verändert sich unsere Wahrnehmung, wer in welchen Zusammenhängen in welchem Ausmaß legitime Autorität besitzt. Die Frage lautet nicht, *ob* wir uns an Regeln halten sollten, sondern an welche Regeln und wann.

Wenn Sie sich längere Zeit mit einem Spiel beschäftigen, verändern Sie Ihr Verhalten allmählich, um seinen Herausforderungen besser gewachsen zu sein. Je nach Kontext kann man dies als Privileg oder als Strafe erleben. Um eine meisterhafte Technik zu erwerben, muss eine Pianistin möglicherweise Jahre damit zubringen, ihr Gehirn neu zu trainieren. Im Streben nach Mitgefühl widmet ein Mönch vielleicht sein ganzes Leben der Meditation. In allen Fällen kann die Aufgabe, Geist und Körper zu verändern, als tiefer Ausdruck kreativer Freiheit gelten. In vielen Zusammenhängen entspringt allerdings der körperliche und geistige Wandel, den Menschen durchlaufen, eher einem Mangel an Freiheit. Der Prozess der Sozialisierung macht solche Veränderungen zum Normalfall und verschleiert die wahre gesellschaftliche Funktion der Spiele, die wir spielen. Wie jeder Anthropologe weiß, bleibt der tiefere Sinn eines Glaubens oder Rituals denjenigen, deren Leben sie bestimmen, oftmals verborgen. George Orwell fasste dies kurz und bündig in den Satz: »Um zu sehen, was vor der eigenen Nase liegt, ist ein ständiger Kampf vonnöten.«[12]

Wenn starke Anreize bestehen, sich auf ein Spiel einzulassen, das mit den eigenen Regeln und Werten – als Bürger oder Vertreter eines Berufsstandes – im Widerstreit liegt, kann eine Reaktion darin bestehen, den Konflikt schlicht zu ignorieren. Wir sind Großmeister der inneren Abspaltung. In der Kirche wird der jungen Gläubigen gepredigt: »Eher geht ein Kamel durch ein Nadelöhr, als dass ein Reicher in das Reich Gottes gelangt«. An der Business School hört sie dagegen, dass wir dank der Wirkung von »Habgier und Wucher«[13] unseren »Mitmenschen am meisten nützen, wenn wir uns allein vom Gewinnstreben leiten lassen«.[14] Während Wirtschaftswissenschaftler erklären, dass Habgier etwas Positives sei, wird sie von der Bibel als negativ gebrandmarkt. Welches Spiel sollen wir spielen?

Solche Dilemmas treten immer wieder auf. Vielleicht glaubt unsere fromme Studentin aufrichtig an das Gebot »Du sollst nicht töten«, hat aber kein Problem damit, Soldaten vor dem Kriegseinsatz zuzujubeln oder die Todesstrafe gutzuheißen. Psychologen verwenden den Begriff »Schema«, um die verschiedenen Denk- und Verhaltensmuster zu bezeichnen, die durch bestimmte Kontexte ausgelöst werden: ob man mit dem Chef redet, mit seinem Kind spielt oder einen Unbekannten kennenlernt. Man kann seinen Arbeitstag damit zubringen, immer wirkungsvollere Werbung zu ersinnen, damit Kinder mehr Fastfood konsumieren, und dennoch als Freund oder

Elternteil größte Fürsorge walten lassen. Man kann auf Befehl Zivilisten erschießen, aber Gewalt verabscheuen, wenn sie in den eigenen vier Wänden stattfindet. Die Neurowissenschaftlerin Kathleen Taylor schreibt, dass es »Chargen in den NS-Todeslagern schafften, die mit Pflichterfüllung befassten Schemata zu aktivieren […], wenn sie Kinder in die Gaskammern trieben, und dann zu Hause ihre Liebevolle-Eltern-Schemata einschalteten und ihre eigenen Kinder herzten«.[15] Die Leichtigkeit, mit der wir von einer Arena zur nächsten wechseln, auf ein neues Schema umschalten, uns mal diesen und mal jenen Regeln unterordnen, schirmt uns gegen die eklatanten Widersprüche in unserem Leben ab.

Unwissenheit lässt uns an Schemata festhalten, die wir ablehnen würden, wenn wir sie besser verstünden. Furcht bindet uns an Schemata, die wir verabscheuen. Die illusorischen Unterteilungen in unserem Leben zu durchschauen, ist eine entscheidende Voraussetzung für eine konsistente Bestimmung der Ziele, die wir erreichen wollen. Je mehr wir über die Zusammenhänge erfahren, in denen wir handeln, desto besser verstehen wir, wie wir auf die Welt einwirken. Die verschiedenen Rollen, die wir spielen – Konsumentin, Geschäftsmann, Studentin, Soldat, Wählerin, Elternteil, Angestellter, Patriotin, Gläubiger oder Fachkraft –, verschleiern die Tatsache, dass am Ende jeder von uns ständig Entscheidungen trifft, die alle, jede für sich genommen, Schöpfungsakte sind, Spuren, die wir in uns selbst und in unserer Geschichte hinterlassen. Und wenn Entscheidungen nicht harmonieren, beeinträchtigt dies ihre Wirkung.

Entschlossenheit und Einfallsreichtum sind nötig, um Grundwerte zu wahren und die Person zu sein, die wir sein wollen, insbesondere in Zeiten der Unterdrückung. In seinem Bericht über die Konzentrationslager der Nazis schreibt der Holocaust-Überlebende und Psychoanalytiker Viktor E. Frankl:

> Wer von denen, die das Konzentrationslager erlebt haben, wüsste nicht von jenen Menschengestalten zu erzählen, die da über die Appellplätze und durch die Baracken des Lagers gewandelt sind, hier ein gutes Wort, dort den letzten Bissen Brot spendend? Und mögen es auch nur wenige

> gewesen sein – sie haben Beweiskraft dafür, dass man dem Menschen im Konzentrationslager alles nehmen kann, nur nicht: die letzte menschliche Freiheit, sich zu den gegebenen Verhältnissen so oder so einzustellen. Und es gab ein »So oder so«! Und jeder Tag und jede Stunde im Lager gab tausendfältige Gelegenheit, diese innere Entscheidung zu vollziehen, die eine Entscheidung des Menschen für oder gegen den Verfall an jene Mächte der Umwelt darstellt, die dem Menschen sein Eigentliches zu rauben drohen – seine innere Freiheit – und ihn dazu verführen, unter Verzicht auf Freiheit und Würde zum bloßen Spielball und Objekt der äußeren Bedingungen zu werden und sich von ihnen zum »typischen« Lagerhäftling umprägen zu lassen. [...] nur wenige haben sich im Lager zu ihrer vollen inneren Freiheit bekannt und zur Verwirklichung jener Werte aufschwingen können, die das Leben ermöglicht. Aber wenn es auch nur ein Einziger gewesen wäre – er genügte als Zeuge dafür, dass der Mensch innerlich stärker sein kann als sein äußerliches Schicksal, und nicht nur im Konzentrationslager. Der Mensch wird allenthalben mit dem Schicksal konfrontiert und so vor die Entscheidung gestellt, aus seinem bloßen Leidenszustand eine innere Leistung zu gestalten.[16]

Regelwerke existieren auf allen Ebenen der Gesellschaft. Jedes übt Druck auf uns aus, bestimmten Denk- und Verhaltensmustern zu folgen. Um uns nicht durch die Kraft der äußeren Umstände verbiegen zu lassen, setzen wir auf die Kultivierung innerer Ressourcen wie Phantasie, Gleichmut, Geduld, Humor, Vernunft und Empathie. Anstatt erdrückenden Regeln nachzugeben, kann sich jeder Einzelne dazu entschließen, sie, wenn möglich, zu verändern, oder sie auch, wenn nötig, zu brechen. Der mutige Konzernchef kann Menschen über Profit stellen, der prinzipientreue Politiker kann der Integrität den Vorrang vor dem eigenen Aufstieg geben, der unkonventionelle Lehrer kann Lernerfolge Schulnoten vorziehen, der idealistische Student kann sein aktives Engagement wichtiger nehmen als seine Prüfungen – doch wer vorherrschende Werte untergräbt, zahlt oft einen hohen Preis, vor allem wenn er zu denjenigen gehört, die über wenig Macht verfügen.

Je mehr die Qualität unserer Wahlmöglichkeiten abnimmt, desto größere Opfer müssen wir bringen und desto geringer wird die Zahl der Optionen, denen wir gleichzeitig nachgehen können. Wir sind gezwungen, uns in unseren Werten und Zielen Prioritäten zu setzen. Unweigerlich geben wir Dinge auf, die uns wichtig sind: einen moralischen Kompass, Zeit mit geliebten Menschen, unsere Würde oder Gesundheit. Dabei kann es sich um schwere Entscheidungen handeln, die wir vielleicht einmal bereuen werden.

Die gesellschaftlichen »Spielfiguren« werden nicht jedes Mal neu gestartet, wenn ein Kind zur Welt kommt. Jeder beginnt sein Spiel unter den Veraussetzungen, die ihm durch die Geburt gegeben sind. Diejenigen, die sich in einer Position der Schwäche befinden, reagieren darauf gewöhnlich mit individueller Selbstbescheidung. Das mag vernünftig erscheinen – jeder strebt an, was er angesichts schwindender Wahlmöglichkeiten am meisten wertzuschätzen glaubt –, rührt aber nicht an die Ursache des Problems: das Spiel, das zu spielen jeder gezwungen ist. Individuelle Aufopferung erscheint dann plötzlich irrational, wenn wir feststellen, dass sich Millionen Menschen in ähnlicher Situation befinden: härtere Arbeit, geringerer Verdienst, größere Unsicherheit. Denn oft verfügt diese Gruppe kollektiv über die Macht, die Spielregeln zu ändern, wie die Menschheitsgeschichte zur Genüge gezeigt hat. Studenten können sich organisieren, um durchzusetzen, dass Studiengebühren abgeschafft werden. Gemeinden können Krankenhäuser retten, Renditen deckeln und Schulden erlassen. Arbeiter können höhere Löhne, bessere Arbeitsbedingungen und mehr Rechte erkämpfen. Wenn sich Menschen zusammenschließen und kollektiv strategische Opfer bringen, erreichen sie mehr, als wenn sie nur die Wahlmöglichkeiten akzeptieren, die sich ihnen bieten: Sie können sich neue schaffen. Sie haben eine Alternative zur geläufigen Praxis, aus ungerechten Regeln das Beste herauszuholen, und die besteht darin, das Regelwerk über Bord zu werfen.

Anstatt sich an die Erwartungen einer patriarchalischen Gesellschaft anzupassen, kämpften Suffragetten wie Emmeline Pankhurst, Sylvia Pankhurst und Emily Davison um deren Veränderung. Anstatt die ihnen auferlegten Grenzen zu akzeptieren, stellten sie sie offen infrage. Mit Demonstrationen, eingeschlagenen Fensterscheiben, Brandstiftung und Hungerstreiks zeigten sie, dass sie bereit waren, schwere Strafen – in Emily Davisons Fall sogar den Tod – auf sich zu nehmen, um die Regeln des Spiels, das sie mitspielen sollten, zu verändern. In einer Welt, in der 35 Prozent der Frauen von häuslicher oder sexueller Gewalt betroffen sind, dauert ihr Kampf bis heute fort. Dabei fordert er mehr als nur die Abänderung von Gesetzen und Institutionen. Er beinhaltet eine Veränderung jener kulturellen Werte, die männliche Machtansprüche und Privilegien verstetigen.[17]

Rosa Parks widersetzte sich 1955 den gesellschaftlichen Regeln, als sie sich weigerte, im Bus für einen Weißen ihren Sitzplatz zu räumen. Sie wurde verurteilt, weil sie in ihrem Bundesstaat gegen Gesetze zur Rassentrennung verstoßen hatte. Daraufhin organisierten Führer der schwarzen Community – darunter Martin Luther King jr. – einen Busboykott, der dazu beitrug, die amerikanische Bürgerrechtsbewegung aus der Taufe zu heben. Ein Jahr, nachdem Parks verhaftet und anschließend aus ihrer Anstellung gedrängt worden war, urteilte der Oberste Gerichtshof der USA, dass die Rassentrennung in Bussen gegen die Verfassung verstieß. Menschen hatten sich geweigert, das Spiel weiter mitzuspielen, sich organisiert und die Spielregeln umgeschrieben.

Auch wenn Einzelne wie Rosa Parks und Emily Davison zu kulturellen Ikonen erhoben wurden, die für das Ideal des Freiheitskampfes stehen, sind ihre mutigen Aktionen keineswegs Ausnahmefälle. Auf jede dieser Leitfiguren kamen zahllose andere, die auf unterschiedlichste Weise und unter verschiedensten Umständen gegen Regeln und Konventionen aufbegehrten und dabei häufig ihre Sicherheit und Position aufs Spiel setzten, um ihren Grundwerten Ausdruck zu geben und sie zu verfechten.

Es gibt Spiele im Spiel, die sich wechselseitig beeinflussen und aneinander anpassen, Spiele, die quer durch die Gesellschaft um Raum, Ressourcen und Autonomie konkurrieren. Manche Spiele beanspruchen mehr von unserer Zeit und Energie, üben damit einen stärkeren Einfluss auf unser Verhalten aus und schaffen kraftvolle Anreize, damit wir am Ball bleiben. Seit Jahrhunderten kämpfen religiöse Fundamentalisten darum, ihren heiligen Schriften eine größere Reichweite zu verschaffen, und sie berufen sich dabei auf die absolute Autorität Gottes. Seit Jahrzehnten arbeiten Marktfundamentalisten daran, ihren Einfluss immer weiter auszubauen, und sie berufen sich dabei auf die wohltätige Kraft der unsichtbaren Hand. Und alle wollen immer weitere Bereiche ihrer jeweiligen Logik unterwerfen: von Erziehung, Gesundheitsversorgung und Städtebau bis hin zu Politik, Arbeitsmarkt und Kunst.

Versuche in großem Maßstab, konkurrierende Wertesysteme zu stürzen und neue Regeln einzuführen, können vielerlei Formen annehmen, von der Errichtung eines Imperiums und der Gründung von Kolonien bis hin zur Einführung von Strukturanpassungsprogrammen und weitreichenden Handelsabkommen. Vorherrschende Regeln und Werte erscheinen mitunter unveränderlich, wie auch die aus ihnen hervorgehenden Verhaltensweisen den Anschein erwecken, sie seien naturgegeben und unvermeidlich. Ein totalitäres System zwingt der Gesellschaft ein einziges allumfassendes Spiel auf. Es unterdrückt und begrenzt Freiheit, indem es festlegt, was aus uns werden muss, damit wir Erfolg haben und überleben können. Jeder Versuch, den Geltungsbereich von Spielregeln auszuweiten, stößt auf Widerstände. Der demokratische Geist des Säkularismus kam in dem Versuch zum Tragen, die Macht der dogmatischen religiösen Institutionen einzudämmen. Die Einrichtung des Wohlfahrtsstaates zielte darauf ab, den Markt, der keinerlei moralische Grenzen kennt, in die Schranken zu weisen. Das Bestreben, kein einzelnes Spiel die Oberhand über alle übrigen gewinnen zu lassen, spielte eine wesentliche Rolle bei der Verteidigung der Freiheit, sich für eigene Werte zu entscheiden und diesen zu folgen.

Machtkämpfe treten in zweierlei Form auf: als Kampf um Erfolg in einem bestimmten Spiel oder als Kampf um die Entscheidung, welches Spiel gespielt wird. Es gibt zahllose sich überschneidende Wertesysteme in der Welt, von denen sich allerdings eines die Vorherrschaft gesichert hat, ein »Spiel«, das wie kein anderes das menschliche Handeln organisiert, indem es Gesetze und Rechtsordnungen umformuliert, Prioritäten verschiebt, Identitäten formt und jeden Bereich unseres Lebens durchdringt: Wir nennen es »Kapitalismus«.

Das Spiel um Profit

Gigantische Geldmengen zirkulieren um den Globus und hinterlassen dabei eine Spur menschlicher Arbeit, die das Antlitz unseres Planeten verändert. Die Konturen der heutigen Gesellschaft sind die Relikte gestriger Geldströme. Sicherzustellen, dass aus diesen Sturzbächen des Reichtums zumindest einige Tropfen in unseren Besitz gelangen, ist von existenzieller Bedeutung. Menschliches Handeln wird von den zahllosen monetären Transaktionen angetrieben, die in jeder Sekunde stattfinden. Die Frage lautet: Was treibt den permanenten Umlauf an?

Gewaltige Staats- und Konzernhierarchien kontrollieren den Großteil dieses Wohlstands, aber sie funktionieren innerhalb eines umfassenderen Systems, das den Beteiligten bestimmte Beschränkungen auferlegt. Obwohl mächtig, besitzen diejenigen, die Finanzströme lenken, selbst häufig nur wenig Selbstbestimmung. Ihre Macht besteht in kaum etwas anderem, als eine Agenda voranzutreiben, die ihnen die Logik des Systems vorgibt. Diese obsiegt über die Wünsche jedes Einzelnen. Sie beinhaltet einen klaren Imperativ, der den Kern des globalen kapitalistischen Systems bildet: Investiere Geld, um Gewinn zu erzielen.

Profiterwartungen halten die Geldströme in Bewegung. Ob auf der Baustelle oder im Café, in der Fernsehshow oder am Eiskremwagen, in der Bankfiliale um die Ecke oder im Apple Store – menschliche Aktivität speist sich aus dem Streben nach Gewinn. Ob Banken, Hedgefonds, Regierungen, NGOs oder Universitäten – jeder hat Anteil an dem Spiel, Geld in Umlauf zu bringen, um sich mehr Geld anzueignen. Die meisten Menschen nutzen Geld dazu, ihre Grundbedürfnisse zu befriedigen. Im Gegensatz zu reichen Investoren lassen sie nicht ihr Geld »für sich arbeiten«, sondern sie arbeiten für ihr Geld. Doch unabhängig davon ist jeder, der über ein Bankkonto verfügt, in den Prozess des Investierens einbezogen. Die meiste Zeit und oft ohne unser Wissen überschreiten die Einlagen auf unseren Sparkonten Grenzen und fließen zum Beispiel in Großprojekte rund um die Welt, die Menschen Arbeit bringen.

Hinter dem Profitstreben stehen drei wichtige Triebkräfte: Marktkonkurrenz, politische Macht und sozialer Status. Erstens: An konkurrenzorientierten Märkten sind Wettbewerber dem Druck ausgesetzt, zu reinvestieren und zu expandieren, um ihr Überleben zu sichern. Zweitens: Geld verleiht Macht. Je größer der Reichtum, desto umfassender die Fähigkeit, Zukunft zu gestalten. Für diejenigen, die es darauf abgesehen haben, ihre Macht zu vergrößern, liegt ein besonderer Reiz darin, zu reinvestieren, um immer größere Vermögen anzuhäufen, insbesondere im Konkurrenzkampf mit anderen. Drittens: Das Streben nach größeren Profiten wird in einer Kultur, die Leistung anhand von Wohlstand bemisst, zu einem Streben nach höherem Ansehen. Vom Besitz des richtigen iPhones im Klassenzimmer bis zum richtigen Anlageportfolio in der Vorstandsetage zeigt Geld Erfolg an.

Gewinne lassen sich auf zahlreiche Arten erzielen – man kann verzinste Kredite vergeben, Produkte zu einem Preis verkaufen, der über den Selbstkosten liegt, Boden verpachten oder Eigentum vermieten –, fließen aber letztlich an jene mit den am weitesten reichenden Eigentumsrechten. Während einige Arten, Gewinne zu erzielen, der Gesellschaft nützen können, fügen viele andere ihr auch großen Schaden zu, und das sind oft gerade diejenigen, die am leichtesten und schnellsten zur Hand sind: Löhne drücken, durch Lobbyarbeit Deregulierungen durchsetzen oder Kosten auf andere abwälzen. Wenn es billiger ist, Lobbyisten zu bezahlen und Regierungsmitglieder zu schmieren, als seine Abfälle zu beseitigen, ist für einen finanzkräftigen Konzern, der die Umwelt stark verschmutzt, der Weg zu höheren Gewinnen klar vorgezeichnet. Und der nützt keineswegs der Mehrheit.

Gewinne werden zunehmend durch Wetten auf die Preise von Wirtschaftsgütern erzeugt, eine Praxis, die keinem anderen außer dem Investor dient, aber das gesamte System destabilisiert. Im Überbietungswettbewerb verlieren Preise jeden Bezug zur Realwirtschaft und sorgen so für ökonomische Instabilität. Kommt es zum Krisenfall, wälzt die politische Macht, die käuflich erworben werden kann, die anfallenden Kosten auf die Bevölkerung ab, wie die Welle der Sparpolitik zeigt, der die europäischen Länder seit der Finanzkrise von 2008 unterworfen wurden. Mittels politischer Macht lässt sich das System auf vielerlei Art darauf trimmen, Profite zu vergrößern. Sie kann nationale Wirtschaftsgüter zu einem Bruchteil ihres realen Preises privatisieren, Gewerkschaften zerschlagen, nationale Grenzen für den freien Kapitalverkehr öffnen, Steuervermeidung fördern, kostspielige Auflagen abschaffen, internationale Kredite mit erdrückenden Konditionen vergeben, die Ausbeutung billiger Arbeitskräfte im In- und Ausland erleichtern und dergleichen mehr. Im Prozess, gewinnträchtige Gelegenheiten zu schaffen und zu nutzen, organisiert die Macht des konzentrierten Reichtums die menschliche Gesellschaft so um, dass sie Hindernisse in ihrem Weg verkleinert oder ganz beiseite räumt. Dazu zählen leider auch effiziente demokratische Strukturen, ein intaktes globales Versorgungssystem, Arbeitnehmerrechte sowie die Gesundheit und das Glück der Bürger. Alles landet auf dem Opferaltar schneller Profite.

Selbst das gewaltige Potenzial, das darin liegt, die Technik zur Befreiung der Menschen zu nutzen, wurde vergeben. So schreibt der Philosoph Edward Skidelsky: »Wir verfügen inzwischen über ausreichend Maschinen, um die begüterte Welt von der Schinderei zu befreien [und die weniger begüterte mit Nahrung, Bildung und einem Gesundheitswesen zu versorgen]. Allein unser Mangel an politischer Organisation und ethischer Vorstellungskraft hält uns zurück.«[18] Der Grund liegt auf der Hand: Die »Spielregeln« diktieren, dass der erste Zweck von Technologie darin besteht, Gewinne zu erhöhen, nicht darin, die Welt zu ernähren und auszubilden, das Leben von Menschen zu verbessern oder ihre Arbeitszeit zu verkürzen. Welche Arten der Technik eingesetzt werden, hängt von der jeweiligen Nachfrage ab. Wenn Staaten ihren Wohlstand dazu nutzen wollen, ihre militärische Schlagkraft aufzustocken oder ihre Bürger effizienter auszuspionieren, stehen dazu gewaltige Ressourcen bereit. Die Ziele von Forschung und Entwicklung legen diejenigen fest, die über die Mittel verfügen, sie zu finanzieren.

Das Spiel des Kapitalismus verlangt bestimmte Arten von Spielern. Um die Gesellschaft im Sinne der Profitsteigerung zu reorganisieren, müssen Identitäten geprägt werden: Überzeugungen, Werte und Gewohnheiten. Schon 1776 schrieb Adam Smith in *Der Wohlstand der Nationen*: »Nicht vom Wohlwollen des Metzgers, Brauers und Bäckers erwarten wir das, was wir zum Essen brauchen, sondern davon, dass sie ihre eigenen Interessen wahrnehmen. Wir wenden uns nicht an ihre Menschen-, sondern an ihre Eigenliebe, und wir erwähnen nicht die eigenen Bedürfnisse, sondern sprechen von ihrem Vorteil.«[19] Dem 20. Jahrhundert weit voraus, soll John Maynard Keynes verkündet haben: »Kapitalismus ist der erstaunliche Glaube, dass die niederträchtigsten Leute die niederträchtigsten Dinge zum größten Wohl eines jeden tun.«[20] So erstaunlich Keynes das auch fand, so war er doch überzeugter Anhänger dieses Glaubens. In einer Spekulation über die künftigen wirtschaftlichen Aussichten der Gesellschaft schloss er höchst optimistisch, dass der Kapitalismus am Ende alle reich machen werde. Aber um an diesen Punkt zu gelangen, so mahnte er, »müssen wir uns selbst und allen anderen vorschützen, dass ungerecht gerecht und gerecht ungerecht sei, denn das Ungerechte ist nützlich, nicht aber das Gerechte. Habgier, Wucher und Sicherheitsmaßnahmen müssen noch etwas länger unsere Götter bleiben. Denn nur sie können uns aus dem Tunnel der wirtschaftlichen Not ans Tageslicht führen.«[21]

Der Hinweis auf Götter ist bezeichnend. Wie schon viele ausgeführt haben, unterscheiden sich die Lehren des Marktes gar nicht so sehr von denen der Religion. An die Stelle des mächtigen unsichtbaren Gottes tritt eine mächtige, alles regelnde »unsichtbare Hand«. Und genau so, wie diesem Gott allein unser Wohl am Herzen liegt, darf man darauf vertrauen, dass auch die unsichtbare Hand das Beste für uns alle hervorbringt. So wie uns die Heilige Schrift den einen Weg zur ewigen Seligkeit weist, so weist uns die wirtschaftswissenschaftliche Orthodoxie den einen Weg zum Wohlstand. Aber während Mitgefühl, Vergebung und Liebe zum Moralkodex der Religionen der Welt zählen, kennzeichnet den Kapitalismus das genaue Gegenteil: Habgier, Selbstsucht und Geiz. Wie Friedrich August von Hayek es formulierte: »Wir nützen unseren Mitmenschen am meisten, wenn wir uns allein vom Gewinnstreben leiten lassen.«[22] Dieser modernen Religion zufolge ist »der Weg zum Himmel«, so der Ökonom Ernst Friedrich Schumacher, »mit üblen Absichten gepflastert«.[23]

Der Kapitalismus hat der Welt sein Wertesystem erfolgreicher aufgeprägt als jedes Weltreich, jede Ideologie und jede Religion. Der globale Markt, so schreibt David Graeber, sei »das umfassendste und monolithischste je geschaffene Maßsystem, ein totalisierendes System, das alles – jedes Ding, jedes Stückchen Land, jede menschliche Fähigkeit oder Beziehung – einem einzigen Wertmaßstab unterwirft«.[24] Wie alle vorherrschenden Wertesysteme basiert auch das kapitalistische auf einer bestimmten Konzeption der menschlichen Natur, die in diesem Fall darauf hinausläuft, dass der Einzelne weiß, was er will, und davon möglichst viel mit möglichst geringer Anstrengung zu bekommen versucht. Wer für eine Wohltätigkeitsorganisation spendet, tut dies nicht, um anderen zu helfen, sondern weil es ihm ein positives Selbstgefühl verschafft. Um diesen Genuss zu maximieren, zählt dabei ein Kalkül: Der gespendete Wert (in Euro) sollte höchstens so groß sein, dass er dem empfangenen Wert (in Form positiver Gefühle) entspricht. Mehr zu spenden, wäre irrational. Selbst wenn wir diese seltsame, eindimensionale Betrachtungsweise akzeptieren, bleibt die interessantere Frage, warum wir uns überhaupt wohler fühlen, wenn wir anderen helfen, die wir nicht einmal kennen. Was sagt das über unsere Natur?

Der Glaube, man könne die Vielfalt der unvergleichbaren Werte des Lebens auf eine Maßeinheit reduzieren, beruht auf der Annahme, dass alle Menschen selbstsüchtig einer abstrakten, aber quantifizierbaren Idee von »Genuss« hinterherjagten und dass sich der Wert sämtlicher Güter in Pfund, Dollar, Euro oder Yen ausdrücken lasse. Alles, auch der Wert eines Menschenlebens oder die Schönheit eines Sonnenuntergangs, ist letztlich quantifizierbar und kann in eine bestimmte Anzahl von Bohnenbüchsen oder Schokoriegeln umgerechnet werden. Auch wenn dies weit hergeholt erscheinen mag, so fließen derlei Kalküle doch in wichtige staatliche Entscheidungen ein.

Das von der britischen Regierung eingerichtete Natural Capital Committee (»Naturkapitalausschuss«) zielte ganz wörtlich darauf ab, den Wert von Naturschönheiten in Pfund und Pence zu beziffern. Nach seinen Ergebnissen soll der ästhetische Wert, die Süßwasser-Ökosysteme zu schützen, bei 700 Millionen Pfund liegen.[25] 2011 verkündete das britische Umweltministerium, dass die britischen Parks und Grünzonen 2060 das Wohlbefinden der Bürger pro Haushalt und Jahr um 290 Pfund verbessern würden, wenn alle sie angemessen schützten. Aufgeschlüsselt bezieht sich diese Zahl auf Räume, in denen »unsere Kultur ihre Wurzeln hat«, auf einen »gemeinsamen sozialen Wert«, abgeleitet von der »Sinnstiftung« und Aufrechterhaltung »starker und offener Gemeinschaften«. Davon ausgehend »berechneten« die Urheber den sehr präzisen, aber vollständig absurden jährlichen Zugewinn im Wert von 290 Pfund pro Haushalt. Die Sprache ist vielsagend: Nicht von Natur, sondern von »natürlichem Kapital«, nicht von ökologischen Abläufen, sondern von »ökologischen Dienstleistungen«, nicht von Bergen und Tälern, sondern von »grüner Infrastruktur« ist die Rede. Regierungsstellen sind nicht die Einzigen, die dieser »Denke« verfallen sind: Kürzlich bezifferte der World Wildlife Fund den Wert der Weltenmeere monetär auf 24 Billionen Dollar. Die wirtschaftliche Logik gebietet, dass es unwirtschaftlich wäre, die Ozeane zu erhalten, wenn sich mit ihrer Zerstörung mehr Geld verdienen ließe.[26]

Dass derlei absurde Aussagen ernstgenommen werden, hat seinen Grund. Die Monetarisierung von Werten ist inzwischen so weit verbreitet, dass wertvolle Güter schlicht ignoriert werden, so sie sich nicht in Euro, Dollar oder Pfund beziffern lassen. Die Betrachtung der Welt im Zerrspiegel der Märkte macht uns blind für alles Kostbare, dem kein Preisschild anhaftet. Diese Konzeption von Wert raubt dem Leben die Vielfalt, zermalmt sie, zerhackt sie und opfert sie, bis zur Unkenntlichkeit entstellt, auf dem Altar unserer angebeteten Währung. Der Markt hat eine lange Tradition darin, Heiliges zu vereinnahmen, Unbezahlbares mit Preisen zu versehen. Im Mittelalter wurde sogar spirituelle Reinheit zur Handelsware umgemünzt. Der »Ablass«, einem hochrangigen Pfaffen abgekauft, galt aufgrund der sündentilgenden Kraft, die ihm zugesprochen wurde, als Fahrschein in den Himmel.

Anstatt Mittel zum Zweck zu sein, ist Wirtschaft Selbstzweck geworden. Nicht dem großen Kaleidoskop unschätzbarer gemeinsamer Werte, das Farbe und Sinn in unser Leben bringt, sollen wir dienen, sondern dem Monolithen des Profits – alles andere ist Ketzerei. In diesem Spiel bildet das Wirtschaftswachstum das letztgültige Maß für den Erfolg und seit langem das wichtigste Kriterium, um Regierungshandeln zu beurteilen. Der unaufhörliche Prozess des Reinvestierens für eine Rendite übt auf das System gewaltigen Druck aus, in neue – physische, soziale und intellektuelle – Bereiche zu expandieren. Diese Logik steckte hinter der brutalen Auflösung der Allmenderechte im mittelalterlichen Europa oder hinter der Kolonisierung des Globalen Südens und treibt heute die Kommerzialisierung und Privatisierung der natürlichen Ressourcen und der sozialen Dienste an. Wenn Wachstum stagniert, ist von Krise die Rede, weil den Profiten des letzten Jahres der Weg in die Investition versperrt ist. Die Nachfrage sinkt, die Arbeitslosigkeit steigt, und angehäufter Wohlstand läuft Gefahr, an Wert zu verlieren oder sich in Luft aufzulösen. (Nach dem Finanzcrash von 2008 verloren Anlagen weltweit über 50 Billionen Dollar an Wert.)[27]

Die Wegbereiter des Neoliberalismus, die eine deregulierte Form des Kapitalismus anstrebten, betrachteten konzentrierte Staatsmacht als größte Gefahr für die Freiheit. Sie fürchteten den sogenannten Kollektivismus, von Hayek definiert als ein System, in dem »die Gesellschaft als Ganzes und alle ihre Produktivkräfte« für ein »einziges Ziel« organisiert würden.[28] Um welches Ziel es sich handelte, war dabei gleichgültig. Hitlers Deutschland, Stalins Sowjetunion oder Maos China galten allesamt als kollektivistische Gesellschaften, weil sie den Willen des Einzelnen einer einzigen Vision der Gesellschaft unterwarfen. Hayeks Kritik gilt auch für kapitalistische Systeme, unter denen alles für einen unitären Zweck organisiert wird: Profit – das Ziel, dem alle konkurrierenden Werte untergeordnet werden.

Nach Hayek muss ein Mensch in einem kollektivistischen Staat »bereit sein, sich in seinen Handlungen über jeden Grundsatz der Moral, der jemals für ihn Geltung hatte, hinwegzusetzen, wenn dies zur Erreichung des ihm gesetzten Zieles notwendig erscheint«.[29] Unter demselben Druck stehen heute alle Berufstätigen. Menschen werden dafür bezahlt, dass sie anstatt eigener Ziele die ihres Arbeitgebers anstreben. Um die Interessen ausbeuterischer und umweltschädigender Konzerne zu befördern, müssen zahllose Arbeiter, Ingenieure, Anwälte, Buchhalter, Werbefachleute, PR-Experten, Journalisten, Wachleute und Politiker bereit sein, eigene Moralvorstellungen hintanzustellen. Der Rechtsgelehrte Joel Bakan schreibt: »Egal, welche menschlichen Neigungen, Motivationen, Empfindungen und Überzeugungen wir haben – wenn wir in die Konzernwelt eintreten, werden wir zu Ausführenden ihrer Imperative und ordnen unsere persönlichen Werte ihren institutionellen Erfordernissen unter.«[30]

Man kann, räsoniert Hayek, »alle am wirksamsten in das System von Zielen ein[spannen], auf deren Verwirklichung der Gesellschaftsplan gerichtet ist, wenn man erreicht, dass sie an diese Ziele glauben«.[31] Er stellt fest, dass in einer kollektivistischen Gesellschaft der »ganze Bildungsapparat, Schulen, Presse, Radio und Kino […], ausschließlich zur Propagierung derjenigen Ansichten verwandt werden, die, ob wahr oder falsch, den Glauben an die Richtigkeit der von der Regierung getroffenen Entscheidungen stärken«.[32] Wie wir allerdings gesehen haben, sorgt die Logik des Marktes beständig für eine eigene Voreingenommenheit, die Wahrheiten entstellt und ausblendet, um Konzern- und anderen etablierten Interessen zu dienen. Das 20. Jahrhundert hindurch wurde der »Apparat zur Verbreitung von Wissen« von den Interessen Wohlhabender vereinnahmt, um den Glauben an das freie Unternehmertum zu stärken und den Einfluss von Demokratie zu schwächen. Hayek bemängelt, dass in einer kollektivistischen Gesellschaft »Wissenschaft um der Wissenschaft und Kunst um der Kunst willen« fehlen, während aber auch in der Marktwirtschaft nichts um seiner selbst, sondern alles um des Profits willen erzeugt wird.[33] Die Logik des Marktes verwandelt alles in eine Handelsware, in der sich jedwedes Ding am monetären Wert bemisst – einschließlich Wissenschaft und Kunst. Anstatt ein Mittel zu mehr Wissen und Schönheit zu sein, ist Reichtum umgekehrt beider Zweck.

Hayek sagt uns, dass der Bürger in einer kollektivistischen Gesellschaft grenzenlos jeder Erwartung genügen müsse, dass es »keine Handlung [gebe], von der ihn sein Gewissen zurückhalten darf«, wenn ihm dies »seine Vorgesetzten befehlen«.[34] Aber Gehorsam gegenüber einer zentralisierten Autorität ist in jeder undemokratischen hierarchischen Gesellschaft eine Tatsache des Lebens, sei sie von Großkonzernen, Staatsbürokratien oder dem Militär beherrscht. An anderer Stelle teilt uns Hayek mit: »Hat man erst einmal zugegeben dass das Individuum nur ein Werkzeug im Dienste der höheren Einheit, nämlich der Gesellschaft oder der Nation, ist, so folgen daraus zwangsläufig alle jene Eigenheiten des totalitären Regimes, die uns entsetzen.«[35] Aber in einem kapitalistischen System wird der Beschäftigte erklärtermaßen auf ein Werkzeug reduziert, um Gewinne zu erzeugen. Wenn demokratische Kontrolle fehlt oder nicht funktioniert erhält er für seine Tätigkeit die geringstmögliche Bezahlung und ist gezwungen, sie unter gefährlichen Bedingungen, mit minimalen Rechten und geringer Arbeitsplatzsicherheit zu verrichten. In den Teilen der Welt, in denen ein Menschenleben wenig zählt, führt dies oftmals zum frühen Tod oder in den Suizid. Dieses ausbeuterische Herrschaftsverhältnis trägt die Maske der Einvernehmlichkeit, während aber die Möglichkeit, in seinem Rahmen zu einem sinnvollen Einvernehmen zu gelangen, durch die großen Ungleichgewichte in der Verhandlungsposition zwischen den vertragschließenden Parteien zunichtewird. Förmliche Verträge übertünchen nur die Zwänge, die jede Gesellschaft mit großer Ungleichheit durchwalten. Die unstillbare Profitgier hat Hunderttausende in den Freitod getrieben, Millionen an vermeidbaren Krankheiten sterben lassen, Ungleichheiten vergrößert, Güter von Arm nach Reich umverteilt und Nationen in Kriege getrieben, an denen einige wenige glänzend verdienten. Und jetzt gefährdet sie die Lebensgrundlagen auf der Erde.

Jeden Tag finden auf allen Ebenen der Gesellschaft Kämpfe darum statt, welche Spiele ausgeweitet und welche zurückgedrängt werden wessen Macht wachsen und wessen schrumpfen soll. Viele dieser Kämpfe – um bezahlbaren Wohnraum, auskömmlichen Lohn, eine allgemeine Gesundheitsversorgung, kostenlose Bildung, um Gleichheit unabhängig von der Hautfarbe, eine nachhaltige Wirtschaft, mehr Demokratie und ein Ende der Kriege – sind verschiedene Fronten derselben Schlacht gegen die Schäden, die der Kapitalismus den Menschen und der Erde zufügt. Seine Werte, Regeln und Akteure machen dieses Spiel zu einer ungerechten, undemokratischen und nicht nachhaltigen Art, Gesellschaft zu organisieren, zu einer, die mit den Erfordernissen von Freiheit unvereinbar ist. Aber wie jedes Spiel ist auch dieses nur eine Illusion, ein Konstrukt, aufrechterhalten durch unseren kollektiven Glauben daran, dass es funktioniert. Es kann verändert werden.[36]

Neues Ziel – neues Spiel

Michelangelo schuf aus Steinblöcken Wunderwerke der klassischen Bildhauerkunst. Van Gogh berührte Millionen mit Gemälden, die zu Michelangelos Zeiten als missraten gegolten hätten. In der Weiterentwicklung künstlerischer Ausdrucksformen zeichnet sich ein klares Muster ab: Immer und immer wieder haben Maler, Dichter, Schauspieler, Sänger, Tänzer, Komponisten und Schriftsteller daran gearbeitet, sich von den Fesseln des Althergebrachten zu befreien, Grenzen zu verschieben und Regeln zu brechen. Diese Auflehnung gegen Bestehendes entfesselte Kreativität und bereicherte die Kultur. Eine Parallele besteht auch in der Wissenschaft. Vorherrschende Paradigmen leiten die Forschung und bestimmen die Denkweisen, können aber von einem gewissen Punkt an den Fortschritt des Wissens behindern. Die Erdscheibe des Kopernikus wich Galileos heliozentrischem Kosmos. Einsteins Relativitätstheorie machte Newtons Mechanik zu einem Spezialfall der Physik. Im Streben nach Erkenntnis müssen Ziele und Methoden verfeinert oder neu bestimmt werden.

Werte zwingen uns nicht nur, unser Fachgebiet neu zu erfinden, sondern verpflichten zuweilen auch, weit über seine Grenzen hinauszublicken. Mark Twain organisierte federführend den antiimperialistischen Protest gegen den amerikanischen Krieg auf den Philippinen. Er brach aus seinem Dasein als Schriftsteller aus, um gegen die Ungerechtigkeiten zu Felde zu ziehen, die er in seinen Romanen erkundete. Der amerikanische Klimaforscher James Hansen wurde sechsmal bei Aktionen verhaftet, mit denen er gegen die umweltzerstörerische Politik seiner Regierung protestierte: Er trat aus seiner Rolle des »Wissenschaftlers« heraus, um überlebensnotwendige Umweltbedingungen zu schützen, denen seinen Forschungen zufolge die Zerstörung droht. Als Wissenschaftler konnte er das Problem benennen, sah für dessen Lösung aber die Politik in der Pflicht.

Regeln legen fest, was wir tun dürfen, Werte sagen uns, was wir tun sollten. Auf die Werte kommt es letztlich an. Regeln werden erstellt, verbogen, missachtet und umgeschrieben, um Werte zu befördern, nicht umgekehrt. Obwohl Politiker, Journalisten und Geschäftsleute aller politischen Couleur behaupten, für Freiheit einzutreten, schließen sie doch in ihrem Denken zahllose Menschen weitgehend von der Freiheit aus. Fühlen wir uns als Menschheit wirklich weiterhin an die Imperative von Profit und Wachstum gebunden? Wenn die Dinge, die uns am wichtigsten sind, in den Spielen, die wir spielen müssen, zerstört werden, ist es an der Zeit, das Spiel zu verändern.

Die Ruf nach einer solchen Veränderung wird lauter: Immer mehr stimmen in den Chor des allgemeinen Widerstands gegen zahlreiche Aspekte des globalen kapitalistischen Systems ein. 2015 überraschte Papst Franziskus viele, als er das zügellose Streben nach Geld als den »Dung des Teufels« bezeichnete: »Scheuen wir uns nicht, es zu sagen«, fuhr er fort, »wir wollen Wandel, echten Wandel, strukturellen Wandel.« Dem heutigen System warf er vor, es setze eine »Mentalität des Profits um jeden Preis« durch, »ohne Rücksicht auf soziale Ausschlüsse oder die Zerstörung der Natur«. Und dies sei, versicherte er seiner Zuhörerschaft, für die Menschen und »Mutter Erde« unerträglich.[37] Starke Worte aus dem Mund eines geistlichen Oberhaupts von 1,2 Milliarden Menschen.

Die katholische Kirche ist noch immer eine mächtige Institution aber ihr Wirkungsbereich und Einfluss wurden drastisch beschnitten. Erst mit der Überwindung der erdrückenden Vorherrschaft ihres

Wertesystems entstand der Boden, auf dem Kunst, Wissenschaft und Demokratie gediehen. Einen ebenso tiefgreifenden Wandel brauchen wir im Hinblick auf die Regeln und Werte des Kapitalismus. Das Gewinnstreben muss eingeschränkt und gezähmt, sein reduktives Wertesystem zurückgewiesen werden. Und die Menschen und der Planet brauchen Schutz vor seiner grenzenlosen Gier. Während die konkrete Ausgestaltung des Wandels zur Diskussion steht, bestehen an dessen Notwendigkeit keinerlei Zweifel.

Hinter jeder Kritik an einem Gesellschaftssystem steckt eine Konzeption der menschlichen Natur. Mensch sein heißt geistigen und physischen Zwängen unterliegen. Die Art, wie wir über diese Zwänge denken, bestimmt unsere Auffassung von Freiheit. Ohne angeborene innere Grenzen gäbe es keinen Grund, bestimmte Bedingungen gegenüber anderen zu favorisieren, wenn es um die Entwicklung eines Menschen geht. Wenn wir als »unbeschriebene Blätter« zur Welt kämen und uns sämtliche Bedürfnisse und Werte von außen einprogrammiert würden, gäbe es keine moralischen Argumente dagegen, manche Menschen als glückliche Sklaven und andere als glückliche Sklavenhalter heranzuziehen. Und kein moralisches Argument spräche gegen den Kapitalismus.

Bertrand Russell riet dazu, ein Kind so zu betrachten »wie ein Gärtner einen jungen Baum, das heißt als etwas, das eine bestimmte innere Natur hat, die sich zu einer wundervollen Form entwickeln kann, wenn ihr ein geeigneter Boden, Luft und Licht gegeben werden«.[38] Wie ein junger Baum brauchen wir bestimmte Dinge aus unserer Umwelt, um zu gedeihen. Ohne angemessene materielle und soziale Bedingungen sind wir nicht in der Lage, unser körperliches, seelisches und geistiges Potenzial voll auszuschöpfen. Aus einer Kombination aus instinktiver Einsicht und Forschung zur menschlichen Natur entwickeln wir Ideen darüber, was Menschen aus gutem Grund wertschätzen sollten und welche Art Gesellschaft wünschenswert ist. Eine Gesellschaft kann sich nicht um Entscheidungen darüber drücken, was ein würdevolles und sinnvolles Leben ausmacht. Diese Entscheidungen rechtfertigen den Sozialisationsprozess, den sie etabliert, und ihre institutionellen Arrangements.

Freiheit zum Organisationsprinzip der Gesellschaft zu erheben, heißt anzuerkennen, wie wichtig es ist, selbst festlegen zu können, was ein gutes Leben für einen bedeutet, und diese Befähigung als unverzichtbaren Bestandteil menschlicher Entfaltung anzusehen. Viele haben behauptet, der Kapitalismus erfülle genau dies: Der freie Markt versetze Menschen in die Lage, zu konsumieren, was sie begehren, dort zu arbeiten, wo sie arbeiten wollen, und dem nachzugehen, was sie schätzen. Aber diese Ansicht mündet in pure Ignoranz gegenüber den Auswirkungen der Ungleichverteilung in den Machtverhältnissen, den tiefgreifenden Unzulänglichkeiten der Märkte und den durch sie beförderten Werten von Habgier, Egoismus und Materialismus.

Auch wenn sich wohl nicht nachweisen lässt, dass kreative Freiheit ein inhärenter Bestandteil menschlicher Entfaltung ist, so stellt diese Freiheit doch einen Anspruch dar, der tiefen Widerhall und eine gewaltige Unterstützung in den Menschen findet, die außergewöhnliche Opfer bringen, um ihn zu erfüllen und zu verteidigen. So sehr Menschen auch manipuliert, getäuscht und unter Druck gesetzt wurden, die Sehnsucht nach Freiheit blieb immer bestehen. Solomon Northup beschreibt in seinen Memoiren, die dem mit Preisen überhäuften Film *12 Years a Slave* als Vorlage dienten, einen tiefgründigen Freiheitsdrang:

> Mache sie mit dem *Herzen* des armen Sklaven bekannt – lass sie seine geheimen Gedanken wissen – Gedanken, die er in Hörweite des weißen Mannes nicht zu äußern wagt. Lass sie neben ihm in den stillen Wachten der Nacht sitzen – sich mit ihm in argloser Vertraulichkeit über »Leben, Freiheit und das Streben nach Glück« unterhalten, und sie werden entdecken, dass neunundneunzig von hundert intelligent genug sind, um ihre Lage zu begreifen und um in ihrer Brust die Freiheitsliebe so leidenschaftlich wie sie zu hegen.[39]

Große Konzentrationen von Macht bedrohen jegliche Art menschlicher Entfaltung, wie diese auch definiert sein mag. Eine Gesellschaft, die Freiheit ernst nähme, würde die Gefahr erkennen und versuchen, Ressourcen – innere wie äußere – so zu verteilen, dass sie die zentralisierte Autorität und Herrschaft untergraben. Aber die Umverteilung von Ressourcen, von denen die Freiheit abhängt, stieß von jeher auf Widerstand.[40] »Freiheit bringt Ungleichheit hervor«, lautet eine von Verfechtern des Kapitalismus ins Feld geführte Hypothese.[41] Aber die größten Ungleichheiten in der Gesellschaft sind nicht durch »Freiheit«, sondern durch Macht – durch Gewalt, Raub und Unterdrückung – entstanden und bleiben durch sie auch erhalten. Den Reichtum der wenigen zu schützen und ihm die grundlegenden Freiheiten der vielen zu opfern, ist der Sache der Freiheit nicht dienlich. Ein höheres Maß an wirtschaftlicher und politischer Gleichheit ist für eine freie und demokratische Gesellschaft keine Bedrohung, sondern vielmehr eine notwendige Vorbedingung. Ohne solche Gleichheit entsteht eine zu große Konzentration von Macht. Dann können die Verträge, die alles in der Gesellschaft bestimmen, nicht mehr als genuin einvernehmlich gelten. Zwang wird so zum alles durchdringenden Kennzeichen des Systems. Damit Freiheit wachsen kann, muss es zu einem Wandel der Art kommen, wie Wohlstand generiert, verteilt und kontrolliert wird. Soll Demokratie prosperieren, muss die Macht des privaten Kapitals gebrochen werden.

In seiner 21-minütigen Antrittsrede vom Januar 2005 verwendete George W. Bush im Schnitt alle 30 Sekunden eines der Synonyme für »Freiheit« – *liberty* oder *freedom*. Freiheit ist ein Banner, mit dem die Maschinerie des Kapitalismus bemäntelt wurde, ein zu jeder Wahl hinausposaunter Appell und ein Ideal, das dazu herhalten musste, gewaltsame Enteignungen, Militärinterventionen, Steuergeschenke an Reiche und soziale Einschnitte bei Armen zu rechtfertigen. Aber das Problem liegt nicht in der Freiheit, sondern in ihrer Vereinnahmung mit dem Ziel, ihr Gegenteil anzupreisen. Wenn Freiheit mehr sein soll als hohle Rhetorik, wenn sie als Grundprinzip dienen soll, um das herum die Gesellschaft organisiert ist, müssen wir sie erst noch erschaffen.[42]

Die Geschichte gibt Anlass zur Hoffnung. Mutige Experimente, um die Gesellschaft auf neue Weise zu organisieren, sind Lichtblicke aus der Vergangenheit. Es lohnt, daran zu erinnern, dass der Kampf der Sklaven um ihre Freiheit von vielen anderen unterstützt wurde, denen die Machtstrukturen ihrer Zeit gegen den Strich gingen. Der Historiker Adam Hochschild schreibt: »Fünfzig Jahre lang haben die Aktivisten in England ihre Kräfte dafür eingesetzt, der Sklaverei im britischen Empire ein Ende zu machen. Keiner von ihnen hat auch nur einen Pfennig daran verdient, und ihr Erfolg bedeutete einen empfindlichen Verlust für die britische Wirtschaft.«[43] Dies war eines der ersten Male in der Geschichte, dass sich »die Empörung einer großen Anzahl von Menschen – eine Gefühlserregung, die über Jahre anhielt – auf die eingeschränkten Rechte *anderer* [bezog]. Überdies, und das ist das Erstaunlichste, auf die Rechte von Menschen anderer Hautfarbe, die aus einem anderen Kontinent stammten.«[44]

Die Abolitionisten erweckten das politische und moralische Bewusstsein einer ausreichenden Masse an Menschen, um die Regeln ihrer Gesellschaft zu verändern. Durch eine Neudefinition des Akzeptablen riefen sie eine Bewegung ins Leben, die kraftvoll genug war, das Undenkbare unausweichlich zu machen. Vor eine ähnliche Aufgabe sehen sich heute all jene gestellt, denen Freiheit ein wichtiges Gut ist. Wieder muss das moralische und politische Bewusstsein der Gesellschaft wachgerüttelt werden. Wieder muss eine einende fesselnde und inspirierende Vision artikuliert werden. Und in deren Zentrum muss das Ideal der Freiheit stehen.

Jedes Gesellschaftssystem ist ein Experiment, das immer wieder von Generation zu Generation, überprüft und erneuert werden muss Eine gesellschaftliche Vision gibt uns eine Richtung vor, in die wir uns bewegen können, aber sie liefert keinen Plan für die Orientierung am Ziel. Um die Sklaverei abzuschaffen, bedurfte es nicht des Glaubens, dass die Gesellschaft danach vollkommen sein würde. Und die Abolitionisten brauchten sich auch nicht darauf zu einigen, wie eine wahrhaft freie Gesellschaft aussehen würde.[45] Heute sind die gegen kreative Freiheit errichteten Barrieren in einem Maße allgegenwärtig und sind Wohlstand und Macht in einem Maße ungerecht verteilt, dass eine so überwältigende Fülle von Argumenten, wie es sie noch nie zuvor gegeben hat, darauf drängt, rasch einen Wandel herbeizuführen.

Die verbleibenden Kapitel untersuchen diesen Wandel unter vier verschiedenen Optiken: Wissen, Macht, Überleben und Empathie. Jedes Kapitel erhellt wichtige Aspekte der Ziele, der Natur und der Spannungen dieses facettenreichen Kampfes um Veränderung und beleuchtet die Verhältnisse, die hergestellt werden müssen, wenn sich kreative Freiheit entfalten soll.

———

Angesichts der mörderischen Verhältnisse in einem Konzentrationslager erkannte Viktor E. Frankl, von welch existenzieller Bedeutung die Sinnfrage für den Menschen ist. Er schilderte, wie der Lebenswille zahlreicher Gefangener erlosch, sobald sich ein Gefühl der Zweck- und Aussichtslosigkeit einstellte. Laut Frankl besteht der mächtigste Antrieb des Menschen nicht darin, Genuss zu gewinnen oder Schmerz zu vermeiden, sondern vielmehr darin, sein Leben »auf ein Ziel in der Zukunft hin auszurichten«.[46] Dabei gehe es nicht darum, »was wir vom Leben zu erwarten haben«, sondern es komme allein darauf an, »was das Leben von uns erwartet«. Wichtig sei, »dass wir nicht mehr einfach nach dem Sinn des Lebens fragen, sondern dass wir uns selbst als die Befragten erleben, als diejenigen, an die das Leben täglich und stündlich Fragen stellt – Fragen, die wir zu beantworten haben, indem wir nicht durch Grübeln oder Reden, sondern nur durch ein Handeln, ein richtiges Verhalten, die rechte Antwort geben.«[47] Und eine solche, so glaubte er, fände sich selbst unter höchst widrigen und erniedrigenden Bedingungen.

Sinn liegt in der Sorge um die Zukunft und darum, welche Rolle wir bei ihrer Gestaltung spielen. Aber sich um etwas oder jemanden intensiv zu sorgen, heißt, die Enttäuschung und das Leiden in Kauf zu nehmen, die sich einstellen, wenn die Dinge einen anderen Verlauf nehmen als erhofft – wir sind verletzlich, und gerade was wir schätzen, kann uns besonders wehtun. Dann kann der Impuls, uns abzuwenden, bisweilen übermächtig werden. Es ist verlockend, auf Fehlschläge und Verluste damit zu reagieren, dass wir herabsetzen, was wir als wichtig und wertvoll empfinden, und uns gegen Gefühle wehren und abstumpfen. Aber das Streben nach Freiheit fordert dazu heraus, angesichts von Gewalt Humanität zu wahren, nach einem erlittenen Verlust das Herz wieder zu öffnen und gegenüber Unrecht an Idealen festzuhalten. Dazu rät der Historiker und Aktivist Howard Zinn:

> In schlechten Zeiten Hoffnung zu haben, ist nicht einfach nur töricht romantisch, sondern basiert auf der Tatsache, dass die Geschichte der Menschheit nicht nur eine Geschichte der Grausamkeit, sondern auch eine des Mitleids, des Opfers, des Mutes und der Freundlichkeit ist.
> Unser Leben wird das bestimmen, was wir in dieser komplizierten Geschichte hervorheben. Sehen wir nur das Schlimmste, wird unsere Fähigkeit, etwas zu tun, zerstört. Wenn wir uns an die Zeiten und Orte erinnern – und derer gab es viele –, wo Menschen sich großartig verhalten haben, verleiht uns dies Energie zu handeln, und wir halten uns damit zumindest die Möglichkeit offen, einen Weltkreisel in eine andere Richtung zu lenken.
> Und wenn wir handeln, in welch bescheidenem Maße auch immer, müssen wir auch nicht auf irgendeine grandiose utopische Zukunft warten. Die Zukunft ist eine unendliche Folge von Gegenwarten, und *jetzt* so zu leben, wie wir glauben, dass Menschen leben sollten, allen Übeln um uns herum zum Trotz, ist bereits ein wunderbarer Sieg.[48]

Eine freie Gesellschaft bringt freie Individuen hervor, und freie Individuen sind notwendig, um eine freie Gesellschaft hervorzubringen. Um den Stillstand zu überwinden, müssen wir die uns zur Verfügung stehende Freiheit so ausgiebig wie möglich nutzen, um die Bedingungen zu schaffen, unter denen sich kreative Freiheit entfalten kann. Die Ketten des Gehorsams ziehen sich endlos durch die ganze Gesellschaft. Manche Menschen sind viel reicher als andere, manche besetzen höchst einflussreiche Positionen, aber alle unterliegen der Logik eines Systems, über das sie keine Kontrolle haben. Wir müssen aus dieser Logik ausbrechen, die Pfade verlassen, auf die uns unsere gegenwärtigen Institutionen schicken. Einen Großteil der Freiheiten, die wir heute genießen, verdanken wir Menschen, die genau dies taten: Sie nutzten ihre Entscheidungsfreiheit trotz aller Aussichten auf ein Scheitern zugunsten einer Zukunftsvision, die ihnen sinnvoll und inspirierend erschien – einer, die auch unsere Freiheit zum Inhalt hatte. In ihrer aller Schuld stehen wir, denn es ist ihnen zu verdanken, dass die Bedingungen geschaffen wurden, die uns unsere jetzige Freiheit ermöglichen – Lohnarbeiter, Mütter, Väter, Freunde, Politiker, Soldaten, Lehrer, Sklaven, Künstler, Schriftsteller, Aktivisten. Die Abschaffung der Sklaverei, die Verbreitung der Demokratie, die Entkolonialisierung des Globalen Südens, die Rechte von Frauen, Farbigen und Gruppen mit anderer sexueller Orientierung oder geschlechtlicher Identität – all diese und viele weitere Siege wurden durch die geballte Kreativität zahlloser Menschen errungen, deren Namen wir zum größten Teil niemals erfahren werden. Freiheit ist ein Geschenk, das wertgeschätzt, weiterentwickelt, geschützt und auch weitergegeben werden muss.

In diesem Kampf um Freiheit steht denkbar viel auf dem Spiel. Was wir heute beschließen, kann darüber entscheiden, ob wir als Spezies überleben oder untergehen werden. Ob durch Handeln oder Nichthandeln – wir tragen alle zum großen Ganzen bei. Angesichts von Habgier, Grausamkeit, Ausbeutung und Gewalt sind wir mit der Wahl zwischen zwei klaren Alternativen konfrontiert: Konformität oder Kreativität. Wenn Institutionen darin versagen, unsere Freiheit zu schützen, bleibt ihre Rettung der Solidarität von Menschen überlassen, einer Solidarität, die die zahlreichen sozialen, rassischen und politischen Grenzen überwindet, die zu beachten man uns gelehrt hat. Für die Untätigkeit gibt es jede Menge rechtfertigender Rationalisierungen, die überwunden werden müssen.

Auch wenn die Aufgabe, Freiheit zu schaffen, einen entmutigen kann, ist sie keineswegs ein hoffnungsloses Unterfangen. Wenn sie zeitweilig doch so erscheint, lohnt es, sich Zinns Botschaft ins Gedächtnis zu rufen: »Jetzt so zu leben, wie wir glauben, dass Menschen leben sollten, allen Übeln um uns herum zum Trotz, ist bereits ein wunderbarer Sieg.« Dieser Gedanke erfasst das Wesen der schöpferischen Stimmung. Wenn wir uns darauf konzentrieren, unser Bestes zu geben, um Lohnenswertes zu schaffen, lassen wir uns von Rückschlägen und offenkundigen Misserfolgen nicht aufhalten, weil wir unseren Erfolg nicht einfach nur danach beurteilen, was wir erreichen, sondern vor allem nach der Ernsthaftigkeit, mit der wir es anstreben. Dies ist an sich schon ein wunderbarer Sieg, eine starke Manifestation des Drangs zur Freiheit. Es ist auch ein wertvoller Sieg, der in alle Richtungen ausstrahlt und reiche und schöne und doch so oft in Vergessenheit geratende Dimensionen des Lebens offenbart. Solche Wirkung erzeugen Musik, Malerei, Geschichten – und eben auch Taten, die Mut erfordern, Handlungen aus Mitgefühl und Akte, die von Großzügigkeit zeugen. Solches Verhalten wirkt erhebend und inspirierend, es untergräbt und durchbricht unsere eingefahrenen Einstellungen und Erwartungen, fordert uns dazu heraus, Besseres zu ersinnen, und erinnert uns an das außergewöhnliche Potenzial, das in uns allen steckt.

9

WISSEN

Wahlen werden gewonnen und verloren, Kriege angezettelt und abgewendet, Revolutionen ausgelöst und niedergehalten – all dies auf der Grundlage von Überzeugungen, die wir im Kopf mit uns herumtragen. Der Kampf um Macht knüpfte sich stets an das Ringen darum, den Strom an Ideen, Fakten, Perspektiven und Narrativen zu beherrschen, der sich durch die Gesellschaft zieht. Jeder Kopf bildet ein Schlachtfeld rivalisierender Kräfte, die Frontlinie eines Kampfes um die Gestaltung der Zukunft. Herrschaft gedeiht auf dem Boden der Ignoranz und Freiheit auf dem des Wissens.

Die besonderen Verhältnisse, in die wir hineingeboren werden, bestimmen weitgehend, was aus uns wird und welche Realitätsvorstellungen wir uns schaffen. Unser Umfeld formt unser gewaltiges Potenzial zu einer bestimmten Identität. Wie wir schließlich reden, denken, fühlen und handeln, hängt in hohem Maße von den Beispielen, Chancen und Ideen ab, mit denen wir konfrontiert wurden. Von der Kindheit an bis zum Tag unseres Todes sind wir einem stetigen Strom von Einflüssen ausgesetzt – durch Familie, Schule, Staat und Unternehmen, durch Religion und Kultur –, die unsere Gewohnheiten, Überzeugungen, Anschauungen, Ideale und Ziele prägen: unser Bild von der Realität. Die Ziele, die uns erstrebenswert erscheinen, und der beste Weg, um sie zu erreichen, ergeben sich aus dem Zusammenfluss dieser und anderer Kräfte.

Zwischen der Realität und unserem Weltverständnis steht der willkürliche Prozess, durch den unsere Identität geprägt wird. Wenn wir uns von unseren ererbten geistigen Konstrukten nicht in die Irre führen lassen wollen, müssen wir sie hinterfragen. Das ist einfacher gesagt als getan. Wer sich aufmacht, sich selbst und die Gesellschaft zu ergründen – warum die Dinge so sind, wie sie sind, und wie es anders sein könnte –, stößt hinter jeder Biegung auf Hindernisse, von denen viele eben dazu aufgerichtet wurden, in die Irre zu führen und zu täuschen. Wenn wir die Fähigkeit entwickelt haben, die eigene Identität zu hinterfragen, ist vieles von dem, was wir sind, bereits festgelegt. Die seelischen Bindungen, die wir zu unserer Familie, zu Freunden und zur Gemeinschaft eingehen, knüpfen sich an die Ideen, die sie uns vermitteln. Um den Dingen wirklich auf den Grund zu gehen, muss uns das schwer zu fassende Ideal der Wahrheit wichtiger sein als Loyalitäten gegenüber Nation, Religion, Rasse, Kultur oder Ideologie, kurz, gegenüber unserer ererbten Identität. Wir müssen ausreichend Zweifel und Unsicherheit kultivieren können, um unsere Überzeugungen – unsere Definitionen von Erfolg, Versagen, Liebe, Familie, gut und böse, richtig und falsch – mit Skepsis zu betrachten. Vertrauen in jedwede Autorität, jeden Experten und jede Tradition darf sich erst einstellen, nachdem es ausreichend gründlich hinterfragt worden ist. Während unsere geistigen Fähigkeiten heranreifen und sich festigen, besteht die Herausforderung darin, sie nicht nur auf die Gedanken zu richten, die unserer angestammten Identität zuwiderlaufen, sondern auch auf den Prozess, der diese Identität hervorgebracht hat.

Adam Smith riet uns dazu, uns in einen »unparteiischen Beobachter« zu versetzen und unsere Überzeugungen und unser Verhalten so zu erforschen, »wie wir glauben, dass jeder ehrliche und unparteiische Beobachter es tun würde«:

> Wir können niemals unsere eigenen Gefühle und Motive überblicken, wir können niemals über sie ein Urteil bilden, sofern wir uns nicht gleichsam von unserem eigenen natürlichen Standort entfernen und bestrebt sind, sie aus einem gewissen Abstand von uns selbst zu betrachten. Wir können dies aber in keiner anderen Weise tun, als dass wir bestrebt sind, sie mit den Augen anderer Leute zu sehen oder wie andere Leute sie wahrscheinlich sehen.[1]

Unser Leben aus anderen Blickwinkeln und verschiedenen Perspektiven zu sehen, erfordert ein flexibles Vorstellungsvermögen. Dazu Hannah Arendt: »Mit einer ›erweiterten Denkungsart‹ denken heißt, dass man seine Einbildungskraft lehrt, Besuche zu machen […].«[2] Sich Dinge aus verschiedenen Perspektiven vorzustellen, macht es leichter, die willkürlichen Bindungen an eine Identität zu lockern, die uns von »meinen Überzeugungen«, »meinem Land«, »meiner Rasse«, »meiner Partei« oder »meinem Präsidenten« reden lässt, zumindest so lange, bis wir sie ernsthaft hinterfragt haben. Die meisten von uns erben vorgefertigte Überzeugungsschemata, die in großem Stil und auf lange Sicht das Handeln in der Welt zu rechtfertigen versuchen und dabei Aspekte der Wirklichkeit beschreiben und sogar definieren.[3] Alle sind Bezugsrahmen, um Wirklichkeit zu deuten, Linsen, durch die die Welt wahrgenommen wird. Aber warum sollen wir uns auf nur eine Perspektive beschränken? Smith fordert uns dazu heraus, eine Fähigkeit zu nutzen, über die möglicherweise nur wir Menschen verfügen: über unsere Gedanken nachzudenken und Vorstellungen von unseren eigenen Wünschen zu entwickeln. Dies ermöglicht es uns, eigene widerstreitende Antriebe zu reflektieren, damit wir uns mit ihnen identifizieren oder von ihnen distanzieren können. Smith gibt uns den Anstoß, anstatt auf eine Schlussfolgerung auf eine Methode zu setzen, wenn wir nach einem Weg suchen, der Wahrheit Raum zu geben und nicht irgendeiner bestimmten Version von ihr.

Der Versuch, uns selbst aus verschiedenen Blickwinkeln zu betrachten, schafft ein bedeutendes Gegengewicht zur Subjektivität der Erfahrung. Meine Bedürfnisse beherrschen meine Aufmerksamkeit und motivieren mein Verhalten auf andere Weise, als dies bei Ihnen der Fall ist. Die eigenen Beweggründe aus verschiedenen Perspektiven kritisch zu prüfen, ist ein wirksames Mittel, die eigene innere Befangenheit zu überwinden. Das Bestreben, sich in andere Sehweisen hineinzuversetzen, erweitert den Blick auf Wertvorstellungen, die andernfalls unbeachtet blieben. So können wir beginnen, unsere Überzeugungen und Maßstäbe auf einem Fundament wachsen zu lassen, das weniger willkürlich ist als der vom Glücksspiel der Geburt vorgegebene Boden.

Auch wenn Freiheit oftmals als Freiheit von Beschränkungen gilt, lautet die Frage nicht, ob, sondern wodurch wir eingeschränkt werden. Im Gegensatz zu allen anderen Zwängen existiert der Zwang, den die Wirklichkeit ausübt, unabhängig davon, ob wir ihn erkennen oder nicht. Kein noch so starker Glaube daran, dass ich fliegen kann, wird mich retten, wenn ich von einer Klippe springe. Sich eindeutig auf ein Glaubenssystem festzulegen heißt sich gegen die Wirklichkeit abzuschotten. Je weniger unsere Überzeugungen mit der Realität verbunden sind, desto verletzlicher werden wir. Es gibt nicht die eine richtige Art, die Welt abzubilden. Wie eine Landkarte sind unsere geistigen Konstrukte durchweg Vereinfachungen der Realität, Abstraktionen, die gewisse Züge herausgreifen, sie gegenüber anderen hervorheben und in symbolischer Form wiedergeben. Unabhängig davon, wohin die Reise geht – um unsere letzten Ziele anzusteuern, sind wir stets auf unsere kognitive Karte angewiesen. Vielleicht verändern sich im Laufe der Zeit, da wir mehr über uns selbst und die Gesellschaft erfahren, die Anziehungskraft von Zielen und die Routen, auf denen man zu ihnen gelangt.[4] Eine ungenaue Karte erschwert es uns, dort anzukommen, wo wir hinwollen. Irreführende Überzeugungen – zur Politik, zum Klimawandel, zum Kapitalismus, zum Erfolg, zur menschlichen Natur, zum Glücklichsein, zur Verantwortung oder auch nur zur Geschwindigkeit eines Autos, wenn man eine Straße überquert – verzerren unsere Wahrnehmungen und machen uns blind für die Konsequenzen unseres Handelns.

In größerem Maßstab legen die »Landkarten«, die von einer Generation zur nächsten weitergereicht werden, den Kurs für die Gesellschaft als Ganzes fest. Sie können in die Freiheit, aber auch in Gefangenschaft oder ins Abseits führen. Im Allgemeinen erweitert sich die Fähigkeit, Wirklichkeit zu gestalten, in dem Maße, in dem sich unsere Überzeugungen mit dieser decken. Aber die Hindernisse, die dem Wissen und dem kritischen Hinterfragen entgegenstehen, sind vielfältig und mächtig: von festverwurzelten Vorurteilen über die Fallstricke der Sprache bis hin zu den zahlreichen irreführenden und verwirrenden Störmanövern, die unsere Alltagswahrnehmung durchziehen. Es ist eine lebenslange Herausforderung, diese Hürden zu überwinden. Je besser wir sie durchschauen, desto größer die Chancen, dass es gelingt.

Die Illusion des Wissens

Sobald man die Augen aufschlägt, stürzt Realität auf einen ein. Ein gewaltiger, komplexer Apparat setzt im Nu Milliarden von Photonen, die durch unsere Augen strömen, in das um, was wir für ein getreues Abbild der Außenwelt halten. Was wir sehen, ist natürlich nicht die tatsächliche Welt, sondern nur eine mentale Repräsentation von ihr. Information wird von den Sinnen aufgenommen und vom Gehirn interpretiert, um eine Wahrnehmung zu konstruieren. Wenn Sie eine Rose sehen, trifft Licht einer bestimmten Wellenlänge auf die Zapfen Ihrer Netzhäute, worauf die mit ihnen verbundenen Nervenschaltungen den Sinneseindruck »Röte« erzeugen. Ihr Gefühl, sich passiv dem Anblick einer Blume hinzugeben, täuscht; in Wirklichkeit wird dieser Eindruck aktiv vom Gehirn aufgebaut. Möglicherweise nimmt ein Organismus mit einem anderen Gehirn dieselbe Rose in Blau, Grün, Gelb oder auch in einer Farbe wahr, die Sie noch nie gesehen haben.

Der Preis von Wahrnehmung ist Subjektivität. Schauen Sie sich das folgende Bild an:

Die meisten Menschen erkennen ein dreieckiges Muster. Wir können nicht anders, als die Punkte im Geist mit geraden Linien zu verbinden. Warum machen wir das unwillkürlich ausgerechnet so und verbinden die Punkte nicht automatisch auf andere Weise, zum Beispiel mit einer gekrümmten Linie zu einem Kreis? Warum verbinden wir sie überhaupt miteinander?

Vernimmt man die Laute einer Fremdsprache, scheinen die ungewohnten Phoneme nahtlos ineinander überzugehen, während man in seiner Muttersprache einzelne Wörter und Sätze hört. Dies liegt nicht etwa daran, dass in ihr Pausen zwischen den Wörtern gesprochen würden. Vielmehr fügt das Gehirn eine Pause in die Lautkette ein, sobald es ein Wort erkannt hat. So wie unser Gehirn in einer wirren Vielzahl von Strichen leicht ein Gesicht erkennt, macht es in einem Strom von Lauten einzelne Wörter aus.

Die Beziehung zwischen Wahrnehmung und Wissen hat Denker über Jahrtausende hinweg beschäftigt. In dem Bestreben, »etwas Festes und Bleibendes in den Wissenschaften« zu finden und eine Grundlage für »zweifellose Gewissheit« zu schaffen, ging der französische Philosoph René Descartes in einem berühmten Gedankenexperiment von der Hypothese aus, »dass irgendein böser Geist, der zugleich höchst mächtig und verschlagen ist, allen seinen Fleiß daran gewandt habe, mich zu täuschen«. Angesichts eines solch formidablen Gegners fragte sich Descartes, ob er sich überhaupt einer Sache sicher sein könne. Wenn all seine Wahrnehmungen Täuschungen seien und die Dinge verzerrt wiedergäben, wie könne er dann auf »die gewohnten Meinungen« über die Welt vertrauen? Eine moderne Version dieses Gedankens lieferte die Kernidee zu den *Matrix*-Filmen in denen der Protagonist entdeckt, dass seine Welt, jeder Aspekt und jede Erfahrung, nur als ausgefeilte computergenerierte Realität existiert hat. Während er in der Überzeugung durchs Leben gegangen ist ein freier Mann zu sein, hat sein wirklicher Körper reglos in einer Art Brutkasten in einer gewaltigen Struktur gelegen, über die Millionen menschliche Gehirne an eine virtuelle Realität angeschlossen waren zu der auch er gehört hatte.

Solche Szenerien rücken ins Licht, wie illusionär Gewissheit ist da sie uns vor Augen führen, dass all unsere unmittelbaren Erfahrungen nicht die Realität selbst, sondern subjektive Repräsentationen sind. Und damit sind wir noch nicht am Ende unserer Aufzählung der Barrieren, die den kognitiven Potentialen des Menschen gesetzt sind.[5] Nicht nur der Rahmen dessen, was wir wissen können, ist eingeschränkt, sondern auch das, was wir denken können, ist strikt begrenzt. Dass manche Gedanken von einer Katze oder einem Hund nicht gedacht werden können, leuchtet unmittelbar ein, weil dieses Denken an biologische Voraussetzungen geknüpft ist. Katzen oder Hunde können keine trigonometrischen Probleme lösen, keine Symphonie komponieren, und bahnbrechende Beiträge zur Atomtheorie sind von ihnen auch nicht zu erwarten. Aber sie beherrschen eine Vielzahl anderer komplexer Tätigkeiten. Die kognitiven Landkarten, über die sie verfügen, decken sich so genau mit der Realität, dass sie sich in der Welt zurechtfinden und ganz gute Aussichten haben, ihre unmittelbaren Bedürfnisse zu befriedigen. Das menschliche Gehirn ist wie das von Hunden und Katzen eine biologische Struktur mit bestimmten Fähigkeiten und Grenzen. Es leuchtet ein, dass manche Wahrheiten außerhalb seines Fassungsvermögens liegen, dass es Dinge gibt, die sich unserem Verständnis entziehen. Noam Chomsky unterscheidet zwischen zwei Arten des Nichtwissens: Probleme und Mysterien. Für Probleme können wir nachvollziehbare Lösungen finden, für Mysterien nicht. Auch wenn uns die Mittel fehlen, genau festzulegen, wo die Grenze zwischen den beiden verläuft, haben wir allen Grund zu der Annahme, dass es eine solche Grenze gibt. Das Gehirn ist ein biologisches Organ. Es hat sich nicht entwickelt, um jede Facette des Universums zu verstehen. Die einzige Realität, zu der unsere unmittelbare, unverfälschte Wahrnehmung Zugang hat, ist unsere subjektive Erfahrung.

Die Unsicherheit darüber, was sich hinter unserer Wahrnehmung verbirgt, ist unausweichlich, aber auch ein unschätzbarer Gewinn, weil die Illusion von Wissen jedwede Neugierde abtötet. Antworten gehen Fragen voran, und wenn man glaubt, die Antwort auf eine Frage schon zu kennen, wird diese gar nicht erst gestellt. Wenn wir uns an einem unbekannten Ort durch die Finsternis bewegen, verfallen wir instinktiv in einen Zustand erhöhter Wachsamkeit: Wir tasten uns mit geschärften Sinnen vorsichtig voran, sind ganz darauf konzentriert, die Umgebung zu erkennen, und horchen auf den leisesten Laut. Obwohl subjektiv, sind unsere Wahrnehmungen keineswegs willkürlich. In Millionen Jahren von Versuch und Irrtum hat uns die natürliche Auslese darauf getrimmt, gegenüber unserer unmittelbaren Umgebung erhöhte Aufmerksamkeit walten zu lassen, sobald wir ins Ungewisse geraten. Diese Reaktion auf Unsicherheit lässt sich für unser Erkenntnisstreben nutzen.

John Maynard Keynes wurde einst von einem Mitglied des Parlaments kritisiert, weil er seine Meinung in einer wichtigen Frage geändert hatte. Angeblich soll er geantwortet haben: »Wenn sich die Fakten ändern, ändere ich meine Meinung. Was tun *Sie*, Sir?« Wir handeln heute auf eine bestimmte Weise in dem Wissen, dass uns das Morgen etwas lehren kann, das unser Motiv, jetzt so zu handeln, zunichtemacht. In Religion und Politik gilt es allerdings häufig als Zeichen von Stärke, an einem System von Überzeugungen unbeirrt auch dann noch festzuhalten, wenn Fakten es widerlegen. Dazu bekennen sich ausdrücklich zahlreiche religiöse Gruppen: Glaube ohne Beweise ist tugendhaft. Jahrtausendelang wurde das Hinterfragen als etwas Gotteslästerliches und Ketzerisches verdammt, das mit Folter und Tod bestraft werden musste. Aber die Ereigniskette, die zu einer Entdeckung führt, beginnt erst in dem Moment, da wir erstmals einräumen, dass uns das angestrebte Wissen noch fehlt.[6] Wenn wir weiterhin Durchbrüche erzielen wollen, müssen wir die Unsicherheit die mit Nichtwissen einhergeht, akzeptieren und sogar begrüßen.[7] Der Weg zum Wissen ist mit Demut und Unsicherheit, nicht mit Arroganz, Selbstgefälligkeit oder dem Glauben gepflastert, dass wir die Antworten schon in Händen hielten.

Die Illusion des Wissens steht dem Streben nach Erkenntnis beständig im Weg. Mark Twain wird der Satz zugeschrieben: »Es ist leichter, die Menschen zu täuschen, als sie davon zu überzeugen dass sie getäuscht worden sind.« Sich mit den eigenen Unsicherheiten und Zweifeln zu konfrontieren, kostet Mühe. Das automatische Denken generiert unablässig Suggestionen: Eindrücke, Einfälle, Ge fühle. Das In-Frage-Stellen ist ein Prozess, sich vom Glauben an das allgemein Akzeptierte zu lösen. Wissen ist der Gewinn, der aber erst am Ende einer Durststrecke winkt. Offenbarungen, Entdeckungen, Heureka-Momenten gehen fast immer lange Perioden der Ungewissheit voran. Wenn diese sich als zu unbequem erweisen, geben wir auf und halten uns an einfache Antworten. Der große Physiker Richard Feynman glaubte, dass die Essenz der wissenschaftlichen Methode – Zweifel und Ungewissheit – der Gesellschaft insgesamt als Lehre dienen könnte:

> Der Wissenschaftler hat viel Erfahrung mit Nichtwissen, Zweifel und Unsicherheit, eine Erfahrung, die meiner Ansicht nach sehr große Bedeutung besitzt. […] Der Wissenschaftler weiß, dass es für den Fortschritt von allergrößter Bedeutung ist, das eigene Nichtwissen zu erkennen und Raum für Zweifel zu lassen. Der Wissensschatz der Wissenschaft besteht aus Feststellungen von unterschiedlichem Sicherheitsgrad – manche Aussagen sind höchst ungewiss, andere fast sicher, aber eine *absolute* Sicherheit gibt es nicht. Die Wissenschaftler sind an diesen Zustand gewöhnt und finden es völlig normal, im Ungewissen zu tappen und mit der Unsicherheit zu leben. Aber ich weiß nicht, ob die Einsicht, dass es sich so verhält, allgemein verbreitet ist. Unsere Freiheit zu zweifeln erwuchs aus dem Kampf gegen die Autorität, den die Wissenschaft in ihren frühen Tagen führte. […] Unser Möglichstes zu tun, in Erfahrung zu bringen, so viel wir können, die Lösungen zu verbessern und dann weiterzugeben, das ist unsere Pflicht. Und es ist unsere Pflicht, den Menschen der Zukunft freie Hand zu lassen. In der stürmischen Jugend der Menschheit können wir schwerwiegende Fehler begehen, die unser Wachstum auf lange Zeit hinaus hemmen können. Ein solcher Fehler wäre die Behauptung, wir hätten trotz all unserer Jugend und Unwissenheit die Antworten schon parat. Unterdrücken wir jegliche Diskussion, jegliche Kritik und behaupten: »Das ist die Antwort, Freunde, der Mensch ist gerettet!«, verdammen wir die Menschheit, eingezwängt in den Kerker unserer heutigen Vorstellungskraft, auf lange Zeit zu den Ketten der Autorität. Und verüben damit das Gleiche, was schon so oft verübt worden ist. Wir Wissenschaftler –

die wir um den großen Fortschritt wissen, der aus einer zufriedenstellenden Philosophie des Nichtwissens erwächst, den großen Fortschritt, der die Frucht der Denkfreiheit ist – haben die Aufgabe: den Sinn und Nutzen dieser Freiheit zu verkünden, zu lehren, dass Zweifel nicht zu fürchten, sondern zu begrüßen und zu erörtern sind, und diese Freiheit zu fordern als unsere Pflicht und Schuldigkeit gegenüber künftigen Generationen.[8]

Der dramatisch beschleunigte Zuwachs an wissenschaftlichen Erkenntnissen während der letzten vier Jahrhunderte ist ein Beleg dafür, welche Kraft darin steckt, Unsicherheit zu akzeptieren und nach Beweisen zu suchen. Zweifel fordern zum Experimentieren heraus. Einsteins Vorhersage, dass Licht von der Schwerkraft abgelenkt wird, wurde von fast allen Physikkoryphäen seiner Zeit zurückgewiesen – bis der experimentelle Nachweis gelang. Trotzdem soll er gesagt haben: »Keine noch so große Zahl von Experimenten kann beweisen, dass ich recht habe, ein einziges Experiment kann beweisen, dass ich unrecht habe.«[9] Auch der klügste Kopf kann irren. Viele Ideen aus der Biologie, Medizin, Physik oder Chemie, die noch vor 200 Jahren allen Ernstes verfochten wurden, kommen einem heute völlig obsolet, wenn nicht gar lächerlich vor.

Wenn wir beginnen, unsere Überzeugungen zu überprüfen, treten wir in einen Dialog mit der Realität ein. Je präziser wir unsere Fragen formulieren, desto aussagekräftiger sind die Antworten. Das Bestreben, empfänglich für die Wirklichkeit zu werden und sich auf sie einzulassen, erfordert mitunter ausgeklügelte, kostspielige Experimente (zum Beispiel die Forschungen zur Teilchenphysik im CERN) und ist in anderen Fällen so einfach wie der Blick nach rechts und links, ehe man die Straße überquert. Ein Problem zu lösen, setzt voraus, es in ausreichendem Maße verstanden zu haben. Auch wenn dies häufig gewährleistet ist, hat doch jede Disziplin in den vordersten Linien ihrer Forschung mit bislang unverstandenen Problemen zu tun. Ein übergroßes Vertrauen in eine bestimmte Vorgehensweise kann langfristig kontraproduktiv wirken. Wer innerhalb einer eingefahrenen Methodik nach der Wahrheit sucht, droht in die

Bequemlichkeit zu verfallen, die sich in der Routine einstellt. Gute Methoden zeichnen sich dadurch aus, dass sie sich weiterentwickeln und anpassen lassen.[10]

Geistige Tricks

Wir erwerben Wissen durch sorgfältige Beobachtung der Welt aus einer festgelegten Perspektive, doch den Grad unserer Objektivität erhöhen wir nur, wenn wir dabei unsere Beziehung zur Welt berücksichtigen. Ein Verständnis dieser Beziehung zu entwickeln ist nützlich, um unsere Voreingenommenheit zu erkunden – von der manches angeboren, anderes das Ergebnis spezifischer Erfahrungen ist. Diese Haltung ermöglicht es uns, unsere Handlungen und Werte so zu betrachten wie die einer anderen Spezies oder Kultur. So verwandeln wir Vertrautes in Fremdes, das Alltägliche in faszinierendes Neuland. Wir fangen an, kulturelle Normen und instinktive Reaktionen im weiteren Zusammenhang von Evolution, Geschichte, Geographie und Politik zu sehen.

Wir alle ringen mit der Vergangenheit: um sie zu verstehen, zu deuten, zu akzeptieren und von ihr zu lernen. Unsere Fähigkeit, zu vertrauen, mitzufühlen, Zuwendung zu geben und zu empfangen, vertrauensvolle Beziehungen aufzubauen und Glück zu erlangen, hängt stark von unseren frühkindlichen Erfahrungen ab. Prägende Bindungen geben uns Denk- und Verhaltensmuster mit auf den Weg, die wir später oft nur widerstrebend ablegen können, wenn sie überflüssig geworden sind. Geschlechterklischees üben großen Druck aus, uns nach vorherrschenden Normen zu verhalten, ihnen gemäß zu denken, zu lieben und zu arbeiten, und erschweren es uns, Aspekte an uns selbst weiterzuentwickeln, die den gesellschaftlichen Erwartungen zuwiderlaufen. Unsere vergangene Prägung hat uns mit einer psychischen Linse ausgestattet, durch die wir die Welt wahrnehmen und erleben. Wir müssen im Auge behalten, dass es sie gibt, dass sie nur eine von vielen möglichen ist und dass wir sie neu fokussieren können. Etwas über die Folgen unserer Prägung zu erfahren, kann unbequem sein – scheinbar »objektive« Gewissheiten können sich als subjektiv verzerrte Wahrnehmungen erweisen –, aber wenn wir unsere Prägung nicht hinterfragen, übersehen wir vielleicht in uns selbst, in anderen und insgesamt im Leben unerschlossene Möglichkeiten.

Zahlreiche Forschungsergebnisse aus der experimentellen Psychologie zeigen, dass die meisten geistigen Vorgänge automatisiert, außerhalb bewusster Kontrolle und mit wenig oder keinerlei Anstrengung ablaufen. Diese komplexe Maschinerie operiert hinter einem undurchsichtigen Schleier, der sie vor unserer bewussten Wahrnehmung verbirgt.[11] Wenn wir eine Mimik oder den Tonfall einer Stimme interpretieren, die Distanz zwischen uns und anderen Dingen oder Personen einschätzen, die Frage beantworten, was 2 + 2 ergibt, bei einem lauten Knall zusammenzucken, eine Treppe hinabsteigen oder einen Ball auffangen, müssen wir dazu nicht erst nachdenken. Manche Handlungen laufen bis zur Unfreiwilligkeit automatisch ab. Man kann nicht anders, als ein wütendes Gesicht von einem fröhlichen zu unterscheiden. Und diesen hier abgedruckten Satz verstehen Sie unwillkürlich.

Psychologen haben mehrere Mechanismen identifiziert, die uns anfällig dafür machen, an einmal – weshalb auch immer – übernommenen Anschauungen festzuhalten. Der Bestätigungsfehler ist eine Neigung, Informationen, die unsere Überzeugungen stützen, gegenüber anderen zu bevorzugen, die sie infrage stellen. Attraktiv sind für uns folglich Medien, Menschen und Institutionen, die unsere Weltsicht verstärken. Wir sind eher dazu bereit, eine Äußerung für wahr zu halten, wenn wir sie schon einmal gehört haben – eine kognitive Verzerrung zugunsten vertrauter Gedanken und Meinungen. Auch tendieren wir dazu, an Dingen oder Personen – einer Idee, einer Sportmannschaft oder einer Nation – entweder alles oder gar nichts zu mögen. Dieser sogenannte Halo-Effekt geht aus unserer Prädisposition hervor, aus allen uns verfügbaren Informationen automatisch zusammenhängende Narrative zu schaffen. Der Psychologe Solomon Asch wies diesen Effekt nach, indem er Probanden bat, die Beschreibung zweier Personen auf sich wirken zu lassen: Alan wurde als intelligent, fleißig, impulsiv, kritisch, stur und neidisch bezeichnet, Colin als neidisch, stur, kritisch, impulsiv, fleißig und intelligent. Die meisten Befragten brachten Alan mehr Sympathie entgegen, obwohl beide Männer mit den gleichen Zügen charakterisiert worden waren. Die zuerst genannten Eigenschaften färben die Art ein, wie wir die nachfolgenden interpretieren.

Aber nicht alles Denken läuft automatisch ab. Manche Aufgaben erfordern ein hohes Maß an bewusster Konzentration: sich eine Rede merken, Kopfrechnen, eine Person aus einem Stimmengewirr in einem überfüllten Raum heraushören, ein Steuerformular ausfüllen, anhaltend schneller gehen als üblich, Verständigungsversuche in einer Fremdsprache und so weiter. Aufmerksamkeit ist eine begrenzte Ressource. Wenn wir uns auf eine Sache konzentrieren, verfallen wir im Hinblick auf andere Dinge in ein vorwiegend automatisches Denken. Bemühen Sie sich beispielsweise gerade, eine Einkaufsliste im Kurzzeitgedächtnis zu behalten, werden Sie eher dazu neigen, sich mit oberflächlichen Urteilen zufriedenzugeben, auf Klischees zurückzugreifen und sogar haarsträubende Äußerungen zu glauben. Bewusst auf ein Ziel gerichtetes Denken ist mühsam.

Verallgemeinert bedeutet all dies, dass geistige Abläufe systematisch kognitive Verzerrungen hervorbringen. Besonders problematisch ist die gewohnheitsmäßige Neigung des Gehirns, aus einer begrenzten Faktenlage voreilig Schlüsse zu ziehen. Mit anderen Worten: Wir ziehen nur selten in Betracht, dass uns die richtigen Informationen fehlen könnten, um ein angemessenes Urteil zu fällen. Wir versteifen uns darauf, was wir bereits wissen, ohne die Lücken in unserem Verständnis zu beachten und danach zu fragen, was wir wissen müssten, um uns eine fundierte Meinung zu bilden. Die Neigung, uns so zu verhalten, als sei »das, was wir sehen, alles, was da ist«, wie Daniel Kahneman es formuliert, macht uns für den sogenannten Framing-Effekt anfällig, durch den Botschaften gleichen Inhalts durch eine unterschiedliche Formulierung verschiedene Reaktionen auslösen: Auf die Mitteilung Ihres Kardiologen, Sie hätten dank des bei Ihnen erforderlichen chirurgischen Eingriffs eine 90-prozentige Überlebenschance, würden Sie mit anderen Gefühlen reagieren, als wenn er Ihnen sagte, dass sie bei der Operation mit einer Wahrscheinlichkeit von 10 Prozent sterben werden. Obwohl die enthaltene Information dieselbe ist, fällt unsere seelische Reaktionen auf die jeweilige Äußerung unterschiedlich aus.

Das bewusste Ich kann die unbewusste Maschinerie des Gehirns steuern, seine Aufgaben festlegen, Ziele setzen und Agenden bestimmen. Das kostet geistige Anstrengung, aber es lohnt sich. Wir können die gewaltigen Ressourcen unseres automatischen Gehirns dazu nutzen, zu entdecken und zu erschaffen, was für uns von Wert ist. Wenn wir über unsere innere »Software« nachdenken und sie hinterfragen, können wir sie neu programmieren. Wir können uns selbst so verändern, dass es unserer Vorstellung darüber dient, was wertvoll, schön und lohnenswert ist. Diese Fähigkeit ist für das Streben nach kreativer Freiheit entscheidend.

Ethnologen stellten bei der Beobachtung von Tieren in ihrem natürlichen Lebensraum fest, dass sich automatische Verhaltensformen im Tierreich manipulieren lassen. Der Psychologe Robert Cialdini schreibt, »dass es fast so ist, als seien die [Verhaltens-]Muster in den Tieren auf Bändern abgespeichert. Wenn eine Situation Balzen erfordert, wird das Balzband abgespielt; wenn eine andere Bemutterung verlangt, wird das Bemutterungsband gestartet.«[12] Dieses vorprogrammierte Verhalten wird oftmals durch einen bestimmten Reiz in der Umgebung ausgelöst. Damit ihr Gehirn Energie spart, haben männliche Rotkehlchen, die nach Rivalen Ausschau halten, eine Direktschaltung entwickelt: Sie suchen ihre Umgebung einfach nach roten Federn ab. Sie sind für sie zum Signal geworden, das aggressives Territorialverhalten auslöst. Wie Experimente zeigten, lässt ein ausgestopftes Rotkehlchen ohne rote Federn einen männlichen Artgenossen vollkommen kalt, während ein isoliertes Büschel rot gefärbter Federn zu einem hochaggressiven Verhalten führt.[13] Sind wir in dieser Hinsicht ganz anders? Wir wurden über lange Zeit konditioniert, auf religiöse Symbole, Nationalflaggen und Konzernlogos zu reagieren.

Unser Gehirn kann nicht jeden Aspekt jeglicher Person identifizieren und auswerten, also neigen wir häufig dazu, nur wenige kennzeichnende Züge zu klassifizieren und auf sie zu reagieren. Um uns in der erdrückenden Masse an Informationen zurechtzufinden, denen wir ausgesetzt sind, subsumieren wir Phänomene mit gemeinsamen

Eigenschaften unter verallgemeinernden Symbolen. »Ja, jede Schneeflocke ist einzigartig«, schreibt Steven Pinker, »und keine Kategorie wird allen enthaltenen Elementen vollständig gerecht werden. Aber Intelligenz ist darauf angewiesen, Dinge zusammenzufassen, die gemeinsame Eigenschaften haben, damit wir nicht jedes Mal verblüfft sind, wenn uns etwas Neues begegnet.«[14] Allerdings ist Intelligenz auch durch die Einsicht gekennzeichnet, dass unsere Abstraktionen die Wirklichkeit von Natur aus nur annähernd präzise abbilden. Stellen Sie sich eine im Zeitraffer verfaulende Birne unter einem Baum vor. Sie wechselt die Farbe, fällt in sich zusammen und zerfließt in den Erdboden. Wenn dieser Vorgang, der sich über zwei Wochen hinzieht, in 30 Sekunden abläuft, sieht man nicht mehr den Gegenstand – die Birne –, sondern nimmt einen Prozess wahr. Zwischen »Birne«, »Luft« und »Boden« beginnen die Grenzen zu verschwimmen. Wir drücken einer Welt, die stets im Fluss ist, stabilisierende Bezeichnungen auf.

Ein begriffliches Etikett trifft Unterscheidungen, damit wir die Welt besser begreifen können. Die Gefahr besteht darin, dass wir die Welt, während wir sie fassbarer zu gestalten versuchen, aus dem Blick verlieren. Es ist leicht, sich ein Etikett einzuprägen, aber viel schwieriger, die Realität zu verstehen, auf die es sich bezieht. Je allgemeiner und umfassender ein Etikett ist, desto mehr subtile und komplexe Aspekte verbirgt es. Wir wissen wohl, dass das Etikett »Zweiter Weltkrieg« einen militärischen Konflikt bezeichnet, der 1939 begann und 1945 endete und an dem von Hitlers Deutschland bis zu Churchills Großbritannien zahlreiche Länder beteiligt waren. Vielleicht haben wir sogar Bücher gelesen, die einige seiner Aspekte eingehend behandeln, aber so viele Daten und Zahlen wir auch abspulen – niemals werden wir auch nur annähernd zu einem umfassenden Verständnis seiner gesamten Realität gelangen, die zahllose Schauplätze, Menschen, Kämpfe, Ideen, Gefühle, Geschichten, Tragödien und Beziehungen beinhaltet.

Riesige Wissenslücken scheinen sich zu schließen, sobald wir ihnen einen Namen geben. Die Gefahr von Symbolen liegt in ihrer Fähigkeit, vom Denken abzuhalten, indem sie vereinfachende Abkürzungen bei der Meinungsbildung und dem Fällen von Urteilen bieten. Das macht sie zu einem nützlichen Werkzeug jeglicher Form von Herrschaft. Patriotische Gefühle und religiöse Hingabe werden von Flaggen huldigenden Führern, die sich zu Vertretern Gottes erklären, geschickt für die Sache des Krieges vereinnahmt. Unter großem Aufwand werden Symbole mit mächtigen Gefühlen aufgeladen. Beginnend in der Kindheit, setzen sich diese Rituale während des gesamten Sozialisationsprozesses fort. Der zwölfjährige Schüler David Spritzler erhielt an der Latin School in Boston einen Verweis, weil er sich weigerte, das Treuegelöbnis gegenüber der amerikanischen Nation zu sprechen: »Ich schwöre Treue auf die Fahne der Vereinigten Staaten von Amerika und die Republik, für die sie steht, eine Nation unter Gott, unteilbar, mit Freiheit und Gerechtigkeit für jeden.« Spritzler sah den Treueschwur als »heuchlerische Ermahnung zum Patriotismus« und als einen Versuch an, »die Unterdrückten und die Unterdrücker« zusammenzuschmieden. »Es gibt Leute, die schöne Autos fahren, in schönen Häusern wohnen und keine Geldsorgen haben. Und dann sind da die Armen, die in üblen Vierteln wohnen und auf schlechte Schulen gehen. Irgendwie gaukelt das Treuegelöbnis vor, dass alle gleich seien, obwohl das gar nicht stimmt.«[15] Der Wortlaut des Schwurs ist bezeichnend. Kinder, die diese Worte sprechen, schwören nicht den Idealen, sondern einem Symbol die Treue, das – so jedenfalls ist es ihnen erzählt worden – diese Ideale repräsentiert. Dieser Blickpunkt ist wichtig. Der Schwur stellt eine Verbindung zwischen hohen Werten – Freiheit und Gerechtigkeit – und einem rechteckigen Stück Stoff mit farbigem Muster her – einem Auslöser wie die roten Federn, die das männliche Rotkehlchen in Wallung bringen. Sobald sich Menschen einem Symbol emotional verpflichtet fühlen, stehen sie bereit, ihm auch dann noch zu folgen, wenn es von den hehren Idealen wegführt, für die es ihrer Überzeugung nach steht. Achtung vor dem, was das Etikett angeblich repräsentiert kann uns dazu verleiten, gegenläufige Ideen und Verhaltensweisen zu vertreten, ohne sie einer angemessenen Prüfung zu unterziehen.

Was ist eine Nation? Was ist eine Flagge? Wenn wir solche Fragen stellen, treten alle möglichen nützlichen Mehrdeutigkeiten an die

Oberfläche. Eine Nation ist eine Fiktion, aufrechterhalten von einem kollektiven Glauben und einem Zwang – zu groß, zu komplex und mit viel zu vielen Menschen und einer viel zu reichen Geschichte, als dass wir sie mit unseren geistigen Konzepten erfassen könnten. Eine Flagge kaschiert diese Komplexität. Sie fördert die Illusion von Kontinuität, Identität und moralischer Zielsetzung, indem sie sämtliche Widersprüche, inneren Kämpfe und Heucheleien verbirgt. Ein Denken, das sich zu sehr auf begriffliche Kurzfassungen stützt, fördert automatische Reaktionen – Flagge gleich Freiheit, Wirtschaftswachstum gleich Fortschritt –, die für Manipulationen anfällig sind.

Freiheit und Gerechtigkeit haben keine Nationalität, kein Geschlecht und keine Religion. Wenn wir unseren hochgehaltenen Idealen folgen, müssen wir sie von sämtlichen Etiketten, Symbolen oder Instanzen befreien, die sie angeblich vertreten. Patriotismus ist nur ein Beispiel. Dasselbe gilt für die vielen ideologischen und religiösen Labels, die wir übernehmen. Rassismus, Sexismus, Homophobie und andere Formen irrationaler Urteile werden teilweise durch die Macht der Symbole aufrechterhalten, eine Illusion von Wissen heraufzubeschwören. Jemandem ein Etikett anzuheften, das auf seine Hautfarbe, seinen Geburtsort, seine Religion, seine Sexualität oder sein Geschlecht verweist, macht es leicht, über alles hinwegzugehen, was wir von ihm nicht wissen. Dank der Leichtigkeit, mit der wir dies tun, können wir unsere Vorurteile auf diejenigen projizieren, die wir etikettieren. Die Geschichte lehrt uns: Damit eine Gruppe eine andere unmenschlich behandeln kann, muss sie sie in eine separate begriffliche Kategorie stecken, indem sie sie mit herabsetzenden, entmenschlichenden Bezeichnungen versieht.

Die Etiketten, die wir uns selbst zulegen – Liberaler, Sozialistin, Umweltaktivist, Christin, Muslim, Atheistin –, können für verschiedene Leute Unterschiedliches bedeuten. Sogar dieselbe Person kann zu verschiedenen Zeiten im Leben eine jeweils ganz andere Sicht davon haben, wofür ein vertrautes Etikett steht. Die Kategorien, in die wir uns selbst einsortieren, stiften häufig eher Verwirrung anstatt aufzuklären, und erleichtern es anderen, unsere Ansichten zurückzuweisen, ohne sich mit ihnen auseinanderzusetzen. Wenn wir nach Wissen und klarer Kommunikation streben, müssen wir auf Etiketten, die von substanziellen Fragen ablenken, verzichten und unsere Meinung möglichst präzise zum Ausdruck bringen. Das ist anspruchsvoller, als sich zu einer Ideologie oder Religion zu bekennen, und keineswegs immer bequem, aber es ermuntert zur Klarheit und offenbart Lücken in unserem Verständnis.

Vorteilhafte Überzeugungen

Entsetzt über die Anschläge auf das World Trade Center, schwor Josh Stieber mit 13 Jahren, in die US-Armee einzutreten, um rund um die Welt für Freiheit und Demokratie zu kämpfen. Er hielt Wort. Nach seinem Abschluss an der Highschool verpflichtete er sich 2007 zum Militärdienst, wurde in den Irak entsandt und blieb dort über ein Jahr lang im Einsatz. Von seinen Erfahrungen verändert, stellte er einen Antrag auf Anerkennung als Kriegsdienstverweigerer, dem schließlich stattgegeben wurde. Im Gespräch über seinen persönlichen Werdegang beschreibt er seine Sozialisation:

> Ich bin sehr religiös und patriotisch aufgewachsen. […] Ich wollte nur hören, was ich hören wollte, und nur Dinge, von denen ich dachte, sie würden mein Land, sie würden meine Überzeugungen in ein besseres Licht setzen. Andere Auffassungen zu verstehen, interessierte mich nicht weiter. Und die Vision, die ich von meinem Land hatte, das war, na ja, dass wir durch die Welt ziehen und […] all diese tollen Sachen machen und Menschen helfen, die in Not sind. […] Nach dem 11. September war ich natürlich betroffen […] und wollte die Menschen, die mir wichtig waren, beschützen. Alle, denen ich vertraute, sagten mir, der Militärdienst würde sich dafür gut eignen.[16]

Stieber erläutert, dass sein Patriotismus eng an seine religiösen Überzeugungen gebunden war: »An meiner religiösen Highschool lasen wir in Heimatkunde ein Buch mit dem Titel *The Faith of George W. Bush*. Und Leute wie er wurden dargestellt als, na ja … Leute, die für Gottes Willen auf Erden kämpfen. Religion war also sehr verflochten mit nationalistischer Gesinnung.«[17] Zweifel daran, ob der Weg, den er gewählt hatte, der richtige sei, tauchten dann während der Zeit im Trainingslager auf. »Die Ausbildung war besonders abstumpfend. Wir schrien Slogans wie: ›Bringt sie alle um. Gott soll sie aussortieren.‹ Wir zogen uns Videos rein, in denen, zu Rock 'n' Roll-Musik im Hintergrund, Bomben über Dörfern des Mittleren Ostens abgeworfen wurden. Die Leute fingen tatsächlich an, Tod und Zerstörung regelrecht zu feiern, und das passte überhaupt nicht zu dem, was ich erwartet hatte.« Ihm und seinen Kameraden wurde beigebracht, zu Sprechgesängen zu marschieren, die sinngemäß folgenden Inhalt hatten: »Ich ging zum Markt, wo Frauen Einkäufe machten; ich nahm meine Machete und fing an zu schlachten; ich ging zum Park, da spielten Kinder im Wald; ich nahm meine MP und machte sie kalt.«[18]

Angesichts der Realität des Krieges wurden Stiebers Zweifel stärker. Die Ideale, die er hochhielt, zerschellten an der Wirklichkeit des militärischen Kampfes. Als in der Provinz, in der er stationiert war, die Gewalt eskalierte, »gaben unsere Bataillonskommandeure den Befehl, dass wir jedes Mal, wenn eine Bombe hochging, das Recht hatten, das Feuer auf jeden zu eröffnen, der in der Nähe stand. So wie ich es deutete, erhielten wir die Anweisung, die Terroristen mit Gegenterror auszulöschen. Das hat mich völlig verstört.«[19] Bald darauf fand sich Stieber im Chaos nach einer Explosion wieder, weigerte sich aber, auf unbewaffnete Zivilisten zu schießen. Vorgesetzte kritisierten sein Verhalten. Er wurde als Schütze abgelöst und als Funker eingesetzt.

Auf seiner Truppenbasis gab es ein paar Läden, die Bootleg-DVDs verkauften. Irgendwann schaute er sich den Film *Gandhi* an. Die Philosophie des Kampfes, die ihm hier nahegebracht wurde, stand im Einklang mit den Idealen, die ihn zum Eintritt in die Armee bewogen hatten. Von Gandhis gewaltlosen Methoden inspiriert, schwor er sich, er würde eher ins Militärgefängnis gehen als so weiterzumachen wie bisher. »Diese innere Realität zu bewahren, die ich erkundete und die allmählich Sinn in mein Leben zurückbrachte, wurde mir wichtiger, als meine äußeren Verhältnisse aufrechtzuerhalten.«[20]

Um seinen Grundwerten treu zu bleiben, musste Stieber seine innere Karte der Realität revidieren. Er musste die erlernten Etiketten neu bewerten, die Spiele hinterfragen, die man ihm beigebracht hatte, ihre Widersprüche offenlegen und sich auf den Prozess einlassen, seine eigenen Werte zu bestimmen und die Regeln auszuloten, die ihnen am besten Ausdruck verliehen. Dies brachte ihn in einen direkten Konflikt mit seinen Kameraden, seinen Vorgesetzten und sogar seiner Familie. Aber indem er sich den Widersprüchen zwischen seinen Überzeugungen und seinen Handlungen stellte, wurde ihm klarer, was ihm wirklich wichtig war und wie er es schützen musste.

Stiebers Geschichte fällt deshalb auf, weil es ein ungewöhnliches und schwieriges Unterfangen ist, eine festverankerte Weltsicht infrage zu stellen. Das Cultural Cognition Project der Yale University hat gezeigt, wie versiert wir darin sind, erwiesene Tatsachen zu ignorieren und selektiv Fakten herauszupicken, die die Anschauungen der kulturellen Gruppe bestätigen, mit der wir uns identifizieren. Eine Studie befasste sich mit den Haltungen gegenüber dem Klimawandel. Dan Kahan und sein Team stellten fest, dass überprüfbare Forschungsergebnisse der Klimawissenschaften je nach der bereits bestehenden Einstellung zum Thema entweder akzeptiert oder zurückgewiesen wurden. Entgegen den Erwartungen verstärkte sich dieser Effekt mit zunehmenden naturwissenschaftlichen Kenntnissen. Mit anderen Worten: Diejenigen, die die Auswirkungen der wissenschaftlichen Befunde auf ihr Wertesystem besser abschätzen konnten, zeigten in ihrer Reaktion eher die Neigung, auf ihrer Weltsicht zu beharren. Kahan berichtet:

> Mit der Aussage konfrontiert, dass das Problem der Erderwärmung durch Maßnahmen gegen Emissionen gelöst werden müsse, zeigen Personen mit individualistischen und hierarchischen Weltbildern eine geringere Bereitschaft, [...] Informationen [zu glauben], die dafür sprechen, dass die Erderwärmung existiert, von Menschen verursacht ist und bedeutende Gefahren für die Gesellschaft beinhaltet. Menschen mit solchen Einstellungen sind eher bereit, eben diese Informatio-

nen [… zu glauben], wenn ihnen gesagt wird, das Problem der Erderwärmung lasse sich dadurch lösen, dass man stärker auf Atomkraft setzt.[21]

Wie Kahan und seine Kollegen feststellten, üben Unterschiede in diesen Grundwerten größeren Einfluss auf die Wahrnehmung des Klimawandels aus als jedes andere individuelle Merkmal: Geschlecht, Hautfarbe, Bildung, Einkommen oder gar die Parteizugehörigkeit. Wenn wir uns entschließen, das Weltbild unserer kulturellen Gruppe infrage zu stellen, gehen wir das Risiko ein, geschätzte Freundschaften, ein Gefühl der Zugehörigkeit und die Privilegien zu verlieren, die mit dem Dazugehören verbunden sind. Aufgrund dieser Voreingenommenheit nutzen oder missachten wir Fakten je nachdem, wie hilfreich sie dabei sind, die Werte zu verteidigen, denen wir anhängen. Kahan meint, dass wir starke Vorurteile gegenüber Informationen hegen, die unsere »bevorzugte Vision von einer guten Gesellschaft« bedrohen.[22] Die Gefahr bestehe darin, dass Bürger »wissenschaftliche Diskussionen als Rivalitätskämpfe zwischen verfeindeten kulturellen Lagern erleben – und entsprechend Partei ergreifen«.[23]

In einer nationalen Studie von 2016, veröffentlicht im Wissenschaftsmagazin *Science*, untersuchten US-Forscher, wie das Thema Klimawandel im Schulunterricht behandelt wurde. Dabei stellten sie überraschende Trends fest. Nur einer Minderheit der Lehrer war bewusst, dass die Auffassung, der Klimawandel werde vom Menschen verursacht, von der großen Mehrheit der Wissenschaftler (rund 97 Prozent) geteilt wird. Und im Einklang mit den Ergebnissen von Kahan und seinen Kollegen war unter den Lehrern, die an den schlanken Staat und die freien Märkte glaubten, der Anteil derer am geringsten, »denen [dieser] wissenschaftliche Konsens bewusst war oder von denen er akzeptiert wurde«.[24]

Wenn wir Angst davor haben, wie sich eine ehrliche Auseinandersetzung mit den Fakten auf unsere Werte auswirkt, reagieren wir gern mit Selbsttäuschung. Um seinen Lebensstil zu rechtfertigen, musste ein Plantagenbesitzer im 18. Jahrhundert daran glauben, dass Sklaven Untermenschen seien, weil es seinem Wertesystem zufolge ein

Unrecht darstellte, Ebenbürtige zu versklaven. Dass ein Bedürfnis besteht, anderen das Menschsein abzusprechen, verrät die Bedeutung, die der menschlichen Würde beigemessen wird. Wer Klimafakten leugnet, um ein Weltbild zu schützen, und für Deregulierungen und den schlanken Staat eintritt, erkennt implizit ebenso die Auffassung an, dass der Umwelt Vorrang gebühre, wenn es gilt, sich zwischen Umweltschutz und Profitsicherung zu entscheiden. Das Leugnen von Fakten ist häufig ein Beleg für gemeinsame Grundwerte. Selbsttäuschung ist ein Mechanismus, um das unbehagliche Gefühl zu vermeiden, das einen überkommt, wenn zwischen zentralen Werten, Überzeugungen und wahrgenommenen Interessen Widersprüche aufscheinen. Anstatt die Frage zu beantworten, was uns wirklich wichtig ist, schieben wir die Antwort lieber auf. Wie ein Kranker, der die Symptome seines Leidens ignoriert, um einer unbequemen Wahrheit aus dem Weg zu gehen, schwächen wir uns mit dieser Reaktion selbst und schränken unsere kreative Freiheit ein.

Wir übernehmen und verteidigen Überzeugungen aus vielerlei Gründen, unabhängig davon, ob sie richtig sind. Wie der Schriftsteller Upton Sinclair bemerkte: »Es ist schwierig, jemandem etwas begreiflich zu machen, wenn doch sein Einkommen davon abhängt, dass er es nicht versteht.«[25] Dennoch kann wahrgenommenes Eigeninteresse häufig trügen. Es mag leichtfallen, sich faul, herzlos und kleinlich zu gebärden, aber herauszubekommen, was es heißt, im eigenen Interesse zu handeln, ganz und gar selbstsüchtig zu sein, ist eine große Herausforderung im Leben: Dazu müssen wir wissen, welche Dinge wir wirklich wertschätzen und wie wir uns ihnen verschreiben. Die Heerscharen der zutiefst Unglücklichen, Unzufriedenen und Desillusionierten auf der Welt – darunter viele Reiche, Berühmte und Mächtige – legen Zeugnis von dieser Herausforderung ab. Im Leben werden wir darauf getrimmt, nicht im Eigeninteresse zu handeln, sondern uns so zu verändern, dass wir den Anforderungen des Spiels gerecht werden, das zu spielen man uns beibringt.

Macht mit Freiheit und Glück gleichzusetzen, ist ein Fehler. Herrschaftsbeziehungen hemmen systematisch die emotionale und psychische Entwicklung der Unterdrücker ebenso wie die der Un terdrückten. In diesem Sinne ist die Befreiung der Unterdrücker mit der Befreiung derer verknüpft, die von ihnen unterdrückt werden. So wäre es beispielsweise irreführend, sich den Feminismus als eine Bewegung vorzustellen, die allein der Befreiung der Frauen dient. Dazu schreibt Rebecca Solnit:

> Die Emanzipation der Frau wurde oft als Bewegung dargestellt, die darauf abzielt, die Macht und Privilegien von Männern zu beschneiden oder sie ihnen ganz wegzunehmen, als handelte es sich um ein armseliges Nullsummenspiel, bei dem immer nur ein Geschlecht frei und mächtig sein kann. Aber wir sind entweder gemeinsam frei oder gemeinsam unfrei. Wer glaubt, er müsse gewinnen, dominieren, bestrafen und uneingeschränkt herrschen, ist mit Sicherheit alles andere als frei. Dieses vergebliche Streben aufzugeben, muss eine Erlösung sein.[26]

Systeme männlicher Privilegien zwingen Männern wie Frauen repressive Stereotype auf, die auch die Identität und das Leben von Männern verbiegen und einengen können. Prominente Vorbilder für Männlichkeit, die zum Beispiel Männer davon abhalten, Gefühle zu zeigen oder schwach und verletzlich zu erscheinen, tragen sicher mit dazu bei, dass die Suizidraten unter Männern weltweit drei- bis siebenmal so hoch sind wie unter Frauen und dass in Großbritannien 2015 Suizid die häufigste Todesursache bei Männern unter 45 Jahren war.[27] Indem das Patriarchat den Männern Macht über Frauen sichert, raubt es beiden Geschlechtern die Freiheit, eine eigene Identität zu entwickeln, die jeweils unterschiedlichen Fähigkeiten auszubilden und von der Entfaltung des jeweils anderen zu profitieren. Auf zahllose Arten bereichert die Befreiung anderer unser künstlerisches, intellektuelles, seelisches und moralisches Leben, anstatt es zu bedrohen.

Die Wahrheit kann befreiend wirken, einem aber auch jedes Gefühl rauben, auf gewohnte Vorteile Anspruch zu haben, und zwischen uns und unsere kulturelle Gruppe einen Keil treiben. Privilegien stehen dem Wissen als dauerhaftes Hindernis entgegen, als ein bequemer Käfig, der uns gegen die Realität abschottet. Sie vermitteln keine Einsicht in das, was das Leben lebenswert oder sinnvoll macht, sondern geben uns Grund, die Suche danach aufzuschieben. Das Mehr an Komfort, Ansehen und Genuss, das sie bieten, droht Menschen durch Gewöhnung an einen Lebensstil zu binden, der andere grundlegende Bedürfnisse vernachlässigt.

Selbst mit besten Absichten fällt es uns schwer, wahrzunehmen, wie privilegiert wir sind und wie wir die Unterdrückung anderer begünstigen. Studien zeigen, dass viele Menschen latent rassistische Haltungen hegen, die vorherrschende gesellschaftliche Klischees widerspiegeln, obwohl sie solche Vorurteile auf bewusster Ebene ablehnen. Wie sich bei einem Forschungsprogramm der Stanford University, dem sogenannten Recruitment to Expand Diversity and Excellence, herausstellte, zeigten rund drei von vier »Weißen und Asiaten eine implizite Voreingenommenheit zugunsten Weißer im Vergleich zu Schwarzen«.[28] Diese latenten Vorurteile können unser Verhalten stark beeinflussen. Eine Studie ergab, dass in den USA weiße Assistenzärzte Schwarze umso schlechter behandelten, je größer ihre implizite Voreingenommenheit gegenüber ihnen als Gruppe war: Sie verordneten seltener lebensrettende Medikamente und empfahlen häufiger überflüssige chirurgische Eingriffe.[29]

Jedes Privileg beruht auf Zufall und Ungerechtigkeit.[30] Die komplizierte Dynamik von Macht, Privilegien und Vorurteilen zu entwirren, erfordert Offenheit und Hingabe, die lebenslang aufgebracht werden müssen. Niemand ist dazu jederzeit in der Lage. Wer eine Form von Unterdrückung durchschaut, ist damit noch nicht zwangsläufig in der Lage, auch weitere Formen zu erkennen. Dauerhafte Anstrengung ist notwendig, um den verführerischen Mythos zu zerstreuen, wonach die Vorteile, die man genießt, irgendwie verdient seien. Dieser Mythos meldet sich auf vielfache Weise immer wieder zurück, um das nicht zu Rechtfertigende zu rechtfertigen. Lange stützte ihn eine Wohltätigkeit, in der sich die Privilegierten als Retter der Unterdrückten empfinden konnten, ohne sich vor Augen halten zu müssen, dass das System, das ihnen unverdiente Privilegien zuschanzt, andere zu unverdienter Benachteiligung verdammt. Der brasilianische Pädagoge Paulo Freire, ein Pionier auf seinem Gebiet der eng mit den verarmten Bauern seines Landes zusammenarbeitete, bemerkte dazu: »Wahre Großzügigkeit besteht genau darin, die Ursachen zu bekämpfen, aus denen sich falsche Wohltätigkeit speist.«[31] Eine weitere bequeme Rationalisierung besteht darin, dass wir uns als unpolitische – unparteiische, neutrale, objektive – Zeitgenossen geben, die die Auseinandersetzungen der Menschheit leidenschaftslos beobachten, anstatt sich aktiv in sie einzumischen und die Realität mit zu gestalten. Auch wenn diese Haltung oft durch Bildungseinrichtungen gefördert und durch berufliche Normen verstärkt wird, verbirgt sich hinter dem Anspruch der Neutralität lediglich eine Anpassung an vorherrschende Machtstrukturen. Letztlich ist kein Leben politisch neutral.

Um die zu sein, die wir sein wollen, müssen wir gegen die Kräfte der Gewohnheit, der Ignoranz, der Angst und der ungewollten Begierde angehen. Bevor wir eine Landkarte der Realität, die Unterdrückung festschreibt, infrage stellen, müssen wir uns erst selbst von ihrem Einfluss befreien. Verinnerlichte Unterdrückung ist allgegenwärtig und manifestiert sich auf vielfältige Weise in unterschiedlichen Graden. Der Soziologe, Historiker und Bürgerrechtsaktivist W. E. B. Du Bois beschrieb vor über einem Jahrhundert das »Doppelbewusstsein« schwarzer Amerikaner, »dieses Gefühl, sich ständig selbst durch die Augen anderer zu betrachten, die eigene Seele mit dem Maßband einer Welt abzumessen, die in amüsierter Geringschätzung und mitleidig auf sie herabblickt«.[32] In variierenden Graden gilt dies für all jene, die aus der etablierten engen Konzeption von Normalität herausfallen.

Der Prozess des Hinterfragens und Nachdenkens fordert schwere Entscheidungen von uns. Er offenbart Ungereimtheiten und Widersprüche und zieht bequeme Überzeugungen in Zweifel. Bertrand Russell schreibt:

> Die Menschen fürchten das Denken wie nichts anderes in der Welt, mehr als Verderben, mehr selbst als den Tod. Denken ist umstürzlerisch und revolutionär, zerstörend und erschreckend. Das Denken ist erbarmungslos gegen Privilegien, festgesetzte Institutionen und bequeme

Gebräuche. Denken ist anarchistisch und gesetzlos, es fragt nicht nach Autorität und kümmert sich nicht um die wohlerprobte Weisheit der Jahrhunderte. Denken schaut in die Tiefen der Hölle und fürchtet sich nicht.[33]

Unser Streben nach mehr Freiheit wird weniger durch Ignoranz als dadurch behindert, dass wir unsere Ignoranz ignorieren. Alle Weltanschauungen sind unzulänglich, aber einige sind für Fakten empfänglicher als andere. Wenn der Prozess des Hinterfragens, der Reflexion und der Suche nach Beweisen in einem kulturellen Kreis hohe Wertschätzung genießt, wird es eher als Bestätigung denn als Bedrohung der Identität eines Menschen empfunden, wenn er Meinungen und Prioritäten aufgrund überzeugender neuer Erkenntnisse revidiert. Die Wissenschaftlerin, die angesichts unerwarteter Forschungsergebnisse eine lang gehegte Theorie aufgibt, zieht vielleicht Kraft aus der Tatsache, dass ihre Identität als Wissenschaftlerin – ein Mensch, der nach Wahrheit sucht – durch ihre Bereitschaft, sich an die Fakten zu halten, untermauert worden ist. Nichtsdestotrotz fällt es oft auch Wissenschaftlern schwer, althergebrachte Vorstellungen in Zweifel zu ziehen. Der Physiker Max Planck sagte einst: »Die Wissenschaft schreitet von Beerdigung zu Beerdigung fort.«

Wie Josh Stiebers Geschichte zeigt, ist oft eine Krise notwendig, um die Trägheit des Seins zu überwinden und sich dem Griff der kulturellen Prägung zu entziehen. Interessanterweise entdeckten Psychologen, dass viele Menschen, die ein seelisches Trauma erleiden die Zeit danach als eine Phase persönlichen Wachstums erleben.[34] Dieses kann sich in verbesserten Beziehungen, verstärkter Empathie, einer neuerlichen Wertschätzung des Lebens, in Offenheit für neue Möglichkeiten oder einem intensiveren Empfinden der eigenen Stärke äußern. Eine weithin akzeptierte Erklärung für solche Veränderungen lieferten die Psychologen Richard Tedeschi und Lawrence Calhoun, die den Begriff des »posttraumatischen Wachstums«[35] prägten. Ihrer Argumentation zufolge hat ein traumatisches Erlebnis die Kraft, zentrale Überzeugungen und Annahmen darüber zu erschüttern, wer wir sind und was für uns erstrebenswert ist. Einer Neu schöpfung geht Zerstörung voran. Marie Forgeard, eine Psychologin an der Harvard Medical School, schreibt: »Wir sind gezwungen, als selbstverständlich geltende Dinge neu zu bewerten, über Neues neu nachzudenken.«[36] Dieser anspruchsvolle und schwierige Prozess birgt neben Trauer und Verlust auch das Potenzial zu überaus positiven Veränderungen. Diese Erkenntnisse lassen nicht den Schluss zu, dass Traumata notwendig oder hinreichend seien, um Dinge ernsthaft zu hinterfragen, doch zeigen sie den Nutzen auf, der darin liegen kann, alte Wahrnehmungsmuster in Zweifel zu ziehen und neu darüber nachzudenken, was das Leben wertvoll macht und welche Art Leben man führen möchte.

Wenn Macht die Sicht verzerrt

Noch wenige Monate vor dem Platzen der Immobilienblase in den USA 2007 verkündete Jean-Philippe Cotis, Chefökonom der OECD: »Unsere generelle Prognose bleibt ziemlich günstig.«[37] Mit seiner Einschätzung stand er keineswegs allein. Bemerkenswerterweise versagte der etablierte Berufsstand der – neoklassischen – Finanzexperten darin, den Bankencrash vorherzusagen, der sich Ende 2007 angebahnt hat. Dagegen erstellten einzelne Wirtschaftswissenschaftler eindrucksvoll präzise Vorhersagen: Sie prognostizierten eine Immobilienkrise, warnten vor einer schweren Rezession, die durch den Finanzsektor ausgelöst würde, und sie erklärten auch, welche Mechanismen dafür verantwortlich seien. Sie nannten sogar einen Zeitrahmen, in dem sich diese Ereignisse abspielen würden, und traten mit ihren Besorgnissen an die Öffentlichkeit. Allerdings gehörte keiner von ihnen der neoklassischen Schule an, und so kam es, dass all ihre Warnungen auf taube Ohren stießen oder sogar Spott ernteten.[38] Bemisst man die Tauglichkeit einer Theorie an ihrer Vorhersagekraft, so war das Versagen der Hauptströmung der Branche auch in der Öffentlichkeit deutlich zu erkennen. Es kam allerdings keineswegs überraschend, wenn man bedenkt, dass die eingesetzten Vorhersagemodelle im Gegensatz zu den Prognosen heterodoxer Ökonomen wichtige Merkmale der Wirtschaft vernachlässigen oder ganz ausgeblendet hatten, etwa das Kreditwesen, die Situation der Banken, die Absicherungen durch Verbriefungen und die Verteilung der Einkommen.

Es gibt viele Schulen des ökonomischen Denkens – die marxistische, die feministische, die Institutionenökonomik, die ökologische, die postkeynesianische, die klassische sowie die österreichische Schule und die Entwicklungsökonomie, um einige zu nennen. Jede erfasst den Gegenstand in anderen Begriffen, unter anderem auch deshalb, weil sie in unterschiedlichen ethischen und politischen Werten verankert sind. Dennoch konzentriert sich der wirtschaftswissenschaftliche Lehrbetrieb an Universitäten fast ausschließlich auf die neoklassische Theorie. In ihren gröberen Formulierungen favorisiert diese Schule einseitig klar die freie Marktwirtschaft. Leider, so der Wirtschaftswissenschaftler Robert Prasch, »ist der Marktfundamentalismus noch immer die einzige Perspektive, die praktisch alle einführenden wirtschaftswissenschaftlichen Lehrbücher bieten«.[39] Mit den zahlreichen Vorbehalten gegen die Theorie und deren Einschränkungen kämen Studenten nur in Berührung, wenn sie ein weiterführendes Studium absolvierten. Die meisten gingen schon vorher vom College mit dem festen Glauben an eine Karikatur, der, wie sie meinten, einzigen Schule wirtschaftswissenschaftlichen Denkens ab.[40] Thomas Piketty fällt über seine Zunft ein vernichtendes Urteil: »Sagen wir es klipp und klar: Die wirtschaftswissenschaftliche Disziplin hat ihre kindliche Vorliebe für die Mathematik und für rein theoretische und oftmals sehr ideologische Spekulationen nicht abgelegt, was zu Lasten der historischen Forschung und der Kooperation mit den anderen Sozialwissenschaften geht.«[41]

Dass die Hauptströmung der Wirtschaftswissenschaften darin versagt hat, den Zusammenbruch der Finanzmärkte vorherzusehen oder ihn zu bewältigen, hat bislang noch nicht dazu geführt, dass Lehrbücher umgeschrieben wurden. Aber es hatte immerhin Anteil daran, eine wachsende Bewegung von Studenten auf den Plan zu rufen, die eine Erneuerung ihrer Lehrpläne fordern. In über 30 Ländern setzen sie sich inzwischen für eine radikale Wende in der Ausrichtung ihres Fachs ein. Ihr Manifest verdient es, ausführlich zitiert zu werden:

Das Fehlen geistiger Vielfalt behindert nicht nur Lehre und Forschung. Es begrenzt unsere Kompetenz, mit den vielfältigen Herausforderungen des 21. Jahrhunderts fertigzuwerden: von Finanzstabilität über Ernährungssicherung bis zum Klimawandel. Die reale Welt muss wieder in die Hörsäle und Seminare einziehen, ebenso wie Diskussionen und ein Pluralismus von Theorien und Methoden. Dies hilft, das Fachgebiet zu erneuern und letztlich einen Raum zu schaffen, in dem Lösungen für die Probleme der Gesellschaft entwickelt werden können [...].
Die Wirtschaftswissenschaften werden oft als ein vereinheitlichter Wissenskorpus präsentiert. Dabei wird zugestanden, dass selbst die vorherrschende Tradition Varianten aufweist. Und doch wird nur eine Art vermittelt, wie Wirtschaftswissenschaft betrieben und wie die reale Welt betrachtet werden soll. Eine derartige Uniformität ist auf anderen Gebieten ohne Beispiel. Niemand würde ein Studium der Psychologie ernstnehmen, das sich allein auf Freuds Lehre konzentrierte, oder ein Studienprogramm in Politik, auf dessen Lehrplan allein der Staatssozialismus stünde. Eine inklusive und umfassende ökonomische Ausbildung muss eine ausgeglichene Auseinandersetzung mit einer Vielfalt an theoretischen Ansätzen fördern, von der üblichen neoklassischen bis zu den weitgehend ausgeklammerten klassischen Modellen, der postkeynesianischen, der institutionenökonomischen, der ökologischen, der feministischen, der marxistischen oder der österreichischen Tradition und all den anderen, die es gibt. Die meisten Wirtschaftsstudenten machen ihren Abschluss, ohne dass sie im Seminarraum mit so vielfältigen Sehweisen je in Berührung gekommen sind. [...]
Studenten brauchen eine systematische Konfrontation mit der Geschichte des wirtschaftswissenschaftlichen Denkens und der klassischen Literatur zur Ökonomie wie auch mit Wirtschaftsgeschichte [...].
Die Wirtschaftswissenschaften sind eine Sozialwissenschaft. Komplexe ökonomische Phänomene sind selten nachvollziehbar, wenn sie außerhalb ihrer soziologischen, politischen und historischen Zusammenhänge dargelegt werden. Um Wirtschaftspolitik angemessen zu erörtern, müssen Studenten die breiteren sozialen Auswirkungen und moralischen Folgen wirtschaftlicher Entscheidungen verstehen.[42]

Der Kampf ist bedeutend. Wenige Fachgebiete haben so großen Einfluss auf unsere Welt. Obwohl die Wirtschaftstheorie unser Denken zur Wohlstandsverteilung, zu den Märkten, den Gewerkschaften, zur Rolle der Regierung und sogar zur menschlichen Natur prägt, wird sie politisch vereinnahmt. Dass das Fachgebiet in seiner vorherrschenden Form einseitig ausgerichtet ist, belegen unter anderem seine Auswirkungen auf diejenigen, denen seine Lehren zuteilgeworden sind. Wie zahlreiche Untersuchungen zeigen, wirkt sich eine Ausbildung in der neoklassischen Theorie negativ auf die Kooperationsbereitschaft, die Großzügigkeit und das ethische Verhalten aus. So kam eine Studie zu dem Ergebnis, dass sie »mit positiveren Einstellungen gegenüber Habgier und gegenüber dem eigenen habgierigen Verhalten einherging«, und dass Studenten, die mindestens drei Ökonomiekurse belegt hatten, eher dazu neigten, Gier als »positiv«, »korrekt« und »moralisch unbedenklich« zu betrachten.[43] Israelische Forscher stellten fest, dass Wirtschaftsstudenten im dritten Jahr Ehrlichkeit, Loyalität und Hilfsbereitschaft in einem deutlich verringerten Maße als wichtig einstuften als Studenten im ersten Jahr.[44] Einer US-amerikanischen Studie zufolge wuchs der Anteil der Wirtschaftsstudenten, die sich selbst als konservativ bezeichneten, von 10 Prozent im ersten Studienjahr auf 23 Prozent im fünften Jahr an. Diese Steigerung ging mit einer signifikanten Minderung des Anteils derer einher, die sich selbst als »radikal« einstuften. Sein Prozentsatz sank von 13 Prozent im ersten Jahr auf 1 Prozent fünf Jahre später.[45] Wie sich sogar herausstellte, spenden Professoren der Wirtschaftswissenschaften in den USA weniger Geld für gemeinnützige Organisationen als Kollegen aus Fachbereichen wie der Philosophie, Biologie, Anthropologie oder Literatur.[46]

Der neoklassische Ansatz bei der Untersuchung individueller Entscheidungen nimmt die bestehende Verteilung von Wohlstand und Macht als gegeben hin und konzentriert sich auf das, was innerhalb der vorherrschenden sozialen Strukturen erreichbar ist. Lösungen von Problemen, die mit Systemwandel zu tun haben, werden so zu Marginalien.[47] Diese Sicht ist politisch keineswegs neutral – so wenig wie es neutral ist, wenn man die Wirtschaftswissenschaften als wert freie Wissenschaft hinstellt, in einer Welt begrenzter Ressourcen endloses Wirtschaftswachstum fördert, den Eigennutz und die Habgier derer stärkt, die dieses Gebiet studieren, sich auf Kosten eines Verständnisses von Geschichte oder realer Wirtschaftsräume auf abstrakte mathematische Modelle fokussiert oder wenn man »Wirtschaftswissenschaften« mit einer einzigen Denkschule gleichsetzt, obwohl es eine Vielzahl weiterer Schulen mit ausgefeilten Theorien gibt. Die ideologische Einseitigkeit ist allgegenwärtig und für diejenigen besonders bequem, die es darauf abgesehen haben, die gewaltigen Ungleichverteilungen in unserem gegenwärtigen System und die Macht des Privatkapitals zu verteidigen.

Die Schlachten um die Ausgestaltung, Lehre und Praxis der Wirtschaftswissenschaften bildet einen Mikrokosmos des umfassenderen politischen Kampfes darum, das Denken und die Informationen zu kontrollieren. Sobald wir die Grundlagen unserer Identität und die sie prägenden Kräfte hinterfragen, müssen wir uns mit den Gespinsten aus Täuschungen und Geheimhaltung auseinandersetzen, die unsere gesamte Gesellschaft durchwirken. Die Interessen und Ziele der Mächtigen üben auf Gedanken, Fakten und Werte einen starken Selektionsdruck aus, der dazu führt, dass manche Ideen ausgesondert werden, während sich andere verbreiten. Erkennbar wird dies an den vorherrschenden historischen Narrativen. In gleicher Weise, wie die etablierten Wirtschaftswissenschaften die eine theoretische Sicht bevorzugen und andere Denkansätze ausschließen, wird Geschichte überwiegend aus der Perspektive von Königen und Königinnen, Militärführern, Premierministern und Präsidenten geschrieben. Generationen von Kindern haben das Heldenepos um Christoph Kolumbus vernommen: das eines tapferen Erkundungsreisenden, dessen Fahrten zur »Entdeckung« des amerikanischen Doppelkontinents geführt hätten. Unbeachtet blieb dabei, abgesehen von wenigen Ausnahmen, die Wahrnehmung der Arawak, die Kolumbus an ihren Küsten herzlich begrüßten – und die vom spanischen Staat im 16. Jahrhundert als »natürliche Sklaven« eingestuft wurden. Von dem, was auf Kolumbus folgte – Völkermord, Sklaverei, Folter und Beutezüge –, wurde vielfach jede Spur getilgt.

Mythen, die die Vergangenheit in ein schmeichelhaftes Licht tauchen, verleihen der Gegenwart Legitimität. Wie eine Anfang 2016 veröffentlichte Befragung von YouGov zeigte, blicken mehr Briten mit Stolz als mit Bedauern auf das koloniale Erbe ihrer Nation.[48] Das ist kein überraschendes Ergebnis, wenn man bedenkt, dass den meisten die Verbrechen des britischen Kolonialreiches unbekannt sind. Gewiss herrschte kein Mangel an Historikern oder Politikern, die bereitwillig verkündeten, dass die Nation auf ihre imperiale Vergangenheit stolz sein solle.[49] Dafür, dass dieses Kolonialreich den Tod von Zigmillionen verschuldet, riesige Profite aus dem Sklavenhandel geschlagen, Hundertausende (darunter viele Kinder) in Konzentrationslager gesperrt und Zivilisten niedergemetzelt hat, gibt es im Bewusstsein der Nation keinen Platz. Die systematischen Grausamkeiten, Folterungen und Ausplünderungen bleiben im nationalen Lehrplan ausgespart und werden auch außerhalb der Schulbücher totgeschwiegen. Wie sich 2012 herausstellte, hat die britische Regierung Tausende von Dokumenten mit Einzelheiten zur Misshandlung von Untertanen des Kolonialreichs vernichtet und andere Papiere 50 Jahre lang im Archiv des Außenministeriums unter Verschluss gehalten – trotz einer rechtlichen Vorgabe, sie der Öffentlichkeit zugänglich zu machen.[50] 1951 gab Kolonialminister Ian Macleod die Anweisung, den Regierungen nach der Kolonialära alles Material vorzuenthalten, »das Ihrer Majestät Regierung« oder »Mitglieder der Polizei, der Streitkräfte, Beamte oder andere, zum Beispiel Informanten der Polizei, in Verlegenheit bringen« oder »von Ministern der Nachfolgeregierungen auf unlautere Weise benutzt werden« könnte.[51]

Sorgfältige Recherchen brachten zum Vorschein, dass sich hinter dem offiziellen Mythos von den britischen Wohltaten tatsächlich vieles verbirgt, das »Ihrer Majestät Regierung in Verlegenheit« bringt. 2006 erhielt die Harvard-Professorin Caroline Elkins den Pulitzer-Preis für ihr Sachbuch *Imperial Reckoning: The Untold Story of Britain's Gulag in Kenya*. Das Buch schildert ausführlich die britischen Verbrechen bei der Niederschlagung des Mau-Mau-Aufstands der Kikuyu in Kenia vor gerade mal 60, 70 Jahren. Nach einem Jahrzehnt der Recherchen hielt Elkins fest, dass die offizielle Darstellung, die von zahlreichen Journalisten und Historikern nach wie vor wiederholt wurde, stark gesäubert und mit zahlreichen falschen Zahlen frisiert worden war. Laut offizieller Linie sollen die britischen Behörden 80 000 Menschen in Lagern festgehalten haben. Tatsächlich saßen fast 1,5 Millionen in den Lagern und Wehrdörfern fest, in denen Tausende zu Tode geprügelt wurden und weit über 100 000 Menschen, darunter zahlreiche Kinder, an Unterernährung und Krankheiten starben. Die Insassen wurden zu Sklavenarbeiten gezwungen. Um Exempel zu statuieren, wurden Gehorsamsverweigerer vor den Augen der anderen ermordet. Viele erlitten bei Verhören entsetzliche Folterungen, darunter die Kastration mit Zangen, oder wurden bei lebendigem Leibe verbrannt. Zu den Praktiken der Wächter gehörten brutale sexuelle Misshandlungen männlicher wie weiblicher Gefangener, zuweilen mit Messern oder Glasscherben. Und diese Verbrechen, so stellte Elkins fest, wurden von hochrangigen Regierungsbeamten gedeckt.[52]

Die staatliche Hoheit über die öffentliche Wahrnehmung spielt noch immer eine wichtige Rolle, um außenpolitische Ziele zu erreichen. Als das britische Verteidigungsministerium seine Staatspropaganda vorübergehend von »psychological operations« in »information support« umbenannte, äußerte der Verteidigungsausschuss im Unterhaus, dass »sich das Konzept gegenüber dem traditionellen Ziel, die Wahrnehmungen von ausgewählten Bereichen der Öffentlichkeit zu beeinflussen, kaum verändert« hat.[53] Es blieb bei dem Ziel, »für eine bestimmte Politik und Deutung von Ereignissen Unterstützung zu mobilisieren und aufrechtzuerhalten«. Wie ein ehemaliger Geheimdienstoffizier erklärte, bestand der Zweck der Abteilung für psychologische Kriegführung des MI6 darin, »die öffentliche Meinung dahingehend zu bearbeiten, dass sie umstrittene politische Entscheidungen akzeptiert«.[54] Ein Memorandum des Verteidigungsministeriums unterstützte diese Position mit dem Hinweis, dass »wir uns bewusst sein müssen, auf welche Art öffentliche Einstellungen militärische Aktionen prägen und einengen können [...] Ö]ffentliche Unterstützung wird für die Durchführung der militärischen Interventionen grundlegend sein.«[55] In einem weiteren offiziellen Bericht vom Dezember 2003 hieß es, dass künftige Militäroperationen »größeres Gewicht auf Informations- und Medienoperationen legen müssen, die für den Erfolg entscheidend sind«.[56] Festgestellt wurde zudem, dass sich die Taktik, Journalisten in das amerikanisch-britische Militär einzubinden, als erfolgreich erwiesen habe. Die Auswertung zeige, dass 90 Prozent der Berichterstattung der »embedded« Korrespondenten »entweder positiv oder neutral gewesen« seien.[57] 2015 wurde verkündet, dass die Armee eine neue Abteilung einrichten werde, um ihre »psychologischen Operationen« auszuweiten. Der Historiker Mark Curtis schreibt, dass »in jeder britischen Außenpolitik, die ich mir angeschaut habe, staatliche Propaganda gegenüber der britischen Öffentlichkeit ein permanenter Aspekt größerer Operationen ist, insbesondere von Militärinterventionen«.[58]

Auch wenn Verschweigen und Unter-Verschluss-Halten effiziente Formen der Täuschung sind, bedarf es zuweilen veritabler Fälschungen, um ein gewünschtes Narrativ auszugeben. Die Intervention im Irak von 2003 wurde mit Fehlinformationen um angebliche Massenvernichtungswaffen gerechtfertigt, die von US-amerikanischen und britischen Politikern verbreitet und von den etablierten Medien – zumeist unkritisch – wiederholt wurden. Mehr als ein Jahrzehnt lang war dieser Schwindel vorbereitet worden. Nach Scott Ritter, einem ehemaligen führenden UN-Waffeninspekteur, hatte der MI6 »eine Aufklärungspraxis des ›Rosinenpickens‹ institutionalisiert, die durch die UN-Inspektionen im Irak eingeführt worden war. Diese habe die britischen Informationen zu irakischen ABC-Waffen verzerrt nach Maßgabe eines vorgesehenen Ergebnisses dargestellt, das eher mit der britischen Regierungspolitik als mit den Verhältnissen vor Ort übereinstimmte«.[59] Der investigative Journalist und Pulitzer-Preisträger Seymour Hersh zitiert einen ehemaligen US-Geheimdienstoffizier mit den Worten: »Die Briten wollten in England und anderswo Legenden streuen.« Sie seien mit Dutzenden ungeprüften Geheimdienstberichten versorgt worden, die von einem Mitglied des UN-Waffeninspektionsteams stammten und die sie über die Medien in Umlauf bringen sollten. Die Informationen seien allerdings »Mist gewesen«, weshalb man »nicht vorangekommen« sei.[60] Die gezielte

Verbreitung solcher fabrizierten Geschichten in der inländischen und internationalen Presse ist gängige Geheimdienstpraxis.

Der Einmarsch in den Irak im Jahr 1991, der ebenfalls von den USA angeführt und von Großbritannien unterstützt wurde, ging mit der Legende einher, irakische Streitkräfte hätten kuwaitische Babys aus den Brutkästen gerissen, woraufhin sie gestorben seien. Die schockierenden Vorwürfe einer anonymen Augenzeugin wurden von Politikern und Medien im großen Stil ausgestreut. Kaum hatten sie ihren Zweck erfüllt, erwiesen sie sich als Fiktion. Die angebliche Augenzeugin, die junge Nayirah, war Tochter des kuwaitischen Botschafters und hatte vor dem informellen Menschenrechtsausschuss des US-Kongresses ausgesagt. Die Regie dazu hatte der stellvertretende Chef des amerikanischen Unternehmens Hill & Knowlton geführt, einer der weltweit größten PR-Firmen. Das Unternehmen stand auf der Gehaltsliste der im Exil lebenden kuwaitischen Königsfamilie.[61] Wenige Jahrzehnte zuvor, im August 1964, hatte US-Präsident Johnson die amerikanische Öffentlichkeit darüber informiert, dass im Golf von Tonkin ein Zerstörer der amerikanischen Marine angegriffen worden sei. Johnsons Auftritt diente dazu, öffentliche Unterstützung und politische Zustimmung für einen großangelegten Krieg gegen Nordvietnam zu gewinnen. Oft ist die Zivilcourage einzelner Whistleblower notwendig, um hartnäckiges Lügen zu entlarven. 1971 belegte Daniel Ellsberg mit der Veröffentlichung der sogenannten Pentagon Papers, dass die Regierung Johnson, so *The New York Times*, »nicht nur die Öffentlichkeit, sondern auch den Kongress in einer Frage von vorrangigem nationalem Interesse […] systematisch belogen« hatte.[62]

Transparenz im Handeln der Regierung ist für eine funktionierende Demokratie entscheidend, weshalb denn auch Geheimhaltungspolitik so stark verbreitet ist. Verhandlungen um weitreichende Handelsabkommen finden häufig unter Ausschluss der Öffentlichkeit statt. Als im August 2015 über das hochumstrittene Abkommen Transatlantic Trade and Investment Partnership (TTIP) verhandelt wurde, das die Souveränität demokratisch gewählter Regierungen aushöhlt, indem es Konzernen ausufernde Rechte zubilligt, führte die Europäische Kommission eine Regel ein, die besagte, dass Politiker den Verhandlungstext nur in einem gesicherten »Leseraum« einsehen durften. Eine elektronische Übermittlung des Wortlauts wurde eingeschränkt, um zu verhindern, dass er der Öffentlichkeit zugespielt würde. Wie die britische Zeitung *The Guardian* 2015 berichtete, gewährte die EU im krassen Gegensatz dazu ExxonMobil einen privilegierten Zugang zu »Verhandlungsstrategien«, die als »zu sensibel galten, um an die europäische Öffentlichkeit zu gelangen«, und forderte einen Ölkonzern auf, »für die Verhandlungen als Teil des EU-Angebots, im Handelsabkommen unbeschränkte Importe von US-Rohöl und Gas festzuschreiben, einen ›konkreten Beitrag‹ zum Text eines Abschnitts über Energiefragen zu leisten«.[63]

Fakten, die man unter Verschluss hält, braucht man nicht zu leugnen. Warum eine Frage zulassen, wenn die absehbare Antwort der eigenen Agenda zuwiderläuft? 2016 stoppte Schatzkanzler George Osborne eine offizielle sogenannte Verteilungsanalyse, die offenbaren sollte, welche Mittel er in seinem Budget von den Armen fort und hin zu den Reichen lenkte.[64] Einfach nicht nachzurechnen ist eine bewährte Möglichkeit, der Öffentlichkeit Sand in die Augen zu streuen. Entsprechend fehlt in den USA eine umfassende Datenbank zu den Fällen, in denen Zivilisten von Polizisten und Justizvollzugsbeamten getötet werden.

Die Enthüllungen Edward Snowdens, die das gigantische globale Überwachungsnetz der NSA an die Öffentlichkeit brachten, offenbaren ein umfassenderes Muster: Während der öffentliche Zugang zu staatlichen Informationen Angriffen ausgesetzt ist, weiten staatliche Stellen ihren Zugang zu privaten Informationen immer mehr aus 2013 löschte die britische Konservative Partei Reden eines Jahrzehnts von ihrer Website, von denen mehrere Zusagen und Versprechen an ihre Wähler beinhaltet hatten. Wie zum Hohn hatte in einer dieser Reden ihr Führer David Cameron die demokratisierende Kraft des Internets gepriesen, das »mehr Menschen mehr Informationen verfügbar« mache. In einer 2007 gehaltenen Rede hatte George Osborne verkündet: »Wir müssen das Internet so einsetzen, dass es uns darin unterstützt, besser Rechenschaft abzulegen, transparenter und leichter erreichbar zu werden.«[65] *The Guardian* schrieb: »In einer bemerkenswerten Aktion sperrte die Partei auch den Zugang zur Wayback Machine des Internet Archive, einer in den USA ansässigen Bibliothek, die Websites für künftige Generationen archiviert. Dazu nutzte sie einen Software-Roboter, der Suchmaschinen den Befehl gibt, nicht auf die Seiten zuzugreifen.«[66] Nach ihrem Versuch, die eigene Online-Geschichte auszulöschen, brachte die konservative Regierung 2016 einen Gesetzentwurf ein, der die Befugnisse der Polizei ausweitet, sich Zugang zu privaten Web-Protokollen zu verschaffen und Smartphones zu hacken.[67]

Die vorherrschenden ökonomischen Ideen, politischen Ideologien und historischen Narrative kristallisieren sich als Ergebnisse von Kämpfen heraus. Ein Versuch, die Welt zu verstehen, ohne die Wirkungen konzentrierter Macht zu berücksichtigen, ist ungefähr so, als wolle man die Bewegungen der Galaxien unter Ausschluss der Gravitation nachvollziehen. Der Fall des Apfels Richtung Boden und die Umlaufbahn des Mondes sind Manifestationen dieser über weite Entfernungen wirkenden unsichtbaren Kraft. Entsprechend lässt sich eine Vielzahl gesellschaftlicher Phänomene im Kleinen wie im Großen – vom Inhalt wirtschaftswissenschaftlicher Lehrbücher über Reklametafeln und historische Narrative bis hin zu den Abendnachrichten – nur dann angemessen verstehen, wenn man den systematischen verzerrenden Einfluss derer in Betracht zieht, die an den Quellen der gesellschaftlichen Ressourcen sitzen – und das sind ein für alle Mal die Staatsgewalt und die Konzerne.

Gegen diese korrumpierenden Effekte ist in der Praxis nicht einmal die Wissenschaft gefeit. Regelmäßig halten Pharmaunternehmen die Ergebnisse ihrer Studien zurück, weil ihnen Gewinne wichtiger sind als das Wohl von Patienten. Rund die Hälfte aller klinischen Versuche, an denen Hunderttausende von Probanden teilgenommen haben, ist deswegen unter Verschluss geblieben. Wie der Arzt Ben Goldacre erklärt:

> Niemand kann einem umfassende Informationen zum Nutzen irgendeiner Behandlung geben [...], weil die Ergebnisse klinischer Studien den Ärzten, Forschern und Patienten regelmäßig und ganz legal vorenthalten werden. [...] Dies beeinträchtigt unsere Fähigkeit, sachkundige Entscheidungen in allen möglichen Bereichen zu treffen, von chirurgischen Verfahren über Arzneien bis zu Geräten. Da überrascht es niemanden, dass positive Testergebnisse doppelt so häufig veröffentlicht werden wie negative, sodass wir ein verzerrtes Bild von den Befunden erhalten. [...] Informationen bleiben nicht einfach nur passiv unerwähnt, sondern werden Forschern, die danach fragen, aktiv vorenthalten.[68]

All dies läuft darauf hinaus, dass unabhängige Forscher nicht in der Lage sind, die verheißungsvollen Aussagen über die Sicherheit und Wirksamkeit von Arzneimitteln, mit denen »Big Pharma« seine Produkte anpreist, nachzuprüfen, geschweige denn zu verifizieren. Eine Kampagne, deren Ziel es war, dies zu verändern – angeführt von Goldacre und unter Beteiligung verschiedener Gruppen, darunter des *British Medical Journal* und des Centre for Evidence-Based Medicine –, stieß auf den Widerstand der Konzerne. Pharmaunternehmen haben Patientengruppen zur Lobbyarbeit gegen Gesetze »mobilisiert« die sie zwingen würden, ihre Versuchsergebnisse zu veröffentlichen Fakten, die Gewinne bedrohen, werden heruntergespielt, geleugnet oder verfälscht. Wie wir in Kapitel 11 sehen werden, haben Konzerne sogar die Verbreitung von wissenschaftlichen Entdeckungen, die für den Fortbestand der Menschheit entscheidend sind, jahrzehntelang hintertrieben oder durch Verschleierung behindert, um ihre kurzfristigen Profite zu sichern.

An wertvollen Informationen herrscht kein Mangel, aber sobald sie die vorherrschenden Ideologien der Reichen und Mächtigen infrage stellen, gelangen sie nur unter größten Schwierigkeiten ins öffentliche Bewusstsein. Wie die von Massekonzentrationen ausgehende unsichtbare Kraft der Gravitation im Universum verzerren in unserem Alltag Machtkonzentrationen die Wahrnehmung der Welt, die uns umgibt. Auch wenn kein Descartes'scher Dämon diese Wahrnehmung manipuliert, so wird sie doch von zahlreichen so zialen Kräften beeinflusst, die es darauf anlegen, Informationen zu zensieren, einzuhegen und zu erfinden.

Um diese Irreführung auszugleichen, ist dauerhafte kollektive Anstrengung notwendig. Was die Medien produzieren, muss im weiteren Kontext von Marktkonkurrenz, Konzern-PR und den Interessen milliardenschwerer Eigentümer beurteilt werden. Ebenso gilt es, die Inhalte schulischer Lehrpläne im weiteren Kontext staatlicher Prioritäten, vorherrschender Ideologien und des kommerziellen Drucks zu betrachten, der auf sie einwirkt. Und auch die Arbeit in Lehre und Forschung muss nach dem weiteren Kontext eingeschätzt werden, wie Universitäten und Denkfabriken strukturiert und finanziert sind und welche beruflichen Anreize in diesen Einrichtungen zum Tragen kommen.

Auch wenn das skeptische Fragen, das Pochen auf Evidenz, die Suche nach zuverlässigen Quellen und die Förderung rationalen Denkens von jeher zum Kampf um Freiheit gehörten, so ist doch niemand in der Lage, dies alles allein zu bewerkstelligen. Jede Entdeckung, Einsicht und Schöpfung entsteht in einem gewaltigen Beziehungsgeflecht, das sich weit über Zeit und Raum erstreckt. Die Fähigkeit, dieses reichhaltige Gewebe aus Wissen und Erfahrung zu nutzen, hängt eng mit den Privilegien zusammen, die wir uns erstreiten. In einer Welt der Irreführung, in der Chancen so ungleich verteilt sind, ist es von entscheidender Bedeutung, Bewegungen aufzubauen, die ein Wissen darüber entwickeln und verbreiten, wer die Macht hat, mit welchen Mitteln sie aufrechterhalten wird und wie sie überwunden und anders verteilt werden könnte – ein Wissen auch, das Verbindungen zwischen gemeinsamen Ursachen disparater Wirkungen zieht und den stetigen Verlauf der Geschichte in einen erstrebenswerten Zusammenhang stellt. Diese Aufgabe kann keine einzelne Bewegung oder Gruppe jederzeit vollgültig erfüllen. Die Wahrheit kennt kein Monopol. Aber wenn die Menschen sich nicht in gemeinsamer Anstrengung gegen die Wirklichkeitsverzerrungen der Macht stemmen, werden sie systematisch in die Irre geleitet.

Jede Generation wird darauf abgerichtet, die Maschinerie des gerade herrschenden Systems am Laufen zu halten, und nicht darauf, es von Grund auf zu verändern. Freiheitsbewegungen arbeiten daran, diesen Regelbetrieb zu stören und die Art, wie wir denken, wie auch den Horizont dessen, was wir für möglich halten, infrage zu stellen. Von unabhängigem Journalismus, der Kunst und den sozialen Medien über Bürgerinitiativen bis hin zu zivilem Ungehorsam und Protest gibt es ein Spektrum an Möglichkeiten, den herrschenden Narrativen und Ideen den Kampf anzusagen. Dabei ist es von zentraler Bedeutung, den abschreckenden Jargon abzustreifen, in den so viele wichtige Fragen gehüllt werden. Die Angewohnheit, ethisch-politische Herausforderungen als fachliche Probleme darzustellen, nimmt Menschen den Mut, sich an Diskussionen zu beteiligen, die ihr Leben maßgeblich betreffen. Laut Ha-Joon Chang übernehmen heutige Wirtschaftswissenschaftler gern die Funktion, die im Mittelalter Priester erfüllten: »Früher weigerten sie sich, die Bibel zu übersetzen, damit nur diejenigen sie lesen konnten, die Latein verstanden. Heute durchdringt man die wirtschaftswissenschaftliche Literatur nur dann, wenn man gut in Mathematik und Statistik ist.«[69] In beiden Fällen umgibt sich die Macht mit einem Schutzschild, der sie gegen Überprüfung und Kritik immun macht.

Ehe man etwas gegen Mängel in der Gesellschaft tun kann, muss man sie erkennen, ihre Ursachen ergründen und wissen, wie sie sich beheben lassen. Entscheidend für eine Politik der Freiheit ist es, Erkenntnisse zu verbreiten und Lügen zu entlarven, was auch bedeutet, dass andere ermutigt, inspiriert, ja zuweilen sogar durch einen Schock dazu gebracht werden müssen, die Welt mit neuen Augen zu sehen. Die Gruppen, die die stärksten Vorurteile wecken, verfügen über die geringste Macht, sodass ihre Ansichten systematisch an den Rand gedrängt werden. Von jeher brauchte es jede Menge Anstrengung, Kreativität und Mut, um die Gesellschaft dazu zu bewegen sich selbst kritisch zu betrachten, durch die Augen jener, die sie im Stich lässt.[70] Bewegungen für Freiheit erfordern, dass wir die Welt mit vieler Menschen Augen betrachten und dadurch die Heucheleien und Ungerechtigkeiten bloßlegen, die in eigennützigen Narrativen und Ideologien verborgen liegen.

Überzeugungen, die sich in die Zukunft richten, sind auf andere Weise mit der Realität verbunden als jene, die sich auf die Vergangenheit beziehen. Alle Karten von der Realität sollten dazu dienen, Informationen zu vermitteln, doch die Karten von der Zukunft sollten zugleich auch inspirieren. Sie können uns mit der Energie und Hoffnung erfüllen, etwas Besseres zu schaffen. Wenn uns der Glaube fehlt, dass eine bessere Zukunft möglich ist, streben wir sie gar nicht erst an. Karten von der Gegenwart müssen die drängendsten Probleme der Gesellschaft hervorheben: das Fehlen echter Demokratie, die Macht des Kapitals, die Ungerechtigkeit von Ungleichheit, die systematische Unterdrückung von Randgruppen, die systembedingte Einseitigkeit der Medien und die akute Bedrohung durch den Klimawandel. Soll eine Bewegung mit der Kraft, die Macht des Privatkapitals zu überwinden, Fuß fassen, muss sie sich um eine gemeinsame Vision von Veränderung zusammenscharen, eine Vision, die dem Diktum »Es gibt keine Alternative« etwas entgegensetzt. Wenn die nächste Krise hereinbricht und alte Gewissheiten erkennbar ins Wanken geraten, muss diese Vision über ausreichend Unterstützung verfügen, um in Realität überführt zu werden.

»Realisten« werden diejenigen genannt, deren Zukunftskarten nur geringfügig von den konventionellen Gegenwartskarten abweichen. Dagegen handeln sich diejenigen, deren Vorstellungen sich in andere Richtungen bewegen, häufig das Etikett »Träumer« ein. Wie die Geschichte zeigt, waren »Träumer« von jeher notwendig, um Dinge zum Positiven zu wenden. Es brauchte kühne Vorstellungen, um die Sklaverei abzuschaffen, Demokratie zu verbreiten, Rechte für Frauen, Schwule und Farbige zu erringen und unsere ethischen, künstlerischen und wissenschaftlichen Horizonte zu erweitern. Wenn die Entwicklung der menschlichen Kultur weiter vorankommen soll, müssen wir unsere kollektive Vorstellungkraft bis weit über die Grenzen gegenwärtiger Erfahrung hinaus schweifen lassen.

10

―

MACHT

Während die indische Bevölkerung hungerte, nährten ihre Ernten die Engländer. Die Große Hungersnot von 1876 bis 1878 kostete Schätzungen zufolge über 10 Millionen Indern das Leben.[1] Im selben Zeitraum ließ der Vizekönig Earl of Lytton die Rekordmenge von 6,4 Millionen Zentnern Weizen nach England verschiffen. Die gefeierte Eisenbahnlinie, die die Briten erbaut hatten, diente dem Abtransport des Getreides aus den von der Dürre heimgesuchten Gebieten in gut gesicherte zentrale Speicher. Der wachsende Hunger trieb die Getreidepreise in schwindelerregende Höhen. Wie der Historiker Mike Davis schreibt, war Ende 1877 »die soziale Ordnung nur durch Terror aufrechtzuerhalten. Wenn verzweifelte Frauen und ihre hungernden Kinder beispielsweise Essbares aus Gärten zu stehlen oder Körner auf Feldern aufzulesen versuchten, wurden sie ›gebrandmarkt, gefoltert, bekamen die Nase abgeschnitten und wurden in manchen Fällen getötet‹.«[2]

Baron Lytton war ein Verfechter freier Märkte, der an die Unantastbarkeit des privaten Handels glaubte. Während Millionen durch Hunger und Krankheit umkamen, wandte er sich gegen staatliche Eingriffe. Besorgnisse wegen seiner Politik wies er als »humanitäre Hysterie« zurück.[3] Dabei wurden die Opfer für ihre Not gern selbst verantwortlich gemacht. Die führenden britischen Kolonialbeamten diffamierten die hungernden Bauern als Faulenzer und Verbrecher die unfähig seien, Befehle auszuführen. Als die Missernte überstanden war, versuchte das Militär von der dezimierten Landbevölkerung Steuerausstände einzutreiben. Hinter den Aktionen Lyttons und anderer steckte ein eiskaltes Kalkül, das die in den Jahren 1878 bis 1880 eingesetzte Hungerkommission der Kolonialverwaltung mit folgendem Satz auf den Punkt brachte: »Die Doktrin, der zufolge Arme in Notzeiten berechtigt seien, Erleichterungen einzufordern [...], würde wahrscheinlich zu der Lehre führen, dass sie jederzeit Anspruch auf Erleichterungen hätten [...], was wir nicht ohne ernsthafte Befürchtungen betrachten können.«[4]

Ähnliche Verbrechen fanden in Irland während der Hungersnot in den 1840er Jahren statt: Iren starben an Unterernährung, während auf ihrem Boden erzeugte Nahrungsmittel nach England ausgeführt wurden. Die Rechtfertigung war dieselbe: In das Wirken des Marktes durfte nicht eingegriffen werden. In beiden Fällen hungerten Millionen nicht wegen eines Mangels an Nahrung, sondern wegen eines Mangels an Demokratie. Und das war keine Ausnahme, sondern die Regel. Keine größere Hungersnot hat sich jemals in einer politischen Demokratie ereignet, nicht einmal in extrem armen Demokratien, die zeitweilig von Nahrungsmittelknappheit betroffen waren. In allen uns bekannten Fällen lag die Hauptursache größerer Hungersnöte nicht darin, dass keine Lebensmittel vorhanden waren (auch wenn Engpässe eine Rolle spielten), sondern allein in dem Umstand, dass die vom Hunger bedrohten Menschen keine ausreichende Kontrolle über ihre Versorgung besessen hatten. Unter der britischen Kolonialherrschaft erlitt Indien bis zur Unabhängigkeit zahlreiche Hungersnöte (die in Bengalen brach 1943 aus), die dann »mit Einführung einer Mehrparteiendemokratie und einer freien Presse plötzlich verschwanden«.[5] Wie die historische Erfahrung zeigt, bedeutet schon eine begrenzte demokratische Rechenschaftspflicht eine große Verbesserung. Der Wirtschaftswissenschaftler Amartya Sen, ein Pionier seines Fachs, schreibt dazu:

> Hungersnöte brachen in alten Königreichen, heutigen autoritären Gesellschaften, [...] in modernen technokratischen Diktaturen, in Kolonialökonomien aus, die von den Imperialisten aus dem Norden geleitet wurden, und in Ländern des Südens, die erst jüngst ihre Unabhängigkeit gewonnen hatten und an deren Spitze despotische Nationalistenführer oder intolerante Einparteienregierungen standen. Doch in einem unabhängigen Land, in dem regelmäßig Wahlen stattfinden, eine Oppo-

sition offen Kritik üben darf, Zeitungen unzensierte Artikel abdrucken und die Weisheit der Regierungspolitik in Frage stellen dürfen, ist eine Hungersnot nie aufgetreten.[6]

Dagegen blickt die autoritäre Herrschaft auf eine lange Geschichte von Hungersnöten zurück, ob in Irland, im Indien unter britischer Herrschaft, in der Sowjetunion, in China, Kambodscha, Äthiopien, Somalia oder Nordkorea. Es ist eine finstere Geschichte. Allein im letzten Viertel des 19. Jahrhunderts starben durch vermeidbare Hungersnöte zwischen 30 und 60 Millionen Menschen.[7] Im 20. Jahrhundert fielen ihnen über 70 Millionen Menschen zum Opfer.[8] In fast allen Fällen hätten sie mit Überschüssen ernährt werden können, die anderswo im Land, im Kolonialreich oder in der Region eingelagert waren. Was Menschen in den Hunger zwingt, sind nicht Wetterlagen, sondern Rohstoffmärkte, Preisspekulationen, autoritäre Institutionen und die internationale Gleichgültigkeit.

Lyttons Entscheidung, Getreide zu exportieren und damit Millionen dem Hungertod preiszugeben, hatte auf seine eigene Versorgung keinerlei Auswirkungen. Wie lange hätte er wohl den »freien Markt« verfochten, wenn er vom Hunger persönlich betroffen gewesen wäre? Ohne die Freiheit, Einfluss auf die Entscheidungen zu nehmen, die unser Leben betreffen, sind wir äußerst verwundbar. Diejenigen, die unsere Lebensbedingungen kontrollieren, können unsere Optionen drastisch beschneiden – und damit den Weg für die krassesten Formen von Unterdrückung ebnen.

Selbstbehauptung, Selbstentfaltung

Wenige würden leugnen, dass es unmoralisch ist, während einer Hungersnot Getreide zu horten und zu exportieren. Aber genau dies geschieht mit gewaltigen finanziellen Ressourcen tagtäglich rund um den Globus. Billionen Dollar sind in internationalen Steueroasen angelegt, während Milliarden Menschen ohne sauberes Wasser, ohne angemessene Ernährung, ohne lebensrettende Arzneien, ohne grundlegende Freiheiten auskommen müssen. Dieselben wirtschaftlichen und politischen Kräfte, die bestimmen, wer eine Hungersnot übersteht, entscheiden Tag für Tag in jedem Augenblick, wer sich satt isst und wer um eine Handvoll Reis betteln muss, wer im Gefängnis landet und wer auf freiem Fuß bleibt, wer überlebt und wer stirbt. Eben diese Kräfte sorgten dafür, dass in Sabhar in Bangladesch Hunderte von Textilarbeiterinnen unter den Trümmern eines einstürzenden achtstöckigen Fabrikgebäudes begraben wurden. Sie trieben Zigtausende indischer Bauern in den Suizid und verurteilen jedes Jahr Hunderttausende afrikanischer Kinder zum Tod durch Malaria. Ihretwegen müssen sich in Großbritannien eine Million Menschen an öffentlichen Tafeln ernähren und lebt in den USA eines von drei Kindern in Armut.

Jedes signifikante Machtungleichgewicht zwischen Gruppen liefert die Schwächeren den Launen der Stärkeren aus. Bei einer Verlagerung der Balance zugunsten der Machtlosen verbessert sich – bei sonst gleichbleibenden Verhältnissen – die Qualität der Optionen, die sich ihnen bieten, und damit das Spektrum ihrer Möglichkeiten, zu entdecken und anzustreben, was für sie von Wert ist. Deshalb kämpfen Menschen seit Jahrhunderten dafür, Macht durch die Einführung und Ausweitung demokratischer Entscheidungsprozesse zu dezentralisieren. Auch wenn sich deren Formen je nach Kultur, Maßstäben, Erfahrungen und unmittelbaren Zielen unterschieden, so stand doch hinter allen die verbindende schlichte Überzeugung, dass Menschen das Recht haben, über ihr Leben selbst zu bestimmen.

Es hat sich eingebürgert, Demokratie ziemlich eng zu definieren. Der Politologe Samuel Huntington zum Beispiel bietet folgende typische Kurzfassung: »Offene, freie und faire Wahlen sind die Essenz der Demokratie, das unausweichliche sine qua non.«[9] Aber so, wie moderne Wahlen ablaufen, bilden sie nur eine von mehreren möglichen Erscheinungsformen des demokratischen Antriebs, zudem eine, die den größten Teil der Zeit darin versagt, Menschen zu einem selbstbestimmten Leben zu befähigen. Demokratie verlangt mehr: Verhältnisse, die es ermöglichen, ein tieferes Verständnis von sich selbst und der Welt zu gewinnen, und Institutionen, die Wahlmöglichkeiten bereitstellen, um sinnvoll an den Entscheidungen teilzunehmen, die das eigene Leben betreffen.

Demokratische Strukturen haben sich rund um den Globus zu verschiedenen Zeiten an verschiedenen Orten gebildet: von afrikanischen und indischen Dörfern bis zu Piratenschiffen und bäuerlichen Gemeinschaften, vom antiken Griechenland bis zum Japan des 17. Jahrhunderts, von den Zapatisten in Mexiko bis zu den Arbeiterräten in Venezuela, vom Global Justice Movement bis zur Occupy-Bewegung. Experimente wie diese geben wertvolle Einblicke, wie Menschen herkömmliche soziale Probleme partizipatorisch lösen können. Demokratie ist keine ureigene westliche Erfindung, und sie ist auch keine festgelegte Anordnung von Institutionen. Demokratische Experimente werden von dem Bedürfnis angetrieben, kreative Freiheit auszuweiten und den Prozess zu vereinheitlichen, mittels dessen eine große Zahl von Menschen Werte und Güter festlegt und erschafft. Prozess und Ergebnisse müssen gegeneinander abgewogen werden. Um die Wünsche vieler Menschen effizient und effektiv zu koordinieren, sind Planung und Probeläufe notwendig. Ein politisches Vehikel in die Welt zu stellen, das viele gemeinsam steuern können, ohne den Motor abzuwürgen oder es gegen die Wand zu fahren, fordert diffizilste Ingenieurskunst heraus. Unterschiedliche Aufgaben erfordern verschiedene Vehikel in verschiedenen Größenordnungen, manche mehr, manche weniger hierarchisch strukturiert – doch stets besteht die Herausforderung darin, alle so zu konstruieren, dass sie gegenüber den Menschen, denen sie dienen, wirklich verantwortlich und zur Rechenschaft verpflichtet sind.

Wie wir gesehen haben, begegneten die meisten politischen Denker der Demokratie mit Skepsis. Selbst wenn sie von deren enger Definition als »Mehrheitsvotum« ausgehen, sprechen sie den Menschen die Fähigkeit, sich selbst zu regieren, ab. Immer wieder sind sie als zu faul, zu dumm oder zu emotional hingestellt worden, um ihr eigenes Leben zu gestalten. Harold Lasswell, ein führender Politikwissenschaftler des 20. Jahrhunderts, verlangte, dass wir »die Ignoranz und Dummheit der Massen« erkennen, anstatt der »demokratischen

Dogmatik« aufzusitzen, »wonach Menschen die besten Richter über ihre eigenen Interessen seien«.[10]

Wie Walter Lippmann, Platon und zahlreiche andere verfocht Lasswell ein System, in dem allein eine elitäre Schicht aus Experten Anspruch auf Herrschaft habe. Vertreter dieser Denkrichtung gehen davon aus, dass Probleme einer Regierung hauptsächlich sachlich-technischer Natur seien, und lassen die Interessenskonflikte, die zum Wesenskern des politischen Lebens gehören, einfachheitshalber unberücksichtigt. Die Vorstellung, dass die Ziele der Regierung allen einleuchteten und dass die Machthaber sich allein auf die Mittel zu konzentrieren hätten, um sie zu erreichen, läuft jeder historischen Erfahrung zuwider. Entscheider fällen regelmäßig Werturteile darüber, wessen Interessen um welchen Preis und auf wessen Kosten vorangebracht werden sollen. Sachlich-technische Kriterien spielen dabei keine Rolle.[11] Werte, Freiheiten und Rechte treten zwangsläufig in Konflikt zueinander. Geschieht dies, ist es unvermeidlich, den einen Vorrang vor den anderen einzuräumen.

Diejenigen, die sich selbst für die Qualifiziertesten halten – Lippmann nannte sie die »spezialisierte Klasse« –, haben sich in der Praxis den bereits Herrschenden unterzuordnen. Ob im kommunistischen China, im Dritten Reich oder im kapitalistischen Amerika, die Technokratenelite passte und passt sich stets der dominanten Ideologie an, so zerstörerisch sie auch sein mag. Dies ist das natürliche Ergebnis eines hierarchischen Systems, dem echte Rechenschaftspflicht fehlt. Warum, wenn nicht um der eigenen Agenda willen, sollten diejenigen an der Spitze der Hierarchie denen unter ihnen Macht verleihen? Die Schalthebel der Macht sind nicht für die Fähigsten oder Weisesten, sondern für diejenigen reserviert, die willens sind, im Sinne der Interessen der Einflussreichen zu regieren.

Kritiker der Demokratie lenken in ihren Analysen den Blick oft auf echte Schwierigkeiten des Systems, die sie dann aber in den alternativen Modellen, die sie vorschlagen, keineswegs vermeiden, sondern vielmehr vergrößern. Hinter dem Bedürfnis nach der Herrschaft einer Elite steht ein pessimistisches Urteil über das ethische und geistige Vermögen gewöhnlicher Menschen. Doch selbst wenn wir uns dieser Haltung anschließen – wieso sollten wir glauben, dass ein besonderer Schlag von Menschen mit reinerem Herzen und klarerem Verstand existiert oder herangezogen werden könnte? Als »töricht« und »irrelevant« bezeichnete es der amerikanische Politologe Robert Dahl, »ein Idealbild der Herrschaft, ausgeübt durch eine weise und tugendhafte Elite, einer Pöbelherrschaft entgegenzustellen, die sich als Demokratie verkleide, so wie Platon und seit seiner Zeit zahlreiche Demokratiefeinde es getan haben«.[12]

Die elitäre Vision ist eine Form utopischen Denkens, die die menschlichen Schwächen selektiv ausblendet. Wie auch immer wir über die Einwände gegen die Demokratie denken, die Argumente zugunsten einer Eliteherrschaft halten keinerlei kritischer Überprüfung stand. Demokratie gründet nicht auf der Annahme, dass alle gleich kompetent seien. Sie ist das nüchterne Eingeständnis, dass Menschen fehlbar sind und dass Macht zu Korruption und absolute Macht zu absoluter Korruption neigt.

Selbst wenn wir eine wohlwollende Elite fänden, die weise über ihr Volk regiert, gäbe es mindestens zwei gute Gründe, dennoch Strukturen zu bevorzugen, die eine demokratische Willensbildung ermöglichen. Erstens sollen strukturierte Entscheidungsprozeduren ein Menschenleben überdauern. Es gibt keine Garantie, dass eine nachfolgende Generation von Führern in der Lage oder willens ist, eine wohlwollende Herrschaft fortzusetzen. Zweitens werden Menschen durch verfügbare Wahlmöglichkeiten geprägt. Die Teilhabe am Aufbau der eigenen Zukunft ist eine Erfahrung, die selbst dann, wenn uns Fehler unterlaufen, unsere Fähigkeiten stärkt. Die Freiheit zu scheitern ist Teil des Prozesses, in dessen Verlauf wir lernen, unser kreatives Potenzial zu entfalten. So wie das Sprechen, Schreiben, Laufen und Klettern erlernen wir auch das Leben in Freiheit durch Erfahrung. Damit unsere Kreativität wachsen kann, brauchen wir Gelegenheit, sie zu nutzen. Demokratie ist beides: Selbstbehauptung und Selbstentfaltung.

Je nach Kompetenz und Klugheit der Beteiligten kann ein demokratischer Prozess zu ganz unterschiedlichen Ergebnissen führen. Unwissenheit, Gutgläubigkeit und Selbstzufriedenheit – im individuellen wie im kollektiven Rahmen – können Auswüchse hervorbringen, die unseren tiefstverankerten Werten widersprechen. Die Kritiker der Demokratie haben recht, wenn sie vor der Herrschaft der Unqualifizierten warnen. Es ist von entscheidender Bedeutung, effektive Mechanismen zur Aufbereitung und Verbreitung von Fachwissen zu etablieren. Viel Wissenswertes können uns Kriminologen über unser Strafsystem, Klimaforscher über die Erderwärmung, Epidemiologen über die öffentliche Gesundheit vermitteln.

Diese Ideen überlappen sich mit der sogenannten deliberativen Demokratie, die großen Wert auf den öffentlichen Diskurs legt. Ein funktionierender demokratischer Prozess leistet mehr, als einfach nur bestehende Präferenzen zu registrieren. Er beinhaltet einen Diskussionsprozess, der es den Beteiligten ermöglicht, ihr Verständnis in Sachfragen zu vertiefen, um sich eine Meinung zu bilden, anstatt Menschen nur eine Stimme zu geben. Wieso sollte man annehmen, dass Leute, die sich politisch zu engagieren beginnen, bereits genau wüssten, was sie wollen und wie es sich am besten erreichen lässt? Unsere Ideen und Werte entwickeln sich dadurch weiter, dass wir uns mit anderen Ansichten, Erfahrungen und Fachkenntnissen auseinandersetzen. Sich der Vernunft zu verschreiben ist mehr, als seine Intelligenz zur Durchsetzung eigener Interessen zu nutzen: Es ist ein Versuch, zu einem Verständnis zu gelangen. Dies führt zu Adam Smiths unparteiischem Zuschauer zurück. Eine laufende öffentliche Diskussion gibt allen Beteiligten Gelegenheit, neue Perspektiven zu würdigen und persönliche Präferenzen in Positionen zu überführen, die einer kritischen Überprüfung standhalten.

Dazu bedarf es tiefgreifender kultureller Veränderungen – mitsamt einer grundlegenden Umgestaltung von Medien und Bildung. Wir brauchen nicht nur gleiche Rechte bei der Stimmabgabe, wir brauchen auch gleichberechtigten Zugang zu den Bedingungen für eine effiziente, sinnvolle und qualifizierte Teilhabe am politischen Prozess. Und all dies wiederum erfordert ein hohes Maß an wirtschaftlicher Gleichheit. Mündige Bürger und funktionierende Institutionen sind die beiden Seiten des demokratischen Prozesses.

Der Übergang von autokratischen Monarchien und religiöser Gewalt zu politischen Demokratien hat sich in einem Prozess voller Widersprüche vollzogen. Nichts ist vorherbestimmt und nichts absolut am Grad der Demokratisierung, die wir um uns herum erleben. Unsere politischen und wirtschaftlichen Strukturen existieren gerade mal seit einer Sekunde der Menschheitsgeschichte. Die Grenzen der Demokratie sind ständigen Anfechtungen ausgesetzt; sie können enger werden oder sich ausdehnen. Um zu ermessen, wie demokratisch ein Staat ist, reicht es keineswegs aus, festzustellen, ob in ihm Wahlen stattfinden – wir müssen wissen, wie viel Macht die Menschen haben, die dort leben.

Einst galt es als radikal, für die demokratische Teilhabe von Armen, von Frauen oder von Menschen mit dunklerer Hautfarbe einzutreten. Die Ausweitung des demokratischen Wahlrechts haben diejenigen erkämpft, die sich über die Vorurteile ihrer Zeit hinwegsetzten und sich eine bessere Zukunft vorstellten. Viele der fortschrittlich Gesinnten, die gegen bestimmte Formen der Unterdrückung zu Felde zogen, waren allerdings gegenüber anderen Formen der Unterdrückung blind oder unterstützten sie sogar. So prangerten führende Aufklärer die Macht der Kaiser und Könige als unrechtmäßig an, sahen aber keinerlei Problem darin, dass der Mann die Frau beherrsche. So wurde Ende des 18. Jahrhunderts die Schriftstellerin und Frauenrechtlerin Mary Wollstonecraft von Zeitgenossen wegen ihrer Forderung verhöhnt, die Gesellschaft müsse nicht nur »das göttliche Recht von Königen«, sondern auch das »göttliche Recht der Ehemänner« anfechten, um der Tyrannei zu entkommen.[13]

Um unsere kreative Freiheit zu stärken, müssen wir uns vom Einfluss willkürlicher Autorität und repressiver Machtanmaßung befreien, wo immer wir ihnen begegnen. Wir müssen die Vorurteile unserer Zeit abtragen und danach fragen, wer Macht besitzt und wer nicht und woher das Ungleichgewicht rührt. Noch immer sind große Konzentrationen von Macht, die keiner Rechenschaftspflicht unterliegen, gegen jegliche öffentliche Kontrolle immun. Durch ihre Besitzansprüche auf die Ressourcen der Welt hält eine kleine Minderheit von Individuen und Unternehmen einen Großteil der Menschheit in eisernem Griff. Menschen kommt die Kontrolle über das eigene Leben abhanden, wenn sie nicht über die Mittel bestimmen können, von denen es abhängt.

Wir können als gewiss voraussetzen, dass in jedem System, in dem ein kleiner Prozentsatz der Bevölkerung einen überproportionalen Anteil am Wohlstand besitzt, dieser kleine Prozentsatz auch einen überproportionalen Einfluss auf die Entscheidungen hat, die ihn in die Lage versetzen, Wohlstand zu erwerben und zu sichern. Wohlstand wird dazu benutzt, politische Entscheidungen zu lenken. Das Problem sind dabei weniger die eingesetzten Methoden selbst – wie Lobbyismus, Öffentlichkeitsarbeit, medialer Druck, Parteispenden –, als vielmehr die Tatsache, dass diese unter der Kontrolle einer kleinen Minderheit stehen, die es sich leisten kann, Dinge zu tun, die für die meisten Menschen unerreichbar sind. Um der Zersetzung demokratischer Ideale entgegenzuwirken, gilt es, zwei Ziele anzustreben: Zum einen muss das Maß an Ungleichheit zwischen und innerhalb der Nationen bedeutend verringert werden. Das Prinzip »ein Dollar, eine Stimme« würde für eine funktionierende Demokratie keine Bedrohung mehr darstellen, wenn Reichtum einigermaßen gleich verteilt wäre. Zum anderen bedarf es Veränderungen am System, um den Einfluss des Geldes auf politische Entscheidungen zurückzudrängen. Diese Ansätze ergänzen einander.

In Diskussionen über Alternativen wird häufig die Frage nach deren Funktionsfähigkeit gestellt. Sie ist berechtigt, doch verbirgt sich hinter ihr oft eine problematische Annahme: dass sich das bestehende System doch eigentlich ganz gut bewährt hat. Alle Klimaforscher der Welt weisen seit Jahrzehnten darauf hin, dass dieses System die Umwelt zerstört. Führt man sich darüber hinaus vor Augen, dass es weltweit Milliarden von Menschen in Armut hält, eine Mehrheit der Erdbevölkerung ihrer Chancen beraubt und die Macht und den Reichtum der Welt in wenigen Händen konzentriert, kommt man kaum umhin festzustellen, dass es seinen Funktionstest eben nicht besteht. Die Frage lautet also nicht, ob, sondern wie wir den Status quo verändern müssen. Die Herausforderung, vor der unsere demokratischen Institutionen stehen, liegt darin, für eine faire Verteilung kreativer Freiheit in der Gesellschaft zu sorgen.

Jede institutionelle Übereinkunft ist Teil eines laufenden gesellschaftlichen Experiments, dessen Ergebnisse kritisch eingeschätzt werden müssen, um aus Fehlern zu lernen und frühere Bemühungen zu übertreffen. In diesem Buch geht es nicht um die tiefgründige Analyse alternativer Systeme. Dennoch – um die Phantasie zu wecken und von den Grenzen beschränkter Erfahrungen zu befreien, will ich einige Ideen erkunden, wie sich demokratische Prinzipien auf Bereiche ausweiten lassen, in die sie bislang nicht vorgedrungen sind.

Bildung braucht Demokratie

An den meisten Schulen bleibt Schülern Demokratie weitgehend vorenthalten. Eine Kombination aus starren Lehrplänen, rigiden Verhaltensregeln, stundenlangem passivem Zuhören und dem Fehlen jeder Mitbestimmung charakterisiert die Schulzeit gewöhnlich als strenges Regiment. Das Studium steuert auf Prüfungen in einem System zu, das der Verwaltung viel Macht und den Studenten kaum Selbstbestimmung gewährt. Angesichts der Masse an zusammenhanglosen Informationseinheiten, die es zu lernen gilt, fällt es vielen schwer, den Überblick zu bewahren. Das sture Befolgen der Lehrpläne wird stärker belohnt als der Impuls, der eigenen Neugierde nachzugehen. Das Abspulen von Faktenwissen bringt mehr ein als Originalität, Engagement oder selbständiges Denken. Diese Bedingungen bereiten Lernende auf eine Gesellschaft vor, in der Entscheidungen, die ihr Leben betreffen, oft über ihre Köpfe hinweg getroffen werden. Viele Stunden fremdbestimmter Aufgabenbewältigung sind eine gute Vorbereitung auf Gehorsam am Arbeitsplatz.

Dagegen würden in einer wahrhaft demokratischen Gesellschaft Bildungseinrichtungen das Prinzip von Teilhabe und Gleichheit exemplifizieren. Die Wege, Entscheidungen herbeizuführen, und die organisatorischen Abläufe wären darauf ausgerichtet, den Einfluss von Lernenden, Eltern und Lehrenden zu stärken, und die Qualität der Bildung eines Schülers hinge, würde Chancengleichheit ernstgenommen werden, nicht vom Wohlstand der Eltern ab. Das mag utopisch und impraktikabel klingen, doch gibt es bereits vielversprechende Beispiele. In Finnland stehen Kinder nicht unter dem Druck, schon den Lernstand der Vorschule parat haben zu müssen, wenn sie mit sieben Jahren in die Schule kommen. Ihre gesamte künftige Ausbildung bis zum Abschluss an der Universität (einschließlich Mahlzeiten) ist kostenlos. Privatschulen gibt es kaum, Internate wurden abgeschafft. Die Schulen kommen ohne Ranglisten, Inspektionen und Uniformen aus und geben kaum Hausaufgaben auf. Die Schüler können den Stundenplan mitgestalten, werden keiner Selektion nach Fähigkeiten unterzogen, und bis zum Alter von 18 Jahren wird ihnen auch keine nationale Prüfung abverlangt.[14] Der Staat gibt den Lehrplan vor, lässt den Lehrern aber die Freiheit, den Stoff so zu vermitteln, wie es ihnen geeignet erscheint, und mit verschiedenen Ansätzen und Methoden zu experimentieren. In den oberen Klassenstufen wird derzeit eine Abkehr vom fachspezifischen Unterricht erprobt.[15] Statt den Schultag in traditionelle Lehrfächer zu unterteilen, widmet sich ein Großteil des Unterrichts bestimmten Themenschwerpunkten wie der Europäischen Union, in denen Elemente aus Politik, Wirtschaft, Geographie und Sprachen zusammenfließen. Neben dieser ganzheitlichen Form des Wissenserwerbs rückt zunehmend die Zusammenarbeit beim Lernen in den Vordergrund: Statt allein im stillen Kämmerchen über einer Aufgabe zu brüten, bilden die Schüler kleine Arbeitsgruppen, um Probleme gemeinsam zu lösen.

Den Kern des finnischen Systems bildet ein entschiedenes Engagement für Gleichheit, das Schülern wie Lehrern ein hohes Maß an Selbständigkeit einräumt. Nach dem Programme for International Student Assessment (PISA), das Schüler rund um den Globus nach Fähigkeiten einstuft, weist Finnland eindrucksvolle Ergebnisse vor. Es landet regelmäßig unter den bestplatzierten Ländern, wobei es zeitweilig in den Naturwissenschaften den ersten und in Mathematik und Englisch den zweiten Platz belegte. Die Leistungsunterschiede zwischen den schwächsten und den stärksten Schülern sind weltweit am geringsten. Dazu sind die Finnen laut ihrem »Bildungsbotschafter« Pasi Sahlberg »die aktivsten Leser der Welt«.[16]

Auch in anderen Ländern haben demokratische, egalitäre Experimente im Bildungssystem zu ähnlich ermutigenden Ergebnissen geführt. Das unter dem Namen Escuela Nueva bekannt gewordene Bildungsmodell stammt ursprünglich aus Kolumbien, findet aber mittlerweile rund um die Welt Verbreitung. Es legt großen Wert darauf, den Lehrplan so auszurichten, dass er für das Leben der Schüler Relevanz besitzt, ermuntert zum selbständigen Lernen, stärkt demokratische Werte und fördert Dialogfähigkeit, Kooperation und aktive Beteiligung als Kompetenzen, die an die Stelle von passivem Zuhören und Konkurrenzkampf treten sollen. Der Sozialwissenschaftler David L. Kirp, Professor an der University of California, überzeugte sich mit eigenen Augen davon, dass die »Escuela Nueva das Schulgebäude zu einem Labor für Demokratie macht. Die Schule wird nicht als Minidiktatur geführt, in der unangefochten der Direktor herrscht, sondern als eine sich selbst verwaltende Gemeinschaft, in der Lehrer, Eltern und Schüler ein echtes Recht auf Mitsprache darüber haben, wie sie geführt wird.«[17] Wie zahlreiche Studien belegen, punktet das Modell im Vergleich zum konventionellen Schulbetrieb mit tendenziell besseren Leistungen nach akademischen Maßstäben, stärkt darüber hinaus aber auch die Selbstachtung, die Bereitschaft, am Unterricht teilzunehmen, und den Teamgeist.[18]

Ein Bildungssystem ist mit der Gesellschaft, in deren Dienst es steht, untrennbar verknüpft. Die Bedürfnisse und vorherrschenden Werte einer Gesellschaft bestimmen die Ziele und Methoden des Schulwesens. Wenn wir Bildung verändern, ohne die Zielsetzungen der Gesellschaft zu erneuern, geraten beide unweigerlich in Konflikt miteinander. Demokratische Bildung verlangt eine Gesellschaft, die für die Art Individuen, die sie heranzieht, auch aufnahmebereit ist. In einem Vorwort zu Paulo Freires Schrift *Pädagogik der Unterdrückten* beschreibt der amerikanische Theologe Richard Shaull die beiden hauptsächlichen Wege, die ein Bildungssystem einschlagen kann:

> So etwas wie einen *neutralen* Erziehungsprozess gibt es nicht. Bildung funktioniert entweder als ein Instrument, das dazu eingesetzt wird, die Integration der jüngeren Gesellschaft in die Logik des herrschenden Systems zu erleichtern und Konformität ihm gegenüber herbeizuführen

oder es wird zur »Praxis von Freiheit«, dem Mittel, durch das Männer und Frauen kritisch und kreativ mit Realität umgehen und erkennen, wie sie sich an der Umgestaltung ihrer Welt beteiligen können.[19]

Bei der Wissensvermittlung ist es unvermeidlich, eine Auswahl aus einer Fülle von Fakten und Gesichtspunkten zu treffen. Die Überzeugungen und Werte, die einem Lehrer – oder demjenigen, der den Lehrplan festlegt – wichtig sind, diktieren den präsentierten Stoff, die Schwerpunkte und den dargebotenen Blickwinkel. Um diese inhärente Tendenz zu überwinden, muss sie erkannt und den Lernenden explizit als ein Problem des Machtgefälles im Lehrer-Schüler-Verhältnis vermittelt werden, was sie wiederum dazu motivieren könnte, den Lernprozess kritisch zu hinterfragen: seine Ziele, seine Methoden und seine Inhalte. Dabei spielt es eine wichtige Rolle, den Prozess der Prägung von Identität zu erkunden. Im Verlauf der gesamten Menschheitsgeschichte diente die Macht, Identitäten zu formen, den Interessen der formenden Kräfte. Eine kritische Auseinandersetzung mit diesen Herrschaftsmechanismen trägt auf lange Sicht dazu bei, ihren Einfluss zu untergraben.

Um eine Voreingenommenheit zu erkennen, müssen wir uns als Lehrende darüber im Klaren sein, welche Werte wir verinnerlicht haben, was uns dazu gebracht hat, den Stoff in dem von uns gewählten Rahmen zu präsentieren, und warum wir uns entschieden haben, gerade diese bestimmten Informationen zu vermitteln. Howard Zinn schrieb einst:

> Muss nicht in einer Welt, in der Kinder gegen Hunger und Bombenangriffe noch immer nicht geschützt sind, der Historiker sich mitsamt seinem Werk in die Geschichte einmischen, um den Zielen zu dienen, von denen er zutiefst überzeugt ist? Sind wir Historiker nicht an erster Stelle Menschen und deswegen Forscher? […] Mir geht es darum, nicht mit vorgefassten Antworten, wohl aber mit vorgefassten Fragen an historische Fakten heranzugehen. Ich halte sachliche Exaktheit für eine Grundvoraussetzung, doch allein wegen ihrer Exaktheit ist die Geschichtsschreibung noch nicht lobenswert.[20]

In gleicher Weise ist ein Bildungswesen nicht allein deshalb lobenswert, weil es Kenntnisse und Fertigkeiten vermittelt.

Bildung ist ein Mittel, wertvolle Lehren von Generation zu Generation weiterzugeben, und dies lässt sich nicht darauf beschränken, Fachwissen zu unterrichten. Demokratische Bildung muss die Kernfragen von Macht, Herrschaft und Freiheit anpacken. Die Stabilität von Demokratie hängt von einem Sozialisationsprozess ab, der die Werkzeuge zu deren Schutz und Weiterentwicklung pflegt und verfeinert. Diese Aufgaben müssen die Grundkriterien dafür bilden, wie Realität in Lehrinhalte aufgegliedert wird. Warum sollte man neben den traditionellen Disziplinen – Physik, Mathematik, Literatur – nicht auch Stoffe wie »Krieg und Frieden«, »Identitätsbildung«, »Empathie und Entmenschlichung«, »Klimawandel und Fortbestand« oder »Gleichheit und Unterdrückung« ins Curriculum aufnehmen? In einem Kurs »Krieg und Frieden« könnten Schüler erkunden, mit welchen Methoden Regierungen ihr Volk dazu bringen, einen Krieg zu unterstützen. Sie könnten sich mit den wirtschaftlichen Interessen auseinandersetzen, die hinter Militäraktionen stehen, wie auch mit der Ethik internationaler Interventionen oder den umfassenderen Zielen von Außenpolitik. Anhand historischer Fallstudien könnten Schüler nachvollziehen, welche Rolle die Medien dabei gespielt haben, öffentliche Zustimmung zu gewinnen, und sich mit Friedensaktivisten befassen: mit ihren Motiven, Kampfmethoden, Siegen und Niederlagen. Sie können Erfahrungsberichte von Soldaten analysieren und diskutieren – vom Kasernendrill über Kampfeinsätze bis zur Wiedereingliederung in die Gesellschaft. Um das Weltgeschehen auf diese Weise zu ergründen, müssten sich die Schüler mit einer Vielfalt von Wissensgebieten – Geschichte, Politik, Wirtschaft, Philosophie Psychologie, Medien, Literatur – vertraut machen und zwischen ihnen die Verbindungslinien erkennen – all das mit einem von Anfang an klar umrissenen Ziel vor Augen: die Hindernisse zu durchschauen, die dem Frieden entgegenstehen, um sie wirksamer überwinden zu können.

Der von Natur aus politische Charakter von Lernstoffen muss benannt, diskutiert und stets erneut erörtert werden. So sollte zum

Beispiel von Anfang an erläutert werden, dass Geschichtsschreibung als Waffe zur Unterdrückung wie als Instrument zur Befreiung eingesetzt werden kann – und wie Lehren aus der Vergangenheit das Denken über die Gegenwart und Zukunft beeinflussen. Dieses Bewusstsein zu schärfen – etwa durch eine kritische Auseinandersetzung mit alten und neuen Lehrbüchern –, ist wertvoller als irgendein historisches Faktum oder Ereignis. Allzu oft werden Schüler da, wo man ihnen Verbindungen aufzeigen müsste, nur auf Begrenzungen von Fachgebieten verwiesen. Das Zerstückeln von Zusammenhängen stiftet Verwirrung, und eine verwirrte Bevölkerung ist anfällig für Ideologien, die sie unfähig machen, die wahren Ursachen ihrer Probleme zu erkennen oder einen Wandel herbeizuführen. Den allgegenwärtigen Missständen liegen viele Faktoren zugrunde. Solche Probleme zu durchschauen, ja sie zu lösen, erfordert eine ganzheitliche Herangehensweise, wie sie ein Curriculum, das auf strenge Spezialisierung pocht und Fachgebiete eher trennt als zusammenführt, von vornherein ausschließt. Spezialisten werden in jeder Gesellschaft gebraucht, aber eine Nation, in der Erbsenzähler mit Scheuklappen sagen, wo es langgeht, wird einige Mühe haben, sich als Demokratie zu behaupten.

Jeder profitiert davon, wenn er sich in die politischen Entscheidungen, die sich auf ihn auswirken, effizient einbringen kann. In der gegenwärtigen Lage durchlaufen die meisten Schüler ein Bildungssystem, ohne sich mit Kapitalismus, Ungleichheit, sozialer Kontrolle, politischem Engagement oder Demokratie ernsthaft auseinanderzusetzen – oft nicht einmal in einer einzigen Schulstunde. Es handelt sich um Themen, die für ein Verständnis von Machtverhältnissen grundlegend sind. Dagegen befassen sich Millionen von Schülerinnen und Schülern mit Dingen, die ihnen niemals irgendwie nützen werden. Diese Kinder stehen für ein System, in dem politische Verwirrung und Apathie willkommen sind – eines, das die Welt gern in ein Dunkel hüllt, anstatt sie so zu zeigen, wie sie ist.

Wenn selbständiges Denken ein Kennzeichen guter Bildung ist, kann es nicht zur Rolle des Lehrenden gehören, über das letzte Ziel derer zu bestimmen, denen er Bildung vermittelt. Ist Bildung darauf ausgerichtet, Demokratie und Freiheit zu fördern, wird sie ein Umfeld zu schaffen versuchen, in dem die Lernenden selbst ihre Bildungsinhalte bestimmen, ein Umfeld, das Neugierde weckt, Kritikfähigkeit schärft, Vertrauen schafft, eigenen Lehrplänen zu folgen, und Lust erzeugt, eigene Fragen zu stellen und nach eigenen Antworten zu suchen. Die Förderung der Fähigkeit, in Zweifel zu ziehen, nachzudenken und auf Fakten zu pochen, ist das Gegenteil von Herrschaft, denn dabei geht es um die Vermittlung einer offenen Methode und nicht um die Verordnung eines abgeschlossenen Fazits. Wenn Vernunft als Mittel favorisiert wird, um Tuchfühlung zur Realität zu halten, besteht Hoffnung, dass die Wirklichkeit und nicht Staat, Religion oder eine andere zentralisierte Autorität bestimmt, wohin die Reise führt.

Der Philosoph John Dewey schrieb, dass Demokratie »nur dann vorankommt, wenn der Verstand der Massen so geschult wird, dass er die gesellschaftlichen Realitäten der Zeit durchschaut«.[21] Eine demokratische Bildung wappnet Menschen mit den Werkzeugen, die es ihnen ermöglichen, das, was von Wert ist, zu verteidigen und voranzubringen. Und täglich grüßen Krieg, Unterdrückung und Ausbeutung und möchten sich so gern auch der restlichen Welt bemächtigen. Friedenserhaltende Institutionen, die konzentrierte Macht beschneiden, brauchen zu ihrem Schutz eine fragende, informierte, organisierte, selbstbewusste Gesellschaft. Je anfälliger Menschen für Manipulationen sind, desto mehr gerät jedermanns Freiheit in Gefahr. Eine politisch aufgeklärte Bürgerschaft ist das Gegengift gegen die Bedrohung durch zentralisierte Autorität und Herrschaft Der Künstler Ricardo Levins Morales fasst es so zusammen: »Wenn du mir einen Fisch gibst, nährst du mich für einen Tag. Wenn du mir das Fischen beibringst, nährst du mich so lange, bis der Fluss verseucht oder das Ufer zur Bebauung freigegeben ist. Aber wenn du mir beibringst, mich zu organisieren, kann ich mich, worin auch immer die Herausforderung besteht, mit Gleichgesinnten zusammenschließen, und wir werden gemeinsam unsere eigene Lösung aushecken.«

Demokratie am Arbeitsplatz

Der Priester Don José María Arizmendiarrieta entging im Spanischen Bürgerkrieg knapp seiner Hinrichtung durch Francos Truppen. 1943 gründete er eine Schule für Jungen aus Arbeiterfamilien. Bis dahin war der Ausbildungsstand in dieser Region erbärmlich gewesen: Kein Sprössling aus der Arbeiterschicht der Stadt Mondragón, die von ihren baskischen Bewohnern Arrasate genannt wird, hatte es je bis an die Universität geschafft. Unter der Leitung des visionären Geistlichen gründeten Schüler von ihm eine Reihe von Genossenschaften, beginnend 1956 mit einer Fabrik, die kleine Kochherde und Öfen herstellte. Zwei Jahre später bauten sie einen weiteren Betrieb auf, der Werkzeugmaschinen produzierte. Ein Jahr darauf eröffneten sie eine Bank, um bestehenden Genossenschaften die Expansion zu ermöglichen und neu gegründete mit Kapital und fachlicher Beratung zu versorgen. Mit der zunehmenden Zahl von Kooperativen entstand ein sich ausweitendes Netzwerk aus unterstützenden Einrichtungen, darunter eine Fachhochschule, eine Sozialversicherungsgesellschaft, Forschungsinstitute und eine Reihe von Fabrikläden. 1991 institutionalisierte dieses Netzwerk seinen Verbund, indem es die Mondragón Corporación Cooperativa aus der Taufe hob. In neuerer Zeit wies dieser Zusammenschluss 83 000 Beschäftigte, 9000 Studenten, einen weltweiten Umsatz von 12 Milliarden Euro und Vermögenswerte im Gesamtumfang von 35 Milliarden Euro aus. Heute stellt er die weltweit größte Genossenschaft dar.

Den Kern der Struktur von Mondragón bildet die Einzelgenossenschaft, die sich im Besitz der Beschäftigten befindet. Diese entsenden Vertreter in Betriebsräte, die die Aktivitäten auf den höheren Organisationsebenen koordinieren. Das Führungssystem verbindet direkte Demokratie in Form von Vollversammlungen mit einer repräsentativen Demokratie in Form von Räten. Die Belegschaften wählen ihre Manager. Große Entscheidungen – über Gewinne und Produktion – trifft ein die Mitglieder vertretender Vorstand aus Direktoren oder die Vollversammlung der beschäftigten Miteigentümer. Während die wichtigsten 365 US-Unternehmen ihren Geschäftsführern im Jahr

2007 Vergütungen zugestanden, die deutlich über dem 500-Fachen des Durchschnittseinkommens der Belegschaft lagen, verdienen die am höchsten bezahlten Führungskräfte in Mondragón nur das Achtfache des Arbeiters mit dem niedrigsten Lohn.[22]

Die Einzelgenossenschaften zahlen einen Teil ihrer Gewinne in einen Solidaritätsinvestmentfonds ein, aus dem Mondragóns profitablere Genossenschaften andere Kooperativen unterstützen, die vorübergehend in Schwierigkeiten stecken. Die wirtschaftliche Talfahrt ab Ende 2007 unterzog Mondragón einem Härtetest. Nach einer Erholung kämpfte sich Spanien erneut durch eine Rezession, die mit einer extremen Sparpolitik und einer Arbeitslosenquote um 25 Prozent einherging. Aber wie schon einige Male zuvor hielt der Genossenschaftsverband dem Druck erstaunlich gut stand und konnte seine Belegschaften mit minimalen Entlassungen aufrechterhalten. »In schlechten Zeiten« sagte einer der Gründerväter, »treffen wir unter uns die Entscheidung die Lohnkosten zu verringern.« Und Cooperativa-Mitglieder reden auch mit, wenn es um die Bezahlung der Führungskräfte, den Urlaubsanspruch und andere betriebliche Fragen geht.[23]

Obwohl nicht frei von Problemen, so zeigt Mondragón doch, was möglich ist. Das Netzwerk stellt eine beeindruckende Alternative zur traditionellen Konzernstruktur dar, in der Beschäftigte kaum ein Mitspracherecht haben, wenn Themen wie Unternehmensziele, Arbeitsbedingungen oder Arbeitsplatzsicherheit auf der Tagesordnung stehen: Aktionäre wählen auf der Basis ihrer Stimmanteile den Vorstand. Vorstandsmitglieder rekrutieren sich fast nie aus der Stammbelegschaft, haben aber Verfügungsgewalt darüber, welche Güter an welchen Niederlassungen auf welche Weise produziert und wie Führungsposten und andere Stellen besetzt werden. Und – der entscheidende Punkt – sie legen die Verteilung der Gewinne fest. Sie sind rechtlich verpflichtet, die Interessen der Eigentümer des Konzerns zu vertreten: die der Aktionäre.

Wenn uns Demokratie wichtig ist, warum fehlt sie dann an den Stätten, in die wir einen so bedeutenden Teil unseres Leben hineintragen? Warum wird Beschäftigten ein Mitspracherecht bei Beschlüssen vorenthalten, die ihre Existenz betreffen? Warum sollen diejenigen, die Gewinne erwirtschaften, nicht darüber bestimmen, wozu diese verwendet werden? Warum müssen Bürger ihre demokratischen Rechte an der Garderobe abgeben, bevor sie ihre Werkhalle oder ihr Büro betreten? Auf diese Fragen gibt es keine guten Antworten. Es hat noch nie gute Antworten darauf gegeben. Das ist der Grund, warum die Betrebungen kein Ende nehmen, Demokratie in die Arbeitswelt zu tragen.

In manchen Fällen haben Beschäftigte das Management ihrer Arbeitsplätze selbst übernommen. Das ist ein Schritt in die richtige Richtung, aber nur ein kleiner Fortschritt, denn die Aufgabe von Managern, ob eingesetzt oder gewählt, besteht gewöhnlich darin, die Vorgaben der Geschäftsführung umzusetzen. Dennoch haben solche Formen der Selbstverwaltung den Vorteil, dass sie den Beschäftigten eine effektivere Kontrolle über Arbeitsweisen und Arbeitstempo ermöglichen. Anderswo haben Angestellte ihr Unternehmen als Eigentümer übernommen. In Jahreshauptversammlungen wählen sie den Vorstand (wobei sie sich nur in seltenen Fällen selbst wählen können). Dies ist eine bedeutende Veränderung, belässt die wesentlichen Beschlüsse aber in den Händen eines Gremiums, das die Mitarbeiter ausschließt. Obwohl Anteilseigner in heutigen Genossenschaften als Inhaber gelten, verbleibt ein großer Teil der Macht bei Vorstandsmitgliedern, die die wichtigen Entscheidungen treffen, darunter auch die, welcher Anteil am Gewinn als Dividende an die Anteilseigner ausgeschüttet wird.

In den meisten Unternehmen obliegen die wichtigsten Entscheidungen Geschäftsführern, nicht den Anteilseignern. Dagegen sind an einem wirklich demokratischen Arbeitsplatz alle Beschäftigten gleichrangige Vorstandsmitglieder, die wichtige Entscheidungen demokratisch nach dem Ein-Mensch-eine-Stimme-Prinzip treffen. Der Ökonom Richard Wolff nennt solche Arbeitsplätze »Workers' Self-Directed Enterprises« (WSDE) – »Unternehmen mit Arbeiterselbstverwaltung«.[24] Die Beschäftigten können Manager einstellen, aber sie legen auch deren Gehälter fest und können sie gegebenenfalls vor die Tür setzen. Es ist nicht verwunderlich, dass dies in der Praxis zu deutlich geringeren Einkommensunterschieden führt.

Zudem werden den Beschäftigten bestimmte Funktionen nach dem Rotationsprinzip zugeordnet, damit keiner zu lange eine Führungsposition innehat. Selbst in einer nach dem Prinzip »Ein Mensch, eine Stimme« gebildeten demokratischen Struktur können sich aus der traditionellen Arbeitsteilung Ungleichgewichte in der Verteilung von Macht ergeben. Teilt eine kleine Gruppe Führungspositionen stets unter sich auf, erwirbt sie Kenntnisse und Vertrauen, Voraussetzungen, die ihnen bei Diskussionen und letztlich Entscheidungen übermäßigen Einfluss sichern. Wenn zwischen Führungskräften und den übrigen Beschäftigten eine Kluft entsteht, kann dies die demokratische Struktur des gesamten Unternehmens schwächen.

Rotation am Arbeitsplatz hat weitere Vorzüge. Wenn über Jahre immer nur dieselben Aufgaben erfüllt werden, fehlt es an Gelegenheiten, neue Fähigkeiten zu entwickeln. Adam Smith hat zwar in seinem Hauptwerk *Der Wohlstand der Nationen* die Vorteile der Spezialisierung für eine effizientere Produktion hervorgehoben, war dabei aber keineswegs blind für die Schattenseiten, was sich an seiner Warnung zeigt, dass Spezialisierung Arbeiter hervorbringen könne, die »so stumpfsinnig und einfältig« seien, »wie ein menschliches Wesen nur eben werden kann«.[25] Rotation am Arbeitsplatz eröffnet Menschen die Chance zu entdecken, was ihnen Spaß macht (und was nicht) und was sie gut können, und sie bietet die Möglichkeit, Neues zu erlernen. Die konkreten Regelungen variieren von Arbeitsplatz zu Arbeitsplatz, doch hat sich diese Organisationsform schon in den verschiedensten Bereichen bewährt, von unabhängigen Verlagshäusern bis zu Großkonzernen mit Milliardenumsätzen. Ein besonders erfolgreiches Beispiel ist W. L. Gore & Associates, der Hersteller von Gore-Tex-Bekleidung, eines der 200 größten US-Familienunternehmen mit rund 10 000 firmenbeteiligten Mitarbeitern und einem Umsatz, der 2012 bei 3 Milliarden Dollar lag.[26]

Gore ist ein Unternehmen mit einem Employee Stock Ownership Plan (ESOP), das Mitarbeitern Belegschaftsaktien anbietet und sie so unmittelbar am Erfolg beteiligt. Mehrere Jahre in Folge wurde es zu einem der attraktivsten Arbeitsplätze in Großbritannien, Deutschland, Frankreich, Korea, Schweden und Italien gekürt, was sich wohl auch darauf zurückführen lässt, dass es keine Chefs, offiziellen Titel oder traditionellen Hierarchien gibt. Mitarbeiter, die in der einen Woche diese bestimmte Aufgabe erledigen, rücken vielleicht in der nächsten an die Stelle eines mit ganz anderer Arbeit befassten Kollegen, der wiederum für eine neue Tätigkeit gebraucht wird. Teams bilden sich weitgehend organisch, wobei auch die Frage eine Rolle spielt, mit wem man gern zusammenarbeitet. Diese Flexibilität hat unterm Strich zu einer bemerkenswerten Häufung innovativer Leistungen geführt.

Von Modellen der Firmenbeteiligung profitiert rund ein Viertel aller Beschäftigten in Großbritannien. In den USA sind rund acht Millionen Arbeitnehmer an Employee Stock Ownership Plans beteiligt. Allerdings schaffen solche Beteiligungsmodelle noch keine reale Teilhabe an Firmenentscheidungen und befördern so auch keine Demokratie am Arbeitsplatz. Interessanterweise legen etliche Forschungergebnisse nahe, dass diese Modelle das Produktionsniveau nur dann erhöhen – in manchen Fällen um über 50 Prozent –, wenn sie mit einer stärkeren Einbindung der Belegschaften in Entscheidungsprozesse einhergehen.[27] Schätzungen zufolge arbeiten weltweit rund 800 Millionen Menschen in Genossenschaften. Vorbilder für die Demokratisierung der Arbeitswelt sind also schon vorhanden. Auch wenn nur wenige weit genug gehen, ist doch ein Grundgerüst auf breiter Basis geschaffen.

Die Demokratisierung des Arbeitsplatzes bringt auch neue Entscheidungskriterien mit sich. An undemokratischen Arbeitsplätzen dient Technik, die Arbeit sparen soll, fast ausschließlich der Gewinnsteigerung, indem sie dazu eingesetzt wird, entweder mehr bei gleich bleibender Beschäftigtenzahl oder aber genauso viel wie vorher mit weniger Personal zu produzieren. Die alte Verheißung, Technik werde mehr Freizeit schaffen, hat sich nicht erfüllt. Das muss nicht so sein. Zuwächse an Produktivität können durchaus die Tages-, Wochen- und Jahresarbeitszeiten verkürzen. In Nordamerika und Europa ist die Produktivität durchschnittlich um rund 2 Prozent jährlich gestiegen. Der Wirtschaftswissenschaftler Dan O'Neill schreibt: »Wenn wir annehmen, dass sich die Arbeitsproduktivität im gleichen Tempo weiter erhöht, könnten wir in zwölf Jahren eine Vier-Tage-Woche, in vierundzwanzig Jahren eine Drei-Tage-Woche und so weiter bekommen, ohne dass sich das Einkommen verringert.«[28] Wenn Arbeitszeit im selben Maße schrumpft, wie die Produktivität steigt, können wir weniger arbeiten, ohne Abstriche bezüglich Einkommen, Ausgaben und Konsum machen zu müssen. Die gegenwärtigen Arbeitszeiten sind durch keine bestimmten Zwänge vorgegeben. Sie sind willkürlich festgelegt und variieren von Land zu Land. Für die meisten ist es schon eine alltägliche Erfahrung der Kindheit, dass Eltern zur Arbeit gehen und erst etliche Stunden später zurückkehren. Das ist für uns völlig normal – so vertraut, dass es uns nicht in den Sinn kommt, es zu hinterfragen.

Manche Länder sind bereits zu einer Politik übergegangen, die darauf hinausläuft, steigende Produktivität in verringerte Arbeitszeiten umzuwandeln. So unterzeichneten holländische Gewerkschaften und Arbeitgeber in den achtziger Jahren Abkommen, um die Arbeitslosigkeit durch Teilzeitjobs und Worksharing zu vermindern Diese und andere Maßnahmen führten in den Niederlanden zu den kürzesten Arbeitszeiten unter Hochlohnländern: 1377 Stunden pro Jahr verglichen mit 1647 in Großbritannien und 1778 in den USA Damit arbeiten Holländer im Mittel jährlich zehn Wochen weniger als Durchschnittsamerikaner. (2009 hatten die Niederlande eine Arbeitslosenquote von knapp 4 Prozent gegen 10,9 Prozent in den USA.[29])

In jeder Phase, in der es um die Ausweitung des demokratischen Wahlrechts ging, waren Unkenrufe zu vernehmen, die prophezeiten dass eine demokratische Staatsführung und die Einbeziehung »unqua lifizierter« und »besitzloser« Massen ins Chaos führen würden. Ähn liche Bedenken werden in Diskussionen um Demokratie am Arbeits platz laut. Ein Blick auf die Fakten räumt mit diesen Besorgnissen auf Mondragón ist kein isoliertes Beispiel. Wie zahlreiche Studien zeigen liegt die Produktivität in Unternehmen, in denen Mitbestimmung herrscht, im Durchschnitt gleich hoch wie in traditionell struktu rierten Konzernen, in nicht wenigen Fällen sogar höher.[30] Zudem liegen Untersuchungsergebnisse vor, die darauf hindeuten, dass sich

Kontrolle über die eigene Berufstätigkeit positiv auf die Gesundheit auswirkt. Eine in Großbritannien durchgeführte Studie identifizierte Selbstbestimmung am Arbeitsplatz als wichtigsten der Einzelfaktoren, die mit den unterschiedlichen Todesraten bei höheren und untergeordneten Beamten in derselben Dienststelle korrelierten.[31]

Warum sollte man Tyrannei in der politischen Sphäre ablehnen, in der Berufswelt hingegen akzeptieren? Demokratisierungsbestrebungen am Arbeitsplatz sind ein wesentlicher Schritt, um Demokratie überall zum Aufschwung zu verhelfen und zu vertiefen.

Mehr Demokratie durch Politik

Die durch finanzielle Zuwendungen in der Politik verursachten Missstände haben sich im Laufe der Zeit verschlimmert. Wenn wir den Klimawandel bekämpfen, Ungleichheit verringern und eine gerechtere Gesellschaft schaffen wollen, muss vorrangig ein Kampf darum geführt werden, den Einfluss von Geld auf die Politik zurückzudrängen. Der amerikanische Rechtswissenschaftler Bruce Ackerman hat eine schlichte Lösung vorgeschlagen[32]: Jeder Bürger erhält eine »Demokratie-Karte«, die der Staat jährlich mit 50 Dollar deckt. Sie kann nur dazu genutzt werden, einen Kandidaten oder eine politische Partei zu unterstützen. Wenn Politiker in diese Form der Spendenfinanzierung einwilligen, dürfen sie keine weiteren Zuwendungen aus anderen Quellen annehmen. Angesichts der gewaltigen Fördermittel, die diese Karten repräsentieren, besteht ein großer Anreiz, auf Spenden aus der Wirtschaft zu verzichten. Sollte dieser sich dennoch als zu schwach erweisen, könnte der Staat, so Ackerman, die Karten zur einzig legalen Spendenquelle erklären. Der Soziologe Erik Olin Wright, Professor an der University of Wisconsin, lenkt die Idee weiter und plädiert dafür, die Demokratie-Karte auch für andere Formen politischer Einmischung zu nutzen, zum Beispiel um Lobbyarbeit, Aktivistenprojekte, Kampagnen und soziale Bewegungen zu finanzieren.[33] Die Vorschläge beinhalten mehrere Vorsichtsmaßnahmen gegen potenzielle Probleme, die hier nicht erörtert werden sollen. Fest steht: Ein solcher Mechanismus würde den

Einfluss von Privatkapital auf politische Entscheidungen erheblich schwächen.

Auch die Medien zocken gern mit der Politik, und so ist eine ähnliche Idee ins Spiel gebracht worden, um die Finanzierung der Presse zu demokratisieren. Der US-amerikanische Kommunikationswissenschaftler Robert McChesney weist darauf hin, dass Journalismus ein wertvolles öffentliches Gut sei, da er maßgeblich zur Aufrechterhaltung einer freien und demokratischen Gesellschaft beitrage. Der Markt sei nicht in der Lage, die Menge an Qualitätsjournalismus bereitzustellen, die eine offene Gesellschaft benötige. Folglich sei eine marktunabhängige Lösung notwendig, um den raschen Niedergang der unabhängigen Berichterstattung aufzuhalten. McChesneys Idee: Jeder Erwachsene erhält einen »Bürger-Nachrichtengutschein« über 200 Dollar, die er einem beliebigen nichtkommerziellen Nachrichtenmedium seiner Wahl spenden kann.

> Der Fördermechanismus würde für jedes Nonprofit-Medium gelten das ausschließlich Medieninhalte verbreitet. Das Medium dürfte nicht zu einer größeren Organisation gehören, die nichtmedialen Aktivitäten nachgeht. Alles, was das Medium produziert, müsste unverzüglich allen durch Veröffentlichung im Internet kostenlos zugänglich sein. Es wäre urheberrechtlich nicht geschützt und unterläge der Gemeinfreiheit.[34]

Die Strategie ist im Detail sicher verbesserungsbedürftig, doch er scheint sie insgesamt vielversprechend. Sie könnte den Nachrichtenjournalismus und somit auch die Wahldemokratie überzeugend verjüngen. Mit diesem Vorschlag ließen sich die Defizite, an denen die traditionellen Medien seit über einem Jahrhundert kranken überwinden oder zumindest abmildern: dass sie von Superreichen besessen werden, für ihren Fortbestand auf Werbung angewiesen sind, sich aus Kostengründen zu stark auf Nachrichtenquellen des Establishments stützen und Rücksicht auf Kräfte nehmen müssen, die die Macht haben zurückzuschlagen.

Politik vom Einfluss des Geldes zu befreien, ist ein Weg, Demokratisierung voranzutreiben; ein anderer besteht darin, Ungleichheit und deren Folgen im Allgemeinen zurückzudrängen, um Macht gleichmäßiger über die Gesellschaft zu verteilen. Dazu bieten sich zahlreiche Möglichkeiten. Neben einem Steuersystem mit stärkerer Progression müssten die Schlupflöcher geschlossen werden, durch die dem Fiskus gewaltige Milliardenbeträge entgehen. Thomas Piketty schreibt: »Die Frage nach der Steuer ist [...] eine eminent philosophische und politische [...]. Ohne Steuern kann es keine gemeinsame Zukunft und keine Möglichkeit kollektiven Handeln geben.«[35]

In den Jahrzehnten vor den Ären Thatchers und Reagans hatten Großbritannien und die USA ein Steuersystem mit einer der stärksten Progressionen auf der Welt. Mit der Umsetzung neoliberaler Ideen stürzte der Spitzensteuersatz rasch von rund 85 auf 35 Prozent ab. Wirtschaftlich ist dies kaum zu begründen. Die Faktenlage deutet beispielsweise darauf hin, dass in den USA ein Spitzensteuersatz von 80 Prozent auf Einkommen über 500 000 Dollar das Wirtschaftswachstum in keiner Weise behindern, aber die Ungleichheit deutlich verringern würde.[36]

In Großbritannien betrug die »Steuerlücke«, also der Unterschied zwischen den fälligen und den entrichteten Steuern, laut einer führenden Studie von 2014 119 Milliarden Pfund, eine Summe, die das Staatsdefizit über Nacht ausgleichen würde.[37] Dieser Betrag wird wahrscheinlich ansteigen, weil im britischen Finanz- und Zollamt HMRC, dem der Steuereinzug untersteht, seit 2005, dem Jahr seiner Gründung, fast die Hälfte des Personals abgebaut wurde.[38]

Transparenz von Zahlen ist bei der Besteuerung entscheidend. Banken in Steueroasen operieren unter großer Geheimhaltung und erschweren es so, grenzüberschreitende Kapitalflüsse aufzuspüren und zu besteuern. Steueroasen ermöglichten es Walmart zwischen 2010 und 2013, in Luxemburg 1,3 Milliarden Dollar an Gewinnen anzumelden, obwohl der Konzern dort keine einzige Filiale unterhält, um so von einem Steuersatz von unter 1 Prozent zu profitieren.[39] Nicholas Shaxson, Experte in Sachen Steueroasen, schreibt dazu: »2011 verschob Google vier Fünftel seiner Gewinne über eine Tochtergesellschaft in die Steueroase Bermuda und drückte damit seinen weltweiten Steuersatz auf die Hälfte und den in einigen Ländern auf nahezu null.«[40] Google-Chef Eric Schmidt stellte das Gebaren keineswegs in Abrede. Er sei, verkündete er, »sehr stolz auf die Struktur, die wir eingerichtet haben [...], sie heißt Kapitalismus«.[41]

Ende 2010 wurden in diesen Oasen 21 Billionen Dollar an unversteuertem Kapital geparkt. Eine Studie zeigte: »Wenn das Einkommen aus diesem Kapital in den Ländern versteuert würde, in denen jene reichen Einzelpersonen leben oder aus denen sie ihren Reichtum bezogen haben, betrüge das zusätzliche Steueraufkommen zwischen 190 und 280 Milliarden Dollar jährlich. Damit ließen sich rund um den Globus öffentliche Dienste und Investitionen finanzieren.«[42] Dies ist nur eine Form des Steuerausfalls. Es gibt zahllose weitere. Weltweit gehen den öffentlichen Haushalten durch Steuerhinterziehung 3 Billionen Dollar pro Jahr verloren.[43]

Nach Thomas Piketty besteht die beste Reaktion auf die wachsende Konzentration von Vermögen in einer progressiv ansteigenden globalen Kapitalsteuer. Er räumt die Schwierigkeit ein, die dafür erforderliche internationale Zusammenarbeit zu erreichen, schlägt aber eine zumindest regionale Einführung vor. Die jährliche Besteuerung müsste nur wenige Prozentpunkte betragen, um die Steueraufkommen erheblich zu steigern, und nur den kleinen Prozentsatz der Reichsten in der Bevölkerung betreffen. Vermögen unter einer Million Euro würden gar nicht belastet. Die zwischen 1 und 5 Millionen Euro würden mit 1 Prozent und alle darüber mit 2 Prozent besteuert. »Auf sämtliche Länder der Europäischen Union angewandt, würde eine solche Steuer ungefähr 2,5 % der Bevölkerung betreffen und den Gegenwert von 2 % des europäischen BIP einbringen.«[44] Dies entspräche rund 300 Milliarden Euro im Jahr.

Höhere Steuereinnahmen sind dringend notwendig, um Sozialprogramme zu finanzieren und die Ungleichheit zu verringern. Selbst in den reichsten Ländern besteht ein gewaltiger Bedarf an Sozialausgaben – um Studiengebühren zu reduzieren, die Bevölkerung besser mit bezahlbarem Wohnraum zu versorgen, auskömmliche Renten zu sichern und eine allgemeine Gesundheitsversorgung bereitzustellen. Um die Armut zurückzudrängen, bedarf es dringend eines gesicherten Mindesteinkommens, strengerer Gesetze zur Erbschaftsbesteuerung, verstärkter Investitionen in benachteiligte Regionen und einer umfassenden sozialen Absicherung Erkrankter, Behinderter und Arbeitsloser.

Gesetze zur Stärkung der Gewerkschaften sind ein weiterer effizienter Weg, um Ungleichheit zu verringern und die Macht der Konzerne zu beschneiden. Eine Studie, die sich auf Großbritannien, die USA, Australien, Kanada, Deutschland, Japan und Schweden in den achtziger und neunziger Jahren konzentrierte, kam zu dem Schluss, dass der wichtigste das Ungleichheitsniveau senkende Faktor der gewerkschaftliche Organisationsgrad ist. Rückläufige Mitgliederzahlen gingen mit einer Zunahme der Ungleichheit einher.[45] In der Europäischen Union decken gewerkschaftliche Tarifverträge die Einkommen von rund 62 Prozent der Beschäftigten ab. In Frankreich liegt die Quote bei 98 Prozent, in Großbritannien bei 29 Prozent (eine der niedrigsten in Europa).[46]

In den USA erlebte der gewerkschaftliche Organisationsgrad in den fünfziger Jahren seinen Höhepunkt und sank seither auf rund 15 Prozent ab. Gleichzeitig ging der Anteil der Unternehmenssteuern am Steueraufkommen erheblich zurück. 1945 stellten sie noch 35 Prozent der Einnahmen des US-amerikanischen Staates, 2003 machten sie dagegen nur noch 7 Prozent aus.[47] Ebenso bedeutsam schlugen die Steuerentlastungen für Superreiche zu Buche. 2007 lag der durchschnittliche Steuersatz für die 400 wohlhabendsten Haushalte in den USA bei 16,6 Prozent, also noch unter den 20,4 für die Steuerzahler insgesamt. Faktisch erhielten die 400 reichsten Haushalte 2008 Steuergeschenke, die sich im Durchschnitt auf jeweils 30 Millionen und 2007, als die Kapitalertragsteuer verringert wurde, sogar auf 45 Millionen Dollar beliefen.[48]

Erhalten Bemühungen, die Ungleichheit zu verringern, öffentliche Unterstützung? Meinungsumfragen deuten darauf hin. Trotz Jahrzehnten der Propaganda und obwohl die meisten Menschen das Ungleichheitsniveau in der Gesellschaft unterschätzen, glauben zwei Drittel der Amerikaner, dass Einkommen gleichmäßiger verteilt werden müssten, und 56 Prozent der Briten befürworten eine gerechtere Verteilung selbst dann, wenn sie den Wohlstand insgesamt verringern würde.[49]

Eigentum und Demokratie

Muss die Logik des Marktes entscheiden, wer Zugang zu Gesundheitsfürsorge, Nahrung, Wasser, Energie und Bildung hat? Als in den achtziger Jahren der Neoliberalismus um sich griff, gerieten immer mehr staatliche Versorgungseinrichtungen wegen angeblicher Ineffizienz unter Beschuss. In den Jahrzehnten seither haben Privatisierungen dafür gesorgt, dass sich die Schere zwischen Arm und Reich immer weiter öffnete und sich die Entscheidungsgewalt in immer weniger Händen konzentrierte. Das sich daraus ergebende System dient rasche Befriedigung fordernden Privatinteressen, die darauf ausgerichtet sind, sich am Wohlstand zu bereichern anstatt ihn zu erzeugen. Wenn wir den Zugang zu einer Ressource als Grundrecht ansehen, können wir deren Bereitstellung nicht den Launen des Marktes überlassen.

Im Zuge der jahrzehntelangen Propaganda gegen öffentliche Dienstleistungen sind die Fakten aus dem Blick geraten. Inzwischen ist klar: Weltweit hat nicht die Befolgung des »Privat vor Staat«-Mantras der Marktradikalen, sondern, im Gegenteil, die Strategie, es zu ignorieren, die wirtschaftliche Entwicklung der reichsten Nationen wie auch einiger aufstrebender Entwicklungsländer entscheidend vorangebracht. Ein Rückblick auf die vergangenen ein, zwei Jahrhunderte liefert viele Erfolgsgeschichten öffentlich betriebener und finanzierter Unternehmen und zeigt eine deutliche Korrelation zwischen rapidem Wirtschaftsaufschwung und staatlicher Unterstützung Beispiele lassen sich zuhauf in Großbritannien, Frankreich, Finnland Deutschland, Schweden, Österreich, Italien, Norwegen, den USA Brasilien, Taiwan, Südkorea, Japan, Singapur oder China finden Diese Länder haben auf diverse Formen direkter staatlicher Interven tion ins Marktgeschehen gesetzt, auch auf protektionistische Maß nahmen, um Schlüsselindustrien aufzubauen. Über das goldene Zeit alter des Kapitalismus, die Jahrzehnte nach dem Zweiten Weltkrieg, schrieb Amartya Sen: »Blicken wir auf die bedeutenderen Entwicklungsländer, so ist bemerkenswert, dass die am schnellsten wachsenden und auch anderweitig effizientesten Länder allesamt Regierungen hatten, die sich an der Planung der wirtschaftlichen und sozialen Leistung direkt und aktiv beteiligten. [...] Ihre jeweiligen Erfolge hängen unmittelbar mit Beratung und Planung zusammen und sind keineswegs nur Ergebnis eines unkoordinierten Gewinnstrebens oder der bis ins Kleinste betriebenen Verfolgung von Eigeninteressen.«[50] Selbst der Milliardär Bill Gates räumte 2015 ein: »Seit dem Zweiten Weltkrieg haben in den USA die staatlich initiierten und geförderten Forschungs- und Entwicklungsprojekte auf fast jedem Gebiet den neuesten Stand der Technik bestimmt.« Investitionen des Privatsektors in diesem Bereich sieht er als »allgemein untauglich« an.[51]

Staatliche Dienste sind stets eine wichtige und zuweilen überaus erfolgreiche Alternative zum Markt gewesen. Die beharrlich vorgebrachte Behauptung, Privatisierung steigere die Effizienz grundsätzlich, ist auf ganzer Linie durch die Fakten widerlegt worden. So hat sich zum Beispiel gezeigt, dass Märkte oft darin versagen, ein hochwertiges und bezahlbares Gesundheitswesen bereitzustellen. Wenn eine medizinische Einrichtung privatisiert wird, fördert die Kombination aus hohen Kosten und der Ungewissheit hinsichtlich der benötigten Leistungen die Entstehung privater Versicherungssysteme. Und deren Hauptinteresse ist naturgemäß der Profit. Dazu bieten sich zwei Wege an: höhere Beiträge und niedrigere Kosten. In ihrem Buch *Sparprogramme töten* zeigen die Epidemiologen David Stuckler und Sanjay Basu auf, dass für Versicherungsgesellschaften perverse Anreize bestehen, »die gesündesten Menschen, die die geringste Versorgung benötigen, unter Vertrag zu nehmen und die am schwersten Erkrankten, um die man sich am meisten kümmern müsste, auszuschließen«.[52] Diesem Gesetz zufolge steht der Grad der Versorgung, den Betroffene erhalten, im umgekehrten Verhältnis zu deren Bedarf: Kranke verursachen Kosten, Gesunde füllen die Kassen.

Klar trat dieses Prinzip während der letzten Rezession zutage, als die Profite amerikanischer Krankenversicherungen Rekordwerte erreichten. 2009 steigerten die fünf bedeutendsten Versicherungsgesellschaften ihre Gewinne um eindrucksvolle 56 Prozent, obwohl in diesem Jahr 2,9 Millionen Amerikaner ihren Versicherungsschutz verloren.[53] Stuckler und Basu erklären, dass die Gesellschaften, wenn sie Kunden verlieren, »weniger für Behandlungen bezahlen müssen und folglich mehr verdienen [...]. Die Reichen wurden reicher und die Kranken kränker.«[54] Angela Braly, Vorstandschefin der Versicherungsgesellschaft WellPoint, zog aus dem Gewinnsprung eine klare Lehre: »Wir werden die Profitabilität nicht den Mitgliedschaften opfern.«[55] Mit anderen Worten: Vom privaten Gesundheitswesen profitieren nicht die Patienten, die sich eine Versicherung vielfach nicht leisten können, sondern die Versorger: Pharmafirmen, Versicherungskonzerne und Krankenhausgesellschaften. Die britische staatliche Gesundheitsversorgung bewegte sich im Vergleich zum US-amerikanischen System lange Zeit auf ähnlichem oder höherem Niveau, kostete aber nur ungefähr die Hälfte.[56] Selbst in Kuba, einem Staat, der für seine medizinischen Einrichtungen nur einen Bruchteil der in den USA anfallenden Kosten ausgibt, haben Männer eine höhere Lebenserwartung als in den Vereinigten Staaten, und Frauen liegen fast gleichauf.[57]

Obwohl die britische Eisenbahn in den neunziger Jahren privatisiert wurde, fließen heute mehr Subventionen in ihren Betrieb als zu der Zeit, als sie noch Staatseigentum war. Und der Zuwachs ist keineswegs gering: Vor der Privatisierung kostete sie den britischen Steuerzahler im Jahr 2,4 Milliarden Pfund. Heute sind es über 5 Milliarden Pfund.[58] In gleichen Zeitraum stiegen die Fahrpreise beträchtlich. Wie eine Studie von 2015 zeigte, könnte über eine Milliarde Pfund Steuergelder eingespart werden, wenn die Eisenbahn wieder verstaatlicht würde.[59]

Verheerend wirkte sich das Gewinnstreben auch auf den britischen Energiesektor aus. Zwischen 2007 und 2013 haben sich die Profite der »Großen Sechs« unter den Energieerzeugern verzehnfacht.[60] Während dieses Zeitraums starben in jedem Winter 24 000 ältere Menschen in England, weil sie kein Geld hatten, ihre Wohnungen angemessen zu beheizen[61], und Millionen mussten sich entscheiden ob sie lieber frieren oder hungern wollten. Offizielle Zahlen belegen, dass die meisten für Gas und Strom Hunderte von Pfund mehr zahlen mussten, als wenn die Industrien in staatlichem Besitz verblieben wären.[62]

Die »Sechs Großen« haben sich so unbeliebt gemacht, dass sich 2013 68 Prozent der Bevölkerung für ihre Renationalisierung aussprachen.[63] Bislang haben die etablierten Parteien diese Forderung ignoriert. Paradoxerweise wird der Großteil des britischen Energiesektors dennoch von staatlichen Unternehmen betrieben – allerdings von ausländischen. Wie Andrew Cumbers schreibt, »ist es keine Übertreibung festzustellen, dass chinesische, französische, norwegische und russische Regierungen – mittels ihrer staatseigenen Konzerne – weitaus mehr Kontrolle über die strategischen Energieinteressen Großbritanniens ausüben als jeder politische Akteur hierzulande«.[64]

Demokratisierung der Industrie heißt nicht Verstaatlichung. Staatliche Kontrolle zentralisiert Macht und versagt vielfach darin, den Bedürfnissen der Menschen gerecht zu werden. Demokratisches Eigentum kann andere Formen annehmen, sich in verschiedenen Kombinationen aus Genossenschaften an der Basis, Stadträten und staatlicher Unterstützung manifestieren. Ein Beispiel ist die kommunale grüne Energiewende, die rund um den Globus rasch an Zulauf gewinnt. Weltweit führend war bislang Dänemark, das sich dabei hauptsächlich auf Windenergie konzentriert hat. Noch in den siebziger Jahren vollständig von ausländischem Öl und Gas abhängig, erreichte es 2000 eine vollständige Selbstversorgung, in deren Rahmen der Strombedarf zu fast einem Drittel durch erneuerbare Energien gedeckt wird. Im Zuge dieses Strukturwandels hat das Land rund 20 000 neue Arbeitsplätze geschaffen und bedient inzwischen etwa die Hälfte des Weltmarktes für Windkraftanlagen.[65] Seine Wende beruhte auf dem Vertrauen in dezentralisiertes Gemeinschaftseigentum. Eine entscheidende Rolle spielte dabei der Staat, der den Prozess subventionierte und die Energieversorger zwang, jedes Jahr einen bestimmten Anteil an erneuerbaren Energien bei den Erzeugern zu erwerben.

Ein weiteres Beispiel ist Deutschland. Im ganzen Land wird privatisierte Energieerzeugung wieder öffentlicher Verwaltung überstellt. In manchen Regionen kaufte der Staat Energiekonzerne zurück, in anderen investieren Gemeinden in eigene erneuerbare Energiequellen. Einen Anteil daran hatte der Bund, indem er den Versorgern einen privilegierten Zugang zu den Netzen und einen festen Abnahmepreis garantierte, was das Risiko für kleine Energieunternehmen beachtlich gesenkt hat. Agrarbetriebe, lokale Gruppen und Genossenschaften besitzen rund die Hälfte der Anlagen, die Strom aus erneuerbaren Energien erzeugen. Dank der kommunal verankerten Verfügungsgewalt können Gewinne innerhalb der Gemeinschaft reinvestiert werden. Durch die Ankurbelung der Solarmodulindustrie ließen sich die Herstellungskosten senken, sodass die Technik auch für ärmere Länder erschwinglich wurde. Die Stromproduktion aus erneuerbaren Energien wuchs deutlich schneller als die aus fossilen Quellen. Und sie wird in dem Maße billiger, in dem diese sich verteuern. Schon jetzt sind dank der Energiewende in Deutschland 400 000 neue Arbeitsplätze entstanden. 2014 erzeugte das Land 28 Prozent seines Stroms aus erneuerbaren Energien.

Eine der Grundressourcen unseres Planeten ist der Boden. Eigentümer entscheiden, wie Land genutzt wird und ob es dem Gemeinwohl dient oder nur Gewinne auf Kosten des Gemeinschaftslebens und des Gleichgewichts der Natur abwirft. Schottland hat eine der höchsten Konzentrationen an privatem Grundbesitz in Europa. Ganze 432 Personen – 0,008 Prozent der Bevölkerung – besitzen dort die Hälfte des privaten Landes. Aber es zeichnen sich interessante Veränderungen ab. Schottische Gemeinden gewinnen die Kontrolle über Bodeneigentum zurück. Es ist der Beginn eines langwierigen Wandels, aber die ersten vollzogenen Schritte machen bereits deutlich, wie wichtig diese Wende ist. Inzwischen sind gut 200 000 Hektar Land in den Besitz von Gemeinden übergegangen.[66] Manche nutzen den Boden, um den eigenen Energiebedarf zu decken Lebensmittel anzubauen oder Wälder anzupflanzen, andere bauen darauf neue Häuser. Nach diesem Eigentumsmodell werden die erzielten Gewinne in den Gemeinden zugunsten einer nachhaltigen Entwicklung reinvestiert. Die schottische Regierung begleitet den

Prozess mit einem Fonds, der es Gemeinden ermöglicht, Land zurückzukaufen.

Bei allen Versuchen, industrielle Produktion zu demokratisieren, geht es letztlich um die Frage, wer die Kontrolle über die vitalen Ressourcen der Menschheit erhalten soll. In privatwirtschaftlichen Unternehmen bilden kurzfristige Gewinne das einzige Kriterium für Entscheidungen, und es bestehen für sie kaum Anreize, bezahlbaren Wohnraum zu schaffen, den Klimawandel zu bekämpfen, Infrastrukturen zu erhalten, Krankenhäuser zu bauen oder irgendeine andere gesellschaftlich nützliche Aufgabe zu übernehmen. Bei der Privatisierung von Ressourcen geraten oft wichtige Prioritäten aus dem Blick. Energiekonzerne, die mit Öl, Gas, Kohle oder Atomenergie gewaltige Gewinne einfahren, sind kaum geneigt, langfristig in umweltfreundliche Energien zu investieren. Regierungen können die Prioritäten der Konzerne nur beeinflussen, indem sie massive finanzielle Anreize schaffen, um sie zu Investitionen von gesellschaftlichem Nutzen zu motivieren. Dies hat sich als unwirtschaftlich und ineffizient erwiesen. Es kann nicht um eine Entweder-oder-Entscheidung zwischen profitmaximierenden Konzernen und zentralisierten Staatsbürokratien gehen. Die demokratischste Alternative ist dezentrales öffentliches Eigentum; das veranschaulichen viele Projekte rund um die Welt, die ins Leben gerufen werden, um den Herausforderungen in der Landwirtschaft, der Erzeugung erneuerbarer Energien, der Wasserversorgung und anderen Bereichen zu begegnen.

Im Kapitalismus herrscht starker Druck, rein marktwirtschaftliches Handeln in einem nicht endenden Kommerzialisierungsprozess auf alle Bereiche auszuweiten. Wie Derek Wall scheibt: »Wo man auch lebt, stets stößt man, wenn man nur tief genug gräbt, auf einen zurückliegenden Machtkampf zwischen einfachen Bürgern und einem monopolisierten Staat oder Markt.«[67] Wer sich diesem Prozess entgegenstemmen will, muss nicht nur gegen Privatisierungen Widerstand leisten, sondern die Idee des Eigentums grundsätzlich infrage stellen. Wir müssen Mittel finden, »das Gemeineigentum zu verteidigen, auszuweiten und zu vertiefen«.[68] Wenn eine Ressource zum öffentlichen Gut gehört, haben alle potenziellen Nutzer unter Umgehung von Markt und Staat freien Zugang zu ihm – ohne Paywall und ohne Verpflichtung, Gewinne zu machen. Gemeinschaftseigentum ist in zahllosen Formen möglich, und es gibt bereits viele Beispiele gemeinsamer Nutzung, etwa von Fischgründen, Ackerland oder Wäldern bis hin zu Open-Source-Programmen und Websites wie Wikipedia, die sich großer Beliebtheit erfreuen. Ressourcen zu demokratisieren heißt letztlich, unsere Beziehungen untereinander und zur natürlichen Welt zu verändern. Dazu gehört auch, die Vorstellungen »Eigentum« und »Wirtschaftsgut« kritisch unter die Lupe zu nehmen – was bedeuten sie, wann sind sie nützlich? – und effiziente Wege zu finden, die Dinge, die wir zum Leben und zur Entfaltung benötigen, gerechter aufzuteilen.

Geld demokratisieren

Wer ist befugt, Geld zu schöpfen? Die meisten Menschen nehmen an, dass dafür entweder der Staat oder in seinem Namen die Zentralbank zuständig sei. Tatsächlich wurde das meiste Geld von Privatbanken geschöpft, von Konzernen wie Barclays, HSBC und Lloyds. Sie erledigen dies mit der Vergabe von Krediten. Wenn Sie bei einer Bank ein Darlehen über 50 000 Euro aufnehmen, um ein Geschäft zu starten, taucht diese Summe auf Ihrem Kontoauszug auf. Die Bank vermerkt, was sie Ihnen geliehen hat und was Sie ihr schulden. Woher kamen die 50 000 Euro? Nirgendwoher. Sie wurden aus dem Nichts geschöpft. Für Sie und für mich wäre es illegal, so etwas zu tun, aber Banken können das dank eines Systems, das sie ermächtigt, Kredite in einer Höhe zu vergeben, die ihr eigenes Guthaben (ihre Depositen) weit übersteigt. Banken verleihen Geld, das sie nicht besitzen und das sie schöpfen, indem sie Zahlen in eine Datenbank eingeben.

Auch wenn es den meisten nicht bewusst ist, dass es so funktioniert (nicht einmal Wirtschaftsstudenten, Politikprofis und Leuten, die in der Finanzindustrie arbeiten) – es ist eine Tatsache, und die wird von den Zentralbanken rund um die Welt im Großen und Ganzen akzeptiert. Wenig bekannt ist dies deshalb, weil sich der Lehrbetrieb an Universitäten selten damit befasst (die vorherrschenden neoklassi-

schen Modelle blenden Banken, Schulden und Geld weitgehend aus).
Studenten der Wirtschaftswissenschaften lernen, dass Banken nicht viel mehr als Vermittler seien, die Geld in die Bereiche der Wirtschaft schieben, in denen es am meisten nützt.

Der IWF-Ökonom Michael Kumhof, der fünf Jahre lang eine Filiale der Barclays Bank leitete, hält dagegen: »Die zentrale Funktion von Banken besteht nicht darin, Geld zu vermitteln, sondern darin, Geld zu schöpfen. Aber sagt man das einem Mainstream-Ökonomen, ist man gleich ein Provokateur, obwohl es hundertprozentig stimmt.«[69] Offenherzig äußerte sich auch Lord Adair Turner, der ehemalige Leiter der britischen Finanzmarktaufsichtsbehörde und Senior Fellow der Denkfabrik Institute for New Economic Thinking: »Anders, als allzu viele Lehrbücher noch behaupten, verleihen Banken nicht eingelegtes Geld von Sparern an Kreditnehmer: Sie schöpfen Kredite und Geld aus dem Nichts – indem sie Darlehen an den Kreditnehmer vergeben und gleichzeitig mit dem Betrag dessen Konto belasten.«[70] Ähnlich äußerte sich Paul Tucker, ehemaliger stellvertretender Präsident der Bank of England und Mitglied ihres Ausschusses für Geld- und Kreditpolitik: »Banken vergeben Kredite, indem sie schlicht den Kontostand des kreditnehmenden Kunden erhöhen […]. Das heißt, Banken vergeben Kredite, indem sie Geld schöpfen.«[71] Und ins gleiche Horn bläst auch Mervyn King, ehemaliger Präsident der Bank of England.[72]

In Großbritannien wurden nur 3 Prozent des im Umlauf befindlichen Geldes von der Bank of England und der Münzprägeanstalt Royal Mint erzeugt. Der Rest kam von Privatbanken. Die einzige reale Beschränkung für die Menge des von ihnen geschöpften Geldes liegt laut Kumhof in ihrer eigenen Erwartung, wie profitabel die Kredite sein werden und ob sie ihre Zahlungsfähigkeit in Gefahr bringen könnten.[73] Warum haben Regierungen so etwas zugelassen? Im Großbritannien des 19. Jahrhunderts gipfelten die Bestrebungen, Banken an Geldschöpfungsaktivitäten zu hindern, im Bank Charter Act von 1844, der darauf abzielte, die Kontrolle über die Geldversorgung wieder in staatliche Hände zu legen. Fatalerweise verbot er nur den Druck von Geld, während Bankguthaben ausgenommen blieben.⁷⁴ Zur damaligen Zeit war das kein Problem, da die meisten Transaktionen mit Bargeld abgewickelt wurden. Heute dagegen finden über 99 Prozent aller Zahlungen (nach Wert) elektronisch statt.

Wenn alle Einleger einer bestimmten Bank ihr Geld am selben Tag abheben wollten, würden die meisten leer ausgehen. Ein solcher sogenannter Bank Run droht dann, wenn Sparer das Vertrauen in die Zahlungsfähigkeit ihrer Bank verlieren. Banken halten nur einen winzigen Anteil ihres Guthabens liquide, wobei die Anforderungen für Mindestreserven zunehmend gelockert wurden. So verfügten zum Beispiel die Banken in Großbritannien am 31. Januar 2007 für jede 1000 Pfund, die auf den Konten der Kunden verbucht waren, nur über 12,25 Pfund an realem Geld – eine Gesamtreserve von 1,25 Prozent.⁷⁵

Die private Geldschöpfung führt zu schwerwiegenden Problemen. Zum einen bringt sie den Institutionen, die dazu befugt sind, großen finanziellen Nutzen in Form der sogenannten Seigniorage, auch Münzgewinn genannt. Während es nur wenige Cents kostet, einen 10-Euro-Schein herzustellen, kann er, sobald er seine Reise von Hand zu Hand antritt, gegen Waren im Wert von 10 Euro eingetauscht werden. Mit jeder von ihr in Umlauf gebrachten Münze oder Note macht eine Zentralbank satten Profit (fast 100 Prozent). In Großbritannien lagen die Gewinne aus der Emission von Papiergeld im Zeitraum zwischen 2000 und 2009 bei fast 18 Milliarden Pfund.⁷⁶ Und dabei macht das Papiergeld nur 3 Prozent der Gesamtgeldmenge aus. Die Gewinne aus den verbleibenden 97 Prozent fahren die Privatbanken ein. Im letzten Jahrzehnt schöpften private britische Banken Geld im Nennwert von über einer Billion Pfund. Der Gewinn ergibt sich aus den erhobenen Zinsen, die sich auf mehrere Milliarden Pfund belaufen. Der Volkswirt Herman Daly fragt: »Warum muss die Öffentlichkeit dem Privatbanksektor Zinsen dafür zahlen, dass er ein Zahlungsmittel bereitstellt, das der Staat zu geringen Kosten oder umsonst liefern kann? Warum muss Seigniorage (Gewinn für den Emittenten von Fiatgeld) weitgehend an den Privatsektor fließen und nicht vollständig an den Staat (den Commonwealth)?«⁷⁷

Auch stellt sich die wichtige Frage, wem frisches Geld zugeteilt wird. Im Vereinigten Königreich werden rund 85 Prozent der nationalen Kontokorrentguthaben von ganzen fünf Banken gehalten: HSBC, Barclays, Santander, RBS und Lloyds. In den fünf Jahren vor der Finanzmarktkrise vergaben diese Banken Kredite im Umfang von 2,9 Billiarden Pfund. Auf staatlicher Seite waren es dagegen im selben Zeitraum nur 2,1 Billionen Pfund. Damit verfügten Privatbanken über eine größere »Ausgabenkompetenz« als der Staat.[78] Diese »Ausgabenkompetenz« einer Bank besteht in ihrer Befugnis, zu entscheiden, welche Sektoren der Wirtschaft mit Krediten versorgt werden. Als gewinnorientiertes Unternehmen stellt sie dabei naturgemäß nicht den gesellschaftlichen Nutzen, sondern die eigene Gewinnmaximierung in den Vordergrund. Von 2000 bis 2007 flossen rund 40 Prozent der Kredite in Eigentum, 37 Prozent in die Finanzmärkte und ganze 13 Prozent in Geschäftstätigkeiten. Die übrigen Kredite finanzierten Kreditkarten und persönliche Darlehen. Das Ergebnis war bekanntlich verheerend: aufgeblähte Immobilienpreise und ein Mangel an gesellschaftlich dringend benötigten Investitionen zum Ausbau erneuerbarer Energien, zur Gesundheitsversorgung, zum Bau erschwinglicher Wohnungen und zur Instandhaltung einer verfallenden Infrastruktur. Auch sorgt ein Mangel an Transparenz dafür, dass Anleger, die ihr Geld Banken anvertrauen, keine Ahnung haben, wo es investiert wird. Angelegtes Geld gehört rechtlich nicht mehr dem Anleger.[79]

Die Ermächtigung von Privatbanken zur Geldschöpfung durch Kreditvergabe führt die Gesellschaft als Ganzes zwangsläufig in die Verschuldung. Jeder von Privatbanken geschöpfte Euro ist per definitionem ein Euro an Schulden, der mit Zinsen zurückgezahlt werden muss. In Großbritannien streichen Banken jährlich 100 bis 200 Milliarden Pfund an Zinszahlungen ein. Dies summiert sich zu einer gewaltigen – unnötigen – Umverteilung aus öffentlichen Taschen in die Hände von Privatbanken.[80] Die Folgen: Kreditblasen platzen, die Leute können ihre Schulden nicht mehr begleichen, das Vertrauen in die Zahlungsfähigkeit der Banken schwindet. Es kommt zu Bank Runs, Firmenbankrotten und einer massiven Instabilität der Wirtschaft mit verheerenden Folgen für die Menschen, wie wir seit der letzten Finanzkrise gesehen haben. Lord Turner ließ es an Deutlichkeit nicht mangeln, als er 2012 als Chef der britischen Finanzmarktaufsicht sagte: »Die Finanzkrise [...] ereignete sich deshalb, weil wir darin versagt haben, die Schöpfung von privatem Kredit und Geld durch das Finanzsystem einzudämmen.«[81]

Klar ist, dass die Privatbanken faktisch Geld schöpfen, dass es kaum Beschränkungen gibt, wie viel sie schöpfen oder wo sie es ausgeben, und dass dies für die Gesellschaft negative Auswirkungen hat. Manche Wirtschaftswissenschaftler glauben, es würde ausreichen, die Bankenregulierung erheblich auszuweiten und das Privatkundengeschäft vom Investmentbanking zu trennen, um Privatbanken zu verantwortlichem Handeln zu zwingen und in die Haftung zu nehmen. Dagegen verfechten andere eine radikalere Lösung. Etliche treten für den »Chicago Plan« ein, der als Reaktion auf den Zusammenbruch der Wall Street 1929 konzipiert wurde. Zu den damaligen Unterstützern zählten führende Ökonomen wie Irving Fisher, Henry Simons und Frank Knight. Eine ähnliche Position vertrat später sogar Milton Friedman. Es sind mehrere Versuche unternommen worden, den Chicago Plan zu aktualisieren. 2012 plädierte ein einflussreiches IWF-Arbeitspapier mit dem Titel »The Chicago Plan Revisited« dafür, das Geldsystem so umzugestalten, dass den Banken die Möglichkeit zur Geldschöpfung entzogen werde.[82] Die Umsetzung des Plans hätte, versicherten die Autoren, weitreichenden Nutzen für die Gesellschaft im Ganzen.[83]

Zudem veröffentlichte die in Großbritannien ansässige Denkfabrik Positive Money detaillierte Vorschläge, wie sich der Chicago Plan auf die heutige Wirtschaft übertragen ließe. Privatbanken, so ihre Argumentation, schöpften in guten Zeiten zu viel Geld, womit sie das Aufblähen ökonomischer Blasen beförderten, und zu wenig Geld in Zeiten der Rezession, in denen es dringend gebraucht würde. Deswegen müsse die Befugnis zur Geldschöpfung den Banken entzogen und einem demokratisch kontrollierten Gremium übertragen werden: einem Geldschöpfungsausschuss. Die Entscheidungen über die Menge des jeweils zu schöpfenden Geldes seien strikt von den Entscheidungen darüber zu trennen, wo das Geld eingesetzt werden solle. Der Vorgang müsste vollkommen transparent und der Ausschuss gegenüber einer parteiübergreifenden Parlamentariergruppe rechenschaftspflichtig sein. Der Erfolg dieses Vorschlags hängt weitgehend von der Kompetenz und demokratischen Legitimation des Ausschusses ab, der aus dem Nichts geschöpftes Geld in einem nur der Regierung zugänglichen Depot zur Verfügung stellen würde. Dies wären schuldenfreie Mittel, die die Regierung in eigener Regie an die Wirtschaft weitergeben könnte. Die Investitionsprioritäten müssten auf demokratischem Wege festgelegt werden, damit Ressourcen auch tatsächlich dorthin gelangten, wo sie am dringendsten gebraucht würden.

Für die Bankgeschäfte von Privatleuten gäbe es zwei Arten von Konten: ein verzinstes Anlagekonto und ein Kontokorrentkonto, das Geld nur für Zahlungen bereithält.[84] Bei Einzahlungen muss sich der Kontoinhaber entscheiden, ob das Geld gespart oder angelegt werden soll. Beim Sparen verwahrt es die Bank zinslos. Für Zinserträge muss er es auf ein Anlagekonto überweisen. Die Bank ist verpflichtet, ihn darüber zu informieren, wie sie das Geld investieren will. Der Anleger kann seine Zustimmung verweigern, wenn er die Anlage als unethisch empfindet.[85] Zinserträge sind nach diesem Modell mit Verlustrisiken verbunden.

Bei so weitreichenden Eingriffen in ein bestehendes komplexes System lassen sich nicht alle Folgen, weder erwünschte noch weniger willkommene, von vornherein absehen. Aber einiges ist klar: Das derzeitige Bankensystem verfehlt seinen Zweck. Es ist undemokratisch, führt zu konjunkturellen Achterbahnfahrten mit verheerenden Folgen für die Gesellschaft und sichert Konzernen, die mit den Billionen Euro unter ihrer Kontrolle skrupellos Gewinnmaximierung treiben, eine gewaltige Macht. Das Wirtschaftswachstum wird erneut durch eine kurzatmige Vergabe von Krediten befeuert, die mehrheitlich in den Immobilienmarkt gepumpt werden. Das Office for Budget Responsibility (OBR), ein nicht dem Ministerium unterstehendes öffentlich-rechtliches Gremium, das die Regierung in Etatfragen berät, prognostizierte, dass die Verschuldung britischer Haushalte im Verhältnis zum Einkommen bis 2021 auf 163 Prozent ansteigen werde. Dies entspricht fast dem unmittelbar vor der wirtschaftlichen Krise von 2008 erreichten Niveau.[86]

Es gibt ein weiteres Problem mit der Art, wie der Faktor Geld im gegenwärtigen System kontrolliert wird: die Unabhängigkeit der Zentralbank. Einem beliebten Argument zufolge müssen Zentralbanken von der Regierung unabhängig sein, damit Politiker sie nicht dazu nutzen können, eine Geldpolitik zu betreiben, die sich nach den eigenen kurzfristigen Interessen richtet, anstatt den langfristigen Interessen der Wirtschaft zu dienen. Infolge dieser Überlegung wurden die Zentralbanken gegen politische Einflussnahme abgeschottet. Die US-Notenbank Federal Reserve gilt beispielsweise insofern als unabhängig, als ihre »geldpolitischen Entscheidungen nicht vom Präsidenten oder von irgendeiner anderen Person in den exekutiven oder legislativen Sektionen der Regierung gebilligt werden müssen«.[87]

Diese Überlegung ist in zweierlei Hinsicht problematisch. Zum einen ließe sie sich auf viele Regierungsaufgaben ausweiten. Regierende Parteien können Steuern senken oder Staatsausgaben um kurzfristiger Vorteile willen erhöhen, die auf Kosten langfristiger Erfolge gehen. Warum also sollte man nicht alle diese Entscheidungen unabhängigen Institutionen übertragen? Weil dann immer mehr Beschlüsse der öffentlichen Kontrolle entzogen und dadurch die ohnehin schwachen demokratischen Strukturen Schaden erleiden würden. Das zweite Problem ist fundamentaler. Die Entscheidungen von Zentralbanken betreffen nicht einfach nur fachliche Fragen, sie sind Politik: Unterschiedliche politische Ausrichtungen dienen unterschiedlichen Interessen.[88]

Wie Ha-Joon Chang schreibt, »hat das Argument, die Zentralbankleute könnten nur deshalb gute Entscheidungen treffen, weil ihre Jobs nicht davon abhingen, Wähler glücklich zu machen, eine Kehrseite: Sie können ungestraft politische Linien verfolgen, die der Mehrheit der Menschen schaden – insbesondere wenn man ihnen sagt, sie brauchten sich um nichts anderes zu kümmern als um die Inflationsrate.«[89] Festzustellen sei, so Chang weiter, dass Zentralbanker »dazu neigen, sich die Ansichten des Finanzsektors ganz genau anzuhören und politische Entscheidungen zu treffen, die ihn unter stützen, notfalls auf Kosten des produzierenden Gewerbes oder der Lohnempfänger«.[90]

Neuere Forschungen bestätigen diesen Befund. In seiner Studie *Bankers, Bureaucrats, and Central Bank Politics: The Myth of Neutrality* von 2013 zeigt Christopher Adolph, Politikwissenschaftler an der University of Washington, dass Notenbanker oft, angetrieben von enggefassten beruflichen Ambitionen, Maßnahmen ergreifen, die den Beifall potenzieller künftiger Arbeitgeber finden, aber öffentlichen Interessen zuwiderlaufen.[91] So verleiht beispielsweise die Federal Reserve Großbanken gewaltige Geldmengen zu Zinssätzen, die insbesondere in Krisenzeiten weit unter Marktniveau und mitunter sogar fast bei null liegen. Das sind fette Cashpakete, die quasi als Werbegeschenke verteilt werden. Wenn eine Bank Kredite fast zum Nullzins aufnimmt und zum Kauf von Staatsanleihen einsetzt, die beispielsweise 3 Prozent Zinsen abwerfen, erwirtschaftet sie damit fast 3 Prozent Gewinn, ohne auch nur einen Finger zu rühren. Joseph Stiglitz erklärt: »Wenn die US-Notenbank (die als staatliche Institution betrachtet werden kann) den Banken imgrunde zinsfrei unbegrenzte Geldmittel zur Verfügung stellt und ihnen erlaubt, diese Mittel zu viel höheren Zinsen an den Staat (oder fremde Staaten) weiter zu verleihen, hat sie dem Sektor schlicht ein milliardenschweres verstecktes Geschenk gemacht.« Stiglitz weiß aus seiner eigenen Zeit in einem Beratergremium der Regierung, wie der Hase läuft:

[Die Banker] erheben gegen jeden Kandidaten Einspruch, der ihre Überzeugungen nicht teilt. Ich habe dies aus erster Hand während der Clinton-Administration erlebt, als Namen für den Vorsitz der US-Notenbank in Umlauf gebracht wurden […]. Wich einer der Kandidaten von der »Parteilinie« ab – wonach Märkte sich selbst regulieren und Banken ihre Risiken selbst kontrollieren können –, wurde so lautstark protestiert, dass der Betreffende erst gar nicht vorgeschlagen oder, wenn doch, abgelehnt wurde.[92]

Solche Beeinflussungsmechanismen führen zu einem Notenbanksystem, das zwar vom Wähler unabhängig, den Privatbanken aber hörig ist. Der Finanzsektor übt in erheblichem Maße Kontrolle über die Zentralbanken aus – mit verheerenden Folgen für die übrige Gesellschaft. Eine Zentralbank kann nicht unparteiisch sein. Ihre Politik nützt einigen Gruppen auf Kosten anderer. Die Gefahr, dass Politiker um eines kurzfristigen politischen Vorteils willen in die Geldpolitik eingreifen, besteht zwar tatsächlich, aber wenn eine Zentralbank anstatt einer privilegierten Minderheit der Mehrheit nutzen soll, muss sie demokratisch verantwortlich und gegen Druck aus dem Privatsektor immun sein.

International betrachtet, stellen sich die Dinge noch schlechter dar. Die Konstruktion von IWF und Weltbank spiegelt die Machtbalance zwischen den Nationen zur Zeit ihrer Entstehung am Ende des Zweiten Weltkriegs wider. Es ist das klassische Ein-Dollar-eine-Stimme-System: Reichere Nationen haben mehr Einfluss. Im IWF verfügen die USA, Kanada, Japan, Russland, Frankreich, Deutschland und Italien zusammen über 49 Prozent der Stimmen. Bei den fünf wichtigsten Organisationen der Weltbank liegt dieser Anteil im Durchschnitt bei 48 Prozent. In der Praxis ist das Verhältnis noch krasser, als es diese Zahlen suggerieren. Nach der Gründungscharta beider Institutionen erfordert jede wichtige Entscheidung eine Mehrheit von 85 Prozent. Allein die USA verfügen im IWF über 17 Prozent und in der Weltbank über 18 Prozent der Stimmanteile, womit sie gegen jede von einem Land eingebrachte Resolution ein Veto einlegen können, selbst dann, wenn die gesamte übrige Welt sie befürwortet. Zudem wurden sämtliche höheren Positionen stets von Amerikanern und Europäern besetzt. Und beide Institutionen haben ihren Sitz in Washington, DC. Diese Voraussetzungen führen absehbar zu einem System, das die Interessen der reichen Nationen widerspiegelt.

Kaum besser ist es um die Welthandelsorganisation (WTO) bestellt, die die Regeln des internationalen Handels festlegt und so die Souveränität der Nationen weitreichend beschneidet. Oberflächlich erscheint sie insofern demokratisch, als jedes Mitglied eine Stimme erhält. In Wirklichkeit können ärmere Nationen ihr Stimmrecht erst ausüben, wenn die reicheren die zentralen Entscheidungen schon getroffen haben. Die WTO-Agenda wird in einer Praxis des sogenannten Green Rooming in unprotokollierten Sitzungen festgelegt, an denen die USA, Kanada, die Europäische Union und Japan teilnehmen. Nach Beginn der offiziellen Verhandlungen können ärmere Nationen nur gegen die Vorschläge dieser Länder stimmen. Und selbst dies ist schwierig. Es drohen womöglich Sanktionen wie der Entzug von Auslandshilfen oder Beschränkungen beim Zugang zu Exportmärkten.

Geld demokratisieren – festlegen, wie es geschöpft wird, wer von seiner Schöpfung profitiert, wo und zu welchen Bedingungen es investiert wird – ist eine vordringliche Aufgabe. Manche Theoretiker haben sich der entmutigenden Aufgabe gestellt, mehrere institutionelle Veränderungen zu einem umfassenden Konzept eines neuen Wirtschaftssystems zu kombinieren.[93] In einem über drei Jahrzehnte währenden Projekt hat der amerikanische Mathematiker und Philosoph David Schweickart ein Modell entwickelt, das er »Economic Democracy« – Wirtschaftsdemokratie – nennt.[94] Es beruht auf drei Hauptsäulen: Demokratie am Arbeitsplatz, einem wettbewerbsfähigen Markt und der demokratischen Kontrolle von Investitionen – eine radikale Alternative zu der Art, wie Banken und Investitionen gemeinhin funktionieren. Die größten Vermögen sind derzeit in den Händen eines relativ kleinen Kreises von Privatleuten konzentriert. Schweickart schreibt:

> Weil es ihnen gehört, können sie damit verfahren, wie es ihnen beliebt. Sie können es überall und in alles investieren, was sie wollen, oder auch gar nicht investieren, wenn die Gewinnaussichten trübe sind. Wird aber diese Freiheit mit den neuerdings erhöhten Transferkapazitäten verknüpft (Geld und Waren bewegen sich schneller denn je), verleiht das dem Kapital eine Mobilität, die inzwischen rund um den Globus wirtschaftliche und politische Unsicherheit hervorruft. So »demokratisch« sich die politischen Systeme auch geben mögen, jetzt herrschen die Finanzmärkte, und diese Herrschaft ist oft launisch, oft zerstörerisch.[95]

Die Verfügungsgewalt darüber, wo Geld investiert wird, ermöglicht es, begrenzte Ressourcen und Massen von Arbeitskräften zu bestimmten Aktivitäten einzusetzen und sie von anderen abzuziehen. In Schweickarts Modell haben Beschäftigte eine fast vollständige demokratische Kontrolle über die sie betreffenden Entscheidungen, aber kein Kapital in Form von Boden, Gebäuden oder Ausrüstungen. Diese gehören der Gesellschaft und werden an selbstverwaltete Betriebe verpachtet. Gewonnene Erträge speisen einen nationalen Investmentfonds unter öffentlicher Kontrolle. Diese Mittel fließen dann wieder in die Gesellschaft zurück, wobei ein Verteilungsschlüssel gilt, der an erster Stelle einem Gerechtigkeitsprinzip folgt und an zweiter Stelle Kriterien des Wettbewerbs berücksichtigt, um die Effizienz zu steigern. Nach dem Gerechtigkeitsgrundsatz erhält eine Region Investitionen im Verhältnis zur Größe ihrer Bevölkerung, um lokal bedingte Ungleichheiten mit der Zeit zu reduzieren.[96] Sobald das Geld in einer Gemeinde eintrifft, greift das Effizienzprinzip. Die Summe, die eine regionale Bank vor Ort erhält, »richtet sich nach der Größe und Anzahl von Firmen, die die Bank bedient, danach, wie gut es ihr bisher gelungen ist, Fördergelder wirtschaftlich sinnvoll zu vergeben, und nach ihren Erfolgen bei der Schaffung neuer Arbeitsplätze«.[97] Tatsächlich könnte die Gesellschaft das Vergabeverfahren nach jedweden erwünschten Kriterien führen, wobei Nachhaltigkeit allerdings oberste Priorität haben müsste. Diese öffentlichen Banken vergeben keine Darlehen, sondern Zuschüsse. Ihre Angestellten werden aus Steuermitteln »nach einer Formel« bezahlt, »die das Einkommen an den Erfolg der Bank koppelt, wenn sie ertragssteigernde Zuschüsse vergibt und Arbeitsplätze schafft«.[98] Wenn in einer Region lohnenswerte Investitionsmöglichkeiten fehlen, gehen die überschüssigen Fördermittel ins Zentrum zurück, damit sie anderen Stellen mit Bedarf zugewiesen werden. Auch wenn die Banken keine Institute zur Gewinnmaximierung sind, bestehen für sie Anreize, in Unternehmen zu investieren, die ein gesellschaftlich nützliches Gewinnpotenzial aufweisen. Dies ist nur eine Miniaturskizze des von Schweickart vorgeschlagenen Modells, aber vielleicht vermittelt sie schon einen vagen Eindruck von den zahlreichen Schattierungen

Neuerungen und Möglichkeiten, mit denen sich ein Mittelweg zwischen deregulierten Märkten und zentralisierter staatlicher Lenkung beschreiten lässt.[99]

Macht demokratisieren

Es gibt, so wird uns gesagt, zwei Wege, eine Industriegesellschaft zu organisieren: Kapitalismus (genauer »Staatskapitalismus«) und Kommunismus (genauer »Staatssozialismus«). Nach dem Scheitern des Staatssozialismus 1989 sei der Staatskapitalismus der einzige gangbare Weg gewesen. Dieses vertraute Narrativ ist verlockend einfach, macht uns aber blind für den immensen Erfahrungsschatz und die reichhaltige Phantasie, über die Menschen verfügen. Demokratie sucht sich immer neue Wege. Leistungsfähigere, humanere und nachhaltigere Arten, die Gesellschaft zu organisieren, bieten sich sehr wohl an.

Dieses Kapitel hat einige Möglichkeiten skizziert, Demokratie zu vertiefen und auszuweiten. Die Ideen dazu sind nur die Spitze des Eisbergs und räumen mit dem Mythos auf, es gäbe keine Alternative zum etablierten System. Ist der Wandel erst in Gang gekommen, kennt er kein Ende. Er ist ein kreativer experimenteller Prozess mit offenem Ausgang. Wir wissen nicht von vornherein, wohin uns die Reise führt. Vielleicht entwickelt sich die Menschheit eines Tages über die Grenzen dessen hinaus, was die Idee von Nationalstaaten und zentralisierter Regierung vorgibt. In der Gegenwart besteht die eigentliche Herausforderung aber nicht darin, weitere Wege zur Verbesserung der Verhältnisse zu entdecken, sondern die machtvollen Hindernisse zu überwinden, mit denen wir konfrontiert sind, wenn wir versuchen, solche Entdeckungen umzusetzen. Demokratie ist ein laufendes Experiment, und wir müssen ständig um das Recht kämpfen, dieses Experiment durchzuführen. Vom Ergebnis wie von der Art dieses Kampfes hängt die Zukunft unserer Welt ab.

Drei Hauptquellen von Macht formen die Gesellschaft: die wirtschaftliche, die staatliche und die soziale Macht. Die Macht der Ökonomie beruht auf der Verfügung über den Wohlstand, die Staatsmacht auf der Durchsetzung von Herrschaft und die soziale Macht auf kollektivem Handeln. Jedes große moderne Gesellschaftssystem ist ein Hybridgebilde, das diese Formen der Macht in verschiedenen Proportionen miteinander kombiniert. Darin stellen sich uns zwei unmittelbare Aufgaben: Zum einen muss die soziale Macht, das Zusammenwirken von Menschen, dazu genutzt werden, die demokratische Kontrolle über den Staat zu vertiefen, zum anderen muss der Staat dazu genutzt werden, konzentrierte wirtschaftliche Macht zu überwinden. Wenn das Ein-Dollar-eine-Stimme-System dem Prinzip »Ein Mensch, eine Stimme« weichen soll, müssen wir Wege finden, Einfluss außerhalb der verarmten und korrumpierten Kanäle »demokratischer« Repräsentation auszuüben, die heute die Logik des Marktes verkörpern. Das ist eine anspruchsvolle Herausforderung, die sich nur kollektiv in vielen verschiedenen komplementären Initiativen bewältigen lässt. Die zahllosen – öffentlichen wie privaten – Aktionen von Menschen aus den verschiedensten sozialen Bereichen, Berufs- und Altersgruppen geben der Gesellschaft in wachsendem Maße Impulse, eine neue Richtung einzuschlagen. Einer solchen Bewegung sind keine vorherbestimmten Grenzen gesetzt.

Die Abstimmung im Wahllokal ist ein verfügbares Mittel zum Wandel. Auch wenn die Unterschiede zwischen den führenden Parteien seit Jahrzehnten nur noch gering sind, so können sie sich doch auf das Leben der Menschen spürbar auswirken. Das kleinere Übel zu wählen, kann zu einem lohnenden politischen Akt werden. In entscheidenden Momenten, wenn die Machtbasis großer Parteien zerbricht oder eine radikale Umorientierung innerhalb einer etablierten Partei massenhaft Zustimmung gewinnt, kann ein Wahlsieg die Wende bringen. Das Werben um Unterstützung für solche Alternativen – ob Podemos in Spanien oder Jeremy Corbyns Labour Party in Großbritannien – wird dann zu einer organisatorischen Priorität.

Ohne Demokratisierung des Staates ist Wandel im System unerreichbar. Auch wenn ein Wahlsieg einen entscheidenden Schritt in diese Richtung bedeutet, haben es neue Parteien extrem schwer, eine von Grund auf andere Politik zu etablieren. Zu den unmittelbaren Hindernissen zählen bestehende internationale Handelsabkommen die Mitgliedschaft in Strukturen wie der Europäischen Union, Medien im Besitz von großen Kapitaleignern, starre staatliche Institutionen, der übermächtige Einfluss der Konzerne, Zensur und Anfeindungen aus anderen Staaten. Angesichts solcher Probleme sind fortschrittliche politische Parteien auf die Bewegungen angewiesen, aus denen sie hervorgegangen sind, um dem Druck standzuhalten, der ihre Pläne zwangsläufig vielfach durchkreuzt. Die eigentliche politische Arbeit geschieht zwischen den Wahlen und besteht im Aufbau von Netzwerken, Communitys und Bewegungen wie auch im beharrlichen Bestreben, kulturelle Narrative in der öffentlichen Debatte, den Medien, in Bildungswesen und Kunst zu modifizieren. Eine starke dauerhafte Bewegung wurzelt in Bindungen von Freundschaft, Vertrauen, Solidarität und Respekt – Bindungen, die die Beteiligten inspirieren und innerlich stärken. Bewegungen, nicht Führer erzwingen den Wandel, auch wenn diese wesentlich dazu beitragen, sie zu mobilisieren und zusammenzuschmieden.

Der Zweck, sich Zugang zu den Schalthebeln der Macht zu verschaffen, besteht darin, Demokratie in der gesamten Gesellschaft zu vertiefen, die Spielregeln zu ändern und dauerhaft den Druck von denjenigen zu nehmen, die gezwungen sind, das alte Spiel mitzuspielen. Um dies zu erreichen, müssen wir den eigentlichen Widerstand brechen: den des Kapitals. Solange ein winziger Teil der Menschheit den größten Teil des Wohlstands kontrolliert, tut sich Demokratie schwer damit, mehr zu sein als eine hübsche Maske, hinter der sich ein hässliches System verbirgt. Angesichts der globalen Reichweite des Kapitals ist länderübergreifende Solidarität entscheidend, wenn die Kräfte der Demokratie die Oberhand gewinnen sollen. Den Inhalt eines Manifests in Realität zu überführen, erfordert das kreative Engagement vieler.

Die Geschichte der Syriza in Griechenland verweist auf zukünftige Schlachten. Diese demokratisch gewählte Partei kam mit einem relativ milden Programm gegen die Sparpolitik an die Macht, kollidierte dort aber mit dem Einfluss des internationalen Kapitals. Zur Entscheidung stand, die Fragen von Schulden, Finanzen und Investitionen zugunsten der Menschen oder zugunsten der Profite zu lösen. Das Ergebnis war deutlich. Selbst nach einem landesweiten Referendum, in dem das griechische Volk die erdrückenden Auflagen des Abkommens, das die Europäische Union und der IWF ihm auferlegten, entschieden zurückgewiesen hatte, musste sich Griechenland dem Willen seiner Gläubiger beugen. Die Unterwerfung einer ganzen Nation machte deutlich, wo die eigentliche Macht liegt. Aber dies war erst eine Schlacht, ausgefochten von einem kleinen Land unter widrigen Umständen. Die nächste könnte anders ausgehen.

11

ÜBERLEBEN

Zu Beginn des 21. Jahrhunderts riefen die Vereinten Nationen die Studie »Millennium Ecosystem Assessment« ins Leben, bei der über 1300 Wissenschaftler aus 95 Ländern einen Überblick über den Zustand von 24 entscheidenden »Ökosystemdienstleistungen« gaben. Wie sie feststellten, »zehren menschliche Eingriffe das natürliche Kapital der Erde aus. Sie strapazieren die Umwelt so stark, dass die Fähigkeit der Ökosysteme des Planeten, künftige Generationen zu versorgen, nicht mehr als gesichert gelten kann«.[1] Seither sind die Umweltbelastungen stetig weiter gestiegen. Wir schädigen in einem unglaublichen Maß unsere Lebensgrundlagen, indem wir die Atmosphäre mit gewaltigen Mengen von Treibhausgasen belasten und Böden, Flüsse und Meere mit immer mehr Chemikalien verseuchen.

Mindestens neun weltweit ablaufende Prozesse sorgen dafür, dass sich die Bedingungen für das Überleben der Menschheit zusehends verschlechtern: Klimawandel, Verlust an Artenvielfalt, Störungen der Kreisläufe von Stickstoff und Phosphor, die Schädigung der Ozonschicht in der Stratosphäre, die Versauerung der Ozeane, die weltweite Nutzung von Süßwasser, Veränderungen bei der Bodennutzung, Belastung der Atmosphäre mit Aerosolen und chemische Verschmutzung. Jeder dieser Prozesse hat eine Grenze, bis zu der sich seine Gefahren noch beherrschen lassen. Wird sie überschritten, drohen Katastrophen im globalen Maßstab. Laut einer wegweisenden Studie des Stockholm Resilience Centre bewegen wir uns bei vier Entwicklungen bereits in einem Bereich jenseits dieser Grenze: beim Klimawandel, beim Artensterben, bei der Landnutzung und den Kreisläufen von Stickstoff und Phosphor.[2]

Der Klimawandel ist wohl das drängendste Umweltproblem unserer Zeit. In einem Bericht von 2014 kam der »Weltklimarat« IPCC (Intergovernmental Panel on Climate Change) zu dem Schluss, dass »der menschliche Einfluss auf das Klimasystem klar zutage liegt. Die Menge an Treibhausgasen, die durch den Menschen in jüngster Zeit freigesetzt werden, ist die höchste in der Geschichte.«[3] Demnach besteht eine 95-prozentige Wahrscheinlichkeit, dass der Großteil des beobachteten Anstiegs der weltweiten Durchschnittstemperaturen durch den Ausstoß von Treibhausgasen verursacht ist, die hauptsächlich aus der Nutzung fossiler Energieträger stammen. Die fortdauernden Emissionen werden »langanhaltende Veränderungen in sämtlichen Komponenten des Klimasystems« zur Folge haben, mit »einer wachsenden Wahrscheinlichkeit schwerwiegender, tiefgreifender und unumkehrbarer Folgen für Menschen und Ökosysteme«.[4]

Die Lage droht rasch außer Kontrolle zu geraten, weil die Temperaturen inzwischen so stark angestiegen sind, dass Rückkopplungseffekte das Klima noch schneller aufheizen: Einer dieser Effekte ist das Abschmelzen des arktischen Eises. Weißes Eis wirkt wie ein Spiegel, der die Sonnenstrahlen in den Weltraum reflektiert. Schmilzt es, tauchen an den Polen riesige Flächen stumpfen blauen Wassers auf, das sich aufheizt, den Schmelzvorgang beschleunigt usw. Zudem tauen aufgrund der steigenden Temperaturen die Permafrostböden auf, in denen große Mengen Methan gebunden sind, ein Treibhausgas, das, wenn es in die Atmosphäre gelangt, den Klimawandel viel stärker noch als Kohlendioxid in einem gewaltigen Ausmaß beschleunigt. Bis zum Ende des Jahrhunderts könnten 100 Milliarden Tonnen in die Atmosphäre gelangen und einen Temperaturanstieg verursachen wie ihn der heutige CO_2-Ausstoß in einem Zeitraum von 270 Jahren bewirkt.[5] Die Folgen wären katastrophal. 2013 warnte der Glaziologe Jason Box, der dafür bekannt ist, dass er sich unverblümter äußert als die meisten seines Berufsstandes, wegen dieser Effekte sei ein Anstieg der Meeresspiegel um 21 Meter im Laufe der nächsten Jahrhunderte wahrscheinlich schon »ins System eingebacken«.[6]

Wir stoßen nicht nur immer mehr Kohlendioxid aus, sondern schwächen zudem die Fähigkeit unserer Wälder, es der Atmosphäre wieder zu entziehen. Bis jetzt haben wir schon rund die Hälfte de weltweiten natürlichen Tropenwälder vernichtet.[7] Nach einer von mehreren variierenden Schätzungen gehen gegenwärtig jedes Jahr rund 13 Millionen Hektar Wald verloren.[8] Wenn diese Vernichtung im selben Tempo weiter voranschreitet, werden gegen Ende des Jahrhunderts sämtliche Tropenwälder verschwunden sein. Die Entwaldung verschärft und beschleunigt die Erderwärmung, weil Bäume als Kohlenstoffspeicher wirken, die der Atmosphäre CO_2 entziehen. Manchen Schätzungen zufolge soll Waldvernichtung 15 Prozent der Emissionen von Treibhausgasen verursachen.[9] Mit ihr gehen auch die Lebensräume von Wildtieren verloren. Fast 80 Prozent der Tierarten weltweit leben in Regenwäldern. Die rasante Entwaldung führt zu Artensterben, dessen Geschwindigkeit das natürliche Tempo um das Hundert- bis Tausendfache übersteigt.[10] Manche Wissenschaftler sehen durch diese Entwicklung eine prosperierende menschliche Zukunft noch stärker gefährdet als durch den Klimawandel.

Im Jahr 2015 gelangten Berichte über ein vom britischen Außenministerium gefördertes wissenschaftliches Simulationsprogramm an die Öffentlichkeit, das in seiner Prognose zu ernüchternden Warnungen hinsichtlich einer zukünftigen Lebensmittelknappheit kam. Laut Aled Jones, dem Direktor des Global Sustainability Institute der Anglia Ruskin University, zeigt das Modell »auf der Grundlage wahrscheinlicher Klimatrends und des kompletten Verzichts auf Kurskorrekturen«, dass bis 2040 »das globale System der Lebensmittelversorgung vor katastrophalen Ausfällen stehen würde. Hungeraufstände, wie es sie noch nie zuvor gegeben hat, wären die Folge. In diesem Szenario bricht die Gesellschaft im globalen Maßstab zusammen, weil die Erzeugung von Nahrung ständig hinter dem Verbrauch zurückbleibt.«[11]

Im Verlauf der Evolution bildete sich der Mensch als Spezies in einer Welt heraus, in der die Atmosphäre rund 275 Volumenteile Kohlendioxid pro Million Volumenteile Luft (parts per million, kurz ppm) enthielt. Diese Zusammensetzung trug dazu bei, die Erde ausreichend aufzuwärmen, um menschliches Leben zu ermöglichen. Bei dieser Konzentration überwiegen die positiven Effekte des Kohlendioxids gegenüber den negativen. Rasant angestiegen ist sie aber, seit vor 200 Jahren die industrielle Revolution begann, die vom Verbrauch gewaltiger Mengen der in der Erdkruste eingeschlossenen fossilen Brennstoffe – Kohle, Gas und Erdöl – vorangetrieben wurde. Heute hängt fast jede menschliche Tätigkeit von der Verbrennung fossiler Energieträger ab. Deren Verbrauch hält den Betrieb unserer Wirtschaft aufrecht.

Bis 2015 ist der CO_2-Gehalt der Luft auf 400 ppm angestiegen. Während sich die meisten Klimaforscher darin einig sind, dass wir diese Konzentration auf ein Maximum von 350 ppm zurückfahren müssen, nimmt sie faktisch stetig zu, und zwar um rund 2 ppm pro Jahr.[12] Fossile Brennstoffe sind noch immer reichlich vorhanden, doch fehlt uns eine Atmosphäre, die das bei ihrer Verbrennung freiwerdende Kohlendioxid gefahrlos aufnehmen kann. Die gegenwärtige CO_2-Konzentration ist die höchste seit den letzten 800 000 Jahren, wahrscheinlich sogar seit einer noch deutlich früheren Zeit.[13] Je mehr der Kohlendioxidgehalt in der Atmosphäre zunimmt, desto stärker wirkt der Treibhauseffekt, der das Erdklima weiter aufheizt.

Seit der industriellen Revolution ist die globale Durchschnittstemperatur bereits um 1 Grad Celsius gestiegen.[14] 2009 legte das Abschlussdokument der UN-Klimakonferenz in Kopenhagen fest, dass die Erderwärmung auf 2 Grad begrenzt werden soll. Diesem Schwellenwert haben wir uns schon zur Hälfte angenähert. Eine Zeitlang galt er in der Diskussion als die Grenze, jenseits derer die Risiken des Klimawandel auf ein unvertretbar hohes Maß anwachsen; inzwischen sehen ihn viele Wissenschaftler als deutlich zu hoch angesetzt an. Der führende Klimaforscher James Hansen bezeichnete ihn als »Rezept für eine Katastrophe auf lange Sicht«.[15] Er und viele seiner Kollegen zeichnen ein düsteres Bild: Bei 2 Grad Celsius werden 1,5 Milliarden Menschen alljährlich unter Hitzewellen und noch einmal so viele unter Wasserknappheit leiden. 30 Millionen Menschen werden von Überflutungen betroffen. Zahlreiche biologische Arten und Ökosysteme verschwinden. In Teilen Afrikas werden katastrophale Dürren immer mehr zum Normalfall. Die Meeresspiegel steigen um über einen halben Meter. Flache Inselstaaten gehen unter.[16] Von diesen Aussichten aufgeschreckt, kämpfen seit 2009 Entwicklungsländer

Aktivisten weltweit und über 100 Inselstaaten darum, eine maximale Temperaturerhöhung um 1,5 Grad Celsius ins Zentrum der Debatte zu stellen.

Uneinigkeit herrscht darüber, welche Werte für »CO_2-Budgets«, also Restmengen an noch erlaubten Emissionen, gelten sollen. Verschiedene Faktoren sind im Spiel: Wie viel Risiko sind wir bereit, einzugehen? Was sagen die neuesten Ergebnisse der Klimaforschung dazu, wie stark eine bestimmte Menge Kohlendioxid die Erde aufheizt? Wie groß sind die verbleibenden Reserven an fossilen Energieträgern? (Die Einschätzungen dazu verändern sich häufig.) Und wie optimistisch sind wir, dass Geotechnik das Problem entschärfen kann? Egal, welche Zahlen genannt werden – es gibt, wie Klimaexperte Duncan Clark betont, noch »weitaus mehr fossilen Brennstoff, als wir verbrennen dürfen. Je mehr wir dem Boden entreißen, desto stärker steigt das Risiko einer unumkehrbaren Klimakatastrophe.«[17]

Laut Professor Kevin Anderson, einem führenden Klimaforscher an der University of Manchester, sind die in den Medien präsentierten Budgets generell deutlich zu optimistisch angesetzt, weil sie auf überholten spekulativen Annahmen beruhen, etwa der Ankündigung, große Mengen CO_2 könnten mittels neuer – allerdings noch nicht entwickelter – Technologien »der Atmosphäre in den kommenden Jahrzehnten entzogen werden«, oder der – durch neuere Daten widerlegten – Behauptung, der weltweite Ausstoß von Kohlendioxid habe 2010 seinen Höhepunkt erreicht. Auch wenn sich optimistische Szenarien politisch bequemer präsentieren lassen, weil sie mit Wirtschaftswachstum kompatibel sind, kamen sie laut Anderson letztlich dadurch zustande, dass Wissenschaftler »ihre eigenen Forschungen zensierten«, um sie »mit dem heute vorherrschenden politischen und wirtschaftlichen Denken in Einklang zu bringen«.[18]

Im Klartext heißt das: Sämtliche 400 Szenarien des Weltklimarats, die eine 50-prozentige oder größere Chance für 2 Grad Celsius ergeben, setzen voraus, dass wir entweder die Fähigkeit entwickeln, in der Zeit zurückzureisen, oder dass in großem Maßstab erfolgreich Antiemissionstechnologien zum Einsatz kommen, die bisher nur in der Phantasie existieren. Ein erheblicher Anteil der Szenarien hängt sogar von beidem ab, von »Zeitreisen« *und* vom »Geo-Engineering«.[19]

Eine Analyse der Zahlen des Weltklimarats bringt ernüchternde Fakten zum Vorschein. Wenn die gegenwärtigen Emissionen auf gleichem Niveau verharren, werden die Chancen, dass wir das 1,5-Grad-Ziel erreichen, schon ab 2021 unter 66 Prozent sinken.[20] Schon jetzt erscheint es nicht mehr wahrscheinlich, dass sich dieses Ziel erreichen lässt. Selbst wenn wir uns damit begnügen, die 2-Grad-Marke mit 50-prozentiger Wahrscheinlichkeit einzuhalten, sehen wir uns mit einer entmutigenden Herausforderung konfrontiert. Obwohl bei diesem Ziel über zwei Jahrzehnte ein höheres CO_2-Budget vorgesehen ist, müssten sofort drastische Maßnahmen ergriffen werden, um noch rechtzeitig die notwendigen Veränderungen einzuleiten. Bei den Klimaverhandlungen wird als selbstverständlich vorausgesetzt, dass wir bis 2020 warten, ehe die Emissionen zurückgefahren werden. Um das 2-Grad-Ziel zu erreichen, müsste der weltweite Kohlendioxidausstoß über die nächsten Jahrzehnte um 3 bis 4 (nach manchen Schätzungen sogar um 5 bis 6) Prozent jährlich verringert werden.[21] Dabei unterstellen solche Hochrechnungen, dass sämtliche Länder die Last der CO_2-Reduktion in gleichem Maße schultern, doch wenn die reicheren Nationen einen größeren Anteil übernehmen sollen, wie es allgemein (wegen ihrer Verantwortung für das Gros der bisherigen Belastung und wegen ihres Wohlstands) erwartet wird, müssten sie ihre Emissionen mit sofortiger Wirkung um 10 Prozent jährlich zurückfahren.[22] Kevin Anderson und Alice Bows argumentieren, dass »in den USA, der EU und anderen wohlhabenden Nationen radikale und unverzügliche wachstumsfeindliche Strategien« erforderlich seien, um eine derart drastische Drosselung zu erreichen.[23] Einschnitte von solcher Größenordnung hat es noch nie gegeben, und die Idee, das Wachstumsmantra in Frage zu stellen oder gar Pläne für ein Negativwachstum zu entwickeln, gilt in der gängigen Wirtschaftslehre als glatte Ketzerei.

Wenn keine Veränderung eintritt, landen wir womöglich bei einer globalen Erwärmung von 4 Grad Celsius oder darüber.[24] Schon jetzt schmelzen die Gletscher ab, die Hunderten von Millionen Menschen als Trinkwasserspeicher dienen. Dürren mehren sich. Und Stechmücken breiten sich über Regionen aus, in denen sie bislang nicht heimisch waren, und schleppen dort tödliche Krankheiten ein. Die Meeresspiegel steigen längst. Bis zum Ende des Jahrhunderts könnten sie um mehrere Meter höher liegen, was den Untergang zahlreicher Städte und Inseln zur Folge hätte. Überschwemmungen und Waldbrände haben an Intensität zugenommen und treten in manchen Gebieten immer häufiger auf. Weil die Meere ständig größere CO_2-Mengen aufnehmen, steigt ihr Säuregehalt, der das Leben in ihnen, auch Korallenriffe, bedroht.[25]

»Es ist fünf vor zwölf«, warnte bereits 2013 Rajendra Pachauri, damals Vorsitzender des Weltklimarats IPCC, vor Veröffentlichung des fünften Reports seiner Organisation. »Wir können uns gegen nichts abschotten, das in irgendeinem Teil dieses Planeten geschieht. [...] Es wird uns alle in der einen oder anderen Weise betreffen.«[26] Pachauri glaubt, dass noch Hoffnung bestehe, falls wir einen neuen Kurs abstecken, der für mehr Energiesicherheit sorgt, die Verschmutzung verringert, die Gesundheit verbessert und zugleich neue Jobchancen bietet. Dagegen stehen die Äußerungen etlicher Wissenschaftler, die davon überzeugt sind, dass ein extrem gefährlicher Anstieg der weltweiten Temperaturen unabhängig von den ergriffenen Maßnahmen nicht mehr aufzuhalten ist. Angesichts der Lage müssen wir uns auf die schlimmsten Szenarien vorbereiten, die uns die Modelle als mögliche Entwicklungen in Aussicht stellen, und gleichzeitig alles unternehmen, was in unserer Macht steht, um zu verhindern, dass sie Wirklichkeit werden.

Was muss geschehen?

Bei der Verbrennung der bekannten Reserven an Erdöl, Erdgas und Kohle würden rund 3 Billionen Tonnen Kohlendioxid freigesetzt.[27] Je nach den Risiken, die wir einzugehen bereit sind, stellt diese Menge das Sieben- bis Zwölffache dessen dar, was wir nutzen können, um unterhalb der Erwärmungsgrenze von 1,5 Grad zu bleiben. Selbst beim unzulänglichen 2-Grad-Ziel und einer 66-prozentigen Chance, diese Schwelle nicht zu überschreiten, liegen diese Reserven noch immer beim Dreifachen dessen, was wir nutzen dürfen. Auch wenn die Prognosen anhand neuer Forschungsergebnisse laufend verfeinert und aktualisiert werden, steht das Fazit bereits fest: Wir müssen den Großteil der fossilen Energieträger (die meisten Klimaforscher sprechen von über 80 Prozent) im Boden belassen. Je weniger wir nutzen, desto glimpflicher fällt der Temperaturanstieg aus.

Dies ist einfacher gesagt als getan. Die fossilen Energiereserven sind im Besitz von Konzernen und Staaten. 2011 wurde ihr Wert auf 27 Billionen US-Dollar geschätzt.[28] Auch wenn sich die Marktbewertungen verändern, müssen wir, wenn keine Wundertechnik erfunden wird, viele Billionen Dollar an Werten für Energieträger abschreiben, um innerhalb eines vertretbaren CO_2-Budgets zu bleiben. Der Widerstand, der sich dagegen regt, stellt eines der größten Hindernisse in der Bekämpfung des Klimawandels dar. In einem System, das vom Profitstreben angetrieben wird, scheint sogar das Überleben der Menschheit von zweitrangiger Bedeutung zu sein. Das ist purer Wahnsinn, aber der Widerstand ist ganz real und muss gebrochen werden, um die Katastrophe zu verhindern.

Seit zwei Jahrhunderten ist der Kohlendioxidausstoß unaufhaltsam weiter gestiegen. Abgesehen von den Jahren seit der Wirtschaftskrise von 2008 hat keine der Maßnahmen, die auf globaler Ebene ergriffen wurden, seine Steigerungsrate gebremst. In den letzten 150 Jahren haben die Erhöhung der Energieeffizienz und die Nutzung neuer Energien die CO_2-Emission immer nur beschleunigt. Dabei ist die Abhängigkeit von fossiler Energie nicht etwa kleiner, sondern immer größer geworden.[29] Der einzig zuverlässige Weg, um dieses Erdöl im Boden zu lassen, besteht darin, sich international auf eine rechtlich bindende, absolute Obergrenze für CO_2-Emissionen zu verständigen. Obwohl sich dies mittels verschiedener Mechanismen bewerkstelligen ließe – der eher leichtere Teil –, ist die internationale Gemeinschaft bislang mit Bravour daran gescheitert, sich auf eine solche Grenze zu einigen.[30]

Bis heute hat sie dem Klimawandel nur eine erbärmliche Reaktion entgegengesetzt. Die Länder mit den größten Erdölreserven – die USA, Kanada, Australien, China, Indien und die Staaten der Golfregion – stellten sich einem verbindlichen Abkommen am entschiedensten in den Weg. Das Kyoto-Protokoll, das 1997 verabschiedet wurde und 2005 in Kraft treten sollte, verpflichtete die entwickelten Volkswirtschaften, ihre Treibhausgasemissionen bis 2010 gegenüber dem Niveau von 1990 um 5 Prozent zu reduzieren. Selbst dieses bescheidene Ziel wurde verfehlt. Bis 2013 sind die weltweiten CO_2-Emissionen gegenüber 1990, dem Beginn der Verhandlungen, um 61 Prozent gestiegen.[31]

Im Jahr 2009 trafen sich die führenden Politiker der Welt in Kopenhagen, um Lösungen im Kampf gegen den Klimawandel zu diskutieren. Die im Vorfeld geweckten Hoffnungen wurden enttäuscht. Wie eine Studie zeigte, ergäbe sich, selbst wenn man sämtliche von den Staaten eingebrachte Vorschläge zusammen umsetzte, noch immer ein Temperaturanstieg von fast 4 Grad Celsius.[32] Ende 2015 traten die Staaten in Paris erneut zusammen. Diese 21. Konferenz ihrer Art scheiterte wie alle vorangegangenen erneut daran, eine verbindliche Lösung zu verabschieden. Immerhin – was dort in Aussicht gestellt wurde, hörte sich gut an: 200 Länder unterzeichneten einen Vertrag mit dem Ziel, den weltweiten Temperaturanstieg auf »deutlich unter« 2 Grad Celsius zu beschränken, und erkannten an, dass einer Grenze von 1,5 Grad Celsius hohe Bedeutung zukommt. UN-Generalsekretär Ban Ki-moon sprach von einem »monumentalen Triumph für die Menschen und den Planeten«.[33] Wenn dies auch eine bedeutende rhetorische Wende und einen Schritt in die richtige Richtung darstellte, müssen den Worten noch Taten folgen. Trotz der Jubelmeldungen und selbstgefälligen Reden, die sich an den Gipfel anschlossen, erfüllte das Abkommen nicht einmal minimale Anforderungen an das wissenschaftlich Notwendige und an Gerechtigkeit. James Hansen bezeichnete es als »Schwindel«. Asad Rehman von Friends of the Earth kommentierte: »Das Schiff ist auf den Eisberg gelaufen, es sinkt, und die Kapelle spielt noch immer zu warmem Applaus.«[34]

Im Abkommen fehlten nicht nur verbindliche Ziele für eine Reduktion von Emissionen. Selbst wenn jeder Staat seine Versprechen einhielte, stünden wir immer noch vor einer Erderwärmung von deutlich über 3 Grad Celsius.[35] Die Notwendigkeit, fossile Energieträger im Boden zu belassen, fand im Abkommen ebenso wenig Erwähnung wie eine »Entkarbonisierung«. Tatsächlich tauchen die Wörter »Kohle«, »Öl« und »Gas« nicht einmal auf. Auch fehlt jeder Hinweis auf das Prinzip »Der Verschmutzer zahlt«. Für Entwicklungsländer wurden keinerlei neue Gelder bereitgestellt, um sie beim Ausstieg aus der fossilen Energiewirtschaft zu unterstützen. Den schwächsten Staaten wurde keinerlei Recht zugebilligt, Ausgleich für die Schäden zu fordern, die ihnen der nicht durch ihre Aktivitäten verursachte Klimawandel aufgebürdet hat und weiterhin aufbürdet. Ebenso blieben die Emissionen aus dem Flug- und Schiffsverkehr, die sich drastisch erhöhen werden, im Abkommen unberücksichtigt, und auch das Problem der Klimaflüchtlinge, das sich mit der Zeit verschärfen wird, wurde fast vollständig totgeschwiegen. Dabei werden mit einiger Wahrscheinlichkeit Hunderte von Millionen Menschen aus ihren Heimatländern fliehen müssen.

Der Text setzt stillschweigend voraus, dass wir irgendwann in der Zukunft über Technologien verfügen werden, die es uns ermöglichen, der Atmosphäre große Mengen an Kohlendioxid zu entziehen. Tatsächlich gibt das Abkommen Ländern sogar grünes Licht, ihre bereits riskant hoch bemessenen CO_2-Budgets zu überziehen, wenn sie sich dazu verpflichten, später Verbesserungen umzusetzen. Ohne diese Technologien, die bislang, wie Kevin Anderson hervorhebt, nichts als theoretische Spekulation sind, »ist das 1,5-Grad-Ziel schlicht unerreichbar«. Es gebe »nur eine dünne Chance«, die Erderwärmung unter 2 Grad Celsius zu halten. Auf technologische Lösungen zu hoffen, birgt zweierlei Probleme: Zum einen erhöhen sie die Wahrscheinlichkeit, dass sich unaufhaltsam Rückkopplungseffekte einstellen, die die globalen Temperaturen drastisch in die Höhe treiben; zum anderen geben die bislang vorliegenden Machbarkeitsstudien zu diesen Technologien keinerlei Anlass zu Optimismus.[36]

Kurz vor dem Pariser Abkommen erschien eine Studie, die sich in einem umfassenden Überblick mit der sogenannten »negativen Emission« und ihren technischen Voraussetzungen auseinandersetzte und zu dem Schluss kam, dass es äußerst riskant sei, sich auf sie zu verlassen.[37] Die vierzig Autoren stellten fest, dass alle Technologie in diesem Bereich mit gewaltigen Kosten und Umweltbelastungen verbunden ist, wenn sie in einer Größenordnung betrieben würde, die notwendig wäre, um die CO_2-Konzentration in der Atmosphäre spürbar zu senken. Die Rechnung geht nicht auf. So befasste sich die Studie beispielsweise mit der beliebten Idee, Bioenergie mit CO_2-Abscheidung und -Speicherung zu kombinieren (BECCS), was darauf hinausliefe, gewaltige Bestände an Bäumen und anderen Pflanzen anzulegen, sie zur Energiegewinnung zu verbrennen, das freiwerdende Kohlendioxid aufzufangen und für Jahrtausende in unterirdischen Lagern aufzubewahren. Die Technologie, mit der sich dies im großen Maßstab betreiben ließe, fehlt bislang noch, aber selbst wenn es sie gäbe, wäre die dreifache Fläche Indiens notwendig, um der Atmosphäre so viel CO_2 zu entziehen, dass es zu einer spürbaren Auswirkung käme. Lösungen im Rahmen von Geo-Engineering bleiben gefährliche Phantasien, in denen eine erhöhte Bereitschaft zum Ausdruck kommt, das Überleben unserer Spezies um der Logik des Kapitalismus willen aufs Spiel zu setzen.

Ein anderer Weg ist möglich. Die notwendigen Technologien sind bereits vorhanden, um das gesamte weltweite System der Energiegewinnung auf Erneuerbarkeit umzustellen, und sogar relativ schnell. Mark Z. Jacobson, Professor für Zivil- und Umwelttechnik an der Stanford University of California, wirkte als Autor an einer bahnbrechenden Studie von 2009 mit, die aufzeigte, »dass schon 2030 100 Prozent der weltweiten Energie für sämtliche Zwecke aus Wind, Wasser und solaren Quellen gewonnen werden können«.[38] Jacobson räumt ein, dass es Anstrengungen und Ehrgeiz erfordert, »so wie beim Apollo-Programm oder beim Bau des US-Fernstraßennetzes«. Aber er hat keine Zweifel, dass diese Umstellung mit den verfügbaren Technologien möglich ist. »Wir müssen einfach kollektiv beschließen, dass wir uns als Gesellschaft in diese Richtung bewegen wollen.«[39] 2015 aktualisierten die Autoren ihre Arbeit und zeigten beeindruckend detailliert auf, dass 139 Länder ihren Energiebedarf komplett aus Wind, Sonne und Wasser decken und dabei 50 Millionen Arbeitsplätze schaffen können.[40]

Andere Berichte gelangten zu ähnlichen Schlüssen. Eine Studie im Auftrag der Inter-American Development Bank (IDB) stellte fest, dass in Lateinamerika und der Karibik das Potenzial an erneuerbaren Energien ausreichend hoch ist, um das 22-Fache ihres für 2050 veranschlagten Strombedarfs zu decken.[41] Nach einer Revolution im Energiesektor bezieht Uruguay seine Elektrizität schon heute zu 95 Prozent aus erneuerbaren Quellen.[42] Zu einer Reihe von Regionen gibt es bereits Pläne, die zeigen, wie kosteneffiziente erneuerbare Energien die fossilen Brennstoffe in den nächsten 20 bis 30 Jahren komplett oder fast vollständig ersetzen können.

Wenn Technologie kein Problem ist, halten uns dann vielleicht die Kosten zurück? Das UN Department of Economic and Social Affairs (DESA) stellte fest: Um »die Armut zu überwinden, die Nahrungsmittelproduktion zu steigern, um den Hunger auszurotten, ohne Böden und Wasserressourcen zu schädigen, und eine Katastrophe durch den Klimawandel zu verhüten«, müssten über die nächsten 40 Jahre 1,9 Billionen US-Dollar pro Jahr investiert werden[43], wovon mindestens die Hälfte in Entwicklungsländer fließen müsste. Das ist nicht viel mehr als die weltweiten Militärausgaben, die derzeit bei rund 1,7 Billionen US-Dollar jährlich liegen.[44] Auf Nachfrage rechtfertigen Politiker diese gewaltige Summe eilfertig mit dem althergebrachten Verweis auf die »nationale Sicherheit« – was seltsam und sogar paradox klingt, wenn man sich vor Augen hält, dass dieselben Politiker Bedürftigen die soziale Sicherheit kürzen, Familien in die Überschuldung treiben und der Klimakatastrophe Vorschub leisten. Welche Sicherheit besitzen Familien, wenn sie ihr Dach über dem Kopf verlieren, wenn das Geld für die Ernährung ihrer Kinder für die Universität oder medizinische Versorgung fehlt und sie in eine Zukunft blicken, in der Hunger, Dürren, Hurrikans, Brände und Überschwemmungen drohen? Der Klimawandel ist die größte Gefahr für die Sicherheit, mit der sich die Menschheit je konfrontiert sah. Wenn wir kollektiv Opfer für den Krieg bringen können warum dann nicht fürs Überleben? Wenn ein hohes Maß an internationaler Kooperation möglich ist, um komplexe Handelsabkommen zu schließen, warum dann nicht auch für globale Regelungen im Hinblick auf Kohlendioxidemissionen?

Würden sich alle Regierungen verpflichten, 30 Prozent ihres Militärbudgets für den Kampf gegen den Klimawandel einzusetzen, kämen über eine halbe Billion Dollar pro Jahr zusammen. Eine weltweite Finanztransaktionssteuer könnte 650 Milliarden US-Dollar erbringen.[45] Eine CO_2-Steuer in den entwickelten Nationen könnte nach fundierten Hochrechnungen jährlich zwischen 250 und 450 Milliarden US-Dollar in die Kassen spülen.[46] Wenn sämtliche Subventionen für fossile Energieträger gestrichen würden, könnten jährlich 1 Billion US-Dollar eingespart werden, so eine äußerst konservative Schätzung von 2012.[47] Bereits diese Summen übersteigen die Schwelle der benötigten 1,9 Billionen Dollar. Darüber hinaus haben neuere Untersuchungen des IWF ergeben, dass die staatliche Subventionierung der mit der Bereitstellung fossiler Energieträger befassten Industrie weitaus höher liegt als ursprünglich gedacht: bei insgesamt 5,3 Billionen Dollar pro Jahr, also mehr als doppelt so viel, wie notwendig ist, um den Klimawandel zu bekämpfen. Zudem hat der IWF festgestellt, dass der CO_2-Ausstoß um 20 Prozent zurückginge, wenn man diese Subventionen abschaffen würde.[48] Diese Zahlen zeigen: Es mangelt nicht an Geld, um den Klimawandel einzudämmen. Wie könnte es auch? Wären wir denn allen Ernstes fähig, unser eigenes Überleben mit einem Preisschild zu versehen?

Es wäre blanker Irrsinn in weit fortgeschrittenem Stadium, eine Kosten-Nutzen-Liste zum Erhalt der Lebensgrundlagen auf der Erde zu erstellen. Führenden Klimaforschern zufolge hätte ein Anstieg der weltweiten Durchschnittstemperaturen um 4 Grad katastrophale Folgen für die Menschheit. Dabei ist es eher unwahrscheinlich, dass sie sich auf diesem Niveau einpendeln würden. Rückkopplungseffekte lassen eine Erhöhung um 5 bis 6 Grad befürchten. Auch muss dabei unbedingt im Blick behalten werden, dass sich der 4-Grad-Anstieg gegenüber dem vorindustriellen Zeitalter auf weltweite Durchschnittswerte bezieht. Über Festland läge er eher bei 5 Grad, in manchen Regionen würde er sogar bis zu 15 Grad erreichen.[49] Die Prognosen variieren, aber ein Temperaturanstieg bis zu dieser Größenordnung würde das Leben von Hunderten von Millionen, wahrscheinlich sogar von Milliarden Menschen bedrohen. Ein im Auftrag der Weltbank erstellter Bericht des Potsdam-Instituts für Klimafolgenforschung gelangte zu dem Schluss: Es »ist also ungewiss, ob die Anpassung an eine Erwärmung um 4 °C möglich ist«.[50] Professor Neil Adger vom Tyndall Centre, ein Experte in Sachen Anpassung an eine wärmere Welt, teilte der britischen Tageszeitung *The Guardian* 2008 mit:

> Wenn man die Auswirkungen einer Erwärmung um 4 Grad durchdenkt, gelangt man zu so bedeutsamen Folgen, dass die einzige reale Anpassungsstrategie darin besteht, dies wegen des Leids, das daraus entsteht, um jeden Preis zu verhindern. Keine Wissenschaft verrät uns, wie wir uns an eine solche Erwärmung anpassen können. Das ist gerade ziemlich alarmierend.[51]

Kevin Anderson stößt ins gleiche Horn: »Keine Fakten sprechen dafür, dass die Menschheit bei einer Temperatur in dieser Höhe überleben kann. Kleine Ansammlungen menschlicher Wesen könnten sich halten, aber das sehe ich nicht als Erfolg.«[52] Seine Prognose: »Wenn wir es bis 2050 mit einer Erdbevölkerung von 9 Milliarden zu tun haben und wir erreichen 4 Grad, dann 5 oder 6 Grad, könnten vielleicht eine halbe Milliarde Menschen überleben.«[53] Professor Hans Joachim Schnellnhuber, ein weltweit führender Klimaforscher Direktor des Potsdam-Instituts für Klimafolgenforschung und Chef berater der deutschen Bundesregierung, sagte auf der Kopenhagener Klimakonferenz 2009 voraus, dass eine Erderwärmung um 4 Grad zu einem Zustand unseres Planeten führen würde, in dem er nur noch »unter 1 Milliarde Menschen« versorgen könnte.[54]

Selbst wenn diese Prognosen nicht zuträfen – wenn zwei, drei, vier oder fünf Milliarden Menschen einen Temperaturanstieg um 4 Grad überleben könnten –, fielen ihm immer noch Milliarden Menschen zum Opfer – ein Leid ohnegleichen in der Geschichte der Mensch heit. Kriege um Ressourcen, die bei einem solchen Temperaturanstieg mit größter Wahrscheinlichkeit ausbrächen, würden das Leben zahlreicher weiterer Millionen auslöschen. Wenn atomar hochgerüstete Staaten in einen Kampf um immer knapper werdende Energieträger, bebaubare Bodenflächen und Trinkwasserreservoirs eintreten, wird aus gegenseitiger Abschreckung gegenseitige Vernichtung. Bertrand Russell malt ein ernüchterndes Bild der Folgen: »Unser zerstörter lebloser Planet [würde] für zahllose Zeitalter weiter ziellos um die Sonne kreisen, unerlöst durch die Freuden und die Liebe, die gelegentliche Weisheit und die Kraft, Schönheit zu schaffen, die dem menschlichen Leben Wert gaben.«[55]

Sich diese Szenarien vorzustellen, ist unbequem, dient aber einem Zweck: Es zeigt, was auf dem Spiel steht, fasst das Problem als eine beispiellose, vordringliche moralische Herausforderung und offenbart, wie von Grund auf unangemessen die Weltgemeinschaft bisher auf sie reagiert hat. Die Menschheit steht vor einer existenziellen Bedrohung. Wir haben die Technologie, sie abzuwenden, und wir wissen, wie wir an das Geld kommen, um die Rechnung zu bezahlen. Warum ist die Weltgemeinschaft an der Aufgabe bislang so fulminant gescheitert?

Kapitalismus versus Klima

Als James Hansen 1988 seine Forschungen zu den Gefahren des Klimawandels dem US-Senatsausschuss vortrug, schien sich eine Wende anzubahnen. Plötzlich redeten Abgeordnete, Journalisten und Massenmedien über den »Treibhauseffekt« und die Bedrohung durch ein sich aufheizendes Klima. Internationale Konferenzen wurden abgehalten, und es war auch das Jahr, in dem der Weltklimarat zu seiner ersten Sitzung zusammentrat. Entschiedene Bekenntnisse zur Nachhaltigkeit wurden laut, und die Staatengemeinschaft schien ernsthaft bereit, dem Klimawandel entgegenzutreten.

Die Massenbewegungen der sechziger Jahre hatte eine Art goldene Ära des Umweltbewusstseins eingeläutet. Beiderseits des Atlantiks regulierten neue Gesetze die Aktivitäten der Konzerne im Interesse der öffentlichen Gesundheit. Schadstoffe wurden verboten und Unternehmen gezwungen, die von ihnen verursachten Umweltschäden zu beseitigen. Eine Zeitlang herrschte parteiübergreifend Konsens über die Notwendigkeit, den Kapitalismus zu zügeln, um Wälder, Ozeane, Wildtiere, Luft und Böden zu schützen. Dies alles endete 1981 mit der Wahl von Ronald Reagan zum US-Präsidenten.

Ende der achtziger Jahre hatte die Ideologie des Neoliberalismus – mit dem schon bekannten politischen Paket aus Privatisierungen, Deregulierungen und Steuersenkungen – den Trend dann umgekehrt. Ein Jahr nach Hansens Rede fiel die Berliner Mauer. Die Welt trat in eine Ära der triumphierenden freien Märkte ein. Die Macht der Konzerne wuchs. Die Schere der Ungleichheit klaffte weiter auseinander. Weitreichende Freihandelsabkommen kamen zum Abschluss. Während Ende der achtziger Jahre der drohende Klimakollaps in die Schlagzeilen kam, zog gleichzeitig in die mächtigsten Institutionen der Welt die Ideologie der entfesselten Märkte ein. »Das überlassen wir dem Markt«, wurde zum Mantra des Zeitalters.

Profitstreben galt nicht als Problem, sondern als Lösung: Gewinnsucht war für alle gut. Mit Nachdruck wurden Wachstum über Nachhaltigkeit, Wettbewerb über Kooperation, unternehmerische Freiheit über Demokratie, Steuersenkungen über öffentliche Ausgaben, Globalisierung über regionales Wirtschaften und Privatbesitz über Gemeineigentum gestellt. Mensch und Planet galten eher als auszubeutende denn als schützenswerte Ressourcen, und Regierungen wurden nicht für ihre Beiträge zu einem gesunden Planeten, sondern für ihre Mitwirkung an einer »gesunden Wirtschaft« gelobt.

Umweltschützer standen vor einem schwerwiegenden Dilemma. Der neoliberale Geist schloss den Einsatz der notwendigen Werkzeuge, mit denen sich der Klimawandel bekämpfen ließ, von vornherein aus. Wie soll man Umweltsünder zur Kasse bitten, wenn die politischen Parteien von Konzernen finanziert und beeinflusst werden, die die größten Umweltschäden verursachen? Wie eine Versorgung mit erneuerbaren Energien in Gemeinbesitz betreiben oder Entwicklungsländern saubere Technologie zur Verfügung stellen, wenn bestehende Handelsabkommen dies verbieten? Wie Milliarden in umweltfreundliche Technik investieren, wenn Steuern gesenkt, öffentliche Versorger privatisiert und Sparmaßnahmen zur offiziellen Politik erklärt werden? Wie Nachhaltigkeit schaffen, wenn die Wirtschaft immer weiter expandieren soll? Die Umweltschützer hatten nur die Fakten auf ihrer Seite, die denn auch zu den ersten Opfern im Kampf gegen den Klimawandel zählten.

Unsere Fähigkeit, eine Zukunft in Gesundheit und Wohlstand zu gestalten, hängt individuell und kollektiv von der Realitätsnähe unserer geistigen Landkarten ab. Aufgrund falscher Überzeugungen können wir gerade das zerstören, was uns wichtig ist. Unsere innere Navigation wird laufend durch die in unserem Gehirn eintreffenden Sinnesdaten aktualisiert. Die menschlichen Sinne sind allerdings nur grobe Instrumente mit begrenzter Reichweite. Um zu einem wirklichkeitsnahen Bild von der Welt zu gelangen, brauchen wir eine Wissenschaft, die gewaltige Mengen an Information sammelt und auswertet. Aber als 1989 die Berliner Mauer fiel, begannen die Forderungen der Wissenschaft mit den Erfordernissen der freien Märkte zu kollidieren.

In ihrem Buch *Die Machiavellis der Wissenschaft* beschreiben die amerikanischen Wissenschaftshistoriker Naomi Oreskes und Erik M. Conway detailliert, wie die Ergebnisse der Klimaforschung systematisch verfälscht dargestellt wurden.[56] Über Jahrzehnte zog ein kleiner Kreis gutvernetzter Experten in den USA abgesicherte wissenschaftliche Erkenntnisse in Zweifel – von den Gefahren des Rauchens und des sauren Regens bis hin zur Bedrohung durch Ozonloch und Klimawandel –, um die Illusion zu erzeugen, dass sie unter Fachleuten umstritten seien. Der harte Kern dieser Gruppe bestand anfangs aus den Physikern Fred Seitz und Bill Nierenberg, die ihre Karrieren im Atomprogramm starteten, dem Atmosphärenphysiker Fred Singer, der für US-Behörden tätig war, und dem langjährigen NASA-Wissenschaftler Robert Jastrow. Stramm antikommunistisch eingestellt, betrachteten sie Wissenschaft als entscheidende Waffe im Kampf gegen die Ausbreitung der marxistischen Ideologie. Nach dem Zusammenbruch der Sowjetunion sahen sie in der Umweltbewegung die größte Bedrohung für den »Kapitalismus des freien Marktes«. Umweltschützer waren in ihren Augen »Wassermelonen«: außen grün und innen rot.[57] Sie leugneten und verschleierten die ursächliche Beziehung zwischen Tabak und Krebs, wiesen Belege für die Gefahren des Passivrauchens als vorsätzliche Täuschung zurück und machten für das Ozonloch Vulkane verantwortlich. Und über einen Zeitraum von 20 Jahren zogen sie systematisch gegen die Ergebnisse der Klimaforschung zu Felde. Oreskes und Conway schreiben:

> Anfangs behaupteten sie, es gebe [die Klimaerwärmung] nicht, später sollte es sich nur um natürliche Schwankungen handeln. Schließlich sagten sie, auch wenn es die Klimaerwärmung gäbe, sie sei nicht so schlimm, und man könne sich ihr einfach anpassen. Fall auf Fall verneinten sie standhaft den wissenschaftlichen Konsens – auch wenn sie damit alleine standen.[58]

Es herrschte die Befürchtung, dass Umweltschützer strenge Auflagen für die Industrie durchsetzen und letztlich die Ideologie der freien Märkte unterminieren könnten. Sollte es ihnen gelingen, die Leute davon zu überzeugen, dass sie nicht auf den freien Markt zählen dürften, wenn es darum gehe, die Lebensgrundlagen auf der Erde zu schützen, stellte sich womöglich als Nächstes die Frage, ob dem freien Markt überhaupt zu trauen sei. Anfangs von der Tabakindustrie finanziert, erhielten die Wissenschaftler im veränderten politischen Umfeld frisches Geld aus der mit Fossilenergiewirtschaft. Der Konzern ExxonMobil, der in neuerer Zeit mehr Gewinne eingefahren hat als jedes andere Unternehmen in der Geschichte, nutzte seinen Reichtum beständig dazu, um der Öffentlichkeit bezüglich der Klimaforschung Sand in die Augen zu streuen und angemessene internationale Maßnahmen gegen die Erderwärmung zu hintertreiben. In den achtziger Jahren war Exxon noch als führende Forschungseinrichtung in Sachen Klimawandel aufgetreten. Als der Konzern um 1990 erkannte, dass CO_2-Emissionen die weltweiten Temperaturen ansteigen lassen, und diese Erkenntnis sein Geschäftsmodell zu beeinträchtigen drohte, verlegte er sich vom Forschen aufs Leugnen.[59] Schon 1988 hatte er in einem internen Memorandum beschieden, dass »die Ungewissheit« wissenschaftlicher Ergebnisse betont werden müsse[60] – der Startschuss zu einer Multimillionen-Dollar-Operation.

Mit anderen führenden Ölkonzernen gehörte ExxonMobil dem in Washington niedergelassenen Interessenverband Global Climate Coalition an, der bis Ende der neunziger Jahre erbittert dagegen kämpfte, die Emissionen von Treibhausgas zu reduzieren: 13 Millionen US-Dollar flossen in eine Kampagne gegen das Kyoto-Protokoll.[61] Finanziert von ExxonMobil und den Brüdern Koch (den Inhabern der milliardenschweren Koch Industries), leugnete das Heartland Institute auf regelmäßig stattfindenden Tagungen konsequent und lautstark den Klimawandel. Es bot handverlesenen Wissenschaftlern eine Bühne, um Lügen über die Wissenschaft zu verbreiten. Zu seinen Taktiken zählten Zeitungsanzeigen, die die staatliche Forschung zum Klimawandel unter Beschuss nahmen und die Notwendigkeit betonten, »weitere Klimaforschung« zu betreiben, ehe politische Maßnahmen ergriffen würden. Auf Plakatwänden versuchten sie, all diejenigen, die an den Klimawandel glaubten, als Massenmörder zu diffamieren.[62]

Als Barack Obama 2009 sein energiepolitisches Konzept entwickelte, waren in Washington 2340 Lobbyisten – rund vier auf jedes Kongressmitglied – zum Thema Klimawandel registriert und fast durchweg damit beschäftigt, jedwede staatliche Reaktion auf die Erderwärmung zu bremsen.[63] Von 2002 bis 2010 spendeten anonyme Tycoons 120 Millionen US-Dollar an über hundert Gruppen für ihre Aufgabe, die Forschungen zum Klimawandel zu diskreditieren. Wie die britische Tageszeitung *The Guardian* berichtete, diente das Geld unter anderem dazu, »ein großes Netzwerk von Denkfabriken und Aktivistengruppen aufzubauen, die auf ein einziges Ziel hinarbeiteten: den Klimawandel als objektives wissenschaftliches Faktum zu einem stark polarisierenden ›Kampfthema‹ für eingefleischte Konservative umzudefinieren«.[64]

Whitney Ball, Geschäftsführerin eines der Treuhänderfonds, über die diese Millionen an Gruppen von Klimawandelleugnern fließen, sagte über ihre Organisation: »Wir sind dazu da, Spendern bei der

Förderung von Freiheit zu helfen, und darunter verstehen wir eingeschränkte Regierungsmacht, persönliche Verantwortung und freies Unternehmertum.«[65] Interessensgruppen aus der Fossilenergiewirtschaft steckten in den USA insgesamt fast eine halbe Milliarde Dollar jährlich als Spenden in Wahlkämpfe, PR-Arbeit, Thinktanks und Lobbyismus.[66] Mit ihrem Geld erzielten sie Wirkung. Während fast 97 Prozent der Klimaforscher an einen vom Menschen verursachten Klimawandel glauben, ist dieser Anteil in der amerikanischen Öffentlichkeit laut Meinungsumfragen seit Jahren gesunken. Während 2007 laut einer Umfrage des Marktforschungsunternehmens Harris Institute 71 Prozent der US-Bürger glaubten, dass die Verbrennung fossiler Energieträger das Klima verändere, waren es vier Jahre später nur noch 44 Prozent.[67] Ähnliche Trends verzeichneten Großbritannien und Australien. Zum Glück deuten neuere Umfragen auf einen erneuten Meinungsumschwung in die Gegenrichtung hin.[68]

Geld öffnet Türen – offenbar auch die zu den bedeutendsten Ökogruppen der Welt, und das sogar in Fällen, in denen es aus der Fossilenergiewirtschaft stammt. Der World Wide Fund for Nature (WWF), die Nature Conservancy, der Conservation Fund, Conservation International und das World Resources Institute haben allesamt von diesen Konzernen entweder Geld angenommen oder selbst in sie investiert, oder sie sind mit ihnen »strategische Verbindungen« eingegangen. Rekordverdächtig ist dabei die Nature Conservancy, die wohl größte Umweltorganisation der Welt mit Vermögenswerten von mehr als 6 Milliarden US-Dollar, die in einem ihrer Naturreservate jahrelang nach Öl und Gas gebohrt und derweil zig Millionen Dollar in die Fossilenergieindustrie investiert hat.[69]

Wie zu erwarten, haben sich die Gruppen von derlei Verbindungen vereinnahmen lassen. Anstatt Maßnahmen zu verlangen, wie sie die Wissenschaft fordert – weltweite Drosselung des CO_2-Ausstoßes, Ende der Subventionierung fossiler Energieträger, Zurückweisung des Wachstumsprimats, umweltverträgliche Energierevolution –, drängten sie auf »Marktlösungen« wie den Emissionshandel und setzten sich für Erdgas und Atomkraft als Alternativen zu Öl und Kohle ein. Das Ergebnis dieser Strategie war absehbar: Ihre Vermögenswerte sind in trautem Gleichschritt mit dem weltweiten CO_2-Ausstoß gewachsen.

Nicht immer ging es dabei um Geld. Manche Umweltschützer sind aufrichtig überzeugt, dass die Konzerne des Fossilenergiesektors reformiert werden könnten. Wenn es gelänge, so der Gedanke, deren Finanzkraft und Einfluss zu nutzen, um einen Umschwung zugunsten erneuerbarer Energien zu zünden, ließe sich das Ruder rasch herumreißen. Manche fragten sich, ob man den Umweltverschmutzern nicht einfach nur deutlich machen müsse, dass die Energiewende langfristig in ihrem eigenen Interesse liege. Jonathon Porritt, ein führender britischer Umweltschützer, glaubte einst, dass diese Idee durchaus funktionieren könne. Als eine Schlüsselfigur in der Ecology Party (später in Green Party umbenannt) und ehemaliger Direktor der Friends of Earth gründete er Mitte der neunziger Jahre die Gruppe Forum for the Future mit, die sich »der globalen Zusammenarbeit mit Wirtschaft und Regierung« verschrieb, »um eine nachhaltige Zukunft zu schaffen«. Ein Teil ihrer Strategie bestand darin, mit Öl- und Gasgiganten wie BP zusammenzuarbeiten, um eine ökologisch verträgliche Energiewende voranzutreiben. Nach zehn Jahren Anstrengungen und Optimismus gelangte Porritt 2015 zu dem Schluss, »dass es für die heutigen Öl- und Gasriesen unmöglich sei, sich beizeiten und intelligent auf die Anforderungen einer radikalen Dekarbonisierung einzustellen«.[70] Unwissenheit ist nicht das Problem. Wie Porritt hervorhebt, ist in diesen Unternehmen »den oberen Führungskräften als unleugbare Tatsache durchaus bewusst, dass ihr gegenwärtiges Geschäftsmodell sowohl die Stabilität der Weltwirtschaft als auch die langfristigen Perspektiven der ganzen Menschheit bedroht«. Dieses Wissen führte freilich bislang nicht zum Handeln. Porritt hat »aus erster Hand die komplexen Muster des Leugnens und der Selbsttäuschung miterlebt, die sie zwangsläufig übernehmen mussten«. Seine Erfahrungen dienen all denen als Warnung, die damit befasst sind, die Stimmungslage in den Konzernen zu ändern: »Für mich persönlich war dies ein ziemlich schmerzhafter Weg. Ich wollte unbedingt glauben, dass es Vernunft, strenge

Wissenschaft und gutwillige Menschen in Kombination ermöglichen würden, dass in diesen Unternehmen elegante Übergangsstrategien auftauchen können.«

Dabei geht es nicht nur um fossile Energieträger. Auch wenn sich die multinationalen Agrarkonzerne selbst als entscheidender Teil der Lösung präsentierten, sind sie auch ein bedeutender Teil des Problems.[71] Seit es in den westlichen Industrienationen gelungen ist, die Entwaldung zu bremsen, hat sich die Landwirtschaft zur Hauptquelle der am Boden entstehenden Treibhausgasemissionen entwickelt.[72] In die Verbreitung der frohen Botschaft, die industrielle Landwirtschaft sei mit dem Kampf gegen den Klimawandel vereinbar, ist viel Geld geflossen. Die Fakten widersprechen ihr. Einer Studie von 2012 zufolge trägt die Erzeugung von Nahrungsmitteln, insbesondere von Fleisch und Milch, derzeit mit mehr als 20 Prozent zum Treibhauseffekt bei.[73] Wie eine andere Studie von 2014 ergab, ist, so einer ihrer Autoren, »das Zwei-Grad-Ziel ohne eine weltweite Wende in der Ernährung so ziemlich vom Tisch«.[74] Die Alternative ist die Agrarökologie, ein nachhaltiger Ansatz in der Lebensmittelproduktion mit dem Ziel, die Nutzung begrenzter Ressourcen zu optimieren und deren negative Auswirkungen zu minimieren. Dazu meint Olivier de Schutter, von 2008 bis 2014 UN-Sonderberichterstatter für das Recht auf Nahrung: »Die Fachwelt ist sich inzwischen weitgehend darüber einig, dass sich die Agrarökologie auf die Nahrungsmittelproduktion, die Armutsbekämpfung und die Abschwächung des Klimawandels positiv auswirkt: Genau dies ist in einer Welt der begrenzten Ressourcen notwendig.«[75] Eine Vielzahl von Studien belegt die Vorzüge der Agrarökologie. Die Fakten deuten darauf hin, dass sie Ernteerträge verdoppeln oder sogar verdreifachen kann. Laut de Schutter wiesen »agrarökologische Projekte in 57 Entwicklungsländern eine durchschnittliche Steigerung der Ernteerträge um 80 Prozent« auf.[76] Wird die Umstellung mit kommunaler Kontrolle über die Erzeugungs- und Vertriebssysteme kombiniert, demokratisiert sich der gesamte Ablauf und sorgt für mehr Nahrungsmittelsicherheit für ganze regionale Gemeinschaften die dann in die Lage kommen, die Erträge miteinander zu teilen und sicherzustellen, dass alle Beteiligten sattwerden.

Indem der Kapitalismus die Gesellschaft auf schnelle Profite hin organisiert, verurteilt er einen Großteil der Menschheit zu einem Kampf ums kurzfristige Überleben. Die Autorin und politische Aktivistin Naomi Klein bringt es auf den Punkt: »Unser Wirtschaftsmodell führt Krieg gegen das Leben auf der Erde.«[77] Im Zentrum des Konflikts stand bislang eine Schlacht um die Narrative. Forschungsergebnisse müssen zunächst den Kriegsschauplatz der konzerneigenen Massenmedien überwinden, um ins öffentliche Bewusstsein vordringen zu können. Sie müssen sich gegen die Heerscharen der Industrielobbyisten, Thinktanks und Parteispender behaupten, bevor sie Politiker erreichen und bewegen. In dem Raum zwischen der Bekanntgabe geprüfter Befunde von gesellschaftlicher Relevanz und der politischen Aktivität, die diese Befunde aufgreift, haben die wichtigeren wissenschaftlichen Warnungen unserer Zeit einen Prozess der Entstellung mittels konzertierter Desinformationskampagnen durchlaufen, die von einer der profitabelsten Industrien in der Geschichte finanziert und organisiert wurden. Unsere Zivilisation besitzt ein komplexes Nervensystem, hat aber kein Gehirn, das auf die empfangenen Informationen reagieren kann. Die Folge ist eine Gesellschaft, die, geblendet von den Imperativen der Macht und des Profits, in eine ungewisse Zukunft stolpert.

Diese Sabotage ist ein Verbrechen gegen die Menschheit. Auch wenn ihr Motiv nicht menschliches Leid, sondern Profit ist, reichen die prognostizierten Auswirkungen an die schlimmsten Kriegsverbrechen heran. Den Klimawandel zu beschleunigen, ist, so die amerikanische Schriftstellerin Rebecca Solnit, ein Akt der Gewalt von einer Größenordnung, die vielleicht alles in den Schatten stellen wird, was die Menschheit im 20. Jahrhundert erlebt hat. Und dieser Angriff richtet sich vornehmlich gegen die Schwächsten. Weil dem Globalen Süden die Mittel zum Selbstschutz fehlen, wird er als die ärmste Region der Welt zuerst und am schwersten von einer Krise betroffen werden, für die er die geringste historische Verantwortung trägt. Die anschwellenden Flüchtlingsströme – schon jetzt die bedeutendsten in der Geschichte – sind nur Vorboten dessen, was kommen wird.

Das Wachstumsproblem

Vor einigen Jahrzehnten sagten Systemanalytiker am Massachusetts Institute of Technology (MIT) viele der ökologischen Probleme voraus, mit denen wir heute konfrontiert sind. Europäische Industrielle und die Denkfabrik des sogenannten Club of Rome hatten sie beauftragt, die Beziehung zwischen den natürlichen biologischen Systemen und den vom Menschen geschaffenen ökonomischen Systemen zu durchleuchten. Die Ergebnisse präsentierte 1972 das in 30 Sprachen übersetzte Buch *Die Grenzen des Wachstums*, von dem 30 Millionen Exemplare verkauft wurden. Aufgrund gewaltiger in komplexe Computermodelle eingespeister Datensätze gelangten die Autoren zu ernüchternden Prognosen: Die menschlichen Systeme würden die natürlichen Ressourcen, die unsere Lebensgrundlage bilden, in den kommenden Jahrzehnten einer so starken Übernutzung aussetzen, dass sie in weiten Teilen zusammenbrächen. Bei Fortdauer der gegenwärtigen Wachstumstrends, so der Befund der MIT-Wissenschaftler, »werden irgendwann in den nächsten einhundert Jahren auf dem Planeten die Grenzen des Wachstums erreicht«. Allerdings betonten sie, es sei noch »möglich, diese Trends zu verändern und ökologisch und ökonomisch stabile Verhältnisse herzustellen, die bis weit in die Zukunft tragfähig sind«.[78]

Das Buch, das ein Gefühl dringlichen Handlungsbedarfs erzeugte, erzielte eine breite Wirkung. Es führte zu politischen Maßnahmen und sorgte für einen Meinungsumschwung in der Öffentlichkeit. Wenige Jahre danach sprachen sich in einer Umfrage mehr Amerikaner gegen als für weiteres Wachstum aus.[79] Allerdings erntete der Bericht auch heftige Kritik. Seine Weltuntergangsphantasien seien unangebracht, behaupteten seine Gegner. Die Probleme, auf die er hinweise, ließen sich mittels technologischer Innovationen lösen, und es würden auch neue Energiequellen entdeckt werden. Heute, Jahrzehnte später, haben sich die Warnungen der MIT-Forscher und des Club of Rome als weitgehend gerechtfertigt erwiesen. 2008 befasste sich der an der University of Melbourne lehrende Sozioökonom Graham Turner mit den einzelnen im Buch untersuchten Systemen – Bevölkerung, Landwirtschaft, Industrie, Umweltverschmutzung und Ressourcenverbrauch – und stellte fest: »Während der ersten 30 Jahre seit Veröffentlichung des Modells hat sich die Welt entlang der Bahn des im Buch beschriebenen nicht zukunftsfähigen Business-as-usual-Szenarios voran bewegt« – eines Szenarios, das innerhalb der Zeit vor 2050 den wirtschaftliche Kollaps vorhersagt.[80]

Mehr als ein halbes Jahrhundert lang hat das Bruttoinlandsprodukt (BIP, früher sprach man auch vom Bruttosozialprodukt oder Bruttonationaleinkommen) als Barometer für Fortschritt gegolten, als Gradmesser für die Funktionstüchtigkeit der Wirtschaft. Je höher, desto besser. Der Wachstumsglaube brachte die Interessen über das gesamte politische Spektrum und durch alle sozialen Schichten hindurch auf einen gemeinsamen Nenner. Wachstum wurde, so der Umweltaktivist und Autor Bill McKibben, zur »organisierenden Ideologie für Konzerne und jeden Einzelnen, für amerikanische Kapitalisten und chinesische Kommunisten«.[81] Sogar noch angesichts des nahen wirtschaftlichen und ökologischen Kollapses wird Wachstum als Lösung unserer Probleme gepriesen. Das gegenwärtige System ist so strukturiert, dass es uns vom Wachstum abhängig macht. Kein Wachstum bedeutet Krise. Wenn es stagniert, folgt Rezession, strauchelt die Wirtschaft, steigt die Arbeitslosigkeit und kommt Leid über die Menschen.

Dass das Bruttoinlandsprodukt auf der politischen Agenda an erster Stelle steht, ist ein neueres Phänomen. Das Konzept wurde von dem Ökonomen Simon Kuznets, der davor warnte, es als Maß für soziales Wohlergehen zu benutzen. Seine Skepsis stieß auf wenig Resonanz, während die Praxis, gegen die sie sich richtete – die Verwendung des BIP als Maß für Gemeinwohl –, großen Anklang fand. Nach ein paar Jahren, gegen Ende der fünfziger Jahre, avancierte Wachstum in den USA und anderswo zum übergeordneten politischen Ziel und wurde, so der Wirtschaftshistoriker H. W. Arndt, als »Heilmittel gegen alle größeren aktuellen Zipperlein der westlichen Wirtschaften« betrachtet.[82] Seither führte das vorherrschende Narrativ in den Glauben, dass sich die Gesellschaft verbessert, solange nur das BIP jedes Jahr in gesundem Tempo wächst.

Nicht immer war der Wachstumsgedanke so problematisch wie heute. Als Adam Smith *Der Wohlstand der Nationen* schrieb, herrschten in der Welt ganz andere Verhältnisse. Auf der Erde lebten weniger als 800 Millionen Menschen, heute sind es 7,4 Milliarden. Die meisten Ressourcen waren noch unerschlossen und die Kontinente relativ dünn besiedelt.[83] Das von Smith beschriebene Wirtschaftssystem entstand zu einer Zeit, als die ökologischen Grenzen weit außerhalb des Blickfelds lagen. Die menschlichen Grundbedürfnisse zu befriedigen, war noch nicht mehr als eine technische Herausforderung. Wirtschaftswachstum versprach vielen Notleidenden (wie heute noch in den Entwicklungsländern) größeren materiellen Wohlstand.

Bis zum Jahr 1712, als die erste einsatzfähige Dampfmaschine, entwickelt von dem englischen Schmied Thomas Newcomen, in einem Bergwerk installiert wurde, war der Lebensstandard der Menschen über 4000 Jahre lang im Durchschnitt relativ gleich geblieben. Newcomens Erfindung markierte eine bedeutende Wende. Möglich geworden war sie – und die nachfolgende industrielle Revolution – durch die frisch hinzugewonnene Option, die im Boden verborgenen Kohle-, Gas- und Erdölvorkommen auszubeuten. All die großen technischen Neuerungen, die daraufhin entwickelt wurden, hingen mit der Nutzung der reichen Reserven fossiler Energieträgern zusammen. Auf diesem segensreichen Schatz aus geballter Energie wurde die moderne Welt errichtet.

In der Auseinandersetzung mit den Grenzen des Wirtschaftswachstums hilft es, sich den ökonomischen Begriff des Durchflusses vor Augen zu halten. Er ist definiert als die physikalische Materie (einschließlich Energie), die als nützlicher Rohstoff in die Wirtschaft einfließt und sie in Form nutzloser Abfälle wieder verlässt. Nicht nur die Ressourcen der Erde sind begrenzt, sondern auch ihre Abfallaufnahmekapazitäten. Heute nutzt die Menschheit achtmal mehr dieser Ressourcen (nach Gewicht) als noch vor einem Jahrhundert.[84] Eine solche Steigerungsrate lässt sich, solange wir auf diesen einen Planeten beschränkt sind, nicht auf Dauer aufrechterhalten. Im Hinblick auf die Umwelt sind wir bereits an entscheidende Grenzen gestoßen. Als drängendstes Problem erweist sich dabei nicht, wie einst befürchtet, der Raubbau an Ressourcen, sondern vielmehr das eingeschränkte Vermögen der Erde, die in der Wirtschaft anfallenden Abfälle gefahrlos zu absorbieren.

Durchfluss ist nicht gleich Bruttoinlandsprodukt. Wenn Ökonomen von Wachstum reden, meinen sie das BIP, den Wert aller im Laufe eines Jahres innerhalb der Landesgrenzen einer Volkswirtschaft produzierten Waren und Dienstleistungen, ausgedrückt in Euro, Dollar, Yen oder welcher Währung auch immer. Aber Durchfluss und BIP sind eng miteinander verknüpft, weil Wirtschaftstätigkeit fast immer die Nutzung physikalischer Ressourcen und Energie beinhaltet. Die Hoffnung, das BIP weiterhin jedes Jahr steigern zu können, ohne immer mehr Ressourcen zu verbrauchen und noch höhere Abfallberge aufzutürmen, scheint kaum mehr als eine gefährliche Phantasie zu sein. Bei fortdauerndem Wachstum der Weltwirtschaft um 3 Prozent jährlich würde sich das BIP nach 156 Jahren verhundertfacht haben. Um dabei den Durchfluss auf dem heutigen Niveau zu halten, müsste er pro Dollar BIP auf sage und schreibe 1 Prozent seines gegenwärtigen Wertes gedrückt werden – schon dies wäre eine schwindelerregende Entkopplung des BIP vom Durchfluss. Bei gleichbleibender Wachstumsrate würde die Weltwirtschaft in nur 312 Jahren das Zehntausendfache ihrer gegenwärtigen Leistung erreichen. Wenn dabei eine Zunahme des Durchflusses vermieden werden sollte, müsste er pro Dollar BIP auf 0,01 Prozent seines gegenwärtigen Niveaus absinken. Dazu bräuchten wir eine immaterielle Ökonomie, und wenn wir die nicht auf die Beine stellen, ist dauerhaftes Wachstum des BIP offenkundig unmöglich. Dennoch halten die meisten Ökonomen eisern am Wachstumsparadigma fest. So etwa Larry Summers, Finanzminister unter Bill Clinton und ein Chefberater Barack Obamas in Wirtschaftsfragen: »Der Gedanke, dass wir wegen irgendwelcher natürlicher Grenzen dem Wachstum Grenzen setzen müssen, ist ein profunder Irrtum.«[85] Harvard-Professor N. Gregory Mankiw widmet auf den über 800 Seiten seines wirtschaftswissenschaftlichen Lehrbuches nur wenige Abschnitte dem Gedanken, dass Wirtschaftswachstum natürliche Grenzen gesetzt sein könnten, und weist ihn mit folgenden Worten zurück: »Marktpreise geben keinen Anlass zu der Überzeugung, dass natürliche Ressourcen das Wirtschaftswachstum begrenzen.«[86]

Die Standardantwort auf Fragen nach den ökologischen Grenzen lautet, dass die Technik schon Mittel und Wege finden werde, die Umsatzsteigerung vom Umfang der Müllproduktion unabhängig zu machen. In der Theorie sind bahnbrechende technologische Innovationen denkbar, die eine so starke entkoppelnde Wirkung haben, dass sie der Wirtschaft eine Zeitlang weiteres Wachstum ohne zusätzliche Belastung der Umwelt ermöglichen, und sicher werden neue Technologien künftig dazu beitragen, die Wirtschaft nachhaltiger zu gestalten, doch sie werden nicht annähernd ausreichen, um unsere ökologischen Probleme auf Dauer zu lösen.[87] Wie wir gesehen haben, sprengt angesichts der gegenwärtigen Wachstumsraten das Maß der Entkopplung, das notwendig wäre, um innerhalb des ökologisch Verträglichen zu bleiben, jedes menschliche Vorstellungsvermögen. Und wenn wir alle Hoffnung in technologische Wunder setzen, übersehen wir womöglich die Lösungen, die schon heute verfügbar sind.[88]

Ein weiterer Grund, warum es nicht ratsam ist, alles auf die Hightechkarte zu setzen, liegt darin, dass jeder technologische Wandel viel Zeit braucht, und viel Zeit haben wir nicht mehr. Wie der kanadische Wissenschaftler Vaclav Smil hervorhebt, nutzten Großindustrien schon von der Mitte des 18. Jahrhunderts an Kohle als Energieträger. Trotzdem dauerte es noch 140 Jahre in den USA und 200 Jahre in Asien, bis dort mehr Kohle als Holz verfeuert wurde. Die kommerzielle Ölförderung hatte nach 50 Jahren erst ein Zehntel des weltweiten Energiemarktes erobert. Angesichts solcher Intervalle kommt Smil zu dem Schluss: »Wegen der Erfordernisse an Technik und Infrastruktur und wegen zahlreicher (oft völlig unvorhergesehener) sozioökonomischer Anpassungen sind Energiewenden in großen Volkswirtschaften und im globalen Maßstab Prozesse, die sich grundsätzlich über lange Zeiträume erstrecken.«[89] Der Übergang zur Gewinnung erneuerbarer Energien ist zwar eingeleitet, braucht aber bis zum Abschluss noch geraume Zeit, in der fossile Energieträger als Brückentechnologie dienen müssen. Immerhin sind für die Wende Investitionen in einer Größenordnung notwendig, wie sie auf die USA zum letzten Mal

1940 während der Umstellung auf die Kriegswirtschaft zukamen. Musste damals in den Kampf gegen den Vormarsch des nationalsozialistischen Terrors investiert werden, so besteht die unmittelbare Bedrohung heute im Klimawandel. Christiana Figueres, Generalsekretärin der UN-Klimarahmenkonvention (UNFCC), fasste die Lage 2015 mit den Worten zusammen: »Wohin über die nächsten 15 Jahre Kapital fließt, entscheidet darüber, ob es uns tatsächlich gelingt, den Klimawandel zu bekämpfen, und was für ein Jahrhundert wir erleben werden.«[90]

Es ist Irrsinn, alle Hoffnungen in bislang nur in der Phantasie existierende technologische Lösungen zu setzen, die Probleme zu ignorieren, die das verbissene Streben nach Wirtschaftswachstum mit sich bringt, und die Steigerung des BIP zum Maß gesellschaftlichen Fortschritts zu machen. Wie töricht diese Gleichsetzung ist, hoben bereits 2010 einige der weltweit führenden Wirtschaftswissenschaftler in einem Bericht hervor, den der damalige französische Staatspräsident Nicolas Sarkozy in Auftrag gegeben hatte: Angeführt von den Wirtschaftsnobelpreisträgern Joseph Stiglitz und Amartya Sen, setzten sie sich zum Ziel, »das Maß des allgemeinen Wohlergehens besser damit in Einklang zu bringen, was tatsächlich zur Lebensqualität beiträgt. […] Unsere Wirtschaft soll unser Wohl vergrößern. Auch sie ist kein Selbstzweck.«[91] Der Bericht stellt die Kompromisse infrage, die traditionell zwischen Wirtschaftswachstum und anderen gesellschaftlichen Zielen, zum Beispiel einer nachhaltigen Umweltpolitik, geschlossen werden: »Die gegenwärtige Bemessung setzt voraus, dass […] man die Umwelt nur durch Abstriche in der Wachstumsentwicklung verbessern könne. Aber wenn wir ein umfassendes Maßsystem für Gemeinwohl hätten, würde sich uns dies vielleicht als falsche Alternative darstellen. Es könnte einen Zuwachs an Wohlfahrt anzeigen, wenn wir die Umwelt verbessern, selbst wenn die konventionell gemessene Wirtschaftsleistung zurückginge.«[92]

Der Preis für Wachstum steigt beständig. So erzeugte beispielsweise Chinas »Wirtschaftswunder« eine Luftverschmutzung, die täglich 4000 Bürger des Landes das Leben kostet.[93] Die Lage hat sich inzwischen so verschärft, dass ein kanadisches Unternehmen Chinas Bürgern

Flaschen mit sauberer Luft aus den Rocky Mountains verkauft – ein gutes Beispiel dafür, wie sich Wirtschaftswachstum die von ihm selbst angerichteten Zerstörungen für sein Gedeihen zunutze macht.[94] Die Luftverschmutzung ist weltweit auf dem Vormarsch. Die durch sie hervorgerufenen Erkrankungen und vorzeitigen Todesfälle verursachen laut einer Schätzung der Weltgesundheitsorganisation allein in Europa jährliche Kosten in Höhe von über 1,6 Billionen US-Dollar – fast 10 Prozent des 2013 von allen EU-Mitgliedsländern gemeinsam erwirtschafteten BIP.[95] Schon jetzt fordert Umweltverschmutzung mehr Todesopfer als Malaria und HIV zusammengenommen.[96]

Alle unsere Entscheidungen aufgrund eines einzigen Indikators zu treffen, ist problematisch. Nicht alle Dinge von Wert lassen sich auf eine simple Zahl reduzieren: Je stärker wir vereinfachen, desto mehr kehren wir unter den Teppich. Viele ökologische Wirtschaftsforscher fordern, wir sollten eine ganze Reihe von Indikatoren nutzen, zumindest aber Umweltfaktoren von sozialen Faktoren trennen. Für gesellschaftlichen Fortschritt gibt es bessere Maßsysteme, etwa den Human Development Index (HDI), den Genuine Progress Indicator (GPI) und den Happy Planet Index (HPI). Obwohl jeder von ihnen spezifische Mängel hat, stellen sie allesamt eine erhebliche Verbesserung gegenüber dem BIP dar.

Qualität statt Quantität

Wirtschaft ist ein Subsystem der Biosphäre. Nimmt ihre Tätigkeit überhand, riskiert sie, ihre eigenen Grundlagen zu zerstören. Gerät eine Gesellschaft in diese Gefahr, wird sie, sofern sie ihre Lage erkennt, ein System entwickeln, das bei Erreichen seiner optimalen Größenordnung Ressourcen nur in gleichbleibendem und umweltverträglichem Maße verbraucht. Ein solches System wird als »Steady-State-Ökonomie« oder »stationäre Wirtschaft« bezeichnet.[97]

Eine Steady-State-Ökonomie setzt unserem Ressourcenverbrauch Grenzen. Das Recht, Ressourcen zu nutzen, unterliegt einer Kontrolle, die dafür sorgt, dass die physikalische Größe des Gesamtsystems unverändert bleibt. Auf optimalem Niveau bewegt sich eine Wirt schaft, wenn sie es ermöglicht, das Ökosystem gesund zu erhalten, wenn sie erneuerbare Ressourcen nur in dem Tempo nutzt, in dem sie sich regenerieren können, und nichterneuerbare Ressourcen nur so schnell verbraucht, wie sie sich durch erneuerbare ersetzen lassen, und wenn sie Abfall nur in dem Maße in die Umwelt gelangen lässt, in dem sie sie gefahrlos abbauen kann.

Könnte eine Steigerung des BIP diese vier Bedingungen erfüllen, würde beständiges Wirtschaftswachstum (zumindest aus ökologischer Sicht) keine Probleme bereiten. Eine Ausrichtung auf Nullwachstum ist keineswegs Selbstzweck – so würden zum Beispiel Investitionen in umweltverträgliche Arbeitsplätze dem BIP einen Schub verleihen –, sondern soll vielmehr verhindern, dass wir über der Fixierung auf das BIP die oberste Priorität aus dem Auge verlieren: Wir müssen die Bedingungen anstreben und bewahren, von denen unser Überleben und unser Wohlstand abhängen. Diese Bedingungen müssen die Parameter sein, innerhalb derer wir unsere wirtschaftlichen Ziele verfolgen.

Hat eine Steady-State-Ökonomie ihre optimale Größe erreicht, wird manches auf konstantem Niveau gehalten, während sich anderes verändert. Erhalten bleiben die Bevölkerung, der Bestand an baulicher Infrastruktur (Gebäude, Straßen, Tunnel) und die Menge an materiellen Ressourcen, die die Wirtschaft durchlaufen (Durchfluss).[98] Alles andere – Wissen, Gemeinschaft, Mitgefühl, Innovation, Freiheit – kann endlos weiterwachsen.

Wenn wir davon sprechen, die Steigerung des Durchflussvolumens zu begrenzen, meinen wir damit nur eine Form des Wachstums – diejenige, die Raubbau an den Ressourcen der Erde betreibt und die Fähigkeit der Umwelt überstrapaziert, unsere Abfälle gefahrlos aufzunehmen. In einem Steady State oder stationären Zustand herrscht beständiger Wandel. Um die Vorstellung von Wandel in einem System gleichbleibender Ressourcen zu verdeutlichen, vergleichen ökologische Wirtschaftswissenschaftler es mit einem Wald, der nicht weiterwächst, aber Arten beherbergt, die in einem komplexen Beziehungsgeflecht miteinander kooperieren und konkurrieren. Weil sich Spezies weiterentwickeln, entstehen neue Beziehungen: Auf allen

Ebenen herrschen Wandel und Dynamik, auch wenn das Gesamtsystem in der Größe unverändert bleibt.

Pionier der Steady-State-Ökonomie war Herman Daly, einst Chefökonom in der Umweltabteilung der Weltbank. Sein Gedanke war, dass eine Wirtschaft nur dann wachsen sollte, wenn die Vorteile (wie höhere Einkommen und mehr Produkte) gegenüber den Kosten (zum Beispiel den Umweltbelastungen) überwiegen. Sobald die Kosten des Wachstums, gemessen am BIP, den Nutzen übersteigen, schlägt wirtschaftliches Wachstum in »unwirtschaftliches Wachstum« um, weil uns dann jeder Euro aus zusätzlichem Wachstum ärmer statt reicher macht.

Das Prinzip der Steady-State-Wirtschaft ist keineswegs neu. Schon einige frühe Theoretiker der modernen Ökonomie haben die Notwendigkeit, eine Wirtschaft von stabiler Größe anzusteuern, vorausgesehen. So malte sich John Stuart Mill bereits vor mehr als einem Jahrhundert eine Zeit aus, in der die Volkswirtschaften nicht weiter wachsen würden. »Der Spielraum für alle Arten geistiger Entwicklung sowie des moralischen und sozialen Fortschritts«, schrieb er, bliebe dabei unverändert erhalten. Für ihn bestand zwischen Wirtschaftswachstum und »menschlichen Verbesserungen« kein notwendiger Zusammenhang. Die »Kunst des Lebens«, so seine Vorstellung, würde gedeihen, »wenn die Kunst des Erwerbens die Geister weniger ausschließlich in Anspruch nähme«.[99]

Größer heißt nicht unbedingt besser. Auch wenn eine Reihe von Bedürfnissen befriedigt werden muss, damit es Gemeinschaften wohlergeht, gibt es eine Schwelle, von der an eine Konsumsteigerung die Lebensqualität nicht mehr erhöht. Obwohl die Wirtschaft seit 50 Jahren wächst, fühlen sich die meisten Menschen in den wohlhabenden Nationen nicht wohler. So wuchs in Großbritannien zwischen 1973 und 2003 das BIP pro Kopf um 66 Prozent, ohne dass sich die Lebenszufriedenheit erkennbar erhöhte.[100] Von 1958 bis 1986 erlebte Japan eine Verfünffachung seines Pro-Kopf-Einkommens, ebenfalls ohne entsprechenden Effekt.[101] Diverse Studien, die in anderen Ländern durchgeführt worden sind, bestätigen diese Ergebnisse. Da können wir noch so oft um die Welt jetten, können luxuriöse Autos fahren und die neuesten Disignerklamotten tragen, können in immer größere Flachbildschirme starren und mit immer raffinierteren Gadgets spielen – »der gesamte materielle Fortschritt«, so Bill McKibben, »mitsamt der Milliarden Barrel Öl und Millionen Hektar gefällter Bäume, mit denen er erkauft wurde, hat die Zufriedenheit offenbar keinen Zentimeter vorangebracht.«[102]

Die Wachstumsideologie lieferte lange Zeit eine Rechtfertigung für die Ungleichheit, aber wenn der Wirtschaftskuchen nicht ewig weiterwachsen kann, werden die Rufe nach Umverteilung lauter, und sie finden mehr Gehör. Henry Wallich, einst Governor der US-Notenbank, vertrat die Auffassung, dass »Wachstum ein Ersatz für Einkommensgleichheit ist. Solange es Wachstum gibt, gibt es Hoffnung. Das macht große Einkommensunterschiede erträglich.«[103] In der Realität konnte Wachstum Gleichheit freilich nicht ersetzen. Obwohl die Weltwirtschaft im Verlauf des letzten Jahrhunderts um das 25-Fache zugelegt hat, lebten um die Jahrtausendwende noch immer über eine Milliarde Menschen von weniger als 1 Dollar pro Tag, und 2,7 Milliarden Menschen standen weniger als 2 Dollar täglich zur Verfügung.[104] Die Fakten sprechen gegen die Sicht, die Anne Krueger vom IWF äußerte: Armut, schrieb sie, »wird am besten dadurch bekämpft, dass man den Kuchen vergrößert, und nicht dadurch, dass man versucht, ihn anders aufzuteilen.«[105] Von jeweils 100 Dollar aus dem globalen Wirtschaftswachstum, das zwischen 1990 und 2001 erreicht wurde, flossen an Arme, die unterhalb der 1-Dollar-pro-Tag-Schwelle leben, ganze 60 Cent.[106]

Obwohl Wachstum in den reichen Ländern kein zusätzliches Glück mehr bringt, muss es weiter vorangetrieben werden, um die Stabilität des herrschenden Systems nicht zu gefährden. Deswegen erfordert der Übergang zu einer Steady-State-Ökonomie strukturelle Veränderungen an den Faktoren, die im heutigen System zusammen einen mächtigen Wachstumsimperativ erzeugen. Unsere Abhängigkeit vom Wachstum beginnt damit, dass im Kern der Marktwirtschaft der Antrieb zur Gewinnsteigerung wirksam ist, der einen gewaltigen Druck auf das Gesamtsystem ausübt, ständig zu expandieren. Gewinne wollen reinvestiert werden. Wo Anlagemöglichkeiten fehlen, herrscht große Dringlichkeit, neue zu schaffen. Aus dieser Dynamik geht ein Wettbewerb hervor, der darauf hinausläuft, immer mehr Bedürfnisse, Märkte, Produkte und Schulden zu erzeugen. Dabei wird die Natur auf eine reine Rohstoffquelle reduziert, die sich auf immer vielfältigere Weise ausbeuten lässt.

Im Verlauf des 20. Jahrhunderts steigerten die Unternehmen rasant ihre Produktionskapazitäten und sahen sich herausgefordert, mit ihrem Angebot auch die Nachfrage zu erhöhen. Ein Teil der Lösung war eingebauter Verschleiß – die bewusste Begrenzung der Lebensdauer der Produkte, um Bedarf an Ersatz zu schaffen, was die Ausplünderung der natürlichen Ressourcen weiter beschleunigte. Zugleich stellten Investitionen in Werbung sicher, dass die Nachfrage mit der steigenden Produktion Schritt hielt. In einer ungleichen Gesellschaft fachen Statusvergleiche die Flammen einer Kultur des Aufsteigertums an, in der sich Menschen Symbole des materiellen Erfolgs beschaffen, um mit anderen mitzuhalten: Der Konsum steigt, die Wirtschaft wächst, während die Zufriedenheit stagniert. Weil Löhne gedrückt werden, um Gewinne zu steigern, muss Geld anderswo aufgetrieben werden – mit dem Ergebnis hoher Schuldenstände. Tatsächlich versprechen Kreditaufnahmen künftige Produktivität. Menschen nehmen heute Darlehen in der Erwartung auf, dass morgen die Produktivität steigt: Schulden verstärken den Zwang zum Wachstum.

Wie ökonomische Standardmessungen zeigen, hat sich die Produktivität der US-Wirtschaft zwischen 1950 und 2000 verfünffacht.[107] Obwohl bei diesem Zuwachs die Wochenarbeitszeit hätte verringert werden können, arbeiteten Amerikaner im Jahr 2000 durchschnittlich eine Woche länger als noch 1950.[108] Zu erklären ist dies unter anderem damit, dass die Gewinne, die mit der gesteigerten Produktivität erzielt wurden, fast ausschließlich denen zuflossen, die an der Spitze der Wirtschaftshierarchie stehen. So stiegen zwischen 1966 und 2001 die Einkommen von 90 Prozent der amerikanischen Beschäftigten langsamer als die Gesamtproduktivität der Wirtschaft.[10] Und von 1997 bis 2001 profitierte das 1 Prozent der Topverdiener vom Wachstum stärker als die unteren 50 Prozent auf der Einkommensskala zusammengenommen.[110] Einfache Beschäftigte mussten für geringere Entlohnungen mehr arbeiten.

Gewerkschaften befürchten üblicherweise, dass ein gebremstes Wirtschaftswachstum ihre Mitglieder Arbeitsplätze kostet. Neuere Forschungen deuten allerdings darauf hin, dass Wachstum und Beschäftigung nicht unbedingt zusammenhängen.[111] Wenn die Arbeitslosigkeit steigt, sobald die Konjunktur abkühlt, ist weiteres Wachstum anzustreben keine Lösung. Vielmehr muss das herrschende System verändert werden. Die Umstellung auf eine umweltverträglichere Wirtschaft wirkt auf jeden Fall als eine kraftvolle Jobmaschine. Um die Ziele zu erreichen, sind gewaltige Anstrengungen notwendig, die über Jahrzehnte hohe Beschäftigungszahlen garantieren. Die Umstrukturierung ist natürlich mit Kosten verbunden, die gerecht geschultert werden müssen. So brauchen Beschäftigte in nicht nachhaltigen Wirtschaftsbereichen Unterstützung und Umschulung, um in die ökologische Wirtschaft einzutreten. Gerechtigkeit bei der Aufteilung der Kosten ist eine Grundvoraussetzung, um für den Weg in die grüne Zukunft genug Unterstützung zu gewinnen.

Auch wenn umweltverträgliche Arbeitsplätze ein wichtiger Baustein sind, müssen wir auf dem Weg in eine nachhaltige Wirtschaft mehr erreichen, als nur die Art der Arbeit zu verändern. Verändert werden muss das Denken über Arbeit an sich. In unserer Gesellschaft sind zahlreiche Arbeitsplätze überflüssig. Wie David Graeber hervorhebt, taugt Arbeit nur dann, wenn sie anderen hilft.[112] Dabei wird freilich deutlich, dass der Großteil der nützlichsten Arbeit in der Gesellschaft keine Bezahlung einbringt: die Arbeit von Müttern, Vätern, Betreuern und Freunden. Wenn wir die notwendige Arbeit aufteilen (und dabei alle weniger arbeiten) und Produktivitätszuwächse in mehr Freizeit anstatt in mehr Profit überführen, ist Vollbeschäftigung ohne Einkommenseinbußen erreichbar.

Wir brauchen eine Wirtschaft in nachhaltiger Größe, in der die natürlichen Ressourcen gerechter verteilt werden. Kurzfristig müssen wir vordringlich deren Verbrauch beschränken, um sie vor Übernutzung zu schützen. Langfristig müssen wir gegen den Wachstumszwang angehen, der den Kern der jetzigen Wirtschaftsweise bildet,

Fortschritt auf neue Art bemessen, von der Konsumkultur wegkommen, die Macht von den Konzernen zurückgewinnen, Demokratie verjüngen, Arbeit aufteilen, Schulden erlassen und die bestehende Ungleichheit erheblich verringern. In einer Steady-State-Ökonomie ist eine Vielfalt von Ausgestaltungen möglich. Wenn eine fortschrittliche Bewegung jetzt die Initiative ergreift, kann sie den Übergang zu einem nachhaltigen – möglichst demokratischen und gerechten – System aktiv gestalten und lenken.

Eine Bewegung aufbauen

Bill McKibben war lange Zeit eine Führungsfigur der weltweiten Umweltbewegung. Als einer der ersten Autoren brachte er den Klimawandel einer breiten Öffentlichkeit nahe. Nachdem er jahrzehntelang publiziert, Vorträge gehalten und Organisationsarbeit geleistet hatte, gelangte er zu dem ernüchternden Urteil: »Zu spät habe ich erkannt, dass dieser Kampf nie auf dem Boden von Gerechtigkeit oder Vernunft entschieden würde. Dass wir die besseren Argumente hatten, zählte nicht: Wie bei den meisten Kämpfen ging und geht es nach wie vor um Macht.«[113]

Macht bestimmt die Zukunft. Während Bücher, Artikel, Filme, Reden und Kampagnen einige der Werkzeuge sind, mit denen sich die Machtbalance verändern lässt, verschaffen uns erst Bewegungen die notwendige Stoßkraft, um die Hindernisse, die dem Wandel entgegenstehen, beiseite zu fegen. Bewegungen koordinieren Aktionen in einem Rahmen, der groß genug ist, um gemeinsame Werte in Realität zu verwandeln. Sie führen tiefgreifende Veränderungen in den Anschauungen, Einstellungen und Verhaltensweisen herbei und machen plötzlich das Unmögliche unausweichlich. Aber Bewegungen entstehen nicht aus sich selbst heraus, sondern formieren sich und wachsen, wenn sich viele Menschen zu Aktionen zusammenschließen, die einem gemeinsamen Ziel dienen.

Sinnvollen Wandel zu erreichen ist schwierig. Während die Ohnmächtigen oft mit den besten Strategien scheitern, gelangen die Mächtigen sogar mit den schlechtesten gewöhnlich ans Ziel. Darin liegt das Wesen der Macht. Sich dem Problem des Klimawandels unmittelbar zu stellen, schreckt ab. Beständig steht der Antrieb, wegzuschauen, sich auf anderes zu konzentrieren, den Gedanken daran ins Hinterstübchen zu verbannen, dem Handeln als Hindernis entgegen. Wie der amerikanische Klimatologe und Polarforscher Jason Box konstatiert, verstecken selbst die meisten Wissenschaftler »die schreckliche Wahrheit über den Klimawandel unter einer Schutzschicht des Leugnens«. Er sei »verblüfft, wie wenige Klimaforscher eine engagierte Botschaft auf die Straße getragen, für politisches Handeln demonstriert haben«.[114]

Den Klimawandel trotz erkannter Gefahren bewusst zu ignorieren, hat weniger mit Gleichgültigkeit als mit Ratlosigkeit zu tun. Wie soll man auf ihn reagieren? Manche befürchten gar, für eine Antwort sei es längst zu spät. Und neben der drohenden Katastrophe, die manche für unkontrollierbar halten, fordern neben den persönlichen Herausforderungen des Alltags weitere drängende Probleme unsere Aufmerksamkeit: Krieg, wachsende Ungleichheit, Rassismus, Konzernmacht. Obwohl unsere Perspektiven düster erscheinen, müssen wir zweierlei im Kopf behalten: dass wir erstens selbst dann, wenn der Klimakollaps unvermeidlich geworden ist, den Prozess mit unseren Handlungen immer noch bremsend oder beschleunigend beeinflussen, seine verheerenden Folgen abmildern oder verstärken können. Zweitens stellt das Ausmaß der Bedrohung zugleich eine Chance dar.

Der Klimawandel offenbart sämtliche Mängel unseres gesellschaftlichen, wirtschaftlichen und politischen Systems: die korrumpierende Macht der Konzerne, die Defizite der vorherrschenden Medien, die Funktionsuntüchtigkeit unserer Demokratien, das Versagen der Märkte, das allgegenwärtige rassistische Unrecht, den Zusammenbruch lokaler Gemeinschaften, die Gefahren der Konsumgesellschaft, die Probleme der industriellen Landwirtschaft, die fehlende Nachhaltigkeit von permanentem Wachstum und die tiefgreifenden Ungleichheiten innerhalb und im Miteinander der Nationen. Naomi Klein bringt es auf den Punkt: »Er ist ein Weckruf an die Zivilisation, eine kraftvolle Botschaft, die uns in der Sprache von Waldbränden, Überflutungen, Dürren und Artensterben darauf hinweist, dass wir ein völlig neues Wirtschaftsmodell brauchen und eine neue Art, uns diesen Planeten zu teilen.« Zu erkennen, was uns die Klimaforschung abverlangt, heiße verstehen, dass sie »die stärkste Waffe ist, über die Fortschrittsgesinnte im Kampf für Gleichheit und soziale Gerechtigkeit jemals verfügten«.[115]

Der Klimawandel bietet so auch die Chance, die Art Bewegung aufzubauen, die den dringend benötigten tiefgreifenden Wandel herbeiführen kann. Er ist mehr als nur ein weiterer Punkt auf der Liste der zu lösenden Probleme; vielmehr wirkt er als eine vereinigende Kraft, die uns helfen kann, die Krisen um uns herum in einen Zusammenhang zu stellen, der aufzeigt, dass sie allesamt Symptome des Versagens eines einzigen Systems sind. Er bietet eine Chance, zu erkennen, dass unsere drängendsten Probleme gemeinsame Ursachen und Lösungen haben. Er ist eine Bestätigung der Argumente, die Fortschrittsgesinnte seit Jahrhunderten vertreten, und stellt eine seit langem vorgetragene Kritik auf eine wissenschaftliche Basis.

Die Kämpfe um Gerechtigkeit zwischen Menschen unterschiedlicher Hautfarbe, um die Aufnahme von Flüchtlingen und die Gleichstellung der Geschlechter, um Behindertenrechte, öffentliche Leistungen, wirtschaftliche Gleichheit, um funktionierende Demokratie und dauerhaften Frieden haben miteinander zu tun. Die Herausforderung besteht darin, diese kausal verbundenen Bewegungen in solidarische Netzwerke zu überführen, ihre Lösungen in eine kohärente, inspirierende, vordringliche Vision einzuweben, die über das buchstäblich Todsichere des gegenwärtigen Systems hinausblicken lässt und in eine Gesellschaft führt, die nicht nur Emissionen reduziert, Fracking verbietet, Wälder rettet und Ozeane schützt, sondern auch Ungleichheit korrigiert, Unrecht bekämpft, Arbeitslosigkeit abschafft, öffentliche Leistungen bewahrt und Demokratie vertieft.

Um dahin zu gelangen, brauchen wir ein ganzes Spektrum von Taktiken und Menschen aus allen Lebensbereichen. Neben starken und symbolträchtigen Aktionen des Widerstands und Ungehorsams sind hohe Grade an Organisation und Partizipation notwendig. Die Kooperation von Gewerkschaften und Umweltorganisationen, zwei Strömungen, die einander bislang eher mit Skepsis begegnet sind könnte dabei eine entscheidende Rolle spielen. Beispielhaft steht dafür etwa die britische Gewerkschaft Public and Commercial Services Union (PCS), deren Generalsekretär Mark Serwotka 2015 schrieb: »Als Gewerkschaft stehen wir in totaler Gegnerschaft zur Kernkraft, [...] zur Erweiterung [des Flughafens] in Heathrow und [...] zu sämtlichen Atomwaffen. Tatsächlich stehen wir der Campaign for Nuclear Disarmament nahe.«[116]

Im Jahr 2009 veröffentlichte eine Koalition aus Gewerkschaften und Umweltgruppen in Großbritannien einen detaillierten wegweisenden Bericht darüber, wie in nur einem Jahr eine Million Arbeitsplätze zur Rettung des Klimas geschaffen und staatlich finanziert werden könnten.[117] In der dritten Auflage ist der enthaltene Plan sogar für Beschäftigte in besonders umweltbelastenden Industrien interessant: Jeder, der einen Arbeitsplatz in einem alten Bereich mit hohem CO_2-Ausstoß verliert, erhält garantiert einen neuen dauerhaften Arbeitsplatz in der ökologischen Wirtschaft. Für die grüne Wende sollen in großen Mengen Windkraftanlagen und Solarmodule gefertigt und installiert, energieeffiziente Wohngebäuden errichtet, Altbauten nachgerüstet, die Landwirtschaft auf eine nachhaltige Agrarkultur mit kleinen Einheiten umgestellt, die Netze der Eisenbahn, Straßenbahnen und Radwege ausgebaut und der Hochwasserschutz verbessert werden. Die Gefechte darum, das Kapital zu demokratisieren, um es dahin zu leiten, wo es am dringendsten gebraucht wird, werden in vorderster Linie im Kampf gegen den Klimawandel geführt.

Immer mehr Menschen erkennen, dass dieselbe Logik, die den Menschen zum Wirtschaftsgut degradiert, das ausgebeutet und weggeworfen werden kann, auch die Natur zum Mülleimer der Konzerne macht. Dieselben Handelsabkommen, die Arbeiterrechte aushebeln, führen auch einen Krieg gegen die Lebensgrundlagen auf der Erde, insofern sie die Umstellung auf erneuerbare Energien torpedieren. Und derselbe Rassismus, der Gemeinschaften mit anderer Hautfarbe ihrer Rechte beraubt, bürdet ungeniert ganzen Staaten die Dürren und Überschwemmungen auf, die von Treibhausgasen erzeugt werden. Wenn wir die vielen zerstörerischen Symptome eines vom Profit angetriebenen Systems isoliert bekämpfen, werden wir, überfordert von den Schlachten an zahlreichen Fronten, stets in der Defensive bleiben. Aber wenn wir uns zusammenschließen, um für eine gemeinsame Vision zu kämpfen, geben wir uns selbst eine Chance, tiefgreifenden und dauerhaften Wandel herbeizuführen.

Schon jetzt gibt es viele ermutigende Zeichen. Im Juni 2015 gewannen Aktivisten in Holland für 900 Bürger einen Gerichtsprozess, mit dem sie ihre Regierung zwangen, den Ausstoß von Treibhausgasen bis 2020 um mindestens 25 Prozent zu senken.[118] Ähnliche Prozesse in Belgien und auf den Philippinen deuten darauf hin, dass eine Welle juristischer Klagen einen Beitrag zur Klimarettung leisten kann. Im selben Monat widmete Papst Franziskus ein Kapitel seiner Enzyklika der dringenden Notwendigkeit, sich dem Schutz der Natur zu verschreiben. Eine »ökologische Umkehr« anmahnend, erinnerte er daran, dass »die Berufung, Beschützer des Werkes Gottes zu sein, praktisch umzusetzen […], wesentlich zu einem tugendhaften Leben« gehöre. Sie sei »nicht etwas Fakultatives, noch ein sekundärer Aspekt der christlichen Erfahrung«.[119] An einem stürmischen Tag im Juli 2015 erzeugten Dänemarks Windfarmen 140 Prozent des im ganzen Land benötigten Stroms.[120] In Toronto gingen mit dem einenden Ruf: »Jobs, Klima, Gerechtigkeit« über 10 000 Bürger auf die Straße. Angeführt von Aktivisten indigener Völker, beteiligten sich am Marsch nicht nur Umweltschützer, sondern auch Gewerkschafter, Glaubensgemeinschaften, Hilfsorganisationen zur Bekämpfung der Armut, Beschäftigte im Gesundheitsbereich und Initiativen für die Rechte von Zuwanderern.[121] Im August 2015 legten bis zu tausend Aktivisten, ausgestattet mit kaum mehr als Mut, Disziplin und Einigkeit, Europas größtes Braunkohle-Abbaugebiet, den Tagebau Garzweiler in Nordrhein-Westfalen, lahm, der erheblich zur CO_2-Belastung des Kontinents beiträgt.[122] Und im selben Monat wurde bekannt, dass die erneuerbaren Energien das Erdgas als weltweit zweitwichtigste Quelle der Stromerzeugung abgelöst hatten.[123] Als Reaktion auf jahrelange Kampagnen und Störmanöver kündigte der Shell-Konzern im September an, dass er sich von seinen Öl- und Gasbohrungen in der Arktis zurückziehen werde. Um diese Zeit verpflichtete sich Brasilien als siebtgrößter CO_2-Emittent, seinen Ausstoß (gegenüber dem Stand von 2005) bis 2025 um 37 Prozent und bis 2030 um 43 Prozent zu senken. Und die weltweit agierende Divestment-Bewegung erreichte Zusagen für den Abzug von Kapital aus dem Fossilenergiesektor in sensationeller Höhe von 2,6 Billionen Dollar.[124] Im November stimmte Präsident Obama zu, die Erweiterung der Keystone-Pipeline zu stoppen, ein Projekt, mit dem die »CO_2-Bombe« der Ölsandvorkommen in der westkanadischen Provinz Alberta hätte gezündet werden sollen. Schon diese unvollständige Liste eines Jahres zeigt: Wenn sich Menschen zusammenschließen, können sie wichtige Ziele auch gegen gewaltigen Widerstand durchsetzen. Aktivismus funktioniert und ist vielleicht sogar unsere einzige Hoffnung.

Die Menschen, die diesen Kampf an den Frontlinien führen, brauchen Unterstützung. Nach Recherchen der Nichtregierungsorganisation Global Witness kommen jede Woche mindestens zwei von ihnen durch ihre Aktivitäten gegen Umweltzerstörung ums Leben. Nur eines von vielen Beispielen sei hier genannt: »Am 18. September 2015 wurde Rigoberto Lima Choc in Sayaxché, Guatemala, am helllichten Tag vor dem Gerichtsgebäude erschossen. Drei weitere Aktivisten – Hermelindo Asij, Lorenzo Pérez und Manuel Mendoza – fielen am selben Tag Kidnappern in die Hände.« Laut Berichten war ihnen angedroht worden, sie bei lebendigem Leib zu verbrennen.[125] Ins Fadenkreuz geraten waren sie deshalb, weil »Lima Choc und Kollegen als erste die katastrophale Verseuchung des Río de la Pasión durch den Palmölkonzern REPSA« dokumentiert hatten. Das Ministerium für Umwelt und natürliche Ressourcen bezeichnete die Verschmutzung als »Ökozid […], das schwerste Umweltdesaster seiner Art auf nationalem Territorium seit Menschengedenken«.

Seit 2002 sind fast tausend Umweltaktivisten wegen ihres Engagements ermordet worden – die meisten in Lateinamerika und Asien. Viele weitere wurden verletzt, bedroht oder verhaftet. Diese Menschen opfern ihr Leben, weil ihre Gemeinschaften schon jetzt um ihr Überleben kämpfen. Männer, Frauen und Kinder sterben oder werden durch die Umweltkatastrophen, die der Klimawandel auslöst, in die Flucht getrieben. Trotzdem bleiben in den Debatten um die Erderwärmung, die stets von westlichen Regierungen und NGOs dominiert werden, die am stärksten Betroffenen außen vor. Dies wirkt sich auch auf die Art der Darstellung der Probleme aus. Die Koalitionen, die beiderseits des Atlantiks die eindrucksvollsten Klimamärsche auf die Beine gestellt haben, neigen dazu, die tiefen Risse zu übertünchen, die sich in dieser Frage zwischen ihren Mitgliedsorganisationen auftun. So drängten die größten aktiven – und häufig finanzstärksten – Gruppen hinter verschlossenen Türen dazu, sich im Auftreten und der Sprache zu mäßigen, die Bedeutung von wissenschaftlichen Ergebnissen herunterzuspielen und erzielte Fortschritte übertrieben optimistisch darzustellen.

Ein globales Klimaabkommen muss die Tatsache berücksichtigen, dass Nutzen und Kosten der Verwendung fossiler Energien alles andere als gleichmäßig verteilt waren. Die reichen Nationen, die 20 Prozent der Erdbevölkerung stellen, sind für rund 70 Prozent der Treibhausgase verantwortlich, die sich gegenwärtig in der Atmosphäre befinden. Die Ungerechtigkeit ist frappierend. Laut einer Schätzung haben die reicheren Nationen mit ihrem Entwicklungsmodell 5 Billionen US-Dollar an Kosten in Form ökologischer Schäden auf die ärmeren Länder abgewälzt.[126] Gehen wir noch einen Schritt weiter und beziehen in der Gerechtigkeit willen mit ein, was die reicheren den ärmeren Staaten nach Jahrhunderten des Kolonialismus, des Imperialismus und der Sklaverei schulden, steigen diese Kosten weiter in schwindelerregende Höhen an. Vor diesem Hintergrund häufen die milliardenschweren Rückzahlungen, die Institutionen wie Weltbank und IWF von den ärmeren Nationen fordern, nur neues Unrecht auf altes Unrecht.

Weil wir an die ökologischen Grenzen des Wachstums stoßen, müssen die reicheren Nationen den ärmeren ökologischen Raum überlassen, um ihnen eine nachhaltige Entwicklung zu ermöglichen. Wenn sie sie auf ein nachhaltiges Gleis setzen wollen, müssen sie dazu ihren Beitrag leisten – ihnen die notwendigen Mittel bereitstellen, damit sie eine Infrastruktur aufbauen können, um erneuerbare Energien zu nutzen, und sie dafür, dass sie auf die Erschließung ihrer milliardenschweren Öl-, Gas- und Kohlevorkommen verzichten, angemessen entschädigen. Die Mittel dafür müssen von den finanzkräftigsten Konzernen kommen, die die Umwelt am stärksten belasten. Dem Globalen Norden mag dies schwer zu vermitteln sein, aber wenn die ärmeren Nationen den gleichen Entwicklungsweg wählen, den einst die reicheren Nationen eingeschlagen haben, sind deren Maßnahmen gegen den Klimawandel allesamt vergebens.

Um ärmere Regionen wie das Afrika südlich der Sahara in die Lage zu versetzen, von einem Schub an Wirtschaftswachstum zu profitieren, bevor sie eine optimale ökonomische Größe erreichen, müssen die wohlhabenden Nationen Westeuropas und Nordamerikas auf dem Weg zur nachhaltigen Steady-State-Wirtschaft einen Kurs des Negativwachstums verfolgen. Die Staaten der Weltgemeinschaft müssen einheitliche Wirtschaftsgrößen anstreben, die bequem in die Grenzen des ökologisch Vertretbaren hineinpassen.[127] Orientiert an historischen Informationen über die Höhe des jeweiligen Beitrags zur Belastung der Atmosphäre und unter Berücksichtigung der aktuellen »Beteiligungskapazität« haben Wissenschaftler im Detail für jede einzelne Nation berechnet, wie sich die Kosten, die die notwendige Senkung der Treibhausgasemissionen verursachen wird, gerecht verteilen ließen.[128]

Die an den Schalthebeln der Macht sitzen, haben sich als unfähig erwiesen, das Notwendige zu tun, um die Lebensgrundlage auf der Erde zu schützen, nicht weil sie aktiv eine Zerstörung anstreben, sondern aus Hörigkeit gegenüber der profitorientierten Wachstumslogik des gegenwärtigen Systems und wegen der Scheuklappen, die ihnen das angebliche »nationale Interesse« angelegt hat. Um sinnvollen Wandel herbeizuführen, muss die Logik des Systems erneuert werden. Das Wesen und die Größenordnung der Bedrohung durch die Erderwärmung verlangen, dass wir die beruflichen und kulturellen Erwartungen hinter uns lassen, die uns nur allzu oft Zügel anlegen und unsere menschlichen Regungen lähmen. Wir müssen unsere grundlegenden Verpflichtungen untereinander, für künftige Generationen und für die Natur anerkennen. Für die Wende braucht es eine gewaltige Anzahl von Menschen, ein hohes Maß an Kooperation und Kreativität, einen Sieg der Hoffnung über den Zynismus und einen Triumph des Mutes über die Angst.

»Der American Way of life ist nicht verhandelbar«, verkündete US-Präsident George H. W. Bush auf dem Weltgipfel in Rio 1992.[129] Seine Äußerung brachte die größenwahnsinnige Arroganz zum Ausdruck, mit der die Staaten und Konzerne auf die Bedrohung durch den Klimawandel bislang reagiert haben. Worüber sich nicht verhandeln lässt, sind die Naturgesetze und die Erfordernisse unserer Biologie. Ob wir wollen oder nicht – unser Überleben als Spezies hängt davon ab, dass unsere Zivilisation einige grundlegende Veränderungen an sich vornimmt. Ein Krieg gegen die Natur ist nicht zu gewinnen.

Die Größenordnung der Bedrohung durch den Klimawandel fordert uns dazu heraus, alte Denkmuster zu durchbrechen. Stürme, Überflutungen und Dürren machen nicht vor willkürlich gezogenen Staatsgrenzen Halt. Die Umweltverschmutzung in China ist ein Problem, das alle betrifft. Eine Kernschmelze in Japan ist ein Problem der Meschheit. Der exzessive Konsum in den USA ist jedermanns Problem. Wenn es ums Klima geht, ist ein »nationales Interesse« kaum noch auszumachen. Der Klimawandel zwingt uns, anzuerkennen, dass wir voneinander abhängen. In Konkurrenz zueinander zu stehen, versperrt uns den Weg zur Lösung. Mehr denn je müssen wir die Kunst der Kooperation wiederbeleben und die illusorischen Trennlinien von Grenzen und Überzeugungen überwinden.

Vom endlosen Streben nach Konsum und Profit abzurücken, nützt nicht nur der Natur, sondern hilft uns auch, ein ungesundes Wertesystem zu überwinden, das uns dazu antreibt, unwichtigen Dingen hinterherzujagen und darüber wichtige zu vergessen. Wir können uns gegen die Welt um uns herum nicht abschotten. Ihre Gesundheit ist unsere Gesundheit. Wir sind aus ihr hervorgegangen, hängen von ihr ab und werden bald wieder in ihr aufgehen. Unsere Physiologie erinnert uns an diese innige Beziehung: Unsere Lungen verkörpern die Erwartung der Luft aus der Atmosphäre, die an diesem rotierenden Felsbrocken haftet; unsere Augen verkörpern die Erwartung der Lichtwellen, die unsere Welt zum Leuchten bringen; unser ganzer Organismus – und der aller anderen Lebewesen auf der Erde – verkörpert die Erwartung eines engen Temperaturspektrums, jenseits dessen wir nicht existieren können. Das Schicksal der menschlichen Gesellschaft ist untrennbar mit unserer natürlichen Umgebung verknüpft. Je klarer diese Abhängigkeit erkannt wird, desto überlebensfähiger sind wir. Je deutlicher wir unsere Grenzen sehen, desto besser können wir uns an sie anpassen.

Die Einsicht, dass wir Produkte von Kräften sind, die wir nicht kontrollieren, lässt uns erkennen, dass wir weniger frei sind, als wir glauben möchten, sie macht uns aber auch deutlich, dass wir in einem ganz wörtlichen Sinne die wandelnde Verkörperung der Beziehungen sind, die wir zu unserem natürlichen und gesellschaftlichen Umfeld unterhalten. Das Ausmaß der Rücksichtslosigkeit, das in der Gesellschaft und im Umgang mit der Natur herrscht, zeugt auf hässliche Weise davon, wie blind wir für diese wechselseitigen Abhängigkeiten geworden sind. Um die Illusion der letztendlichen Verantwortlichkeit eines jeden zu durchbrechen, bedarf es einer weiterreichenden Identifikation, in der das Individuum nicht als vom übrigen Universum isoliert, sondern als dessen vorübergehende und veränderliche Manifestation erscheint, die mit all seinen Facetten eng verbunden ist. Wenn wir die alte Illusion hinter uns lassen, gewinnen wir etwas anderes von unschätzbarem Wert: ein tiefreichendes Gefühl wechselseitiger Verbundenheit. Damit kreative Freiheit überleben kann, müssen wir die Bedingungen heilighalten, die sie ermöglichen.

Jenseits der dünnen Schicht der Gase, aus denen sich die Erdatmosphäre zusammensetzt, dehnt sich ein kaltes, ödes, gnadenlos lebensfeindliches Universum aus. Ohne diese schützende Schicht sind wir zum Untergang verdammt. Wir wissen von keinem anderen Ort im Kosmos, der Leben ermöglicht. Wir besitzen nur diese eine Erde. Trotz all des Leidens, der Ungerechtigkeit, der Raubgier, Ignoranz und Gewalt auf der Welt ist unser Planet noch immer ein Ort von überwältigender Schönheit und grandiosen Möglichkeiten, Quelle für die endlos kreativen Wechselspiele des Lebens. Wenn je etwas Wertschätzung, Verehrung, Schutz und Kampfeinsatz verdient hat, dann sind es die Böden und Wälder, die Ozeane und die Luft, die uns alle großzügig am Leben halten. Sie sind der Urquell jeder Freiheit.

12

EMPATHIE

Wir unterscheiden uns in vielerlei Hinsicht voneinander, aber eines gilt für alle gleichermaßen: Dafür, wer wir sind oder was wir tun, tragen wir letztlich keine eigene Verantwortung. Diese Perspektive ermöglicht eine grundlegende Solidarität zwischen Menschen, die auf der Einsicht aufbaut, dass ich genauso gehandelt hätte wie ein anderer, wenn ich in exakt denselben Verhältnissen gesteckt hätte. Aus dieser Erkenntnis erwächst ein Gefühl für die grundlegende Gleichheit zwischen den Menschen. Sie schafft eine feste Basis für Mitgefühl und Einfühlung oder Empathie, zwei Ideale, die in die Seiten dieses Buches eingeflossen sind. Alle Systeme der Unterdrückung und Ausbeutung beruhen darauf, dass sie die fundamentale menschliche Gleichheit verleugnen. Die Sorge mancher Leute, das Streben nach objektiverer Selbstbetrachtung untergrabe ethische Standards oder die Fähigkeit zu lieben, ist unbegründet. Das Gegenteil ist der Fall: Es gibt ihnen festeren Halt.

Jahrhundertelang haben abendländische Philosophen, Politiker und Ökonomen versichert, dass Menschen ihrer Natur nach raubgierig und vornehmlich darauf bedacht seien, sich selbst zu erhalten und sich möglichst viel Genuss und Komfort zu verschaffen. Neoklassische Wirtschaftswissenschaftler postulieren einen rational denkenden, selbstsüchtigen Menschen, der ganz darauf fokussiert sei, das eigene Wohlergehen, das vielfach in enge materialistische Begriffe gefasst wird, auf ein Höchstmaß zu steigern. Diese Karikatur des Menschen strafen die Fakten Lügen. Forschungen quer durch eine Reihe von Disziplinen gelangten übereinstimmend zu einem anderen Schluss: Empathie, die Fähigkeit, sich in die Lage eines anderen zu versetzen und ein Gespür dafür zu entwickeln, wie sich die Dinge aus seiner

Perspektive darstellen und anfühlen, ist ein wesentlicher Bestandteil dessen, was uns Menschen ausmacht. Sie ist entscheidend für die Erfahrung des Mitfühlens.[1]

Kinderpsychologen haben beobachtet, dass schon Dreijährige in der Lage sind, Dinge aus der Perspektive eines anderen zu betrachten.[2] Offenbar sind bereits zwei Monate alte Säuglinge fähig, an fremdem Leid Anteil zu nehmen. Sie bieten anderen Spielzeuge an, streicheln sie, wenn sie verzweifelt wirken, und überwinden sogar Hindernisse, um Unbekannten zu helfen, die in Schwierigkeiten zu stecken scheinen.[3] Ganz automatisch »reflektiert« unser Gehirn die mentalen Zustände anderer: Die Nervenzellen, die zu »feuern« beginnen, wenn wir mit den Emotionen und Aktionen anderer konfrontiert werden, werden deshalb auch Spiegelneurone genannt. Neuere Forschungen legen nahe, dass sie Teil eines komplexeren »Empathie-Schaltkreises« sind, der mindestens zehn Hirnregionen umfasst.[4] Er macht es uns leichter, die Erfahrungen anderer zu verstehen. Seine Schädigung beeinträchtigt unser Einfühlungsvermögen erheblich.

Primatenforscher hegen keine Zweifel, dass Menschenaffen als unsere Vettern im Stammbaum der Evolution regelmäßig empathisches Verhalten zeigen. Schimpansen trösten und ermuntern sich gegenseitig. Wenn ein Schimpanse in einem Kampf unterlegen oder einem Raubtier über den Weg gelaufen ist, beruhigen ihn andere mit Umarmungen oder Fellpflege. Auch deuten zahlreiche Experimente darauf hin, dass Primaten mit einem ausgeprägten Gerechtigkeitsinstinkt ausgestattet sind. In einem klassischen Experiment, das der amerikanische Psychiater Jules Masserman durchführte, verzichteten Rhesusaffen darauf, an einer Schnur zu ziehen, die sie mit Nahrung versorgte, aber gleichzeitig einem Artgenossen einen Elektroschock verabreichte. Manche hungerten lieber tagelang, als ihm den Schmerz zuzufügen. Ein Bonobo in Gefangenschaft wurde dabei beobachtet, wie er sich eines verletzten Vogels annahm und ihn aus seinem Gehege zu befreien versuchte. Er kletterte auf einen Baumwipfel, half ihm, die Flügel auszuspreizen, und ließ ihn davonflattern. Nach einem ersten Fehlschlag behütete er ihn so lange, bis er sich erholt hatte, und schaffte es schließlich, ihn in Freiheit zu entlassen.[5]

Frans de Waal, einer der weltweit führenden Primatologen, zieht aus unserem vertieften Verständnis der menschlichen Natur bedeutende Schlüsse. Gegen Politiker, die bestimmte Strategien mit der Behauptung rechtfertigen, in der Natur herrsche ein rein egoistischer Überlebenskampf, wandte er ein:

> Sie lesen in die Natur hinein, was sie hineinlesen wollen. Ich sehe es als meine Aufgabe an, hervorzuheben, dass sie alles falsch verstanden haben. Viele Tiere überleben durch Kooperation. Gerade unsere Spezies ist aus einer langen Linie von Vorfahren hervorgegangen, unter denen wechselseitige Abhängigkeit herrschte. Empathie und Solidarität sind uns angeboren. Deshalb sollte der Aufbau unserer Gesellschaft auch diese Seite der menschlichen Spezies widerspiegeln.[6]

Die zentrale Bedeutung von Kooperation für den Fortbestand unserer Art ist unter Biologen inzwischen weithin anerkannt.

Empathie ist das Vermögen, sich in das Empfinden und Denken anderer hineinzuversetzen und darauf angemessen zu reagieren. Die Fähigkeit zu tiefgründiger Empathie und zu der sich aus ihr ergebenden Anteilnahme ist in fast jedem vorhanden, aber wie weit wir uns tatsächlich in andere einfühlen können, ist nicht von vornherein festgelegt. Kulturelle Einflüsse bestimmen und steuern unser empathisches Potenzial. Zahlreiche Faktoren können es hemmen und beeinträchtigen, von Ideologie über frühkindliche Erfahrungen, Gene und Hormone bis hin zur neurologischen Vorgängen.[7] Ein schwerwiegender Mangel an Einfühlungsvermögen macht es leicht, Menschen unmenschlich zu behandeln, ihre subjektive innere Welt zu ignorieren und sie als Objekte zu betrachten, die sich für eigene Zwecke ausnutzen lassen. Die interessante Frage lautet nicht, ob wir zu Empathie fähig sind, sondern warum wir manchen Gruppen mit mehr Empathie begegnen als anderen.

Entmenschlichung

Der renommierte norwegische Kriminologe Nils Christie setzte sich nach dem Zweiten Weltkrieg als junger Wissenschaftler mit ehemaligen Wachleuten aus deutschen und norwegischen Konzentrationslagern auseinander. Sie zerfielen grob in zwei Gruppen: Während die einen ihre Gefangenen misshandelt, gefoltert und getötet hatten, hatten die anderen sie relativ human behandelt. Christie wollte die Beweggründe der zweiten Gruppe verstehen. Nach ausführlichen Befragungen zahlreicher Aufseher zu ihren Erfahrungen gelangte er zu einem Schluss, der ihn bis ans Ende seines Lebens prägen sollte: Der Unterschied zwischen den Gruppen lag darin, dass die Männer der zweiten Gruppe sich die Fähigkeit bewahrt hatten, »Gefangene als Menschen zu sehen«, weil sie eine ausreichend große Nähe zugelassen hatten, um zu erkennen, dass sie sich in gleicher Lage ebenso verhalten würden wie diese »elenden, ausgezehrten und verdreckten« Individuen, die für eine Brotkante hemmungslos einen Freund verrieten.[8] Wie Christie feststellte, hatten die humaneren ehemaligen Wächter mit ihren Gefangenen mehr Zeit verbracht und zu ihnen engere Beziehungen entwickelt. Sie hatten mit ihnen geredet und Fotos von ihnen angeschaut, die sie vor ihrer Gefangennahme zeigten. Dieser Kontakt, so Christie, habe sie in den Augen ihrer Wärter zu Menschen gemacht. Spätere Forschungen bestätigten diese Schlussfolgerung. Dies sei für ihn eines der wichtigsten Ergebnisse von KZ-Studien und thematisch ähnlich gelagerten psychologischen Experimenten gewesen: »Distanz ermöglicht Mord und Folter. […] Distanz macht es möglich, aus dem Blick zu verlieren, dass es sich beim Opfer um einen gewöhnlichen Menschen handelt.« Diese Distanz bemisst sich nicht notwendigerweise in »Yard oder Meter«. Sie kann »sozialer Art« und einem bewusst eingeimpft worden sein.

Die Art, wie wir Gruppen oder Einzelnen begegnen, wird stark davon beeinflusst, wie wir sie kategorisieren. Unsere Sprache wimmelt von Bezeichnungen, die Menschen definieren und zwischen ihnen unterscheiden: gläubig oder ungläubig, Illegaler oder Staatsbürger, Krimineller oder Opfer, Terrorist oder Zivilist, Patriot oder

Vaterlandsverräter, schwarz oder weiß, Mann oder Frau. Die Liste der Kategorien ließe sich endlos verlängern. Je nach den bestehenden Vorurteilen verändern sich unsere Haltungen gegenüber Menschen dramatisch gemäß der Kategorie, in die wir sie einsortieren. Neurowissenschaftliche Untersuchungen zur Dehumanisierung oder Entmenschlichung haben gezeigt, wie weitreichend Kategorisierungen wirken können. Wenn wir stigmatisierten Gruppen wie Obdachlosen oder Drogenabhängigen begegnen, bleibt die Hirnregion, die normalerweise mit rücksichtsvollem und sozialem Verhalten assoziiert ist, inaktiv.[9]

Die Kategorien, die wir Personen zuordnen, spiegeln eine Hierarchie menschlicher Werte wider. Der Philosoph Peter Singer verwendet den Begriff des »moralischen Kreises«, um zu beschreiben, wie wir manche Personen in eine privilegierte Kategorie einordnen, die unsere volle moralische Rücksicht verdient, während wir andere ausschließen.[10] Die in den Kreis des Altruismus aufgenommenen Personen gehören zu unserer moralischen Gemeinschaft, für welche die Vorzugsprinzipien von Fairness, Anstand, Respekt, Anspruch auf Teilhabe und Gerechtigkeit gelten. Je enger unser moralischer Kreis gezogen ist, desto mehr Menschen schließt er aus.[11] Wer draußen steht, gilt als unwürdig, das gleiche Maß an Beachtung zu finden. Für ihn gilt ein anderer ethischer Kodex.[12]

Es ist nützlich, sich statt eines einzelnen moralischen Kreises eine ganze Reihe konzentrischer Kreise vorzustellen, die unterschiedliche moralische Wertigkeiten abstecken. Je weiter jemand vom Mittelpunkt der Kreise entfernt ist, desto weniger gilt er einer humanen Behandlung für würdig. Im Extremfall werden ganze Gruppen in eine Kategorie von Untermenschen gesteckt. Wie Untersuchungen zeigen, die sich mit moralischer Ausgrenzung befasst haben, stellt die Neigung, in seinen »Eigengruppen« die einzelnen Menschen zu sehen und »Fremdgruppen« zu entmenschlichen, ein ubiquitäres Phänomen dar.[13]

Zugewanderte, Ausländer, Arme, Arbeiter, Frauen, Arbeitslose, Behinderte, Dickleibige, Junge, Alte oder Gefangene werden regelmäßig mit herabsetzenden Begriffen belegt, die ihren Status als Menschen mit einem Anspruch auf unsere volle moralische Rücksicht unterminieren. Rassismus, Sexismus und soziale Diskriminierung dienen allesamt dazu, die Grenzen unserer moralischen Kreise abzustecken, um manche strikt draußen zu halten. Moralischer Ausschluss kann freilich in beide Richtungen verlaufen: Die Unterdrückten können ihre Unterdrücker ebenso entschieden entmenschlichen, wie sie von ihnen entmenschlicht werden. Der entscheidende Unterschied liegt in der Macht, über welche die jeweilige Gruppe verfügt, ihre Vorurteile in Verfolgung zu verwandeln.

Eine wichtige Folgerung aus diesen Studien ist natürlich, dass solche Unterteilungen von Menschen in Kategorien von Gut und Böse gröbste Simplifizierungen darstellen. Moralisches Verhalten spiegelt nicht einfach den Charakter wider, es verweist auch auf die Kategorien, in die wir uns gegenseitig einsortieren, und auf die Vorurteile, die mit ihnen einhergehen. Man kann denjenigen, die in den eigenen moralischen Kreis aufgenommen sind, liebevoll, fürsorglich und loyal begegnen und sich im nächsten Moment gleichgültig und abweisend gegenüber Ausgeschlossenen verhalten. Während uns das Leid derer in unserem moralischen Kreis zu Herzen geht, lässt uns das der anderen kalt. Wir sind versiert darin, unsere Moralität in Abteilungen zu untergliedern.

Sprache verstärkt die psychische Distanz. Vom NS-Terror bis zur Apartheid Südafrikas dienten Bezeichnungen, die Menschen zu Tieren degradieren, als übliches Mittel, um deren Verfolgung zu rechtfertigen. Menschen werden als »Vieh«, »Hunde«, »Schweine« oder »Schmarotzer« diffamiert. Klinische Ausdrucksweisen erweitern das Repertoire, um Menschen zu Objekten des Abscheus zu stempeln: »Dreck«, »Abschaum« oder »Müll« muss in Säuberungsaktionen »weggekehrt« oder »beseitigt« werden. Juden im NS-Staat wurden regelmäßig mit Ausdrücken wie »Ratten« oder »Ungeziefer« belegt, die es auszurotten galt, und beim Völkermord in Ruanda wurden Menschen zu »Läusen« und »Kakerlaken« gestempelt, bevor man sie abschlachtete. Ähnliche Vergleiche diffamierten Bosnier in den Balkankriegen.

Der Philosoph Jonathan Glover hat Erniedrigungen als einen gemeinsamen Zug dehumanisierender Handlungen identifiziert.[14] Es ist viel einfacher, Personen als verabscheuungswürdig zu empfinden, wenn sie in ekelerregenden Verhältnissen leben müssen. Im Schmutz und in entwürdigenden Zuständen, ob in einer Gefängniszelle, einem Konzentrationslager oder schlicht in extremer Armut, lassen sie sich leichter als Untermenschen behandeln. Dann ist es nur ein kleiner Schritt, sie mit Krankheit oder Gewürm gleichzusetzen und sich der Überzeugung anzuschließen, dass ihnen die Fähigkeit zur Zivilisierung fehle. Man redet nicht mit Ungeziefer, und man fängt auch kein Gespräch mit einer Seuche an.

»*Schöne Zeiten*«. *Judenmord aus der Sicht der Täter und Gaffer* lautet der Titel eines bemerkenswerten und verstörenden Buches, das Briefe von KZ-Wächtern an ihre Familien und Tagebucheinträge von Mördern des Holocaust enthält.[15] Die Dokumente stellen sich unserem Impuls in den Weg, die Verfasser als Unmenschen zu bezeichnen, weil sie Fürsorglichkeit gegenüber denen zeigten, die zu ihrem moralischen Kreis gehörten. Sie liebten ihre Kinder, vermissten ihre Frauen und fühlten sich Freunden und Kollegen treu ergeben. Gleichzeitig ermordeten sie massenhaft Menschen, die die Nazi-Ideologie gezielt aus dem moralischen Kreis derer verbannt hatte, die irgendwelche Rücksichten verdienten.

Nils Christie resümiert: »Es ist leichter, sich Bösewichte vorzustellen: aus KZ-Wächtern Monster zu machen.«[16] Nach Begegnungen mit zahlreichen Aufsehern aus NS-Vernichtungslagern gelangte er zu der Überzeugung, dass manche »nette und freundliche Leute« gewesen seien.[17] In einem Bericht über seine zwölf Jahre als Sklave beschreibt Solomon Northup einen seiner »Herren«: Es habe »nie einen freundlicheren, edleren, aufrichtigeren Christenmenschen« gegeben, doch hätten ihn Einflüsse »für das wesensmäßige Unrecht blind gemacht, das dem System der Sklaverei zugrunde liegt«.[18] Die Vorstellung verstört. Dass Beteiligte an grauenhaften Verbrechen irgendwie »nett« in Erscheinung treten können, lässt sich allerdings eher nachvollziehen, wenn man sich vor Augen hält, dass sie die Leute, die sie ermordeten oder versklavten, nicht als vollwertige Menschen ansahen. Gewöhnliche Menschen können sich an solchen

Verbrechen wohl nur beteiligen, wenn sie ihre Opfer auf den Status von Tieren degradieren.

Von Dezember 1937 bis Januar 1938 wurden Tausende chinesische Zivilisten – Männer, Frauen und Kinder – von japanischen Soldaten niedergemetzelt, verstümmelt, vergewaltigt. Der Philosoph David Livingstone Smith, der sich ausgiebig mit den Mechanismen der Dehumanisierung befasst hat, hebt hervor, dass »die Soldaten, die diese Gräuel begingen, weder Wahnsinnige noch Ungeheuer waren. Zumeist handelte es sich um ganz gewöhnliche Leute. Menschen wie Sie und ich.«[19] Als der Veteran Yoshio Tshuchiya zu seinen damaligen Verbrechen befragt wurde, machte er deutlich, was solche Taten ermöglicht hatte: »Wir nannten die Chinesen ›Chancorro‹, das heißt Untermenschen, ähnlich Ungeziefer oder Vieh. Chinesen gehörten dem menschlichen Geschlecht nicht an. So sahen wir es. […] Hätte ich sie als Menschen angesehen, wäre ich dazu nicht fähig gewesen.«[20] In einem Konflikt halten sich generell alle Beteiligten dazu an, den Gegner als nichtmenschlich zu betrachten. Die Japaner zeichneten amerikanische und britische Militärs und Politiker als Ungeheuer und Teufel mit Reißzähnen, Klauen und Schwänzen.[21]

Die unbequeme Lehre aus der Geschichte lautet, dass der unmenschliche Umgang mit anderen Menschen ganz in unserer Natur liegt. Wenn wir denjenigen, die andere entmenschlichen, das Menschsein absprechen, offenbaren wir die eigene Bereitschaft zum moralischen Ausschluss. Das spricht dafür, dass wir denjenigen, deren Taten wir verurteilen, moralisch nicht unbedingt überlegen sind. Der Unterschied liegt vielmehr in den Umständen – neben denen, die unseren Charakter prägen, vor allem auch in denjenigen, die unsere Wahlmöglichkeiten bestimmen. Dazu Thomas Nagel: »Einer, der als Beamter in einem Konzentrationslager tätig war, hätte möglicherweise ein unauffälliges und harmloses Leben geführt, wären in Deutschland nicht die Nationalsozialisten an die Macht gelangt. Und einer, der in Argentinien ein unauffälliges und harmloses Leben führte, hätte durchaus als Beamter in einem Konzentrationslager landen können, hätte er Deutschland nicht 1930 aus geschäftlichen Gründen verlassen.«[22]

Derselbe psychologische Mechanismus, andere zu Nichtmenschen zu degradieren, wirkt jedes Mal da, wo wir es mit systematischen Tötungen, mit Unterdrückung und Folter zu tun haben. Beim Völkermord in Ruanda 1994 wurden Hunderttausende Tutsi von der Bevölkerungsmehrheit der Hutu niedergemetzelt. Die den Massakern Auftrieb gebenden Vorurteile wurden bewusst von europäischen, insbesondere belgischen Kolonialherren als Teil einer Strategie des Teilens und Herrschens gefördert. Dazu diente eine institutionell durch politische, wirtschaftliche und bildungspolitische Maßnahmen geförderte heimtückische Rassenideologie, welche die eine Bevölkerungsgruppe als höherwertig darstellte. Die Minderheit der Tutsi erhielt Privilegien, damit sie im Gegenzug die Herrschaft über die Hutu-Mehrheit absichern half. Die Wut und die Ressentiments, die diese Politik heraufbeschwor, führten schließlich zu den bekannten Gewaltausbrüchen. Es gibt viele weitere Beispiele. Der holländische Kolonialismus schuf die Vorbedingungen für die südafrikanische Apartheid, indem er den schwarzen Südafrikanern systematisch Grundrechte verweigerte und sie dazu verurteilte, in menschenunwürdigen Verhältnissen zu leben.

Der irische Sozialpsychologe Paul Connolly beobachtete den Prozess der moralischen Ausgrenzung schon an Dreijährigen.[23] Kulturelle und familiäre Einflüsse führten in Kombination dazu, dass Kinder, die als Katholiken aufwuchsen, gegenüber Polizeibeamten – als den vermeintlichen Vertretern der britischen Unterdrücker – doppelt so häufig negative Einstellungen und aggressive Verhaltensweisen zeigten wie Kinder aus protestantischen Elternhäusern. Schon ein Drittel der Sechsjährigen identifizierte sich beiderseits der religiösen Trennlinie stark mit seiner jeweiligen Glaubensgemeinschaft.

Daniel Bar-Tal von der Universität Tel Aviv erforschte die Entwicklung von Einstellungen und Stereotypen unter jüdischen Kindern in Israel, wobei er sich auf die Vorstellungen von »Arabern« konzentrierte, der »sicher bedeutendsten Fremdgruppe für israelische Juden«. Wie er feststellte, benutzten israelische Kinder das Wort »arabisch« erstmals in einem Alter zwischen 24 und 30 Monaten – als eine der ersten getroffenen sozialen Unterscheidungen. Auf die Frage, was sie über Araber wüssten, beschrieben die meisten kleinen Israelis sie als gewalttätig und aggressiv. Kinder im Alter zwischen fünf und sechs Jahren begegneten ihnen mit negativeren Einstellungen als jüngere und zeigten größeren Widerwillen, sich die Möglichkeit zu einem sozialen Kontakt offenzuhalten – in krassem Gegensatz zu ihren positiven Einstellungen gegenüber »Juden«. Allgemein gelangte Bar-Tal bei seinen Forschungen zu dem Schluss, dass viele israelische Kinder Araber mit diskreditierenden Kategorien charakterisieren, zumeist »Killer« oder »Mörder«.[24] Als wichtigste Quelle für ihre Einstellungen wurden die Eltern vermutet. Nach Patricia G. Devine, Professorin für Psychologie an der University of Wisconsin, haben Stereotype »in den Kindergedächtnissen schon gut Fuß gefasst, bevor die Kleinen die kognitive Fähigkeit und Flexibilität entwickeln, ihre Gültigkeit oder Annehmbarkeit zu hinterfragen oder kritisch zu bewerten«.[25] 2015 wurde bekannt, dass in Israel ein Roman verboten worden war, der von einer Liebesaffäre zwischen einem arabischen Mann und einer jüdischen Frau handelt. Begründet wurde das Verbot unter anderem damit, dass »jungen Heranwachsenden der systematische Blick fehlt, der Erwägungen um die Wahrung der national-ethnischen Identität und die Bedeutung von Mischehen [zwischen Personen, die als Menschen verschiedener »Rasse« gelten] miteinschließt«. Betont wurde die Notwendigkeit, die »Identität der Schüler und das ihnen nahegebrachte Erbe« aufrechtzuerhalten, weil »intime Beziehungen zwischen Juden und Nichtjuden die eigenständige Identität« bedrohten, die der israelische Staat pflege.[26]

Die selektive Zuerkennung von Mitgefühl beginnt früh und setzt sich in vielfältiger Form fort. Indirekte Formen der Dehumanisierung können – zum Beispiel in der medialen Berichterstattung – eine besonders starke Wirkung entfalten. In seinem Buch *Brown Tide Rising* von 2002 erkundete Otto Santa Ana die Darstellung mexikanischer Einwanderer in der US-Kultur. Wie er feststellte, tauchten in zahlreichen Zeitungen Vergleiche mit Insekten, Parasiten, Krankheiten, Unkraut, Außenseitern und Eindringlingen auf.[27] Demnach machten es Metaphern möglich, indirekt abwertende Assoziationen zu wecken: Anstatt rassistische Anschauungen direkt zu äußern, kämen sie implizit, in Anspielungen verpackt oder in evokativen Wendungen zum Ausdruck. Der Einsatz solcher sprachlicher Mittel ist durchaus üblich. So bezeichnete 2015 David Cameron Flüchtlinge, die in erbärmlichen Verhältnissen in Calais leben, als einen »Schwarm«, der nach Großbritannien zu gelangen versuche.[28]

Über Jahrtausende haben rechtliche Kategorien dazu gedient, ganze Hierarchien moralischer Rücksichten aufzustellen, in denen einige Gruppen – ob nach Geschlecht, Rasse, Religion, sexueller Orientierung, politischer Überzeugung, sozialer Schicht, Wohlstand oder Ausbildung – gegenüber anderen bevorzugt wurden. Alle möglichen Attribute können dazu dienen, eine Gruppe ins Abseits zu stellen. Einmal etabliert, trennt eine Kategorie den Weizen von der Spreu. Ideologisch untermauert werden diese Hierarchien durch evokative Mythen, die die Eigengruppe als überlegen und die Fremdgruppe als gefährlich apostrophieren. Sich gegen Außenseiter zu stellen, wird zur Ehrensache. Tatsächlich wird die Entmenschlichung und Verfolgung des »anderen« häufig als tugendhafte Handlung dargestellt, die Patriotismus, Solidarität und Loyalität demonstriert.

Viele Sklavenhalter glaubten, dass ihr »Besitz« keine Seele habe. 1856 berief sich Roger Brooke Taney, der Vorsitzende Richter am Obersten Gerichtshof der USA, auf den Rechtsstaat, um den Prozess der Entmenschlichung zu fördern, als er verkündete, dass der schwarze Mann »keine Rechte hat, die der weiße Mann respektieren muss [...]. Mit dem Neger darf nach Recht und Gesetz [...] wie mit einer gewöhnlichen Ware zum Vertrieb und Handel verfahren werden.«[29] Entmenschlichung ist stets dazu eingesetzt worden, Macht zu konzentrieren und Gewalt zu rechtfertigen. Wie könnte sich ein Staat an Sklavenarbeit bereichern, wenn seine Bürger Sklaven als vollwertige Menschen betrachteten? Wie könnten Militärführer Urbevölkerungen auslöschen und ihr Land rauben, wenn sie ihnen gleiche Rechte zubilligten? Wie könnten reiche Nationen ihren abenteuerlich disproportionalen Anteil am Verbrauch der weltweiten Ressourcen rechtfertigen, ohne stillschweigend an die eigene Überlegenheit zu glauben?

Entmenschlichung war in dem System, das die Welt beherrscht, lange Zeit verankert.[30] Der Kapitalismus muss moralische Ausgrenzung fördern, um die von ihm geschaffene extreme Ungleichheit zu legitimieren. Staaten sind fiktionale Gebilde, die der Empathie durch Kultivierung von Patriotismus methodisch Grenzen auferlegen. Wenn wir die Entmenschlichung in der Welt zurückdrängen wollen, müssen wir die physikalische und psychologische Distanz überwinden, die durch Landesgrenzen und Kontostände aufrechterhalten wird.

Was kostet ein Menschenleben?

Am 24. November 2014 kamen bei einem militärischen Einsatz von US-Drohnen gegen 41 Zielpersonen geschätzte 1147 Unbeteiligte ums Leben.[31] Der Menschenrechtsgruppe Reprieve zufolge hat bislang jeder einem mutmaßlichen Terroristen geltende Angriff durch ferngesteuerte Flugobjekte durchschnittlich zum Tod von 28 unschuldigen Zivilisten geführt, darunter viele Kinder. Tatsächlich sind die Opfer deutlich zahlreicher. Eine großangelegte Studie von zwei US-Universitäten ergab, dass Drohnenangriffe bei Bewohnern in und um die Zielareale tiefe psychische Schäden hinterließen, darunter schwere Traumata. Zu den Symptomen zählten »seelische Zusammenbrüche«, Panikattacken, bei denen die Betroffenen »ins Haus rannten oder sich versteckten, sobald Drohnen am Himmel erschienen, Ohnmachtsanfälle, Albträume und andere Intrusionen, extreme Schreckreaktionen auf laute Geräusche, Wutausbrüche oder Reizbarkeit, [Schlaflosigkeit] und Appetitverlust sowie weitere körperliche Reaktionen«.[32] In einigen Fällen kamen die Zielpersonen unversehrt davon, während unbeteiligte Zivilisten starben und ganze Gemeinschaften traumatisiert wurden. Trotzdem bezeichnete Präsident Obama diesen Krieg als »gezielte Tötung«.

Im Jahr 2012 dokumentierte die britische Journalisteninitiative Bureau for Investigative Journalism, dass auch zivile Retter und Trauergäste bei Bestattungen der Opfer ins Visier vorsätzlicher Drohnenangriffe genommen worden waren.[33] Christof Heyns, UN-Sonderberichterstatter zu extralegalen, summarischen und willkürlichen Hinrichtungen, bezeichnet die Tötungsaktionen als »Kriegsverbrechen«. Unter großen persönlichen Risiken prangern inzwischen auch ehemalige Drohnenpiloten das Programm an. Der 29-jährige Michael Haas, der mit der Überwachung der Zielareale per Fernbedienung befasst war, berichtete, seine Kameraden hätten Kinder in den angegriffenen Gebieten als »Fun-Size-Terroristen« bezeichnet[34] und davon gesprochen, dass man die Wiese mähen sollte, bevor sie ins Kraut schösse. Als Fluginstruktor kassierte Haas eine Rüge von Vorgesetzten, weil er einen allzu tötungsbegierigen Anwärter bei der Prüfung hatte durchfallen lassen.

Mit Haas erklärten drei weitere Whistleblower in einem offenen Brief an Obama: »Diese Regierung und ihre Vorgänger haben ein Drohnenprogramm aufgebaut, das eine der verheerendsten Antriebskräfte für Terrorismus und Destabilisierung rund um den Globus darstellt. [...] Wir können nicht still dasitzen und Tragödien wie den Anschlägen von Paris zuschauen, wenn wir wissen, wie zerstörerisch das Drohnenprogramm im Aus- und Inland wirkt.«[35] »Ständig Ameisen zertreten und keinen Gedanken daran verschwenden?«, fragt Haas. »Auf diese Einstellung gegenüber den Zielen wird man eingeschworen – als seien sie einfach schwarze Kleckse auf einem Bildschirm. [...] Um diese Aufgabe jeden Tag zu erfüllen, muss man einen Teil seines Gewissens abtöten – und diese Stimmen ignorieren, die einem sagen, dass es Unrecht war.«[36]

Eine Hierarchie moralischer Anliegen leitet die Außenpolitik der Nationalstaaten. Fast ausnahmslos wird sie in den Rahmen eines Handelns gestellt, das dem Schutz des »nationalen Interesses« dienen soll. Ist diese Rechtfertigung, die gewöhnlich unwidersprochen hingenommen wird, tatsächlich akzeptabel? Ist es – ganz abgesehen davon, dass innerhalb jeder Nation zahlreiche Interessen miteinander konkurrieren – wirklich richtig, wenn Regierungen immer und automatisch dem sogenannten »nationalen Interesse« oder der »nationalen Sicherheit« Vorrang geben? Gilt dies auch, wenn dadurch, wie so oft, anderswo Unschuldige sterben? Wenn, wie schon so häufig, die Demokratie in anderen Staaten ausgehöhlt wird? In den politischen Debatten bleiben solche Fragen meistens ausgeklammert.

Vom Römerreich bis zu den europäischen Kolonialmächten haben diejenigen, die jeweils über die größte Militärmacht verfügten, mit Gewalt ihren Reichtum gemehrt und ihre Kontrolle über die Ressourcen abgesichert, und sie haben dies stets in der Überzeugung getan, dass ihre Politik des Kolonialismus und Imperialismus, der Ausbeutung und des Völkermords ihren Interessen dient.[37] Staatsgrenzen sind physische Manifestationen eines völkerrechtlich demarkierten moralischen Ausschlusses. Sie grenzen eine Gemeinschaft ab, für die Vorzugsrechte gelten. Die sorgsame und beharrliche Pflege des Patriotismus kommt einer staatlich sanktionierten Dehumanisierung mit dem Ziel gleich, Empathie nur dahin zu kanalisieren, wo sie politisch nützlich erscheint.

Der britische Außenminister Lord Palmerston verkündete 1848: »Wir haben weder ständige Verbündeten noch ewige Feinde. Ständig und ewig sind unsere Interessen, denen zu folgen unsere Pflicht ist.«[38] Hans Morgenthau, ein herausragender Theoretiker in Sachen internationale Beziehungen, brachte die generell als selbstverständlich geltenden Verhältnisse auf den Punkt: »Internationale Politik ist wie jede Politik ein Kampf um Macht.«[39] Carne Ross, ehemaliger Diplomat im britischen Außenministerium, schreibt: »In unserer Ministerialkultur galt es oft als ›sentimental‹ oder ›unreif‹, Argumente mit moralischen Erwägungen zu befrachten. Echte Diplomaten bewahrten sich einen nüchternen Blick und einen kühlen Kopf, waren immun gegen die Einwürfe liberaler Querulanten und Journalisten oder anderer Schwachköpfe, die nicht begriffen, wie die ›reale Welt‹ funktioniert.«[40]

Wie ein kurzer Blick auf die Bilanz der US-amerikanischen und britischen Außenpolitik zeigt, braucht es nicht mehr als diese »kühle« Herangehensweise – sogar von Seiten hochentwickelter Demokratien –, um in der Politik extremsten Formen der Dehumanisierung Tür und Tor zu öffnen. Großbritannien führt in der Welt seit über hundert Jahren Krieg. Wie *The Guardian* 2014 bilanzierte: »Seit der britischen Kriegserklärung an Deutschland im August 1914 ist kein einziges Jahr vergangen, in dem britische Streitkräfte nicht in einen Konflikt verwickelt waren.«[41] Und Schätzungen zufolge hatte Großbritannien vor dem Zweiten Weltkrieg den Tod von über 20 Millionen unschuldigen Menschen durch eine brutale Politik zu verantworten, die in Zeiten der Dürren und Ernteausfälle verheerende Hungersnöte heraufbeschwor.[42] Nach dem Krieg machte sich das Land weltweit mitschuldig am Tod von 10 Millionen Menschen.[43] Zwischen 1945 und 2005 betrieben die Vereinigten Staaten rund um den Globus den Sturz von rund 50 Regierungen, von denen viele demokratisch ins Amt gekommen waren. Sie bombardierten fast 30 Länder, betrieben Mordkomplotte gegen über 50 ausländische Politiker, installierten und stützten einige der repressivsten Systeme und haben – mittel- oder unmittelbar – den Tod vieler Millionen Unschuldiger zu verantworten.[44]

Während der neunziger Jahre verfolgten die USA und Großbritannien im Irak eine verheerende Sanktionspolitik, die statt Saddam Hussein, der seine Macht problemlos aufrechterhielt, die Bevölkerung des Landes traf. Gegen Mitte des Jahrzehnts deuteten die realistischsten verfügbaren Daten darauf hin, dass wegen der Sanktionen bis zu einer Million Menschen umgekommen waren. Nach zwei wegweisenden Studien – eine von der UN-Ernährungs- und Landwirtschaftsorganisation und eine von UNICEF, unterstützt von der Weltgesundheitsorganisation WHO – handelte es sich bei der Hälfte der Todesopfer um Kinder unter fünf Jahren.[45] Die führende US-Zeitschrift *Foreign Affairs* veröffentlichte 1999 eine Schätzung, wonach die Sanktionen im Irak mehr Todesopfer gefordert hatten als »sämtliche sogenannten Massenvernichtungswaffen im Lauf der Geschichte«.[46] Im Jahr 2000 unterzeichneten 70 Kongressmitglieder in einem Brief einen Aufruf an Präsident Clinton, das Embargo aufzuheben und den »sich als Politik bemäntelnden Kindermord« einzustellen.[47] Einige hochrangige UN-Vertreter, die im Irak den Beschluss »Öl gegen Lebensmittel« umsetzen sollten, legten aus Empörung über die Folgen der Sanktionen ihr Amt nieder.[48] Einer von ihnen, Denis Halliday, bezeichnete das Unterfangen als »ein Programm, das die Definition von Völkermord erfüllt«. Es sei eine »bewusste Politik, die faktisch deutlich über eine Million Einzelpersonen das Leben gekostet hat«.[49] Dass es sich um eine dehumanisierende Politik handelte, kam wohl nirgendwo deutlicher zum Ausdruck als in den Worten von Clintons Außenministerin Madeleine Albright, als sie im Mai 1996 in der TV-Talkshow *60 Minutes* zu den Opfern der Irak-Sanktionen Rede und Antwort stand:

> MODERATORIN: Wir haben gehört, dass eine halbe Million Kinder gestorben seien. Ich meine, das sind ja mehr, als in Hiroshima umkamen. Und ist es das wirklich wert?
> ALBRIGHT: Ich denke, dies ist eine sehr schwere Entscheidung, aber der Preis – wir glauben, dass es den Preis wert ist.

Sind Staaten gewalttätige Institutionen, so gilt dies für Imperien umso mehr. Die gesamte Geschichte hindurch zeigten Eliten in Nationalstaaten – sei es in Russland, Japan, Frankreich, Spanien, Israel, Indonesien, Deutschland, Großbritannien oder den USA, um nur einige zu nennen – immer wieder Bereitschaft, ihrem Streben nach Reichtum und Macht unzählige Menschen zu opfern. Seit 1945 waren die USA die mit Abstand bedeutendste Militärmacht der Welt. Dies ermöglichte es ihnen, andere Nationen zu beherrschen und einen unverhältnismäßig hohen Anteil an den Ressourcen der Welt unter ihre Kontrolle zu bringen.

George Kennan, Planungschef im US-Außenministerium, fasste die Position seines Landes so zusammen:

> [W]ir verfügen über rund 50 Prozent des Wohlstands der Welt, stellen aber nur 6,3 Prozent ihrer Bevölkerung. [...] In dieser Lage werden wir unweigerlich zur Zielscheibe von Neid und Ressentiments. Unsere wirkliche Aufgabe in der kommenden Periode besteht darin, ein Muster an Beziehungen zu ersinnen, das es uns ermöglicht, diese Position der Disparität aufrechtzuerhalten, ohne dabei faktisch unsere nationale Sicherheit zu beschädigen. Dazu müssen wir uns von jeder Sentimentalität und Tagträumerei verabschieden. Wir müssen unsere Aufmerksamkeit überall auf unsere unmittelbaren nationalen Ziele konzentrieren. Wir dürfen uns nicht vormachen, dass wir uns heute den Luxus von Altruismus und Weltbeglückung leisten könnten.[50]

Wertvolle Naturressourcen weckten in den mächtigen Staaten von jeher Begehrlichkeiten. 1947 strebten US-Planer »die Aufhebung oder Veränderung bestehender Barrieren an, die der Ausweitung amerikanischer Öl-Operationen im Ausland im Wege stehen«.[51] Britische Regierungsbeamte bezeichneten den Nahen Osten als »einen entscheidenden Siegesgewinn für jede Macht, die an Einfluss oder Dominanz in der Welt interessiert ist«.[52] 1956 vermerkte der britische Außenminister Selwyn Lloyd: »Wir müssen die Kontrolle über dieses Öl um jeden Preis aufrechterhalten.«[53] Jahrzehnte später machte Henry Kissinger deutlich, dass »Öl ein viel zu wichtiger Rohstoff ist, um ihn in den Händen der Araber zu belassen«. Und um die Jahrtausendwende beschwor General Anthony Zinni, Oberbefehlshaber des für den Nahen Osten zuständigen US-Zentralkommandos (CENTCOM), vor dem Kongress das »entscheidende Interesse« und die »langfristige Bedeutung« der Golfregion für die USA, die »zu deren Ressourcen freien Zugang« bräuchten.[54] Hatte sich die US-Bevölkerung zwischen 1900 und 1989 verdreifacht, so war ihr Rohstoffkonsum in diesem Zeitraum um das 17-Fache gestiegen. Im Jahr 2000 verbrauchten die USA »mit knapp 5 Prozent der Weltbevölkerung im Verhältnis zur weltweiten Nutzung ein Drittel des Papiers, ein Viertel des Öls, 23 Prozent der Kohle, 27 Prozent des Aluminiums und 19 Prozent des Kupfers«. 2010 verfügten sie Schätzungen zufolge über 39 Prozent des weltweiten Wohlstands.[55]

Von den Kriegen der Regierungen profitieren oft mächtige Konzerne. Dank des Einmarschs in den Irak 2003 flossen 138 Milliarden US-Dollar aus Steuermitteln in private Sicherheitskonzerne und Vertragspartner für den Wiederaufbau.[56] Letztere hatten sich Kontrakte im Volumen von über 72 Milliarden US-Dollar gesichert. Die *Financial Times* berichtete 2013: »Die umstrittene Niederlassung von Halliburton, die einst George Bushs Vizepräsident Dick Cheney geleitet hatte, wurde über das letzte Jahrzehnt mit Staatsaufträgen für den Irak im Wert von mindestens 39,5 Milliarden US-Dollar bedacht.«[57] Ein Ausschuss, der sich mit den kriegsbedingten Abschlüssen befasste, stellte 2011 fest, dass über die vorangegangene Dekade durch Korruption oder Misswirtschaft von Vertragspartnern des Pentagons sage und schreibe 12 Millionen US-Dollar pro Tag versickert waren.[58]

Als 2015 der Konflikt im Nahen Osten eskalierte, sicherten wichtige Vertragspartner auf einer Konferenz in West Palm Beach ihren Anlegern zu, dass sie vom Krieg profitieren würden. Schon ein Jahr zuvor hatte der Analyst Ronald Epstein von der Bank of America ihre Haltung zusammengefasst:

> Malen wir jetzt ein Bild der Welt. […] Da sind die Europäer, die sich Sorgen machen, was die Russen in ihrem Hinterhof treiben. Wir haben derzeit im Irak alle Hände voll zu tun. Da sind die Israelis, die in ihrer Region vollauf beschäftigt sind. Und da sind die Chinesen und Japaner im Südchinesischen Meer. Angesichts so vieler Regionalkonflikte in der Welt kann die Lage für einen Investor, zumindest für die Stimmung, eigentlich nicht schlecht sein.[59]

Regierungen wie Konzerne scheuen nicht davor zurück, aus den Menschenrechtsverletzungen von Diktaturen Kapital zu schlagen. Die USA, Russland, Frankreich, Großbritannien und Deutschland sind die führenden Exporteure von Waffen und Überwachungsgerätschaften. Als weltweit größter Importeur solcher Ausrüstung tat sich 2015 Saudi-Arabien hervor.[60] Diese absolutistische Monarchie macht ausgiebig Gebrauch von der Todesstrafe. Sie verweigert Frauen Grundrechte und zwingt sie dazu, bei den Ehemännern Erlaubnis einzuholen, wenn sie arbeiten gehen, reisen oder auch nur das Haus verlassen wollen. Im Land herrscht totales Versammlungsverbot. Andersdenkenden droht Gefängnishaft, Folter und Tod. 2014 wurden drei Anwälte für Tweets, die als kritischer Angriff auf das Justizministerium aufgefasst worden waren, zu bis zu acht Jahren Gefängnis verurteilt. Zwei Jahre zuvor war der Teenager Ali Mohammed al-Nimr wegen Teilnahme an Protesten während des Arabischen Frühlings verhaftet und zum Tod durch Enthaupten mit anschließender Kreuzigung verurteilt worden. 2015 griff Saudi-Arabien in den Bürgerkrieg im Jemen ein. Wie später die Vereinten Nationen berichteten, fielen seinen Militäroperationen übermäßig viele Zivilisten zum Opfer. Das Ergebnis sei eine »humanitäre Katastrophe«.[61] Tausende Unbeteiligte kamen um. In einer Zeit, in der saudische Streitkräfte Luftangriffe gegen zahlreiche Krankenhäuser und Schulen flogen, verkaufte Großbritannien dem Regime Bomben und Raketen im Wert von über 1 Milliarde Pfund. Kritik begegnete der britische Außenminister Philip Hammond mit der Ankündigung, den Saudis noch mehr Rüstungsgüter verkaufen zu wollen: »Wir wollen immer mehr Geschäftstätigkeit, mehr britische Exporte, mehr britische Arbeitsplätze und in diesem Fall Jobs in absoluter Spitzentechnik, die durch unsere Auslandsdiplomatie geschützt und geschaffen werden.«[62] Als Anfang 2015 der saudische König Abdullah starb, nannte ihn US-Außenminister John Kerry einen »Mann von Weisheit und Vision«. Obama lobte seinen »bleibenden Beitrag bei der Suche nach Frieden«.[63]

Fast scheint es, als gelte in der Außenpolitik ein staatlich festgelegter Wechselkurs zwischen Menschenleben. Wie viele Syrer sind so viel wert wie ein französischer Bürger? Wie viele irakische Leben wiegen ein amerikanisches auf? Wie viele afghanische Kinder kosten so viel wie ein britisches? So, wie einzelne Währungen gegenüber anderen im Wert steigen oder fallen, schwankt je nach augenblicklichen geopolitischen Prioritäten auch die Wertbemessung eines menschlichen Lebens. Menschenleben am monetären Wert zu bemessen und miteinander zu vergleichen, ist in Kreisen der Politik übliche Praxis. Als der zweite Bericht für den Weltklimarat IPCC entstand, drängte eine Gruppe von Ökonomen darauf, Menschenleben im Entwurf in Geldwert auszudrücken: Wie das Kleingedruckte zeigte, bezifferten sie ein Leben in reichen Ländern auf 1,5 Millionen, in Ländern mit mittleren Einkünften auf 300 000 und in denen mit den geringsten Einkommen auf 100 000 US-Dollar. Im abschließenden Entwurf wurde ein vorsichtiger Ansatz gewählt, allerdings ohne Konsens.[64] 2005 veröffentlichte ein Ausschuss des britischen Oberhauses in Anlehnung an die Ökonomen einen einflussreichen Rapport, in dem der Weltklimarat aufgefordert wurde, seine Kosten-Nutzen-Bilanz vollständig in Geld zu beziffern.

In einem inzwischen berüchtigten Memorandum, das vertraulich bleiben sollte, aber über eine undichte Stelle an die Öffentlichkeit gelangte, wandte Weltbank-Chefökonom Larry Summers die üblichen wirtschaftlichen Erwägungen auf das Problem von Giftmüll an:

> Nur unter uns: Sollte die Weltbank nicht zu *mehr* Abwanderung der schmutzigen Industrien in die LDCs [am wenigsten entwickelten Länder] ermuntern? [...] Die Bemessung der Kosten von gesundheitsschädlicher Verschmutzung hängt doch davon ab, welche Gewinne vor der erhöhten Morbidität und Mortalität erzielt wurden. Aus dieser Sicht sollte ein gewisses Maß an gesundheitsschädigender Verschmutzung in dem Land mit den geringsten Löhnen erfolgen. Ich denke, die wirtschaftliche Logik, die hinter der Entsorgung einer Ladung Giftmüll im Land mit den niedrigsten Löhnen steht, ist nicht zu beanstanden. Dem sollten wir uns stellen.[65]

Raj Patel, ehemaliger Angestellter der Weltbank, schreibt, dass es »Unternehmen in Europa 1000 US-Dollar kostet, eine Tonne gefährlichen Giftmüll zu entsorgen. In Somalia kann man dieselbe Tonne für 2,50 Dollar verschwinden lassen.«[66]

Nach dem Tsunami 2005 wurden Giftmüllfässer, die im Meer versenkt worden waren, an der somalischen Küste angeschwemmt und lösten unter der örtlichen Bevölkerung eine Serie chronischer Erkrankungen aus. Somalier dieser Gefahr stärker auszusetzen als besser bezahlte Europäer, entspricht vollkommen der vorherrschenden Kosten-Nutzen-Logik. Grundsätzlich ist die Abwägung von Kosten und Nutzen ethisch nicht problematisch, doch stellt es eine Irreführung und schweres Unrecht dar, sie nur unter finanziellen Aspekten so vorzunehmen, dass die Reichen dabei eine privilegierte Behandlung genießen. Wie Patel argumentiert, liebt eine somalische Mutter »ihre Kinder genauso wie eine deutsche oder amerikanische und wünscht sich, dass sie ebenso gesund aufwachsen« wie die in reichen Ländern. Diese Tatsache wird verschleiert, wenn man den Wert eines Lebens unter der Optik des Marktes betrachtet oder an geopolitischen Prioritäten reicher Nationen bemisst.[67]

Menschen das Leben zu nehmen, ist kein leichter Job. Solda

ten, die dies zum ersten Mal getan haben, übergeben sich oft oder brechen in Tränen aus, nässen sich ein oder erstarren in Zitteranfällen.[68] Militärangehörigen wird nicht beigebracht, ihre Empathie komplett zu unterdrücken. Sie sollen sie vielmehr zu ihren Kameraden kanalisieren. Marineinfanteristen wird eingehämmert, dass ihre Aktionen nicht nur für sie selbst, sondern für die gesamte Einheit Folgen haben: Der Widerwille, zu töten, kann zum Tod von »einem der ihren« führen. Deshalb werden Mitleid, Liebe und Empathie in die Eigengruppe gelenkt, während der »andere« aus dem Geltungsbereich moralischer Erwägungen verbannt wird. Auf entsprechende Weise werden in Kriegszeiten auch in der allgemeinen Bevölkerung Widerstände überwunden, die sich gegen das Töten richten. Oft hat eine kritische Öffentlichkeit die Macht, der unmenschlichen Politik ihrer Regierung Grenzen zu setzen. Auch ist der Widerstand gegen den Krieg in den letzten Jahrzehnten allgemein gewachsen. Im Vorfeld der Irakinvasion 2003 gingen in Großbritannien eine Million Menschen auf die Straße. Viele weitere Millionen demonstrierten rund um den Globus. Dass sich vor Beginn eines Krieges neuerdings so gewaltige Proteste regen, ist für die Staatsmacht eine unliebsame Entwicklung. So »nüchtern« die Regierungen ihre Entscheidungen auch treffen mögen, wenn es darum geht, sich öffentliche Unterstützung zu sichern und Soldaten für ihre tödlichen Einsätze zu mobilisieren, bemänteln sie ihre außenpolitischen Ziele – und die Militärgeschichte ihrer Nation – gewöhnlich mit hehrsten Idealen. Es gibt immer Politiker, die erklären können, warum das Töten eine edle und notwendige Sache ist.

Vor Jahrhunderten schrieb David Hume: »Liegt unsere Nation mit einer anderen im Kriege, so verabscheuen wir diese als grausam, hinterlistig, ungerecht und gewalttätig. Uns selbst und unsere Verbündeten dagegen halten wir immer für gerecht, maßvoll und barmherzig.«[69] Alle Regierungen rechtfertigen zu allen Zeiten die eigenen Gewalttaten in edlen Worten, während sie die der Feinde in harschen Tönen geißeln. Als George W. Bush nach den Terroranschlägen vom 11. September 2001 zum »Krieg gegen den Terror« rüstete, verkündete er: »Unsere Feinde schicken die Kinder anderer in Selbstmord- und Mordmissionen. [...] Wir stehen für eine andere Wahl. [...] Wir wählen Freiheit und die Würde jedes Lebens.«[70] Im darauffolgenden Jahr erklärte er den völkerrechtswidrigen Einmarsch in den Irak, dem keine Provokation vorangegangen war, zu einem »Kampf für den Sieg von Freiheit und Frieden auf der Welt«.[71] Im November 2015 verurteilte Barack Obama die Anschläge von Paris, zu denen sich der sogenannte Islamische Staat bekannt hatte, als »Angriff auf die gesamte Menschheit und die universellen Werte, die wir teilen«.[72] Wochen später, nach dem Beschluss des Parlaments, den IS in Syrien zu bombardieren, verkündete Londons Schatzkanzler George Osborne vor einem US-Thinktank, dass Großbritannien »seine Strahlkraft zurückgewonnen« habe und bereit sei, sich im Kampf den USA anzuschließen, um »wieder westliche Werte zur Geltung zu bringen«.[73] Im Zentrum dieser Werte standen laut Obama »Leben, Freiheit, das Streben nach Glück«.[74]

Im Streben nach Macht und Gewinn haben westliche Staaten Sklaverei, Kolonialismus, Folter, Apartheid, völkerrechtswidrige Einmärsche, Tyrannen, den Sturz demokratisch gewählter ausländischer Regierungen und die Zerstörung der Umwelt unterstützt. Für viele in der Welt erwiesen sie sich als ein bemerkenswert hartnäckiges Hindernis, das dem »Leben, der Freiheit und dem Streben nach Glück« im Weg stand. Die »nüchterne« außenpolitische Herangehensweise beschwor, häufig ohne die erklärten Ziele zu erreichen, unermessliches menschliches Leid herauf, an dessen Größenordnung keine Terroristengruppe herankam. Michael Flynn, ehemaliger Chef eines militärischen Nachrichtendienstes der USA, räumte 2015 ein, dass das Drohnenprogramm mehr Terroristen geschaffen als getötet habe. Der Irakkrieg sei ein »gewaltiger Fehler« gewesen, ohne den es den »Islamischen Staat« nicht gäbe.[75] Laut einer amtlichen Studie von 2013 hat dieser Fehler nahezu eine halbe Million Iraker das Leben gekostet.[76]

Derweil wird der Mythos von der »westlichen Fürsorge« weiter gepflegt und verbreitet, um für die nächste Runde der Gewalt ausreichend öffentliche Unterstützung zu gewinnen. Obwohl Beweise aus offiziellen Quellen und freigegebenen Akten seit Jahrzehnten dessen Heuchelei offenlegen, wird er von staatlichen Organen und einem Großteil der Medien weiterhin aufrechterhalten. Wenn Menschen die Vorstellung einer »moralischen Mission« nur tief genug verinnerlichen, unterstützen sie am Ende staatliche Gewalt aus Prinzip. So sieht beispielsweise eine Mehrheit der Amerikaner Drohnenangriffe nach wie vor als berechtigt an.[77] Und bei einer 2015 durchgeführten Umfrage erklärten sich in den USA 30 Prozent der Republikaner und 19 Prozent der Demokraten damit einverstanden, Agrabah zu bombardieren, eine Stadt, die es nur im Disney-Film *Aladdin* gibt.[78] In dieser Stimmungslage überrascht es nicht, dass kurz nach Erscheinen der Umfrage die Großmutter Mary Anne Grady Flores zu sechs Monaten Gefängnis verurteilt wurde, weil sie sich in New York an einem friedlichen Protest gegen den Drohnenkrieg beteiligt hatte.[79]

Obwohl westliche Politiker wegen der Strategien, die sie befürworten, heftig in die Kritik geraten können, werden ihre Motive selten infrage gestellt. »Ein Terrorist«, so William Blum, »ist jemand, der eine Bombe hat, aber keine Luftwaffe.«[80] Selbst bei erdrückender Beweislage ist der Gedanke tabu, dass ein westlicher Politiker ein Kriegsverbrecher, Massenmörder oder gar Terrorist sein könne. Geschichte wird von Siegern geschrieben, die entscheiden, wem ein entmenschlichender Akt zur Last gelegt und bei wem er stillschweigend unter den Teppich gekehrt wird. Winston Churchill, der gefeierte Sieger über den Rassismus des Dritten Reichs, vertrat selbst eine zutiefst rassistische Philosophie. Bei einer Gelegenheit befürwortete er den Einsatz chemischer Waffen gegen die »unkooperativen Araber«, die sich gegen die britische Herrschaft auflehnten: »Ich bin entschieden für den Einsatz von Giftgas gegen unzivilisierte Stämme. [... Damit ließe sich] erheblicher Schrecken verbreiten.«[81] Als während der Hungersnot in Bengalen 1943/44 Millionen starben, ignorierte er Bitten seines für Indien zuständigen Ministers, einige Lieferungen nach Kalkutta abzuzweigen. Das »Verhungern von ohnehin unterernährten Bengalen«, so seine Begründung, sei »weniger gravierend als [das von] stämmigen Griechen«. Inder würden sich in jedem Fall weiterhin »wie Karnickel« vermehren. 1945 hörte sein

Privatsekretär, wie er Hindus als eine faule Rasse bezeichnete, die nur »ihre schiere Vermehrungsfreude vor dem verdienten Untergang« schütze, und den Wunsch äußerte, »ein paar überschüssige Bomber nach Indien zu schicken, um sie zu vernichten«.[82] »In Sachen Indien ist Winston nicht ganz zurechnungsfähig«, so der Kommentar des Privatsekretärs: »Ich erkenne zwischen seiner und Hitlers Einstellung wenig Unterschied.«[83] Tatsächlich stellte seine menschenverachtende Weltsicht eine breite Rechtfertigung für Völkermord dar:

> Ich bin nicht der Meinung, dass der Hund an der Futterkrippe letztgültigen Anspruch auf die Krippe hat, mag er dort auch schon sehr lange liegen. Dieses Recht erkenne ich nicht an. Ich erkenne zum Beispiel nicht an, dass den Indianern Amerikas oder den Schwarzen Australiens großes Unrecht angetan wurde. Ich stimme nicht der Ansicht zu, diesen Leuten sei Unrecht dadurch widerfahren, dass eine stärkere, höherwertige oder jedenfalls weltkundigere Rasse, um es so auszudrücken, ins Land kam und ihren Platz eingenommen hat.[84]

Man könnte vorbringen, dass es Politiker wie Clinton, Bush, Blair, Cameron und Obama nicht darauf anlegen, Unschuldige zu töten, während IS- oder Al-Qaida-Mitglieder dies anstreben. Das mag richtig sein, entschuldigt aber wenig. Zu wissen, dass jeder Drohnenangriff im Durchschnitt 28 Unbeteiligte tötet und zahlreiche weitere traumatisiert, dass Sanktionen den Tod von Hunderttausenden von Kindern verursachen oder dass es für Milliarden Menschen verheerende Konsequenzen haben könnte, wenn man Klimaverhandlungen torpediert, und »den Preis« trotzdem immer wieder bereitwillig zu zahlen, heißt eine extreme Form der moralischen Ausgrenzung zu betreiben. Es ist nicht leicht zu beurteilen, was von größerer Entmenschlichung zeugt: vorsätzliche Mordtaten oder Aktionen einer Politik, deren tödliche Folgen bekannt sind und die Todesopfer billigend in Kauf nimmt. Noam Chomsky vergleicht Letzteres mit dem »Zertreten von Ameisen, wenn man die Straße entlanggeht«: Selbst wenn es unbeabsichtigt geschieht – das Leben der Menschen zählt zu wenig, um darauf Rücksicht zu nehmen.[85]

Große Ungleichheiten des Wohlstands erfordern zu ihrer Aufrechterhaltung stets brutale Gewalt. Dass Empathie die menschenverachtenden Unterschiede überwindet, die zwischen Staaten getroffen werden, macht es zunehmend schwer, die Opferung unschuldiger Menschen zu rechtfertigen. Der Gedanke, dass das Leben aller Menschen – unabhängig von Nationalität, Religion, Geschlecht, Fähigkeiten oder legalem Status – gleichen Wert hat, ist mit der extremen Ungleichheit und einer sie aufrechterhaltenden Außenpolitik nicht zu vereinen. Wir müssen den nicht paritätischen Wechselkurs zwischen Menschenleben, der durch die jüngsten geopolitischen Ziele elitärer Interessen bestimmt wird, zurückweisen und unsere Empathie weit über die trennenden und entmenschlichenden künstlichen Grenzen von Nationalstaaten ausweiten. Empathie, die keine Unterschiede kennt, ist eine revolutionäre Kraft.

Die Wohlstandskluft

Im Mai 2007 verschwand die dreijährige Madeleine McCann aus einer Ferienanlage in Portugal. Ihre Eltern hatten sie im Hotelzimmer schlafen gelegt, bevor sie mit Freunden ausgegangen waren. Als sie zurückkehrten, war ihr Bett leer. Wenig später rief Madeleines Mutter im Fernsehen dazu auf, Hinweise zu geben und ihr Kind unversehrt zurückzubringen. In den darauffolgenden Wochen veröffentlichte die britische Presse weit über tausend Artikel über den Fall. Prominente wie Richard Branson, Simon Cowell und J. K. Rowling spendeten Geld, sodass auf die Rückkehr des Kindes eine Belohnung von 2,6 Millionen britische Pfund ausgesetzt werden konnte.[86] In einer Woge der nationalen Solidarität hefteten sich Parlamentarier, um ihre Unterstützung zu zeigen, gelbe Schleifen ans Jackett. Die Berichterstattung verebbte erst nach Monaten.

Zeigt eine solche Welle der Anteilnahme, wie groß unser Empathiepotenzial ist, unsere Fähigkeit, das Martyrium nachzuempfinden, das es bedeutet, ein Kind zu verlieren? Durchaus, aber es belegt auch das Gegenteil. Laut der Weltgesundheitsorganisation WHO sterben jeden Tag rund 18 000 Kinder unter fünf Jahren, hauptsächlich an vermeidbaren Krankheiten.[87] In Großbritannien sterben fünf von tausend Kindern vor ihrem fünften Geburtstag – die höchste Kindersterblichkeitsrate in Westeuropa, abgesehen von Malta.[88] Diese hohe Ziffer ist kein Zufall: Als primäre Ursachen machten Experten die Zunahme der Fälle von Armut und Unterversorgung aus, die sich aus Einschnitten ins Sozialsystem ergeben haben. Weltweit sterben jedes Jahr sechs Millionen Kinder, zumeist wegen vermeidbarer Ursachen wie Infektionen bei Neugeborenen, Frühgeburt, Sauerstoffmangel bei der Geburt, Durchfall, Lungenentzündung und Malaria. Wie viele tausend Kinder ließen sich mit 2,6 Millionen britischen Pfund retten? Die geographische und kulturelle Distanz zu den sterbenden Kindern, die hinter den nüchternen Statistiken stehen, erleichtert es den Medien erheblich, ihr Leid als allgemeines Phänomen zu ignorieren und sich in unverhältnismäßiger Weise auf einzelne Tragödien zu fixieren.

Zahlreiche Experimente zeigten die ungleiche Verteilung, in der sich unsere Empathie manifestiert. So fragten die Psychologinnen Tehila Kogut und Ilana Ritov eine Gruppe von Personen, wie viel Geld sie für die Entwicklung eines Medikaments spenden würden, um das Leben eines Kindes zu retten.[89] Danach stellten sie einer anderen Gruppe die Frage, zu welcher Spende sie bereit wären, um das Leben von acht Kindern zu retten. Die Antworten fielen im Durchschnitt fast gleich aus. Den Teilnehmern einer dritten Gruppe nannten die Forscherinnen zusätzlich den Namen und das Alter des betreffenden Mädchens und zeigten ihnen ein Foto von ihm. In dieser Gruppe stellten die Spendenzusagen die für die anonyme Gruppe von acht Kindern in den Schatten. Bei diesem sogenannten *identifiable victim effect*, bei dem das Opfer durch eine lebendige Beschreibung als Mensch aus Fleisch und Blut erscheint, wird unsere Empathie in einer Intensität geweckt, die Statistiken niemals erreichen. Das fiktive Leid von Phantasiefiguren geht uns oft näher als reale Tragödien von Millionen von Menschen. Unsere angeborene verzerrte Wahrnehmung lenkt unser Mitleid in Richtungen, die moralisch nicht zu rechtfertigen sind. Dazu präsentierte Peter Singer folgendes Gedankenexperiment:

Der Weg von der Bibliothek meiner Universität zum Hörsaalgebäude der Geisteswissenschaften führt an einem flachen Zierteich vorbei. Angenommen, ich bemerke auf meinem Weg zur Vorlesung, dass ein kleines Kind hineingefallen ist und Gefahr läuft, zu ertrinken. Würde irgendwer bestreiten, dass ich hineinwaten und das Kind herausziehen sollte? Dies würde zwar bedeuten, dass ich mir die Kleidung beschmutze und meine Vorlesung entweder absagen oder verschieben muss, bis ich etwas Trockenes zum Umziehen finde; aber verglichen mit dem vermeidbaren Tod eines Kindes wäre das unbedeutend.[90]

Wer würde dem nicht zustimmen? Würde es uns von der Pflicht, ein Kind vor dem Ertrinken zu retten, entbinden, wenn andere, die ihm hätten helfen können, es nicht getan haben? Oder wenn wir nicht sicher sein könnten, dass wir es mit unseren Bemühungen wirklich vor dem Tod bewahren würden? Oder wenn wir schon letzte Woche ein Kind gerettet hätten? Oder wenn wir wüssten, dass wir mit dieser Rettungsaktion nichts daran ändern, dass weiterhin zahlreiche Kinder sterben, weil sie kein sauberes Trinkwasser haben? Ethische Grundprinzipien sagen uns, dass unsere Pflicht in allen Fällen bestehen bleibt. Unabhängig von den Erwägungen müssen wir das Kind retten.

Singer nennt eine einfache Leitlinie für das Verhalten: »[W]enn es in unserer Macht steht, etwas Schreckliches zu verhindern, ohne dass dabei etwas von vergleichbarer moralischer Bedeutung geopfert wird, dann sollten wir es tun.«[91] Die scheinbare Einfachheit des Grundsatzes trügt allerdings. Wenn wir ihn ernst nähmen, würde er unser Leben und die Welt auf den Kopf stellen. Das Prinzip »lässt sich nicht nur auf jene seltenen Situationen anwenden, wo ein Kind aus einem Brunnen zu retten ist, sondern auf die alltägliche Situation, wo wir denen helfen können, die in absoluter Armut leben«.[92] Jeder Euro, den wir für nicht grundlegend notwendige Dinge ausgeben, ließe sich einleuchtenderweise zur Rettung von Menschen verwenden, die dringend Lebensmittel, sauberes Wasser und Medizin benötigen. Zu jeder Zeit leiden und sterben zahlreiche Menschen (darunter Kinder) infolge von Armut. Gleichzeitig gibt es Hilfsorganisationen, die für Notleidende Spenden sammeln. Wer etwas nicht grundlegend Notwendiges – ein fünftes Paar Schuhe, einen Sportwagen oder eine Jacht – kauft, trifft auch die Entscheidung, das Geld dafür nicht zur Linderung von Elend zu verwenden. Ob wir wollen oder nicht: Es ist schwierig, zwischen der Entscheidung, an einem ertrinkenden Mädchen im Teich vorüberzugehen, und der, sich im Verlauf seines Lebens zahlreiche Nebensächlichkeiten zu leisten, anstatt das Leben von Kindern zu retten, die sterben, weil sauberes Wasser oder Medizin fehlen, einen entscheidenden moralischen Unterschied zu sehen. Die Beispiele unterscheiden sich durch eine physische wie auch soziale Distanz. Bei unseren Entscheidungen müssen wir weit über das hinausblicken, was angesichts des ertrinkenden Mädchens notwendig ist, um an das sterbende Kind zu denken, das keine Medizin bekommt. Das fordert uns eine größere Anstrengung ab. Auch wenn Distanz moralisch nicht bedeutsam sein mag, wirkt sie in psychologischer Hinsicht erheblich. Ein Beispiel geht uns unmittelbar nahe, ein anderes nicht. Folglich schreibt Singer: »Wenige können dabeistehen und zusehen, wie ein Kind ertrinkt; viele können eine Hungersnot in Afrika ignorieren.«[93]

Konsumentscheidungen treffen die meisten von uns ohne moralische Erwägungen, doch sobald sich der Kreis der moralischen Rücksichten weitet, erhalten sie ethische Bedeutung, insbesondere für diejenigen, die über satte Einkommen verfügen. Viele Menschen sind hoch verschuldet und kämpfen darum, laufende Rechnungen und ihre Miete zu bezahlen, während sie gleichzeitig darauf hoffen, etwas zurückzulegen, um sich gegen eine ungewisse Zukunft zu wappnen. Singers Gedankenexperiment hat für diejenigen, die nur mühsam über die Runden kommen, wenig Relevanz – es soll nicht bei jedem besseren Essen und jeder Vergnügung Schuldgefühle wecken –, stellt aber die Werte der Konsumgesellschaft infrage und legt die Amoralität von Konsumexzessen bloß. Man kann darüber streiten, was »nicht grundlegend notwendig« ist und ob Spenden an eine Hilfsorganisation wirklich das beste Mittel sind, um Menschen in Not zu helfen, aber wenn über die Konsumentscheidungen der Vermögenden diskutiert wird – oder darüber, Geld auf Bankkonten oder in Anlagedepots zu horten –, ist die moralische Kraft dieses Gedankenexperiments schwer zu leugnen. Die Konsumexzesse der Geistlosen, Oberflächlichen und Verschwendungssüchtigen schädigen Natur und Gesellschaft, aber weil unser Wirtschaftssystem nach ihnen verlangt, werden sie regelrecht gefeiert.

Forschungsergebnisse deuten darauf hin, dass Reichtum unsere Fähigkeit zur Empathie und Anteilnahme beeinträchtigen kann. Sie zeigen offenbar, dass wir uns mit zunehmendem Reichtum weniger ethisch verhalten und unsere Empathie und unser Mitgefühl zurückschrauben. 2011 stellte ein britischer Bericht fest, dass Arme großzügiger sind als Reiche. Wenn es um Spenden für eine gute Sache geht, geben sie unabhängig von Alter, Schicht oder Überzeugungen regelmäßig einen höheren Anteil ihres Einkommens ab.[94] Im genannten Jahr spendeten die oberen 20 Prozent auf der Einkommensskala für wohltätige Zwecke durchschnittlich 1,3 Prozent ihres Einkommens, während die unteren 20 Prozent mit 3,2 Prozent einen über doppelt so hohen Anteil weggaben.[95]

Die Reichen unterstützen tendenziell private höhere Bildungsinstitutionen (oft der Eliteklasse), Kunststätten und Museen, während Arme zumeist eher religiösen und sozialen Einrichtungen unter die Arme greifen. Dabei herrscht zwischen Reichtum und Geiz keineswegs eine starre Beziehung. Als eine Gruppe aus Reichen und eine aus Armen ein erschütterndes Video über Kinderarmut gezeigt bekam, wuchs das – anfangs geringere – Mitgefühl der wohlhabenderen Gruppe auf ein fast gleichhohes Maß an Hilfsbereitschaft wie unter den Ärmeren an. Studien wie diese führten Forscher zu dem Schluss, dass das Defizit an Empathie unter den Reichen zumindest teilweise aus der Abschottung gegen Armut herrührt.

Die Neigung der Vermögenden zu größerem Egoismus wurde im Labor bestätigt. Die Psychologen Paul Piff und Dacher Keltner von der University of California, Berkeley, führten eine Reihe von Studien durch, um zu erkunden, wie sich die Zugehörigkeit zu einer sozialen Schicht auf die Empathie auswirkt. Sie gelangten zu dem Schluss, dass mit zunehmendem Wohlstand die Fähigkeit zum Mitfühlen abnahm.[96] Piff stellte fest, dass »die Reichen deutlich eher ihre Eigeninteressen über die anderer stellen«. Über sieben Studien gelangten die beiden Psychologen zu dem Ergebnis, dass Wohlhabendere eher als Ärmere dazu neigen, beim Autofahren Ordnungswidrigkeiten zu begehen, anderen wertvolle Dinge abzunehmen, bei Verhandlungen zu lügen, mit Betrug ihre Gewinnchancen zu steigern und unethische Arbeitspraktiken zu pflegen.

Nach den Daten, die über die Teilnehmer erhoben wurden, erklären sich die Ergebnisse zu einem Teil daraus, dass die Befragten aus der Oberschicht Gier gegenüber positiver eingestellt waren. Die entsprechenden Haltungen hatten große Vorhersagekraft darüber, welchen Grad an empathischem und anteilnehmendem Verhalten sie zeigen würden. Vermögendere stimmten eher der Aussage zu, dass »Gier gerechtfertigt, nützlich und moralisch vertretbar« sei. Auf die Bitte, wirtschaftliche Ungleichheiten zu erklären, bewerteten sie äußere Einflüsse als weniger bedeutsam als persönliche Qualitäten. Ihre Privilegierung schrieben sie damit faktisch dem eigenen Verdienst zu und machten für Armut persönliches Versagen verantwortlich.

Bei einer weiteren Reihe von Studien stellten Keltner und Kollegen fest, dass ärmere Teilnehmer selbst dann, wenn Faktoren wie Geschlecht, ethnische Zugehörigkeit oder spirituelle Überzeugungen herausgerechnet wurden, eher als wohlhabende Probanden Äußerungen zustimmten wie: »Sich um Schwache zu kümmern, ist wichtig.«[97] Diese Forschungen bauen auf früheren Studien auf, die zeigten, dass sich Angehörige der Oberschicht tendenziell schwerer damit tun, Gefühle anderer zu erkennen, und denjenigen, mit denen sie interagieren, seltener volle Aufmerksamkeit schenken.

Um festzustellen, ob Egoismus Reichtum oder Reichtum Egoismus fördert, führten Forscher ein weiteres Experiment durch. Sie forderten Teilnehmer auf, sich einige Minuten lang entweder mit Reicheren oder mit Ärmeren zu vergleichen. Anschließend wurde beiden Gruppen ein Topf mit Süßigkeiten zur Verfügung gestellt, an dem sie sich frei bedienen konnten – allerdings mit dem Hinweis dass die Überbleibsel aus dem Topf an Kinder in einem nahegelegenen Labor gehen würden. Die Teilnehmer, die sich mit Reicheren verglichen hatten, bedienten sich deutlich freizügiger als diejenigen die sich mit Ärmeren verglichen hatten. Sich reicher als andere zu fühlen, kann offenbar unseren Sinn für Solidarität und Großzügigkeit unterminieren. Anscheinend nehmen Menschen auf allen Ebenen der Gesellschaft tendenziell geringere Rücksichten, wenn sie mit Menschen interagieren, die in der Hierarchie unter ihnen stehen.

Verstand und Vorstellungskraft

Allgemein gesprochen, schenken wir unsere Empathie wegen unserer kognitiven Verzerrungen ganz bestimmten, lebendigen und beobachtbaren Beispielen menschlichen Leidens und ziehen sie von stigmatisierten Gruppen ab. Dagegen sorgt unsere soziale Prägung dafür, dass die Ausrichtung unsere Empathie den Interessen derer dient, die diese Prägung dank ihrer Macht beeinflussen können. Bürger sollen mit Landsleuten, Soldaten mit der Einheit, Gläubige mit Glaubensbrüdern und so weiter mitfühlen. Nach einem allgemeinen Muster nutzt die politische Klasse, unterstützt von konformen Medien, diese kognitiven Verzerrungen dazu aus, die öffentliche Empathie an politisch opportune Stellen zu kanalisieren. Aber Verstand und Vorstellungskraft können diese Verzerrungen ausgleichen. Sie können unsere fehlende Sensibilität für Verhältnismäßigkeit und Distanz korrigieren und uns befähigen, die Hierarchien der moralischen Rücksichten zu hinterfragen, die wir in unserer Kultur verinnerlichen.

Verstand kennt keine Moral. Dagegen bilden unsere ethischen Instinkte das Rohmaterial, aus dem sich jedes moralische System zusammensetzt. Sie drängen uns angesichts von Unrecht zum Handeln. Dennoch kann selektive Empathie Grausamkeit ebenso heraufbeschwören, wie sie ihr entgegenwirkt. Das macht Handeln im Einklang mit Grundsätzen höchst bedeutsam. Ohne Prinzipien können unsere empathischen Antriebe die Entmenschlichung anderer ebenso gut befördern wie zügeln. Es gibt keine Formel dafür, wie sich innere Antriebe gegen die Logik moralischer Überlegungen austarieren lassen, weil beide zueinander in einem Spannungsverhältnis stehen, wie schon zahlreiche Denker erkannten. Dieser Spannung müssen wir uns stellen, anstatt zu leugnen, dass es sie gibt, und auf beides

– starke Emotionen und kalte Logik – setzen, wenn wir einen gangbaren Weg finden wollen, die entmenschlichenden Mechanismen zu überwinden, die unsere Welt korrumpieren.

Vorstellungskraft hat dabei eine wichtige Rolle zu spielen, weil sie uns befähigt, über die eigene soziale Schicht, das eigene Geschlecht und die Zugehörigkeit zu einer Gruppe mit gleicher Hautfarbe hinauszublicken. Eine Erzählung, ein Gemälde oder ein Gedicht ermöglichen es, in die Haut eines anderen zu schlüpfen, dem wir auf anderen Wegen nur schwer Verständnis entgegenbrächten. Eine glaubhaft erzählte Geschichte kann uns durch einen anderen Lebensweg führen, Einblicke in Erfahrungen anderer – eines Landstreichers, Verbrechers, Unterdrückten, Unterdrückers – vermitteln und uns ahnen lassen, wie wir uns vor einem anderen Hintergrund aus Einflüssen und Chancen wohl entwickelt hätten. Sie hilft uns, die Welt durch die Augen anderer zu sehen und die Grundlagen verschiedener Wertesysteme, kultureller Normen und Verhaltensweisen zu verstehen. Das Nachdenken darüber, wie sich Dinge aus anderer Perspektive darstellen, verändert das nachvollziehende »Ich«. Der britische Autor Ian McEwan schreibt: »Sich vorzustellen, wie es sich anfühlt, ein anderer zu sein, bildet den Kern unseres Menschseins. Es macht das Wesen von Mitgefühl aus und steht am Anfang der Moralität.«[98]

Die Empathie stärkende Kraft, die darin liegt, seine Vorstellungskraft zu nutzen, zeigte sich auch in experimentellen Tests. In einer Studie wurde Probanden das Foto eines jungen Schwarzen mit der Bitte gezeigt, eine kurze Schilderung zu geben, wie sie sich seinen Tagesablauf vorstellten. Diejenigen, die aufgefordert wurden, sich in ihn hineinzuversetzen und die Welt durch seine Augen zu sehen, zeigten sich ihm gegenüber am positivsten eingestellt im Vergleich zu einer anderen Gruppe, die nur die Anweisung erhielt, die eigenen Vorurteile zu unterdrücken, und einer Kontrollgruppe, die keine zusätzlichen Instruktionen erhielt.[99]

Empathie ist formbar. Programme, die Mitgefühl und Empathie in Erwachsenen wie in Kindern stärken sollten, führten nachweislich zu positiven Ergebnissen. So kommen beim Programm Roots of Empathy beispielsweise Eltern aus der Nachbarschaft mit ihrem Baby über ein Jahr hinweg regelmäßig in Klassenzimmer, um Schüler an dessen Entwicklung teilhaben zu lassen und Gelegenheit zu geben, nachzuvollziehen, was es erlebt. Studien zeigten, dass diese Empathie-Programme die sozialen und emotionalen Fähigkeiten erheblich verbessern, einfühlsames Verhalten fördern, Stress und Aggressionen abbauen und Depressionen verhüten. Wo es eingeführt wurde, gingen Mobbing und Störungen im Unterricht zurück.

Viele Schritte können zum Aufbau einer mitfühlenderen Welt beitragen. Die Entwicklung von Empathie hängt stark von unseren ersten Erfahrungen ab. Mit Blick auf deren Stärkung warnt Simon Baron-Cohen: »Wenn wir Kleinkindern elterliche Zuwendung vorenthalten, berauben wir sie des Wertvollsten, auf das sie von Geburt an Anspruch haben, und fügen ihnen fast unumkehrbare Schäden zu«.[100] Aber fürsorgliche Erziehung ist nicht genug. Wenn wir die Kategorien der Menschen erweitern, denen wir unsere Empathie zuteilwerden lassen, müssen wir individuell und kollektiv unseren Verstand und unsere Vorstellungskraft betätigen. Wir müssen die Loyalitäten, Annahmen und Werte im Kern unserer Identität sowie das sie prägende System infrage stellen. Wie der Aktivist und Autor Daniel Voskoboynik schreibt:

> [D]ie Farben der Moralität gewinnen mit der Zeit an Intensität. Einstmals vorgetragene Argumente erscheinen heute undenkbar. Das ethische Verwirrspiel, das in Fragen wie Sklaverei, Stimmrecht oder der Akzeptanz gegenüber jüdischen Flüchtlingen herrschte, erscheint im heutigen Licht als absurd. Regimekritische und »radikale« Stimmen, die damals marginalisiert wurden, etablieren sich mit den Jahren als unstrittig. […] Wir blicken oft mit Gewissheit in die Vergangenheit und sind zuversichtlich, dass wir die richtigen Lehren gezogen und kurzsichtige Meinungen korrigiert haben. Und doch sind Lehren flüchtig. Die ethische Klarheit, die sich im Rückblick ergibt, wirkt selten in die Gegenwart fort. Unsere moralischen Instinkte lassen uns beharrlich im Stich.[101]

Und genau das sollen sie auch, weil das politische und ökonomische Gebäude, das wir mittragen, es so verlangt. Unkontrollierte Empathie verträgt sich nicht mit dem bislang vorherrschenden System. Damit das eine gedeiht, muss das andere welken. Und doch können Verstand und Vorstellungskraft die Waagschale neigen, um die Kluft zu überbrücken, die uns Menschen voneinander trennt. Wir müssen uns fragen, wie es sich anfühlen würde, wenn man auf der Flucht vor Krieg ist, das eigene Leben und das Leben naher Verwandter in der Hoffnung aufs Spiel setzt, im Ausland Zuflucht und Sicherheit zu finden. Oder was man empfinden würde, wenn unschuldige Freunde oder Familienangehörige bei einem Drohnenangriff umkämen, oder wenn unser Land von einer ausländischen Macht besetzt wird, die jeden Schritt diktiert. Lösungen für Probleme liegen nicht immer auf der Hand, aber Gerechtigkeit verlangt, dass wir immer versuchen, die Welt durch die Augen der anderen zu sehen, insbesondere durch die der Verletzlichen, Unterdrückten und Benachteiligten.

Politik ist angewandte Ethik. Abstrakte moralische Ideale lassen sich leicht vertreten, aber deutlich schwerer umsetzen. Das reale Leben ist chaotisch und kompliziert. Nur allzu leicht finden sich Gründe, um moralische Grundprinzipien aufzugeben. Nie fehlt es an Menschen, die uns sagen, dass deren Anwendung in diesem Fall, aus diesem oder jenem Grund, unangemessen, nicht praktizierbar oder töricht wäre. »Seid nicht naiv«, so lautet die Mahnung, »die Zeiten sind gefährlich. Ideale sind Luxus, den wir uns nicht leisten dürfen. In Krisenzeiten gelten andere Regeln. Wir müssen stark, wachsam, realistisch sein, uns um uns selbst kümmern, unsere Grenzen sichern, unsere Werte verteidigen.« Angst verbreitende Narrative sind die Begleiter jedes Krieges und jeder Krise. Angst erstickt Empathie und schürt Hass: Angst um die Sicherheit, um den Arbeitsplatz, um die Kinder, Angst vor dem, was geschieht, wenn wir nicht noch mehr Bomben werfen, mehr Täter wegsperren, mehr Flüchtlinge draußen halten. Angst treibt den Kreislauf der Unmenschlichkeit an, der dafür sorgt, dass anständige Menschen schreckliche Dinge unterstützen. Immer herrscht Druck, zu bestimmten Gruppen Distanz zu halten, indem wir sie in Kategorien stecken, die ihnen einen anderen Status zuweisen. Aber sobald wir uns dies erlauben, öffnen wir eine Tür, hinter der sich heimtückische Formen von Unmenschlichkeit verbergen.

Hoffnung

Im Jahr 1984 checkte Patrick Magee unter falschem Namen im Brightoner Grand Hotel ein und versteckte dort eine Bombe. Magee war Mitglied der Irisch-Republikanischen Armee. Als das Hotel vier Wochen später, am 12. Oktober, die jährliche Parteiversammlung der Konservativen Partei beherbergte, detonierte der Sprengsatz, riss fünf Menschen in den Tod und verletzte Dutzende weitere. Die britische Premierministerin Margaret Thatcher und ihr Ehemann kamen knapp davon.

Magee wurde gefasst und zu 35 Jahren Gefängnis verurteilt. Wegen des Karfreitagsabkommens kam er 1999 vorzeitig auf freien Fuß. Um diese Zeit erhielt er eine überraschende Anfrage. Jo Berry, die Tochter von Sir Anthony Berry, der als Kabinettsmitglied bei dem Anschlag umgekommen war, wollte ihn kennenlernen. Sie hoffte, die Begegnung könne ihr helfen, ihren Zorn und ihre seelischen Schmerz zu bewältigen. »Ich wollte Patrick kennenlernen, um dem Feind ein Gesicht zu geben und ihn als reales menschliches Wesen zu sehen. Beim ersten Treffen hatte ich schreckliche Angst, wollte aber seinen Mut würdigen, mich kennenzulernen. Es wurde ein ungewöhnlich intensives Gespräch. Ich redete viel über meinen Vater, während Patrick von sich erzählte [...].«[102]

Seit dieser ersten Begegnung trafen sich Jo und Patrick viele weitere Male. Zwischen ihnen entspann sich eine bemerkenswerte Freundschaft. Sie redeten gemeinsam auf zahlreichen Podien und Workshops. Jo gründete die gemeinnützige Organisation Building Bridges for Peace, die sich mit gewaltfreier Konfliktlösung befasst. Über ihre Bekanntschaft zu Magee schreibt sie: »Ich spüre, dass ich etwas zurückgewonnen habe von der Menschlichkeit, die ich bei der Bombenexplosion verloren hatte.« Die Begegnung eröffnete Jo die Perspektive, das Raster von Schuld und Sühne zu überwinden und sich stattdessen in die Lage eines anderen zu versetzen, um sein Verhalten zu verstehen:

> Ich rede nicht von »Vergebung«. Zu sagen: »Ich vergebe dir«, hat etwas Herablassendes. Es schließt einen in ein »Wir-und-die«-Szenario ein – mit mir auf der richtigen und dir auf der falschen Seite. Diese Haltung ändert nichts. Aber ich kann Empathie empfinden. […] Wenn ich mich mit Patrick getroffen habe, hatte ich manchmal ein so klares Verständnis für sein Leben, dass es nichts zu vergeben gab. […] Ich habe erkannt, dass jeder von uns – egal, auf welcher Seite des Konfliktes man steht – das hätte tun können, was der andere getan hat, wenn wir sein Leben gelebt hätten.[103]

Bemerkenswert ist auch die Wirkung, die Jos vernünftige Art, mit der Situation umzugehen, auf Patrick Magee hatte. In einer Schilderung seiner ersten Begegnung mit ihr beschreibt er, wie sich seine Einstellung änderte:

> Jos Offenheit, ihre Ruhe – dass sie keine Feindseligkeit zeigte – tatsächlich ihre Bereitschaft, zuzuhören, verstehen zu wollen, war einfach entwaffnend. Hätte sie stattdessen ihrer berechtigten Wut freien Lauf gelassen, hätte ich mit der Situation leichter umgehen können. Mein politischer Hut wäre fest da sitzengeblieben, wo er war. Aber angesichts von so viel Haltung und Anstand war ich, wie gesagt, entwaffnet. […] Als Einzelner trug ich die schwere Last, zu wissen, dass ich dieser Frau tiefe Wunden zugefügt habe. […] Eine politische Verpflichtung wurde fortan zu einer persönlichen Pflicht. Jetzt erkannte ich umfassender, dass ich mich dessen schuldig gemacht hatte, was ich unseren Feinden vorgeworfen hatte: dass sie uns dämonisierten, entmenschlichten, marginalisierten und herabsetzten. Von da an sah ich Jos Vater in einem vollständigeren Licht und ließ mich auf den Prozess ein, seine Weltsicht nachzuvollziehen. Auch ich hatte mich schuldig gemacht, einer eingeschränkten Perspektive anzuhängen und den anderen nicht als vollwertigen Menschen wahrzunehmen. Stattdessen hatte ich unsere Feinde nur nach der Uniform oder den politischen Farben beurteilt.

Alles, was ich an Jo zu bewundern und zu respektieren gelernt habe, war sicher zu einem Teil den Werten zu verdanken, die er so erkennbar an sie weitergegeben hatte. Und das war ein Maß für den Verlust: den des Vaters für Jo und den des Großvaters für ihre Tochter, aber auch für mich ein Verlust an Menschlichkeit. Krieg raubt Kombattanten einen Teil von dem, was zum Menschsein gehört, eine natürliche Fähigkeit, mitzufühlen und die Welt mit den Augen anderer zu sehen.[104]

Das Leben bringt Leid und Schmerz mit sich und macht es schwierig, zu der in uns schlummernden Hoffnung und Empathie Verbindung zu halten. Wir mögen vorübergehend Schutz finden, wenn wir die empathischen Verbindungen zu anderen kappen, um uns gegen künftige Enttäuschungen und Verletzungen zu wappnen. Aber dabei verlieren wir etwas Wertvolles, das wir nur zurückgewinnen können, wenn wir daran neu anknüpfen. Das Forgiveness Project, 2004 ins Leben gerufen von Marina Cantacuzino, hat eine große Auswahl an bemerkenswerten Geschichten gesammelt, die sich um die Themen Empathie und Vergebung drehen. Jede ist auf ihre Art so inspirierend, bewegend und provozierend wie die von Patrick und Jo. Durch diese persönlichen Erzählungen zieht sich der Gedanke, dass die Weigerung, Angst und Hass zu erliegen, zutiefst befreit, Kraft spendet und oftmals der einzige Weg ist, um ein Trauma zu bewältigen, das ein anderer verursacht hat. Empathie liegt nicht immer griffbereit in der Nähe, aber dem Hass mit Mitgefühl zu begegnen und dem Schmerz Sinn einzuhauchen, ist vielleicht das einzige Mittel, um Aspekte an uns selbst, die wir besonders schätzen, zu schützen oder zurückzugewinnen. In einer Welt der Spaltung, Ungerechtigkeit und Grausamkeit ist eine mitfühlende Reaktion ein kreativer Akt, der ein Zeichen für Veränderung setzt.

Die jahrzehntelange soziologische Erforschung von Katastrophen konnte dieses Potenzial bedeutend erhellen. Das standardisierte Bild von panischen Menschen, einer zusammenbrechenden Ordnung und einer Verzweiflung, die sich in anarchischer Gewalt Bahn bricht, entspricht keineswegs der Realität. Im Gegenteil bringt das Schlimmste im Menschen oft das Beste zum Vorschein. Die Opfer von Katastrophen wie Überschwemmungen, Erdbeben, Orkanen oder Bombenanschlägen durchlaufen häufig eine dramatische Verwandlung. Während spontan Gemeinschaften zusammenfinden, wird Altruismus zum Normalfall. Die Betroffenen konzentrieren ihre Energien darauf, sich mit gleicher Kraft um sich selbst, ihre Familien, Nachbarn und Fremde zu kümmern. Inmitten extremer materieller Not werden Ressourcen geteilt, öffentliche Räume zu Organisations- und Gemeinschaftszentren improvisiert und Unterstützernetzwerke ins Leben gerufen. In ihrem Buch *A Paradise Built in Hell* schreibt Rebecca Solnit:

> Nach einem Erdbeben, einem Bombenanschlag oder einem gewaltigen Sturm verhalten sich die meisten Leute altruistisch, sind vordringlich damit befasst, sich um sich selbst und die Menschen in ihrem Umfeld zu kümmern, um Fremde und Nachbarn ebenso wie um Freunde und Angehörige. Das Bild vom egoistischen, panischen oder in die Barbarei zurückfallenden Menschen in Zeiten der Katastrophe enthält kaum Wahres. […] In Katastrophenlagen erweist sich die menschliche Natur vorherrschend als widerstandsfähig, einfallsreich, großzügig, empathisch und tapfer.[105]

Und am meisten überrascht, dass Überlebende nicht von Trauer und Angst, sondern von der Freude und dem Glück reden, das sie erlebten, als sie mit anderen inmitten des Chaos, als Häuser in Schutt lagen, Städte unter Wasser standen, Vorräte ausgingen und gewaltige Belastungen zu schultern waren, die Aufräumarbeiten bewältigten. Viele erinnern sich an lächelnde Gesichter, ja an eine fröhliche Zeit. Solche Berichte verblüffen zunächst. Was kann man einer Katastrophe abgewinnen, wenn Menschen umkommen und ganze Familien ihr Dach über dem Kopf verlieren? Nach Berichten Überlebender speist sich die freudige Stimmung aus dem Gefühl einer Verbundenheit, das sich einstellt, wenn eine gewaltige gemeinsame Aufgabe vor einem liegt. Ohne festgefügte Hierarchie bewältigen Menschen ihre Lage, arbeiten zusammen und helfen sich selbst und anderen. Sie ziehen Befriedigung aus sinnvoller Arbeit, und Kraft aus der Großzügigkeit und dem Mut der anderen um sie herum, die sonst nur namenlose Unbekannte, Statisten zwischen den Kulissen ihres Leben wären.

Wie Solnit es beschreibt, kam die Erforschung der Katastrophenbewältigung nach dem Zweiten Weltkrieg erst so richtig in Gang. Ein Pionier war Charles E. Fritz, ein diplomierter Soziologe, der als amerikanischer Soldat in England stationiert war. Fünf Jahre nach Kriegsausbruch, als ein schwerwiegender Mangel an Lebensmitteln, Kleidung und Unterkünften herrschte, staunte Fritz über »eine Nation aus herrlich glücklichen Menschen, die in vollen Zügen das Leben genossen und einen wirklich bemerkenswerten Sinn für Fröhlichkeit und Lebenslust zeigten«.[106] Nach Kriegsende wurde Fritz in die US Strategic Bombing Survey berufen, eine Kommission, die eingehend untersuchte, wie die Luftangriffe gegen deutsche Städte auf die Bevölkerung gewirkt hatten. Wie er feststellte, waren die Bewohner »schwer betroffener Städte in einer erheblich besseren moralischen Verfassung als die in Städten, gegen die leichte Angriffe geflogen worden waren«.[107] Ähnliche Ergebnisse zeigten sich später in Japan. Dieses überraschende Phänomen wurde über viele Jahre an zahlreichen Orten beobachtet und dokumentiert. Niemand begrüßt eine Katastrophe und die einhergehenden Tragödien, aber viele genießen die Menschlichkeit, die sie in ihnen selbst und anderen zum Vorschein bringt. Neue Formen sozialer Beziehungen stellen sich ein, die nicht von den äußeren Zeichen des Status bestimmt sind, die schlichte Anteilnahme gewöhnlich untergraben.

Diese Forschungsergebnisse wecken Zuversicht in unsere Fähigkeit zu Solidarität, zu gegenseitiger Hilfe und Mitgefühl und bestätigen, dass in uns ein Bedürfnis nach sinnvoller Kooperation mit anderen schlummert. Und mehr noch: Sie zeigen, was möglich wird, wenn wir das Denken um verdiente Ansprüche außer Kraft setzen. Katastrophenlagen unterscheiden sich vom Alltag unter anderem dadurch, dass sie unsere Bereitschaft mindern, Verantwortung zuzuweisen. Wenn Fluten hereinbrechen, die Erde bebt oder Bomben fallen, ist klar, dass die Betroffenen ihre Notlage nicht selbst herbeigeführt haben. Weil die Rolle des Glücks für jedermann ersichtlich ist, haben Schuldzuweisungen keinen Platz. Dass jemand hungert oder krank ist, reicht als Grund, damit man ihm zu essen gibt oder ihn medizinisch behandelt. Fragen danach, ob er darauf Anspruch oder es verdient hat, stellen sich nicht. Jeden nach Bedarf zu versorgen, wird zum geltenden Handlungsprinzip und Gleichheit zur sozialen Norm. Wenn Fluten Häuser wegspülen, reißen sie auch gepflegte Statussymbole mit sich fort, welche die psychologischen Klüfte zwischen uns offenhalten. Bis die Katastrophe bewältigt ist, sitzen in einem realen Sinn »alle Betroffenen in einem Boot«. Die gemeinsamen Erfahrungen können Unterschiede von Schicht, Hautfarbe, Religion, Geschlecht und Nationalität zeitweilig überwinden. Diese Schicksalsgemeinschaft schafft Raum für mehr Empathie.

Natürlich gibt es beachtliche Ausnahmen – Vorurteile verschwinden nie ganz –, aber nach dem allgemeinen Trend verliert die Trennung durch Kategorien an Bedeutung. Unsere Herausforderung besteht darin, sie auf Dauer zu durchbrechen. Überschwemmungen, Hurrikans, Dürren und Brände werden mit zunehmender Erderwärmung immer häufiger und heftiger. Wenn unsere Apathie anhält, werden überlebenswichtige Ressourcen – Nahrung, Wasser, Energie – zusehends knapper werden. Ihr Mangel wird Kriege auslösen, die die Flüchtlingszahlen rasant weiter in die Höhe treiben. Angesichts spaltender Propaganda und schwieriger Verhältnisse entscheidet unsere Fähigkeit, mit Anteilnahme und Empathie zu reagieren, möglicherweise zwischen Überleben oder Untergang, Solidarität oder Barbarei. Werden wir Landesgrenzen entscheiden lassen, wo unsere Empathie endet? Werden wir es zulassen, dass sorgfältig kultivierte Vorurteile über unsere Menschlichkeit triumphieren? Wird der Globale Norden nach Jahrhunderten einer hochprofitablen Ausbeutung weiterhin die unermessliche Schuld ignorieren, in die er sich gegenüber dem Globalen Süden begeben hat? Je weiter unsere Empathie reicht und je intensiver sie gespürt wird, desto deutlicher wird sichtbar, dass die Ressourcen der Erde geteilt werden und Menschen das Recht haben müssen, bei Entscheidungen mitzureden, die ihr Leben betreffen. Auch wenn das Leben oft ungerecht ist, kann die Gesellschaft dafür häufig entschädigen. Politik muss sich darum drehen, die Ungerechtigkeiten des Seins zu bekämpfen.

Die Gesellschaft zu verändern, ist eine entmutigende Aufgabe. Während die vor uns liegenden Probleme gewaltig sind, verfügt jeder von uns nur über begrenzte Zeit, Energie und Ressourcen. Aber kleine Beiträge von vielen addieren sich auf. Täglich werden Bande der Freundschaft, Familie und Gemeinschaft durch einfache Akte der Liebe erneuert. In dem Maß, in dem wir unseren moralischen Kreis erweitern, vervielfältigen und verstärken sich diese Bindungen. Dabei ist wichtig, dass wir die Probleme, vor denen wir stehen, im Zusammenhang sehen und erkennen, dass Krieg, Armut, psychische Erkrankungen, Klimawandel, Rassismus und Sexismus gemeinsame Ursachen und Lösungen haben. Eine systematische Kritik entspringt aus einem gründlichen Verständnis von jedem dieser Probleme. Unsere Zukunft hängt von der Einsicht ab, dass wir voneinander wechselseitig abhängig sind.

In jedem Stadium der gesellschaftlichen Verbesserung brauchen wir eine Sensibilität für die Erfordernisse des Augenblicks, um Strategien und Prioritäten anzupassen. Aber manches ist jetzt schon klar. Ernsthafter gesellschaftlicher Wandel setzt Massen an Menschen voraus, die mit Blick auf gemeinsame Ziele zusammenarbeiten und die Grenzen des Denkens und Handelns überwinden, die uns in die jetzige Lage gebracht haben. Jeden Tag erneuern Millionen Menschen durch kollektive Entscheidungen gesellschaftliche Strukturen, die auf kollektiven Vorstellungen beruhen. Wenn genügend von uns ihr Denken über Politik, Demokratie, Freiheit und die jeweils anderen verändern, können wir die Welt in neue Bahnen lenken. Eine Revolution in den Überzeugungen und Vorstellungen revolutioniert die Möglichkeiten. Unabhängig von sozialer Schicht, Hautfarbe oder Geschlecht steckt in uns allen das Potenzial, dazu beizutragen, dass Besseres entsteht. Eine gewaltige Menge an wertvoller Arbeit liegt vor uns, die zumeist eine Herausforderung bedeutet, sich aber lohnt. Auch wenn die Fähigkeiten, Ressourcen, Zeit und Interessen variieren, gibt es unabhängig davon, wer wir selbst sind, immer andere, mit denen wir zusammenarbeiten können. Auf eine Million verschiedene Arten, im Kleinen wie im Großen, individuell oder kollektiv, müssen wir die Muster von Gehorsam und Anpassung, die unsere Gesellschaft durchwirken, durchbrechen, um den notwendigen Wandel zu schaffen.

Gesellschaftlicher Wandel ist nichts, was wir »da draußen« einfach dadurch erreichen, dass wir Gesetze und Verfahren verändern. Unabhängig von garantierten Rechten und Abläufen müssen die Beteiligten das Gesellschaftssystem mit Leben erfüllen. Bemühungen, über unser Leben mehr Kontrolle zu gewinnen und Dinge zu erreichen, die uns wichtig sind, knüpfen sich untrennbar an das Bestreben, unser Verständnis zu vertiefen und unseren Charakter weiterzuentwickeln. Dies ist letztlich eine moralische Herausforderung. Wir sind das Holz, aus dem die Zukunft geschnitzt wird: Je stärker es ist, desto solider wird sie gebaut.

Die ersten Hindernisse, die wir auf dem Weg zu mehr Freiheit überwinden müssen, sind stets innere, weil das, was wir tun, unser Denken widerspiegelt. Wenn wir eine mitfühlendere Gesellschaft anstreben, müssen wir uns selbst in mehr Mitgefühl üben. Wenn wir eine besser informierte Gesellschaft wollen, müssen wir uns besser informieren. Wenn wir eine freiere Gesellschaft wollen, müssen wir leben, als seien wir schon frei. Wenn wir das System durchbrochen und seine Ideologie überwunden haben, rücken Mitgefühl, Wahrheit und Freiheit in greifbare Nähe. Sie sind Werkzeuge, mit denen sich die ersehnte Welt aufbauen lässt. Aufwallungen kollektiver Empathie zwangen korrupte Regime in die Knie, beendeten Kriege und schafften die Sklaverei ab, woraufhin Millionen Männer, Frauen und Kinder zu größerer Freiheit gelangten. Dieses Potenzial müssen wir wiederentdecken. Eine Verpflichtung auf Empathie, Wahrheit und Freiheit muss Ausgangspunkt jeder Wirtschaft, Politik, Kultur und Bildung sein – als Grundlagen unserer Zivilisation.

Jahrzehntelang wurden wir darauf konditioniert, dass Habgier gut und die Gesellschaft Illusion sei, dass Menschen bekämen, was sie verdienten. So hat man uns eine verarmte Vision des Menschseins verkauft, die unsere Vorstellungskraft in Ketten legt und unsere Hoffnungen aushöhlt. Freiheit soll das sein. Dabei wissen wir im tiefsten Inneren, dass dieser Mythos verbreitet wird, um eine Welt der Zerstörung, Ausbeutung und Ungerechtigkeit zu rechtfertigen. Hinter den Fachdebatten der Ökonomen, den ideologischen Streitigkeiten der Politiker, dem Profitstreben der Konzerne und den leidenschaftlichen Protesten der Öffentlichkeit steht die wichtigste Frage, die wir stellen können: Wozu ist das Leben da? Zum Konkurrieren, Akkumulieren und Herrschen? Oder um zu lieben und geliebt zu werden – um Dinge zu erschaffen, um zu teilen und Schönheit zu erfahren?

Jeder Mensch erleidet unausweichlich Härten, verliert Angehörige und stirbt eines Tages selbst. Das Leben ist kostbar, zerbrechlich und kurz. Warum uns nicht zusammenschließen, um in der kurzen Zeit, in der wir Luft in den Lungen und Kraft im Körper spüren, alles zu unternehmen, um die Welt in einen Ort zu verwandeln, den alle, die ihn durchschreiten, mit Freude und Staunen genießen, in dem sich alle entfalten, Beträge leisten und kreativ wirken können? Immerhin erkennen wir unsere volle Freiheit darin, dass wir das erschaffen können, was wir hochschätzen. Was könnte wertvoller sein?

DANK

An dieser Stelle danke ich mehreren Personen, die es mir ermöglichten, mich in die Fragen zu vertiefen, die ich für die interessantesten halte, und mir dabei wertvolle Rückmeldung, Kritik und Ermutigung gaben. Ihre Unterstützung hat dieses Buch deutlich verbessert.

Zuallererst möchte ich meinen Eltern, meiner Schwester und ihrem Partner Kevin Hely danken, die mich alle ständig unterstützten. Meine Eltern Alex und Christina lasen zahlreiche Entwürfe, waren stets bei der Hand, meine neuesten Gedanken mit mir durchzusprechen, und gaben mir in jedem Stadium der Niederschrift wertvolles Feedback. Wohl am wichtigsten: Sie haben mir beigebracht, immer alles und jedes, auch ihre Gedanken, infrage zu stellen. Diese Lehre hat seither mein Leben geprägt. Meine Schwester Francesca las mehrere Entwürfe und bot mir mit ihrem instinktiven Gespür dafür, was geht und was nicht, eine unschätzbare Leitplanke, auf die es an entscheidenden Punkten der Arbeit ankam. Als einer der freiesten Menschen, die ich kenne, wirkte sie als eine ständige Quelle der Inspiration und Ermutigung. Kevin nahm über zwei Fassungen hinweg eine Grobredaktion des gesamten Buchs vor und hielt mich an, einen lockereren und strafferen Text zu liefern. Sein unübertroffen scharfes Auge für Details bewirkte ebenso viel wie seine Arbeitsmoral und Großzügigkeit.

Dank geht auch an Marienna Pope-Weidemann für ihre kundigen Hinweise und Vorschläge zu den ersten acht Kapiteln sowie für viele anregende Gespräche; an Daniel Voskoboynik für sein Feedback zu Kapitel 11 und einige Faktenchecks zu den vorderen Kapiteln; an Tatiana Garavito für ihre Gedanken zu Kapitel 11; an Robin Hahnel für seine detaillierte Rückmeldung zu mehreren Fassungen der Kapitel 3 und 6, wo er mir in etlichen Punkten Klarheit verschaffte; an Daniel O'Neill für seine Hinweise zu den Kapiteln 3 und 11; an Ha-Joon Chang für seine Kommentare zu Teil 3; und an Galen Strawson für seine Lektüre eines frühen Entwurfs zum ersten Kapitel und seine ermutigende Reaktion.

Danke auch an den verstorbenen Alan Rickman, der mich zu Beginn dieses Buchprojektes großzügig unterstützt hat, an Joshua van Praag, der mir bei einer ersten Dokumentation zu dem Vorhaben mit seinen vielen Talenten unter die Arme griff, und an all jene, die mir während der gesamten Arbeit Zeit für Gespräche geopfert haben, insbesondere Michael Albert, Noam Chomsky, Nick Davies, Daniel Dennett, Stuart Ewen, Bill Fletcher jr., Amy Goodman, David Harvey, Chris Hedges, Janine Jackson, Helena Kennedy, Bill McKibben, George Monbiot, Helena Norberg-Hodge, Steven Pinker, Jeff Schmidt, Vandana Shiva, Kathleen Taylor sowie an Tony Benn (†) und Howard Zinn (†).

Danke an Nicoleta Carpineanu und Jonty Hurwitz, ohne die das Buch nie in den Druck gegangen wäre, an Jeannie Cohen für ihre Unterstützung in dessen Frühphase und an das gesamte Team des Canongate-Verlags, insbesondere an Jamie Byng für sein Vertrauen von Anfang an, meine Lektoren Jenny Lord und Dan Frank von Pantheon für ihre Geduld und Rückmeldungen sowie an meine Korrektorin Jane Robertson.

Würdigen möchte ich auch all jene Denker, deren Werke mich über die Jahre inspiriert und herausgefordert haben. Die Namen vieler tauchen im Buch auf. Abschließend möchte ich all jenen danken, die im Kampf um die Schaffung einer freieren Welt an den Frontlinien stehen. Ihr seid eine ständige Quelle der Hoffnung und Inspiration.

ANMERKUNGEN

1. Glück

1. Eine immaterielle Seele, die über den Tod hinaus fortlebt, hat entweder schon immer existiert, oder sie hat irgendwann zu existieren begonnen. In dem Fall würde das Selbstschöpfungsproblem zu diesem Anfangspunkt in der Vergangenheit hin verschoben. Sollte sie schon immer existiert haben, kann sie sich per definitionem nicht selbst geschaffen haben (dies setzte einen Anbeginn voraus!). In beiden Fällen ist die Vorstellung von einer Selbstschöpfung in sich nicht stimmig.
2. David Eagleman, *Inkognito. Die geheimen Eigenleben unseres Gehirns*, Frankfurt a. M. 2012, S. 181.
3. Ausführliche Informationen zur ACE-Studie siehe unter http://acestudy.org/.
4. Robert Anda, »The Health and Social Impact of Growing Up with Alcohol Abuse and Related Adverse Childhood Experiences: The Human and Economic Costs of the Status Quo«. Diese Zusammenfassung der ACE-Studie wurde im Auftrag der National Association for Children of Alcoholics (gemeinnütziger Verband, der sich in den USA und Großbritannien um Kinder von Alkoholikern bemüht) erarbeitet und ist auf deren Website zu finden: http://www.nacoa.org/pdfs/Anda%20NACoA%20Review_web.pdf.
5. Gabor Maté, »Embraced by the Needle«, gepostet auf der Website des Autors im Juli 2013, siehe unter http://drgabormate.com/article/embraced-by-the-needle/.
6. David Eagleman, *Inkognito*, a. a. O., S. 204 f.
7. Ebenda, S. 203.
8. Ebenda.
9. In seinem Aufsatz »Mein Weltbild« von 1931 schreibt Einstein: »An Freiheit des Menschen im philosophischen Sinn glaube ich keineswegs. Jeder handelt nicht nur unter äußerem Zwang, sondern auch gemäß innerer Notwendigkeit. Schopenhauers Spruch: ›Ein Mensch kann zwar tun, was er will, aber nicht wollen, was er will‹ hat mich seit meiner Jugend lebendig erfüllt und ist mir beim Anblick und beim Erleiden der Härten des Lebens immer ein Trost gewesen und eine unerschöpfliche Quelle der Toleranz. Dieses Bewusstsein lindert in wohltuender Weise das leicht lähmend wirkende Verantwortungsgefühl und macht, dass wir uns selbst und die andern nicht gar zu ernst nehmen; und es führt zu einer Lebensauffassung, die auch besonders dem Humor sein Recht lässt.«

10 Kim Wombles, »An Interview with Simon Baron-Cohen on Zero-Empathy, Autism, and Accountability«, in *Science 2.0*, Juni 2011, siehe unter http://www.science20.com/countering_tackling_woo/interview_simon_baroncohen_zeroempathy_autism_and_accountability-79467.
11 Ebenda.
12 Galen Strawson, *Freedom and Belief* (1986), New York 2010, S. 25.
13 David Eagleman, *Inkognito*, a. a. O., S. 10 f.
14 Ludwig Wittgenstein, *Philosophische Untersuchungen*, kritisch-genetische Edition, hg. v. Joachim Schulte, Frankfurt a. M. 2001, S. 109.
15 Man kann problemlos auch davon reden, dass jemand »Verantwortung für das Wohl seiner Kinder« hat. Diese Aussage drückt eine Aufgabe oder Pflicht aus. Ob der Betreffende letztlich auch dafür verantwortlich ist, inwieweit er seine Verpflichtung erfüllt, ist eine andere Frage.
16 Die Debatte um den freien Willen konzentrierte sich traditionell auf den Begriff des Determinismus. Man stelle sich zwei Arten des Universums, ein deterministisches und ein nicht deterministisches, vor. Im zuerst genannten ist nur eine Zukunft möglich. In seinem *Essai philosophique sur les probabilités* von 1814 fasste der französische Mathematiker Pierre-Simon Marquis de Laplace diese Vorstellung folgendermaßen zusammen [zitiert nach der 1819 erschienenen ersten deutschen Übersetzung von Friederich Wilhelm Tönnies]: »Gäbe es einen Verstand, der für einen gegebenen Augenblick alle die Natur belebenden Kräfte und die gegenseitige Lage der sie zusammensetzenden Wesen kennte und zugleich umfassend genug wäre, die Data der Analysis zu unterwerfen, so würde ein solcher [Verstand] die Bewegungen der größten Weltkörper und des kleinsten Atoms durch eine und dieselbe Formel ausdrücken; für ihn wäre nichts ungewiss; vor seinen Augen ständen Zukunft und Vergangenheit.« Wenn Laplace recht hat, wären die oben angegebenen Bedingungen erfüllt. Dass Sie diese Zeilen lesen, könnte dann schon vor 13,5 Milliarden Jahren bei Entstehung des Universums vorherbestimmt worden sein. In der Praxis können Laplaces Bedingungen natürlich unter keinen Umständen erfüllt sein. Aber falls das Universum so wie von Laplace angenommen funktionierte, welche Bedeutung hätte dies dann für die menschliche Freiheit?
Grob gesagt, gibt es drei Hauptpositionen in der Debatte um den freien Willen. (Eine vollständige Klassifizierung mit den verschiedenen Untergruppen würde hier zu weit führen.) Die »Kompatibilisten«, Vertreter eines »weichen Determinismus«, sind der Überzeugung, dass ein deterministisches Universum mit dem freien Willen vereinbar ist und diesen keineswegs begrenzt. Vielmehr sei für ihn, so ihre Argumentation, ein solches Universum sogar eine notwendige Vorbedingung. Dagegen halten die »Inkompatibilisten« Willensfreiheit für unvereinbar mit einem deterministischen Universum. Eine Richtung des Inkompatibilismus, der Libertarianismus oder Libertarismus (der nichts mit dem gleichlautenden politisch-philosophischen Begriff zu tun hat), vertritt die Auffassung, der freie Wille sei auch dann noch möglich, wenn das Universum *auf die richtige Weise* nicht deterministisch sei. Wenn wir die Kausalkette durchbrechen können, die eine Entscheidung mit ihrer Ursache verbindet und diese wiederum mit ihrer

Ursache und so weiter zurück bis zum Uranfang des Universums, und wenn dieses Durchbrechen als Teil unseres Entscheidungsprozesses im Gehirn stattfindet (anderswo kann es nicht zum Erhalt des freien Willens beitragen), dann, so die Argumentation, lasse sich unser Glaube an die Existenz des freien Willens rechtfertigen. Diesem Gedankengang steht ein niederschmetternder Einwand entgegen. Ein Ereignis, das nicht von einer vorangegangenen Ursache bestimmt wird, ist ein Zufallsereignis (was sonst?), und ein Zufallsereignis in unserem Entscheidungsprozess kann den freien Willen nicht rechtfertigen. Dieser Einwand versetzt der libertarianischen Position einen vernichtenden Schlag. Wenn wir Entscheidungen aus eigenen Gründen treffen sollen, darf unser Entscheidungsprozess nicht von Zufallsfaktoren abhängen. Manche Inkompatibilisten – »Skeptiker« – akzeptieren diese Logik und schließen, dass wir keinen freien Willen haben, weil weder ein deterministisches noch ein indeterministisches Universum die notwendigen Bedingungen für seine Entfaltung biete.

Dem widersprechen die Kompatibilisten. Aus ihrer Sicht stellt die These des Determinismus den freien Willen nicht infrage. Vielen leuchtet diese Folgerung nicht ein. Ein Universum mit nur einer möglichen Zukunft scheint, zumindest auf den ersten Blick, der Freiheit keinen Raum zu lassen. Natürlich hängt alles von Definitionen ab. Angenommen, wir müssten eine Vorhersage treffen, wie sich eine Person X – »Jim« – in der Situation Y verhalten wird, so können wir voraussetzen, dass sich unter gleich bleibenden Bedingungen die Zuverlässigkeit unserer Prognose mit einem zunehmenden Verständnis von Jim und der Situation Y erhöht. Nehmen wir nun an, wir könnten alles wissen, was es über Jim und die Situation Y zu wissen gibt, dann könnten wir in einem deterministischen Universum, sofern wir über die dazu erforderliche Intelligenz verfügten, Jims Verhalten mit absoluter Zuverlässigkeit vorhersagen. Unsere Fähigkeit, diese Vorhersage zu treffen, hinge dann aber nicht davon ab, durch welche *äußere* Einwirkung Jim dazu bewegt wird, sich vorhersagegemäß zu verhalten, sondern von einem vollständigen Verständnis von Jim und der Situation Y. Unsere Fähigkeit, eine zuverlässige Vorhersage zu treffen, ist vollkommen vereinbar mit einem Jim, der im Einklang mit seinen Überzeugungen und Werten handelt. Wenn wir den »freien Willen« definieren wollen als »die Fähigkeit, angesichts der verfügbaren Optionen im Einklang mit unseren Überzeugungen und Werten zu handeln«, dann besitzt fast jeder die meiste Zeit tatsächlich einen freien Willen. Doch wie auch immer wir freien Willen definieren, die erörterte Sachlage in Bezug auf Verantwortung bleibt davon unberührt.

Denken Sie an den Sprachgebrauch. Der Linguist Noam Chomsky hat häufiger darauf hingewiesen, dass eine typische verbale Reaktion auf eine Situation dieser jeweils angemessen, aber keineswegs durch sie determiniert ist. Unsere geistigen Fähigkeiten ermöglichen uns in diesem Sinne Kreativität. Wir können sagen, dass die Reaktion, eine bestimmte Auswahl von Worten, aus einer Interaktion zwischen einem Reiz und unserer inneren Struktur »hervorgeht«. Zwar kann eine Entscheidung eine Reaktion auf Stimuli sein, aber diese können die Entscheidung von sich aus weder verursachen noch determinieren.

Es ist klar, dass die Wahlmöglichkeiten, die Menschen offenstehen, über Zeit und Raum gewaltig differieren. Ein deterministisches Universum hindert uns nicht daran, im Einklang mit unseren Überzeugungen und Werten zu handeln, dazuzulernen, uns zu verändern oder mit der Zeit zu wachsen. Daniel Dennett glaubt, dass uns ein solches Universum »alle wünschenswerten Varietäten des freien Willens« bietet – ein Urteil, das manche infrage stellen mögen. Zweifellos gilt »die letzte Verantwortung«, so inkohärent sie als Idee auch sein mag, als eine erstrebenswerte Varietät der Freiheit.

Über die Natur des Universums ist noch nicht genug bekannt, um es abschließend als deterministisch oder indeterministisch zu definieren. Diese Debatte ist fachlich höchst komplex, und ihre Ergebnisse werden im Allgemeinen stets als vorläufig angesehen. Jedenfalls erfordert die Fähigkeit, Entscheidungen im Einklang mit den eigenen Überzeugungen und Werten zu treffen, kein deterministisches Universum, weil auch ein indeterministisches Universum in hohem Maße organisiert sein kann. Auch wenn der Zufall in unserer Existenz eine Rolle spielen mag, so sprechen doch zwingende Gründe für die Überzeugung, dass wir in einem Universum von hoher Ordnung leben. Der Kosmos folgt offenbar vorhersagbaren Gesetzen. Die Dinge verlaufen gewöhnlich so, wie wir es erwarten, und wenn nicht, können wir dies meist auf bestimmte Ursachen zurückführen. Persönlichkeiten und Charaktermerkmale bleiben in der Regel im Verlauf der Zeit stabil. Während ich diese Zeilen tippe, schlagen meine Finger genau die Tasten an, die sie nach meinem Willen anschlagen sollen, und auf meinem Bildschirm erscheinen genau die Buchstaben, die den angeschlagenen Tasten entsprechen. Die Natur weist eine bemerkenswerte Regelmäßigkeit auf, die auf ein Universum schließen lässt, in dem der Zufall eine geringe Rolle spielt. Die Erfahrung spricht für die Überzeugung, dass unser Entscheidungsprozess nicht von Zufälligkeiten beeinträchtigt wird.

17 Zum Beispiel Robert Sapolsky, Joshua Greene, Paul Bloom, Sam Harris, Wolf Singer, Chris Frith, V. S. Ramachandran, Patrick Haggard, Daniel Wegner, Stephen Hawking, Lawrence Krauss und natürlich Albert Einstein. Eine umfassendere Liste siehe Sam Snyders Website unter http://samsnyder.com/free-will/.
18 Friedrich Nietzsche, *Jenseits von Gut und Böse*, Kap. 3, 21, siehe unter http://guten berg.spiegel.de/buch/-8646/3.
19 Francis Wheen, *How Mumbo-Jumbo Conquered the World*, London 2004, S. 47.
20 Rhonda Byrne, *The Secret*, London 2006, S. 28. (Das Zitat ist in der deutschen Ausgabe, *The Secret – das Geheimnis*, München 2016, nicht enthalten.)
21 Abigail Saguy und Rene Almeling, »Fat Devils and Moral Panics: News Reporting on Obesity Science«, SOMAH workshop, UCLA Department of Sociology, 1. Juni, Bd. 1, 2005.
22 Raj Patel, *Stuffed and Starved*, London 2007, S. 254.
23 J. Michael McGinnis, Jennifer Appleton Gootman und Vivica I. Kraak (Hgg.), Institute of Medicine, *Food Marketing to Children and Youth: Threat or Opportunity?*, Washington, D. C., 2006, S. 4.
24 Erica Goode, »Study Finds TV Alters Fiji Girls' View of Body«, in: *The New York Times*, 20. Mai 1999. Siehe unter http://www.nytimes.com/1999/05/20/world/study-finds-tv-altersfiji-girls-view-of-body.html.

25 Rhonda Byrne, *The Secret*, a. a. O., S. 60.
26 Die Zahlen siehe die Projekt-Website für *The Secret* unter http://www.thesecret.tv/about/rhonda-byrnes-biography/.
27 John Milton Berdan, John Richie Schultz und Hewette Elwell Joyce (Hgg.), *Modern Essays*, New York 1916, S. 347, siehe unter https://archive.org/details/modernessays01joycgoog.
28 Charles Murray, »Charles Murray and the Underclass: The Developing Debate«, hg. v. Ruth Lister, The IEA Health and Welfare Unit, Choice in Welfare, No. 33, 1996, S. 86. Siehe unter http://www.civitas.org.uk/content/files/cw33.pdf.
29 Ebenda.
30 Ebenda.
31 Ebenda, S. 85.
32 Barbara H. Fried, »Beyond Blame«, in: *Boston Review*, 28. Juni 2013, siehe unter http://www.bostonreview.net/forum/barbara-fried-beyond-blame-moral-responsibility-philosophy-law.
33 Ebenda.
34 Steve Pearlstein, »Hermanomics: Let them eat pizza«, *The Washington Post*, 15. Oktober 2011, siehe unter https://www.washingtonpost.com/business/economy/hermanomics-let-them-eat-pizza/2011/10/11/gIQAgTOmmL_story.html.
35 Howard G. Buffett mit einem Vorwort von Warren G. Buffett, *Forty Chances: Finding Hope in a Hungry World*, New York 2013, S. xiii.
36 Daniel C. Dennett, *Freedom Evolves*, London 2004, S. 273.
37 »The State of the World's Children 2015 (Executive Summary): Reimagine the Future – Innovation for Every Child«, United Nations Children's Fund (UNICEF), 2015, S. 36–41; siehe unter http://www.data.unicef.org/corecode/uploads/document6/uploaded_pdfs/corecode/SOWC_2015_Summary_and_Tables_210.pdf.
38 Die Zahl siehe die Website der US Centers for Disease Control and Prevention unter http://www.cdc.gov/reproductivehealth/maternalinfanthealth/infantmortality.htm.
39 Die Zahl siehe die Website von UNICEF unter http://www.data.unicef.org/child-mortality/under-five.html.
40 Anne Fernald, Virginia A. Marchman und Adriana Weisleder, »SES differences in language processing skill and vocabulary are evident at 18 months«, in: *Developmental Science* 16 (2), 2013, S. 234–248.
41 Betty Hart und Todd R. Risley, »The Early Catastrophe: The 30 Million Word Gap by Age 3«, in: *American Educator* (Frühjahr 2003), siehe unter http://www.aft.org/pdfs/americaneducator/spring2003/theearlycatastrophe.pdf.
42 Zu den letzten Ergebnissen dieser laufenden Studie siehe die Website »Growing Up in Scotland« unter http://growingupinscotland.org.uk/about-gus/key-findings/#2.
43 Diesen Punkt haben manche Kompatibilisten bestritten. Auch wenn sie akzeptieren, dass möglicherweise alles an uns auf Kräfte zurückgeht, über die wir keine Kontrolle haben, sehen sie den Menschen dennoch als schuldfähig an. Mit Blick auf diese seltsame Position ist freilich darauf hinzuweisen, dass sich der Dissens

zuweilen nur um die Definition von »Schuld« dreht. Wenn damit gemeint ist, dass sich unsere Haltungen gegenüber jemandem, dem wir eine Schuld zuschreiben, verändert (dass wir zum Beispiel das Vertrauen in ihn verlieren oder den Kontakt zu ihm abbrechen), besteht zu der hier umrissenen Auffassung kein Widerspruch. Wir können jemandem mit Misstrauen begegnen oder eine Abneigung gegen ihn entwickeln, ohne ihm die Schuld dafür zu geben, wie er ist. Dieses Kapitel wendet sich gegen die Art Schuldzuweisung, bei der eine Person für ihre Wesensart verantwortlich gemacht wird, und gegen die Ansicht, eine Person *verdiene* es, dafür zu leiden, dass sie gegen Verhaltensnormen verstoßen hat.

44 Eine Gesellschaft könnte problemlos die Ansicht, dass wir für unser Verhalten nicht absolut verantwortlich sind, mitsamt all den sich aus ihr ergebenden Konsequenzen akzeptieren und dennoch darin übereinstimmen, dass bestimmte Gesetze durchgesetzt werden und aus pragmatischen Gründen Strafen verhängt werden müssen. Alles in unserer Umgebung kann potenziell unser Verhalten bestimmen. Wenn wir glauben, dass angesichts der menschlichen Natur erwünschte Verhaltensweisen dadurch gefördert werden, dass wir bestimmte Gesetze erlassen, Strafen androhen oder Anreize schaffen, können wir solche Maßnahmen selbst dann befürworten, wenn wir erkennen, dass sie manchen gegenüber ungerecht sind. Dabei ist wichtig, die ethischen Implikationen der Einsicht, dass Menschen nicht die letzte Verantwortung haben, in unsere sozialpolitischen Entscheidungen hinsichtlich Fragen einzubeziehen, die Strafe, Belohnung und andere institutionalisierte gesellschaftliche Reaktionen betreffen.

45 E-Mail von Daniel C. Dennett, 24. Februar 2012.

46 Daniel C. Dennett, *Darwins gefährliches Erbe. Die Evolution und der Sinn des Lebens*, a. d. Amerikan. v. Sebastian Vogel, Hamburg 1997, S. 17 f.

47 Ebenda, S. 24 ff.

48 Paul H. Barrett u. a. (Hg.), *Charles Darwin's Notebooks, 1836–1844*, New York 1987, S. 608.

49 Als guten Ausgangspunkt für eine vertiefende Beschäftigung mit diesen Forschungen siehe Gregg D. Caruso (Hg.), *Exploring the Illusion of Free Will and Moral Responsibility*, Lanham, MD, 2013.

50 Als Gegenposition führten manche einen einflussreichen Artikel an, der scheinbar nachweist, dass die Entlarvung des Verantwortungsmythos tendenziell negative Auswirkungen auf das sittliche Verhalten habe. Der fragliche Artikel (K. D. Vohs und J. W. Schooler, »The Value of Believing in Free Will: Encouraging a Belief in Determinism Increases Cheating«, in: *Psychological Science*, Januar 2008, S. 49–54) konstatiert, die Konfrontation von Probanden mit Argumenten zugunsten des Determinismus habe die Wahrscheinlichkeit erhöht, dass sie bei einer anschließenden Aufgabe schummelten. Die grundlegendere Aussage besteht freilich darin, dass die Wirkung eines neuen Gedankens stets von dem Geflecht bestehender Überzeugungen abhängt, in die er eingeführt wird. Die Bedeutung von Fakten und Ideen verändert sich, wenn wir sie aus unterschiedlichen Blickwinkeln betrachten. Es überrascht nicht, dass in einer Kultur, die den Verantwortungsmythos propagiert, absehbare Reaktionen auf dessen Entlarvung

zuweilen auf einem Missverständnis darüber beruhen, was aus dieser Offenlegung folgt. Fakten richtig zu verdauen, die unseren Grundüberzeugungen zuwiderlaufen, braucht Zeit.
Bezeichnend ist auch, dass andere Forscher Vohs' und Schoolers Ergebnisse in einem Wiederholungsexperiment nicht bestätigen konnten (Rolf Zwaan, »The Value of Believing in Free Will: A Replication Attempt«, 18. März 2013, siehe unter http://rolfzwaan.blogspot.co.uk/2013/03/the-value-of-believing-in-free-will.html). Wie sich herausstellte, waren die meisten Teilnehmer der ursprünglichen Studie Mormonen mit moralischen Anschauungen, die für die breitere Bevölkerung nicht repräsentativ sind. Einige Kommentatoren kritisierten den zur Vorbereitung der Probanden verwendeten Text als missverständlich. Und wie sich nach der Veröffentlichung der Studie herausstellte, waren manche Ergebnisse falsch ausgewertet worden. Nach Berücksichtigung dieser Fehler zeigte sich, dass sich der ausgemachte Effekt gegenüber dem ursprünglichen Ergebnis deutlich verringerte. (Weitere Informationen dazu siehe den Blog des Psychologen Rolf Zwaan auf der Website der London School of Economics unter http://blogs.lse.ac.uk/impactofsocialsciences/2013/04/19/pre-publication-posting-and-post-publication-review/.) Für eine eingehende Auseinandersetzung mit diesen Fragen siehe James B. Miles, »›Irresponsible and a Disservice‹: The integrity of social psychology turns on the free will dilemma«, in: *British Journal of Social Psychology* 52 (2), Juni 2013, S. 205–218. Miles hält in dem Artikel fest: »Fast alle Forschungen zum freien Willen, die Sozialpsychologen bis heute veröffentlicht haben, erscheinen methodisch mangelhaft, stellen den Stand der akademischen Forschung verzerrt dar und laufen Gefahr, Sozialpsychologie mit Irrationalität zu verbinden.«

51 A. F. Shariff, J. D. Greene, J. C. Karremans, J. B. Luguri, C. J. Clark, J. W. Schooler, R. F. Baumeister und K. D. Vohs, »Free will and punishment: A mechanistic view of human nature reduces retribution«, in: *Psychological Science*, online veröffentlicht am 10. Juni 2014, S. 1–8.

52 Ich paraphrasiere Sam Harris, der schreibt: »Tatsächlich erscheint es unethisch, nicht anzuerkennen, welchen Anteil Glück an ethischen Einsichten hat.« Sam Harris, *Free Will*, New York 2012, S. 54.

53 Charles J. Westbrook, Don E. Davis, Brandon J. Griffin, Joshua N. Hook, Cirleen DeBlaere, Man Yee Ho, Chris Bell, Daryl R. Van Tongeren und Everett L. Worthington Jr., »Forgiving the Self and Physical and Mental Health Correlates: A Meta-Analytic Review«, in: *Journal of Counseling Psychology* 62 (2), April 2015, S. 329–335; P. A. Mauger, J. E. Perry, T. Freeman, D. C. Grove, A. G. McBride und K. E. McKinney, »The measurement of forgiveness«, in: *Journal of Psychology and Christianity* 11, 1992, S. 170–180.

54 Abgesehen davon hängt die Auswirkung einer neuen Idee immer vom Geflecht der Überzeugungen ab, in die sie eingeführt wird. Um es klarzustellen: Selbstvergebung heißt nicht, die Verletzungen, die wir anderen zugefügt haben, zu bagatellisieren oder zu missachten. Um uns aufrichtig selbst zu vergeben, müssen wir das volle Ausmaß dessen anerkennen, was wir anderen angetan haben. Dazu bedarf es einer Weiterentwicklung der Empathie, ein entscheidender Schritt zu mehr mitmenschlichem Verhalten.

55 Daniel Kahneman, *Schnelles Denken, langsames Denken*, a. d amerikan. Engl. v. Thorsten Schmidt, München 2012, S. 41.
56 Bertrand Russell, *Logic and Knowledge* (1956), London 1997, S. 149.
57 Thomas Nagel, *A View from Nowhere*, Oxford 1986, S. 4 (dt.: *Der Blick von nirgendwo*, üb. v. Michael Gebauer, Frankfurt a. M. 1992).

2. Strafe

1 So Immanuel Kant im 18. Jahrhundert in seiner Schrift *Metaphysische Anfangsgründe der Rechtslehre*: »Richterliche Strafe [...] kann niemals bloß als Mittel, ein anderes Gutes zu befördern, für den Verbrecher selbst oder für die bürgerliche Gesellschaft, sondern muss nur darum wider ihn verhängt werden, weil er verbrochen hat.«
2 Umfrage von YouGov, »Death Penalty«, 13. August 2014; Umfrage von YouGov, »Prospect Social, Moral and Political Issues«, 18. November 2010.
3 Umfrage von Gallup, »Americans' views of the Death Penalty«, 7.–11. Oktober 2015.
4 Daniel Kahneman, *Schnelles Denken, langsames Denken*, a. d amerikan. Engl. v. Thorsten Schmidt, München 2012, S. 378.
5 Nathalia Gjersoe, »The moral life of babies«, in: *The Guardian*, 12. Oktober 2013, siehe unter http://www.theguardian.com/science/2013/oct/12/babies-moral-life.
6 Robert Wright, *The Moral Animal* (1994), London 2006, S. 205 (dt.: *Diesseits von Gut und Böse. Die biologischen Grundlagen unserer Ethik*, a. d Amerik. v. Johann Georg Scheffner, München 1996).
7 *United States* v. *Grayson*, 438 U. S. 41, 52 (1978).
8 *Smith* v. *Armontrout*, 865 F.2d 1502, 1506 (8th Cir. 1988): »Die Vorannahme des Strafrechts besteht insgesamt darin, dass die meisten Menschen die meiste Zeit innerhalb weitgefasster Grenzen über einen freien Willen verfügen«; *Steward Machine Co.* v. *Davis*, 301 U. S. 548, 590 (1937): »Das Recht wurde von einem robusten allgemeinen Rechtsverständnis geleitet, das von der Willensfreiheit als Arbeitshypothese zur Lösung seiner Probleme ausgeht«; *Bethea* v. *United States*, 365 A.2d 64, 83 n.39 (D. C. 1976): Auch wenn die deterministische Verhaltenstheorie »einige Anhänger haben mag, stellt die Vorstellung, das Verhalten einer Person sei eine einfache Funktion innerer Kräfte und Umstände, über die sie keine Kontrolle habe, einen inakzeptablen Widerspruch zum Konzept des freien Willens dar, das eine Conditio sine qua non unseres Strafrechtssystems ist«; Rachel J. Littman, »Adequate Provocation, Individual Responsibility, and the Deconstruction of Free Will«, in: *Albany Law Review* 60, 4 (1997): Individuen sind »vernunftbegabte freie Denker mit einem starken inneren Selbst und der Fähigkeit, sich ihres freien Willens zu bedienen«; Sanford H. Kadish, *Blame and Punishment: Essays in the Criminal Law*, New York 1987, S. 77: »Ein Großteil unseres Eintretens für demokratische Werte, menschliche Würde und Selbstbestimmung, für den Wert des Einzelnen hat zum Dreh- und Angelpunkt eine Sicht vom Menschen als einem verantwortlich agierenden Wesen, das je nach frei gewählter Handlungsweise Lob oder Tadel verdient.«

9   Stephen J. Morse, »New Neuroscience, Old Problems: Legal Implications of Brain Science«, in: *Neuroscience and the Law: Brain, Mind, and the Scales of Justice*, hg. v. B. Garland, New York 2004, S. 157–198, siehe unter http://www.dana.org/Cerebrum/Default.aspx?id=39169.
10 Ebenda.
11 Ebenda: »Auch gehört das Bild eines vollständig physikalisch verursachten Universums (zuweilen ›Determinismus‹ genannt) in keiner Rechtslehre zu den Kriterien, nach denen manche Menschen schuldunfähig sind. Der Gedanke, dass Ursächlichkeit an sich, einschließlich einer Ursächlichkeit aufgrund abnormer Variablen, als Entschuldigung dient, ist ein analytischer Fehler, den ich als den grundlegenden psychorechtlichen Fehler bezeichnet habe [...] Jedes Verhalten kann in einem physikalischen Universum verursacht sein, aber nicht jedes Verhalten ist von Schuld befreit, weil Ursächlichkeit an sich nichts mit Verantwortung zu tun hat.«
12 A. F. Shariff, J. D. Greene, J. C. Karremans, J. B. Luguri, C. J. Clark, J. W. Schooler, R. F. Baumeister und K. D. Vohs, »Free will and punishment: A mechanistic view of human nature reduces retribution«, in: *Psychological Science*, online veröffentlicht, 10. Juni 2014, S. 7.
13 Richard Wilkinson und Kate Pickett, *Gleichheit ist Glück. Warum gerechte Gesellschaften für alle besser sind*, a. d Engl. v. Edgar Peinelt, Berlin 2012, S. 180 f.
14 Paul Gendreau und Claire Goggin, »The Effects of Prison Sentences on Recidivism«, Centre for Criminal Justice Studies, University of New Brunswick, und Francis T. Cullen, Department of Criminal Justice, University of Cincinnati, 1999, siehe unter http://www.prisonpolicy.org/scans/gendreau.pdf.
15 Eine Reihe von Studien zeigte dieses Muster. Siehe hierzu Patrick A. Langan und David J. Levin, »Recidivism of Prisoners Released in 1994«, US Department of Justice, Office of Justice Programs, 2002. Siehe ebenso Matthew R. Durose, Alexia D. Cooper und Howard N. Snyder, »Recidivism of Prisoners Released in 30 States in 2005: Patterns from 2005 to 2010«, Bureau of Justice Statistics Special Report, April 2014.
16 Ministry of Justice, Green Paper, Evidence Report – *Breaking the cycle: effective punishment, rehabilitation and sentencing of offenders*, 7. Dezember 2010.
17 James Gilligan, *Preventing Violence*, New York 2001, S. 117.
18 Siehe zum Beispiel Steven Pinker, *The Blank Slate* (2002), London 2003, S. 183 (dt.: *Das unbeschriebene Blatt. Die moderne Leugnung der menschlichen Natur*, a. d Amerik. v. Hainer Kober, Berlin 2003).
19 Daniel Dennett, *Freedom Evolves*, London 2004, S. 272.
20 Richard A. Posner (Hg.), *The Essential Holmes*, Chicago 1996, S. 216.
21 Rita J. Simon und Dagny A. Blaskovich, *A Comparative Analysis of Capital Punishment: Statutes, Policies, Frequencies and Public Attitudes the World Over*, New York 2002, S. 40.
22 Ebenda.
23 Amnesty International Public Statement, Index: ACT 50/004/2014, 23. Dezember 2014, S. 3. (Die umfassendste Studie, durchgeführt von den UN 1988 und aktualisiert 2008, kommt zu dem Schluss: »Die Forschung blieb einen wissenschaft-

lichen Nachweis schuldig, dass Hinrichtungen einen stärkeren abschreckenden Effekt haben als lebenslange Haftstrafen. Dass ein solcher Nachweis noch gelingt, ist unwahrscheinlich. Die Faktenlage insgesamt liefert weiterhin keinen positiven Befund, der die Abschreckungshypothese stützt.«)

24 Eine nützliche Zusammenfassung dieser Ergebnisse bietet die Darstellung des Death Penalty Information Centre unter http://www.deathpenaltyinfo.org/law-enforcement-views-deterrence.
25 Siehe den Wikipedia-Artikel zur UN-Antifolterkonvention unter https://de.wikipedia.org/wiki/UN-Antifolterkonvention.
26 New York State Bar Association Committee on Civil Rights, Report to the House of Delegates, »Solitary Confinement in New York State«, 25. Januar 2013, S. 4f., siehe unter https://www.nysba.org/solitaryreport/.
27 New York City Bar, »Supermax Confinement in U. S. Prisons«, Committee on International Human Rights, September 2011, siehe unter http://www2.nycbar.org/pdf/report/uploads/20072165-TheBrutalityofSupermaxConfinement.pdf.
28 Richard Wilkinson und Kate Pickett, *Gleichheit ist Glück*, a. a. O., S. 178.
29 Ebenda, S. 177.
30 Paul Gendreau und Claire Goggin, »The Effects of Prison Sentences on Recidivism«, S. 4, siehe unter http://www.prisonpolicy.org/scans/gendreau.pdf.
31 Valerie Wright, *Deterrence in Criminal Justice, Evaluating Certainty vs. Severity of Punishment*, The Sentencing Project, November 2010, siehe unter http://www.sentencingproject.org/doc/Deterrence%20Briefing%20.pdf.
32 Erwin James, »Bastøy: the Norwegian prison that works«, in: *The Guardian*, 4. September 2013, siehe unter http://www.theguardian.com/society/2013/sep/04/bastoy-norwegian-prison-works. Siehe ebenso den *Spiegel*-Artikel unter http://www.spiegel.de/spiegel/printd-76764206.html.
33 Erwin James, »Bastøy«, a. a. O.
34 Lois M. Davis, Robert Bozick, Jennifer L. Steele, Jessica Saunders und Jeremy N. V. Miles, »Evaluating the Effectiveness of Correctional Education« (Santa Monica, CA, RAND Corporation 2013), S. xvi, siehe unter http://www.rand.org/content/dam/rand/pubsresearch_reports/RR200/RR266RAND_RR266.pdf.
35 »US prison courses collapse«, in: *The Times Higher Education*, 29. September 1995, siehe unter https://www.timeshighereducation.com/newsus-prison-courses-collapse/95448.article.
36 Audrey Bazos und Jessica Hausman, »Correctional Education as a Crime Control Program«, UCLA School of Public Policy and Social Research, März 2004, S. 2, siehe unter http://www.ceanational.org/PDFs/ed-as-crime-control.pdf.
37 Joanna Shapland, Gwen Robinson und Angela Sorsby, *Restorative Justice in Practice*, London 2011. Eine Zusammenfassung der Ergebnisse siehe unter https://www.restorativejustice.org.uk/resources/ministry-justice-evaluation-implementing-restorative-justice-schemes-crime-reduction-3.
38 Lawrence W. Sherman und Heather Strang, *Restorative Justice: The Evidence*, London 2007, siehe unter http://www.iirp.edu/pdf/RJ_full_report.pdf.
39 James Gilligan und Bandy Lee, »The Resolve to Stop the Violence Project:

Reducing Violence through a Jail-Based Initiative«, in: *Journal of Public Health* 27 (2), April 2005, S. 143–148.
40 Katherine Reynolds Lewis, »What if Everything You Knew about Disciplining Kids Was Wrong?«, in: *Mother Jones*, Juli / August 2015, siehe unter http://www.motherjones.com/politics/2015/05/schools-behavior-discipline-collaborative-proactive-solutions-ross-greene.
41 Ebenda.
42 Ebenda.
43 Ebenda.
44 Ebenda.
45 Kwame Anthony Appiah, *Experiments in Ethics*, Cambridge, Mass., 2008, S. 41 (dt.: *Ethische Experimente. Übungen zum guten Leben*, a. d Engl. v. Michael Bischoff, München 2009).
46 Ebenda.
47 Daniel Kahneman, *Schnelles Denken, langsames Denken*, a. a. O., S. 60.
48 Richard Wilkinson, »Why Is Violence More Common Where Inequality Is Greater?«, in: *Annals of the New York Academy of Science* 1036, Dezember 2004, S. 1–12.
49 Statistische Ausreißer in diesem Datensatz sind Finnland und Singapur. Obwohl in Finnland hinsichtlich der Einkommensverteilung große Gleichheit herrscht, weist das Land eine hohe Rate an Tötungsdelikten auf. In Singapur ist diese dagegen niedrig, obwohl dort Arm und Reich besonders weit auseinanderklaffen. Die Erklärung liegt offenbar im Zugang zu Waffen. Finnland hat im Hinblick auf Waffenbesitz eine der weltweit höchsten Pro-Kopf-Raten, Singapur dagegen eine der niedrigsten.
50 James Gilligan, *Violence: Our Deadly Epidemic and Its Causes*, New York 1996, S. 110.
51 Tom Moroney, »America's Mentally Ill Prisoners Outnumber Hospital Patients, Tenfold«, *Bloomberg Businessweek*, 8. April 2014, siehe unter http://www.bloomberg.com/bw/articles/2014-04-08/americas-mentally-ill-prisoners-outnumber-hospital-patients-tenfold.
52 Helena Kennedy, *Just Law*, London 2004, S. 284.
53 Ebenda, S. 292.
54 Christopher Ingraham, »You Really Can Get Pulled Over for Driving While Black, Federal Statistics Show«, in: *The Washington Post*, 9. September 2014, siehe unter http://www.washingtonpost.com/blogs/wonkblog/wp/2014/09/09/you-really-can-get-pulled-over-for-driving-while-black-federal-statistics-show/. Oliver Laughland, Jon Swaine und Jamiles Lartey, »US police killings headed for 1,110 this year, with black Americans twice as likely to die«, in: *The Guardian*, 1. Juli 2015, siehe unter http://www.theguardian.com/us-news/2015/jul/01/us-police-killings-this-year-black-americans.
55 Devah Pager, »The Mark of a Criminal Record«, in: *American Journal of Sociology* 108 (5), März 2003, S. 958.
56 »King's Dream Remains an Elusive Goal; Many Americans See Racial Disparities«, Pew Research Centre, 22. August 2013, siehe unter http://www.pewsocial

trends.org/2013/08/22/kings-dream-remainsan-elusive-goal-many-americans-see-racial-disparities/.
57 »How Fair Is Britain? Equality, Human Rights and Good Relations in 2010: The First Triennial Review«, Equality and Human Rights Commission, 23. Mai 2011, S. 162, siehe unter https://www.gov.uk/government/publications/how-fair-is-britain-equality-human-rights-and-good-relations-in-2010-the-first-triennial-review.
58 James Chapman, »Clegg: Young black men are more likely to end up in prison than at a top university«, in: Daily Mail, 24. November 2011, siehe unter http://www.dailymail.co.uk/news/article-2065427/Clegg-Young-black-men-likely-end-PRISON-university.html.
59 Eine detaillierte Aufschlüsselung der Zahlen siehe die Website von Inquest unter http://www.inquest.org.uk/statistics/bame-deaths-in-prison.
60 Anita Mukherjee, »Do Private Prisons Distort Justice? Evidence on Time Served and Recidivism«, Social Sciences Research Network, 15. März 2015, siehe unter http://papers.ssrn.com/sol3/papers.cfm?abstract_id=2523238.
61 Glenn Greenwald, *With Liberty and Justice for Some*, New York 2011, S. 257f.
62 Vicky Pelaez, »The Prison Industry in the United States: Big Business or a New Form of Slavery?«, Global Research, 31. März 2014, siehe unter http://www.globalresearch.ca/the-prison-industry-in-the-united-states-big-business-or-a-new-form-of-slavery/8289.
63 Helena Kennedy, *Just Law*, a. a. O., S. 283.
64 »The Cost of a Nation of Incarceration«, CBS News, 23. April 2012, siehe http://www.cbsnews.com/news/the-cost-of-a-nation-of-incarceration/.
65 Lisa Bloom, »When will the US stop mass incarceration?«, CNN, 3. Juli 2012, siehe http://edition.cnn.com/2012/07/03/opinionbloom-prison-spending/.
66 Ebenda.
67 Douglas Husak, *Overcriminalization*, Oxford 2008, S. 12.
68 Penny Green und Andrew Rutherford (Hgg.), *Criminal Policy in Transition*, Oxford 2000, S. 20.
69 Donald Macintyre, »Major on Crime: ›Condemn More, Understand Less‹«, in: *The Independent*, 21. Februar 1993, siehe unter http://www.independent.co.uk/news/major-on-crime-condemn-moreunderstand-less-1474470.html.
70 Richard Wilkinson und Kate Pickett, *Gleichheit ist Glück*, a. a. O., S. 174.
71 Ebenda, S. 175.
72 Ebenda, S. 174.
73 Ebenda, S. 172.
74 »Netherlands Close Eight Prisons Due to Lack of Criminals«, *The Huffington Post*, UK, 26. Juni 2013, siehe unter http://www.huffingtonpost.co.uk/2013/06/26/netherlands-prisons-close--lack-of-criminals-_n_3503721.html.
75 Helena Kennedy, *Just Law*, a. a. O., S. 282.
76 Ebenda, S. 281.
77 James Slack, »Labour is dreaming up 33 new crimes a month […] including barring you from swimming into the *Titanic*«, in: *Daily Mail*, 22. Januar 2010.
78 Richard Wilkinson und Kate Pickett, *Gleichheit ist Glück*, a. a. O., S. 171.

79 Matt Taibbi, »Cruel and Unusual Punishment: The Shame of Three Strikes Laws«, in: *Rolling Stone*, 27. März 2013.
80 Arundhati Roy, *Ordinary Person's Guide to Empire*, London 2006, S. 146.
81 Glenn Greenwald, *With Liberty and Justice for Some*, a. a. O., S. 227.
82 Ebenda, S. 19 f.
83 Calvin Woodward und Jeff Wilson, »Cheney Hails Ford's Pardon of Nixon«, in: *The Washington Post*, 30. Dezember 2006, siehe unter http://washingtonpost.com/wp-dyn/content/article/2006/12/30/AR006123000977_pf.html.
84 Shadee Ashtari, »Former Counterterrorism Czar Richard Clarke: Bush, Cheney Committed War Crimes«, in: *The Huffington Post*, 29. Mai 2014.
85 David Johnston und Charlie Savage, »Obama Reluctant to Look into Bush Programs«, in: *The New York Times*, 11. Januar 2009, siehe unter http://www.nytimes.com/2009/01/12/us/politics/12inquire.html?pagewanted=all&_r=0.
86 Glenn Greenwald, *With Liberty and Justice for Some*, a. a. O., S. 133.
87 Joseph E. Stiglitz, *Der Preis der Ungleichheit. Wie die Spaltung der Gesellschaft unsere Zukunft bedroht*, a. d amerik. Engl. v. Thorsten Schmidt, München 2014, S. 266.
88 Ebenda, S. 263 f.
89 Edward Luce, »Obama Says Bonuses Are Part of Free Market«, in: *Financial Times*, 10. Februar 2010, siehe unter http://www.ft.com/cms/s/0/50e597e0-1678-11df-bf44-00144feab49a.html.
90 Ebenda.
91 Sean Martin, »Judge Takes Pity on ›Embarrassed‹ RBS Bankers Who Committed £3 m Fraud«, in: *International Business Times*, 26. November 2014, siehe unter http://www.ibtimes.co.uk/two-rbs-bankers-walk-free-after-committing-3m-property-fraud-1476786.
92 Matt Taibbi, »The US justice divide: Why crime and punishment in Wall Street and Ferguson are so different«, *The Guardian*, 17. Oktober 2014, siehe unter http://www.theguardian.com/us-news/2014/oct/17/us-justice-divide-crime-punishment-wall-street-ferguson.
93 Yanis Varoufakis, *Der globale Minotaurus. Amerika und die Zukunft der Weltwirtschaft*, a. d Engl. v. Ursel Schäfer, München 2012, S. 152.
94 Richard Luscombe, »90-year-old among Florida activists arrested for feeding the homeless«, in: *The Guardian*, 5. November 2014, siehe unter http://www.theguardian.com/us-news/2014/nov/05/fort-lauderdale-pastors-arnold-abbott-arrested-feeding-homeless.
95 Auch wenn das Zitat zumeist Jefferson zugeschrieben wird, konnte ich die Quelle nicht verifizieren. Ein ähnliches Zitat stammt angeblich von Richter Felix Frankfurter: »Ein weiser Mann sagte, dass es keine größere Ungleichheit gibt als die Gleichbehandlung von Ungleichen«, *Dennis* v. *United States*, 339 U. S. 162, 1950.
96 Katie Engelhart, »The UK Is Going to Send Billions in Arms Exports to Countries on the Human Rights Blacklist«, in: *Vice News*, 20. März 2015, siehe unter https://news.vice.com/article/the-uk-is-going-to-send-billions-in-arms-exports-to-countries-on-thehuman-rights-blacklist.
97 Adam Smith, *Der Wohlstand der Nationen. Eine Untersuchung seiner Natur und Ur-*

sachen, a. d Engl. übertr. u. mit einer umfassenden Würdigung des Gesamtwerks hg. v. Horst Claus Recktenwald, Fünftes Buch, Kapitel 1, 2. Teil, 11. Aufl., München 2005, S. 605.
98 »*Take back the streets*«: *Repression and criminalization of protest around the world*, International Network of Civil Liberties Organizations, Oktober 2013, S. 3, siehe unter https://www.aclu.org/files/assets/global_protest_suppression_report_inclo.pdf.
99 Ebenda, S. 11.
100 Ebenda.
101 Richard A. Posner (Hg.), *The Essential Holmes*, S. 216.

3. Belohnung

1 Les Leopold, »America's New Math: 1 Wall Street Hour = 21 Years of Hard Work for the Rest of Us«, in: *The Huffington Post*, 22. April 2013, siehe unter http://www.huffingtonpost.com/les-leopold/americas-new-math-1-wall-_b_3134022.html.
2 Graeme Wearden, »Oxfam: 85 richest people as wealthy as poorest half of the world«, *The Guardian*, 20. Januar 2014, siehe unter http://www.theguardian.com/business/2014/jan/20/oxfam-85-richest-people-half-of-the-world.
3 Amartya Sen, *On Ethics and Economics* (1987), Cambridge, Mass., 2011, S. 2.
4 Unter Wirtschaftswissenschaftlern wird darüber, wie Kapital zu definieren sei, ausgiebig debattiert. Für anstehende Zwecke folge ich hier Thomas Pikettys Definition und führe Wohlstand mit Kapital zusammen.
5 Thomas Piketty, *Das Kapital im 21. Jahrhundert*, a. d Frz. v. Ilse Utz und Stefan Lorenzer, München 2016, S. 586 f.
6 Ebenda, S. 574.
7 Piketty führt dies darauf zurück, dass die Ertragsquote von Kapital im Durchschnitt über der Wachstumsrate der Gesamtwirtschaft lag. Die Zeit nach Ende des Zweiten Weltkrieges bis in die achtziger Jahre habe eine Anomalie, eine Ausnahme im regelhaften Geschehen der Wohlstandskonzentration dargestellt, hervorgerufen durch zwei Weltkriege, die große Wirtschaftsdepression, Steuererhöhungen, das Bevölkerungswachstum sowie einen Ausbau des Sozialwesens.
8 Thomas Piketty, *Das Kapital im 21. Jahrhundert*, a. a. O., S. 570.
9 James Nye, »America's wealthiest families revealed: From the Rockefellers to the Waltons, the 185 clans all worth more than $1 billion … and yes, most of them are Republicans«, in: *Daily Mail*, 9. Juli 2014, siehe unter http://www.dailymail.co.uk/news/article-2686395/Americas-wealthiest-families-revealed-From-Rockefellers-Kennedys-185-clans-worth-1billion-yes-Republicans.html.
10 Thomas Piketty, *Das Kapital im 21. Jahrhundert*, a. a. O., S. 322.
11 Ebenda, S. 342. Verglichen damit profitierten in der Geschichte die 10 Prozent mit den höchsten Arbeitseinkommen von 25 bis 30 Prozent des Gesamteinkommens. Die am schlechtesten bezahlten 50 Prozent hatten an ihm dagegen nur zu einem Viertel bis einem Drittel Anteil. Siehe ebenda, S. 322.
12 Jamie Doward, »Inheritance: How Britain's wealthy still keep it in the family«, in:

The Guardian, 31. Januar 2015, siehe unter http://www.theguardian.com/society/2015/jan/31/inheritance-britain-wealthy-study-surnamessocial-mobility.

13   John J. Havens, Paul G. Schervish, »A Golden Age of Philanthropy Still Beckons: National Wealth Transfer and Potential for Philanthropy Technical Report«, Center on Wealth and Philanthropy, Boston College, 28. Mai 2014. Eine Zusammenfassung der Ergebnisse siehe unter http://www.bc.edu/content/dam/files research_sites/cwp/pdf/Wealth%20Press%20Release%205.28-9.pdf.

14   Robin Hahnel, *Economic Justice and Democracy*, New York 2005, S. 22.

15   Robin Blackburn, »Enslavement and Industrialisation«, Website der BBC, 17. Februar 2011, siehe unter http://www.bbc.co.uk/history/british/abolition/industrialisation_article_01.shtml.

16   Robert Beckford, *Documentary as Exorcism*, London 2014, S. 165.

17   Sanchez Manning, »Britain's colonial shame: Slave-owners given huge payouts after abolition«, in: *The Independent*, 24. Februar 2013, siehe unter http://www.independent.co.uk/news/uk/home-news/britains-colonial-shame-slave-owners-given-huge-payouts-after-abolition-8508358.html.

18   Alexandra Sims, »Vast scale of British slave ownership revealed«, in: *The Independent*, 13. Juli 2015, siehe unter http://www.independent.co.uk/news/uk/vast-scale-of-british-slave-ownership-revealed-10383768.html.

19   Thomas Piketty, *Capital in the Twenty-First Century*, Cambridge, MA, 2014. S. 443.

20   Ashley Gray, »David Beckham toppled by Lionel Messi as Barcelona star leads football earner charts on £570,000 a week!«, in: *Daily Mail*, 24. März 2010.

21   Royal College of Nursing, NHS Agenda for Change pay scales – 2010/2011, Agenda for Change pay bands effective from 1 April 2010, siehe unter http://www.rcn.org.uk/__data/assets/pdf_file/0018/233901/003303.pdf.

22   Ha-Joon Chang, *23 Lügen, die sie uns über den Kapitalismus erzählen*, a. d Engl. v. Henning Dedekind u. Anne Emmert, München 2010, S. 53.

23   Joseph E. Stiglitz, *Der Preis der Ungleichheit. Wie die Spaltung der Gesellschaft unsere Zukunft bedroht*, a. d amerikan. Engl. v. Thorsten Schmidt, München 2014, S. 49.

24   Press Association, »Well-off families create ›glass floor‹ to ensure children's success, says study«, in: *The Guardian*, 26. Juli 2015, siehe http://www.theguardian.com/society/2015/jul/26/well-off-families-create-glass-floor-to-ensure-childrens-success-says-study?CMP=share_btn_fb.

25   Milton Friedman, *Kapitalismus und Freiheit*, a. d Engl. v. Paul C. Martin. Mit einem Geleitw. v. Horst Siebert, Frankfurt a. M. 2002, S. 196.

26   Jede Arbeit erfordert Anstrengung. Stellen Sie sich zwei Jugendliche vor, von denen der eine von der Schule abgeht und eine Stelle annimmt, während sich der andere an der Universität für Medizin einschreibt. Wer arbeitet die nächsten zehn Jahre lang härter? Erfordert ein Studium mehr Einsatz oder Opfer als Erwerbsarbeit? Nicht unbedingt. Vielfach ist das Gegenteil der Fall. Sich auf »mühsame Arbeit« zu berufen, trägt nichts dazu bei, Belohnungen zu rechtfertigen, die Menschen für ihre angeborenen Begabungen erhalten. Allein schon unser Impuls zu betonen, dass Anstrengung nötig ist, um eine Begabung zu entfalten, verrät ein Bewusstsein dafür, dass Talent allein noch keine großen Belohnungen verdient.

27 Nehmen wir an, wir stufen die Nützlichkeit unserer Leistung auf einer Skala von null bis eins ein, wobei »null« für unsere Anstrengungen steht, die keinerlei gesellschaftlichen Nutzen haben, und »eins« für unsere Anstrengungen mit maximalem gesellschaftlichem Nutzen. Menschen nach ihren gesellschaftlich nützlichen Bemühungen zu entlohnen, würde bedeuten, dass jeder, der auch nur geringfügig über null eingestuft wird, genauso gut entlohnt werden müsste wie jemand, der auf eins kommt, wenn *die unternommenen Anstrengungen auf gleich hohem Niveau liegen*. Das Problem ist, dass jemand, der ungeachtet all seiner Bemühungen ohne eigenes Verschulden nur einen Wert von null erzielt, leer ausginge. Dies bringt ein Moment der Willkür in die Unterscheidung. Auch muss im Auge behalten werden, dass jeder von uns jederzeit krank oder arbeitsunfähig werden kann und dass Kindheit und Alter natürlich universelle Phasen der menschlichen Existenz sind. Diese Aspekte sind keineswegs nebensächlich, sondern von zentraler Bedeutung für die Frage der Gerechtigkeit.

28 Eng verbunden mit dem Konzept der Anstrengung ist der Gedanke des Opfers. Als Grundlage für eine gerechte Entlohnung ist er deutlich vielversprechender. Ein Opfer beinhaltet einen Verlust – zum Beispiel an Wohlbefinden. Das Problem, Belohnungen danach zu bemessen, wie viel wir opfern, besteht allerdings darin, dass viele Opfer im Leben unfreiwillig geschehen. Ein Defizit an Wohlbefinden ist als solches unabhängig von seinem Ursprung, davon, ob es das Ergebnis einer gesellschaftlich nützlichen Arbeit, eines anstrengenden Trainings, eines schlechten Urteilsvermögens oder einer genetischen Prädisposition ist. Letztlich sind wir nicht dafür verantwortlich, wie wir sind und was daraus folgt. Welchen Ursprung unser Defizit hat, kann also nicht darüber entscheiden, in welchem Maß wir eine Entschädigung verdienen.

29 Es sei darauf hingewiesen, dass manche Prinzipien der Entlohnung anderen vorzuziehen sind, allerdings nicht, weil sie an sich gerechter wären, sondern weil sie zu egalitäreren Ergebnisse führen. So ist eine Entlohnung nach dem Wert der persönlichen Leistungen einer Entlohnung nach der Höhe von eingesetztem Kapital vorzuziehen – weil Kapital unter der Bevölkerung deutlich weniger gleich verteilt ist als Talent, die Fähigkeit, Anstrengungen zu unternehmen, oder die Chance, Ausbildungseinrichtungen zu nutzen, allesamt Faktoren, die den Wert unserer persönlichen Leistung bestimmen.

30 Aus dieser Schlussfolgerung leiten sich nicht *notwendigerweise* politische Vorschläge ab. Es gibt eine Kluft zwischen einem Gerechtigkeitsprinzip und der Entwicklung einer politischen Linie für die Praxis.

31 Wenn Gerechtigkeit Gleichheit beinhaltet, stellt sich die Frage »Gleichheit von was?« Amartya Sen hat den Gedanken ins Spiel gebracht, dass sich konkurrierende politische und Wirtschaftsphilosophien nicht über Gleichheit streiten, sondern vielmehr darüber, was angeglichen werden soll. Dazu gibt es verschiedene Vorschläge: die Gleichheit der Einkommen, des Glücks, der Chancen, die Gleichheit des Zugangs zu Ressourcen oder Primärgütern, die der Freiheit oder die vor dem Gesetz. Mit anderen Worten: Selbst die Philosophien, die den traditionellen Vorstellungen von materieller Gleichheit ablehnend gegenüberstehen, gründen sich gleichwohl auf irgendein Konzept der Gleichheit. Was

fängt man damit an? Manches liegt auf der Hand: Menschen haben gleiche Grundbedürfnisse, die befriedigt werden müssen, damit wir uns entfalten und ein angemessenes, würdiges Leben führen können. In unserer Welt sind der Zugang zu materiellen Ressourcen und das Einkommen, das ihn ermöglicht, eine Grundvoraussetzung dafür, dass viele dieser Bedürfnisse befriedigt und viele der Rechte gewahrt werden können, die unter verschiedensten Gruppen als grundlegend für die menschliche Entfaltung gelten. Materielle Ungleichheit ist folglich nur dann gerecht, wenn sie dazu eingesetzt wird, eine Form der Ungleichheit zu kompensieren, die allgemein als noch fundamentaler angesehen wird.

32 Die Profitrate wird von einem analogen Prozess bestimmt, der das »Grenzprodukt des Kapitals« und den Ertrag beinhaltet, der einem Betrieb entginge, wenn das Kapital schrittweise abgezogen würde.
33 Orley Ashenfelter und Stepan Jurajda, »Cross-Country Comparisons of Wage Rates: The Big Mac Index«, Studie, vorgestellt als Vortrag, Unemployment in Transition Economies: Developments, Challenges and Lessons from the EU and the US, 26.–28. Oktober 2001.
34 Ha-Joon Chang, *23 Lügen, die sie uns über den Kapitalismus erzählen*, a.a.O., S. 52.
35 Joseph E. Stiglitz, *Der Preis der Ungleichheit*, a.a.O., S. 75 f.
36 Daniel Kahneman, *Schnelles Denken, langsames Denken*, a.d amerikan. Engl. v. Thorsten Schmidt, München 2012, S. 270 ff.
37 Ebenda, S. 323 f.
38 Moshe Adler, *Economics for the Rest of Us*, New York 2009, S. 143 ff.
39 Jill Treanor, »Barclays condemned over £2.4bn bonuses«, in: *The Guardian*, 11. Februar 2014, siehe unter http://www.theguardian.com/business/2014/feb/11/barclays-hikes-bonuses-profits-slide.
40 Lawrence Mishel und Alyssa Davis, »Top CEOs Make 300 Times More than Typical Workers«, Economic Policy Institute, 21. Juni 2015, siehe unter http://www.epi.org/publication/top-ceos-make-300-times-more-than-workers-pay-growth-surpasses-market-gains-and-the-rest-of-the-0-1-percent/.
41 Robert Reich, »How to Fix Sky-High CEO Pay in Companies that Pay Workers Like Serfs«, Alternet, 22. April 2014, siehe unter http://www.alternet.org/economy/robert-reich-how-fix-sky-highceo-pay-companies-pay-workers-serfs.
42 Etablierte Wirtschaftswissenschaftler räumen die große Kluft zwischen klassischen Lohntheorien und der Realität ein, führen sie aber nicht etwa auf Unzulänglichkeiten der Lehre zurück, sondern vielmehr auf Verzerrungen des Marktes. Sie glauben, dass die Theorie eine ausreichende Realitätsnähe besitze, um sie jedenfalls als Annäherung anzuwenden, geben aber zu, dass die reale Welt nicht immer die prognostizierten Ergebnisse hervorbringt. Für die Diskrepanz sollen marktverzerrende Faktoren wie Gewerkschaftsarbeit, staatliche Eingriffe oder die Macht von Konzernen verantwortlich sein. Als Reaktion auf die Kritik an der Theorie argumentieren sie folglich, dass wir deregulieren, Monopole zerschlagen, Gewerkschaften entmachten und andere Hindernisse beseitigen müssten, die dem Wirken der freien Märkte entgegenstünden. Mit anderen Worten: Wir sollen die Welt an die Theorie anstatt die Theorie an die Welt anpassen.

Abgesehen davon, dass dies nichts zur Lösung des Problems beiträgt, die individuelle Leistung eines Beschäftigten zu bemessen, und dass das von der Theorie beschriebene Belohnungssystem selbst dann noch ungerecht wäre, wenn sie zuträfe, ist diese Reaktion mehr als fragwürdig. Unsere Welt ist so weit von den in perfektem Konkurrenzkampf sich entwickelnden, hochabstrakten Märkten der ökonomischen Modelle entfernt, dass es kaum Sinn ergibt, auf ihrer Grundlage Politik zu gestalten. Die Rezepte, die Wirtschaftswissenschaftler entwickeln, um Marktverzerrungen zu beseitigen, sind häufig in anderer Hinsicht irrig. Wenn sich Monopole und Gewerkschaften gegenüberstehen und man einen dieser Faktoren beseitigt – im Fadenkreuz stehen grundsätzlich immer die Gewerkschaften –, nähert man sich zwar einen Schritt an die abstrakten Modelle der Ökonomen an, nimmt aber dafür selbst nach landläufiger Analyse in Kauf, dass die Beschäftigten viel zu wenig Lohn für ihre Leistung bekommen. Der Punkt ist: Wenn eine Marktverzerrung vorliegt, ist es besser, auf eine ihr ebenbürtige verzerrende Gegenkraft zu setzen, als die Faustregel anzuwenden, dass jede Marktintervention schlecht sei.

43 Thomas Piketty, *Das Kapital im 21. Jahrhundert*, a. a. O., S. 439.
44 Adam Smith, *Der Wohlstand der Nationen*, Erstes Buch, 8. Kapitel, 11. Aufl., München 2005, S. 58. Den Originaltext siehe unter https://www.marxists.org/reference/archive/smith-adam/works/wealth-of-nations/book01/ch08.htm.
45 Robert L. Heilbroner und William Milberg, *The Making of Economic Society* (1962), Boston, Mass., 2012, S. 62 (dt.: *Wege zum Wohlstand. Das Wirtschaftsleben in Theorie und Praxis*, Gütersloh 1962).
46 Zur Ungleichheit von Arbeitseinkommen und Kapitaleinkommen siehe den entsprechenden Abschnitt in: Thomas Piketty, *Das Kapital im 21. Jahrhundert*, a. a. O., S. 320–322.
47 Ebenda, S. 583.
48 Adam Smith, *Der Wohlstand der Nationen*, a. a. O., Viertes Buch, 8. Kapitel, S. 559. Den Originaltext siehe unter https://www.marxists.org/reference/archive/smith-adam/works/wealth-of-nations/book04/ch08.htm. Ein genauerer Blick in den Text zeigt, dass Smith den Ausdruck der »unsichtbaren Hand« in einem deutlich engeren Sinne verwendet, als es heute allgemein üblich ist. Siehe hierzu Kapitel 2 desselben Buches unter https://www.marxists.org/reference/archive/smith-adam/works/wealth-of-nations/book04/ch02.htm.
49 Jack Shenker, »After the massacre: Life in South Africa's platinum mining belt«, in: *The Guardian*, 15. August 2014, siehe unter http://www.theguardian.com/world/2014/aug/15/-sp-south-africaplatinum-mining-massacre-strike.
50 Mark Ames, »Revealed: Apple and Google's wage-fixing cartel involved dozens more companies, over one million employees«, in: *Pando*, 22. März 2014, siehe unter https://pando.com/2014/03/22/revealed-apple-and-googles-wage-fixing-cartel-involved-dozens-more-companies-over-one-million-employees/.
51 Joseph E. Stiglitz, *Der Preis der Ungleichheit*, a. a. O., S. 100.
52 Thomas Piketty, *Capital in the Twenty-First Century*, Cambridge 2014, S. 265.
53 Robert Reich, »Work and Worth«, 2. August 2014, siehe unter http://robertreich.org/post/93632709170.

54 Eugene V. Debs, Ohio Anti-War Speech, 16. Juni 1918, abrufbar unter http://www.marxists.org/archive/debs/works/1918/canton.htm.
55 David Ricardo war überzeugt, dass die Theorie der Grenzproduktivität nur unter ganz speziellen Umständen anwendbar sei, insbesondere auf das, was er »Dosen« (eine Kombination aus Arbeiter und Werkzeugen) nennt, und nur in der Landwirtschaft, nicht in der Industrie. Eine ausführlichere Erörterung des Gegenstands siehe Moshe Adler, *Economics for the Rest of Us*, a. a. O., S. 113–142.
56 John Bates Clark, *The Distribution of Wealth: A Theory of Wages, Interest, and Profits*, New York 1908, Kapitel eins, abrufbar unter http://www.econlib.org/library/Clark/clkDW1.html.
57 Amartya Sen, *On Ethics and Economics*, a. a. O., S. 1.
58 Michael Tomasello und Felix Warneken, »Extrinsic Rewards Undermine Altruistic Tendencies in 20-Month-Olds«, in: *Developmental Psychology* 44 (6), 2008, S. 1785–1788.
59 Edward L. Deci, »Effects of Externally Mediated Rewards on Intrinsic Motivation«, in: *Journal of Personality and Social Psychology* 18 (1), 1971, S. 105–114.
60 Edward L. Deci, »Intrinsic Motivation, Extrinsic Reinforcement, and Inequity«, in: *Journal of Personality and Social Psychology* 22 (1), April 1972, S. 113–120.
61 Daniel H. Pink, *Drive: The Surprising Truth about What Motivates Us*, Edinburgh 2010, S. 10.
62 Ebenda, S. 42 f.
63 Dan Ariely, Uri Gneezy, George Lowenstein und Nina Mazar, »Large Stakes and Big Mistakes«, Federal Reserve Bank of Boston Working Paper, Nr. 05–11, 23. Juli 2005.
64 Samuel Bowles und Sandra Polania Reyes, »Economic Incentives and Social Preferences: A Preference-Based Lucas Critique of Public Policy«, Economics Department Working Paper Series, Paper 5, University of Massachusetts, Amherst 2009.
65 Stefan Stern, »Are chief executives so very valuable?«, in: *Financial Times*, 15. Oktober 2015.
66 Joseph E. Stiglitz, *Der Preis der Ungleichheit*, a. a. O., S. 151 f.
67 Thomas Piketty, *Das Kapital im 21. Jahrhundert*, a. a. O., S. 689.
68 YouGov Poll, »Meaningless Labour of British Working Adults«, August 2015, siehe unter https://yougov.co.uk/news/2015/08/12/british-jobs-meaningless/.
69 Elizabeth W. Dunn, Lara B. Aknin und Michael I. Norton, »Spending Money on Others Promotes Happiness«, in: *Science* 319 (März 2008), S. 1687; Lara B. Aknin, Christopher P. Barrington-Leigh, Elizabeth W. Dunn, John F. Helliwell, Robert Biswas-Diener, Imelda Kemeza, Paul Nyende und Claire E. Ashton-James, »Prosocial spending and well-being: Cross-cultural evidence for a psychological universal«, in: *Journal of Psychology and Social Psychology* 104 (4), 2013, S. 635–652.
70 Elizabeth W. Dunn, Lara B. Aknin und Kiley Hamlin, »Giving Leads to Happiness in Young Children«, PLOS, 14. Juni 2012, siehe unter http://journals.plos.org/plosone/article?id=10.1371/journal.pone.0039211.
71 Innerhalb einer Gesellschaft, die großen Wert darauf legt, dass sich alle Mitglieder entfalten können, gibt es viel Raum für Unterschiede. Vielfalt ist ein hochzuhal-

tendes Gut, und das umso mehr in einem Umfeld, in dem die Bedürfnisse aller als wichtig gelten, in dem nicht der Glaube herrscht, manche verdienten mehr und manche weniger von dem, was das Leben zu bieten hat, und in dem keine Gruppe systematisch privilegiert oder ausgebeutet wird.

72 Peter Kropotkin, *Anarchism* (1927), New York 2002, S. 71.
73 Ebenda.
74 Bertrand Russell, *Wege zur Freiheit. Sozialismus, Anarchismus, Syndikalismus*, a. d Engl. übers. u. hg. von Reiner Demski, Frankfurt a. M. 1971, S. 85 f.
75 Howard Zinn, »On Rewarding People for Talent and Hard Work«, in: *The Zinn Reader* (1997), New York 2009, S. 235.
76 Ha-Joon Chang, *Economics: The User's Guide*, London 2014, S. 91.
77 Gegen die Hypothese eines solchen »Durchsickerns« sprechen erdrückend viele Fakten. So heißt es in einem Beitrag des Internationalen Währungsfonds (IWF): »Wir stellen ein inverses Verhältnis zwischen dem den Reichen (den oberen 20 Prozent) zufließenden Einkommensanteil und dem Wirtschaftswachstum fest. Wenn der Einkommensanteil der oberen 20 Prozent um einen Prozentpunkt steigt, liegt das Wachstum des BIP in den nachfolgenden fünf Jahren faktisch um 0,08 Prozent niedriger, was darauf hindeutet, dass der Nutzen nicht durchsickert. Stattdessen ist der gleiche Zuwachs beim Einkommensanteil der unteren 20 Prozent (der Armen) mit einem um 0,38 Prozent höheren Wachstum assoziiert. Die positive Beziehung zwischen verfügbaren Einkommensanteilen und höherem Wachstum setzt sich ins zweite und dritte Quintil (die Mittelschicht) fort. Dieses Ergebnis hat sich in einer Vielzahl von Tests als statistisch robust erwiesen und stimmt mit kürzlich aus einer kleineren Stichprobe aus entwickelten Wirtschaften gewonnenen Resultaten (OECD 2014) überein.« Siehe hierzu Era Dabla-Norris, Kalpana Kochhar, Nujin Suphaphiphat, Frantisek Ricka und Evridiki Tsounta, »Causes and Consequences of Income Inequality: A Global Perspective«, International Monetary Fund, Strategy, Policy, and Review Department, Juni 2015, siehe unter https://www.imf.org/external/pubs/ft/sdn/2015/sdn1513.pdf. Ein OECD-Bericht gelangte zur gleichen Schlussfolgerung. Eine Zusammenfassung bietet Lee Williams, »It's official – benefits and high taxes make us all richer, while inequality takes a hammer to a country's growth«, in: *The Independent*, 10. Dezember 2014, unter http://www.independent.co.uk/voices/comment/its-official-benefits-and-high-taxes-make-us-all-richer-while-inequality-takes-a-hammer-to-a-9914941.html.
78 John Kenneth Galbraith, *A History of Economics* (1987), London 1991, S. 7.
79 Daniel Kahneman, *Schnelles Denken, langsames Denken*, a. a. O., S. 489.
80 David Ransom und Vanessa Baird (Hgg.), *People First Economics* (2009), Oxford 2010, S. 157 f.

4. Herrschaft

1 Das Beispiel siehe Daniel C. Dennett, *Den Bann brechen: Religion als natürliches Phänomen*, a. d Amerik. v. Frank Born, Frankfurt a. M. 2008, S. 17.
2 Samuel Bowles und Arjun Jayadev, »One Nation under Guard«, in: *The New*

York Times, 15. Februar 2014, siehe unter http://opinionator.blogs.nytimes.com/2014/02/15/one-nation-under-guard/?_php=true&_type=blogs&_r=1.
3   Ebenda.
4   Ebenda.
5   Niall Ferguson, *Politik ohne Macht. Das fatale Vertrauen in die Wirtschaft*, a. d Engl. v. Klaus Kochmann, Stuttgart 2001, S. 33.
6   Ebenda, S. 48.
7   Thomas Pakenham, *The Scramble for Africa* (1991), London 2011, S. xxiii (dt.: *Der kauernde Löwe. Die Kolonisierung Afrikas 1876–1912*, a. d Engl. v. Katharina Förs u. a., 2. Aufl., Düsseldorf 1994).
8   Joseph Conrad, »Geography and Some Explorers«, in: *National Geographic*, März 1924, siehe unter http://www.ric.edu/faculty/rpotter/temp/geog_and_some.html.
9   Adam Hochschild, *Schatten über dem Kongo. Die Geschichte eines der großen, fast vergessenen Menschheitsverbrechen*, a. d Amerik. v. Ulrich Enderwitz u. a., Stuttgart 2000, S. 57.
10 Zur Gesamtbilanz von Leopolds Herrschaft siehe ebenda, S. 320 ff.
11 Thomas Piketty, *Das Kapital im 21. Jahrhundert*, a. d Frz. v. Ilse Utz u. Stefan Lorenzer, München 2014, S. 100; das folgende Zitat ebenda, S. 163.
12 Adam Hochschild, *Sprengt die Ketten. Der entscheidende Kampf um die Abschaffung der Sklaverei*, a. d Amerik. v. Ute Spengler, Stuttgart 2007, S. 12.
13 Ebenda.
14 Astra Taylor, »You are not a loan: It's time to bring student debt down to zero«, in: *The Guardian*, 18. November 2014, siehe unter http://www.theguardian.com/commentisfree/2014/nov/18/loan-student-debt-zero-free-tuition.
15 Blake Ellis, »Grieving Parents Hit with $200,000 in Student Loans«, CNN Money, 28. Juli 2014, siehe unter http://money.cnn.com/2014/07/28/pf/parents-student-loans/.
16 Tim Ross, »Six in 10 students will have their debts written off«, in: *The Telegraph*, 5. April 2014.
17 Aber wann wird die Gestaltung von Identität zur Ausübung von Herrschaft? Wann wird der Versuch, Einfluss auf Anschauungen, Überzeugungen und Wünsche zu nehmen, zur Manipulation? Was unterscheidet Indoktrination von Erziehung? Mit dieser Frage befasst sich Teil 3. Vorläufig gehen wir von Folgendem aus: Wir dienen der Sache der Freiheit, wenn wir ein tieferes Verständnis davon gewinnen, wie und warum wir zu unseren Überzeugungen und Wünschen gelangen.
18 Die Evolutionspsychologie bietet eine einfache Erklärung für die Anfälligkeit der frühen geistigen Entwicklung. Das Vertrauen, das Kinder Älteren in ihrer Umgebung entgegenbringen, erhöht tendenziell ihre Überlebenschancen. Elternfiguren, die mit den Gefahren und Tücken ihrer Umwelt vertraut sind, geben wichtige Informationen an den Nachwuchs weiter. Kinder, die diese Warnungen nicht ernst nehmen, sind höheren Risiken ausgesetzt. Die natürliche Auslese, so die Argumentation, begünstige Gene, die Kinder dazu prädisponieren, den Älteren ihrer Gemeinschaft zu vertrauen, von denen ihre Sicherheit abhängt. Diese Theorie – wenn sie denn zutrifft – bedeutet, dass Kinder nicht nur nütz-

liche Ratschläge von Bezugspersonen (»Diese Wurzel darfst du nicht essen, sie ist giftig«) befolgen, sondern jede Warnung einer anerkannten Autorität verinnerlichen.

19 Siehe zum Beispiel Elizabeth L. Eisenstein, *The Printing Press as an Agent of Change*, Cambridge 1980.

20 Zaid Jilani, »Top GOP Strategist Admits He's ›Scared‹ of Occupy Wall Street Because It's Having an Impact«, ThinkProgress, 1. December 2011, siehe unter http://thinkprogress.org/special/2011/12/01/379365/frank-luntz-occupy-wall-street/.

21 Nach der Oktoberrevolution 1917 galt die Neuausrichtung von Erziehung und Kultur als entscheidend für den Aufbau der sozialistischen Gesellschaft in Russland. Dazu wurde ein hehres Ideal geschaffen: der »Neue Mensch« oder »Sowjetmensch«. Gebildet, selbstlos, durchtrainiert, diszipliniert und der Sache der Revolution ergeben, sollte er bereit sein, sein Leben für das Kollektiv zu opfern. Schulen galten als Fundament des Sozialisierungsprozesses, als ein Mikrokosmos der Gesellschaft. Im Mittelpunkt des Lehrplans stand die Pflege sozialistischer Werte. Das Bildungswesen hatte zunächst bedeutende und innovative Errungenschaften vorzuweisen: Dank gewaltiger Investitionen hatte jedes Kind zwischen drei und sechzehn Jahren kostenlosen Zugang zu Bildung. Der Diskriminierung von Frauen wurde der Kampf angesagt und Behinderten der Schulbesuch ermöglicht. Zur Demokratisierung des Schulbetriebs wurden Schülervertretungen ins Leben gerufen, die die Schulen gemeinsam mit den Lehrern leiteten. Zahlreiche neue Bibliotheken entstanden. Landesweit starteten Kampagnen gegen den Analphabetismus. Besonders in der Frühphase des Sowjetstaates wurden Familien in Gemeinschaftswohnungen, den sogenannten Kommunalkas, mit erheblich eingeschränkter Privatsphäre untergebracht, eine Maßnahme, die natürlich einerseits der Not gehorchte, Wohnraum zu schaffen, diese aber zugleich auch glaubhaft zu der Tugend machte, Kommunität zu befördern. In einem kurzen Zeitraum, in dem kollektivistische Ideale Hochkonjunktur hatten, entstanden sogar neue Gebäude, die eigens für das Zusammenleben vieler Menschen konzipiert wurden. Dort gab es ausschließlich Gemeinschaftseigentum. Alle schliefen, nach Geschlechtern getrennt, in großen Schlafsälen (für Sex standen Privaträume zur Verfügung). Für Kinderbetreuung und häusliche Aufgaben wurden nach dem Rotationsprinzip Gruppen eingeteilt.

Ein weiteres Beispiel ist Maos China. Nach zehnjährigem Bürgerkrieg übernahm die Kommunistische Partei 1949 die Macht im Land. Als eine ihrer ersten Handlungen brachte sie alle öffentlichen Medien unter ihre Kontrolle. Kritik an der frisch installierten »Zentralen Volksregierung« wurde unterbunden. 1951 startete der Parteivorsitzende Mao Zedong ein Programm zur »Gedankenreform« mit dem erklärten Ziel, individualistische Haltungen zu ersticken und seine persönliche Auslegung des Marxismus zu verbreiten. Eine Welle von Säuberungs- und Umerziehungsmaßnahmen erfasste die Bildungseinrichtungen, Gefängnisse, staatlichen Stellen und Bauernorganisationen. Maos besondere Sorge galt der »Intelligenz«, jener breiten, diffusen, aus »Volksgenossen« mit nennenswerter Bildung bestehenden Schicht, die von Lehrern über Ärzte und Studenten bis hin zu Ingenieuren und Technikern reichte. Selbst einstige Kampfgefährten der Revolution mussten wöchentliche Versammlungen zur »Gedankenprüfung« abhalten, auf denen sie Selbstkritik zu üben und sich der Kritik des Kollektivs zu stellen hatten. Da Persönliches als politisch galt, wurde die Privatsphäre resolut eingeengt. Mao initiierte großangelegte Hexenjagden. Millionen Chinesen wurden bespitzelt, Beziehungen zum alten Regime rigoros verfolgt, Inhaftierte zur Denunziation getrieben. In einer Atmosphäre der Paranoia und des Misstrauens hielten gegenseitige Überwachung, erzwungene Geständnisse, Androhung schwerer Strafen und intensive Propaganda das Denken und Verhalten von Millionen in einem eisernen Griff.

22 Philip Pilkington, »What is Debt? – An Interview with Economic Anthropologist David Graeber«, Naked Capitalism, 26. August 2011, siehe unter http://www.nakedcapitalism.com/2011/08/what-is-debt-%E2%80%93an-interview-with-economic-anthropologist-david-graeber.html.

23 David Graeber, *Schulden. Die ersten 5000 Jahre*, a. d Amerik. v. Ursel Schäfer u. a., Stuttgart 2012. S. 11.

24 Nachdem Frankreich 1895 Madagaskar erobert und seiner Kolonialherrschaft unterworfen hatte, bürdete es der dortigen Bevölkerung hohe Steuerlasten auf, um die Kosten für den Einmarsch und für großangelegte Infrastrukturprojekte zu decken, die es ihr aufgezwungen hatte. In den darauf folgenden Jahrzehnten töteten die Besatzer Hunderttausende unbotmäßige Madagassen. Trotzdem schuldet Madagaskar Frankreich bis heute Geld. Siehe Graeber, *Schulden*, a. a. O., S. 11 ff.

25 Jubilee Debt Campaign, Philippines: Country Case Study, siehe unter http://jubileedebt.org.uk/countries/philippines.

26 Mechele Dickerson, *Homeownership and America's Financial Underclass: Flawed Premises, Broken Promises, New Prescriptions*, New York 2014, S. 96.

27 Folter stellt eine extreme Form der Machtausübung dar, bei der physische und psychische Gewalt kombiniert werden. In den achtziger Jahren gelangte ein CIA-Handbuch zum Thema Verhörtechniken an die Öffentlichkeit. Es beschreibt eine Reihe von Methoden, mit denen sich der Widerstand von Menschen brechen lässt, darunter der Einsatz bewusstseinsverändernder Drogen, körperliche Misshandlungen und Formen sensorischer Deprivation. Eine zentrale Rolle spielte bei diesen Techniken das Ziel, das jeweilige Opfer regredieren zu lassen, sein Gefühl für die eigene Identität auszulöschen. So erläutert das Handbuch: »Alle diese Techniken, die eingesetzt werden, um einen Stillstand im Verhör zu durchbrechen, das gesamte Spektrum von einfacher Isolation über Hypnose bis zu Narkose, sind im Wesentlichen Mittel, um den Prozess der Regression zu beschleunigen. Wenn der Verhörte von einem mündigen in einen infantileren Zustand zurückversetzt wird, zerfallen seine erlernten oder strukturierten Persönlichkeitsmerkmale. [… An diesem Punkt befindet sich ein Gefangener in einem Zustand des psychischen Schocks, der mentalen Lähmung, und ist] weitaus empfänglicher für Suggestion, weitaus kooperationsbereiter.« Moderne Verhörmethoden zielen darauf ab, die Folgen mangelnder Kooperationsbereitschaft zu verschärfen und parallel dazu die psychischen Widerstandskräfte

zu schwächen. Das Vorgehen erfolgt in zwei Stufen: Nach einem anfänglichen Entzug von Sinnesreizen wird der Gefangene einer Reizüberflutung ausgesetzt, sei es in Form von Schlägen, dröhnender Musik oder Elektroschocks. Der dadurch herbeigeführte Zustand völliger Verstörung und Verängstigung macht es ihm immer schwerer, wenn nicht unmöglich, sich Anweisungen eines Verhörenden zu widersetzen.

28 Erst für die Zeit ab etwa 8000 v. Chr. liegen archäologische Funde vor, die auf institutionalisierte Kriegsführung hindeuten. Von da an, schreiben die Anthropologen Jonathan Haas und Matthew Piscitelli, sei »ein konstantes, wenn auch in Phasen auftretendes Hereintröpfeln von Indikatoren« zu beobachten (Douglas P. Fry [Hg.], *War, Peace, and Human Nature*, New York 2013, S. 177). In der nachfolgenden Zeit schufen das Bevölkerungswachstum, die Bevorratung mit Lebensmitteln, begrenztes Ackerland, drohende Hungersnöte durch Missernten und Viehseuchen sowie soziale und politische Hierarchien die Vorbedingungen für Konflikte zwischen benachbarten Ansiedlungen. Für die Kupfersteinzeit liegen schließlich klare Belege für kriegerische Auseinandersetzungen vor. Nach der Institutionalisierung bewaffneter Konflikte setzte die Rivalität zwischen Staaten eine mächtige Konkurrenzlogik in Gang, die fortan die Entwicklung der Zivilisation bestimmen sollte. Eine eingehende Erörterung zum Thema findet sich in den Beiträgen des oben genannten Buches.

29 Auch wenn man über die Entwicklung frühsteinzeitlicher Gemeinschaften nur spekulieren kann, weil Zeugnisse aus der Zeit nur begrenzt aussagekräftig sind, liegen die allgemeinen Trends auf der Hand.

30 John Maynard Keynes, »Economic Possibilities for Our Grandchildren« (1930), in: *Essays in Persuasion*, London 1933.

31 Yanis Varoufakis, Joseph Halevi und Nicholas J. Theocarakis, *Modern Political Economics*, Abingdon 2011, S. 23 ff.

32 Yanis Varoufakis, *Der globale Minotaurus. Amerika und die Zukunft der Weltwirtschaft*, a. d Engl. v. Ursel Schäfer, München 2012, S. 45.

33 Owen Jones, *The Establishment: And how they get away with it*, London 2014, S. 5.

34 James Madison, *The Papers of James Madison*, Anhang zu den Debatten, Bd. 1, 1841, siehe unter https://archive.org/details/papersjamesmadi09madigoog.

35 David Graeber, *The Democracy Project*, London 2013, S. 165.

36 Francis Dupuis-Déri, »The Political Power of Words: The Birth of Pro-Democratic Discourse in the Nineteenth Century in the United States and France«, in: *Political Studies* 52 (1), März 2004, S. 118–134.

37 Zitiert nach der deutschen Übersetzung von R. Eisler (1911), siehe www.textlog.de/35445.html.

38 Joseph A. Schumpeter, *Kapitalismus, Sozialismus und Demokratie*, a. d Engl. v. Susanne Preiswerk, 2., erw. Aufl., München 1950, S. 452.

39 Joseph A. Schumpeter, *Capitalism, Socialism and Democracy* (1943), Abingdon 2010, S. 264.

40 Theodore M. Porter und Dorothy Ross (Hgg.), *The Cambridge History of Science*, Bd. 7: *The Modern Social Sciences*, New York 2003, S. 316.

41 David Hume, *David Hume's politische Versuche. Von Neuem aus dem Englischen*

übersetzt nebst einer Zugabe von Christian Jacob Kraus, Königsberg 1813, S. 230. Den englischen Originaltext siehe David Hume, *Essays and Treatises on Several Subjects*, Bd. 1, London 1777, S. 33, unter http://www.davidhume.org/texts/etv1.html.
42 Yanis Varoufakis, *Der globale Minotaurus*, a. a. O., S. 44.

5. Wahlen

1   Stuart Ewen, *PR! A Social History of Spin*, New York 1996, S. 67.
2   Ebenda, S. 73.
3   Ebenda, S. 61.
4   Lippmann formulierte seine Gedanken in zwei richtungsweisenden Aufsätzen: *Public Opinion* (1922; dt.: *Die öffentliche Meinung*, München 1964) und *The Phantom Public* (1925).
5   Stuart Ewen, *PR! A Social History of Spin*, a. a. O., S. 106.
6   Ebenda, S. 112.
7   Ebenda, S. 103–111.
8   Edward Bernays, *Propaganda. Die Kunst der Public Relations*, Freiburg 2007, S. 17.
9   Walter Lippmann, *Die öffentliche Meinung*, a. a. O., S. 174.
10 Zitiert nach Alex Carey, *Taking the Risk Out of Democracy*, Chicago 1997, S. 13. Die entstehende Demokratie in Großbritannien brachte eigene PR-Pioniere hervor. Als einer der ersten praktizierte Charles Higham, ein Werbefachmann, den die britische Regierung im Ersten Weltkrieg rekrutiert hatte, professionelle Meinungsmache. Verblüfft über die »erstaunliche Ignoranz« der neuerlich wahlberechtigten Massen, glaubte er fest an die Bedeutung und das Potenzial des Unterfangens, die öffentliche Meinung zu formen: »Es gibt keine gute Gewohnheit oder erhabene Idee, die sich einem Volk nicht innerhalb weniger Jahre einimpfen ließe, wenn die richtigen Methoden angewandt werden […]. Durch organisierte und öffentliche Überredung können wir die menschliche Tatkraft in jede Richtung lenken.« David Miller und William Dinan, *A Century of Spin*, London 2008, S. 39.
11 Walter Lippmann, *Die öffentliche Meinung*, a. a. O., S. 37.
12 Edward Bernays, *Propaganda*, a. a. O., S. 86.
13 Stuart Ewen, *PR! A Social History of Spin*, a. a. O., S. 169.
14 Walter Lippmann, *Die öffentliche Meinung*, a. a. O., S. 146.
15 Ebenda, S. 165.
16 Ebenda, S. 25.
17 Unerwähnt lässt er dabei allerdings zahlreiche weitere wichtige politische Entwicklungen im 20. Jahrhundert, so die großen Errungenschaften der Frauen- und der Bürgerrechtsbewegung. Alex Carey, *Taking the Risk Out of Democracy*, a. a. O., S. 18.
18 Joel Bakan, *Das Ende der Konzerne. Die selbstzerstörerische Kraft der Unternehmen*, Hamburg, Leipzig und Wien 2005, S. 22.
19 Ebenda, S. 51.
20 Ebenda, S. 178.
21 Ebenda, S. 48 f.

22 Zitiert nach Raj Patel, *The Value of Nothing*, London 2011, S. 48 (dt.: *The Value of Nothing – Was kostet die Welt?*, a. d Engl. v. Richard Barth, München 2010).
23 Alex Carey, *Taking the Risk Out of Democracy*, a. a. O., S. 21.
24 Stuart Ewen, *PR! A Social History of Spin*, a. a. O., S. 42 f.
25 Als Reaktion auf diese Bedrohung wurde 1919 die mächtige britische Organisation National Propaganda gegründet. Sie hatte während ihres gesamten Bestehens enge Verbindungen zur Regierung und zu den Geheimdiensten des Landes, die sie beide mit Finanzmitteln und Informationen versorgten. Eine ihrer ersten antikommunistischen Kampagnen wurde von dem ehemaligen Undercoveragenten Sidney Walton geführt, der für sich in Anspruch nahm, durch »Bestechung in erheblicher Größenordnung« in über 1200 Zeitungen »behördlich abgezeichnete Artikel« platzieren zu können. Bis 1921 durfte Walton dank staatlicher Finanzierung »bei Bedarf bis zu 100 000 Pfund pro Woche dafür einplanen«. 1925 wurde die National Propaganda in Economic League unbenannt. In einem Schreiben an ihre Mitglieder umriss sie ihre Mission folgendermaßen: »Erforderlich sind einige Jahre der Propaganda für den Kapitalismus als dem besten System, das der menschliche Einfallsreichtum hervorbringen kann, um gegen vierzig Jahre Propaganda für den Sozialismus anzugehen.« Es dauerte eine Weile, aber schließlich sollte die National Propaganda ihre Ziele erreichen. Siehe hierzu David Miller und William Dinan, *A Century of Spin*, a. a. O., S. 41.
26 Edward Bernays, *Propaganda*, a. a. O., S. 70 f.
27 Yanis Varoufakis, *Der globale Minotaurus. Amerika und die Zukunft der Weltwirtschaft*, München 2012, S. 58.
28 David Stuckler und Sanjay Basu, *The Body Economic*, London 2013, S. 7 (dt.: *Sparprogramme töten. Die Ökonomisierung der Gesundheit*, a. d Engl. v. Richard Barth, Berlin 2014).
29 Stuart Ewen, *PR! A Social History of Spin*, a. a. O., S. 234.
30 Zitiert ebenda, S. 235.
31 Zitiert nach Arthur M. Schlesinger, *The Coming of the New Deal, 1933–1935*, Bd. 2, *The Age of Roosevelt*, Boston und New York 2003, S. 22.
32 Zitiert nach Alex Carey, *Taking the Risk Out of Democracy*, a. a. O., S. 21.
33 Ebenda, S. 24.
34 Laut dem Gewerkschaftsblatt *Labor Relations Bulletin* beinhaltete die Formel folgende Schritte:
»Besteht die Gefahr eines Streikes, brandmarke alle Gewerkschaftsführer als Unruhestifter, um sie und ihre Gefolgschaft in der Öffentlichkeit zu diskreditieren. Führe eine Pflichtwahl unter Aufsicht der Werksaufseher durch, um die Stärke der Gewerkschaft zu ermitteln und die falsche Darstellung der Streikenden als kleine Minderheit zu ermöglichen. Verbreite über Presse und Anzeigen Propaganda mit gefälschten Forderungen der Streikenden, sodass deren Forderungen als willkürlich erscheinen und die wahren Forderungen im Dunkeln bleiben. Übe gleichzeitig ökonomischen Druck durch Androhung der Verlegung des Betriebes aus. Bilde eine gegen den Streik gerichtete zusammenhängende Gruppe aus einflussreichen Mitgliedern der Gemeinde, wenn praktikabel. Wähle hierfür bevorzugt Vertreter von Banken, Immobilienbesitzer und Geschäftsleute und

bezeichne die Gruppe als Bürgerkomitee. Wenn der Streik ausgerufen wird, betone die Wichtigkeit von Recht und Gesetz, auf dass die Gesellschaft juristische und polizeiliche Waffen gegen die rein imaginären Gewalttaten zusammenballe, was alle bürgerlichen Freiheiten der Streikenden unterdrücken wird. Organisiere eine Massenveranstaltung zur Koordination der öffentlichen Stimmung gegen den Streik und Stärkung des ›Bürger‹-Komitees. Versamle eine große Zahl bewaffneter Polizeieinheiten zur psychologischen Einschüchterung der Streikenden. Nutze dafür lokale und staatliche Polizeieinheiten, die Bürgerwehr und ›special deputies‹ möglichst aus entfernter Nachbarschaft. Weise die ›deputies‹ und Bürgerwehren in die Gesetze zu ungesetzlichen Versammlungen, Unruhestiftung und ordnungswidrigem Benehmen ein. Verängstige sie und mache sie bereit, ihre neu gewonnene Autorität bis an die Grenze zu nutzen. Erhöhe die demoralisierende Wirkung der obigen Mittel durch Aufstellung einer ›Back-to-work‹-Bewegung, gesteuert von einer Strohpuppenorganisation von sogenannten loyalen Beschäftigten, die geheim durch den Arbeitgeber organisiert werden. Ist eine ausreichende Anzahl von Anträgen zur Wiederaufnahme der Arbeit vorhanden, so gib ein Datum zur Wiederaufnahme der Produktion des Betriebes bekannt, natürlich unter Hinweis auf die Forderungen der ›Back-to-work‹-Bewegung. Inszeniere die Wiedereröffnung des Werkes so theatralisch wie möglich. Nutze die durch ständige Präsenz von Polizeieinheiten und Druck der Bürgerkomitees gewonnene Demoralisierung der Streikenden, um die Weiterarbeit bereits an den Arbeitsplatz zurückgekehrter Arbeiter sicherzustellen und die verbleibenden Streikenden zur Aufgabe zu zwingen. Wenn nötig, versetze den Ort durch Ausrufen des Notstandes in einen kriegsähnlichen Zustand. Isoliere den Betrieb von der Außenwelt, um jegliche externe Beeinträchtigung der Wirkung der ›Formel‹ auszuschließen. Beende öffentliche Proteste durch Bekanntgabe der Wiederaufnahme der Produktion und erkläre die Streikenden zu einer Minderheit, die sich gegen das Recht auf Arbeit stellt. Damit kann die Kampagne beendet werden – der Arbeitgeber hat den Streik gebrochen.« Zitiert nach David Miller und William Dinan, *A Century of Spin*, a. a. O., S. 53. Die deutsche Übersetzung siehe Wikipedia unter https://de.wikipedia.org/wiki/Mohawk-Valley-Formel.

35 Zitiert nach Alex Carey, *Taking the Risk Out of Democracy*, a. a. O., S. 26.
36 Zitiert ebenda, S. 24.
37 Zitiert ebenda, S. 138.
38 Zitiert nach David Miller und William Dinan, *A Century of Spin*, a. a. O., S. 57.
39 John Kenneth Galbraith, *A History of Economics* (1987), London 1991, S. 252 f.
40 Alex Carey, *Taking the Risk Out of Democracy*, a. a. O., S. 30.
41 Ebenda, S. 28.
42 Zitiert ebenda, S. 31.
43 Ebenda.
44 Elizabeth Fones-Wolf, *Selling Free Enterprise*, Champaign, IL, 1994, S. 189.
45 Zitiert ebenda, S. 195.
46 Ebenda, S. 198.
47 Ebenda, S. 10.

48 Friedrich A. Hayek, *Der Weg zur Knechtschaft* (1944), Neuausg., München 2003, S. 22.
49 Ders., *The Collected Works of F. A. Hayek*, Bd. X, *Socialism and War: Essays, Documents, Reviews*, hg. v. Bruce Caldwell (1997), Chicago 2012, S. 225.
50 Friedrich A. Hayek, *Der Weg zur Knechtschaft*, a. a. O., S. 207.
51 Als dauerhafte Finanzquellen taten sich in den USA rechte Stiftungen wie die Earhart Foundation, der William Volker Fund und die Reim Foundation, aber auch betuchte Unternehmer wie Charles Koch, Richard Mellon Scaife und Joseph Coors hervor.
52 Zitiert nach David Miller und William Dinan, *A Century of Spin*, a. a. O., S. 77.
53 Zitiert nach Richard Cockett, *Thinking the Unthinkable: Think-Tanks and the Economic Counter-Revolution 1931–1983*, New York 1994, S. 173.
54 Zitiert nach David Miller und William Dinan, *A Century of Spin*, a. a. O., S. 74.
55 Daniel Stedman Jones, *Masters of the Universe: Hayek, Friedman and the Birth of Neoliberal Politics*, Woodstock, Oxon, 2012, S. 50.
56 Siehe dazu die eigene Website der Organisation unter http://businessroundtable.org/about.
57 Michel J. Crozier, Samuel P. Huntington und Joji Watanuki, *The Crisis of Democracy: Report on the Governability of Democracies to the Trilateral Commission*, New York 1975, S. 61, siehe unter https://archive.org/stream/TheCrisisOfDemocracyTrilateralCommission-1975/crisis_of_democracy_djvu.txt.
58 Ebenda, S. 113.
59 Ebenda, S. 185.
60 Zitiert nach Daniel Stedman Jones, *Masters of the Universe*, a. a. O., S. 163.
61 David Harvey, *A Brief History of Neoliberalism*, New York 2005, S. 115 (dt.: *Kleine Geschichte des Neoliberalismus*, a. d Engl. v. Niels Kadritzke, Zürich 2007).
62 Ha-Joon Chang, *Economics: The User's Guide*, London 2014, S. 89.
63 Ha-Joon Chang, *23 Lügen, die sie uns über den Kapitalismus erzählen*, a. d Engl. v. Henning Dedekind u. Anne Emmert, München 2010, S. 90.
64 »Inflation's back«, in: *The Economist*, 22. Mai 2008, siehe unter http://www.economist.com/node/11409414.
65 Ha-Joon Chang, *23 Lügen, die sie uns über den Kapitalismus erzählen*, a. a. O., S. 83. Die Erfahrungen in mehreren Ländern stützen diesen Ansatz. In den sechziger und siebziger Jahren wies Brasilien eine durchschnittliche Inflationsrate von 42 Prozent aus, wartete aber zugleich auch mit einer der am rasantesten wachsenden Wirtschaften der Welt auf. Im selben Zeitraum legte Südkoreas Wirtschaft trotz einer Inflationsrate von knapp 20 Prozent um 7 Prozent pro Jahr zu.
66 Zitiert nach David Harvey, *Marx' »Kapital« lesen. Ein Begleiter für Fortgeschrittene und Einsteiger*, a. d Amerik. v. Christian Frings, Hamburg 2011. S. 318.
67 John Kenneth Galbraith, *A History of Economics* (1987), London 1991, S. 275.
68 Milton Friedman, *Capitalism and Freedom* (1962), Chicago 2002, S. xiv.
69 Ben H. Bagdikian, *The New Media Monopoly*, Boston, MA, 2004, S. 158.
70 David Harvey, *A Brief History of Neoliberalism*, a. a. O., S. 52.
71 Robin Hahnel, *The ABCs of Political Economy*, London 2002, S. 153.
72 Im Vorfeld des Streiks wurde ein gewisser Ian MacGregor zum Vorsitzenden des

National Coal Board ernannt, ein Mann, der sich mit seinen »kompromisslos gewerkschaftsfeindlichen« Taktiken in den USA einen Namen gemacht hatte. Orientiert an den Parolen der amerikanischen Streikbrecherstrategen aus den dreißiger Jahren, empfahl einer seiner wichtigsten Berater, dass »eine Offensive an drei Fronten geführt werden« müsse, »um den Streik zu beenden: erstens eine massive Propagandakampagne, um die Bergarbeiter zur Wiederaufnahme der Arbeit zu ermuntern; zweitens arbeitende Bergbauleute organisieren und finanzieren, um diesen Prozess zu beschleunigen; und drittens die [britische Bergbaugewerkschaft] NUM auf legalem Wege durch Nutzung des neuen Arbeitsrechts der Regierung aufreiben«. Strategien wie diese führten am Ende zum Erfolg. Siehe dazu David Miller und William Dinon, *A Century of Spin*, a. a. O., S. 133 ff.

73 Ronald Butt, »Mrs Thatcher: The First Two Years«, Interview für *Sunday Times*, 3. Mai 1981, siehe unter http://www.margaretthatcher.org/document/104475.
74 Douglas Keay, »Aids, education and the year 2000!«, in: *Woman's Own*, 31. Oktober 1987, siehe unter https://www.margaretthatcher.org/document/106689.
75 R. Ormston und J. Curtice (Hgg.), *British Social Attitudes Survey* 32, London 2015, siehe unter http://www.bsa.natcen.ac.uk/latest-report/british-social-attitudes-32/welfare.aspx.
76 Alison Park, John Curtice, Elizabeth Clery und Caroline Bryson (Hgg.), *British Social Attitudes 27th Report*, London 2010, S. 37.
77 Zur Ablösung der Konservativen durch New Labour siehe Niall Ferguson, *Politik ohne Macht. Das fatale Vertrauen in die Wirtschaft*, a. d Engl. v. Klaus Kochmann, Stuttgart 2001, S. 228 ff.
78 Joel Bakan, *Das Ende der Konzerne*, a. a. O., S. 126.
79 Ben Bagdikian, *The New Media Monopoly*, a. a. O., S. 19.
80 Aktuelle Informationen dazu siehe die Recherchen für das Center for Responsive Politics unter http://www.opensecrets.org.
81 Simon Johnson und James Kwak, *13 Bankers: The Wall Street Takeover and the Next Financial Meltdown*, New York 2010, S. 90.
82 Andrew Katz, »Congress Is Now Mostly a Millionaires' Club«, in: *Time Online*, 9. Januar 2014, siehe unter http://swampland.time.com/2014/01/09/congress-is-now-mostly-amillionaires-club/.
83 Thomas J. Hayes, »Responsiveness in an Era of Inequality«, in: *Political Research Quarterly* 66 (3), September 2013, S. 585–599, siehe unter http://prq.sagepub.com/content/66/3/585.abstract.
84 Sahil Kapur, »Scholar behind Viral ›Oligarchy‹ Study Tells You What It Means«, *Talking Points Memo*, 22. April 2014, Interview mit Martin Gilens zu seiner Studie (mit Benjamin I. Page) »Testing Theories of American Politics: Elites, Interest Groups, and Average Citizens«, siehe unter http://talkingpointsmemo.com/dc/princeton-scholar-demise-of-democracy-america-tpm-interview.
85 Martin Gilens und Benjamin I. Page, »Testing Theories of American Politics: Elites, Interest Groups, and Average Citizens«, in: *Perspectives on Politics* 12 (3), September 2014, S. 564–581, siehe unter https://scholar.princeton.edu/sites/default/files/mgilens/files/gilens_and_page_2014_-testing_theories_of_american_politics.doc.pdf.

86 Antonia Juhasz, *The Tyranny of Oil: The World's Most Powerful Industry – and What We Must Do to Stop It*, New York 2008, S. 210.
87 Zu diesen Ernennungen zählten: Gale Norton, eine ehemalige Anwältin für Delta Petroleum, zur Innenministerin; Don Evans, Ex-CEO und Geschäftsführer von Tom Brown Inc., einer Öl- und Gasgesellschaft mit Milliardenumsatz, zum Handelsminister; Condoleezza Rice, zehn Jahre lang Mitglied des Direktoriums von Chevron, zur Nationalen Sicherheitsberaterin; Dick Cheney, ehemaliger CEO von Halliburton, einem der weltweit größten Anbieter für technische Dienstleistungen im Ölgeschäft, zum Vizepräsidenten; und natürlich George W. Bush selbst, der »gescheiterte Ölmann«. Siehe hierzu ebenda.
88 Ebenda, S. 225.
89 Simon Johnson, James Kwak, *13 Bankers*, a. a. O., S. 91.
90 Zitiert ebenda, S. 92.
91 Ebenda, S. 192.
92 Der Einfluss der Wall Street reicht bis in die Universitäten. 2013 veröffentlichte *The New York Times* einen Artikel mit dem Titel »Academics Who Defend Wall St. Reap Reward« (etwa: »Wissenschaftliche Gutachter, die die Wall Street verteidigen, heimsen Belohnung ein«). Ihre Recherchen offenbarten, dass »bedeutende Akteure an der Wall Street und anderswo sehr offensiv akademische Forschungen gesponsert und gefördert« hätten und dass diese Zuwendungen Teil einer »umfassenden Kampagne« gewesen seien, die dem Zweck gedient habe, »gegen Regulierungen vorzugehen und eine Politik zu gestalten, die sich auf die Preise auswirken, die Menschen rund um den Globus für grundlegende Dinge wie Nahrungsmittel, Treibstoff und Baumwolle zahlen müssen«. Siehe hierzu David Kocieniewski, »Academics Who Defend Wall St. Reap Reward«, in: *The New York Times*, 27. Dezember 2013, unter http://www.nytimes.com/2013/12/28/businessacademics-who-defend-wall-st-reap-reward.html.
93 David Beetham, *Unelected Oligarchy: Corporate and Financial Dominance in Britain's Democracy*, Arbeitspapier, veröffentlicht von Democratic Audit UK, London School of Economics, 26. Juli 2011, S. 11, siehe unter http://democraticaudituk.files.wordpress.com/2013/06/oligarchy-1.pdf.
94 Ebenda, S. 12.
95 »Not More Lords!«, Electoral Reform Society, 8. August 2014, siehe unter http://www.electoral-reform.org.uk/blog/more-lords.
96 Zitiert nach David Beetham, *Unelected Oligarchy*, a. a. O., S. 7.
97 Aditya Chakrabortty, »Direct aid, subsidies, tax breaks – the hidden welfare budget we don't debate«, in: *The Guardian*, 7. Juli 2015, siehe unter http://www.theguardian.com/politics/2015/jul/07/direct-aid-subsidies-tax-breaks-the-hidden-welfare-budget-we-dont-debate.
98 Simon Bowers, »UK tax policy dictated by companies not ministers says leading treasury expert«, in: *The Guardian*, 28. Juni 2015, siehe unter http://www.theguardian.com/global/2015/jun/28/uk-tax-policy-dictated-by-big-companies-not-ministers-treasury-adviser.
99 David Beetham, *Unelected Oligarchy*, a. a. O., S. 16.
100 Ebenda.

101 »Addicted to tax havens: The secret life of the FTSE 100«, Action Aid report, 11. Oktober 2011, siehe unter https://www.actionaid.org.uk/sites/default/files/doc_lib/addicted_to_tax_havens.pdf.
102 David Beetham, *Unelected Oligarchy*, a. a. O., S. 18.
103 Die Soziologen David Miller und William Dinan beschreiben den Fall Alan Donnellys, eines ehemaligen Labour-Abgeordneten im Europäischen Parlament, der im Jahr 2000 das Lobbyunternehmen Sovereign Strategy gegründet hat. Donnelly erklärt: »Ich saß elf Jahre lang auf der Adressatenseite der Lobbyarbeit. Ich habe gute und schlechte Ansätze erlebt und mit der Zeit eigene Ideen entwickelt.« Donnelly stellte sich ein Team aus ehemaligen Abgeordneten des britischen und des Europäischen Parlaments sowie aus Exministern zusammen, darunter 2005 Lewis Moonie und Alan Milburn. Beide waren gerade von ihren Ämtern zurückgetreten, der eine als Gesundheitsminister, der andere als Parlamentarischer Unterstaatssekretär im Verteidigungsministerium. Milburns Aufgabe sollte nach eigenem Bekunden darin bestehen, »Klienten zu zeigen, wie sie Einfluss auf die Regierung nehmen können«. Siehe David Miller und William Dinan, *A Century of Spin*, a. a. O., S. 158 ff.
104 Katie Allen, »Osborne claims businesses must defend free market from unions and charities«, in: *The Guardian*, 30. Oktober 2014, siehe unter http://www.theguardian.com/politics/2014/oct/03/george-osborne-businesses-case-free-market.
105 David Beetham, *Unelected Oligarchy*, a. a. O., S. 21.
106 Thomas Ferguson, *Golden Rule: The Investment Theory of Party Competition and the Logic of Money-driven Political Systems*, London und Chicago 1995, S. 22.
107 Zitiert nach Joel Bakan, *Das Ende der Konzerne*, a. a. O., S. 128.
108 Ebenda.
109 »The Affluent Ante Up for the Presidency«, in: *The New York Times*, 14. August 2015, siehe unter http://www.nytimes.com/2015/08/15/opinion/the-affluent-ante-up-for-the-presidency.html?_r=2.
110 Thomas Ferguson, *Golden Rule*, a. a. O., S. 28.
111 Matt Dathan, Jon Stone, »The 9 charts that show the ›left-wing‹ policies of Jeremy Corbyn the public actually agrees with«, in: *The Independent*, 23. Juli 2015, siehe unter http://www.independent.co.uk/news-14-5/the-jeremy-corbyn-policies-that-most-people-actually-agree-with-10407148.html.
112 Lee William, »What is TTIP? And six reasons why the answer should scare you«, in: *The Independent*, 12. Oktober 2015, siehe unter http://www.independent.co.uk/voices/comment/what-is-ttip-and-six-reasons-why-the-answer-should-scare-you-9779688.html.
113 Ein Beispiel ist das Handelsinvestitionsabkommen zwischen Australien und Hongkong. Es gab dem in Hongkong ansässigen Tabakkonzern Philip Morris das Recht, die australische Regierung auf mehrere Millionen Dollar Schadenersatz zu verklagen, weil sie die Tabakindustrie mit Rückendeckung des australischen Obersten Gerichtshofes gezwungen hatte, auf den Zigarettenpackungen große Warnhinweise mit Bildern von den gesundheitlichen Folgen des Rauchens abzudrucken. In einem anderen Fall verklagten internationale Versorgungsunternehmen die argentinische Regierung, weil sie dafür gesorgt hatte,

dass nach einer Phase rapider Preissteigerungen die Energie- und Wasserpreise eingefroren wurden. Die siegreichen Konzerne erhielten vom argentinischen Staat über eine Milliarde US-Dollar an Entschädigungen. Derzeit verklagt eine kanadische Firma El Salvador, weil das Land ihr (nach massiven öffentlichen Protesten) den Zugang zu einer riesigen Goldmine versperrt hat.

114 Dan O'Neill und Rob Dietz, *Enough Is Enough: Building a Sustainable Economy in a World of Finite Resources*, Abingdon, Oxon, 2013, S. 144 f.

6. Märkte

1 Das Beispiel siehe Ha-Joon Chang, *23 Lügen, die sie uns über den Kapitalismus erzählen*, a. d Engl. v. Henning Dedekind u. Anne Emmert, München 2010, S. 20.
2 Anders sieht es in Ländern des Globalen Südens aus, wo gegen das Verbot von Kinderarbeit dieselben Argumente ins Feld geführt werden wie im England des 19. Jahrhunderts.
3 Raj Patel, *The Value of Nothing* (2009), London 2011, S. 17 (dt.: *The Value of Nothing – Was kostet die Welt?*, a. d Engl. v. Richard Barth, München 2010).
4 Ha-Joon Chang, *23 Lügen, die sie uns über den Kapitalismus erzählen*, a. a. O., S. 19.
5 Ebenda, S. 30.
6 Milton Friedman, *Kapitalismus und Freiheit*, a. d Engl. v. Paul C. Martin. Mit einem Geleitw. v. Horst Siebert, Frankfurt a. M. 2002, S. 38.
7 Milton Friedman und Rosa D. Friedman, *Two Lucky People: Memoirs*, Chicago 1998, S. 605.
8 Adam Smith, *Der Wohlstand der Nationen. Eine Untersuchung seiner Natur und Ursachen*, a. d Engl. übertr. u. mit einer umfassenden Würdigung des Gesamtwerks hg. v. Horst Claus Recktenwald, Viertes Buch, Kapitel 2, 11. Aufl., München 2005, S. 371. Den englischen Originaltext siehe unter http://www.econlib.org/library/Smith/smWN.html. Bei näherer Betrachtung des Textes zeigt sich, dass Smith den Begriff der »unsichtbaren Hand« in deutlich engerer Bedeutung gebrauchte, als er heute üblicherweise verwendet wird.
9 In Oscar Wildes Komödie *Lady Windermeres Fächer* äußert sich eine Figur über einen Mann, der »von allem den Preis und von nichts den Wert« kenne. Das ist eine tiefe Einsicht. In der neoklassischen Wirtschaftslehre, die in den einflussreichsten Institutionen der Welt vorherrscht, sollen die durch das Wirken eines Marktes ausgemittelten Preise die für das effiziente Funktionieren des Gesamtsystems notwendige Information liefern. An einem Markt mit vollkommenen Wettbewerbsbedingungen, so Smith, spiegelten Preise die sozialen Kosten jedes Erzeugnisses und jeder Dienstleistung wider. Wie durch Zauberhand brächte uns der Markt dazu, die gesellschaftlich optimale Menge jedes einzelnen Gutes zu erzeugen – nicht mehr und nicht weniger, als wir wirklich wollen. Dabei ließ Smith freilich außer Acht, dass es in der Realität extrem schwierig ist, dafür zu sorgen, dass Preise diese Funktion akkurat erfüllen können. Die wahren gesellschaftlichen Kosten eines Produkts können sie nur unter bestimmten Bedingungen widerspiegeln:
(1) Die Verbraucher müssten ihre Entscheidung allein auf den Preis stützen und

dürften sich nicht von den Milliarden Dollar hinreißen lassen, die für Markenimage und Werbung ausgegeben werden. (2) Kein Käufer oder Verkäufer dürfte die Macht haben, Preise zu beeinflussen. Tatsächlich tun dies aber Monopole und Gewerkschaften. (3) Alle Käufer und Verkäufer müssten im Besitz *vollständiger* Informationen über sämtliche Produkte und deren Preise sein. Dazu müssten sämtliche Verbraucher über eine Art Allwissenheit verfügen. (4) Alle Unternehmen müssten gleichen Zugang zu Technik und Ressourcen haben, was die totale Mobilität von Landbesitz, Arbeitskräften und Kapital erfordern und das Ende aller Grenzkontrollen voraussetzen würde. (5) Markttransaktionen dürften keine anderen Personen als die jeweils Beteiligten betreffen. Dazu müssten externe Effekte ausgeschlossen sein.

Keine einzige dieser fünf Bedingungen wurde in unserer Wirtschaft erfüllt (und es ist auch schwer vorstellbar, wie sie überhaupt in irgendeiner Wirtschaft realisiert werden könnten). Wie der Ökonom Peter Victor schreibt: »Der Preis von etwas könnte sich schlicht dadurch aufschaukeln, dass einige wenige Unternehmen die Versorgung kontrollieren und ihn in die Höhe treiben, um ihre Gewinne zu steigern. Werbeleute können uns vorgaukeln, dass zwei im Wesentlichen identische Produkte unterschiedlich sind, und uns dazu bringen, ohne irgendeinen guten Grund eine Marke gegenüber einer anderen zu bevorzugen. Die Informationen, die wir über Produkte und ihre Preise haben, sind unvollständig, sodass wir auf der Basis von mangelhafter Sachkenntnis entscheiden, was wir erzeugen, kaufen und verkaufen. Technologien stehen nicht allen zur Verfügung, und es gibt eine ganze Reihe rechtlicher Schutzmechanismen in Form von Patenten und Copyrights, die dafür sorgen, dass dies so bleibt. Die gewaltigste Verzerrung von Preisen stellen die allgegenwärtigen externen Effekte und insbesondere die weit verbreiteten Umweltschäden dar, die durch wirtschaftliche Aktivitäten verursacht werden.« Siehe hierzu Peter A. Victor, *Managing without Growth*, Cheltenham 2008, S. 42.

10 Milton Friedman, *Kapitalismus und Freiheit*, a. a. O., S. 38.
11 Greenspan war ein Schüler der russisch-amerikanischen Schriftstellerin Ayn Rand, bekannt als Vordenkerin einer extremen Spielart des Marktfundamentalismus, nach deren objektivistischer Metaphysik jeder Einzelne das moralische Ziel verfolge, dem Eigeninteresse zu dienen. Diese Einstellung fasst schon der Titel ihres Buches *The Virtue of Selfishness* (1964, dt. *Die Tugend des Egoismus*) zusammen. Rand vertritt eine Form des Kapitalismus, die die Rolle des Staates auf ein Minimum reduziert, nämlich auf die Bereitstellung »von Polizei zum Schutz der Menschen vor Verbrechern – oder Streitkräften zum Schutz der Menschen vor ausländischen Invasoren – und von Gerichten, um nach objektiv festgelegten Gesetzen Streitigkeiten zu schlichten«. Siehe hierzu Ayn Rand, *Capitalism: The Unknown Ideal* (1967), Nachdr. New York 2008, S. 43 (dt. in dies., Hg., *Kapitalismus: das unbekannte Ideal*, mit Beitr. v. Nathaniel Branden u. a., a. d Amerik. v. Jürgen Flöter, Berlin o. J.).
12 Zitiert nach Raj Patel, *The Value of Nothing*, a. a. O., S. 5.
13 Ebenda, S. 6.
14 John D. McKinnon, »Bush Aims to Lift Confidence«, in: *The Wall Street Journal*,

20. September 2008, siehe unter http://www.wsj.com/newsarticles/SB12218 6559923558649.
15 Eine nützliche Diskussion dieses Themas findet sich bei Robin Hahnel, *The ABCs of Political Economy*, London 2002, Kapitel 10.
16 Owen Jones, *The Establishment: And how they get away with it*, London 2014, S. 11.
17 Kirkpatrick Sale, *Rebels Against the Future*, New York 1995, S. 34.
18 Siehe hierzu David Harvey, *Marx' »Kapital« lesen. Ein Begleiter für Fortgeschrittene und Einsteiger*, a. d Amerik. v. Christian Frings, Hamburg 2011, S. 318.
19 Karl Polanyi, *The great transformation. Politische und ökonomische Ursprünge von Gesellschaften und Wirtschaftssystemen*, üb. v. Heinrich Jelinek, Wien 1977, S. 55.
20 Zitiert nach Noam Chomsky, *On Power and Ideology – The Managua Lectures*, New York 1987, S. 14.
21 Joseph Stiglitz, *Die Schatten der Globalisierung*, a. d Engl. v. Thorsten Schmidt, Berlin 2002, S. 80.
22 Ein häufig angeführtes Argument des Ökonomen David Ricardo diente dazu, den ärmeren Nationen den Nutzen von Freihandel schmackhaft zu machen und ganz allgemein offene Märkte zu rechtfertigen. Zu Ricardos Zeit, vor 200 Jahren, herrschte die Überzeugung vor, dass Freihandel nur Sinn ergebe, wenn ein Land ein Produkt billiger erzeugen könne als ein Handelspartner. Ricardo dagegen zeigte, dass internationaler Handel die Leistungsfähigkeit selbst dann steigere, wenn ein Handelspartner *nichts* billiger herstellen kann. Die Ursache sah er in einem Effekt, den er »komparativen Kostenvorteil« nannte. Ricardo übte großen Einfluss auf die wirtschaftswissenschaftliche Diskussion der Neuzeit und insbesondere auf die Außenhandelstheorie aus. Aber abgesehen davon, dass sein Modell keine Aussage darüber trifft, wer von den Effizienzsteigerungen des internationalen Handels hauptsächlich profitiert – reiche Staaten können ihre überlegene Verhandlungsposition dazu ausnutzen, sich den Löwenanteil zu sichern –, treffen seine Argumente nur zu, wenn wir den Blick auf unmittelbare, kurzfristige Gewinne im Verhältnis zum Entwicklungsniveau eines Landes richten. Wie kann ein ärmeres Land eine technologisch höher entwickelte Wirtschaft aufbauen, wenn es all seine Ressourcen in Low-tech-Industrien steckt?
23 Zitiert nach André Gunder Frank, *Kapitalismus und Unterentwicklung in Lateinamerika*, übertr. v. Inge Presser u. Horst Stenzel, Frankfurt a. M. u. Köln 1975, S. 169.
24 Ha-Joon Chang, *Bad Samaritans: Rich Nations, Poor Policies, and the Threat to the Developing World*, London 2007, S. 54.
25 Sämtliche Industrien, in denen die USA im internationalen Wettbewerb technologisch führend waren – ob Computer, Halbleiter, Luft- und Raumfahrttechnik, Pharmazie oder Biotechnologie –, erhielten vom Staat erhebliche finanzielle Unterstützung.
26 Lehrreich ist der Fall der japanischen Automobilindustrie. Nachdem Japans führender Automobilhersteller Toyota über zwanzig Jahren lang staatliche Unterstützung in Form großzügiger Subventionen und hoher Schutzzölle für ausländische Fahrzeuge erhalten hatte, exportierte er schließlich 1958 eine erste Serie von Autos in die USA. Dort kamen die Modelle jedoch ungeachtet der langjährigen Förderung dermaßen schlecht an, dass sie bald wieder vom US-

Markt verschwanden. Damit standen die japanischen Verantwortlichen vor einer schwierigen Frage. Sollte Japan auf Verlustreduzierung setzen und seine Märkte wieder für ausländische Fahrzeuge öffnen oder weiter in Toyota investieren und einen neuen Versuch starten? Viele in Japan waren der Meinung, das Land täte gut daran, seine Verluste zu begrenzen und sich stattdessen auf traditionelle Industrien wie Textilien zu konzentrieren. Diese Stimmen setzten sich jedoch nicht durch, und am Ende wurden Toyota-Modelle auf dem Weltmarkt ein Riesenerfolg. Hätte sich Japan an das neoliberale Lehrbuch gehalten, wäre es beim ersten Misserfolg aus dem Business ausgestiegen, und Toyota hätte den Durchbruch vielleicht nie geschafft. Und Japan ist kein Ausnahmefall.

27 Die gängige Theorie sagt nicht nur voraus, dass die Märkte regelmäßig für eine Überproduktion von Gütern und Dienstleistungen sorgten, deren Erzeugung und Verbrauch negative externe Effekte hervorbrächten (in einer Größenordnung, die sie lange Zeit unterschätzt hat), sondern auch, dass Märkte eine zu geringe Zahl von Gütern und Dienstleistungen mit *positiven* externen Effekten erzeugen würden. Die Bereiche Gesundheit und Bildung sind gute Beispiele für Dienstleistungen, deren Nutzen für die Gesellschaft größer ist als der für ihre direkten privaten Nutzer. Als ein positiver externer Effekt spiegelt sich dieser Nutzen nicht im Preis wider, den Menschen für die Dienstleistung bezahlen. Im Ergebnis wird diese teurer angeboten, als es notwendig wäre, und wird deswegen zu wenig nachgefragt.

28 Joan Robinson, *Collected Economic Papers of Joan Robinson*, Bd. 4, New York 1973, S. 102 (dt.: *Kleine Schriften zur Ökonomie*, a. d Engl. v. Hans-Werner Sass, Frankfurt a. M. 1968).

29 Rod Hill und Tony Myatt, *The Economics Anti-Textbook*, London 2010, S. 154.

30 Zitiert nach Robin Hahnel, *The ABCs of Political Economy*, a. a. O., S. 92.

31 Raj Patel, *The Value of Nothing*, a. a. O., S. 43–46.

32 Nancy Dunne, »Why a hamburger should cost 200 dollars – the call for prices to reflect ecological factors«, in: *Financial Times*, 12. Januar 1994.

33 Karl Marx, *Lohnarbeit und Kapital*, S. 31, digitale Bibliothek Band 11: Marx / Engels, S. 2718 (vgl. *MEW*, Bd. 6, S. 411).

34 Zitiert nach Paul Krugman, »Building a Green Economy«, in: *The New York Times*, 7. April 2010, siehe unter http://www.nytimes.com/2010/04/11/magazine/11Economy-t.html.

35 Damian Carrington, »Fossil fuels subsidised by $10 m a minute, says IMF«, in: *The Guardian*, 18. Mai 2015, siehe unter http://www.theguardian.com/environment/2015/may/18/fossil-fuel-companies-getting-10 m-a-minute-in-subsidies-says-imf.

36 »Natural Capital at Risk: The Top 100 Externalities of Business«, Report by Trucost for TEEB for Business Coalition, 15. April 2013, siehe unter http://www.trucost.com/publication/natural-capital-risk-the-top-100-externalities-of-business.

37 Raj Patel, *The Value of Nothing*, a. a. O., S. 50.

38 Joseph E. Stiglitz, *Der Preis der Ungleichheit. Wie die Spaltung der Gesellschaft unsere Zukunft bedroht*, a. d amerik. Engl. v. Thorsten Schmidt, München 2014, S. 282.

39 Milton Friedman, *Kapitalismus und Freiheit*, a. a. O., S. 38. (»So ist der Verbraucher vor einem Druck durch den Verkäufer dadurch gesichert, dass es andere Verkäufer gibt, bei denen er kaufen kann. Ebenso ist der Verkäufer dadurch vor einem Zwang durch den Konsumenten geschützt, dass er mit anderen Konsumenten abschließen kann. Der Angestellte ist vor Nötigungen seitens des Arbeitgebers dadurch geschützt, dass er für andere Arbeitgeber arbeiten kann, und so weiter.« Ebenda, S. 37 f.)

40 Karl Marx, *Theorien über den Mehrwert*, 7. Kap., »Linguet [Polemik gegen die bürgerlich-liberale Ansicht von der Freiheit des Arbeiters]«, in: *MEW*, Bd. 26, Berlin 1965, S. 324, siehe unter https://marxwirklichstudieren.files.wordpress.com/2012/11/mew_band26-1.pdf.

41 Aditya Chakrabortty, »The woman who nearly died making your iPad«, in: *The Guardian*, 5. August 2013, siehe unter http://www.theguardian.com/commentisfree/2013/aug/05/woman-nearly-died-making-ipad.

42 Friedrich A. Hayek, *Der Weg zur Knechtschaft* (1944), Neuausg., München 2003, S. 46.

43 Ich stimme zu, dass – wie ich später erörtern werde – eine wichtige Unterscheidung zwischen Freiheit und Macht getroffen werden muss, aber eben nicht jene, die Neoliberale konstruieren.

44 John Rawls, *Eine Theorie der Gerechtigkeit*, a. d Engl. v. Hermann Vetter, hg. v. Otfried Höffe, 3. Aufl., Berlin 2013, S. 232.

45 Um dies nachzuvollziehen, stellen Sie sich eine geldlose Gesellschaft vor, in der der Staat bestimmt, welchen Aktivitäten die Bürger nachgehen dürfen, indem er ihnen dafür Gutscheine zuweist: ein Restaurant besuchen, nach Mallorca fliegen, einen Sportwagen fahren und so weiter. Alle anderen Aktivitäten werden mit Waffengewalt unterbunden. In dieser Gesellschaft bestimmt sich das Maß an staatlicher Einmischung ins Privatleben nach der Menge und Qualität von Gutscheinen, die Aktivitäten erlauben. Gutscheine geben folglich vor, welche Freiheiten Menschen besitzen. In einer solchen Gesellschaft wären Menschen mit Gutscheinen, die weniger und / oder weniger interessante Aktivitäten ermöglichen, einer stärkeren staatlichen Einmischung ausgesetzt. Mit diesem Gedankenexperiment versuchte Gerald Cohen aufzuzeigen, dass Geld in unserer bestehenden Gesellschaft ganz ähnlich wie diese Gutscheine funktioniert: als hochabstrakte Genehmigungsscheine, über die der Staat bestimmte Aktivitäten zugesteht und andere verweigert. Siehe hierzu Gerald Cohen, *Self-Ownership, Freedom and Equality*, New York 1995, S. 58.

46 Die neoliberale Theorie ist, besonders in ihrer frühen Ausgestaltung, differenzierter als der Marktfundamentalismus, der sich seither in den Schaltzentralen der Macht ausgebreitet hat. So räumte beispielsweise Hayek ein, dass »ein bestimmtes Minimum an Nahrungsmitteln, Unterkunft und Bekleidung« notwendig sei, »um Gesundheit und Arbeitsfähigkeit zu erhalten«, und akzeptierte auch ein gewisses Maß an sozialer Sicherheit als Anliegen. Er erkannte, dass Wettbewerb nicht immer funktioniert und staatliche Eingriffe notwendig sind, um ein Marktversagen zu korrigieren. Und Friedman sprach sich für eine negative Einkommensteuer aus, eine Regelung, nach der Geringverdiener, deren Erwerbs-

einkommen unterhalb eines bestimmten Schwellenwerts liegt, keine Steuern zu zahlen brauchen, sondern staatliche Zuschüsse erhalten, um ihren Lebensunterhalt zu sichern. Aber in den Augen derjenigen, die über die Mittel verfügt hätten, solche Ideen durchzusetzen, war die das freie Unternehmertum lobpreisende Ideologie des Neoliberalismus nichts als ein bequemes Vehikel auf dem Weg zu einem Ziel: die demokratische Kontrolle über Konzernmacht auszuhebeln.

47 Robert Nozick, *Anarchie, Staat, Utopia*, a.d Amerik. v. Hermann Vetter, München o.J., S. 240.
48 Gerald Cohen, *Self-Ownership, Freedom and Equality*, a.a.O., S. 38.
49 Robert Nozick, *Anarchie, Staat, Utopia*, a.a.O., S. 41.
50 Zitiert nach Stuart Ewen, *Captains of Consciousness* (1976), New York 2001, S. 38.
51 Ebenda, S. 178 ff.
52 Ebenda, S. 178 f.
53 Milton Friedman, *Die Theorie des Preises*, üb. v. Gerti von Rabenau, München 1977, S. 26.
54 Rod Hill und Tony Myatt, *The Economics Anti-Textbook*, a.a.O., S. 79.
55 Douglas Dowd, *Capitalism and Its Economics: A Critical History* (2000), London 2004, S. 84.
56 David Miller und William Dinan, *A Century of Spin*, London 2008, S. 36.
57 Zitiert nach Stuart Ewen, *Captains of Consciousness*, a.a.O., S. 39.
58 Hayley Leaver, »Companies growing fat as you slim: The growth of the weight loss market«, in: *Metro*, 30. Januar 2014, siehe unter http://metro.co.uk/2014/01/30/companies-growing-fat-as-you-slim-the-growth-of-the-weight-loss-market-4282903/; »Global Cosmetic Surgery and Service Market Report 2015–2019«, PR Newswire, 11. März 2015, siehe unter http://www.prnewswire.com/news-releases/global-cosmetic-surgery-and-service-market-report2015-2019-295910691.html.
59 Naomi Wolf, *The Beauty Myth*, London 1990, S. 185 (dt.: *Der Mythos Schönheit*, a.d Engl. v. Cornelia Holfelder-von der Tann u.a., Reinbek bei Hamburg 1981).
60 Eileen L. Zurbriggen, Rebecca L. Collins, Sharon Lamb, Tomi-Ann Roberts, Deborah L. Tolman, L. Monique Ward und Jeanne Blake, »Report of the APA Task Force on the Sexualization of Girls«, Washington, D.C., American Psychological Association, 2007, siehe unter http://www.apa.org/pi/women/programs/girls/report-summary.pdf.
61 »The Good Childhood Report 2014: Executive Summary«, London, The Children's Society, 2014, S. 6, siehe unter http://www.york.ac.uk/inst/spru/research/pdf/GCR14sum.pdf.
62 Kate Devlin, »One in five young women ›has an eating disorder‹«, in: *The Telegraph*, 30. Januar 2009, siehe unter http://www.telegraph.co.uk/news/health/news/4389444/One-in-five-young-women-has-an-eating-disorder.html.
63 Monisha Rajesh, »India's unfair obsession with lighter skin«, in: *The Guardian*, 14. August 2013, siehe unter http://www.theguardian.com/worldshortcuts/2013/aug/14/indiasdark-obsession-fair-skin.
64 Tim Kasser, *The High Price of Materialism*, Cambridge, MA, 2002, S. 22.

65 David G. Myers und Ed Diener, »The Pursuit of Happiness«, *Scientific American*, 16. April 1996, S. 54 ff.
66 Richard Wilkinson und Kate Pickett, *Gleichheit ist Glück. Warum gerechte Gesellschaften für alle besser sind*, a. d Engl. v. Edgar Peinelt u. Klaus Binder, Berlin 2012, S. 83.
67 »The Good Childhood Report 2014: Executive Summary«, The Children's Society and the University of York, 2014, siehe unter http://www.childrenssociety.org.uk/sites/defaultfiles/The%20Good%20Childhood%20Report%202014%20summary%20FINAL.pdf; »A million children now suffer from mental health problems«, in: *Daily Mail*, 20. Juni 2007, siehe unter http://www.dailymail.co.uk/news/article-463194/A-million-children-suffer-mental-health-problems.html.
68 Richard Wilkinson und Kate Pickett, *Gleichheit ist Glück*, a. a. O., S. 83.
69 Oliver James, *The Selfish Capitalist: Origins of Affluenza*, London 2008, S. 26.
70 Ebenda, S. 1.
71 Richard Wilkinson und Kate Pickett, *Gleichheit ist Glück*, a. a. O., S. 94.
72 Zitiert nach Oliver James, *The Selfish Capitalist*, a. a. O., S. 49.
73 Kathleen Taylor, *Brainwashing: The Science of Thought Control*, Oxford 2004, S. 51.
74 Susan Linn in einem Interview im Dokumentarfilm *The Corporation* (2003) von Mark Achbar, Jennifer Abbott und Joel Bakan, siehe unter http://www.thecorporation.com/.
75 Lucy Hughes, Interview, ebenda.
76 Susan Linn, Interview, ebenda.
77 Joel Bakan, *Childhood under Siege*, London 2011, S. 16.
78 Rod Hill und Tony Myatt, *The Economics Anti-Textbook*, a. a. O., S. 82.
79 Richard Wilkinson und Kate Pickett, *Gleichheit ist Glück*, a. a. O., S. 69 ff.
80 Ebenda, S. 79.
81 Raj Patel, *The Value of Nothing*, a. a. O., S. 30 f.
82 Daniel Kahneman, *Schnelles Denken, langsames Denken*, a. d amerikan. Engl. v. Thorsten Schmidt, München 2012, S. 75.
83 Zitiert nach Robin Hahnel, *The ABCs of Political Economy*, a. a. O., S. 100.
84 Karl Polanyi, *The great transformation. Politische und ökonomische Ursprünge von Gesellschaften und Wirtschaftssystemen*, a. a. O., S. 316.
85 Joseph E. Stiglitz, *Der Preis der Ungleichheit. Wie die Spaltung der Gesellschaft unsere Zukunft bedroht*, a. a. O., S. 13.
86 Zitiert nach Robert Leeson (Hg.), *Hayek: A Collaborative Biography, Part IV, England, the Ordinal Revolution and the Road to Serfdom, 1931–1950*, New York 2015, S. 16.
87 Ebenda, S. 17.
88 Ben Chu, »Bill Gates: Why do we care more about baldness than malaria?«, in: *The Independent*, 16. März 2013, siehe unter http://www.independent.co.uk/news/world/americas/bill-gates-why-do-we-care-more-about-baldnessthan-malaria-8536988.html.

7. Medien

1. Robert W. McChesney, *Digital Disconnect*, New York 2013, S. 1; Joe Mayes, »We now spend more time in front of a screen than in bed, Ofcom study shows«, in: *The Independent*, 7. August 2014, siehe unter http://www.independent.co.uk/life-style/gadgets-and-tech/news/we-now-spend-more-time-in-front-of-a-screen-than-in-bed-ofcom-study-shows-9652631.html.
2. James Curran und Jean Seaton, *Power without Responsibility* (1981), 2. Aufl., London 1985, S. 7.
3. Ebenda, S. 9.
4. Zitiert ebenda, 7. Aufl., London 2010, S. 14.
5. 1834 fragte sich der Lordkanzler, wie die Menschen »auf beste Art lesen, wie sie politisch gebildet und ihre politischen Gewohnheiten so geformt werden sollten, dass die größte Sicherheit für die Verfassung des Landes gewährleistet ist«. Zitiert ebenda, S. 17.
6. Zitiert ebenda, 2. Aufl., a. a. O., S. 13.
7. Ebenda, 7. Aufl., a. a. O., S. 20.
8. Noam Chomsky und Edward S. Herman, *Manufacturing Consent* (1988), New York 2002, S. 4.
9. James Curran und Jean Seaton, *Power without Responsibility*, 7. Aufl., a. a. O., S. 92.
10. Viele sehen eine wichtige Ausnahme in der staatlichen BBC. Allerdings werden die meisten Führungsposten in der Sendeanstalt von der britischen Regierung besetzt, die damit die politische Ausrichtung erheblich beeinflusst. Es wird niemanden überraschen, dass sie Personen wählt, die eher dazu neigen, sie zu unterstützen als Gegenpositionen zu vertreten. Die Gefahr offener staatlicher Einflussnahme zeigt sich mitunter deutlich. So drohte Ende 2013 Grant Shapps, Minister ohne Geschäftsbereich im konservativen Kabinett Cameron, der BBC Kürzungen der Rundfunkgebühren an, sollte sie vor den anstehenden allgemeinen Wahlen nicht »ausgewogener« berichten.
11. Zitiert nach James Curran und Jean Seaton, *Power without Responsibility*, 7. Aufl., a. a. O., S. 81.
12. Zitiert nach Owen Jones, *The Establishment: And how they get away with it*, London 2014, S. 97 f.
13. Zitiert nach James Curran und Jean Seaton, *Power without Responsibility*, 7. Aufl., a. a. O., S. 70.
14. Ebenda, S. 329.
15. Zitiert nach Owen Jones, *The Establishment: And how they get away with it*, a. a. O., S. 92.
16. Gary Younge, »A web of privilege supports this so-called meritocracy«, in: *The Guardian*, 7. Mai 2012, siehe unter http://www.theguardian.com/commentisfree/2012/may/06/leveson-murdoch-cameron-brooks-privilege.
17. Media Reform Coalition, »The elephant in the room: A survey of media Zownership and plurality in the United Kingdom«, 2014, S. 1, siehe unter http://www.mediareform.org.uk/wp-content/uploads/2014/04/ElephantintheroomFinalfinal.pdf.

18 Zitiert nach James Curran und Jean Seaton, *Power without Responsibility*, 7. Aufl., a. a. O., S. 329.
19 Norman Solomon, »The Military-Industrial-Media Complex«, Fairness & Accuracy in Reporting (FAIR), 1. August 2005, siehe unter http://fair.org/extra-online-articles/the-military-industrialmedia-complex/.
20 George Arnett, »Elitism in Britain – breakdown by profession«, in: *The Guardian*, 28. August 2014, siehe unter http://www.theguardian.com/news/datablog/2014/aug/28/elitism-in-britain-breakdown-by-profession.
21 Ebenda.
22 James Curran und Jean Seaton, *Power without Responsibility*, 2. Aufl., a. a. O., S. 41.
23 Ebenda, 7. Aufl., a. a. O., S. 29.
24 Ebenda, 2. Aufl., a. a. O., S. 41.
25 Zitiert ebenda, 7. Aufl., a. a. O., S. 30.
26 Noam Chomsky und Edward S. Herman, *Manufacturing Consent*, a. a. O., S. 15.
27 Zitiert nach James Curran und Jean Seaton, *Power without Responsibility*, 7. Aufl., a. a. O., S. 64.
28 Ebenda, S. 83.
29 Ben Bagdikian, *The New Media Monopoly*, Boston, MA, 2004, S. 222.
30 James Curran und Jean Seaton, *Power without Responsibility*, 7. Aufl., a. a. O., S. 171.
31 Zitiert nach Ben Bagdikian, *The New Media Monopoly*, a. a. O., S. 243.
32 Zitiert ebenda, S. 239.
33 Zitiert ebenda, S. 240.
34 Media Lens, »The Fictitious Firewall«, 10. Oktober 2006, siehe unter http://www.medialens.org/index.php/alerts/alert-archive/2006/477-the-fictitious-firewall.html.
35 Ohne die Notwendigkeit, Werbung anzuziehen, wäre die radikale Presse des 19. und 20. Jahrhunderts – die mit großem Abstand die höchsten Auflagen hatte – politisch radikal und materiell erfolgreich geblieben. Sie hätten die Ansichten von Millionen Lesern und damit auch die politische Führung des Landes beeinflusst. All dies ist natürlich spekulativ, aber solche Spekulationen sind notwendig, um den Einfluss von Werbung auf die heutige Welt einzuschätzen.
36 Media Buying, »Total Media Ad Spending Growth Slows Worldwide«, eMarketer, 15. September 2015, siehe unter http://www.emarketer.com/Article/Total-Media-Ad-Spending-Growth-Slows-Worldwide/1012981.
37 David Edwards und David Cromwell, *Guardians of Power: The Myth of the Liberal Media*, London 2006, S. 7. Der Anteil ging in den letzten Jahren zurück, übersteigt aber immer noch die 50-Prozent-Marke.
38 Andrew Marr, *My Trade: A Short History of British Journalism*, London 2004, S. 112.
39 Noam Chomsky und Edward S. Herman, *Manufacturing Consent*, a. a. O., S. 22.
40 Nick Davies, *Flat Earth News: An Award-winning Reporter Exposes Falsehood, Distortion and Propaganda in the Global Media*, London 2008, S. 52.
41 Zitiert ebenda, S. 97.
42 Obwohl diese Agenturen praktisch über ein Monopol auf dem internationalen Nachrichtenmarkt verfügen, erlitten auch sie drastische Kürzungen der Etats

für Personal und Betriebskosten. In den letzten beiden Jahrzehnten wurden Tausende Stellen gestrichen. Tatsächlich verfügen 130 Länder über kein eigenes Fernsehteam aus einer der beiden Agenturen. Und Forschungen deuten darauf hin, dass sämtliche Printmedien und Sender der USA in ihrer Berichterstattung über den gesamten Globus von gerade mal 141 Auslandskorrespondenten abhängen. Siehe hierzu Nick Davies, *Flat Earth News*, a. a. O., S. 99.
43 Zitiert ebenda, S. 83.
44 Nick Robinson, »›Remember the last time you shouted like that?‹ I asked the spin doctor«, in: *The Times*, 16. Juli 2004.
45 Zitiert nach David Edwards und David Cromwell, *Newspeak in the 21st Century*, London 2009.
46 Nick Davies, *Flat Earth News*, a. a. O., S. 96.
47 Noam Chomsky und Edward S. Herman, *Manufacturing Consent*, a. a. O., S. 26.
48 Nick Davies, *Flat Earth News*, a. a. O., S. 122.
49 Als eine der aktivsten und einflussreichsten Lobbygruppen tat sich in jüngster Zeit die israelische hervor. John Pilger wurde zweimal mit dem britischen Preis »Journalist des Jahres« ausgezeichnet, weil er einen Großteil seiner Laufbahn damit verbracht hat, Menschenrechtsverstöße rund um die Welt aufzudecken. Sein Film *Palestine Is Still the Issue* wurde im September 2002 auf ITV, einem der größten britischen TV-Sender, ausgestrahlt. Im Fokus standen, so Pilgers Worte, »die täglichen Demütigungen und die kulturelle Herabwürdigung der Palästinenser«. Die offizielle israelische Position kam »in einem bedeutenden Teil des Films« zum Ausdruck. Ehe er auf Sendung ging, wurde »praktisch jedes Wort und jede Einstellung eingehend daraufhin geprüft, ob die Fakten richtig wiedergegeben und die Vorgaben für Ausgewogenheit und Fairness nach britischem Rundfunkrecht erfüllt waren«.
Die Reaktion fiel ebenso eindrücklich wie nervenaufreibend aus. Bei der Produktionsgesellschaft Carlton Television gingen mehrere tausend E-Mails ein. Pilger sah sich unter anderem als »dämonischer Psychopath«, als »Verbreiter von Hass und Übel« oder als »Antisemit gefährlichster Sorte« diffamiert. Es sei »keine schlechte Idee«, so ein Schreiber, seine Familie umzubringen. Privat erhielt Pilger eine Serie von Todesdrohungen. Die Angriffe erfolgten koordiniert. Zahlreiche E-Mails stammten von der in New York niedergelassenen Honest Reporting, einer Organisation mit Abonnenten rund um die Welt. Laut Pilger, »fertigte sie Beschwerden vor, lieferte allgemeines Material und beriet Leute, wie sie gegen angeblich ›antijüdisches‹ Material vorgehen konnten, das sie nicht gelesen hatten«. Nach einer langen Zeit der Kritik, darunter zahlreichen E-Mails und Anrufen mit Drohungen, in der sogar Carltons Geschäftsführer den Film verurteilte, gab der britische unabhängige Fernsehausschuss ITC bekannt, dass er sämtliche Beschwerden zurückweise. Stattdessen lobte er die »journalistische Integrität«, die »Sorgfalt und Gründlichkeit, mit denen [der Film] recherchiert war«, sowie »die breite Streuung und Seriosität« seiner historischen Quellen. Auch wenn diese Rechtfertigung willkommen war, so hängt die Durchschlagskraft eines Angriffs gar nicht davon ab, ob Fehler nachgewiesen werden. Ein derartiges Trommelfeuer an Kritik trägt entscheidend dazu bei, bestimmte Themen

und Ansichten als »hochriskant« einzustufen, damit die Medien anschließend Selbstzensur üben. Eine ausführliche Darstellung zu diesen Vorgängen siehe John Pilger, *Freedom Next Time*, London 2006, S. 187–198.

Die Organisation Honest Reporting behauptet, sie habe seit 2000 »Hunderte von Entschuldigungen, Widerrufen und Berichtigungen bei Nachrichtenkanälen durchgesetzt. Diese Bemühungen verändern das Gesicht der Medienlandschaft und der Berichterstattung über Israel in der ganzen Welt.« Siehe unter http://honestreporting.com/a/digitaldiplomats/html/introOld.html. In seinem Buch *Flat Earth News* zitiert Nick Davies das Zeugnis eines leitenden Journalisten der BBC: »Die [israelische] Lobby setzt auf Einschüchterung. Wenn der Chefredakteur der Sendung *Today* weiß, dass nach einem Beitrag das Telefon nicht mehr stillsteht, überlegt er sich zweimal, ob er ihn ausstrahlt. Natürlich tut die Lobby ihre Arbeit. Ich erinnere mich an zahlreiche Beispiele, bei denen ich ihre Wucht zu spüren bekam.« Das Ergebnis ist, dass »die BBC israelischen Stimmen regelmäßig mehr Sendezeit zubilligt als palästinensischen und Opfern unter den Israelis häufig mehr Aufmerksamkeit widmet als Opfern unter den Palästinensern«. Die Mediengruppe der Glasgow University führte eine Studie durch (siehe *Bad News from Israel*, London 2004), der zufolge das britische Fernsehen »eine übergroße Voreingenommenheit zugunsten der Politik des Staates Israel« widerspiegele. Greg Philo und Koautor Mike Berry stellten in der Studie fest, dass Israelis in Zitaten und Interviews doppelt so häufig zu Wort kommen wie Palästinenser. In der Sprache, in der beide Seiten dargestellt werden, gibt es größere Unterschiede: Ausdrücke wie »Mord«, »Gräuel« und »brutales, kaltblütiges Töten« beschränkten sich auf Gewalttaten, bei denen Israelis ums Leben kamen.

50 Maxwell T. Boykoff und Jules M. Boykoff, »Balance as bias: Global warming and the US prestige press«, in: *Global Environmental Change* 14 (2004), S. 125–136, siehe unter http://sciencepolicy.colorado.edu/adminpublication_files/2004.33.pdf.

51 Aaron Huertas und Dena Adler, »Is News Corp. Failing Science?«, Union of Concerned Scientists, September 2012, siehe unter http://www.ucsusa.org/global_warming/solutions/fight-misinformation/news-corporation-climate-science-coverage.html.

52 Andrew Marr, *News at Ten*, BBC1, 9. April 2003. Im Interview mit Tony Blair in der *Andrew Marr Show* äußerte Marr am 25. September 2005: »In den letzten beiden Jahren starben im Irak 25 000 Zivilisten […]. Ungefähr zwei Drittel dieser Menschen wurden von den britischen und amerikanischen Soldaten zweifellos in völlig legitimen Kampfhandlungen getötet.« Und am 20. März verkündete Bridget Kendall, BBC-Korrespondentin für diplomatische Angelegenheiten, in den *Six O'Clock News*: »Es gibt zum Einmarsch in den Irak noch erbitterten Meinungsstreit. War er gerechtfertigt oder eine verheerende Fehlkalkulation?« Andere Fragen wie die, ob der Krieg überhaupt legal oder moralisch vertretbar sei, wurden gar nicht erst angesprochen.

53 Matt Wells, »Study deals a blow to claims of anti-war bias in BBC news«, in: *The Guardian*, 4. Juli 2003, siehe unter http://www.theguardian.com/media/2003/jul/04/Iraqandthemedia.politicsandthemedia.

54 Zitiert nach David Edwards und David Cromwell, *Newspeak in the 21st Century*, a. a. O., S. 28.
55 Glenn Greenwald, »CNN / MSNBC Reporter: Corporate executives forced pro-Bush, pro-war narrative«, *Salon*, 29. Mai 2008, siehe unter http://www.salon.com/2008/05/29/yellin/.
56 Ebenda.
57 Die Rede von Chris Hedges siehe auf YouTube unter http://www.youtube.com/watch?v=SAWMgYyAtHU.
58 Chris Hedges, *Death of the Liberal Class*, New York 2010, S. 130.
59 Interview mit Amy Goodman, New York, Juli 2009.
60 Amy Goodman mit David Goodman, *The Exception to the Rulers*, London 2004, S. 241–246 (dt.: *Keine Widerrede! Warum die Medien aalglatte Politiker und Kriegstreiber lieben*, üb. v. Michael Schiffmann, Berlin 2009).
61 Dabei waren gar keine Regeln für das Interview vereinbart worden. Goodman schreibt, dass die »Administration damit drohte, mir den Zutritt zum Weißen Haus zu verwehren, und gegenüber einem Reporter der [Tageszeitung] *Newsday* äußerte, man werde mich für meine Einstellung abstrafen und mir den Zugang versperren – als ob ich den noch hätte verlieren können«. Ebenda, S. 246 f.
62 Zitiert ebenda, S. 192.
63 *The Situation Room*, CNN, 28. Mai 2008. Die Niederschrift siehe online unter http://transcripts.cnn.com/TRANSCRIPTS/0805/28/sitroom.01.html.
64 Glenn Greenwald, »CNN / MSNBC Reporter: Corporate executives forced pro-Bush, pro-war narrative«, a. a. O., siehe unter http://www.salon.com/2008/05/29/yellin.
65 Nick Davies, *Flat Earth News*, a. a. O., S. 330.
66 Zitiert ebenda, S. 350.
67 Alan Rusbridger, »David Miranda, schedule 7 and the danger that all reporters now face«, in: *The Guardian*, 19. August 2013, siehe unter http://www.theguardian.com/commentisfree/2013/aug/19/david-miranda-schedule7-danger-reporters.
68 Nicholas Watt, »David Cameron makes veiled threat to media over NSA and GCHQ leaks«, in: *The Guardian*, 28. Oktober 2013, siehe unter http://www.theguardian.com/world/2013/oct/28/david-cameron-nsa-threat-newspapers-guardian-snowden.
69 Alan Rusbridger, »MPs' questions to Alan Rusbridger: Do you love this country«, in: *The Guardian*, 3. Dezember 2013, siehe unter http://www.theguardian.com/media/2013/dec/03/keith-vaz-alan-rusbridger-love-country-nsa.
70 Dr Glen O'Hara, Oxford Brookes University, »History lessons on the public debt«, Brief an *The Guardian*, 3. März 2010, siehe unter http://www.theguardian.com/business/2010/mar/03/history-lessons-on-public-debt.
71 Barry Kushner und Saville Kushner, *Who Needs the Cuts?*, London 2010, S. 39.
72 Eine rigorose Darstellung zum historischen Scheitern der Sparpolitik siehe Mark Blyth, *Austerity: The History of a Dangerous Idea*, New York 2013 (dt.: *Wie Europa sich kaputtspart. Die gescheiterte Idee der Austeritätspolitik*, a. d Engl. v. Boris Vormann, Bonn 2014).
73 Zum Beispiel Alberto Alesina und Silvia Ardagna, »Large Changes in Fiscal

Policy: Taxes versus Spending«, National Bureau of Economic Research, Working Paper No. 15438, Oktober 2009. Siehe ebenso Carmen Reinhart und Kenneth Rogoff, »Growth in a Time of Debt«, National Bureau of Economic Research, Working Paper No. 15639, Januar 2010.

74 Paul Krugman, »The case for cuts was a lie. Why does Britain still believe it? The austerity delusion«, in: *The Guardian*, 29. April 2015, siehe unter http://www.theguardian.com/business/ng-interactive/2015/apr/29/the-austerity-delusion.

75 George Eaton, »Exclusive: Osborne's supporters turn on him«, in: *New Statesman*, 15. August 2012, siehe unter http://www.newstatesman.com/blogspolitics/2012/08/exclusive-osbornes-supporters-turn-him.

76 Paul Krugman, »The case for cuts was a lie. Why does Britain still believe it? The austerity delusion«, a.a.O.

77 Ebenda.

78 Simon Wren-Lewis, »The Austerity Con«, in: *London Review of Books* 37 (4), 19. Februar 2015, S. 9 ff., siehe unter http://www.lrb.co.uk/v37/n04/simon-wren-lewis/the-austerity-con.

79 Ben Chu, »Two thirds of economists say Coalition austerity harmed the economy«, in: *The Independent*, 1. April 2015, siehe unter http://www.independent.co.uk/news/business/news/two-thirds-ofeconomists-say-coalition-austerity-harmed-the-economy-10149410.html.

80 Simon Wren-Lewis, »The economic consequences of George Osborne: Covering up the austerity mistake«, in: *New Statesman*, 22. April 2015, siehe unter http://www.newstatesman.com/politics/2015/04/economic-consequences-george-osborne-covering-austerity-mistake.

81 Ha-Joon Chang, »Why did Britain's political class buy into the Tories' economic fairytale?«, in: *The Guardian*, 19. Oktober 2014, siehe unter http://www.theguardian.com/commentisfree/2014/oct/19/britain-political-class-tories-econo mic-fairytale.

82 Ebenda.

83 »Budget 2010: Full text of George Osborne's statement«, in: *The Telegraph*, 22. Juni 2010, siehe unter http://www.telegraph.co.uk/finance/budget/7846849/Budget-2010-Full-text-of-George-Osbornes-statement.html.

84 Liam Halligan, »It's time to come clean about our national debt«, in: *The Telegraph*, 25. Oktober 2014, siehe unter http://www.telegraph.co.uk/finance/economics/11187727/Its-time-to-come-clean-about-our-national-debt.html.

85 B. Barr, D. Taylor-Robinson, D. Stuckler, R. Loopstra, A. Reeves und M. Whitehead, »›First, do no harm‹: are disability assessments associated with adverse trends in mental health? A longitudinal ecological study«, in: *Journal of Epidemiology and Community Health*, 16. November 2015, siehe unter http://jech.bmj.com/content/early/2015/10/26/jech-2015-206209.

86 Phillip Inman, »Bank of England governor blames spending cuts on bank bailouts«, in: *The Guardian*, 1. März 2011, siehe unter http://www.theguardian.com/business/2011/mar/01/mervyn-king-blames-banks-cuts.

87 Joseph Stiglitz, *Die Schatten der Globalisierung*, a. d Engl. v. Thorsten Schmidt, Berlin 2002, S. 284.

88 Tom Clark, »Tories retake poll lead but appear at odds with public on 50p tax«, in: *The Guardian*, 19. März 2012, siehe unter http://www.theguardian.com/politics/2012/mar/19/tories-poll-lead-50p-tax-rate.
89 Lord Mayor's Banquet 2013: Prime Minister's Speech, 11. November 2013, siehe unter https://www.gov.uk/government/speeches/lord-mayors-banquet-2013-prime-ministers-speech.
90 Paul Krugman, »The case for cuts was a lie. Why does Britain still believe it? The austerity delusion«, a. a. O.
91 »The complaints come marching in«, in: *Financial Times*, 25. März 2011, siehe unter http://www.ft.com/cms/s/0/30f5fc14-5721-11e0-9035-00144feab49a.html.
92 »A brave budget that pulls Britain back from the brink«, in: *The Telegraph*, 22. Juni 2010, siehe unter http://www.telegraph.co.uk/finance/budget/7847905/A-brave-Budget-that-pulls-Britain-back-from-the-brink.html.
93 Zitiert nach Barry Kushner und Saville Kushner, *Who Needs the Cuts?*, a. a. O., S. 17.
94 Ebenda.
95 Simon Wren-Lewis, »The Austerity Con«, a. a. O.
96 »Osborne wins the battle on austerity«, *Financial Times*, 10. September 2013, siehe unter http://www.ft.com/cms/s/0/03137634-1a13-11e3-93e8-00144feab7de.html.
97 Julien Mercille, »The British Media, Cheerleaders for Austerity«, Truthout, 26. Juni 2013, siehe unter http://www.truth-out.org/opinion/item/17209-the-british-mediacheerleaders-for-austerity.
98 Mike Berry, »Hard Evidence: How biased is the BBC?«, in: *New Statesman*, 23. August 2013, siehe unter http://www.newstatesman.com/broadcast/2013/08/hard-evidence-how-biased-bbc.
99 Ebenda.
100 »Gordon Brown to keep spending high despite recession, Ed Balls indicates«, in: *The Telegraph*, 28. Juni 2009, siehe unter http://www.telegraph.co.uk/news/politics/5677741/Gordon-Brownto-keep-spending-high-despite-recession-Ed-Balls-indicates.html.
101 Peter Moore, »Austerity: the new normal«, 24. April 2013, siehe die Website von YouGov UK unter https://yougov.co.uk/news/2013/04/24/austerity-new-normal.
102 Tom Clark, »Voters trust Cameron-Osborne most with the economy, poll finds«, in: *The Guardian*, 6. Oktober 2014, siehe unter http://www.theguardian.com/politics/2014/oct/06/voters-trust-cameron-osborne-most-with-the-economy-poll-finds.
103 Jonathan Paige, »British public wrong about nearly everything, survey shows«, in: *The Independent*, 9. Juli 2013, siehe unter http://www.independent.co.uk/news/uk/home-news/british-publicwrong-about-nearly-everything-survey-shows-8697821.html.
104 Louise Ridley, »Jeremy Corbyn ›Systematically‹ Attacked by British Press the Moment He Became Leader, Research Claims«, in: *The Huffington Post*, 26. November 2015, siehe unter http://www.huffingtonpost.co.uk/2015/11/26/jeremy-corbyn-media-coverage_n_8653886.html?1448557116.
105 Steerpike, »Nick Robinson tackles anti-Corbyn bias at the BBC«, in: *The Spectator*,

16. November 2015, siehe http://blogs.spectator.co.uk/2015/11/nick-robinson-tackles-anti-corbyn-bias-at-the-bbc/.
106 »Cracks in the crust«, in: *The Economist*, 11. Dezember 2008, siehe unter http://www.economist.com/node/12762027.
107 Karin Hammar, »Iceland Makes Strong Recovery from 2008 Financial Crisis«, in: *IMF Survey Magazine*, 13. März 2015, siehe unter http://www.imf.org/external/pubs/ft/survey/so/2015/car031315a.htm.
108 Tracey Greenstein, »Iceland's Stabilized Economy Is a Surprising Success Story«, in: *Forbes*, 20. Februar 2013, siehe unter http://www.forbes.com/sites/traceygreenstein/2013/02/20/icelands-stabilized-economy-is-a-surprising-success-story.
109 *The Big Idea*, BBC2, 14. Februar 1996. Die Sendung siehe auf YouTube unter https://www.youtube.com/watch?v=GjENnyQupow.
110 Siehe hierzu Daniel Kahneman, *Schnelles Denken, langsames Denken*, a. d amerik. Engl. v. Thorsten Schmidt, München 2012, S. 85. In einer Studie wurden Personen mit verschiedenen Todesursachen konfrontiert und aufgefordert, einzuschätzen, welche von zweien die häufigere war. Im Ergebnis tippten 80 Prozent der Befragten, dass mehr Menschen durch Unfälle als durch Schlaganfälle ums Leben kommen, obwohl Letztere doppelt so viele Todesopfer fordern wie sämtliche Unfälle zusammengenommen.
111 Ebenda, S. 90. Dieser Effekt beschränkt sich nicht auf Menschen. Experimente offenbarten ein ähnliches Verhalten bei einer Reihe von Tieren. Robert Zajonc behauptet sogar, dass sämtliche Arten betroffen seien.
112 Ebenda.
113 John Nichols, »The Discourse Suffers When Trump Gets 23 Times as Much Coverage as Sanders«, in: *The Nation*, 14. Dezember 2015, siehe unter http://www.thenation.com/article/the-discourse-suffers-when-trump-gets-23-times-as-much-coverage-as-sanders/.
114 Janet Elder, »Packaging 911, Terror and the War in Iraq«, in: *The New York Times*, 17. Oktober 2007, siehe unter http://www.nytimes.com/2007/10/17/us/politics/17web-elder.html.
115 Steven Kull, »Misperceptions, the Media and the Iraq war«, Program on International Policy Attitudes (PIPA), 2. Oktober 2003, siehe unter http://www.pipa.org/onlineReports/Iraq/IraqMedia_Oct03/IraqMedia_Oct03_rpt.pdf.
116 Simon Jeffery, »WikiLeaks: Julian Assange returns to court and the latest developments«, in: *The Guardian*, 11. Januar 2011, siehe unter http://www.theguardian.com/newsblog/2011/jan/11/wikileaks-latest-developments.
117 Siehe hierzu Robert W. McChesney, *Digital Disconnect*, a. a. O., S. 173.
118 Dabei variierten allerdings die Zahlen erheblich: ABC Television: 91 Prozent, MSNBC: 81 Prozent, *The Guardian*: 62 Prozent, CNN: 59 Prozent und so weiter. Internet-Konzerne wie Yahoo! und AOL übernahmen die Inhalte anderer zu einem weitaus höheren Anteil: im Durchschnitt zu 85 Prozent.
119 James Curran und Jean Seaton, *Power without Responsibility*, 7. Aufl., a. a. O., S. 276.

8. Kreativität

1 Stanley Milgram, *Das Milgram-Experiment. Zur Gehorsamsbereitschaft gegenüber Autorität*, dt. v. Roland Fleissner, Reinbek bei Hamburg 1974.
2 Ebenda, S. 47.
3 Thomas Blass, »The Obedience Experiments at 50«, in: *Observations*, Association for Psychological Science, 31. August 2011. (»Ich glaube, einer der wichtigsten Aspekte von Milgrams Vermächtnis besteht darin, dass er unsere äußerste Bereitschaft, Autoritäten zu gehorchen, gezeigt und damit eine der Universalien oder Konstanten des menschlichen Verhaltens ausgemacht hat, die über Zeit und Raum hinweg wirksam sind.«) Siehe unter http://www.psychological science.org/index.php/publications/observer/obsonline/the-obedience-experiments-at-50.html. Eine eingehende Untersuchung siehe Thomas Blass, *The Man Who Shocked the World: The Life and Legacy of Stanley Milgram*, New York 2004, sowie Jerry M. Burger, »Replicating Milgram«, in: *American Psychologist* 64 (1), Januar 2009, S. 1–11.
4 Ebenda.
5 Stanley Milgram, *Das Milgram-Experiment*, a. a. O., S. 208.
6 Ebenda, S. 213.
7 Ebenda, S. 11.
8 Hannah Arendt, *The Life of the Mind* (1971), Boston 1981, S. 180 (dt.: *Vom Leben des Geistes*, a. d Amerikan. v. Hermann Vetter, München und Zürich 1998).
9 Stanley Milgram, *Das Milgram-Experiment*, a. a. O., S. 24.
10 So ist es vorstellbar, dass ein Gefangener in einer Zelle zwar keinerlei Macht besitzt, auf die Außenwelt einzuwirken, aber dennoch mehr kreative Freiheit hat als sein stressgeplagter Wärter.
11 Die Stimmigkeit unserer persönlichen Landkarten ist für unsere Freiheit von entscheidender Bedeutung, allerdings nur dann, wenn sie die Verwirklichung unserer tiefsten Werte betrifft. Manche Wahrheiten können schmerzhaft sein, ohne unsere kreative Freiheit in irgendeiner Weise zu stärken.
12 George Orwell, »In Front of Your Nose«, in *Tribune*, 22. März 1946, siehe unter http://www.orwell.ru/library/articles/nose/english/e_nose.
13 John Maynard Keynes, »Economic Possibilities for Our Grandchildren« (1930), siehe unter https://www.marxists.org/reference/subject/economics/keynes/1930/our-grandchildren.htm.
14 Diese Formulierung benutzte Hayek während eines Gesprächs in der Show »The Levin Interviews«, gesendet auf BBC am 31. Mai 1980, unter https://www.youtube.com/watch?v=gVjT98208M4.
15 Kathleen Taylor, *Brainwashing*, Oxford 2004, S. 122.
16 Viktor E. Frankl, »*… trotzdem Ja zum Leben sagen*«. *Ein Psychologe erlebt das Konzentrationslager*, Vorwort von Hans Weigel, 8. Aufl. der Neuausg. 2009, München 2016, S. 102 und 105.
17 Nicholas Kristof, »Is Delhi So Different from Steubenville?«, in: *The New York Times*, 12. Januar 2013, siehe unter http://www.nytimes.com/2013/01/13/opinions/unday/is-delhi-so-different-from-steubenville.html?_r=0. In den USA werden

täglich zwei bis drei Frauen vom Ehepartner oder ehemaligen Ehemann ermordet. Alle neun Sekunden wird eine Frau zusammengeschlagen. Und alle 6,2 Minuten wird eine Vergewaltigung angezeigt. (Dabei verzichten die meisten Vergewaltigungsopfer auf eine Anzeige. Es gibt Schätzungen, denen zufolge es zu einer Vergewaltigung pro Minute kommt.)

18 Edward Skidelsky, »Are people frightened of leisure time?«, in: *The Guardian*, 10. September 2013, siehe unter http://www.theguardian.com/sustainable-business/are-people-frightened-leisure-time.

19 Adam Smith, *Der Wohlstand der Nationen. Eine Untersuchung seiner Natur und Ursachen*, Erstes Buch, 2. Kapitel, 11. Aufl., München 2005, S. 17. Den englischen Originaltext siehe unter http://geolib.com/smith.adam/won1-02.html.

20 Ob dieses Zitat tatsächlich von Keynes stammt, ist umstritten. Es wurde ihm erstmals 1951 zugeschrieben. Siehe George Schuster, *Christianity and Human Relations in Industry*, London 1951, S. 109.

21 John Maynard Keynes, »Economic Possibilities for Our Grandchildren« (1930), siehe unter https://www.marxists.org/reference/subject/economics/keynes/1930/our-grandchildren.htm.

22 Den Kommentar siehe das Interview mit Bernard Levin in dessen Show »The Levin Interviews«, gesendet von der BBC am 31. Mai 1980, unter https://www.youtube.com/watch?v=gVjT98208M4.

23 E. F. Schumacher, *Small Is Beautiful*, London 1993, S. 12 (dt.: *Small Is Beautiful. Die Rückkehr zum menschlichen Maß*, a. d Engl. v. Karl A. Klewer, Reinbek bei Hamburg 1977).

24 David Graeber, *Die falsche Münze unserer Träume. Wert, Tausch und menschliches Handeln*, a. d Engl. v. Michaela Grabinger u. a., Zürich 2012, S. 12.

25 Nach einer Mitschrift der Rede »The Pricing of Everything« von George Monbiot zur »Annual Lecture« des Sheffield Political Economy Research Institute 2014, siehe unter http://www.monbiot.com/2014/07/24/the-pricing-of-everything/.

26 Kimberly Vosburgh, »Ocean Assets Valued at $24 Trillion, But Dwindling Fast«, siehe die Website des WWF, 22. April 2015, unter http://www.worldwildlife.org/stories/ocean-assets-valued-at-24-trillion-but-dwindling-fast.

27 Shamim Adam, »Global Financial Assets Lost $50 Trillion Last Year, ADB Says«, Bloomberg, 9. März 2009, siehe unter http://fisherpreciousmetals.com/2009/03/global-financial-assets-lost-50-trillion-last-year-adb-says/.

28 Friedrich A. Hayek, *Der Weg zur Knechtschaft*, München 2003, S. 82 f.

29 Ebenda, S. 191 f.

30 Joel Bakan, *Childhood under Siege*, London 2011, S. 11.

31 Friedrich A. Hayek, *Der Weg zur Knechtschaft*, a. a. O., S. 194.

32 Ebenda, S. 202.

33 Ebenda, S. 204.

34 Ebenda, S. 188.

35 Ebenda, S. 190.

36 Mehrere Denker vertraten die Auffassung, dass der Zustand einer Gesellschaft – ihr Entwicklungsstand – nach den Freiheiten bemessen werden müsse, die sie ihren Bürgern bietet. Für diesen Ansatz wegbereitend wirkte Amartya Sen mit

Texten wie *Development as Freedom*, Oxford 1999 (dt.: *Ökonomie für den Menschen. Wege zu Gerechtigkeit und Solidarität in der Marktwirtschaft*, a. d Engl. v. Christiana Goldmann, München 2002). Sens Konzept von Freiheit als Optionenvielfalt ist eine radikale Abkehr von Formulierungen, mit denen die heute vorherrschenden wirtschaftlichen und politischen Systeme gerechtfertigt werden. Er verweist auf die Schwierigkeit, nicht nur zu erlangen, sondern überhaupt erst einmal zu erkennen, was von Wert ist: »Wenn man Freiheit im Sinne der Macht sieht, ein Ergebnis zustande zu bringen, das man sich mit begründeter Überlegung wünscht, stellt sich natürlich die zugrunde liegende Frage, ob die betreffende Person ausreichend Gelegenheit hatte, darüber nachzudenken, was sie wirklich will.« Siehe hierzu Amartya Sen, *The Idea of Justice*, London 2010, S. 301 (dt.: *Die Idee der Gerechtigkeit*, a. d Engl. v. Christa Krüger, München 2010).

37 Philip Pullella und Sarah Marsh, »Pope calls for new economic order, criticizes capitalism«, Reuters, 9. Juli 2015, siehe unter http://www.reuters.com/article/us pope-latam-bolivia-idUSKCN0PJ29B20150710#7RT6dFUqSdi4P5mA.97.

38 Bertrand Russell, *Die Kultur des Industrialismus und ihre Zukunft*, unter Mitarb. von Dora Russell, dt. v. Cl. Margolin, München und Berlin 1928, S. 316.

39 Solomon Northup, *Twelve Years a Slave* (1853), London 2012, S. 135 f. (dt.: *12 Jahre als Sklave. Die Geschichte des Solomon Northup*, a. d Amerik. v. Klaus Schmitz, Neuwied 2014).

40 Ein Paradox ist in diesem Zusammenhang interessant: Der einzige Weg, Werte, die sich gegen die kreative Freiheit richten, glaubhaft zu vertreten, besteht darin, sich einen gewissen Grad an selbständigem Denken anzueignen. Mit anderen Worten: Wir müssen uns auf die Freiheit einlassen, wenn wir gute Gründe entdecken wollen, Freiheit abzulehnen.

41 Diese Formulierung des erzkonservativen US-Journalisten William F. Buckley stammt aus einem Kommentar, den er 1968 in einer Fernsehdiskussion mit seinem Lieblingsfeind Gore Vidal abgab. Die Diskussion ist Gegenstand des Dokumentarfilms *Best of Enemies*, der 2015 unter der Regie von Robert Gordon und Morgan Neville entstand.

42 Mitten durch die Menge derjenigen, die einen radikalen gesellschaftlichen Wandel anstreben, verläuft ein Graben, der sie in zwei Lager spaltet. Gestritten wird weniger um die Ziele als um die Mittel, sie zu erreichen. Grob gesprochen, bevorzugen manche Reformen, andere eine Revolution. Die Revolutionäre argumentieren, reale und dauerhafte Veränderungen seien nur durch einen gewaltsamen Umsturz der bestehenden Gesellschaftsordnung erreichbar. Wenn eine direkte Konfrontation mit den existierenden Machtstrukturen zum Sieg führe, so der Gedanke, könnten die gegenwärtigen Institutionen zerschlagen und an ihrer Stelle rasch neue errichtet werden. Zerstörung gehe dem Aufbau voran. Zu den bekannten Beispielen zählen die Oktoberrevolution der Bolschewiki von 1917 in Russland und die kubanische Revolution im Jahr 1959.
Dagegen favorisieren die Reformer ein Programm des stetigen Wandels, bei dem Veränderungen innerhalb des bestehenden Systems angestrebt werden. Es beinhaltet die Überarbeitung von Gesetzen und das Experimentieren mit neuen Organisationsformen, die vielfach ohne Hierarchie auskommen, innerhalb der

zulässigen Grenzen des herrschenden Systems: Genossenschaften gründen, Arbeitsplätze demokratisieren, alternative Gemeinschaften aus der Taufe heben. Die Etablierung von Alternativen innerhalb des Systems und das Aufblühen von Initiativen, die den Menschen mehr Einfluss ermöglichen, zeigen, dass andere Arten des Arbeitens und Lebens möglich sind.

Beide Ansätze werfen Probleme auf, die auf der Hand liegen. Da das revolutionäre Vorgehen auf einen gewaltsamen Aufstand hinausliefe, besteht angesichts der Staatsgewalt in den meisten Fällen keinerlei Erfolgsaussicht. Jeder direkte Kampf gegen moderne Armeen, Polizeikräfte und Geheimdienste endet so gut wie sicher mit dem Sieg der bestehenden staatlichen Ordnung. Echte Möglichkeiten für einen Umsturz des Systems sind äußerst selten und erscheinen in den heutigen hochtechnisierten und militarisierten Staaten abwegig. Aber selbst wenn sich die Verhältnisse so stark verändern würden, dass die Staatsmacht geschwächt und die politische Opposition gestärkt würde, legen die historischen Erfahrungen nahe, dass eine Revolution nur zu einer noch stärkeren und autoritäreren Staatsgewalt führt. Wenn alte Machtstrukturen zerschlagen werden, gibt es keine Garantie dafür, dass eine bessere Ordnung entsteht. Ein Machtvakuum ist stets gefährlich.

Der reformistische Ansatz birgt ebenfalls Probleme. Der Aufbau von Alternativen innerhalb einer bestehenden Ordnung kann Inseln wertvoller demokratischer Strukturen schaffen, doch stehen diesen systemische Hindernisse entgegen, die es ihnen schwer machen, die etablierten Machtkonzentrationen zu überwinden. Die Strategie, Gesetzesänderungen durch Kampagnen, Lobbyarbeit und zivilen Ungehorsam anzustreben, ist in bestimmten Momenten der Geschichte sehr erfolgreich gewesen und hat zu realen Verbesserungen im Leben der Menschen geführt. Gute Beispiele sind der Wohlfahrtsstaat in Großbritannien und der New Deal in den USA. Aber der schrittweise Wandel hat die grundlegenden Herrschaftsinstitutionen nicht ausreichend verändert, sodass die im Gewand des Neoliberalismus auftretende Macht der Konzerne groß genug war, zahlreiche Errungenschaften wieder auszuhöhlen. Reformerische Strategien neigen mitunter dazu, die systemimmanente Natur der Probleme zu unterschätzen, die es zu bekämpfen gilt, und konzentrieren sich entsprechend unverhältnismäßig stark auf Symptome statt auf Ursachen.

Ob durch Reform oder Revolution, die Überwindung der Mechanismen, die für die Konzentration von Wohlstand und Macht sorgen, ist Vorbedingung für eine signifikante Ausweitung von Freiheit. Um es klar zu sagen: Gesellschaftlicher Wandel ist nur schwer herbeizuführen. Dennoch lehrt uns die Geschichte, dass tiefgreifende Veränderungen durchaus stattfinden. Im Verlauf der Jahrhunderte sind immer wieder Siege verschiedenster Art errungen worden. Die größte Gefahr droht, wenn sich Gruppen, die Veränderungen zu mehr Freiheit anstreben, durch strategische Differenzen schwächen. Nicht nur Macht, sondern auch Ohnmacht kann zerstörerisch wirken.

Die Unterscheidung zwischen Reform und Revolution ist weniger klar, als es zunächst scheint. Wie die langfristigen Ziele auch aussehen, die kurzfristigen bleiben weitgehend dieselben. Wir müssen uns informieren und gegenseitig

Informationen austauschen, unterstützende und solidarische Netzwerke um Anliegen in Gemeinden, am Arbeitsplatz und um Themen von nationaler Bedeutung aufbauen. Wenn diese Initiativen ausreichend an Stärke gewonnen haben, ermöglichen sie Aktionen in größerem Maßstab: Streiks, Demonstrationen, Proteste und Aktionen zivilen Ungehorsams. Selbst Wahlsiege für Kandidaten und Parteien, die die Probleme an der Wurzel packen, rücken in den Bereich des Möglichen. Auch brauchen wir mutige Experimente im gesellschaftlichen Bereich wie Unternehmen im Besitz von Beschäftigten, unabhängige Medien, demokratische Schulen und Kollektive verschiedener Art. Diese Experimente können als Antwort auf die schwierige Herausforderung gelten, wie Menschen hier und jetzt als freie Individuen leben, sich organisieren und kooperieren können. Sie fungieren als Modell für eine Zukunft, die wir erschaffen wollen.

Hoffentlich sind dem, was konstruktive Reformen erreichen können, keine Grenzen gesetzt. Hoffentlich ermöglicht es beständiger Druck auf die bestehenden Strukturen, sich zu demokratisieren, innerhalb der gegenwärtigen Gesellschaft neue Strukturen aufzubauen, die mit der Zeit ein qualitativ anderes System hervorbringen werden. Geballte institutionelle Reformen mögen grundlegende Veränderungen auf den Weg bringen, aber um an diesen Punkt zu gelangen, brauchen wir ein revolutionär neues Verständnis von Politik, Demokratie, Freiheit und uns selbst.

43 Adam Hochschild, *Sprengt die Ketten. Der entscheidende Kampf um die Abschaffung der Sklaverei*, a. d Amerik. v. Ute Spengler, Stuttgart 2007, S. 16.
44 Ebenda, S. 15 f.
45 Eine erhellende Schilderung des Kampfes der Abolitionisten bietet Adam Hochschild in seinem Buch *Sprengt die Ketten*, a. a. O.
46 Viktor E. Frankl, »… *trotzdem Ja zum Leben sagen*«, a. a. O., S. 116.
47 Ebenda, S. 117 f.
48 Howard Zinn, *Schweigen heißt Lügen. Autobiografie*, a. d Engl. übers. v. Jürgen Schneider, Hamburg 2010, S. 276 f.

9. Wissen

1 Adam Smith, *Theorie der ethischen Gefühle oder: Versuch einer Analyse der Grundveranlagungen, mit deren Hilfe die Menschen natürlicherweise das Verhalten und den Charakter zunächst ihrer Mitmenschen und sodann ihrer selbst beurteilen*, bearb. nach der letzten Aufl. von Hans Georg Schachtschabel, üb. v. Elisa von Loeschebrand-Horn, Frankfurt a. M. 1949, S. 148.
2 Hannah Arendt, *Das Urteilen. Texte zu Kants politischer Philosophie*, hg. und mit einem Essay von Ronald Beiner, a. d Amerik. v. Ursula Ludz, München und Zürich 1998, S. 60 f. Natürlich hängen unsere Fähigkeit, solche »Besuche zu machen«, und die Sanktionen, die man zu gewärtigen hat, wenn man es offen versucht, von den jeweiligen Lebensumständen ab.
3 Diese Eigenschaft haben sie mit den sogenannten exakten Wissenschaften gemein, doch streben sie noch etwas erheblich Schwierigeres an. Wenn wir uns von der Physik zur Chemie zur Biologie zur Psychologie und weiter zu Fragen

der Ökonomie, Politik und Soziologie voran bewegen, erklimmen wir eine Leiter zunehmender Komplexität. Mit jeder höheren Sprosse geht mehr von jener Präzision, Messbarkeit und Eleganz verloren, die für die grundlegenden Wissenschaften beispielhaft sind.

4   Um ein tieferes Verständnis dafür zu gewinnen, was von Wert ist, müssen wir uns intensiv mit den Annahmen befassen, auf denen unsere herkömmlichen Werte beruhen. Die meisten Dinge, die wir anstreben, verfolgen wir deshalb, weil wir sie als Mittel zu etwas Fundamentalerem ansehen. Nach den kausalen Verbindungen zwischen Mitteln und Zwecken zu fragen, ist entscheidend. Das Beste für unsere Kinder zu wollen, sich mehr persönliches Glück und Erfüllung zu wünschen und von einer sichereren und gerechteren Welt zu träumen, ist eine Sache, aber es ist etwas ganz anderes, zu erkennen, wie sich all diese Vorstellungen am besten verwirklichen lassen. Das Verständnis der Konsequenzen unseres Handelns zu verbessern – der Folgen dessen, was wir tun, für uns selbst, die Menschen, die wir lieben, und unser weiteres Umfeld –, ist eine lebenslange Aufgabe.

5   Eine Ausnahme könnte die Gewissheit der eigenen Existenz sein: »Ich denke, also bin ich«, wie Descartes es in seinem berühmten Satz zusammenfasste. Er hat ihn 1644 in seinen *Prinzipien der Philosophie* lateinisch formuliert: »Ego cogito, ergo sum«. In seinen drei Jahre zuvor veröffentlichten *Meditationen über die Grundlagen der Philosophie*, aus denen auch die vorstehenden Zitate stammen, heißt es: »Ich denke, ich existiere, das ist gewiss. Wie lange aber bin ich? Nun, so lange, als ich denke.«

6   Es gibt Ausnahmen. Wichtige Entdeckungen, die Überzeugungen erschüttern, stellen sich zuweilen auch zufällig ein, aber selbst in dem Fall ist ein gewisses Maß an Demut notwendig, um ermessen und akzeptieren zu können, wie sich die Entdeckung auswirken wird.

7   Ein eindrucksvoller Beweis für den Wert der Ungewissheit stammt aus einer Studie, die sich mit dem Lösen von Problemen befasste. Wenn Dinge gut laufen und wir keine Notwendigkeit zu größerer Anstrengung sehen, befinden wir uns in einer Gefühlslage, die Psychologen als »kognitive Leichtigkeit« bezeichnen. Wenn wir uns dagegen zu bewusstem und aufwendigem Denken anspornen müssen, spüren wir eine »kognitive Beanspruchung«. Tests haben gezeigt, dass wir angesichts von Problemen, auf die wir intuitiv mit einer Lösung, die falsch ist, reagieren, erheblich verbesserte Leistungen erbringen, wenn wir das Problem in einer schwer lesbaren Schrift vorgesetzt bekommen. Im Zuge einer Studie wurden 40 Studenten aus Princeton zwei Denkaufgaben gestellt, der einen Hälfte in einer normalen Schrift und der anderen in schwachem, verwaschenem Petitdruck. 90 Prozent der Studenten, die die Aufgaben in normaler Schrift lasen, machten beim Test mindestens einen Fehler, indem sie sich für die intuitiv einleuchtende Lösung entschieden, die ihnen in den Sinn kam. Dieser Anteil sank bei denjenigen Studenten, die mit einer schlechter lesbaren Schrift über ihre Aufgabe informiert worden waren, auf 35 Prozent ab. Die kognitive Anstrengung, die ihnen das Lesen abverlangt hatte, wirkte offenbar so nach, dass sie die sich ihnen intuitiv anbietende Antwort einer bewussten Überprüfung unterzogen.

Siehe hierzu Daniel Kahneman, *Schnelles Denken, langsames Denken*, a. d. amerikan. Engl. v. Thorsten Schmidt, München 2012, S. 88 f.

8   Richard Feynman, »Vom Sinn und Nutzen der Wissenschaft« (1955), in: Ders., *»Kümmert Sie, was andere Leute denken?« Neue Abenteuer eines neugierigen Physikers*, hg. v. Ralph Leighton, a. d Amerikan. v. Siglinde Summerer und Gerda Kurz, München und Zürich 1991, S. 238 und 241 f.

9   Alice Calaprice, *The New Quotable Einstein*, New Jersey 2005, S. 291.

10 Die Nervenverbindungen, die im Prozess des Lernens hergestellt, verstärkt und abgesichert werden, machen vormals komplizierte Handlungen – Sprechen, Tippen, Gehen – so leicht, dass sie keiner bewussten Steuerung mehr bedürfen. Sobald diese Handlungen automatisiert sind, kann bewusstes Nachdenken sogar ihren reibungslosen Ablauf stören. Zahllose Aktivitäten werden durch solche Habitualisierung vereinfacht, während sich Unsicherheit eher behindernd als unterstützend auf unsere Leistung auswirkt. Gewohnheitsmäßige Reaktionen werden im Allgemeinen dann bevorzugt, wenn ein gewisses Maß an Kontinuität erwünscht ist, weil sie es uns ermöglichen, erlernte Muster beizubehalten und einzusetzen. Geht es hingegen darum, Fortschritte zu erzielen oder Neues zu entdecken wie bei der Suche nach Wahrheit und dem Streben nach Wissen oder nach persönlichen und gesellschaftlichen Verbesserungen, ist Unsicherheit als Wert unverzichtbar, damit wir geistig offen, wachsam und skeptisch bleiben. Im Übrigen gibt es bis heute keine erkenntnistheoretische Beschreibung der wissenschaftlichen Methode, die das Verhalten von Forschern im Laufe eines Entdeckungsprozesses berücksichtigt. Siehe hierzu Alan Chalmers, *What Is This Thing Called Science?* (1978), 3. Aufl., Maidenhead 1999 (dt.: *Wege der Wissenschaft. Einführung in die Wissenschaftstheorie*, hg. u. übers. v. Niels Bergemann und Christine Altstötter-Gleich, Berlin, Heidelberg und New York 2007).

11 Die nachfolgenden Ausführungen zu kognitiven Verzerrungen stützen sich auf Daniel Kahneman, *Schnelles Denken, langsames Denken*, a. a. O.

12 Robert B. Cialdini, *Influence: Science and Practice*, 5. Aufl., Boston, MA, 2009, S. 3.

13 Ebenda.

14 Steven Pinker, *The Blank Slate: The Modern Denial of Human Nature*, London 2002, S. 203 (dt.: *Das unbeschriebene Blatt. Die moderne Leugnung der menschlichen Natur*, a. d Amerik. v. Hainer Kober, Berlin 2003).

15 Donaldo Macedo (Hg.), *Chomsky on MisEducation*, Lanham, MD, 2000, S. 3.

16 Paul Jay, »TRNN Veteran's Day Replay: Training That Makes Killing Civilians Acceptable«, in: The Real News Network, 12. Mai 2010, siehe unter http://the realnews.com/t2/index.php?option=com_content&task=view&id=31&Itemid= 74&jumival=11913.

17 Ebenda.

18 »I went down to the market where all the women shop; I pulled out my machete and I begin to chop. I went down to the park where all the children play; I pulled out my machine gun and I begin to spray.« Ebenda.

19 Kathryn Schultz, »My Country Right or Wrong: Conscientious Objector Josh Stieber on Being Wrong about the Military«, in: *Slate* online magazine, 16. Dezember 2010, siehe unter http://www.slate.com/blogs/thewrongstuff/2010/12/16/

my_country_right_or_wrong_conscientious_objector_josh_stieber_on_being_wrong_about_the_military.html.
20 Ebenda.
21 Dan Kahan, Donald Braman, Paul Slovic, John Gastil und Geoffrey Cohen, *The Second National Risk and Culture Study: Making Sense of – and Making Progress in – the American Culture War of Fact*, Cultural Cognition Project, Yale Law School, 2007.
22 Dan M. Kahan und Paul Slovic, »Cultural Evaluations of Risk: ›Values‹ or ›Blunders‹?«, in: *Public Law & Legal Theory*, Research paper series, Yale Law School, Nr. 111, S. 8.
23 »Two Nature Features Provide Insights on Need for Better Communications«, Yale Climate Connections, 11. Februar 2010, siehe unter http://www.yaleclimate connections.org/2010/02/two-nature-features-2/.
24 Tim McDonnell, »Schools Are Doing a Terrible Job Teaching Your Kids about Global Warming«, in: *Mother Jones*, 11. Februar 2016.
25 Upton Sinclair, *I, Candidate for Governor: And How I Got Licked* (1935), Berkeley 1994, S. 109 (dt.: *Das Ende der Armut*, a.d Amerik. v. Herbert Guggenbacher, Bratislava 1937).
26 Rebecca Solnit, »Der längste Krieg« (2013), in: dies., *Wenn Männer mir die Welt erklären*, aus dem amerik. Engl. von Kathrin Razum und Bettina Münch, Hamburg 2015, S. 33–58, dort S. 55.
27 Dan Bilsker und Jennifer White, »The silent epidemic of male suicide«, in: *BCMJ* 53 (10), Dezember 2011; Jamie Doward, »Let's reach out to men to halt shocking suicide rate«, in: *The Guardian*, 31. Oktober 2015, siehe unter: http://www.the guardian.com/society/2015/oct/31/social-media-campaign-male-suicide.
28 Indre Viskontas und Chris Mooney, »The Science of Your Racist Brain«, in: *Mother Jones*, 9. Mai 2014, siehe unter http://www.motherjones.com/environ ment/2014/05/inquiring-minds-david-amodio-your-brainon-racism.
29 Alexander Green, Dana Carney, Daniel Pallin, Long Ngo, Kristal Raymond, Lisa Lezzoni und Mahzarin Banaji, »Implicit Bias among Physicians and Its Prediction of Thrombolysis Decisions for Black and White Patients«, in: *Journal of General Internal Medicine* 22 (9), September 2007, S. 1231–1238.
30 »Privileg« ist ein relativer Begriff. Er lässt sich nur in Bezug auf den Status anderer definieren.
31 Paulo Freire, *Pedagogy of the Oppressed* (1970), London 1996, S. 26 f. (dt.: *Pädagogik der Unterdrückten*, übers. v. Werner Simpfendörfer, mit einer Einf. v. Ernst Lange, Stuttgart und Berlin 1972).
32 W. E. B. Du Bois, *The Souls of Black Folks* (1903), New York 1989, S. 3.
33 Bertrand Russell, *Grundlagen für eine soziale Umgestaltung*, a.d Engl. v. Margarete Hethey, München 1921, S. 115.
34 Scott Barry Kaufman und Carolyn Gregoire, *Wired to Create*, New York 2015. Ein Resümee einiger Ergebnisse bieten Scott Barry Kaufman und Carolyn Gregoire, »The Surprising Benefit of Going through Hard Times«, in: *The Huffington Post*, 2. Januar 2016, unter http://www.huffingtonpost.com/entry/post traumatic-growth-creativity_568426c0e4b014efe0d9d8e8.

35 Scott Barry Kaufman und Carolyn Gregoire, *Wired to Create*, a. a. O., S. 149.
36 Zitiert ebenda, S. 151.
37 George F. DeMartino und Deirdre N. McCloskey (Hgg.), *The Oxford Handbook of Professional Economic Ethics*, Oxford und New York 2016, S. 273.
38 Nach dem Finanzcrash durchforstete der niederländische Wirtschaftswissenschaftler Dirk Bezemer die Fachliteratur unter der Fragestellung, welche Ökonomen Prognosen erstellt hatten, die folgende Kriterien erfüllten: Sie hatten eine Immobilienkrise und eine Rezession, ausgelöst vom Finanzsektor, vorhergesagt, die Mechanismen beschrieben, durch die dies geschehen würde, einen Zeitrahmen genannt, in dem es sich abspielen würde, und ihre Vorhersage öffentlich gemacht. Bezemer kam auf zwölf Wissenschaftler, die diese Kriterien erfüllten: Dean Baker, Wynne Godley, Fred Harrison, Michael Hudson, Eric Janszen, Steve Keen, Jakob Brochner Madsen, Jens Kjaer Sorensen, Kurt Richebacher, Nouriel Roubini, Peter Schiff und Robert Shiller. Keiner von ihnen wird der neoklassischen Schule zugerechnet. Siehe hierzu ebenda, S. 272.
39 Robert E. Prasch, *How Markets Work: Supply, Demand and the »Real World«*, Cheltenham 2008, S. 4.
40 Eine rigorose Kritik an der Lehrbuchökonomie siehe Rod Hill und Tony Myatt, *The Economics Anti-Textbook*, London 2010.
41 Thomas Piketty, *Das Kapital im 21. Jahrhundert*, a. d Frz. v. Ilse Utz u. Stefan Lorenzer, München 2016, S. 53.
42 Siehe hierzu die Website International Student Initiative for Pluralism in Economics unter http://www.isipe.net/open-letter.
43 Long Wang, Deepak Malhotra und Keith Murnighan, »Economics Education and Greed«, in: *Academy of Management Learning and Education* 10 (4), 1. Dezember 2011, S. 643–660.
44 Neil Gandal, Sonia Roccas, Lilach Sagiv und Amy Wrzesniewski, »Personal Value Priorities of Economists«, in: *Human Relations* 58 (10), Oktober 2005, S. 1227–1252.
45 David Colander, *The Making of an Economist*, New Jersey 2007, S. 21.
46 Robert Frank, Thomas Gilovich und Dennis Regan, »Does Studying Economics Inhibit Cooperation?«, in: *The Journal of Economic Perspectives* 7 (2), 1993, S. 159–171.
47 Ha-Joon Chang führt das Beispiel von neoklassischen Wirtschaftswissenschaftlern an, die Kritik an Niedriglohn-Fabriken in Entwicklungsländern mit der Begründung zurückweisen, dass andernfalls Arbeitslosigkeit drohe. Chang schreibt: »Richtig ist dies, wenn wir die zugrunde liegende sozioökonomische Struktur als gegeben annehmen. Aber sobald wir bereit sind, die Struktur an sich zu verändern, gibt es zu diesen Niedriglohn-Jobs eine Vielzahl von Alternativen. Mit neuen Gesetzen, die Arbeitnehmerrechte stärken, Landreformen, die den Zustrom billiger Arbeitskräfte in die Fabriken drosseln (weil viele auf dem Land bleiben), oder industriepolitischen Maßnahmen, die hochqualifizierte Arbeitsplätze schaffen, bietet sich Arbeitskräften die Möglichkeit, zwischen einer Stelle im Niedriglohnbereich und einer besser bezahlten Tätigkeit zu wählen anstatt

zwischen einem Niedriglohn- und gar keinem Job.« Siehe Ha-Joon Chang, *Economics: The User's Guide*, London 2014, S. 126 f.

48 »Rhodes must not fall«, YouGov, 18. Januar 2016, siehe unter https://yougov.co.uk/news/2016/01/18/rhodes-must-not-fall.

49 So verkündete beispielsweise Blairs Schatzkanzler Gordon Brown 2005, dass »die Tage, an denen sich Britannien für seine koloniale Geschichte entschuldigen muss, vorbei« seien, und fügte hinzu, dass »wir vieles an unserer Geschichte feiern sollten, anstatt uns dafür zu entschuldigen«. Siehe Benedict Brogan, »It's time to celebrate the Empire, says Brown«, in: *Daily Mail*, 15. Januar 2005, unter http://www.dailymail.co.uk/news/article-334208/Its-time-celebrate-Empire-says-Brown.html. Und 2009 verkündete David Cameron: »Wir dürfen nie vergessen, dass Britannien ein großartiges Land mit einer Geschichte ist, auf die wir wirklich stolz sein können.« Siehe »David Cameron MP: Proud to be British«, in: *Conservative Home*, 10. Juli 2009, unter http://www.conservativehome.com/platform/2009/07/david-cameron-proud-to-be-british.html. Beispiele für Historiker, die das Empire feiern und verteidigen, siehe die Forschungen von Niall Ferguson, Lawrence James und Andrew Roberts.

50 Ian Cobain, Owen Bowcott und Richard Norton-Taylor, »Britain destroyed records of colonial crimes«, in: *The Guardian*, 18. April 2012, siehe unter http://www.theguardian.com/uk/2012/apr/18/britain-destroyed-records-colonial-crimes?newsfeed=true.

51 Ebenda.

52 George Monbiot, »Deny the British empire's crimes? No, we ignore them«, in: *The Guardian*, 23. April 2012, siehe unter http://www.theguardian.com/commentisfree/2012/apr/23/british-empire-crimes-ignore-atrocities.

53 Mark Curtis, *Web of Deceit: Britain's Real Role in the World*, London 2003, S. 21.

54 Ebenda, S. 21 f.

55 Ebenda, S. 24.

56 Mark Curtis, *Unpeople: Britain's secret human rights abuses*, London 2004, S. 105.

57 Ebenda.

58 Ebenda, S. 108.

59 Ebenda, S. 48.

60 Ebenda, S. 49.

61 »Deception on Capitol Hill«, in: *The New York Times*, 15. Januar 1992, siehe unter http://www.nytimes.com/1992/01/15/opinion/deception-on-capitol-hill.html.

62 R. W. Apple Jr, »25 Years Later; Lessons from the Pentagon Papers«, in: *The New York Times*, 23. Juni 1996.

63 Arthur Neslen, »TTIP talks: EU alleged to have given ExxonMobil access to confidential strategies«, in: *The Guardian*, 26. November 2015, siehe unter http://www.theguardian.com/environment/2015/nov/26/ttip-talkseu-alleged-to-have-given-exxonmobil-access-to-confidential-papers.

64 Jon Stone, »George Osborne defends blocking analysis that shows how much money he takes from the poor and gives to the rich«, in: *The Independent*, 24. März 2016, siehe unter: http://www.independent.co.uk/news/uk/politics/george-

osborne-defends-scrapping-analysis-that-shows-how-much-money-he-takes-from-the-poor-and-givesa6949981.html.
65 Randeep Ramesh und Alex Hern, »Conservative party deletes archive of speeches from internet«, in: *The Guardian*, 13. November 2013, siehe unter http://www.theguardian.com/politics/2013/nov/13/conservative-party-archive-speeches-internet.
66 Ebenda.
67 Alan Travis, »Snooper's charter: wider police powers to hack phones and access web history«, in: *The Guardian*, 1. März 2016, siehe unter http://www.theguardian.com/uk-news/2016/mar/01/snoopers-charter-to-extend-police-access-to-phone-and-internet-data?CMP.
68 Ben Goldacre, »It's a scandal drug trial results are still being withheld«, in: *The Guardian*, 5. Januar 2014, siehe unter https://www.theguardian.com/commentisfree/2014/jan/05/scandaldrugs-trials-withheld-doctors-tamiflu.
69 David Pilling, »Lunch with the FT: Ha-Joon Chang«, in: *Financial Times*, 29. November 2013, siehe unter http://www.ft.com/cms/s/2/27a2027e-5698-11e3-8cca-00144feabdc0.html.
70 Obwohl es ebenso viele Standpunkte wie Menschen gibt, machen Gruppen, die gemeinsame Merkmale haben, wegen einer systematischen Voreingenommenheit in der Gesellschaft am Ende auch die gleichen Erfahrungen.

10. Macht

1 Mike Davis, *Late Victorian Holocausts: El Niño Famines and the Making of the Third World*, London 2002, S. 7 (dt.: *Die Geburt der Dritten Welt. Hungerkatastrophen und Massenvernichtung im imperialistischen Zeitalter*, a. d Amerik. üb. u. bearb. v. Ingrid Scherf, Berlin 2011).
2 Ebenda, S. 46.
3 Ebenda, S. 31.
4 Ebenda, S. 33.
5 Amartya Sen, »Democracy as a Universal Value«, in: *Journal of Democracy* 10 (4), Oktober 1999, S. 7.
6 Amartya Sen, *Ökonomie für den Menschen. Wege zu Gerechtigkeit und Solidarität in der Marktwirtschaft*, a. d Engl. v. Christiana Goldmann, München 2007, S. 187.
7 Mike Davis, *Late Victorian Holocausts*, a. a. O., S. 7.
8 Stephen Devereux, »Famine in the Twentieth Century«, Institute of Development Studies, Working Paper 105, Januar 2000, siehe unter http://www.ids.ac.uk/publication/famine-in-the-twentieth-century.
9 Samuel P. Huntington, *The Third Wave: Democratization in the Late Twentieth Century*, Norman, OK, 1991, S. 9.
10 Zitiert nach E. Wayne Ross (Hg.), *The Social Studies Curriculum*, New York 2006, S. 328.
11 Ziele einer Regierung können unbestreitbar erscheinen, wenn sie extrem allgemein formuliert werden. Ist dies der Fall, ergibt sich für verschiedene Gruppen die Möglichkeit, ihre jeweils eigene Zukunftsvision aus einem Programm heraus-

zulesen, was Konflikte aber nur so lange aufschiebt, bis Einzelheiten ausgearbeitet werden. Auch können Menschen in Zielen übereinstimmen, sich aber über die angemessenen Wege, sie zu erreichen, streiten. Und dabei können die Meinungen nicht nur im Hinblick auf strategische, sondern auch auf ethische Fragen auseinandergehen.

12 Robert A. Dahl, *Democracy and Its Critics*, London 1989, S. 77.
13 Mary Wollstonecraft, *A Vindication of the Rights of Woman* (1792), London 1982, S. 127 (dt.: *Eine Verteidigung der Rechte der Frau*, hg. v. Joachim Müller u. Edith Schotte, a. d Engl. v. Edith Schotte, Leipzig 1989).
14 Näheres zum finnischen Schulsystem siehe Pasi Sahlberg, *Finnish Lessons: What Can the World Learn from Educational Change in Finland?*, New York 2011.
15 Richard Garner, »Finland schools: Subjects scrapped and replaced with ›topics‹ as country reforms its education system«, in: *The Independent*, 20. März 2015, siehe unter http://www.independent.co.uk/news/world/europe/finland-schools-subjects-are-out-and-topics-are-in-as-country-reforms-its-education-system-10123911.html.
16 Peter Wilby, »Finland's education ambassador spreads the word«, in: *The Guardian*, 1. Juli 2013, siehe unter http://www.theguardian.com/education/2013/jul/01/education-michael-gove-finland-gcse.
17 David L. Kirp, »Make School a Democracy«, in: *The New York Times*, 28. Februar 2015, siehe unter http://www.nytimes.com/2015/03/01/opinion/sunday/make-school-a-democracy.html.
18 Nähere Informationen siehe die Website des Center for Education Innovations (CEI) unter http://www.educationinnovations.org/program/escuela-nueva.
19 Paulo Freire, *Pedagogy of the Oppressed* (1970), London 1996, S. 16.
20 Howard Zinn, *The Politics of History*, Champaign, IL, 1970; 2. Aufl. 1990, S. 1 und 3.
21 »Dr. John Dewey Dead at 92; Philosopher a Noted Liberal«, in: *The New York Times*, 2. Juni 1952, siehe unter http://www.nytimes.com/learning/general/onthisday/bday/1020.html.
22 Giles Tremlett, »Mondragon: Spain's giant co-operative where times are hard but few go bust«, in: *The Guardian*, 7. März 2013, siehe unter http://www.theguardian.com/world/2013/mar/07/mondragon-spainsgiant-cooperative.
23 Ebenda.
24 Ein Großteil der Informationen zu dieser Analyse stammt aus seinem Buch zum Thema: Richard Wolff, *Democracy at Work: A Cure for Capitalism*, Chicago 2012.
25 Adam Smith, *Der Wohlstand der Nationen. Eine Untersuchung seiner Natur und Ursachen*, fünftes Buch, 1. Kapitel, dritter Teil, 2. Abschnitt, 11. Aufl., München 2005, S. 662. Den Originaltext siehe unter https://www.marxists.org/reference/archive/smith-adam/works/wealth-of-nations/book05/ch01c-2.htm.
26 Informationen zu den Arbeitspraktiken und der Geschichte des Unternehmens finden sich auf Gores Website unter http://www.gore.com/en_xx/aboutus/culture/index.html.
27 Gar Alperovitz, *America beyond Capitalism: Reclaiming Our Wealth, Our Liberty, and Our Democracy*, Hoboken, NJ, 2005, S. 87.

28 Dan O'Neill und Rob Dietz, *Enough Is Enough: Building a Sustainable Economy in a World of Finite Resources*, Abingdon 2013, S. 131.
29 Ebenda, S. 132 f.
30 Ben Craig und John Pencavel, »Participation and Productivity: A Comparison of Worker Cooperatives and Conventional Firms in the Plywood Industry«, Brookings Papers on Economic Activity: Microeconomics 1995, 1. Juli 1995; siehe ebenso Richard B. Freeman und Joel Rogers, *What Workers Want*, New York 2006, sowie Justin Schwartz, »Where Did Mill Go Wrong?: Why the Capital-Managed Firm Rather than the Labor-Managed Enterprise Is the Predominant Organizational Form in Market Economies«, in: *Ohio State Law Journal* 73 (2), 2012, S. 219–285.
31 M. G. Marmot, G. Rose, M. Shipley und P. J. Hamilton, »Employment Grade and Coronary Heart Disease in British Civil Servants«, in: *Journal of Epidemiology and Community Health* 32 (1978), S. 244–249. Eine Nachfolgestudie von 1997 gelangte zu denselben Ergebnissen.
32 Bruce Ackerman, *Voting with Dollars: A New Paradigm for Campaign Finance*, New Haven 2004.
33 Erik Olin Wright, *Envisioning Real Utopias*, London 2010, S. 169 f. (dt.: *Reale Utopien. Wege aus dem Kapitalismus*, a. d Engl. v. Max Henninger, Nachwort v. Michael Brie, Berlin 2016).
34 Robert W. McChesney, *Digital Disconnect: How Capitalism is Turning the Internet Against Democracy*, New York 2013, S. 212.
35 Thomas Piketty, *Das Kapital im 21. Jahrhundert*, a. d Frz. v. Ilse Utz u. Stefan Lorenzer, München 2016, S. 662.
36 Ebenda, S. 687.
37 Richard Murphy, »New Report: The Tax Gap Is £119.4 Billion And Rising«, Tax Research UK, 22. September 2014, siehe unter http://www.taxresearch.org.uk/Blog/2014/09/22/new-report-the-tax-gap-is-119-4-billion-and-rising/.
38 Graham Black, »End the cuts to staff dealing with tax avoiders«, in: *The Guardian*, 17. April 2012, siehe unter http://www.theguardian.com/society/2012/apr/17/end-cuts-stafftax-avoiders.
39 Jesse Drucker und Renee Dudley, »Wal-Mart Has $76 Billion in Undisclosed Overseas Tax Havens«, Bloomberg, 17. Juni 2015, siehe unter http://www.bloomberg.com/news/articles/2015-06-17/wal-mart-has-76-billion-in-overseas-tax-havens-report-says.
40 Nicholas Shaxson, »Follow the money: inside the world's tax havens«, in: *The Guardian*, 19. Juni 2015, siehe unter http://www.theguardian.com/business/2015/jun/19/tax-havens-money-cayman-islands-jerseyoffshore-accounts.
41 Ebenda.
42 John Christensen, Richard Murphy, »Tax Us If You Can«, 2. Aufl., Tax Justice Network, 2012, S. 3, siehe unter http://www.taxjustice.net/cms/upload/pdf/TUIYC_2012_FINAL.pdf.
43 Julia Werdigier, »Tax Evasion Costs Governments $3.1 Trillion Annually, Report Says«, in: *The New York Times*, 28. November 2011, siehe unter http://www.nytimes.com/2011/11/26/business/global/26iht-tax26.html.

44 Thomas Piketty, *Das Kapital im 21. Jahrhundert*, a. a. O., S. 717 f.
45 John Weeks, »Inequality Trends in Some Developed OECD Countries«, Working Paper No. 6, *Economic and Social Affairs*, Oktober 2005, siehe unter http://www.un.org/esa/desa/papers/2005/wp6_2005.pdf.
46 Eine detaillierte Aufschlüsselung der Zahlen für Europa sowie eine Liste mit Quellen siehe die Website worker-participation.eu unter http://www.worker-participation.eu/National-Industrial-Relations/Across-Europe/Collective-Bargaining2.
47 Gar Alperovitz, *America Beyond Capitalism*, a. a. O., S. 15.
48 Joseph E. Stiglitz, *Der Preis der Ungleichheit. Wie die Spaltung der Gesellschaft unsere Zukunft bedroht*, a. d amerik. Engl. v. Thorsten Schmidt, München 2014, S. 113.
49 »Americans' Views on Income Inequality and Workers' Rights«, in: *The New York Times*, 3. Juni 2015, siehe unter http://www.nytimes.com/interactive/2015/06/03/business/income-inequality-workers-rights-international-trade-poll.html?_r=0. Will Dahlgreen, »Voters choose greater equality over greater wealth«, siehe unter https://yougov.co.uk/news/2014/04/30/equality-more-important-wealth.
50 Amartya Sen, *Resources, Values and Development*, Cambridge, MA, 1984, S. 103.
51 Bill Gates in einem Interview, geführt von James Bennet, »We Need an Energy Miracle«, in: *The Atlantic*, November 2015, siehe unter http://www.theatlantic.com/magazine/archive/2015/11/we-need-an-energy-miracle/407881/.
52 David Stuckler und Sanjay Basu, *The Body Economic: Eight Experiments in Economic Recovery, from Iceland to Greece*, London 2013, S. 102 (dt.: *Sparprogramme töten. Die Ökonomisierung der Gesundheit*, a. d Engl. v. Richard Barth, Bonn 2015).
53 Ebenda, S. 101.
54 Ebenda.
55 Ebenda.
56 Karen Davis, Cathy Schoen und Kristof Stremikis, »Mirror, Mirror on the Wall: How the Performance of the U. S. Health Care System Compares Internationally, 2010 Update«, The Commonwealth Fund, Juni 2010, siehe unter http://www.com/monwealthfund.org/Publications/Fund-Reports/2010/Jun/Mirror-Mirror-Update.aspx?page=all.
57 »Health expenditure per capita (current US$)«, The World Bank, siehe unter http://data.worldbank.org/indicator/SH.XPD.PCAP; siehe die Profile der Weltgesundheitsorganisation für die einzelnen Länder unter http://www.who.int/countries/usa/en/ für die USA und unter http://www.who.int/countries/cub/en/ für Kuba.
58 Ian Taylor und Lynn Sloman, »Rebuilding Rail«, Transport for Quality of Life, Juni 2012, siehe unter http://www.aslef.org.uk/files/133517/FileName/Rebuilding_Rail_l_Report.pdf.
59 Ebenda.
60 Emily Gosden, »Big Six energy companies' profits increased tenfold since 2007«, in: *Daily Mail*, 16. März 2015, siehe unter http://www.telegraph.co.uk/news/earth/energy/11475989/Big-Sixenergy-companies-profits-increased-tenfold-since-2007.html.
61 Simon Read, »24,000 die in winter as fuel poverty climbs«, in: *The Independent*,

30. November 2012, siehe unter http://www.independent.co.uk/money/spend-save/24000-die-in-winter-as-fuel-poverty-climbs-8372461.html.
62 Simon Read, »Big Six energy companies overcharging loyal customers by up to £234 a year says watchdog«, in: *The Independent*, 18. Februar 2015, siehe unter http://www.independent.co.uk/news/business/news/big-six-energy-companies-overcharging-loyal-customers-by-up-to-234-a-year-says-watchdog-10053050.html.
63 Tom Bawden, »Should the Big Six Be Nationalised?«, in: *The Independent*, 3. Dezember 2013, siehe unter http://www.independent.co.uk/environment/should-the-big-six-be-nationalised-8981112.html.
64 Andrew Cumbers, »Policy paper: Renewing Public Ownership«, Centre for Labour and Social Studies (Class), Juli 2014, S. 7, siehe unter http://classonline.org.uk/docs/Renewing_Public_Ownership_-_Andrew_Cumbers_FINAL.pdf.
65 Ebenda, S. 25.
66 David Cameron, »Scotland's Community Land Ownership Story«, Open Democracy UK, 28. August 2014, siehe unter https://www.opendemocracy.net/ourkingdom/david-cameron/scotlands-community-land-ownership-story.
67 Derek Wall, »Defend, extend and deepen the commons«, Red Pepper, 10. Dezember 2015, siehe unter http://www.redpepper.org.uk/defend-extend-and-deepen-the-commons/.
68 Ebenda.
69 Michael Kumhof, Speech at the 31st Annual Monetary and Trade Conference, 17. April 2013, siehe unter http://positivemoney.org/2013/04/video-from-the-conference-fixing-the-banking-system-for-good/.
70 Lord Adair Turner, »Credit, Money and Leverage«, Speech to Stockholm School of Economics, 12. September 2013, siehe unter http://thinkingliberal.co.uk/wp-content/uploads/2013/10/Adair-Turner-Stockholm-Schoolof-Economics.pdf#page=1&zoom=auto,-158,848.
71 Paul Tucker, Speech to the Monetary Policy and the Markets Conference, 13. Dezember 2007, siehe unter http://www.bankofengland.co.uk/archive/Documents/historicpubs/speeches/2007/speech331.pdf.
72 Sir Mervyn King, Speech to the South Wales Chamber of Commerce at the Millennium Centre, Cardiff, 23. Oktober 2012, siehe unter http://www.bankofengland.co.uk/archive/Documents/historicpubs/speeches/2012/speech613.pdf.
73 Michael Kumhof, Speech at the 31st Annual Monetary and Trade Conference, 17. April 2013, siehe unter http://positivemoney.org/2013/04/video-from-the-conference-fixing-the-banking-system-for-good/.
74 Eine eingehende Erörterung hierzu siehe Josh Ryan-Collins, Tony Greenham, Richard Werner und Andrew Jackson, *Where Does Money Come from*, 2. Aufl., London 2012.
75 Andrew Jackson und Ben Dyson, »Banking vs Democracy«, Positive Money, Februar 2012, siehe unter http://positivemoney.org/wp-content/uploads/2012/06/Banking_Vs_Democracy_Web.pdf.
76 Josh Ryan-Collins, Tony Greenham, Richard Werner und Andrew Jackson, *Where Does Money Come from?*, a. a. O., S. 68.
77 Herman Daly, »Nationalize Money, Not Banks«, Center for the Advancement of

the Steady State Economy, 4. Februar 2013, siehe unter http://steadystate.org/na tionalize-money-not-banks/.
78 Andrew Jackson und Ben Dyson, *Modernising Money: Why Our Monetary System Is Broken and How It Can Be Fixed*, London 2012, S. 167 f.
79 Dies ist der Hauptgrund dafür, dass es zum Immobilienboom kommen konnte. Der Markt wurde mit billigen Krediten überschwemmt, die in eine gleichbleibende Anzahl von Immobilien investiert wurden, was dazu führte, dass die Preise deutlich schneller stiegen als die Einkommen. Wie die Denkfabrik Positive Money errechnete, »musste ein Kreditnehmer 1996 seine Hypothek auf ein durchschnittliches Haus mit 17,5 Prozent seines ausbezahlten Einkommens bedienen. Bis 2008 war dieser Anteil auf 49,3 Prozent angewachsen. Noch schockierender sind die Zahlen für London, wo sich der Anstieg von 22,2 Prozent […] 1997 auf 66,6 Prozent 2008 belief.«
80 Ein Bruchteil davon kehrt über Zinsen, die wir aus Sparguthaben beziehen, und die von Banken entrichteten Steuern zu uns zurück, aber es bleibt noch eine gigantische Summe, die zur Vergrößerung der Ungleichheit in der Gesellschaft beiträgt. Faktisch können Banken das von ihnen aus dem Nichts geschöpfte Geld einträglich anlegen. Die Organisation Positive Money stellte fest: »Die unteren 90 Prozent des Vereinigten Königreichs zahlen an Banken mehr Zinsen, als sie je von ihnen erhalten, was auf eine Umverteilung von den unteren 90 Prozent der Bevölkerung zu den oberen 10 Prozent hinausläuft. Zusammengerechnet, bezahlen wir jeden Tag 165 000 Pfund an Zinsen allein für Privatdarlehen (ausschließlich Hypotheken) und insgesamt 213 Milliarden an Zinsen pro Jahr für alle unsere Schulden.« Siehe hierzu http://www.positivemoney.org/issues/inequality/.
81 Lord Adair Turner, Speech at the South African Reserve Bank, 2. November 2012, siehe unter http://www.fsa.gov.uk/static/pubs/speeches/1102-at.pdf.
82 Jaromir Benes und Michael Kumhof, »The Chicago Plan Revisited«, IMF Working Paper, August 2012, siehe unter https://www.imf.org/external/pubs/ft/wp/2012/wp12202.pdf.
83 Zu den Vorteilen zählen sie: »(1) Deutlich verbesserte Kontrolle über eine Hauptquelle zyklischer Konjunkturschwankungen, plötzlicher Ausweitungen und Schrumpfungen bei Bankkrediten sowie über die von Banken geschöpfte Geldmenge. (2) Komplette Vermeidung von Bank Runs. (3) Drastische Reduktion der öffentlichen (Netto-)Verschuldung. (4) Drastische Reduktion der privaten Verschuldung, weil Geldschöpfung keine gleichzeitige Schuldenschöpfung mehr erfordert.« Ebenda.
84 Andrew Jackson, ein federführender Urheber des Vorschlags, schreibt dazu: »Kreditvergaben finden in dem System dann statt, wenn Kontoinhaber von ihrem (von der Zentralbank geführten) Transaktionskonto Geld auf ein ›Investitionskonto‹ überweisen, das weitgehend dem heutigen Festgeldkonto entspricht – mit minimalen Kündigungsfristen, allerdings auch, anders als derzeit, mit gewissen Risiken (das heißt, es kann zu Geldverlusten kommen, wenn die zugrundeliegenden Anlagen eine ungünstige Entwicklung nehmen). Das an die Banken überwiesene Geld wird an einen Kreditnehmer weitergeleitet. In diesem System wird bei der Kreditvergabe durch Banken folglich nur Geld im System trans-

feriert, ohne neues Geld oder erhöhte Kaufkraft zu schöpfen. Weil in diesem System die gesamte Geldmenge in der Bilanz der Zentralbank geführt wird, kann jede Bank in Konkurs gehen, ohne dass dies die Geldversorgung gefährdet.« Siehe Andrew Jackson, »The Chicago Plan & Positive Money's proposals – What is the difference?«, Positive Money blog, 23. Januar 2013, unter https://www.positivemoney.org/2013/01/the-chicago-plan-versuspositive-money/.
85 Manche befürchten, dass dies die Kreditvergabe verringern und sich somit negativ auf die wirtschaftliche Stabilität auswirken würde. Eine Auseinandersetzung mit diesen Bedenken siehe Andrew Jackson, »Why there will be no ›shortage of money‹«, in: Positive Money blog, 29. April 2014, unter http://positivemoney.org/2014/04/ann-pettifor-there-will-be-no-shortage-of-money/.
86 Nigel Morris, »New Economic Crash Fears As British Families Run £40bn Deficit«, in: *The Independent*, 21. Dezember 2015, siehe unter http://www.independent.co.uk/news/uk/home-news/fears-of-new-economic-crash-as-british-families-run-40bn-deficit-a6782221.html.
87 Laut ihrer Website, siehe unter http://www.federalreserve.gov/faqs/about_14986.htm.
88 Dem Beispiel der US-Notenbank seit den achtziger Jahren folgend, richten Zentralbanken ihr Hauptaugenmerk darauf, die Inflation niedrig zu halten. Als Argumentation gilt dabei, dass eine sehr niedrige Inflation (unter 2 Prozent) für ein prosperierendes marktwirtschaftliches System wesentlich sei, da so die wirtschaftliche Stabilität aufrechterhalten werde. Dass diese Politik, auf die ausschließlich gesetzt wurde, zu der massiven Rezession von 2008 geführt hat, focht ihre begeisterten Fürsprecher nicht an. Dabei ist die geringfügige Einbuße an Effizienz, die eine leicht erhöhte Inflation hervorruft, geradezu nichtig verglichen mit den gigantischen Verlusten, die der Zusammenbruch des gesamten Finanzsystems mit sich brachte.
89 Ha-Joon Chang, *Bad Samaritans: The Myth of Free Trade and the Secret History of Capitalism*, London 2007, S. 154.
90 Ebenda.
91 Christopher Adolph, *Bankers, Bureaucrats, and Central Bank Politics: The Myth of Neutrality*, New York 2013.
92 Joseph E. Stiglitz, *Der Preis der Ungleichheit*, a. a. O., S. 84 f.
93 So versucht beispielsweise das von Michael Albert und Robin Hahnel entwickelte Modell der partizipatorischen Ökonomie (Parecon), die Mängel staatlicher Planung auf der einen und des freien Marktes auf der anderen Seite mit Hilfe eines Mechanismus zu überwinden, der Vorteile beider Systeme kombiniert. Parecon umfasst eine verschachtelte Struktur aus demokratischen Arbeiter- und Verbraucherversammlungen *(councils)*. Diese formulieren jedes Jahr ausführliche Pläne für Produktion und Bedarf, die dann in regelmäßigen Abständen unter Aufsicht eines begleitenden Gremiums überarbeitet werden, um sie zu einem gesamtheitlichen Jahresplan zusammenzuführen. Auch wenn das Konzept nur mit einigem Zeitaufwand nachvollziehbar ist, so stellt es sich doch nach Jahrzehnten der Ausgestaltung und Debatte inzwischen als formell ziemlich gut durchdacht dar. Es bildet eine originelle Lösung für das Problem der wirtschaftlichen Ko-

ordinierung und lohnt eine ernsthafte Auseinandersetzung und experimentelle Erprobung.
94 David Schweickart, *After Capitalism*, 2. Aufl., Lanham, MD, 2011.
95 Ebenda, S. 46.
96 Faktisch schlägt Schweickart vor, dieses Pro-Kopf-Kriterium gelegentlich außer Kraft zu setzen, um unterentwickelte, benachteiligte Regionen mit zusätzlichen Investitionen zu versorgen – in einem demokratischen und transparenten Verfahren.
97 David Schweickart, *After Capitalism*, a. a. O., S. 54.
98 Diese Fördergelder sind freilich kein Geschenk ohne Gegenleistung, da die Investition die Vermögenswerte des Unternehmens und damit auch seine Steuerlast erhöht. Sie steigern so seinen Beitrag zum nationalen Investmentfonds. Je größer der Wert der Wirtschaftsgüter, desto höher die Besteuerung. Die Steuer kann als Zinszahlung auf den Zuschuss, nicht aber als dessen Rückzahlung gelten.
99 Schweickart fasst sein Modell so zusammen: »Die Zentralregierung erhebt eine Einheitssteuer auf die Kapitalvermögen sämtlicher produzierenden Unternehmen und pumpt diese Gelder in die Wirtschaft zurück, um Firmen mit einem Bedarf an produktiven Investitionen zu unterstützen. Die Mittel werden auf die gesamte Gesellschaft verteilt, zunächst auf einer Pro-Kopf-Basis an Regionen und Gemeinden, danach an öffentliche Banken entsprechend deren bisherigen Leistungen, und schließlich an Unternehmen mit erfolgversprechenden Vorschlägen für Projekte. Profitable Vorhaben, die mehr Beschäftigung versprechen, werden bevorzugt bedient. Auf allen Ebenen, der nationalen, regionalen wie lokalen, regeln Gesetze, welcher Anteil an den ihnen zugehenden Mitteln für öffentliche Investition bereitgestellt wird. Der Rest fließt ohne Auflagen auf die nächste untere Ebene. Die meisten Banken verfügen über Unternehmensabteilungen, welche die Firmenexpansion und -neugründungen fördern.« Siehe David Schweickart, *After Capitalism*, a. a. O., S. 56.

11. Überleben

1 Siehe hierzu »Overview of the Millennium Ecosystem Assessment« auf der Website des Projekts unter http://www.millenniumassessment.org/en/About.html.
2 Will Steffen, Katherine Richardson, Johan Rockström, Sarah E. Cornell, Ingo Fetzer, Elena Bennett, Reinette Biggs, Stephen R. Carpenter, Wim de Vries, Cynthia A. de Wit, Carl Folke, Dieter Gerten, Jens Heinke, Georgina M. Mace, Linn M. Persson, Veerabhadran Ramanathan, Belinda Reyers und Sverker Sörlin, »Planetary Boundaries: Guiding human development on a changing planet«, in: *Science* 347 (6223), 13. Februar 2015, siehe unter http://science.sciencemag.org/content/347/6223/1259855.full.
3 Kernautorenteam, R. K. Pachauri und L. A. Meyer (Hgg.), »IPCC, 2014: Climate Change 2014: Synthesis Report. Contribution of Working Groups I, II and III to the Fifth Assessment Report of the Intergovernmental Panel on Climate Change«, Synthesis Report, Summary for Policymakers, S. 2, siehe unter https://www.ipcc.ch/pdf/assessment-report/ar5/syr/AR5_SYR_FINAL_SPM.pdf.

4   Ebenda, S. 8.
5   Edward A. G. Schuur, A. D. McGuire, C. Schädel, G. Grosse, J. W. Harden, D. J. Hayes, G. Hugelius, C. D. Koven, P. Kuhry, D. M. Lawrence, S. M. Natali, D. Olefeldt, V. E. Romanovsky, K. Schaefer, M. R. Turetsky, C. C. Treat und J. E. Vonk, »Climate change and the permafrost carbon feedback«, in: *Nature* 520 (7576), 9. April 2015, siehe unter http://www.nature.com/nature/journal/v520/n7546/full/nature14338.html; Edward A. G. Schuur, James Bockheim, Josep G. Canadell, Eugenie Euskirchen, Christopher B. Field, Sergey V. Goryachkin, Stefan Hagemann, Peter Kuhry, Peter M. Lafleur, Hanna Lee, Galina Mazhitova, Frederick E. Nelson, Annette Rinke, Vladimir E. Romanovsky, Nikolay Shiklomanov, Charles Tarnocai, Sergey Venevsky, Jason G. Vogel und Sergei A. Zimov, »Vulnerability of Permafrost Carbon to Climate Change: Implications for the Global Carbon Cycle«, in: *BioScience* 58 (8), 2008, S. 701–714, siehe unter http://bioscience.oxfordjournals.org/content/58/8/701.
6   John H. Richardson, »When the End of Human Civilization Is Your Day Job«, in: *Esquire*, 7. Juli 2015, siehe unter http://www.esquire.com/news-politics/a36228/ballad-of-the-sadclimatologists-0815/.
7   Dirk Bryant, Daniel Nielsen und Laura Tangley, *The Last Frontier Forests: Ecosystems and Economies on the Edge*, Washington, DC, 1997, S. 1. Siehe auch als E-book unter pdf.wri.org/lastfrontierforests.pdf.
8   Key Findings, »Global Forest Resource Assessment, Food and Agriculture Organization of the United Nations«, 2010, S. 2, unter http://foris.fao.org/static/data/fra2010/KeyFindings-en.pdf.
9   Roddy Scheer und Doug Moss, »Deforestation and Its Extreme Effect on Global Warming«, in: *Scientific American*, 13. November 2012, siehe unter http://www.scientificamerican.com/article/deforestation-and-global-warming/.
10 Juliette Jowit, »Humans driving extinction faster than species can evolve, say experts«, in: *The Guardian*, 7. März 2010, siehe unter http://www.theguardian.com/environment/2010/mar/07/extinction-species-evolve.
11 Nafeez Ahmed, »Scientific model supported by UK Government Taskforce flags risk of civilisation's collapse by 2040«, in: *Insurge Intelligence*, 19. Juni 2015, siehe unter https://medium.com/insurge-intelligence/uk-government-backed-scientific-model-flags-risk-of-civilisation-s-collapse-by-2040-4d121e455997#.6pvn5b6rx.
12 James Hansen, Makiko Sato, Pushker Kharecha, David Beerling, Valerie Masson-Delmotte, Mark Pagani, Maureen Raymo, Dana L. Royer und James C. Zachos, »Target Atmospheric CO2: Where Should Humanity Aim?«, in: *The Open Atmospheric Science Journal* 2, 7. April 2008, S. 217–231, siehe unter http://droyer.web.wesleyan.edu/Target_CO2_%28Hansen_et_al%29.pdf.
13 Andrew Simms, Victoria Johnson und Peter Chowla, »Growth Isn't Possible«, New Economics Foundation, Januar 2010, siehe unter http://s.bsd.net/nefoundation/default/page/file/f19c45312a905d73c3_rbm6iecku.pdf.
14 Matt McGrath, »Warming to Breach 1 °C Threshold«, BBC News website, 9. November 2015, siehe unter http://www.bbc.co.uk/news/science-environment-34763036.

15 Steve Connor, »Father of Climate Change: 2 °C Limit Is Not Enough«, in: *The Independent*, 8. Dezember 2011, siehe unter http://www.independent.co.uk/environment/climate-change/father-of-climate-change-2c-limit-is-not-enough-6273721.html. Ein weiterer nützlicher Artikel siehe Suzanne Goldenberg, »UN's 2 °C target will fail to avoid a climate disaster, scientists warn«, in: *The Guardian*, 3. Dezember 2013, siehe unter http://www.theguardian.com/environment/2013/dec/03/un-2c-global-warming-climate-change.

16 Adam Vaughan, »Paris climate talks: what difference will temperature rises really make?«, in: *The Guardian*, 4. Dezember 2015, siehe unter http://www.theguardian.com/environment/2015/dec/04/paris-climate-talks-what-difference-will-temperature-rises-really-make.

17 Duncan Clark, »How much of the world's fossil fuel can we burn?«, in: *The Guardian*, 25. März 2015, siehe unter http://www.theguardian.com/environment/keep-it-in-the-ground-blog/2015/mar/25/what-numbers-tell-about-how-much-fossil-fuel-reserves-cant-burn.

18 Kevin Anderson, »Duality in Climate Science«, in: *Nature Geoscience* 8, 12. Oktober 2015, siehe unter http://kevinanderson.info/blog/categorypapers-reports/.

19 Ebenda.

20 »Six years worth of current emissions would blow the carbon budget for 1.5 degrees«, Carbon Brief, 13. November 2014, siehe unter http://www.carbonbrief.org/six-years-worth-of-current-emissions-would-blow-the-carbon-budget-for-1-5-degrees. Wenn eine 50-prozentige Chance bestehen soll, dass die Erderwärmung unterhalb der Marke von 1,5 Grad C bleibt, reicht unser CO_2-Budget bei gleichbleibendem Ausstoß noch bis 2025.

21 Mike Berners-Lee und Duncan Clark, *The Burning Question: We Can't Burn Half the World's Oil, Coal and Gas; so How Do We Quit?*, London 2013, S. 27.

22 Ebenda.

23 Kevin Anderson und Alice Bows, »A 2 °C Target? Get Real, Because 4 °C Is on Its Way«, in: *Parliamentary Brief* 13 (3), Dezember 2010, S. 19, siehe unter http://kevinanderson.info/blog/wp-content/uploads/2012/11/Parliamentary-Brief-p19-Dec-20101.pdf.

24 Sarah Morrison, »Leaked climate change report: Scientific body warns of ›devastating rise of 4–5 °C if we carry on as we are‹«, in: *The Independent*, 12. April 2014, siehe unter http://www.independent.co.uk/environment/climate-change/leaked-climate-change-reportscientific-body-warns-of-devastating-rise-of-4-5c-if-we-carry-on-as-we-9256708.html.
Eine Erhöhung um 5 Grad C prognostiziert Michael E. Mann, »The Power of Paris: Climate Challenge Remains, But Now We're on the Right Path«, in: *Huffington Post*, 12. Dezember 2015, siehe unter http://www.huffingtonpost.com/michael-e-mann/paris-climate-change_b_8799764.html.

25 Eine Zusammenfassung der bereits beobachtbaren Auswirkungen des Klimawandels siehe Bill McKibben, *Eaarth: Making a Life on a Tough New Planet*, New York 2010.

26 Kiley Kroh, »UN Chief Scientist Urges Action on Climate Change: ›We Have Five Minutes Before Midnight‹«, in: *Think Progress*, 3. September 2013, siehe unter

http://thinkprogress.org/climate/2013/09/03/2561751/climate-scientist-mid night.
27 Damian Carrington, »Carbon reserves held by top fossil fuel companies soar«, in: *The Guardian*, 19. April 2015, siehe unter http://www.theguardian.com/environment/2015/apr/19/carbon-reserves-held-by-top-fossil-fuel-companies-soar.
28 Bill McKibben, »Global Warming's Terrifying New Maths«, in: *Rolling Stone*, 19. Juli 2012, siehe unter http://www.rollingstone.com/politics/news/global-warmings-terrifying-new-math-20120719.
29 Steigerungen der Energieeffizienz scheinen auch unsere Gesamtemissionen erhöht zu haben. Dieser sogenannte Rebound-Effekt stellt sich ein, weil die erhöhte Effizienz Kosten senkt und Kaufkraft freisetzt, die in zusätzlichen Konsum fließt. Entdeckt wurde der Effekt im 19. Jahrhundert von William Stanley Jevons in seiner Studie zu den Effizienzgewinnen der Nutzung von Kohle als Energieträger. Der Rebound-Effekt bedeutet nicht, dass Innovation und neue Technologien keine zentrale Rolle dabei spielen können, eine nachhaltige Welt zu schaffen. Er bedeutet lediglich, dass es zusätzlich einer globalen Deckelung der Emissionen bedarf, damit Fortschritte nicht zunichtegemacht werden.
30 In diesem Zusammenhang ist zum Beispiel der sogenannte Fee-and-dividend-Mechanismus interessant. Er gilt als gangbare Alternative zum verwässerten und ineffizienten Emissionshandel mit festen Obergrenzen, der von Politikern und Unternehmen in der Fossilenergienutzung am stärksten unterstützt wurde, und wird von zahlreichen Ökonomen und dem zu den Aktivisten übergelaufenen führenden Klimaforscher James Hansen favorisiert. Das Fee-and-dividend-System funktioniert verblüffend einfach. An der Förderquelle oder am Einfuhrhafen wird auf jeden fossilen Energieträger (Kohle, Gas und Öl) eine einheitliche Gebühr erhoben, bemessen an Tonnen Kohlendioxid, die bei der Verbrennung freigesetzt werden. Die Gebühr erhöht die Produktionskosten von Waren je nach verbrauchter Menge an fossiler Energie. Sie soll in Stufen angehoben werden, damit sich Abnehmer und Wirtschaft auf die steigenden Kosten einstellen können, die in besonders energieintensiven Produktionsbereichen anfallen werden. Und was geschieht mit den Gebühren? Sie sollen gleichmäßig verteilt an die Gesellschaft zurückfließen: Wenn alle Erwachsenen denselben Betrag (und Kinder die Hälfte) erstattet bekommen, funktioniert die Gebühr als eine progressive Steuer, weil Vermögendere mit ihrem höheren Konsum an Produkten, für die viel fossile Energie aufgewendet werden muss, deutlich mehr bezahlen, als ihnen erstattet wird. Diese Maßnahme schafft für jeden finanzielle Anreize, die eigene CO_2-Spur zu verringern – mit wachsender Wirkung, weil die Gebühr kontinuierlich ansteigt. Alternativ dazu entwirft Oliver Tickle in seinem wegweisenden Buch *Kyoto2* (London 2008) ein effizientes ausgeklügeltes Modell für den Emissionshandel. Sein System beruht auf der Versteigerung von CO_2-Verschmutzungsrechten, die jährlich rund 1 Billion US-Dollar einbrächten, ein Fonds, der sich dazu nutzen ließe, »die Ursachen und Auswirkungen des Klimawandels zu bewältigen«.
31 Naomi Klein, »This Changes Everything: Capitalism vs. The Climate«, in: *Huf-*

fington Post, 6. März 2015, siehe unter http://www.huffingtonpost.ca/naomi-klein/naomi-klein-book_b_6812200.html.

32 John Vidal, »Carbon targets pledged at Copenhagen ›fail to keep temperature rise to 2 °C‹«, in: *The Guardian*, 12. Februar 2010, siehe unter http://www.theguardian.com/environment/2010/feb/12/copenhagencarbon-emission-pledges.

33 Fiona Harvey, »World Bank president celebrates ›game changer‹ Paris talks«, in: *The Guardian*, 13. Dezember 2015, siehe http://www.theguardian.com/business/2015/dec/13/world-bank-president-celebrates-game-changer-paris-talks.

34 Siehe unter https://www.google.de/?gws_rd=ssl#q=%22The+iceberg+has+struck%22+%22to+warm+applause%22.

35 Kelly Levin und Taryn Fransen, »INSIDER: Why Are INDC Studies Reaching Different Temperature Estimates?«, World Resources Institute, 9. November 2015, siehe unter http://www.wri.org/blog/2015/11/insider-why-are-indc-studies-reaching-different-temperature-estimates.

36 Kevin Anderson, »The Paris Agreement: 10/10 for presentation; 4/10 for content. Shows promise …«, 13. Dezember 2015, siehe unter http://kevinanderson.info/blog/the-paris-agreement-1010-for-presentation-410-for-content-shows-promise/.

37 Pete Smith, Steven J. Davis, Felix Creutzig, Sabine Fuss, Jan Minx, Benoit Gabrielle, Etsushi Kato, Robert B. Jackson, Annette Cowie, Elmar Kriegler, Detlef P. van Vuuren, Joeri Rogelj, Philippe Ciais, Jennifer Milne, Josep G. Canadell, David McCollum, Glen Peters, Robbie Andrew, Volker Krey, Gyami Shrestha, Pierre Friedlingstein, Thomas Gasser, Arnulf Grübler, Wolfgang K. Heidug, Matthias Jonas u. a., »Biophysical and economic limits to negative CO_2 emissions«, in: *Nature Climate Change* 6, 7. Dezember 2015, siehe unter http://www.nature.com/nclimate/journal/v6/n1/full/nclimate2870.html.

38 Mark Z. Jacobson und Mark A. Delucchi, »A Plan to Power 100 Percent of the Planet with Renewables«, in: *Scientific American*, 1. November 2009, siehe unter http://www.scientificamerican.com/article/a-path-to-sustainable-energy-by-2030/; Mark Z. Jacobson und Mark A. Delucchi, »Providing all global energy with wind, water, and solar power, Part I: Technologies, energy resources, quantities and areas of infrastructure and materials«, in: *Energy Policy* 39 (3), S. 1154–1169.

39 Louis Bergeron, »The World Can Be Powered By Alternative Energy, Using Today's Technology, In 20–40 Years, Says Stanford Researcher Mark Z. Jacobson«, in: *Stanford News*, 26. Januar 2011, siehe unter http://news.stanford.edu/news/2011/january/jacobson-world-energy-012611.html.

40 Mark Fischetti, »139 Countries Could Get All of Their Power from Renewable Sources«, in: *Scientific American*, 19. November 2015, siehe http://www.scientificamerican.com/article/139-countries-couldget-all-of-their-power-from-renewable-sources1/.

41 »Latin America and the Caribbean could cover all their electricity needs using renewable resources: IDB report«, Inter-American Development Bank, News, 13. Juni 2013, siehe unter http://www.iadb.org/en/news/webstories/2013-06-18/renewable-energy-in-latin-america-and-the-caribbean,10486.html.

42 Jonathan Watts, »Uruguay makes dramatic shift to nearly 95 % electricity from clean energy«, in: *The Guardian*, 3. Dezember 2015, siehe unter http://www.

theguardian.com/environment/2015/dec/03/uruguay-makes-dramatic-shift-to-nearly-95-clean-energy.

43 »World Economic and Social Survey 2011: The Great Green Technological Transformation«, United Nations Department of Economic and Social Affairs, 2011, S. xxii, S. 174, siehe unter http://www.un.org/endevelopment/desa/policy/wess/wess_current/2011wess.pdf.

44 Simon Rogers, »Military Spending: How much does the military cost each country, listed«, in: *The Guardian*, 17. April 2012, siehe http://www.theguardian.com/news/datablog/2012/apr/17/military-spending-countries-list.

45 »Innovative financing at a global and European level«, European Parliament Resolution, 8. März 2011, S. 5, siehe unter http://www.europarl.europa.eu/sides/getDoc.do?pubRef=-//EP//NONSGML+TA+P7-TA-2011-0080+0+DOC+PDF+V0//EN.

46 »Mobilizing Climate Finance: A paper prepared at the request of G20 Finance Ministers«, World Bank group, 6. Oktober 2011, S. 15, siehe unter https://www.imf.org/external/np/g20/pdf/110411c.pdf.

47 Duncan Clark, »Campaigners demand an end to $1tn fossil fuel subsidies«, in: *The Guardian*, 18. Juni 2012, siehe unter http://www.theguardian.com/environment/blog/2012/jun/18/campaigners-end-fossil-fuel-subsidies.

48 Damian Carrington, »G20 countries pay over $1,000 per citizen in fossil fuel subsidies, says IMF«, in: *The Guardian*, 4. August 2015, siehe http://www.theguardian.com/environment/2015/aug/04/g20-countries-pay-over-1000-per-citizen-in-fossil-fuel-subsidies-say-imf.

49 »Climate change: Too hot to handle«, in: *The Scotsman*, 28. November 2009, siehe unter http://www.scotsman.com/news/climate-change-too-hot-to-handle1-1363112.

50 »Der 4°-Bericht. Warum eine vier Grad wärmere Welt verhindert werden muss«, Bericht für die Weltbank, erstellt vom Potsdam-Institut für Klimafolgenforschung und von Climate Analytics, November 2012, S. 9, siehe unter http://documents.worldbank.org/curated/en/750731468159609929/pdf/632190GERMAN0100Box377313B00PUBLIC0.pdf.

51 James Randerson, »Climate change: Prepare for global temperature rise of 4 °C, warns top scientist«, in: *The Guardian*, 7. August 2008, siehe unter http://www.theguardian.com/environment/2008/aug/06/climatechange.scienceofclimatechange.

52 »Climate change: Too hot to handle«, in: *The Scotsman*, a. a. O.

53 Jenny Fyall, »Warming will ›wipe out billions‹«, in: *The Scotsman*, 29. November 2009. Der Originalartikel ist inzwischen online nicht mehr verfügbar, wird aber vielfach zitiert; siehe zum Beispiel unter https://en.wikipedia.org/wiki/Kevin_Anderson_(scientist).

54 James Kanter, »Scientist: Warming could cut population to 1 billion«, in: *The New York Times*, 13. März 2009, siehe unter http://dotearth.blogs.nytimes.com/2009/03/13/scientist-warming-could-cut-population-to-1-billion?_r=0.

55 Bertrand Russell, *Autobiography*, (1975), New York 2010, S. 620 (dt.: *Autobiographie*, a. d Engl. v. Harry Kahn, 2 Bd., 3. Aufl. Frankfurt a. M. 1984.)

56 Naomi Oreskes und Erik M. Conway, *Die Machiavellis der Wissenschaft. Das Netzwerk des Leugnens*, üb. v. Hartmut S. Leipner und Anna-Maria Leipner, Weinheim 2014.
57 Bald erhielten diese Wissenschaftler noch von einigen Gesinnungsgenossen Beistand in ihrem Bemühen, unbequeme Wahrheiten zu diskreditieren. Dazu zählten die Zoologin und ehemalige Vorsitzende der US-Atomenergiekommission Dixy Lee Ray und der Klimaforscher Patrick Michaels.
58 Naomi Oreskes und Erik M. Conway, *Die Machiavellis der Wissenschaft*, a. a. O., S. XXI f.
59 Suzanne Goldenberg, »Exxon knew of climate change in 1981, email says – but it funded deniers for 27 more years«, in: *The Guardian*, 8. Juli 2015, siehe unter http://www.theguardian.com/environment/2015/jul/08/exxon-climate-change-1981-climate-denier-funding.
60 Katie Jennings, Dino Grandoni und Susanne Rust, »How Exxon went from leader to skeptic on climate change research«, in: *Los Angeles Times*, 23. Oktober 2015, siehe unter http://graphics.latimes.com/exxon-research/.
61 Teena Gabrielson, Cheryl Hall, John M. Meyer und David Schlosberg (Hgg.), *The Oxford Handbook of Environmental Political Theory*, Oxford 2016, S. 452.
62 Katie Jennings, Dino Grandoni und Susanne Rust, »How Exxon went from leader to skeptic on climate change research«, a. a. O.
63 Jay Yarow, »2,340 lobbyists have an opinion on how best to enact climate policy«, in: *Business Insider*, 25. Februar 2009, siehe unter http://www.businessinsider.com/2340-lobbyists-have-an-opinionon-how-best-to-enact-climate-policy-2009-2.
64 Suzanne Goldenberg, »Secret funding helped build vast network of climate denial thinktanks«, in: *The Guardian*, 14. Februar 2013, siehe unter http://www.theguardian.com/environment/2013/feb/14/funding-climate-change-denial-think tanks-network.
65 Ebenda.
66 Mike Berners-Lee und Duncan Clark, *The Burning Question*, a. a. O., S. 173.
67 »Big drop in those who believe that global warming is coming«, Harris Interactive, Pressemitteilung, 2. Dezember 2009, siehe unter http://media.theharrispoll.com/documents/Harris-Interactive-Poll-Research-Global-Warming-2009-12.pdf?; »Most Americans think devastating natural disasters are increasing«, Harris Interactive, Pressemitteilung, 7. Juli 2011, siehe unter http://www.theharrispoll.com/politics/Most_Americans_Think_Devastating_Natural_Disasters_Are_Increasing.html.
68 Emma Howard, »Rising numbers of Americans believe climate science, poll shows«, in: *The Guardian*, 13. Oktober 2015, siehe unter http://www.theguardian.com/environment/2015/oct/13/rising-numbers-of-american-believe-climate-science-poll-shows; Bruce Stokes, Richard Wike und Jill Carle, »Global concern about climate change, broad support for limiting emissions«, Pew Research Centre, 5. November 2015, siehe unter http://www.pewglobal.org/2015/11/05/global-concern-about-climate-change-broad-supportfor-limiting-emissions/.
69 Naomi Klein, *This Changes Everything*, London 2014, S. 195 f. (dt.: *Die Entschei-

dung: Kapitalismus vs. Klima, a. d Engl. v. Christa Prummer-Lehmair u. a., Frankfurt a. M., Zürich und Wien 2015).
70 Jonathon Porritt, »It is ›impossible‹ for today's big oil companies to adapt to climate change«, in: *The Guardian*, 15. Januar 2015, siehe unter http://www.theguardian.com/environment/2015/jan/15/it-is-impossible-todays-big-oil-companies-adapt-climate-change-jonathon-porritt.
71 »Silent But Deadly«, Global Justice Now, Policy Briefing, Dezember 2015, siehe unter http://www.globaljustice.org.uk/sites/defaultfiles/files/resources/cop-paris-briefing-online.pdf.
72 Robert McSweeney, »Farming overtakes deforestation and land use as a driver of climate change«, Carbon Brief, 12. Januar 2015, siehe unter http://www.carbonbrief.org/farming-overtakes-deforestation-and-land-use-as-a-driver-of-climate-change.
73 Sonia J. Vermeulen und Bruce M. Campbell, »Climate Change and Food Systems«, in: *Annual Review of Environment and Resources* 37, 30. Juli 2012, S. 195–222, siehe unter https://sustainabledevelopment.un.org/content/documents/881annurev.pdf.
74 Robert McSweeney, »Meat and dairy consumption could mean a two-degree target is ›off the table‹«, Carbon Brief, 2. Dezember 2014, siehe http://www.carbonbrief.org/meat-and-dairy-consumption-could-mean-a-two-degree-target-is-off-the-table.
75 »Eco-farming can double food production in 10 years, says new UN report«, United Nations Human Rights website, 8. März 2011, siehe unter http://www.ohchr.org/en/NewsEvents/Pages/DisplayNews.aspx?NewsID=10819&LangID=E.
76 Ebenda.
77 Naomi Klein, »How will everything change under climate change?«, in: *The Guardian*, 8. März 2015, siehe unter http://www.theguardian.com/environment/2015/mar/08/how-will-everything-change-under-climate-change.
78 Donella H. Meadows, Dennis L. Meadows, Jorgen Randers und William W. Behrens III, »The Limits to Growth: A Report to The Club of Rome« (1972), Kurzversion, siehe unter http://web.ics.purdue.edu/~wggray/Teaching/His300/Illustrations/Limits-to-Growth.pdf.
79 Bill McKibben, *Eaarth*, a. a. O., S. 93.
80 Jeff Hecht, »Prophesy of Economic Collapse ›Coming True‹«, in: *New Scientist*, 17. November 2008, siehe https://www.newscientist.com/article/dn16058-prophesy-of-economic-collapse-coming-true/. Die vollständige Studie siehe Graham Turner, »A Comparison of the Limits of Growth with Thirty Years of Reality«, Socio-Economics and the Environment in Discussion, CSIRO Working Paper Series 200809, Juni 2008, unter http://www.manicore.com/fichiers/Turner_Meadows_vs_historical_data.pdf. Eine Zusammenfassung siehe Graham Turner und Cathy Alexander, »Limits to growth was right. New research shows we're nearing collapse«, in: *The Guardian*, 2. September 2014, siehe unter http://www.theguardian.com/commentisfree/2014/sep/02/limits-to-growth-was-right-new-research-shows-were-nearing-collapse.

81 Bill McKibben, *Deep Economy: The Wealth of Communities and the Durable Future*, New York 2007, S. 10.
82 H. W. Arndt, *The Rise and Fall of Economic Growth: A Study in Contemporary Thought*, Sydney 1978, S. 30.
83 Robin Hahnel, *Green Economics: Confronting the Ecological Crisis*, New York 2010, S. 4.
84 Fridolin Krausmann, Simone Gingrich, Nina Eisenmenger, Karl-Heinz Erb, Helmut Haberl und Marina Fischer-Kowalski, »Growth in global materials use, GDP and population during the 20th century«, in: *Ecological Economics* 68 (10), August 2009, S. 2696–2705.
85 Donella H. Meadows, Jorgen Randers und Dennis L. Meadows, *The Limits To Growth: The 30-Year Update*, White River Junction, VT, 2004, S. 204 (dt.: *Grenzen des Wachstums, das 30-Jahre-Update: Signal zum Kurswechsel*, a. d Engl. v. Andreas Held, mit einem Geleitwort von Prinz El Hassan Bin Talal, Stuttgart 2009).
86 N. Gregory Mankiw, *Principles of Economics*, 7. Aufl., Mason, OH, 2015, S. 532 (dt.: *Grundzüge der Volkswirtschaftslehre*, a. d amerik. Engl. v. Adolf Wagner u. Marco Herrmann, 3. überarb. Aufl., Stuttgart 2004).
87 Tim Jackson, *Prosperity without Growth: Economics for a Finite Planet*, Abingdon, Oxon, und New York 2009 (dt.: *Wohlstand ohne Wachstum. Leben und Wirtschaften in einer endlichen Welt*, hg. v. d. Heinrich-Böll-Stiftung, a. d Engl. v. Eva Leipprand, München 2013).
88 Tim Jackson, *Prosperity without Growth*, a. a. O., S. 14.
89 Vaclav Smil, »Moore's Curse and the Great Energy Delusion«, in: *The American*, 19. November 2008, siehe unter http://www.vaclavsmil.com/wp-content/uploads/docs/smil-article-20081119-the_American.pdf.
90 Elizabeth Kolbert, »The Weight of the World«, in: *The New Yorker*, 24. August 2015, siehe unter http://www.newyorker.com/magazine/2015/08/24/the-weight-of-the-world.
91 Joseph E. Stiglitz, Amartya Sen und Jean-Paul Fitoussi, *Mis-Measuring Our Lives: Why GDP Doesn't Add Up*, The Report by the Commission on the Measurement of Economic Performance and Social Progress, New York 2010, S. xvii.
92 Joseph E. Stiglitz, Amartya Sen und Jean-Paul Fitoussi, *Mis-Measuring Our Lives*, a. a. O., S. xx.
93 Associated Press, »Air pollution in China is killing 4,000 people every day, a new study finds«, in: *The Guardian*, 14. August 2015, siehe unter http://www.theguardian.com/world/2015/aug/14/air-pollution-in-china-is-killing-4000-people-everyday-a-new-study-finds.
94 Jennifer Pak, »Chinese buy up bottles of fresh air from Canada«, in: *The Telegraph*, 15. Dezember 2015, siehe unter http://www.telegraph.co.uk/news/worldnews/asia/china/12051354/Chinese-buy-up-bottles-offresh-air-from-Canada.html.
95 John Vidal, »Air pollution: a dark cloud of filth poisons the world's cities«, in: *The Guardian*, 16. Januar 2016, siehe unter http://www.theguardian.com/global-development/2016/jan/16/winter-smog-hits-worlds-cities-air-pollution-soars?CMP=share_btn_fb.

96 Ebenda.
97 Eine nützliche und gut verständliche Einführung zur »Steady-State-Wirtschaft« siehe Dan O'Neill und Rob Dietz, *Enough is enough: building a sustainable economy in a world of finite resources*, Abingdon, Oxon, 2013.
98 Bevölkerungswachstum befeuert das Wirtschaftswachstum. Bei gleichbleibenden Bedingungen stoßen wir schneller an die ökologischen Grenzen, wenn mehr Menschen auf der Erde leben. Um unsere Emissionen und die Größe unserer Wirtschaft zu stabilisieren, müssen wir auch die Bevölkerungszahlen stabilisieren. Da sich die Lage unabhängig davon, was wir tun, weltweit verschlechtert, werden manche Regionen auf der Erde teilweise unbewohnbar werden. Bei immer dichter werdender Besiedlung werden immer mehr Menschen in Gebieten mit einem höheren Risiko leben müssen, von Überflutungen oder anderen Naturkatastrophen heimgesucht zu werden. Zur Reduzierung des Bevölkerungswachstums ist viel Aufklärungsarbeit notwendig.
99 John Stuart Mill, *Gesammelte Werke*, Neudr. d. Ausg. Leipzig 1869, Autoris. Übers. unter Red. von Theodor Gomperz, Bd. 7, *Grundsätze der politischen Ökonomie*, Buch IV, Kap. VI, Aalen 1968, S. 63. nach der Ausgabe Leipzig 1969. Den Originaltext aus *Principles of Political Economy* siehe unter http://www.econlib.org/library/Mill/mlP61.html.
100 Ann Pettifor (Hg.), *Real World Economic Outlook: The Legacy of Globalization: Debt and Deflation. Jubilee Research at the New Economics Foundation*, Basingstoke 2003, S. 135.
101 Robert Frank, *Luxury Fever: Weighing the Cost of Excess*, New York 2000, S. 73.
102 Bill McKibben, *Deep Economy*, a. a. O., S. 34 f.
103 George Monbiot, »In this age of diamond saucepans, only a recession makes sense«, in: *The Guardian*, 9. Oktober 2007, siehe unter http://www.theguardian.com/commentisfree/2007/oct/09/comment.economy.
104 David Woodward und Andrew Simms, »Growth is failing the poor: The unbalanced distribution of the benefits and costs of global economic growth«, DESA Working Paper No. 20, in: *Economic and Social Affairs*, März 2006, siehe unter http://www.un.org/esa/desa/papers/2006/wp20_2006.pdf.
105 Anne Krueger, »Letting the future in: India's continuing reform agenda«, Keynote Speech to Stanford India Conference, Stanford University, 4. Juni 2004, siehe unter https://www.imf.org/external/np/speeches/2004/060404.htm.
106 David Woodward und Andrew Simms, »Growth is failing the poor: the unbalanced distribution of the benefits and costs of global economic growth«, a. a. O.
107 Robin Hahnel, *Green Economics*, a. a. O., S. 81.
108 Ebenda.
109 Ian Dew-Becker und Robert J. Gordon, »Where Did the Productivity Growth Go? Inflation Dynamics and the Distribution of Income«, Brookings Papers on Economic Activity, Fall Issue, 2005, S. 67–150, siehe unter http://www.brookings.edu/~/media/Projects/BPEA/Fall2005/2005b_bpea_dewbecker.PDF.
110 Ebenda.
111 Daniel O'Neill, »The economics of enough«, in: *The Guardian*, 1. Mai 2013,

siehe unter http://www.theguardian.com/business/economics-blog/2013/may/01/economics-of-enough.

112 David Graeber, »A Practical Utopian's Guide to the Coming Collapse«, in: *The Baffler* 22, 2013, siehe unter http://thebaffler.com/salvos/a-practical-utopians-guide-to-the-coming-collapse.

113 Bill McKibben, »Climate fight won't wait for Paris: vive la resistance«, in: *The Guardian*, 9. März 2015, siehe unter http://www.theguardian.com/environment/2015/mar/09/climate-fight-wont-wait-for-paris-vive-la-resistance.

114 John H. Richardson, »When the End of Human Civilization Is Your Day Job«, a. a. O.

115 Naomi Klein, »Why Unions Need to Join the Climate Fight«, Rede vor dem Gründungskongress von UNIFOR, 1. September 2013, siehe unter http://www.naomiklein.org/articles/2013/09/why-unions-need-join-climate-fight.

116 »Mark Serwotka: Trade Unions and the Environmental Movement Are Natural Allies«, Desmog UK, 9. April 2015, siehe unter http://www.desmog.uk/2015/04/09/mark-serwotka-trade-unions-and-environmental-movement-are-natural-allies.

117 »One Million Climate Jobs«, Campaign Against Climate Change, 2014, siehe unter http://www.campaigncc.org/sites/data/files/Docs/one_million_climate_jobs_2014.pdf.

118 »Netherlands ordered to cut greenhouse gas emissions«, BBC News, 24. Juni 2015, siehe unter http://www.bbc.co.uk/news/world-europe-33253772.

119 Papst Franziskus, »›Enzyklika Laudato si‹. Über die Sorge für das gemeinsame Haus«, 24. Mai 2015, Abs. 217, siehe unter http://w2.vatican.va/content/francesco/de/encyclicals/documents/papa-francesco_20150524_enciclica-laudato-si.html.

120 Doug Bolton, »Denmark produces 140 per cent of its electricity needs through wind power«, in: *The Independent*, 10. Juli 2015, siehe unter http://www.independent.co.uk/environment/denmark-produces-140-per-cent-of-its-electricity-needs-through-wind-power-10381648.html.

121 Martin Lukacs, »›Historic‹ Toronto climate march calls for new economic vision«, in: *The Guardian*, 6. Juli 2015, siehe http://www.theguardian.com/environment/true-north/2015/jul/06/historic-toronto-climate-march-calls-for-new-economic-vision?CMP=share_btn_fb.

122 John Jordan, »The day we stopped Europe's biggest polluter in its tracks«, in: *The Guardian*, 27. August 2015, siehe unter https://www.theguardian.com/commentisfree/2015/aug/27/europes-biggest-polluter-protesters-lignite-mine-germany-direct-action. Siehe auch https://de.wikipedia.org/wiki/Ende_Gel%C3%A4nde_2015.

123 »Renewable Electricity Generation Climbs To Second Place After Coal«, International Energy Agency, 6. August 2015, siehe unter http://www.iea.org/newsroomandevents/news/2015/august/renewable-electricity-generation-climbs-to-second-place-after-coal.html.

124 Karl Ritter, »Brazil pledges to cut greenhouse gas emissions«, Associated Press, 27. September 2015, siehe unter http://bigstory.ap.org/article/546bf2c0c20d4a99adf59cf5321b3dd2/brazil-pledges-cut-greenhouse-gas-emissions; Nick Visser,

»The World Has Pledged to Divest $2.6 Trillion from Fossil Fuels«, in: *Huffington Post*, 22. September 2015, siehe unter http://www.huffingtonpost.com/entry/fossil-fuel-divestment_56016c87e4b0fde8b0cfc539.
125 »Countdown to the Climate Summit«, Global Witness, 20. November 2015, siehe unter https://www.globalwitness.org/campaignsenvironmental-activists7-days-until-climate-summit.
126 U. Thara Srinivasan, Susan P. Carey, Eric Hallstein, Paul A. T. Higgins, Amber C. Kerr, Laura E. Koteen, Adam B. Smith, Reg Watson, John Harte und Richard B. Norgaardd, »The Debt of Nations and the Distribution of Ecological Impacts from Human Activities«, *Proceedings of the National Academy of Sciences* 105 (5), 5. Februar 2008, S. 1768–1773.
127 Daniel W. O'Neill, »The Proximity of Nations to a Socially Sustainable Steady-State Economy«, in: *Journal of Cleaner Production* 108, Part A, Dezember 2015, S. 1213–1231, siehe unter http://www.sciencedirect.com/science/article/pii/S0959652615010471.
128 Siehe die Website von Climate Fairshares unter http://www.climatefairshares.org/; siehe ebenso die Website von Greenhouse Development Rights unter http://gdrights.org/.
129 John Vidal, »Rio+20: Earth summit dawns with stormier clouds than in 1992«, in: *The Guardian*, 19. Juni 2012, siehe unter http://www.theguardian.com/environment/2012/jun/19/rio-20-earth-summit-1992-2012.

12. Empathie

1 Zwei Arten von Empathie wurden unterschieden: eine affektive und eine kognitive. Die affektive betrifft das Vermögen, sich in den seelischen Zustand eines anderen einzufühlen, sein Leiden nachzuempfinden. Die kognitive ist die Fähigkeit, die Perspektive eines anderen einzunehmen, seine geistige Haltung zu verstehen. Laut einer Forschungshypothese sind Psychopathen zur kognitiven, nicht aber zur affektiven Empathie fähig, während Menschen mit autistischen Störungen über die Fähigkeit zur affektiven, jedoch nicht zur kognitiven Empathie verfügen. Dieses Kapitel bezieht sich auf beide Arten von Empathie.
2 Morten Kringelbach und Helen Phillips, *Emotion: Pleasure and Pain in the Brain*, Oxford 2014, S. 104 f.
3 Nathalia Gjersoe, »The moral life of babies«, in: *The Guardian*, 12. Oktober 2013, siehe unter http://www.theguardian.com/science/2013/oct/12/babies-moral-life. Der Online-Artikel ist inzwischen nicht mehr verfügbar.
4 Simon Baron-Cohen, *Zero Degrees of Empathy: A New Theory of Human Cruelty and Kindness*, London 2011, S. 20.
5 Roman Krznaric, *Empathy: Why It Matters, and How to Get It*, London 2014, S. 17–20.
6 Roman Krznaric, »In Search of Our Inner Ape: An Interview with Frans de Waal«, Outrospection, 14. November 2009, siehe unter http://www.romankrznaric.com/outrospection/2009/11/14/152.
7 Simon Baron-Cohen, *Zero Degrees of Empathy*, a. a. O., S. 103.

8   Nils Christie, »Too Much of Nothing. The Senseless Prisons«, siehe unter https://www.youtube.com/watch?v=Jah_txmOfk.
9   Susan Fiske, »From Dehumanization and Objectification to Rehumanization: Neuroimaging Studies on the Building Blocks of Empathy«, in: *Annals of the New York Academy of Sciences* 1167 (24. Juni 2009), S. 32 ff.
10 Peter Singer, *The Expanding Circle: Ethics, Evolution, and Moral Progress* (1981), Nachdr., Oxford 2011.
11 Peter Singers Ansichten darüber, wer in den Kreis des Altruismus aufgenommen werden sollte, sind problematisch. Sein Standpunkt dazu, wer als »Person« gelten sollte, seine Haltung zum Mord an Kindern, insbesondere seine Überzeugungen im Hinblick auf Säuglinge, die schwerstbehindert zur Welt kommen, sind grob vereinfachend und werden von vielen als herabsetzend kritisiert.
12 Im Folgenden nutze ich den Gedanken des moralischen Ausschlusses austauschbar mit dem der Entmenschlichung. Beide gehören in dasselbe Spektrum.
13 Susan Opotow, »Moral Exclusion and Injustice: An Introduction«, in: *Journal of Social Issues* 46 (1), Frühjahr 1990, S. 1–20.
14 Jonathan Glover, *Humanity: A Moral History of the Twentieth Century*, London 1999.
15 Ernst Klee, Willi Dreßen und Volker Rieß (Hgg.), *»Schöne Zeiten«. Judenmord aus der Sicht der Täter und Gaffer*, Frankfurt am Main 1997.
16 »Crime and Civilization: An Interview with Nils Christie«, in: *New Internationalist* 282, (August 1996), siehe unter http://newint.org/features/1996/08/05/crime/.
17 Ebenda.
18 Solomon Northup, *Twelve Years a Slave* (1853), London 2012, S. 56 f. (Dt.: *12 Jahre als Sklave. Die Geschichte des Solomon Northup*, a. d Amerik. v. Klaus Schmitz, Neuwied 2014.)
19 »David Livingstone Smith: Psychology of Violence«, in: *Forbes India*, 4. Juni 2010, siehe unter http://www.forbes.com/2010/06/15/forbes-india-david-livingstone-smith-psychology-of-violence-opinions-ideas-10-smith.html.
20 David Livingstone Smith, *Less Than Human*, New York 2011, S. 18.
21 Ebenda, S. 17 ff.
22 Thomas Nagel, *Mortal Questions*, (1979), Cambridge 1991, S. 26 (dt.: *Letzte Fragen*, 3. Aufl., erw. Neuausg., a. d Amerik. v. Karl-Ernst Prankel, Hamburg 2012.)
23 Paul Connolly, Alan Smith und Bernie Kelly, »Too Young To Notice?«, Community Relations Council, 2002, siehe unter http://www.unescocentre.ulster.ac.uk/pdfs/pdfs_alan/2002_Too_Young_to_Notice.pdf.
24 Daniel Bar-Tal, »Development of social categories and stereotypes in early childhood: The case of ›the Arab‹ concept formation, stereotype and attitudes by Jewish children in Israel«, in: *International Journal of Intercultural Relations* 20 (3–4), Sommer / Herbst 1996, S. 341–370.
25 Patricia G. Devine, »Stereotypes and prejudice: Their automatic and controlled components«, in: *Journal of Personality and Social Psychology* 56 (Januar 1989), S. 5–18.
26 Or Kashti, »Israel Bans Novel on Arab-Jewish Romance From Schools for ›Threa-

tening Jewish Identity«, in: *Haaretz*, 31. Dezember 2015, siehe unter http://www.haaretz.com/israel-news.premium-1.694620.

27 Otto Santa Ana, *Brown Tide Rising: Metaphors of Latinos in Contemporary American Public Discourse*, Austin 2002.
28 Jessica Elgot und Matthew Taylor, »Calais crisis: Cameron condemned for ›dehumanising‹ description of migrants«, in: *The Guardian*, 30. Juli 2015, siehe unter http://www.theguardian.com/uk-news/2015/jul/30/david-cameron-migrant-swarm-language-condemned.
29 Phillip Atiba Goff, Jennifer L. Eberhardt, Melissa J. Williams und Matthew Christian Jackson, »Not Yet Human: Implicit Knowledge, Historical Dehumanization, and Contemporary Consequences«, in: *Journal of Personality and Social Psychology* 94 (2), 2008, S. 292–306.
30 Im Jahr 2015 ertranken im Mittelmeer tausende Flüchtlinge – Männer, Frauen und zahlreiche Kinder – beim verzweifelten Versuch, in Sicherheit zu gelangen. Obwohl die meisten vor dem Krieg flohen, unternahmen die Vereinten Nationen wenig zu ihrer Rettung. Die Empörung hielt sich in Grenzen. Im selben Jahr kamen bei einem Terroranschlag in Beirut über vierzig Menschen um. Hunderte weitere wurden verletzt. Adel Termos, ein Vater, rettete unter Opferung seines eigenen Lebens zahlreiche weitere, als er todesmutig einen Bombenattentäter zu Boden rang. Darüber wurde kaum berichtet. Am nächsten Tag riss ein weiterer Anschlag, diesmal in Paris, über hundert Menschen in den Tod. Zeitungen und Fernsehsender berichteten rund um den Globus darüber. In einem Akt der Solidarität projizierten viele Länder die französische Nationalflagge auf Denkmäler und Gebäude. Facebook versorgte seine Nutzer sogar mit der Möglichkeit, eine transparente Flagge über ihr Profilbild zu legen. Diesmal war die Empörung mit Händen zu greifen.
31 Spencer Ackerman, »»41 men targeted but 1,147 people killed: US drone strikes – the facts on the ground«, in: *The Guardian*, 24. November 2014, siehe unter http://www.theguardian.com/us-news/2014/nov/24/-sp-us-drone-strikes-kill-1147.
32 Chris Woods, »›Drones causing mass trauma among civilians‹, major study finds«, in: *The Bureau of Investigative Journalism*, 25. September 2012, siehe unter https://www.thebureauinvestigates.com/2012/09/25/drones-causing-mass-trauma-among-civilians-major-study-finds/.
33 Jack Serle, »UN expert labels CIA tactic exposed by bureau ›a war crime‹«, in: *The Bureau of Investigative Journalism*, 21. Juni 2012, siehe unter https://www.thebureauinvestigates.com/2012/06/21/un-expert-labels-cia-tactic-exposed-by-bureau-a-war-crime/.
34 Ed Pilkington, »Life as a drone operator: ›Ever step on ants and never give it another thought?‹«, in: *The Guardian*, 19. November 2015, siehe unter http://www.theguardian.com/world/2015/nov/18/life-as-a-drone-pilot-creech-air-force-base-nevada.
35 Den vollständigen Brief siehe unter https://www.documentcloud.org/documents/2515596-final-drone-letter.html.
36 Ed Pilkington, »Life as a drone operator: ›Ever step on ants and never give it another thought?‹«, a. a. O.

37 Man könnte ins Feld führen, dass Staaten das Recht haben, ihre Interessen zu verteidigen, solange sie nicht (wie es so oft geschieht) internationales Recht verletzen. Aber der Rechtsrahmen der internationalen Gemeinschaft wurden von mächtigen Staaten gesetzt, die ihre Vorteile gegenüber anderen abzusichern versuchen. Deshalb erweist er sich in der Praxis als zutiefst ungerecht.

38 Dominic Raab, »Time for a foreign policy that puts Britain first«, in: *The Telegraph*, 14. September 2011, siehe unter http://www.telegraph.co.uk/news/uknews/defence/8762714/Time-for-a-foreign-policy-that-puts-Britain-first.html.

39 Hans J. Morgenthau, *Politics among Nations: The Struggle for Power and Peace*, New York 1948. (Dt.: *Macht und Frieden: Grundlegung einer Theorie der internationalen Politik*, a. d Engl. v. Odette Jankowitsch u. Dieter G. Wilke, Einl. z. dt. Ausg. v. Gottfried-Karl Kindermann, Gütersloh 1963.)

40 Carne Ross, *The Leaderless Revolution: How Ordinary People Will Take Power and Change Politics in the 21st Century*, London 2011, S. 103.

41 Ewen MacAskill und Ian Cobain, »British forces« century of unbroken warfare set to end with Afghanistan exit«, in: *The Guardian*, 11. Februar 2014, siehe unter https://www.theguardian.com/uk-news/2014/feb/11/british-forces-century-warfare-end.

42 Mike Davis, *Late Victorian Holocausts: El Niño Famines and the Making of the Third World*, London 2001, S. 7. (Dt.: *Die Geburt der Dritten Welt: Hungerkatastrophen und Massenvernichtung im imperialistischen Zeitalter*, a. d Amerik. üb. u. bearb. v. Ingrid Scherf, Berlin 2011.)

43 Mark Curtis, *Unpeople: Britain's Secret Human Rights Abuses*, London 2004, S. 310–318.

44 William Blum, *Rogue State: A Guide to the World's Only Superpower* (2000), überarb. Aufl., London 2006; ders., *Killing Hope: U. S. Military and CIA Interventions since World War II* (1995); überarb. Aufl., London 2003 (dt.: *Zerstörung der Hoffnung. Bewaffnete Interventionen der USA und des CIA seit dem Zweiten Weltkrieg*, a. d Engl. v. Nicole Seichter u. a., Frankfurt a. M. 2008).

45 Eine Reihe seither durchgeführter Studien befasst sich mit den Auswirkungen der Sanktionen gegen den Irak auf die Sterblichkeit zwischen 1991 und 2003 – mit stark variierenden Ergebnissen. Laut einem häufig genannten Schluss, zu dem Richard Garfield von der Columbia University in seinen Untersuchungen gelangte, soll sich die Kindersterblichkeit zwischen 1991 und 1998 vornehmlich wegen der Sanktionen um 270 000 Fälle erhöht haben. (Siehe Richard Garfield, »Morbidity and Mortality among Iraqi Children from 1990 through 1998«, März 1999, siehe unter http://www.casi.org.uk/info/garfield/dr-garfield.html.) Unter Einbeziehung der Jahre 1999 und 2000 gelangte er laut einem Bericht zu einer Erhöhung der Sterblichkeit um geschätzte 350 000 Fälle: Siehe »Killing Sanctions in Iraq«, in: *The Nation*, 21. Januar 2002, unter http://www.thenation.com/article/killing-sanctions-iraq/. Neuere Untersuchungen deuten indes darauf hin, dass diese Zahlen auf widersprüchlichen und unzuverlässigen Daten beruhen und möglicherweise übertrieben hoch angesetzt sind. Siehe Working Group, »The Impact of the Oil-For-Food Programme on the Iraqi People«, Report of an Independent Working Group Established by the Independent Inquiry Committee,

2005, unter http://www.humanrightsvoices.org/assets/attachments/documents/september_7_volcker_report_impact_on_iraqi_people.pdf; Tim Dyson, »New Evidence on Child Mortality in Iraq«, in: *Economic and Political Weekly* 44 (2), 10. Januar 2009, S. 56–59. Unabhängig von den genannten Zahlen lautet bei der Bewertung der Entscheidung der USA und Großbritanniens, die Sanktionen zwölf Jahre lang aufrechtzuerhalten, die moralisch relevante Frage: Worauf deutete die Faktenlage zu der Zeit hin, als diese Entscheidungen getroffen wurden? Diese Frage ist, wie wir sahen, deutlich leichter zu beantworten. Klar ist, dass der Tod von Hunderttausenden Kindern unter fünf Jahren und vieler weiterer älterer für die USA und Großbritannien keinen hinreichenden Grund darstellte, ihre Politik zu ändern.

46 John Mueller und Karl Mueller, »Sanctions of Mass Destruction«, in: *Foreign Affairs*, Mai / Juni 1999, siehe unter https://www.foreignaffairs.com/articles/iraq/1999-05-01/sanctions-mass-destruction.

47 »US congressmen criticise Iraqi sanctions«, BBC News, 17. Februar 2000, siehe unter http://news.bbc.co.uk/1/hi/world/middle_east/646783.stm.

48 Die Schuld an der Tragödie schieben die Regierungen der USA und Großbritanniens Saddam Hussein zu. Personen, die bei der Umsetzung halfen, sehen die Dinge allerdings anders. Ab 1997 koordinierte Denis Halliday das Öl-für-Lebensmittel-Programm der Vereinten Nationen. Nach 13 Monaten im Amt trat er aus Protest gegen die »genozidalen Sanktionen« gegen den Irak zurück – nach einer herausragenden 34-jährigen Karriere bei den UN. Sein Nachfolger Hans von Sponeck trat aus Protest am Ende ebenfalls zurück, wie auch Jutta Burghardt, die Leiterin des Welternährungsprogramms im Irak. In einem Artikel schrieben Sponeck und Halliday 2001: »Der Tod von 5000 bis 6000 Kindern pro Monat ist hauptsächlich verseuchtem Trinkwasser, fehlender Arznei und Mangelernährung geschuldet. Für diese Tragödie ist nicht Bagdad, sondern die verzögerte Abfertigung von Ausrüstung und Material durch die US-amerikanische und die britische Regierung verantwortlich.« Siehe Hans von Sponeck und Denis Halliday, »The Hostage Nation«, in: *The Guardian*, 29. November 2001, siehe unter http://www.theguardian.com/world/2001/nov/29/iraq.comment. Ihre Darstellung hinderte die höchsten Kreise nicht am Leugnen. 2001 behauptete der britische Minister Brian Wilson, dass es »keine Hinweise darauf gibt, dass die Sanktionen die irakische Bevölkerung treffen«. Zuvor hatte Tony Blair dem Unterhaus mitgeteilt, dass »wir Behauptungen zurückweisen, wonach die irakische Bevölkerung unter den Sanktionen zu leiden haben«. Siehe Mark Curtis, *Web of Deceit: Britain's Real Role in the World*, London 2003, S. 30.
Carne Ross war während der Sanktionen ein bedeutender Mitarbeiter im britischen Außenministerium. Seine wichtigste Aufgabe bestand in dieser Zeit darin, sicherzustellen, dass die im UN-Sicherheitsrat beschlossenen Sanktionen umgesetzt würden. »Ich glaubte naiv daran, dass der Irak mit den Sanktionen belegt worden sei, weil er seine berüchtigten ›Massenvernichtungswaffen‹ (WMD) nicht vernichtet habe, die in diesem Fall als atomare, chemische und biologische Waffen sowie als ballistische Raketen mit einer Reichweite von über 150 Kilometer definiert waren.« Als Ross allerdings einen instruierenden Beamten fragte, ob in

Großbritannien tatsächlich daran geglaubt würde, dass der Irak noch nennenswerte WMD versteckt halte, schockierte ihn die Antwort: »Er wirkte ziemlich verlegen. ›Eigentlich nicht‹, antwortete er. Aber wie rechtfertigen wir dann die Sanktionen, fragte ich und versuchte meine Betroffenheit zu verbergen. Er antwortete, auf der Grundlage, dass der Irak die Antworten auf zahlreiche Fragen dazu schuldig geblieben sei, wie er seine früheren Arsenale zerstört habe. Fasst man es zusammen, waren die Sanktionen deshalb in Kraft, weil der Irak nicht korrekt auf Fragen geantwortet hatte.« Siehe Carne Ross, *The Leaderless Revolution: How Ordinary People Will Take the Power and Change Politics in the 21st Century*, London 2011.

In einem offenen Brief an Tony Blair antwortete Sponeck auf die Darstellung, die dieser zu den Sanktionen in seinen Memoiren geliefert hatte: »Ihre Beamten mussten Ihnen doch gesagt haben, dass Ihre Politik darauf hinauslief, die Existenz der Menschen im Irak mit mageren 52 US-Cent pro Tag zu finanzieren. Sie räumen ein, dass 60 Prozent der Iraker vollständig von den Gütern abhingen, die unter den Sanktionen ins Land gelangten, aber in Ihrem Buch findet sich kein Hinweis darauf, dass die britische und die US-amerikanische Regierung große Mengen an überlebenswichtigen Versorgungsgütern blockiert und ihren Einlass verzögert haben. Mitte 2002 wurde die Einfuhr von Lieferungen im Wert von 5 Milliarden US-Dollar ins Land verweigert. Kein anderes Land im Irak-Sanktionsausschuss des UN-Sicherheitsrats hat Sie darin unterstützt. Die UN-Akten sind voll von solchen Hinweisen […] Sie weigern sich, anzuerkennen, dass Sie und Ihre Politik mit dieser humanitären Katastrophe irgendetwas zu tun haben. Sie behaupten sogar, dass die Mortalitätsrate von Kindern unter fünf Jahren im Irak, damals die höchste der Welt, ausschließlich der irakischen Regierung anzulasten sei. Ich bitte Sie, die Berichte von UNICEF zu diesem Thema und das zu lesen, was Carol Bellamy, die damalige Generaldirektorin von UNICEF, eine Amerikanerin, dem Sicherheitsrat zu sagen hatte. Kein UN-Vertreter, der mit der Krise zu tun hatte, wird sich Ihrer Sichtweise anschließen, wonach es dem Irak ›freigestanden hat, so viele Lebensmittel und Medikamente zu kaufen‹, wie seine Regierung zuließ. Ich wünschte, dass dies der Fall gewesen wäre. Während der von Chilcot geleiteten Untersuchung im Juli dieses Jahres bemerkte ein angesehener Diplomat, der das Vereinigte Königreich im Sanktionsausschuss des Sicherheitsrates vertrat, während ich in Bagdad war: ›Britische Vertreter und Minister waren sich der verheerenden Folgen der Sanktionen durchaus bewusst, zogen es aber vor, ein Versagen von Saddams Regime, das Öl-gegen-Lebensmittel-Programm umzusetzen, dafür verantwortlich zu machen‹.« Siehe Hans von Sponeck, »After the journey – a UN man's open letter to Tony Blair«, in: *New Statesman*, 23. September 2010, unter http://www.newstatesman.com/middle-east/2010/09/iraq-humanitarian-sanctions.

49 Zitiert nach John Pilger, »Squeezed to death«, in: *The Guardian*, 4. März 2000, siehe unter http://www.theguardian.com/theguardian/2000/mar/04/weekend7.weekend9.

50 George F. Kennan, »Policy Planning Study 23 (PPS / 23)«, in: *Foreign Relations of the United States (FRUS)*, 24. Februar 1948. Den vollständigen Wortlaut des in-

zwischen freigegebenen Dokuments siehe unter https://en.wikisource.org/wiki/Memo_PPS23_by_George_Kennan.
51 Mark Curtis, *Web of Deceit*, a. a. O., S. 16.
52 Ebenda.
53 Ebenda.
54 Ebenda.
55 »Use It and Lose It: The Outsize Effect of U. S. Consumption on the Environment«, in: *Scientific American*, 14. September 2012, siehe unter http://www.scientificamerican.com/article/american-consumption-habits/.
56 Anna Fifield, »Contractors reap $138bn from Iraq war«, in: *Financial Times*, 18. März 2013, siehe unter http://www.ft.com/cms/s/0/7f435f04-8c05-11e2-b001-00144feabdc0.html.
57 Ebenda.
58 Ebenda.
59 Tory Newmyer, »The war on ISIS already has a winner: the defense industry«, in: *Fortune*, 13. September 2014, siehe unter http://fortune.com/2014/09/13/defense-industry-winner-against-isis.
60 Agence-Presse, »Saudi Arabia Becomes World's Biggest Arms Importer«, in: *The Guardian*, 9. März 2015, siehe unter http://www.theguardian.com/world/2015/mar/09/saudi-arabia-becomes-worlds-biggest-arms-importer.
61 Jon Stone, »British arms companies ramp up bomb sales to Saudi Arabia by 100 times despite air strikes on civilians«, in: *The Independent*, 20. Januar 2016, siehe unter http://www.independent.co.uk/news/world/middle-east/british-arms-companies-cash-in-on-humanitarian-catastrophe-and-ramp-up-bomb-sales-to-saudi-arabia-by-a6822491.html.
62 Ebenda.
63 Matt Schivenza, »Why the US is stuck with Saudi Arabia«, in: *The Atlantic*, 24. Januar 2015, siehe unter http://www.theatlantic.com/international/archive/2015/01/why-the-us-is-stuck-with-saudi-arabia/384805/.
64 Jonathan Aldred, *The Skeptical Economist: Revealing the Ethics Inside Economics*, Abingdon, Oxon, 2009, S. 148.
65 Ebenda, S. 145.
66 Raj Patel, *The Value of Nothing*, London 2009, S. 145.
67 Ebenda, S. 146.
68 »David Livingstone Smith: Psychology of Violence«, in: *Forbes India*, 4. Juni 2010, siehe unter http://www.forbes.com/2010/06/15/forbes-india-david-livingstone-smith-psychology-ofviolence-opinions-ideas-10-smith.html.
69 David Hume, *Ein Traktat über die menschliche Natur*, a. d Grundlage d. Übers. v. Theodor Lipps neu hg. v. Horst D. Brandt, mit e. Einf. von Reinhard Brandt, Bd. 2, Hamburg 2013, S. 415.
70 »Full Text: State of the Union Address«, BBC News, 30. Januar 2002, siehe unter http://news.bbc.co.uk/1/hi/world/americas/1790537.stm.
71 »Bush Speech: Full Text«, BBC News, 2. Mai 2003, siehe unter: http://news.bbc.co.uk/1/hi/world/americas/2994345.stm.
72 Melanie Garunay, »President Obama offers a statement on the attacks in Paris,

White House blog, 30. November 2015, siehe unter https://www.whitehouse.gov/blog/2015/11/13/watch-president-obamas-statement-attacks-paris.

73 »Chancellor George Osborne says UK has ›got its mojo back‹ with air strikes«, in: *Herald Scotland*, 8. Dezember 2015, siehe unter http://www.heraldscotland.com/news/14129765.Osborne__UK_has__got_its_mojo_back__with_air_strikes/.

74 Melanie Garunay, »President Obama offers a statement on the attacks in Paris«, a. a. O.

75 »Ex-US Intelligence Chief on Islamic State's Rise: ›We Were Too Dumb‹«, Spiegel Online International, 29. November 2015, siehe unter http://www.spiegel.de/international/world/former-us-intelligence-chief-discusses-developmentof-is-a-1065131.html.

76 »Iraq study estimates war-related deaths at 461,000«, BBC News, Oktober 2013, siehe unter http://www.bbc.co.uk/news/world-middle-east-24547256.

77 »Public continues to back U. S. drone attacks«, Pew Research Center, 28. Mai 2015, siehe unter http://www.people-press.org/2015/05/28/public-continues-to-back-u-s-drone-attacks/.

78 Jana Kasperkevic, »Poll: 30 % of GOP voters support bombing Agrabah, the city from Aladdin«, in: *The Guardian*, 18. Dezember 2015, siehe unter http://www.theguardian.com/us-news/2015/dec/18/republican-voters-bomb-agrabah-disney-aladdin-donald-trump. Siehe ebenso den deutschsprachigen Artikel unter http://www.focus.de/politik/ausland/wohnort-von-comicfigur-aladdin-30-prozent-der-waehler-der-republikaner-wuerden-agrabah-bombardieren_id_5169443.html.

79 Mollie Reilly, »Anti-Drone Activist Sentenced to 6 Months in Jail for Peaceful Protest«, in: *Huffington Post*, 19. Januar 2016, siehe unter http://www.huffingtonpost.com/entry/mary-anne-grady-flores-drones_us_569e78a1e4b00f3e9863073d.

80 William Blum, *Rogue State*, a. a. O., S. 123.

81 Johann Hari, »Not his finest hour: The dark side of Winston Churchill«, in: *The Independent*, 27. Oktober 2010, siehe unter http://www.independent.co.uk/news/uk/politics/not-his-finest-hour-the-dark-side-of-winston-churchill-2118317.html.

82 Mihir Bose, »Legacy of the Raj«, in: *New Statesman*, 23. April 2009, siehe unter http://www.newstatesman.com/asia/2009/04/india-british-raj-pakistan.

83 Madhusree Mukerjee, *Churchill's Secret War: The British Empire and the Ravaging of India During World War II*, New York 2010, S. 234.

84 Peel Commission Report: Churchill Papers 2317, zitiert nach Martin Gilbert, *Churchill and the Jews*, London 2007, S. 120.

85 Noam Chomsky in einem E-Mail-Austausch mit Sam Harris, von diesem anschließend auf seiner Website veröffentlicht, siehe unter http://www.samharris.org/blog/item/the-limits-of-discourse.

86 Owen Jones, *Chavs: The Demonization of the Working Class*, London 2011, S. 13 f. (dt.: *Prolls. die Dämonisierung der Arbeiterklasse*, a. d Engl. v. Christoph Fricker, 2. Aufl., Mainz 2013).

87 »Ending Newborn Deaths«, Save the Children, 2014, siehe unter http://www.savethechildren.org/atf/cf/%7B9def2ebe-10ae-432c-9bd0-df91d2eba74a%7D/ENDING-NEWBORN-DEATHS_2014.PDF.

88 Sarah Boseley, »UK child death rate among worst in Western Europe, say experts«, in: *The Guardian*, 2. Mai 2014, siehe unter https://www.theguardian.com/society/2014/may/02/uk-child-death-rate-scandal-poverty.

89 Tehila Kogut und Ilana Ritov, »The ›Identified Victim‹ Effect: An Identified Group, or Just a Single Individual?«, in: *Journal of Behavioral Decision* 18 (3), Juli 2005, S. 157–167.

90 Peter Singer, *Praktische Ethik*, a. d Engl. v. Oscar Bischoff, Jean-Claude Wolf, Dietrich Klose u. Susanne Lenz, Stuttgart 2013, S. 229.

91 Ebenda.

92 Ebenda, S. 230.

93 Ebenda, S. 233.

94 Lucy Ward, »Poor give more generously than the rich«, in: *The Guardian*, 21. Dezember 2001, siehe unter http://www.theguardian.com/society/2001/dec/21/voluntarysector.fundraising.

95 Ken Stern, »Why the Rich Don't Give to Charity«, in: *The Atlantic*, April 2013, siehe unter http://www.theatlantic.com/magazine/archive/2013/04/why-the-rich-dont-give/309254/.

96 Ebenda.

97 Daisy Grewal, »How Wealth Reduces Compassion«, in: *Scientific American*, 10. April 2012, siehe unter http://www.scientificamerican.com/article/how-wealth-reduces-compassion/.

98 Ian McEwan, »Only love and then oblivion. Love was all they had to set against their murderers«, in: *The Guardian*, 15. September 2001, siehe unter http://www.theguardian.com/world/2001/sep/15/september11.politicsphilosophyandsociety2.

99 Adam Galinsky und Gordon Moskowitz, »Perspective-taking: Decreasing stereotype expression, stereotype accessibility, and in-group favoritism«, in: *Journal of Personality and Social Psychology* 78 (4), April 2000, S. 708–724.

100 Simon Baron-Cohen, *Zero Degrees of Empathy*, a. a. O., S. 105.

101 Daniel Voskoboynik, »The Paris Agreement«, in: *Medium*, 17. Januar 2016, siehe unter https://medium.com/@danielvoskoboy/the-paris-agreement-and-a-new-year-8671f7cdfce4#.x41kcv9g9.

102 »Jo Berry & Pat Magee (Northern Ireland)«, The Forgiveness Project, 29. März 2010, siehe unter http://theforgivenessproject.com/stories/jo-berry-pat-magee-england/.

103 Ebenda.

104 Dr Patrick Magee, Building Bridges for Peace, siehe unter http://www.buildingbridgesfor peace.org/about-building-bridges-for-peace/dr-patrick-magee/.

105 Rebecca Solnit, *A Paradise Built in Hell: The Extraordinary Communities That Arise in Disasters*, London 2009, S. 2.

106 Ebenda.

107 Ebenda, S. 105.

REGISTER

A

Abbott, Arnold S. · 78
Abdullah (saudischer König) · 467
Abfallbeseitigung · 428 f.
Abolitionismus · 308
Ackerman, Bruce · 377
Adams, John · 147
Adger, Neil · 416
Adolph, Christopher · 395
Adverse-Childhood-Experiences-(ACE)-Studie · 18
Agrarökologie · 424
Ahorn-Frühling · 81
AIG (Versicherungskonzern) · 76
Albright, Madeleine · 464
algorithmische Aufgaben · 106 f.
Allende, Salvador · 230 f.
Almeling, Rene · 29
al-Nimr, Ali Mohammed · 466
Al-Qaida · 270
Alton, Roger · 255
Amazon · 271
American Advertising Council · 168 f.
American Enterprise Institute (AEI) · 177
Amnesty International · 58
Anderson, Kevin · 407 f., 412, 416
Anreize *siehe* Motivation
Apartheid · 457
Apple · 102, 271
Arawak · 343
Arbeit · 109–111
Arbeitskampf · 100–105, 166 f., 182 f.
Arbeitsverhältnis als Herrschaftsbeziehung · 129 f.
Arendt, Hannah · 281, 315
Aristoteles · 37, 149
Arizmendiarrieta, Don José María · 371
Armut · 130, 213 f.
Arndt, H. W. · 427
Artensterben · 405
Asch, Solomon · 324
Ashenfelter, Orley · 96
Asij, Hermelindo · 443
Assange, Julian · 271
Associated Press (AP) · 247
Athen, antikes · 146
Atlas Economic Research Foundation · 174
Attlee, Clement · 170, 242
Ausgrenzung, moralische · 453 f., 457 f., 460
Außenpolitik, dehumanisierende · 461 f., 464 f., 467–469
Autoritarismus, rechter · 40
Autorität *siehe* Herrschaft

B

Bagdikian, Ben · 181
Bakan, Joel · 161, 192, 301
Baker, Philip · 190
Ball, Whitney · 421
Bank Charter Act (1844) · 389
Banken · 75–77, 104, 186 f., 201
  als Geldschöpfer · 388–393
  externe Kosten · 212
Ban Ki-moon · 411
Bank of America · 271
Bank of England · 389
Barclay, Brüder · 238
Barclays Bank · 99, 190, 388, 391

Baron-Cohen, Simon · 21, 481
Bar-Tal, Daniel · 457f.
Bastøy, Justizvollzugsanstalt (Norwegen) · 59f., 65
Basu, Sanjay · 383f.
BBC · 251f.
Beetham, David · 190f.
Belgien als Kolonialmacht · 127
Bell, Daniel · 169
Belohnung *siehe* Lohn
Belohnung *siehe* Motivation
Bentham, Jeremy · 113f.
Bernays, Edward · 156, 158–160, 164
Berry, Jo · 483–485
Berry, Mike · 263
Berry, Sir Anthony · 483
Besitz *siehe* Kapital
Bestätigungsfehler (confirmation bias) · 324
Bettencourt, Liliane · 86
Beveridge Report · 242f.
Bewusstsein · 22f.
Bildung, demokratische · 368–370
Bildungssystem · 366–370
Bildung, Zugang zu · 91
Blackburn, Robin · 89
Black, Conrad · 238
Blair, Tony · 72, 75, 183f., 239, 248, 251
Blankfein, Lloyd · 76
Blass, Thomas · 280
Blum, William · 471
Boaden, Helen · 248
Bouffard, Rod · 64
Bowlby, John · 18
Bowles, Samuel · 228f.
Bows, Alice · 408
Box, Jason · 404, 439
Boykoff, Jules · 250
Boykoff, Max · 250
BP · 186, 245, 423
Braly, Angela · 384
Brandeis, Louis · 161
Branson, Richard · 189
Bretton Woods · 171, 178
Brogan, Benedict · 238
Brown & Williamson Tobacco Corporation · 245

Bruttoinlandsprodukt (BIP) · 427, 429
Budd, Alan · 180
Buffett, Warren · 34, 90f.
Building Bridges for Peace · 483
Bürgerjournalismus · 271f.
Bürger-Nachrichtengutschein · 378
Bürgerrechtsbewegung, amerikanische · 292
Bush, George H. W. · 446
Bush, George W. · 74f., 185f., 202, 248, 307, 469f.
Business Roundtable · 175
Byrne, Rhonda · 28–31

C
Cain, Herman · 33
Calhoun, Lawrence · 338
Cameron, David · 255f., 259, 261, 348, 459
Campbell, Alastair · 239
Cantacuzino, Marina · 485
Carey, Alex · 160
Carey, Jasmine · 40
Castlereagh, Lord · 236
Chakrabortty, Aditya · 189
Chamber of Commerce (USA) · 168
Chang, Ha-Joon · 96f., 112, 179, 198, 352, 394f.
Cheney, Dick · 74, 465
Chevron · 186
Chicago Plan · 392
Chile (Diktatur) · 230
China · 213f.
Choc, Rigoberto Lima · 443
Chomsky, Noam · 246, 267f., 319, 472, 497
Chopra, Deepak · 28
Christie, Nils · 452, 455
Churchill, Winston · 471f.
Cialdini, Robert · 326
Clark, Duncan · 407
Clarke, Richard A. · 75
Clark, Gregory · 88
Clark, John Bates · 105f.
Clinton, Bill · 184, 253, 395, 463
Club of Rome · 426

Cohen, Gerald · 217
Collaborative & Proactive Solutions (CPS) · 63–65
Combination Act · 102
Committee of Public Information (CPI) · 156f.
Connolly, Paul · 457
Conrad, Joseph · 127
Conservation Fund · 422
Conservation International · 422
Conservative Party (UK) · 188f., 239, 261, 264, 348f.
Conway, Erik M. · 419f.
Corbyn, Jeremy · 193, 264f.
Cotis, Jean-Philippe · 339
Cotton Mills and Factories Act (UK, 1819) · 197
Couric, Katie · 254
Creel, George · 156
Cultural Cognition Project (Yale University) · 332
Cumbers, Andrew · 385
Cummins, Neil · 88
Curran, James · 235, 273
Curtis, Mark · 346

D

Dahl, Robert Alan · 360
Daly, Herman · 390, 434
Dänemark · 71
Dänemark, Energiepolitik · 385
D'Aran, Nina · 64
Darling, Alistair · 188
Darwin, Charles · 31, 39
Davies, Nick · 249f.
Davis, Mike · 354
Davison, Emily · 291f.
Debs, Eugene V. · 104
Deci, Edward L. · 107f.
Defamation Act (UK, 1952) · 249
Dehumanisierung · 453–459, 462f.
Democracy Now! · 273
Demokratie · 145–150, 357f., 360–362
   als Bedrohung für Unternehmen · 164, 176
   am Arbeitsplatz · 371, 373–377
   Einfluss auf Unternehmen · 163
   im Bildungswesen *siehe* Bildung, demokratische · 368
   in den USA · 184–187, 191f.
   Marktdemokratie · 152f.
   und Konzernpropaganda *siehe* Konzernpropaganda · 160
   und Massenmanipulation · 158
   Wahldemokratie · 194f.
Demokratie-Karte · 377f.
Denkfabriken · 173–177
Dennett, Daniel · 38f., 43, 55, 498
Descartes, René · 318
Determinismus · 26, 51
Deutschland, Energiepolitik · 385
Devine, Patricia G. · 458
Dewey, John · 370
Diener, Ed · 222
Dimon, Jamie · 76
Donahue, Phil · 252
Dowd, Douglas · 220
Draper, Nick · 89
Drohnen, militärischer Einsatz · 460f.
Du Bois, W. E. B. · 337
Dupuis-Déri, Francis · 147
Durbin, Richard · 187
Durchflusswirtschaft · 428f.

E

Eagleman, David · 20–23
Edgerton, John · 165
Eigentum *siehe* Kapital
Eigentumsanspruch · 126, 128, 136, 202–204, 208f., 218
Eigentumsrecht *siehe* Eigentumsanspruch
Ein Dollar, eine Stimme · 153, 396, 400
Einfühlung *siehe* Empathie
Einhegung · 203f.
Ein Mensch, eine Stimme · 153, 374, 400
Einstein, Albert · 43, 322
Elite *siehe* Herrschaftselite
Elkins, Caroline · 344f.
Ellsberg, Daniel · 347
Empathie · 41, 449, 451, 473
Employee Stock Ownership Plan (ESOP) · 374f.
Enclosure Movement · 203f.

Energie
 erneuerbare · 413 f., 430
 fossile · 406–408, 410, 415, 420, 422, 428
Energiewende · 385 f.
Entlohnung siehe Lohn · 26
Entmenschlichung · 455
Entmenschlichung siehe Dehumanisierung
Entscheidung · 123 f.
 als Schöpfungsakt · 289
 freie Auswahl · 29
 freier Wille · 20, 37, 46
 Macht der siehe Entscheidungsmacht · 123
Entscheidungen · 16 f., 22 f., 26
Entscheidungsfreiheit siehe Wahlfreiheit
Entscheidungsmacht · 123 f., 140
Epstein, Ronald · 466
Equality and Human Rights Commission (UK) · 69
Erbschaft · 87–89, 92
Erderwärmung siehe Klimawandel
Erziehungszoll · 207 f.
Escuela Nueva · 366
Essstörungen · 29 f.
Etikett, begriffliches · 327 f.
Etiketten, begriffliche · 329 f.
Ewen, Stuart · 155, 164, 219
Expertenprognosen · 98
Externalitäten siehe Markt, Externalisierung von Kosten
ExxonMobil · 186, 196, 348, 420 f.

F

Fannie Mae · 201
Farmer, Michael · 188
Federal Reserve (US-Notenbank) · 394 f.
Ferguson, Thomas · 191 f.
Feudalismus · 143
Feynman, Richard · 321 f.
Fidschi-Inseln · 30
Figueres, Christiana · 431
Finanzcrash 2008 · 75, 138 f., 200 f., 257, 260 f., 265, 300
Finanzmarkt · 103 f.
Finnland · 71
Finnland, Bildungssystem · 365

Fisher, Anthony · 174
Fisher, Irving · 392
Flores, Mary Anne Grady · 471
Flynn, Michael · 470
Folter · 57 f.
Fones-Wolf, Elizabeth · 170
Ford, Gerald · 74
Forgeard, Marie · 339
Forgiveness Project · 485
Forum for the Future · 423
Fossilenergiewirtschaft · 211
Four Minute Men · 157
Framing-Effekt · 325
Frankl, Viktor E. · 289 f., 309
Franziskus, Papst · 304, 442
Freddie Mac · 201
Freihandel · 206 f.
Freiheit
 des Eigentums · 199, 202, 229
 individuelle · 199 f., 202, 214, 218, 229
 neoliberales Konzept siehe Neoliberalismus, Freiheitsbegriff
 wirtschaftliche · 172 f., 199 f., 214, 229
Freiheit, kreative · 283–286, 306
Freiheitskampf · 291 f., 305–312
Freire, Paolo · 336
Fried, Barbara H. · 33
Friedman, Friedman · 218
Friedman, Milton · 92, 161, 173, 178–181, 198, 200, 203, 209, 212, 217, 219, 230, 392
Fritz, Charles E. · 487
Fromm, Erich · 224
Frost, David · 74
Fukuyama, Francis · 184

G

G20-Gipfel, Toronto 2010 · 81
Galbraith, John Kenneth · 113, 180
Gates, Bill · 383
Gehirn · 17–23, 25
Gehorsam · 281 f., 287
Geld als Zwangsmittel · 129 f.
Geldpolitik, restriktive · 179
Geldschöpfung · 388–393
Gemeineigentum · 386–388
Gendreau, Paul · 54, 58

General Electric · 240
genetische Einflüsse · 25 f.
Genossenschaften · 371–373
Gensler, Gary · 187
Geo-Engineering · 407 f., 412 f.
Gerechte-Welt-Glaube · 40
Gerechtigkeit
  als soziales Leitprinzip · 109, 114 f.
Geschichtsschreibung · 343
Gesellschaft
  hierarchische Struktur · 141 f., 144
  soziale Werte · 152
Gesetze · 79–81
Gesundheitsversorgung · 383 f.
Gewalt · 66 f.
Gewerkschaften · 100 f., 165 f., 179, 182 f., 381
Gilens, Martin · 185
Gilligan, James · 54, 66 f.
Global Climate Coalition · 421
Globaler Süden · 204, 206, 212, 425
Globalisierung · 103
Glover, Jonathan · 454
Glück als Entwicklungsfaktor · 34 f., 37
Glück *siehe auch* Wohlergehen
Goldacre, Ben · 349 f.
Goldman Sachs · 76, 187
Goldstandard · 165 f.
Goodman, Amy · 253
Goodman, Mel · 254
Google · 102, 379
Gore-Tex · 374
Graeber, David · 137, 298, 437
Grant, Ulysses S. · 207
Greene, Ross · 63 f.
Greenspan, Alan · 75, 181, 200 f.
Greenwald, Glenn · 255
Grenzproduktivität · 95–100
Griechenland · 402
Grímsson, Ólafur Ragnar · 266
Großbritannien
  Presse · 235–243, 247
  Sparpolitik · 256–263, 265
Grundbesitz · 386 f.
Grun, Jonathan · 247
Guardian, The · 255 f.

H

Haas, Michael · 461
Halliburton · 465
Halliday, Denis · 463
Halo-Effekt · 324
Hamilton, Alexander · 207
Hammond, Philip · 467
Handelsabkommen · 193 f.
Hansen, James · 304, 406, 411, 417 f.
Harvey, David · 182
Hastings, Max · 238
Hayek, Friedrich August von · 172–174, 177, 181, 195, 214 f., 231, 298, 300–302
Heartland Institute · 421
Hedges, Chris · 252 f.
Heritage Foundation · 177
Herman, Edward S. · 246, 267 f.
Herrschaft
  als Form von Macht · 122
  des Volkes *siehe* Demokratie
  durch (Androhung von) Zwang · 124 f.
  durch Erzeugung von Armut · 130
  durch Formung des sozialen Kontextes · 124–126
  durch Herstellung von öffentlichem Konsens · 150
  durch Ideologie · 132–137, 140, 150
  durch Manipulation *siehe* Manipulation
  durch Massenmedien
  durch Sozialisation · 124, 131–135, 139 f.
  durch Überwachung · 125 f.
  durch Verschuldung *siehe* Schulden als Zwangsmittel
  und Gehorsam · 282 f.
  zentralisierte · 151
Herrschaftselite · 359 f.
Hersh, Seymour · 346
heuristische Aufgaben · 107
Heyns, Christof · 460
Hill & Knowlton (PR-Firma) · 347
Hill, Rod · 210
Hitler, Adolf · 80, 134
HMRC (britisches Finanz- und Zollamt) · 379

Hochschild, Adam · 128, 308
Holmes, Oliver Wendell (jr.) · 55, 83
Hoover, Herbert · 165, 257
Howard, Michael · 72
HSBC (Bank) · 77, 388, 391
Hughes, Lucy · 225
Hume, David · 149, 469
Hungersnot · 217, 354−356
Hunt, Emery K. · 210
Huntington, Samuel P. · 176, 357
Husak, Douglas · 71
Hussein, Saddam · 248, 254, 270

I
identifiable victim effect · 474
Identifikation *siehe* Identität · 47
Identität
  Formung / Prägung · 15, 18 f., 22, 44 f.
  siehe auch Sozialisation
  Glück als Entwicklungsfaktor · 34 f.
  In-Frage-Stellen des Gewohnten · 43
  und Identifikation · 44, 47
Indien
  Hungersnot · 354−356
industrielle Revolution · 101, 141, 143 f., 406, 428
Inflation · 178−180
In-Frage-Stellen des Gewohnten *siehe* Identität
Initiative Media · 225
Institute of Economic Affairs (IEA) · 174
Intergovernmental Panel on Climate Change *siehe* Weltklimarat
Internationaler Währungsfonds (IWF) · 171, 206, 211, 258, 265 f., 396, 402, 415, 444
Internationaler Währungsfonds (IWF) · 138, 266, 392
Internet · 225, 270 f., 273, 348
Internet *siehe auch* Online-Journalismus
Irakkrieg · 75, 248 f., 251−254, 270, 330 f., 346, 463−465, 470
Irakkrieg 1991 · 347
Irland · 355
Island, Finanzkrise · 265 f.
Israel, moralische Ausgrenzung von Palästinensern · 457 f.

J
Jacobson, Mark Z. · 413
Japan · 54, 60, 71 f.
Jastrow, Robert · 419
Jefferson, Thomas · 79
Johnson, Lyndon B. · 347
Jones, Aled · 405
Jones, Alex S. · 272
JP Morgan Chase · 76
Juhasz, Antonia · 186
Jurajda, Stepan · 96
Justizvollzug · 60

K
Kahan, Dan M. · 332 f.
Kahneman, Daniel · 45, 268 f., 325
Kanada · 56
Kanada, Vorgehen gegen Demonstranten · 81 f.
Kapital · 86
  staatlicher Schutz des · 125 f., 202−204
Kapitalakkumulation · 86−90, 94, 102, 142−144
Kapitalgesellschaften · 161 f., 164
Kapitalismus
  als globales Spiel · 294
  als Spiel um Profit · 294−298, 305
Kapitalsteuer · 380
Kapitalverteilung · 84, 86−90, 100−104, 125, 142−144, 203, 208 f.
  nach Bedürftigkeit · 94 f.
  Umverteilung · 114
katholische Kirche · 132, 304
Keltner, Dacher · 477 f.
Kenia, Kolonialherrschaft in · 344 f.
Kennan, George · 464
Kennedy, Helena · 67 f.
Kerry, John · 467
keynesianische Wirtschaftspolitik · 177 f.
Keynes, John Maynard · 143, 177 f., 297, 320
Kinder
  als Marketing-Zielgruppe · 30, 221, 224−226
  in der Schule · 62−64
Kinderarbeit · 197

Kindheitstraumata und Verhaltens-
  störungen · 18 f.
Kindheit
  als Marketing-Zielgruppe · 30
King, Cecil · 243
King, Martin Luther · 80, 292
King, Mervyn · 260, 389
Kirp, David L. · 366
Kissinger, Henry · 465
Klein, Naomi · 425, 439 f.
Klimaforschung · 420 f.
Klimakonferenz Kopenhagen 2009 · 406,
  411, 416
Klimakonferenz Paris 2015 · 411
Klimawandel · 250, 403 f., 406–412,
  414–418, 420 f., 424 f., 431, 439 f., 446
Knight, Frank · 392
Koch Industries · 421
Kogut, Tehila · 474
Kohlendioxid, Konzentration siehe
  Klimawandel · 405
Kollektivismus · 300 f.
Kolonialismus · 127 f., 205 f., 344 f., 457
Kolumbus, Christoph · 343
Konditionierung siehe Sozialisation · 22
Konkurrenz siehe Wettbewerb · 162
Konsens, Fabrikation von · 155, 158 f.
Konservative in Großbritannien siehe
  Conservative Party (UK) · 188
Konsumkultur · 219–226
  Konsum gleich Status · 211
Konzentrationslager, Täter · 452, 455
Konzentrationslager, Überleben im ·
  289 f., 309
Konzerne
  Aufstieg · 160–162, 164
  Profitpflicht · 161 f.
Konzernpropaganda · 160, 164, 166,
  168–170, 195
Konzernpropaganda siehe Konzern-
  propaganda
Kooperation · 226 f., 451
  als Form von Macht · 122
  als soziales Leitprinzip · 110, 151 f.
Krankenversicherung · 383 f.
Kredit siehe Schulden
Krieg · 126 f.

Kriegführung, psychologische · 345–347
Kriegsberichterstattung · 345 f.
Kriminalität · 67 f., 71, 73, 83
Kriminalität und Politik siehe politische
  Kriminalität
Kriminalität und Wirtschaft siehe
  Wirtschaftskriminalität
Krinimalität · 67
Kropotkin, Pjotr · 111
Krueger, Anne · 435
Krugman, Paul · 259, 261
Kumhof, Michael · 389
Kuznets, Simon · 427
Kyoto-Protokoll · 411, 421

L
Labor Management Relations Act · 169
Labour Party (UK) · 72, 170 f., 183 f., 239,
  242, 257, 264 f.
Landwirtschaft, industrielle · 424
landwirtschaftliche Revolution · 141–143
Lansley, Andrew · 191
Lasswell, Harold · 158, 358 f.
Lebensmittelknappheit · 405
Lebensqualität siehe Wohlbefinden
Le Bon, Gustave · 147 f., 155
Leistung · 85
  Marktwert · 90, 95, 100
Leopold II. (belgischer König) · 127
Linguet, Simon · 213
Link, Henry C. · 167 f.
Linn, Susan · 224 f.
Lippmann, Walter · 155 f., 158–160, 172,
  359
List, Friedrich · 208
Lloyds Bank · 388, 391
Lloyd, Selwyn · 465
Lobbygruppen · 174 f., 177
Lohn · 37, 93
  nach Bedürftigkeit · 38, 94 f.
  nach gesellschaftlich nützlicher
    Anstrengung · 93
  nach (Marktwert von) Leistung · 85, 90,
    95–98, 100, 104 f.
  Ungleichheit · 84, 96–98, 100
  Verhandlungen siehe Arbeitskampf
Lohntheorie · 90, 99, 103, 105

Long Creek Youth Development Center · 64f.
Luntz, Frank · 133
Luxemburg, Rosa · 131
Lytton, Earl of (Robert Bulwer-Lytton) · 354, 356

M
Macht
 der Entscheidung · 123
 im Arbeitskampf · 100–105
 Kampf um · 295
 und Gehorsam · 282f.
 und Gesetzgebung · 79–81
 Ungleichgewicht der · 116
Macht, Kampf um · 293
Machtmissbrauch · 123
Macleod, Ian · 344
Madison, James · 147
Magee, Patrick · 483–485
Major, John · 71
Mandela, Nelson · 80f.
Manipulation durch Massenmedien · 155–159
Mankiw, N. Gregory · 429
Markt
 als Motor der Kapitalakkumulation · 86
 Einfluss auf Medien · 268
 einseitige Ausrichtung auf Konsum und Konkurrenz · 228f.
 Externalisierung von Kosten · 210–212
 freier · 193, 198–200, 202, 229f.
 Logik des · 208
 selbstregulierender · 85–87, 90, 199f., 229, 297f.
 staatliche Regulation · 164, 197f., 200, 202, 230
 Umweltbelastung · 211f.
 Vorherrschaft · 208
Marktdemokratie *siehe* Demokratie
Marktfundamentalismus · 340
Marktwert · 90
Marr, Andrew · 246, 251, 262, 268
Marshallplan · 171
Marx, Karl · 211
Massenmedien · 155–159
Masserman, Jules · 450

Masse (soziologischer Begriff) · 148, 155
MasterCard · 271
Maté, Gabor · 19
Materialismus *siehe* Konsumkultur
McCann, Madeleine · 473
McCarthy, Joseph · 170
McChesney, Robert · 378
McDonald's (Restaurantkette) · 210f.
McEwan, Ian · 480
McKibben, Bill · 427, 435, 438
McKinnell, Henry · 99
Medien
 Einfluss von Regierung und Konzernen · 246, 248–256, 267f., 271
 in den USA · 239f.
 Konzentration · 240
 Macht der · 269f.
 und Werbung · 241–246
 Verflechtung mit anderen Branchen · 240
Mendoza, Manuel · 443
Menschenleben, monetärer Wert · 467f.
Mercille, Julien · 262
Milgram-Experiment · 279–282, 287
Milgram, Stanley · 280f., 283
Miliband, Ed · 262, 264
Millennium Ecosystem Assessment · 403
Mill, John Stuart · 208, 434
Mises, Ludwig von · 172, 175
Mitgefühl · 41, 449–451
Mohawk-Valley-Formel · 167
Mondragón Corporación Cooperativa · 371f.
Mont Pèlerin Society · 173, 175
Moral · 136
Morales, Ricardo Levins · 370
moralische Instinkte · 50
moralischer Kreis · 453–455
Morgan Stanley · 245
Morgenthau, Hans · 462
Morse, Stephen J. · 51f.
Motivation
 durch Belohnung und Strafe (extrinsisch) · 106–109, 112
 durch Gerechtigkeit · 109
 durch Sinn · 109f.
 intrinsische · 107–111

Müller-Lyer-Illusion · 45
Murdoch, Rupert · 239
Murray, Charles · 31 f.
Myatt, Tony · 210
Myers, David · 222
My Lai, Massaker von · 281

N
Nadeau-Dubois, Gabriel · 82
Nagel, Thomas · 46, 456
Narrative · 132 f., 135
Nast, Condé · 244
National Association of Manufacturers (NAM) · 166–169
National Association of Manufacturers (NAM) · 165
Nationalsozialismus · 134 f.
Nature Conservancy · 422 f.
Nature-Nurture-Debatte · 25 f.
Naturkapital · 299
negative Emission *siehe* Geo-Engineering
Neil, Andrew · 238
neoliberale Wirtschaftspolitik · 179–183
Neoliberalismus
　Freiheitsbegriff · 172 f., 198–200, 202, 214–218
　Geschichte · 172–183, 187 f.
　Ideologie · 195 f., 231, 418
　Menschenbild · 106
Neutralität, politische · 282
Newcomen, Thomas · 428
New Deal · 166, 168, 171, 544
New Yorker, The · 243
New York Times, The · 252 f.
Nicholson, Jim · 192
Niederlande · 60, 72
Nierenberg, William · 419
Nietzsche, Friedrich · 27
Nilsen, Arne Kvernvik · 60
Nixon, Richard · 74, 178
Northup, Solomon · 306, 455
Norwegen · 54, 60, 71
Notenbanken *siehe* Zentralbanken
Nozick, Robert · 216–218
Nullwachstum · 433

O
Obama, Barack · 75 f., 421, 443, 460, 467, 470
Observer, The · 254
Occupy Wall Street · 133
Öffentlichkeit · 150, 155
　Beeinflussung der · 345, 347
　Manipulation der *siehe* Manipulation durch Massenmedien
ökonomie
　neoklassische Theorie · 340
Ökonomie
　neoklassische Theorie · 340, 342 f.
　Studium · 340, 342
　Theorienpluralismus · 340, 343
Ölindustrie, US-amerikanische · 185 f.
O'Neill, Dan · 375
Online-Journalismus · 272 f.
Oreskes, Naomi · 419 f.
Orwell, George · 136, 288
Osborne, George · 191, 256–258, 260, 262 f., 348, 470

P
Pachauri, Rajendra · 409
Palmerston, Lord · 462
Pankhurst, Emmeline · 291
Pankhurst, Sylvia · 291
Parks, Rosa · 292
Parteienfinanzierung *siehe* Politik und Wirtschaft, Verflechtung
Patel, Raj · 29 f., 198, 210, 212, 468
Paulhus, Del · 40
Paulson, Henry · 187
PayPal · 271
Pentagon Papers · 347
Peterson, Chris · 272 f.
Pharmaindustrie, Informationspolitik der · 349
Phillimore, Joseph · 236
Pickett, Kate · 115
Piff, Paul · 477 f.
Pigou, Arthur · 210
Piketty, Thomas · 86 f., 90, 100, 103, 127, 340, 379 f.
Pinker, Steven · 327
Pinochet, Augusto · 230 f.

Planck, Max · 338
Platon · 112, 149, 359f.
Polanyi, Karl · 204, 229
Politik und Wirtschaft, Verflechtung ·
   77f., 101–103, 144f., 147, 163,
   184–193, 195
politische Kriminalität · 74f.
Porritt, Jonathon · 423f.
Positive Money (britischer Thinktank) ·
   392
Potsdam-Institut für Klimafolgen-
   forschung · 416
Poulet, Rebecca · 76
Powell, Lewis F. · 175
Prasch, Robert E. · 340
Press Association (PA) · 247
Presseagenturen · 246f., 272
Presse, Einfluss der · 164
Presse in Großbritannien *siehe*
   Großbritannien, Presse
Priming · 228
Privatbesitz
   Entstehung · 203–206, 208
Privatisierung · 382–384, 387
Privilegien · 335f.
Procter & Gamble · 244
Profit
   als Motor des Kapitalismus · 294–298
Propaganda · 156–159
Protektionismus · 207f.
Public and Commercial Services Union
   (PCS) · 441
Public Relations (PR) · 156–159

R

Rand, James · 167
Rassismus · 68f.
Rather, Dan · 253
Rawls, John · 215f.
RBS (Bank) · 76, 391
Reagan, Ronald · 71, 177, 179, 181f.,
   222, 224, 418
Real News · 273
Recruitment to Expand Diversity and
   Excellence (Stanford University) · 336
Regeln, gesellschaftliche *siehe* Spielregeln,
   gesellschaftliche

Regierung · 359
   Legitimation durch Konsens der
      Öffentlichkeit · 150
Regierungspolitik · 345
Regulation *siehe* Markt, staatliche
   Regulation
Rehman, Asad · 411
Reich, Robert · 99, 104
Reichtum *siehe* Kapital
Rent-Seeking-Praktiken · 104
Resolve to Stop the Violence Project ·
   62, 65
Restorative Justice · 65
Restorative Justice *siehe* Strafjustiz
Reuters · 247
Ricardo, David · 100
Ritov, Ilana · 474
Ritter, Scott · 346
Robinson, Joan · 210
Robinson, Nick · 248, 265
Rockefeller, David · 176
Rollen, soziale *siehe* Spielregeln,
   gesellschaftliche
Roosevelt, Franklin D. · 165–167
Ross, Carne · 462
Ross, Edward A. · 155
Rotation *siehe* Demokratie am Arbeits-
   platz · 374
Royal Mint · 389
Roy, Arundhati · 73
Ruanda, Völkermord 1994 · 457
Rubin, Robert · 187
Rusbridger, Alan · 255f.
Russell, Bertrand · 46, 111, 305, 337,
   417

S

Saguy, Abigail · 29
Sahlberg, Pasi · 365
Salisbury, Lord · 146
Santa Ana, Otto · 458
Santander (Bank) · 391
Saudi-Arabien · 466
Schemata des Denkens und Verhaltens ·
   288–290
Schenkökonomien · 229
Schmetterlingseffekt · 36

Schmidt, Eric · 380
Schnellnhuber, Hans Joachim · 416
Schönheitsindustrie · 221
Schulden · 130
Schulden als Zwangsmittel · 129f., 137, 139
Schule · 62–64
Schumacher, Ernst Friedrich · 298
Schumpeter, Joseph · 148f.
Schutter, Olivier de · 424
Schutzzollpolitik *siehe* Protektionismus
Schweden · 54, 71
Schweickart, David · 397f.
Seaton, Jean · 244, 273
Seigniorage · 390
Seitz, Fred · 419
Selbsthilfe · 28–30
Sen, Amartya · 106, 217, 355, 383, 431
Serwotka, Mark · 441
Shaull, Richard · 366
Shaxson, Nicholas · 379
Shepard, Walter J. · 149
Sherman, Lawrence W. · 62
Sicherheit
  innere · 125f.
Simons, Henry · 392
Sinclair, Upton · 334
Singer, Fred · 419
Singer, Peter · 453
Sinn im Leben finden · 309
Skidelsky, Edward · 296
Sklaverei · 89, 128, 306, 308, 455, 459
Smil, Vaclav · 430
Smith, Adam · 79, 85, 100f., 104f., 199, 297, 314f., 374, 428
Smith, David Livingstone · 456
Snowden, Edward · 255, 348
Solnit, Rebecca · 335, 425, 486f.
Sozialdarwinismus · 31
soziale Werte · 152
Sozialisation · 22, 131–135, 139f.
Sozialisation *siehe* Identität
Spiegelneurone · 450
Spielregeln, gesellschaftliche · 286–291, 304
  die Option, sie zu ändern · 291f., 304

Konkurrenz der · 292f.
Spritzler, David · 328
staatliche Regulierung *siehe* Markt, staatliche Regulation
Staatsmacht · 144f., 147, 163
Staatsmacht und Konzernmacht · 196
Staat und Wirtschaft *siehe* Politik und Wirtschaft
Stagflation · 178
Steady-State-Ökonomie · 432–435, 437f.
Steel, Robert · 187
Stern, Nicholas · 211
Steuerhinterziehung · 379f.
Steuersystem · 379f.
Steuersystem in den USA · 381
Stieber, Josh · 330–332, 338
Stiglitz, Joseph · 97, 206, 230, 261, 395, 431
Strafe · 28, 37
  als Abschreckung · 55, 58
  als Anreiz zur Kooperation · 50
  als Vergeltung · 49–51
  gesellschaftlich nützliche · 53
  in der Schule · 62–64
  Todesstrafe *siehe* Todesstrafe
  und Rückfälligkeit · 54f., 58
  zur Abschreckung · 53–57, 59, 63, 116
Strafjustiz · 51–62, 67–73, 80, 82f.
  Fortbildungsmaßnahmen · 60f., 67
  humane · 59–62
  in den USA · 54–58, 61f., 67–73
  in Norwegen *siehe* Bastøy
  kommerzielle · 69f.
  rassistische · 68f.
  Restorative Justice · 61f.
  und Folter *siehe* Folter
  Verantwortung und Willensfreiheit als ideologische Basis · 51f.
Strang, Heather · 62
Strawson, Galen · 22
Stuckler, David · 383f.
Sucht · 18f.
Summers, Larry · 76, 429, 468
Sumner, William · 31
Supermax-Gefängnisse · 57
Symbole · 327–329
Syriza · 401

T

Taibbi, Matt · 76 f.
Taney, Roger Brooke · 459
Tarde, Gabriel · 155
Tax Payers' Alliance · 188
Taylor, Kathleen · 224, 289
Tedeschi, Richard · 338
Terroristen
  Denunzierung von Kritikern als · 81
Terroristen, Denunzierung von Kritikern als · 80
Tetlock, Philip · 98
Thatcher, Margaret · 174, 180–184, 222, 483
Todesstrafe · 49, 56
Treibhauseffekt *siehe auch* Klimawandel · 417, 424
Treibhausgase · 211
Treueschwur (USA) · 328
Trickle-down-Theorie · 113
Trilateral Commission · 176 f.
Tshuchiya, Yoshio · 456
TTIP · 193, 347
Tucker, Paul · 389
Turner, Adair · 389, 392
Turner, Graham · 426
Twain, Mark · 303, 320

U

Übergewicht *siehe* Essstörungen
Überzeugungen *siehe* Werte
Umweltverbände, Verflechtung mit Konzernen · 422–424
Umweltverschmutzung · 432
Ungehorsam *siehe* Widerstand
Ungleichheit
  als gewaltfördernder Faktor · 66 f.
  der Aufstiegschancen · 91
  der Bildungschancen · 91
  der Macht · 116, 142
  der Verteilung von Wohlstand *siehe* Kapitalverteilung
  des Lohns *siehe* Lohn
  Ergebnis politischer Entscheidungen · 102
  erzeugt Vertrauensmangel · 226 f.
  fördert Egoismus · 226 f.
  Gegenmaßnahmen · 379–382
  rassistisch-ethnische · 68 f.
  Rechtfertigung · 84–86, 106, 112 f.
  und Kriminalität · 66 f., 71
  Verringerung · 115
  vor dem Gesetz · 74–79
Ungleichverteilung *siehe* Ungleichheit
unsichtbare Hand *siehe* Markt, selbstregulierender
Unternehmenspropaganda *siehe* Konzernpropaganda

V

Varoufakis, Yanis · 150
Veer, Jeroen van der · 108
Verantwortungsmythos · 16, 19–24, 26–28, 32 f., 37–40, 42 f., 46, 48, 82 f., 116
  als Basis von Rechtssystemen · 51
  Rationalität als Prüfstein der Verantwortlichkeit · 51
  Schuldmythos · 19 f., 31–33, 37, 40, 53
  Verdienstmythos *siehe* Verdienst
  willentliche / nichtwillentliche Handlungen · 24
Verbrechen *siehe* Kriminalität
Verdienst · 31, 42
  durch Kapital · 86
  nach Bedürftigkeit · 38, 94 f.
  nach gesellschaftlich nützlicher Anstrengung · 93
  nach (Marktwert von) Leistung · 85, 90, 95–98, 100
  von Belohnung und Strafe · 40
  von Lohn und Strafe · 37, 116
Vermögen *siehe* Kapita
Vertrauen · 226
Visa · 271
Vis, Jan Kees · 162
Vitale, Joe · 28
Vohs, Kathleen · 228
Volkswille *siehe* Demokratie
Vorurteile · 336
Vulliamy, Ed · 254

W

Waal, Frans de · 451
Wachstum, Grenzen · 426, 428−431, 434, 444
Wachstum, posttraumatisches · 338
Wachstumsideologie · 427−430, 434 f.
Wahldemokratie *siehe* Demokratie
Wahlen, politische · 357
Wahlfreiheit · 141, 152 f., 194
Wahl *siehe* Entscheidung
Wahlkampf in den USA · 184−187
Wahlrecht · 146 f., 164
Waldvernichtung · 404 f.
Wall, Derek · 387
Wallich, Henry · 435
Walmart · 196, 379
Walton-Clan · 87
Watergate-Skandal · 74
Weltbank · 171, 206, 396, 444, 468
Welthandelsorganisation (WTO) · 396
Weltklimarat · 404, 407, 417, 467
Werbung · 220−226, 241
Werbung *siehe auch* Medien und Werbung · 241
Werte
    als Ausgangspunkt von Freiheit · 283−285, 304
    Monetarisierung von · 298 f.
    und Überzeugungen · 284
Wettbewerb, marktwirtschaftlicher · 162
Whistleblower · 75, 255, 271, 347
Widerstand · 123, 140
WikiLeaks · 270−272
Wilkinson, Richard · 115
Wille, freier *siehe* Entscheidung
Wilson · 205
Wilson, Woodrow · 156, 205
Wirtschaft, ökologische · 432 f., 437
Wirtschaftsdemokratie (Schweickart-Modell) · 397 f.
Wirtschaftskriminalität · 75 f.
Wirtschaftskrise 1929 · 164 f., 171, 173
Wirtschaftswachstum als Erfolgsmaßstab · 300
Wirtschaftswissenschaften · 85
Wirtschaft und Politik *siehe* Politik und Wirtschaft
Wittgenstein, Ludwig · 23
Wohlbefinden als soziales Leitprinzip · 431
Wohlergehen als soziales Leitprinzip · 109 f., 114 f.
Wolff, Richard · 373
Wollstonecraft, Mary · 362
Wood, Paul · 248
Workers' Self-Directed Enterprises · 373
World Resources Institute · 422
World Wide Fund for Nature (WWF) · 422
Wren-Lewis, Simon · 259
Wright, Erik Olin · 377
Wright, Robert · 50

Y

Yellin, Jessica · 254

Z

Zajonc, Robert · 269
Zeitungen in Großbritannien *siehe* Großbritannien, Presse
Zentralbanken · 102, 394−396
Zigarettenwerbung · 245, 251
Zinn, Howard · 112, 310 f., 367
Zinni, Anthony · 465